DIREITO DIGITAL E PROCESSO ELETRÔNICO

Tarcisio Teixeira

DIREITO DIGITAL E PROCESSO ELETRÔNICO

5ª edição
2020
2ª tiragem
2021

saraiva jur

saraiva EDUCAÇÃO | saraiva jur

Av. Paulista, 901, 3º andar
Bela Vista – São Paulo – SP – CEP: 01311-100

SAC | sac.sets@somoseducacao.com.br

Direção executiva	Flávia Alves Bravin
Direção editorial	Renata Pascual Müller
Gerência editorial	Roberto Navarro
Gerência de produção e planejamento	Ana Paula Santos Matos
Gerência de projetos e serviços editoriais	Fernando Penteado
Consultoria acadêmica	Murilo Angeli Dias dos Santos
Planejamento	Clarissa Boraschi Maria (coord.)
Novos projetos	Melissa Rodriguez Arnal da Silva Leite
Edição	Eveline Gonçalves Denardi (coord.) Daniel Pavani Naveira
Produção editorial	Fernanda Matajs (coord.) Luciana Cordeiro Shirakawa
Arte e digital	Mônica Landi (coord.) Amanda Mota Loyola Camilla Felix Cianelli Chaves Claudirene de Moura Santos Silva Deborah Mattos Guilherme H. M. Salvador Tiago Dela Rosa
Projetos e serviços editoriais	Breno Lopes de Souza Josiane de Araujo Rodrigues Kelli Priscila Pinto Laura Paraíso Buldrini Filogônio Marília Cordeiro Mônica Gonçalves Dias
Diagramação e revisão	Know-How Editoral
Capa	Deborah Mattos
Produção gráfica	Marli Rampim Sergio Luiz Pereira Lopes
Impressão e acabamento	Log&Print Gráfica e Logística S.A.

DADOS INTERNACIONAIS DE CATALOGAÇÃO NA PUBLICAÇÃO (CIP)
ANGÉLICA ILACQUA CRB-8/7057

Teixeira, Tarcisio

Direito digital e processo eletrônico / Tarcisio Teixeira. – 5. ed. – São Paulo: Saraiva Educação, 2020.
792 p.

Bibliografia
ISBN 978-65-5559-154-5 (impresso)

1. Processo eletrônico – Leis e legislação. I. Título.

20-0349 CDD 340

Índice para catálogo sistemático:

1. Processo eletrônico : Leis : Processo civil 347.9:004.738.5(094)

Data de fechamento da edição: 14-5-2020

Dúvidas? Acesse www.editorasaraiva.com.br/direito

CL 606672 CAE 727861

RELAÇÃO DE OBRAS E ARTIGOS PUBLICADOS PELO AUTOR

Livros publicados:

1. TEIXEIRA, Tarcisio. *Direito empresarial sistematizado:* doutrina, jurisprudência e prática. 8. ed. São Paulo: Saraiva, 2019.
2. TEIXEIRA, Tarcisio. *Manual da compra e venda:* doutrina, jurisprudência e prática. 3. ed. São Paulo: Saraiva, 2018.
3. TEIXEIRA, Tarcisio. *Direito empresarial sistematizado:* doutrina, jurisprudência e prática. 7. ed. São Paulo: Saraiva, 2018.
4. TEIXEIRA, Tarcisio. *Curso de direito e processo eletrônico:* doutrina, jurisprudência e prática. 4. ed. São Paulo: Saraiva, 2018.
5. TEIXEIRA, Tarcisio. *Direito empresarial sistematizado:* doutrina, jurisprudência e prática. 6. ed. São Paulo: Saraiva, 2017.
6. TEIXEIRA, Tarcisio. *Direito empresarial sistematizado:* doutrina, jurisprudência e prática. 5. ed. São Paulo: Saraiva, 2016.
7. TEIXEIRA, Tarcisio. *Marco civil da internet:* comentado. São Paulo: Almedina, 2016.
8. TEIXEIRA, Tarcisio. *Comércio eletrônico:* conforme o Marco Civil da Internet e a regulamentação do *e-commerce*. São Paulo: Saraiva, 2015.
9. TEIXEIRA, Tarcisio. *Compromisso e promessa de compra e venda:* distinções e novas aplicações dos contratos preliminares. 2. ed. São Paulo: Saraiva, 2015.
10. TEIXEIRA, Tarcisio. *Curso de direito e processo eletrônico:* doutrina, jurisprudência e prática. 3. ed. São Paulo: Saraiva, 2015.
11. TEIXEIRA, Tarcisio. *Direito empresarial sistematizado:* doutrina, jurisprudência e prática. 4. ed. São Paulo: Saraiva, 2015.
12. TEIXEIRA, Tarcisio. *Curso de direito e processo eletrônico:* doutrina, jurisprudência e prática. 2. ed. atual. e rev. São Paulo: Saraiva, 2014.
13. TEIXEIRA, Tarcisio. *Direito empresarial sistematizado:* doutrina, jurisprudência e prática. 3. ed. São Paulo: Saraiva, 2014.
14. TEIXEIRA, Tarcisio. *Compromisso e promessa de compra e venda:* distinções e novas aplicações do contrato preliminar. São Paulo: Saraiva, 2013.
15. TEIXEIRA, Tarcisio. *Curso de direito e processo eletrônico:* doutrina, jurisprudência e prática. São Paulo: Saraiva, 2013.
16. TEIXEIRA, Tarcisio. *Direito empresarial sistematizado:* doutrina e prática. 2. ed. São Paulo: Saraiva, 2013.
17. TEIXEIRA, Tarcisio. *Direito empresarial sistematizado:* doutrina e prática. São Paulo: Saraiva, 2011.
18. TEIXEIRA, Tarcisio. *Direito eletrônico.* São Paulo: Juarez de Oliveira, 2007.

Livros organizados e em coautoria:

19. TEIXEIRA, Tarcisio; ARMELIN, Ruth Maria Guerreiro da Fonseca. *Lei Geral de Proteção de Dados Pessoais*: comentada artigo por artigo. 2. ed. Salvador: Juspodivm, 2020.

20. TEIXEIRA, Tarcisio; MAGRO, Américo Ribeiro (Coords.). *Proteção de dados:* fundamentos jurídicos. Salvador: Juspodivm, 2020.
21. TEIXEIRA, Tarcisio; LOPES, Alan Moreira; TAKADA, Thalles (Coords.). *Manual jurídico da inovação e das startups*. 2. ed. Salvador: Juspodivm, 2020.
22. TEIXEIRA, Tarcisio; CHELIGA, Vinicius. *Inteligência artificial:* aspectos jurídicos. 2. ed. Salvador: Juspodivm, 2020.
23. TEIXEIRA, Tarcisio; LOPES, Alan Moreira (Coords.). *Startups e inovação:* direito no empreendedor (*entrepreneurship law*). 2. ed. São Paulo: Manole, 2020.
24. TEIXEIRA, Tarcisio; CHELIGA, Vinicius. *Inteligência artificial:* aspectos jurídicos. Salvador: Juspodivm, 2020.
25. TEIXEIRA, Tarcisio; ARMELIN, Ruth Maria Guerreiro da Fonseca. *Lei Geral de Proteção de Dados Pessoais:* comentada artigo por artigo. Salvador: Juspodivm, 2019.
26. TEIXEIRA, Tarcisio; RODRIGUES, Carlos Alexandre. *Blockchain e criptomoedas:* aspectos jurídicos. Salvador: Juspodivm, 2019.
27. TEIXEIRA, Tarcisio; LOPES, Alan Moreira; TAKADA, Thalles (Coords.). *Manual jurídico da inovação e das startups*. Salvador: Juspodivm, 2019.
28. TEIXEIRA, Tarcisio; LOPES, Alan Moreira (Coords.). *Startups e inovação:* direito no empreendedor (*entrepreneurship law*). São Paulo: Manole, 2017.
29. TEIXEIRA, Tarcisio; LIGMANOVSKI, Patrícia. A. C. (Coords.). *Arbitragem em evolução:* aspectos relevantes após a reforma da lei arbitral. São Paulo: Manole, 2017.
30. TEIXEIRA, Tarcisio; BATISTI, Beatriz; SALES, Marlon de. *Lei anticorrupção:* comentada dispositivo por dispositivo. São Paulo: Almedina, 2016.
31. TEIXEIRA, Tarcisio; LOPES, Alan Moreira (Coords.). *Direito das novas tecnologias:* legislação eletrônica comentada, *mobile law* e segurança digital. São Paulo: RT, 2015.
32. TEIXEIRA, Tarcisio; SZTAJN, Rachel; SALLES, Marcos Paulo de Almeida (Coords.). *Direito empresarial:* estudos em homenagem ao Prof. Haroldo Malheiros Duclerc Verçosa. São Paulo: IASP – Instituto dos Advogados de São Paulo, 2015.

Capítulos em obras coletivas:

33. TEIXEIRA, Tarcisio. Democracia, relações negociais e segurança da urna eletrônica In: *Estudos em direito negocial e democracia.* Birigui, SP: Boreal, 2016. p. 200-220.
34. TEIXEIRA, Tarcisio. Direitos, humanos, trabalho e tecnologia In: *Estudos em direito negocial:* relações privadas e direitos humanos. Birigui – SP: Boreal, 2015. p. 202-227.
35. TEIXEIRA, Tarcisio. O “Comercialista” e a pioneira tese sobre cooperativas e recuperação de empresas In: *Direito empresarial* – estudos em homenagem ao Prof. Haroldo Malheiros Duclerc Verçosa. São Paulo: IASP – Instituto dos Advogados de São Paulo, 2015. p. 405-424.
36. TEIXEIRA, Tarcisio. Responsabilidade civil no comércio eletrônico: a livre iniciativa e a defesa do consumidor In: *Direito & Internet III:* Marco Civil da Internet (Lei n. 12.965/2014) – Tomo II. São Paulo: Quartier Latin, 2015. v. 3. p. 341-375.

37. TEIXEIRA, Tarcisio. Aplicação do Código de Defesa do Consumidor às compras celebradas eletronicamente: uma visão da análise econômica do direito. In: *Estudos em direito negocial e relações de consumo*. Birigui – SP: Boreal, 2013. p. 179-199.
38. TEIXEIRA, Tarcisio. Os interesses das empresas e dos empregados no uso do e-mail. In: *Direito & Internet II*: aspectos jurídicos relevantes. São Paulo: Quartier Latin, 2008. v. 2. p. 680-694.

Artigos publicados em Revistas e Periódicos:

39. TEIXEIRA, Tarcisio. Intermediação no comércio eletrônico: responsabilidade e diligência média. *Revista dos Tribunais* (São Paulo. Impresso), v. 957, p. 345-360, 2015.
40. TEIXEIRA, Tarcisio. Wi-fi – riscos e aspectos jurídicos. *Carta Forense*, v. 1, p. 16-17, 2015.
41. TEIXEIRA, Tarcisio. Wi-fi – riscos e limites da responsabilidade pelo compartilhamento. *Revista dos Tribunais* (São Paulo. Impresso), v. 961, p. 19-34, 2015.
42. TEIXEIRA, Tarcisio. A duplicata virtual e o boleto bancário. *Revista da Faculdade de Direito (USP)*, v. 109, p. 617-642, 2014.
43. TEIXEIRA, Tarcisio. A organização da empresa rural e o seu regime jurídico. *Revista de Direito Empresarial*, v. 2, p. 15-40, 2014.
44. TEIXEIRA, Tarcisio. Aspectos atuais do e-commerce. *Carta Forense*, v. 138, p. 8-9, 2014.
45. TEIXEIRA, Tarcisio. Marco Civil da Internet e regulamentação do comércio eletrônico. *Revista Tributária das Américas*, v. 8, p. 10-12, 2014.
46. TEIXEIRA, Tarcisio. O STJ e a responsabilidade dos provedores. *Revista de Direito Empresarial*, v. 5, p. 303-329, 2014.
47. TEIXEIRA, Tarcisio. Os títulos de crédito eletrônicos são viáveis?. *Revista de Direito Empresarial*, v. 4, p. 65-86, 2014.
48. TEIXEIRA, Tarcisio. Nome empresarial. *Revista da Faculdade de Direito (USP)*, v. 108, p. 271-299, 2013.
49. TEIXEIRA, Tarcisio. A recuperação judicial de empresas. *Revista da Faculdade de Direito (USP)*, v. 105, p. 402-430, 2012.
50. TEIXEIRA, Tarcisio. Contratos eletrônicos empresariais e o Código Civil. *Carta Forense*, v. 96, p. 18-18, 2011.
51. TEIXEIRA, Tarcisio. Estabelecimento empresarial virtual: regime jurídico. *Revista de Direito Mercantil Industrial, Econômico e Financeiro*, v. 157, p. 167-175, 2011.
52. TEIXEIRA, Tarcisio. Título de crédito eletrônico. *Carta Forense*, v. 97, p. 25-25, 2011.
53. TEIXEIRA, Tarcisio. Arras ou sinal nos contratos empresariais: um estudo do regime jurídico do Código Civil de 2002. *Revista de Direito Mercantil Industrial, Econômico e Financeiro*, v. 142, p. 197-202, 2008.
54. TEIXEIRA, Tarcisio. Contrato preliminar empresarial. *Revista da Faculdade de Direito (USP)*, v. 101, p. 699-743, 2008.
55. TEIXEIRA, Tarcisio. Inadimplemento nos contratos empresariais: um estudo sobre a mora e as perdas e danos no Código Civil de 2002. *Revista de Direito Mercantil Industrial, Econômico e Financeiro*, v. 141, p. 263-274, 2007.

56. TEIXEIRA, Tarcisio. Internet: o conceito de provimento de acesso para fins tributários. *Revista Tributária e de Finanças Públicas*, v. 71, p. 119-146, 2006.
57. TEIXEIRA, Tarcisio. Tributação dos provedores de Internet. *Revista de Estudos Tributários* (Porto Alegre), v. 52, p. 137-160, 2006.
58. TEIXEIRA, Tarcisio. Cancelamento de contrato de seguro por sinistralidade sazonal – abusividade – aplicação do CDC. *Revista de Direito Mercantil Industrial, Econômico e Financeiro*, v. 139, p. 271-278, 2005.
59. TEIXEIRA, Tarcisio. Obrigações e contratos empresariais no novo Código Civil: o contrato preliminar e o contrato com pessoa a declarar. *Revista de Direito Mercantil Industrial, Econômico e Financeiro*, v. 137, p. 259-276, 2005.

Artigos em coautoria:

60. TEIXEIRA, Tarcisio; AGUDO, Hugo Crivilim. As limitações da utilização de mecanismos de *big data* à luz da lei geral de proteção de dados pessoais. In: *Proteção de dados*: fundamentos jurídicos. Salvador: Juspodivm, 2020. p. 229-265.
61. TEIXEIRA, Tarcisio; BOCHI, Bruno Vincentin. Criptomoedas: uma análise sobre a viabilidade de sua regulação. *Revista dos Tribunais*, v. 1.000, p. 699-725, 2019.
62. TEIXEIRA, Tarcisio; PEREIRA, *Uiara Vendrame*. Inteligência artificial: a quem atribuir responsabilidade? *Revista de Direitos e Garantias Fundamentais* (Faculdade de Direito de Vitória), v. 20, n. 3, p. 119-142, 2019.
63. TEIXEIRA, Tarcisio; ROSA, Davi Misko S. Atentado na escola em Suzano: reflexões à luz do direito eletrônico. *Revista dos Tribunais*, v. 1.004, p. 417-423, 2019.
64. TEIXEIRA, Tarcisio; MENEZES JUNIOR, Eumar Evangelista de. Miguel Reale: memória e justificativas para a inserção do direito de empresa na codificação do homem comum. In: *Sociedade e direitos humanos:* a filosofia aplicada – v. 2. São Paulo: Fonte, 2020. p. 245-269.
65. TEIXEIRA, Tarcisio; LOPES, Alan Moreira. Direito no empreendedorismo: *entrepreneurship law*. In: *Startups e Inovação:* direito no empreendedor (*entrepreneurship law*). São Paulo: Manole, 2017. p. 65-83.
66. TEIXEIRA, Tarcisio; VERCOSA, Haroldo Malheiros Duclerc; SABO, Isabela Cristina. Litígios do comércio eletrônico e arbitragem eletrônica: aspectos da lei da arbitragem reformada In: *Arbitragem em evolução: aspectos relevantes após a reforma da lei arbitral*. São Paulo: Manole, 2017. p. 181-203.
67. TEIXEIRA, Tarcisio; MORETTI, Vinicius. D. Aspectos econômicos do conflito de interesses nas sociedades por ações: análise do caso Tractebel. In: *XXIV ENCONTRO NACIONAL DO CONPEDI – UFS:* Direito empresarial. Florianópolis: CONPEDI, 2015. p. 225-242.
68. TEIXEIRA, Tarcisio; SABO, Isabela Cristina. Os novos cadastros e bancos de dados na era digital: breves considerações acerca de sua formação e do atual tratamento jurídico. In: *XXIV CONGRESSO NACIONAL DO CONPEDI – UFMG/ FUMEC/DOM HELDER CÂMARA*: Direito, Governança e novas tecnologias. Florianópolis: CONPEDI, 2015. p. 456-475.
69. TEIXEIRA, Tarcisio; VERCOSA, Haroldo Malheiros Duclerc. Arbitragem eletrônica. In: *Estudos em direito negocial e os meios contemporâneos de solução de conflitos*. Birigui – SP: Boreal, 2014. v. 1. p. 155-181.

70. TEIXEIRA, Tarcisio; LEAO, Luana C. A necessidade do desenvolvimento de uma governança global do e-commerce. *SCIENTIA IURIS* (UEL), v. 21, p. 269-291, 2017.
71. TEIXEIRA, Tarcisio; ATIHE, Lucas. Contratos de *software*: apontamentos sobre suas espécies. *Revista dos Tribunais* (São Paulo. Impresso), v. 976, p. 200-220, 2017.
72. TEIXEIRA, Tarcisio; SABO, Isabela Cristina. A Convenção de Viena sobre Contratos de Compra e Venda Internacional: implicações no comércio eletrônico brasileiro. *Scientia Iuris (on-line)*, v. 20, p. 177-202, 2016.
73. TEIXEIRA, Tarcisio; SABO, Isabela Cristina. Democracia ou autocracia informacional? O papel da Internet na sociedade global do século XXI. *Revista de Direito, Governança e Novas Tecnologias*, v. 2, p. 39-54, 2016.
74. TEIXEIRA, Tarcisio; SABO, Isabela Cristina. O uso da tecnologia da informação e a validade jurídica dos negócios realizados por crianças e adolescentes: uma análise de sua hipervulnerabilidade nas relações de consumo virtuais. *Revista de Direito do Consumidor*, v. 104, p. 257-282, 2016.
75. TEIXEIRA, Tarcisio; ESTANCIONE, Laura M. B. Propaganda eleitoral pela Internet. *Revista dos Tribunais* (São Paulo. Impresso), v. 969, p. 75-90, 2016.
76. TEIXEIRA, Tarcisio; SABIAO, Tiago. M. S. Reflexões sobre a importância da limitação da responsabilidade nas sociedades limitadas. *Revista de Direito Empresarial*, v. 19, p. 39-64, 2016.
77. TEIXEIRA, Tarcisio; ESTANCIONE, Laura M. B. Urna eletrônica e impressão do registro do voto: o direito eleitoral e a segurança no uso da tecnologia da informação. *Revista dos Tribunais* (São Paulo. Impresso), v. 963, p. 193-211, 2016.
78. TEIXEIRA, Tarcisio; ESTANCIONE, Laura M. B. Urna eletrônica e voto impresso: a segurança no Direito Eleitoral. *Consultor Jurídico* (São Paulo. Online), v. 1, p. 1-1, 2016.
79. TEIXEIRA, Tarcisio; NEUHAUS, Talita A. E-commerce e compras coletivas: a importância da confiança de quem compra. *Revista de Direito Empresarial*, v. 10, p. 175-294, 2015.
80. TEIXEIRA, Tarcisio; FERREIRA, Leandro Taques. Excludentes de responsabilidade além do CDC: o fortuito interno e externo. *Revista de Direito Empresarial*, v. 7, p. 19-34, 2015.
81. TEIXEIRA, Tarcisio; AUGUSTO, Leonardo Silva. O dever de indenizar o tempo desperdiçado (desvio produtivo). *Revista da Faculdade de Direito da Universidade de São Paulo*, v. 110, p. 177-209, 2015.
82. TEIXEIRA, Tarcisio; AGUIAR, João Borducchi. Premissas para um estudo dos títulos de crédito eletrônico: documento eletrônico e prova eletrônica. *Revista de Direito Empresarial*, v. 1, p. 63-74, 2014.

Agradecimentos

Graças a Deus,

Por me permitir realizar mais este trabalho.

Pelos meus colegas e assistentes, Danilo Bittar, Reginaldo R. de Oliveira, João B. Aguiar, João Candido Palma, Nádia M. Marcolino, Leonardo M. Parellada, Bárbara B. Camargo, Maria Angélica Lozam, Bárbara Bonocielli, Alessandra C. de Oliveira, Aline Y. Kurahashi, Luiz Felipe Aranega, Camila R. Garcia, Lucas T. de Rezende, Maryele Z. Berbel, Alana G. Sicuto, Felipe W. Paim, Nelson L. Pereira Junior, Ana Claudia Duarte Pinheiro, Gisele Rosa, Talita A. Neuhaus, Amanda Reis, Linno Angello dos Santos, Laura Maria Brandão Estancione, Isabela Cristina Sabo, Paulo Henrique Sabo, Alan Moreira Lopes, Hugo Crivilim e Vitor Hugo Alonso Casarolli, por todo o apoio acadêmico, fundamental para a concretização desta obra.

Pela minha esposa, verdadeiro alicerce. Muito obrigado. Te amo.

Pelos meus filhos mais velhos, que me auxiliam a entender os *games*.

Pelos meus pais, pela torcida e pelas orações.

Por ter conhecido o Professor Newton De Lucca, com quem tive o primeiro contato na relação entre o Direito e a Tecnologia da Informação, em 2002, quando me aceitou como ouvinte em disciplina Títulos e Contratos Eletrônicos ministrada na pós-graduação *stricto sensu* da Faculdade de Direito da USP.

Pelos leitores que gentilmente puderem nos informar acerca de eventuais imperfeições desta obra por meio do canal: tarcisio@privacidadegarantida.com.br.

Sumário

2ª Parte: Processo Eletrônico

Prefácio

O Professor Tarcisio Teixeira tem dedicado boa parte de seu tempo, acadêmico e profissional, ao trato dos problemas jurídicos que ocorrem nos meios eletrônicos. Tem sido convidado para proferir palestras e ministrar cursos jurídicos sobre esses temas. Foi meu assistente na Faculdade de Direito da USP, na disciplina da pós-graduação *stricto sensu* intitulada Direito do Espaço Virtual, por mim criada no ano 2000, a partir de paradigmas existentes no plano do direito comparado. Escuso-me de pôr em realce a dedicação e o amor por ele demonstrados em relação a tal curso pois, não fossem tais sentimentos absolutamente sinceros e inquestionáveis, por certo que este meu singelo prefácio teria sido sumariamente recusado...

Sua obra vem em momento oportuno, pois os problemas ocorridos na internet têm se multiplicado, gerando reflexos para o Direito. Nesse cenário, muitos têm se aventurado a escrever sobre temas de "Direito Eletrônico" – para me utilizar de umas das designações mais recorrentes em nosso meio, não obstante sua indisfarçável dubiedade –, mas sem nenhum rigor metodológico e científico. Tenho invocado, a propósito, com muita frequência, aquela passagem do eminente Prof. Ricardo Luis Lorenzetti – uma das maiores autoridades de nosso continente e hoje Ministro da Suprema Corte da Nação Argentina –, que tanto me agrada reproduzir:[1]

---

1 Cf. *Tratado de los contratos*, Rubinzal-Culzoni Editores, Santa Fé, Argentina, abril de 2000, t. III, Capítulo LXVVII, *Informática, Cyberlaw, E-Commerce*,

> O surgimento da era digital tem suscitado a necessidade de repensar importantes aspectos relativos à organização social, à democracia, à tecnologia, à privacidade, à liberdade e observa-se que muitos enfoques não apresentam a sofisticação teórica que semelhantes problemas requerem; esterilizam-se obnubilados pela retórica, pela ideologia e pela ingenuidade.

Diferentemente da imensa mole de trabalhos que têm sido dados à estampa, o autor revelou-se preocupado em realizar um estudo sério dos temas propostos, fazendo-o com coerência e sistematização, sendo suas reflexões expostas com clareza e simplicidade, sem a insuportável pedanteria livresca que lamentavelmente grassa nos meios acadêmicos... Haverá de ser muito útil tanto para graduandos e pós-graduandos da área jurídica quanto para profissionais que atuam na nova realidade do comércio eletrônico.

O início do livro contempla o desenvolvimento da internet, a origem da rede e a finalidade originária da mesma. Embora seja algo de todos consabido, houve por bem o autor fazer tal retrospectiva, quiçá influenciado por aquela famosa observação do saudoso Nelson Rodrigues, no sentido de que é sempre preferível repetir o óbvio a elaborar sobre o abstruso... Examinou, em seguida, os agentes que operam na internet, especialmente as figuras do provedor, do *site* e do usuário.

Cuidou de explicar o fenômeno do *spam* ou mensagem eletrônica não solicitada, bem como do famigerado "biscoitinho da internet", mais conhecido por *cookie*, consistente na clandestina captação de dados dos que navegam pela rede atrelada a indevida formação de banco de dados.

Questões como "pirataria de *software*", "clonagem de cartão de crédito" e os diversos tipos de ataques a servidores foram oportunamente estudados pelo autor, tendo em vista sua potencialidade na internet, além dos importantes aspectos econômicos e jurídicos envolvidos.

A partir da forma pela qual as comunicações são estabelecidas na rede, há vários direitos assegurados na Constituição Federal de 1988, estando entre eles, exemplificativamente, a liberdade de expressão, o direito à privacidade e ao sigilo das correspondências, das comunicações e dos dados. Tudo isso foi objeto de cuidadoso estudo da presente obra.

---

p. 833 e, posteriormente, republicado em *Internet e direito* – aspectos jurídicos relevantes, obra coletiva. São Paulo: Edipro, 2000, p. 419 e s.

Associada ao direito à privacidade, foi analisada a tormentosa questão relacionada à possibilidade de a empresa vigiar os *e-mails* de seus funcionários e, com isso, estar ou não violando tal direito, associado a uma possível conciliação de interesses de empresários e de empregados. Tal matéria, como se sabe, foi objeto de decisão do Tribunal Superior do Trabalho na qual ficou consignado que "apenas o *e-mail* pessoal ou particular do empregado, socorrendo-se de provedor próprio, desfruta da proteção constitucional e legal de inviolabilidade",[2] ficando reconhecido o direito de o empregador rastrear o *e-mail* corporativo do empregado.

Cuidou a obra, também, de aspectos relacionados aos jogos digitais, ao documento eletrônico, à prova eletrônica, à assinatura digital e à certificação eletrônica. Já no trato do comércio eletrônico, foi descrita a forma pela qual são efetuados os contratos na internet. Nesse contexto, foi averiguado o regime jurídico aplicável, tanto o do Código Civil quanto o do Código de Defesa do Consumidor, notadamente, no tocante a este último, à tormentosa questão da possibilidade ou não da aplicação do direito de arrependimento às relações jurídicas efetuadas mediante a utilização da internet. O autor teve de verificar – e o fez com a devida proficiência – os conceitos de estabelecimento virtual, fornecedor, consumidor, relação de consumo, entre outros, alguns deles extremamente complexos, tendo em conta o caráter polissêmico que lhes é inerente. Ainda, não deixou de examinar os aspectos jurídicos do comércio eletrônico em nível internacional, assunto extremamente delicado ao se pensar em regulamentação e uso da arbitragem.

Seria quase impossível, nos limites de tão modesto prefácio como este, destacar as principais questões e os mais delicados problemas analisados pelo Prof. Tarcisio (como o conflito entre nomes de domínio, a tributação na internet, o SPED – Sistema Público de Escrituração Digital, a Nota Fiscal Eletrônica, os crimes de informática, o processo eletrônico, a perícia computacional). Permito me mencionar, apenas, aqueles que têm merecido minha preferência nas aulas e palestras que venho proferindo sobre o tema do espaço virtual. Assim sendo, não posso deixar de fazer referência à responsabilidade civil no âmbito da internet. O tema é de complexidade evidente e, entre os tantos aspectos controvertidos na atualidade, sobreleva notar o relativo à possibilidade ou não de ser o provedor responsabilizado pelo fato de terceiro, ou seja, se o

---

2 PROC. n. TST-ED-RR-613/2000-013-10-00.7, publicado no *DJ* de 28-10-2005.

provedor pode ou não ser responsabilizado pelas mensagens que são por ele transmitidas.

Enfim, ficam assim palidamente mencionados alguns aspectos desta obra do Prof. Tarcisio Teixeira. Melhor fora, talvez, que me ativesse a discorrer sobre o homem – sério, ético e humilde, que ele inegavelmente é – e não ao trabalho por ele produzido. Mas essas qualidades, infelizmente, numa época em que já logrou prevalecer a "banalização do mal", de que nos fala Hannah Arendt, não parecem ter mais nenhuma importância nos dias atuais... As retinas fatigadas já se cansaram de ver renomados professores, sem nenhum amor pela função que exercem, não apenas venderem suas almas ao demônio como pelo fato de o terem feito por um preço que, muito provavelmente, teria envergonhado Fausto...

Mas ser professor significa, antes de tudo, *acreditar*. E a íntima – e última – esperança que ainda habita, tanto no Prof. Tarcisio quanto em mim, haverá de ser aquela de termos feito apenas o Bem e não o Mal, pois é nisso que consiste a vida, conforme o velho diálogo de Sócrates com Glauco. Então, como meu companheiro de caminhada pelos fins do inferno, só me resta relembrar aqueles inolvidáveis versos do Poeta: "salimmo sù, el primo e io secondo/ tanto ch'i' vidi de le cose belle/ che porta 'l ciel, per un pertugio tondo/ E quindi uscimmo a riveder le stelle".[3]

Newton De Lucca

Mestre, Doutor, Livre-Docente, Adjunto e Titular da Faculdade de Direito da Universidade de São Paulo.

Desembargador Federal do TRF da 3ª Região e Presidente eleito para o biênio 2012/2014.

Membro da Academia Paulista dos Magistrados.

Membro da Academia Paulista de Direito.

---

[3] Numa livre tradução de minha parte: "E então saímos nós, primeiro ele/ eu atrás, lá do céu as coisas belas/ pela pequena fresta vislumbramos/ e então pudemos contemplar estrelas".

Nota do Autor

Com a internet, surgiu mais uma forma de comunicação entre as pessoas, sendo inegáveis os benefícios trazidos com sua disseminação e com a rapidez na transmissão de dados e no acesso a informações. Os benefícios são evidentes, principalmente pela possibilidade da comercialização de produtos e serviços que, por meio da contratação eletrônica, podem ser levados a qualquer localidade do planeta. O número de indivíduos e empresas que se conectam à internet aumenta a cada dia, o que é resultado de suas facilidades e seu alcance, uma vez que não há fronteiras geográficas para essa tecnologia.

Então, pelo advento da internet, desponta a necessidade de uma análise das questões jurídicas que a envolvem, tendo em vista que ela traz consequências para o mundo do Direito. Tal fato tem levado juristas a realizarem estudos sobre o liame da internet com o Direito, pois as relações estabelecidas na rede mundial de computadores geram efeitos jurídicos.

Assim, esta obra pretende entender tais relações na busca de soluções adequadas, fazendo sempre que possível a aplicação da legislação e dos institutos jurídicos já existentes (quando necessário, com a devida readaptação); ou até mesmo sugerindo a criação de novos institutos.

O livro é voltado para estudantes de graduação e pós-graduação, professores, profissionais da área jurídica, de informática, administração, contabilidade e interessados em geral. No decorrer do livro, foram feitas citações da legislação aplicável, da jurisprudência e da doutrina nacional e estrangeira.

A obra analisa questões da internet, tendo em vista a legislação brasileira, essencialmente. Mas, sem dúvida, a internet ultrapassa as fronteiras das nações; por essa razão, a uniformização da legislação seria muito salutar. No entanto, pode levar muitos anos até uma satisfatória implementação (apesar do surgimento de algumas normas como a Lei n. 12.965/2014 – Marco Civil da Internet – e o Decreto n. 7.962/2013, que regulamenta o comércio eletrônico no âmbito do CDC). Logo, o jurista não pode ficar passivo, aguardando uma solução para temas que necessitam de respostas imediatas, que, por sua vez, podem ser encontradas, em grande medida, no ordenamento jurídico pátrio, pelo menos para as relações internas (que são as que ocorrem em maior número).

Cabe esclarecer que são muitas as terminologias utilizadas para designar o estudo do Direito sobre os problemas jurídicos que ocorrem no uso da Tecnologia da Informação; são exemplos: direito da informática, direito digital, direito do espaço virtual etc. No entanto, particularmente, preferimos usar "direito eletrônico", tendo em vista o emprego recorrente do vocábulo "eletrônico" em expressões como "comércio eletrônico" e "correio eletrônico". Além do mais, a palavra "eletrônico" está relacionada à eletrônica, que é aquela parte da física que trata de circuitos elétricos; sendo que a comunicação de dados via computador se faz por meio de impulsos elétricos, o que a caracteriza como comunicação eletrônica. Por essa razão, justifica-se o adjetivo eletrônico para a comunicação gerada por impulsos elétricos, seja um contrato ou não. Por isso, a nomenclatura "Curso de direito e processo eletrônico" para as primeiras edições desta obra. Entretanto, a partir da 5ª edição, acatamos a sugestão da Editora, renomeando o livro para "Direito digital e processo eletrônico".

Ainda, compreendemos que o "direito eletrônico" ou "direito digital" não se trata de um ramo do Direito, pois no fundo o que temos são relações jurídicas sendo cada vez mais estabelecidas virtualmente, o que pode necessitar, em alguma medida, de ajustes no ordenamento jurídico, mas não o caso de um novo ramo do Direito. Assim, a justificativa da existência de disciplinas jurídicas em cursos de graduação, cursos de pós-graduação e até mesmo deste livro está relacionada com a finalidade didática, visando uma melhor compreensão do fenômeno da relação entre Direito e Tecnologia da Informação.

Por fim, a construção das ideias em um livro, bem como a sua revisão, que nunca é a última, sempre pode ser aperfeiçoada; logo, será bastante gratificante poder contar com sugestões e críticas dos leitores, as quais podem ser enviadas pelo *e-mail* tarcisio@privacidadegarantida.com.br.

1ª PARTE:

DIREITO DIGITAL

1

Internet – Desenvolvimento e Conceito

A origem[1] da internet[2] se deu nos Estados Unidos, após anos de desenvolvimento dos computadores,[3] quando, em 1969, o Departamento de Defesa norte-americano criou um sistema que interligava vários centros de pesquisas militares, permitindo a transmissão de informações e documentos.[4]

Mais tarde, no final da década de 1980, essa tecnologia expandiu-se de forma a estabelecer a comunicação de computadores entre universidades e

---

1 Apesar do relativo conhecimento sobre a origem da internet, é importante considerá-la, na presente obra, com o intuito de melhor situar o leitor sobre o seu desenvolvimento.

2 No decorrer deste livro, optou-se por não grifar em itálico a palavra "internet", tendo em vista que ela já faz parte da língua portuguesa; nem utilizá-la com a inicial maiúscula, pois assim consta do Antônio Houaiss. *Dicionário Houaiss da língua portuguesa*. Rio de Janeiro: Objetiva, 2010, p. 302: vocábulo: internet – rede mundial de computadores.

Além disso, trata-se de um nome genérico, assim como televisão, rádio etc.; não é um nome próprio.

3 Foi na década de 1930 que alguns cientistas começaram a desenvolver sistemas de cálculos com um certo controle automático, surgindo, então, os primeiros computadores mecânicos e eletromecânicos, que deram origem aos projetos de computadores eletrônicos. Cléuzio Fonseca Filho. *História da computação* – teoria e tecnologia. São Paulo: LTr, 1999, p. 106.

4 Jacques Labrunie. Conflitos entre nomes de domínio e outros sinais distintivos. In: Newton De Lucca e Adalberto Simão Filho (Coords.). *Direito e internet* – aspectos jurídicos relevantes. 2. ed. São Paulo: Quartier Latin, 2005, p. 267-268.

entre outros institutos e laboratórios de pesquisas norte-americanos, possibilitando, assim, a troca de informações mediante um sistema de protocolos – códigos que permitiam a leitura dos documentos.[5]

No final de abril de 1993,[6] essa tecnologia de comunicação entre computadores já estava bem desenvolvida e, associada ao barateamento dos equipamentos, chega a ponto de favorecer sua utilização por empresas e por particulares. Nesse estágio, a comunicação é feita por meio de linha telefônica comum.

Desse modo, foi então criada a internet, conhecida também por "rede mundial de computadores", meio pelo qual computadores do mundo são interligados, possibilitando, assim, a comunicação entre si.

Os relatos sobre datas não coincidem. Mauricio de Souza Matte relata que o surgimento da rede foi na década de 1960, tendo o seu uso ficado restrito ao meio científico e governamental, sendo liberada para o comércio em 1987 e tendo chegado ao Brasil em 1995.[7]

São pertinentes as considerações de Olavo José Gomes Anchieschi a respeito da internet:

> ... uma arquitetura cujo objetivo era funcionar como um sistema de comunicação independente, mesmo que Washington fosse riscada do mapa por ataque nuclear. A Internet nasceu sem um centro de comando. Não tem dono nem governo, cresce espontaneamente como um capim e qualquer corporação venderia a alma para tê-la a seu serviço.[8]

---

[5] Walter Douglas Stuber, Manoel Ignácio Torres Monteiro e Lionel Pimentel Nobre. Questões jurídicas relacionadas à internet. *Revista de Direito Mercantil, Industrial, Econômico e Financeiro.* São Paulo: Malheiros, n. 120, out./dez. 2000, p. 149.

[6] Flávia Rahal e Roberto Soares Garcia. Vírus, direito à intimidade e a tutela penal da internet. *Revista do Advogado.* São Paulo: Associação dos Advogados de São Paulo, n. 69, maio 2003, p. 25.

[7] Mauricio de Souza Matte. *Internet* – comércio eletrônico: aplicabilidade do Código de Defesa do Consumidor nos contratos de *e-commerce.* São Paulo: LTr, 2001, p. 25-27.

Ainda sobre a história da internet, vide: Carlos Alberto Rohrmann. O governo da internet: uma análise sob a ótica do direito das telecomunicações. *Revista da Faculdade de Direito Milton Campos,* Belo Horizonte, Del Rey, v. 6, 2001, p. 44-49.

[8] Olavo José Gomes Anchieschi. *Segurança total.* São Paulo: Makron Books, 2000, p. 1 apud Mauricio de Souza Matte. *Internet* – comércio eletrônico: aplicabilidade do Código de Defesa do Consumidor nos contratos de *e-commerce,* p. 26.

Elidie Palma Bifano pondera: "A Internet é uma rede virtual, logo, repensada a todo o momento, que interliga computadores permitindo que um equipamento possa acessar documentos ou arquivos de outro; a *Web*, por sua vez, é o conjunto das informações disponíveis".[9] Adail Sobral escreveu que o "ciberespaço é a designação do conjunto de redes de computadores interligadas e de todas as informações e dados ali transmitidos dentro da Internet".[10]

Assim, a internet é a interligação de redes de computadores espalhadas pelo mundo, que passam a funcionar como uma só rede, possibilitando a transmissão de dados, sons e imagens de forma rápida. Essa interligação de redes pode ser feita por sistema telefônico de cabos de cobre ou de fibras óticas, por transmissão via ondas de rádio ou via satélite, por sistema de televisão a cabo etc. O usuário a ela se conecta, geralmente, por intermédio de um aparelho conhecido por *modem*,[11] associado à utilização de programas de computadores com essa finalidade.[12]

É a rede das redes de computadores interligados entre si, sendo que a linguagem utilizada é conhecida por "protocolo TCP-IP"; além disso, cada computador possui um endereço IP – *Internet Protocol* (número de identificação do computador). Quando se navega pela internet e se digita um nome de

---

9 Elidie Palma Bifano. *O negócio eletrônico e o sistema tributário brasileiro*. São Paulo: Quartier Latin, 2004, p. 99.

10 Adail Sobral. *Internet na escola*, o que é, como se faz. São Paulo: Loyola, 1999, p. 106, apud Elidie Palma Bifano. *O negócio eletrônico e o sistema tributário brasileiro*, p. 99.
Carlos Alberto Rohrmann diz que a expressão inglesa *cyberspace* é consagrada e significa o ambiente da internet ou espaço virtual ou *on-line world*. *O governo da internet*: uma análise sob a ótica do direito das telecomunicações. *Revista da Faculdade de Direito Milton Campos*, p. 47.

11 Aqui são pertinentes algumas ponderações conceituais, trazidas por Carlos Alberto Rohrmann: "*Modem* é um *hardware* (modulador e demodulador) que permite a transferência de dados digitais pelas linhas telefônicas do usuário ao provedor de acesso. *Hardware* é um componente eletrônico dotado de existência física, diferente do *software*, que é um programa de criação intelectual". Carlos Alberto Rohrmann. O governo da internet: uma análise sob a ótica do direito das telecomunicações. *Revista da Faculdade de Direito Milton Campos*, p. 48.

12 Nesse sentido, e sobre o funcionamento da internet, Walter Douglas Stuber, Manoel Ignácio Torres Monteiro e Lionel Pimentel Nobre. Questões jurídicas relacionadas à internet. *Revista de Direito Mercantil, Industrial, Econômico e Financeiro*, p. 146-149.

domínio, na verdade está se procurando um endereço IP de um computador que abriga aquele domínio para, assim, estabelecer uma comunicação com ele. Diferentemente do sistema de telefonia convencional, em que a comunicação se dá entre duas pessoas (ou mais de duas) fechando-se um circuito para elas, em uma ligação exclusiva; na internet, a comunicação não se fecha em um circuito exclusivo, pois as mensagens são trocadas entre os usuários como se fossem pacotes que trafegam pela rede por rotas variadas.

O referido autor ainda explica que "cada endereço IP é único (seria o número de identidade de localização de cada computador ligado à internet). O endereço IP é composto de quatro *bytes*. Cada *byte* é composto de oito *bits*. Um *bit* (*binary digit*) pode assumir apenas os valores 0 ou 1. Por cálculos de análise combinatória, temos que o número possível de variações que um *byte* pode assumir é 256 (dois elevado à oitava potência). Consequentemente, pode armazenar em um *byte*, por exemplo, 256 números naturais consecutivos começando por 0 e acabando em 255. Assim, todo endereço IP será um conjunto de quatro números de 0 a 255, separados por pontos. Exemplos: 171.213.121.16, 1.134.13.250, 100.200.201.205". E sobre as rotas, ele pondera que "não há um 'único' caminho, uma única rota dedicada à troca de dados entre dois computadores como há no caso das comunicações telefônicas".[13]

O Marco Civil define IP como "o código atribuído a um terminal de uma rede para permitir sua identificação, definido segundo parâmetros internacionais". É necessário que os parâmetros sejam internacionais, pois a internet é uma rede de computadores de extensão mundial.

Vale destacar que os provedores de acesso têm um número limitado de IP's, sendo que a cada acesso de um usuário é utilizado um IP que, ao ser desconectado, será utilizado por outro usuário, havendo uma rotatividade de IP's entre os internautas vinculados ao provedor.

Dada a insuficiência para a expansão do número de acessos à internet, surgiu a necessidade de ampliação da sequência numeral do IP, surgindo o **IPv6** (IP versão 6). O IPv6 é uma versão mais recente do IP, que, a princípio, deve conviver por um tempo com o **IPv4** (IP versão 4), para posteriormente substituí-lo. A diferença fundamental entre ambos é a quantidade infinitamente maior de IP's que o IPv6 (132 *bits*) permite em relação ao IPv4 (32 *bits*).

---

[13] Carlos Alberto Rohrmann. O governo da internet: uma análise sob a ótica do direito das telecomunicações. *Revista da Faculdade de Direito Milton Campos*, p. 45-52.

Quanto às rotas percorridas, diferentemente do que ocorre nas ligações telefônicas convencionais, na internet não existe apenas um caminho para a troca de dados entre dois computadores. São várias as rotas, não sendo comum, mas possível de acontecer excepcionalmente que algum pacote de dados acabe se perdendo em certa rota.

Desde a década de 1990, a legislação brasileira dispõe sobre o uso de meios da rede pública de telecomunicações para acesso à internet por meio da Norma n. 004/95 (aprovada pela Portaria n. 148/95 do Ministério das Comunicações), que, no item 3, alínea *a*, definiu a internet como um nome genérico que se refere ao conjunto de redes, meios de transmissão, equipamentos etc., necessários à comunicação entre computadores, além dos *softwares* e dados contidos nestes computadores.[14]

Mais recentemente, o Marco Civil da Internet (Lei n. 12.965, de 23 de abril de 2014), art. 5º, I, define internet como o sistema constituído de protocolos lógicos, estruturado em escala mundial para uso público e sem restrições, objetivando permitir a comunicação de dados entre terminais (computador ou outro dispositivo que se conecte à internet) por meio de diferentes redes.

---

[14] Norma n. 004/95: (...)

3. Definições: (...)

a. Internet: nome genérico que designa o conjunto de redes, os meios de transmissão e comutação, roteadores, equipamentos e protocolos necessários à comunicação entre computadores, bem como o *software* e os dados contidos nestes computadores; (...).

2

Agentes da Internet

Como referido anteriormente, a internet é uma importante ferramenta para a comunicação entre as pessoas físicas ou jurídicas, pois oferece recursos aos seus usuários, como o acesso a informações, a transmissão de dados (via *e-mail*, por exemplo), a aquisição de produtos ou serviços etc. E, considerando a proposta do presente livro e sua problematização, é indispensável a análise das figuras da internet, notadamente do provedor, do *site* e do usuário.

2.1. PROVEDORES – ESPÉCIES

A esse respeito, são interessantes as considerações de Newton De Lucca:

> Provedor é aquele que presta, ao usuário, um serviço de natureza vária, seja franqueando o endereço na internet, seja armazenando e disponibilizando o *site* para a rede, seja prestando e coletando informações etc. É designado, tecnicamente, de *Provedor de Serviço de Conexão à Internet* [PSCI], sendo a entidade que presta o serviço de conexão à internet [SCI]. Este, por seu turno, é o nome genérico que designa o Serviço de Valor Adicionado, que possibilita o acesso, à internet, de Usuários e Provedores de Serviços de Informações.[1]

---

1 Newton De Lucca. Títulos e contratos eletrônicos – o advento da informática e seu impacto no mundo jurídico. In: Newton De Lucca e Adalberto Simão Filho (Coords.). *Direito e internet* – aspectos jurídicos relevantes. Bauru, SP: Edipro,

Para Marcel Leonardi, provedor de serviços da internet é a empresa que presta serviços relacionados ao funcionamento da internet. Tal autor alerta para o fato de haver uma confusão entre os vários tipos de provedores. Para ele, provedor de serviço de internet é gênero do qual são espécies os provedores: de *backbone*, de acesso, de correio eletrônico, de conteúdo e de hospedagem.[2]

Em apertada síntese, Marcel Leonardi traz as seguintes conceituações das espécies de provedores. Provedor de **backbone** é o que detém as estruturas de rede, capaz de possibilitar o tráfego de informações; provedor de **acesso** é o fornecedor de serviços que possibilita o acesso de seus usuários à internet; provedor de **correio eletrônico** é o que fornece serviço de envio, recebimento e armazenamento de mensagens eletrônicas; provedor de **conteúdo** é o que disponibiliza e armazena, em seus servidores, informações criadas por terceiros ou meios próprios (alguns chamam impropriamente de provedor de informação o responsável pela criação dessas informações, sendo melhor denominá-los apenas autores da informação); e, por fim, provedor de **hospedagem** é o que permite o armazenamento de *sites*, *blogs*, redes sociais etc., com seus textos, imagens, sons e informações em geral.[3]

Nas operações da internet, as empresas que atuam na condição de provedores podem assumir ao mesmo tempo mais de uma das formas transcritas anteriormente. Além disso, a essa boa classificação proposta pelo autor é preciso adicionar a figura do **provedor intermediário** ou "provedor de serviço"[4] (como, por exemplo, o UOL), cuja atribuição é intermediar a conexão entre o internauta e o provedor de acesso, promovendo uma espécie de "credenciamento" (autenticação) do usuário junto ao provedor de acesso. O provedor intermediário também é conhecido por provedor de serviço de internet (ou simplesmente provedor de internet), cuja nomenclatura é mais adequada quando se está diante do provedor como gênero, sendo, portanto, mais apropriada à espécie em referência a terminologia de provedor intermediário. O

2001, p. 60. Cabe esclarecer que, por ocasião da segunda edição dessa obra, de 2005, em uma nova versão do artigo, o autor achou melhor suprimir o trecho citado.

2 Marcel Leonardi. *Responsabilidade civil dos provedores de serviços de internet*. São Paulo: Juarez de Oliveira, 2005, p. 19.

3 Marcel Leonardi. *Responsabilidade civil dos provedores de serviços de internet*, p. 19-30.

4 Preferimos a expressão "provedor intermediário" ao invés de "provedor de serviço", uma vez que esta segunda terminologia pode gerar confusão com o provedor de serviços de internet, gênero das espécies de provedores.

provedor intermediário não desenvolve a mesma atividade do provedor de acesso, e, embora o provedor intermediário não seja indispensável para a conexão do usuário à internet (como determina a Resolução Anatel n. 614/2013, art. 6º, c/c arts. 10 e 3º, *caput*, do Regulamento do **Serviço de Comunicação Multimídia** – Anexo I da Resolução,[5] que, por sua vez, já era objeto de decisão judicial), ele é um intermediador de conexão conferindo se o usuário pode ou não utilizar aquele serviço de conexão oferecido pelo provedor de acesso. Além disso, normalmente o provedor intermediário oferece outros serviços ao seu usuário, como o fornecimento de conta de *e-mail*, entre outros benefícios.

Exemplificando e detalhando um pouco mais as espécies de provedores, vale ter em conta que *backbone*, em português, pode ser traduzido literalmente como espinha dorsal, mas em matéria de internet significa o cabeamento de altíssima velocidade capaz de interligar redes de localidades, países e continentes entre si. O provedor de *backbone* (ou de **estrutura**) gerencia grandes estruturas de rede que permitem o trânsito de dados via roteadores (dispositivos que encaminham pacotes de dados entre redes de computadores) interligados e de alta velocidade. Eles nada mais são que as operadoras de telecomunicações; havendo *backbones* **internacionais/intercontinentais**, que fazem a ligação entre continentes e/ou países, inclusive por cabos submarinos (como a GloboNet),

---

5 Resolução n. 614, de 28 de maio de 2013 – Aprova o Regulamento do Serviço de Comunicação Multimídia e altera os Anexos I e III do Regulamento de Cobrança de Preço Público pelo Direito de Exploração de Serviços de Telecomunicações e pelo Direito de Exploração de Satélite.

(...)

Art. 6º Determinar que as empresas que prestam a conexão à internet com base na Resolução n. 190, de 29 de novembro de 1999, obtenham outorga para a prestação do Serviço de Comunicação Multimídia no prazo de seis meses a contar da aprovação do Regulamento de que trata o art. 1º.

ANEXO I À RESOLUÇÃO N. 614, DE 28 DE MAIO DE 2013

REGULAMENTO DO SERVIÇO DE COMUNICAÇÃO MULTIMÍDIA

(...)

Art. 3º O SCM é um serviço fixo de telecomunicações de interesse coletivo, prestado em âmbito nacional e internacional, no regime privado, que possibilita a oferta de capacidade de transmissão, emissão e recepção de informações multimídia, permitindo inclusive o provimento de conexão à internet, utilizando quaisquer meios a Assinantes dentro de uma Área de Prestação de Serviço.

Art. 10. A prestação do SCM depende de prévia autorização da Anatel, devendo basear-se nos princípios constitucionais da atividade econômica.

backbones **nacionais** (por exemplo, a EMBRATEL) e *backbones* **estaduais/regionais** (exemplificado pela Rede Pernambuco de Informática). Embora provedor de *backbone* não seja provedor de acesso, é possível um titular de provedor de *backbone* também ser titular de uma atividade de provedor de acesso, ou vice-versa, ficando ambas as atividades sob a "marca comercial".

Um exemplo de prestador de serviço e fornecedor que gerencia contas de *e-mails*, ou seja, um **provedor de correio eletrônico**, é o Hotmail. Já o Locaweb exemplifica a atividade do **provedor de hospedagem** hospedando *sites*, redes sociais e *blogs*, entre outros. Ambos os provedores, de correio eletrônico e de hospedagem, utilizam-se da estrutura de provedores de *backbones*, via contrato oneroso.

É preciso fazer uma distinção mais pormenorizada entre o **provedor de acesso** (como a NetVirtua e a Vivo/Telefônica) e o **provedor de conteúdo** (exemplificativamente, o portal Globo), os quais também se utilizam da estrutura dos *backbones*, tendo em vista que, às vezes, ambas as figuras chegam a ser confundidas.

Antes, porém, é preciso esclarecer que o **Marco Civil da Internet** (Lei n. 12.965/2013), arts. 9º e seguintes, cuida do provedor de conexão e do provedor de aplicações de internet. Conforme o texto da lei, o provedor de **conexão** é uma categoria que corresponde ao provedor de acesso; já a categoria do provedor de **aplicações de internet** contempla os provedores de correio eletrônico, hospedagem e conteúdo.

Os **provedores de acesso** [ou de conexão] surgiram na década de 1990, sendo também conhecidos por ISPs – *Internet Service Providers* (provedores de serviço de internet).[6] Vale ressaltar que este tipo de provedor utiliza-se de um serviço de telecomunicações que lhe dá suporte, ou seja, do provedor de *backbone*.

No Brasil, o uso de meios da rede pública de telecomunicações para acesso à internet desde 1995 estava disposto na Norma n. 004/95 (aprovada pela Portaria n. 148/95 do Ministério das Comunicações), que, no item 3,[7] já trazia algumas definições importantes para o tema em estudo.

---

6 Carlos Alberto Rohrmann. O governo da internet: uma análise sob a ótica do direito das telecomunicações. *Revista da Faculdade de Direito Milton Campos*, Belo Horizonte, Del Rey, v. 6, 2001, p. 48.

7 Norma n. 004/95: (...)
3. Definições: (...)

Na alínea *d*, está a definição de "provedor de serviço de conexão à internet" como entidade que presta o serviço de conexão à internet. Por sua vez, na alínea *c*, está definido que o "serviço de conexão à internet" é o Serviço de Valor Adicionado que possibilita o acesso à internet a usuários e provedores de serviços e informações.

Serviço de Valor Adicionado significa "a atividade que acrescenta, a um serviço de telecomunicações que lhe dá suporte e com a qual não se confunde, novas utilidades relacionadas ao acesso, armazenamento, apresentação, movimentação ou recuperação de informações. O provedor é um serviço de telecomunicação, sendo um usuário deste serviço que lhe dá suporte (Lei Geral das Telecomicações – Lei n. 9.472/97, art. 61 c/c art. 60[8]).

Assim, provedor de acesso é aquele que coloca à disposição do usuário o acesso à internet, mediante o uso de um programa que possibilita a conexão.

---

c. Serviço de Conexão à Internet (SCI): nome genérico que designa Serviço de Valor Adicionado que possibilita o acesso à Internet a Usuários e Provedores de Serviços de Informações;

d. Provedor de Serviço de Conexão à Internet (PSCI): entidade que presta o Serviço de Conexão à Internet;

(...)

8 Art. 60. Serviço de telecomunicações é o conjunto de atividades que possibilita a oferta de telecomunicação.

§ 1º **Telecomunicação** é a transmissão, emissão ou recepção, por fio, radioeletricidade, meios ópticos ou qualquer outro processo eletromagnético, de símbolos, caracteres, sinais, escritos, imagens, sons ou informações de qualquer natureza.

§ 2º **Estação de telecomunicações** é o conjunto de equipamentos ou aparelhos, dispositivos e demais meios necessários à realização de telecomunicação, seus acessórios e periféricos, e, quando for o caso, as instalações que os abrigam e complementam, inclusive terminais portáteis.

Art. 61. **Serviço de valor adicionado** é a atividade que acrescenta, a um serviço de telecomunicações que lhe dá suporte e com o qual não se confunde, novas utilidades relacionadas ao acesso, armazenamento, apresentação, movimentação ou recuperação de informações.

§ 1º Serviço de valor adicionado não constitui serviço de telecomunicações, classificando-se seu provedor como usuário do serviço de telecomunicações que lhe dá suporte, com os direitos e deveres inerentes a essa condição.

§ 2º É assegurado aos interessados o uso das redes de serviços de telecomunicações para prestação de serviços de valor adicionado, cabendo à Agência, para assegurar esse direito, regular os condicionamentos, assim como o relacionamento entre aqueles e as prestadoras de serviço de telecomunicações.

Esta pode ser feita por diversas formas, como: por sistema de telefonia, com ou sem fio, ou televisão via cabo, fibra ótica ou satélite, entre outras. Quer dizer, é o canal que faz a conexão do usuário com a internet. Os provedores têm seus computadores ligados à internet dispondo de canais de acesso para que seus clientes, cada qual por meio de seu *modem*, possam fazer a conexão de seus equipamentos.

A função do provedor de acesso é disponibilizar ao usuário o acesso à internet, normalmente mediante conexão telefônica (mas não necessariamente), estabelecendo, então, o canal de contato com a rede mundial de computadores. Geralmente, confere ao usuário um endereço para receber e enviar mensagens por correio eletrônico. Além disso, poderia até ser equiparado a uma companhia telefônica, pois não deixa de ser um transmissor ou condutor do tráfego de informações.

Por sua vez, o **provedor de conteúdo**, também conhecido por provedor de produtos e serviços (ou somente provedor de serviços), é aquele que, na internet, coloca à disposição do usuário a possibilidade de adquirir diversos serviços (por exemplo, acesso a informações, como ocorre com os serviços de bancos de dados prestados por empresas que fornecem informações sobre crédito) e produtos (físicos – por exemplo, compra de eletrodomésticos – ou digitalizados – compra de programas de computador).

A respeito dos serviços prestados pelo provedor de conteúdo, são comuns, por exemplo, a disponibilidade de informações editadas por ele ou por terceiro ou o armazenamento de *blogs*, redes sociais, entre outros.

Pode ocorrer, e com muita frequência ocorre, de o provedor de conteúdo ser o mesmo que fornece o acesso, isto é, um único provedor exerce a função de provedor de acesso e de provedor de produtos e serviços. Quando isso ocorre, a forma mais utilizada para referir-se a esse modelo é provedor de internet.

2.2. *SITES* (SÍTIOS ELETRÔNICOS)

É importante entender o que vem a ser a figura do *site* (sítio eletrônico).[9] Ele é o conjunto de informações e imagens alocadas em um servidor e disponibiliza-

---

[9] *Site* é: "Um grupo de documentos HTTP relacionados e arquivos associados, *scripts* e bancos de dados que residem em um servidor HTML na Word Wide Web". *Microsoft Press. Dicionário de informática*. Trad. de Gilberto Castro e Valéria Chamon (Trad. da 3. ed. americana). Rio de Janeiro: Campus, 1998, p. 766.

das de forma virtual[10] na internet. O acesso virtual ao *site* é feito por meio do endereço eletrônico. Nele constam as informações de seu proprietário, ou de terceiros, além de outras que sejam necessárias, tendo em vista sua finalidade.

O proprietário do *site* pode ser pessoa física ou jurídica, ter fins econômicos ou não, ser meramente institucional ou estar atrelado a uma atividade empresarial, ser de natureza governamental etc.

Frise-se, o que identifica o endereço eletrônico do *site* na internet é o nome de domínio.[11] No Brasil, os registros dos nomes de domínio são feitos diretamente no *site* www.registro.br. O Registro.br é órgão responsável pelo registro e manutenção dos nomes de domínio com a uma extensão ".br" sendo um departamento do Núcleo de Informação e Coordenação do Ponto BR – (NIC.br).

Entre as atribuições do NIC.br está: 1 – o registro e manutenção dos nomes de domínio que usam o ".br" e a distribuição de números de Sistema Autônomo (ASN) e endereços IPv4 e IPv6 no País, por meio do departamento chamado Registro.br; 2 – o tratamento e resposta a incidentes de segurança em computadores envolvendo redes conectadas à internet brasileira, que cabe ao órgão denominado Centro de Estudos, Resposta e Tratamento de Incidentes de Segurança no Brasil (CERT.br); 3 – os projetos que apoiem ou aperfeiçoem a infraestrutura de redes no País, como a interconexão direta entre redes (PTT.br) e a distribuição da Hora Legal brasileira (NTP.br). Esses projetos ficam sob

---

10 A expressão "virtual" é empregada para designar algo que não é material, físico ou tocável. Apesar de não ser o objeto do presente livro, para um estudo mais apurado sobre o tema, é importante o contato com a obra de Pierre Lévy, na qual ele afirma que: "o virtual não se opõe ao real", querendo dizer que o virtual não tem o sentido de ser contrário ao que é a realidade. Pierre Lévy. *O que é virtual?* Trad. de Paulo Neves. São Paulo: Editora 34, 1996, p. 15.

Newton De Lucca alerta para o fato de haver uma tendência a estabelecer uma oposição ingênua entre o real e o virtual. Segundo o autor, recorrentemente, o uso da expressão "virtual" serve para expressar a simples ausência de existência, algo intangível, mas esse seria apenas um dos sentidos da palavra. Newton De Lucca. *Aspectos jurídicos da contratação informática e telemática*. São Paulo: Saraiva, 2003, p. 6.

11 Sobre os critérios estabelecidos para o registro de nomes de domínios, vide Resolução n. 008/2008 do Comitê Gestor da Internet no Brasil. Disponível em: <http://www.cgi.br>.

Inicialmente o nome do órgão era: "Comitê Gestor Internet do Brasil", o qual foi criado pela Portaria Interministerial n. 147, de 31 de maio de 1995, dos Ministérios das Comunicações e de Ciência e Tecnologia. A nomenclatura foi alterada pelo Decreto Presidencial n. 4.829, de 3 de setembro de 2003, passando então a se chamar: "Comitê Gestor da Internet no Brasil (CGI.br)".

a responsabilidade do Centro de Estudos e Pesquisas em Tecnologia de Redes e Operações (CEPTRO.br); 4 – a produção e divulgação de indicadores e estatísticas e informações estratégicas sobre o desenvolvimento da internet brasileira, a cargo do Centro de Estudos sobre as Tecnologias da Informação e da Comunicação (CETIC.br). É possível saber mais em www.nic.br. Vale destacar que o NIC.br é um ente sem fins lucrativos vinculado ao Comitê Gestor da Internet no Brasil (CGI.br).[12]

Vale ter em conta que o nome de domínio está diretamente relacionado com o endereço IP (número de identificação) de um computador, ou seja, quando se está procurando por um nome de domínio, ou página na internet, na verdade, está sendo buscado um endereço de um computador.[13] No fundo, nome de domínio (ou simplesmente domínio) é uma designação/expressão que serve para localizar e identificar conjuntos de computadores e serviços na internet, a fim de evitar ter localizá-los por meio de seus números identificadores.

Assim, o nome de domínio pode ter duas funções: a primeira, de ser o endereço eletrônico, que possibilita a conexão do usuário com o conteúdo do *site*; e a segunda, de estar relacionado a um nome que o identifica, que pode ser marca, título do estabelecimento, nome empresarial, entidade governamental ou não etc.

Marco Aurélio Greco, ao analisar o tema, identifica três grupos de *sites*. O primeiro é o dos "meramente passivos", os que apenas mostram informações ou imagens de produtos e serviços, de pessoas etc. (algo semelhante a outros veículos de divulgação). O segundo são os "canalizadores de mensagens", os que, além das possíveis atribuições anteriores, possibilitam receber solicitações pelos interessados na compra de produtos ou serviços (semelhante a uma caixa de correspondência que recebe solicitações e pedidos). O terceiro grupo é o dos "inteligentes", os que, além de receber os pedidos, têm condições técnicas de realizar operações mais complexas, de estabelecer uma relação interativa com o usuário, uma vez que pode responder sobre a confirmação das solicitações e a disponibilidade no estoque, informar o prazo de entrega, receber o

---

12 O Comitê Gestor da Internet no Brasil inicialmente havia delegado a competência do registro de nomes de domínio à Fundação de Amparo à Pesquisa do Estado de São Paulo (Fapesp), por meio da Resolução n. 002/98. Atualmente, essa competência é atribuída ao NIC.BR, por meio da Resolução n. 1/2005.

13 Carlos Alberto Rohrmann. O governo da internet: uma análise sob a ótica do direito das telecomunicações. *Revista da Faculdade de Direito Milton Campos*, p. 45 e 51.

pagamento por meio do fornecimento do número de cartão de crédito ou emissão de boleto para pagamento em banco. Se for o caso de compra de bens incorpóreos – *software*, por exemplo –, já permite o *download*.[14-15]

Como se pode perceber, são múltiplas as possibilidades de configuração de um *site*, o que chama atenção para os reflexos jurídicos daí decorrentes.

Notadamente quanto aos empresários, o que mais toca na presente obra, muitos utilizam seus *sites* como forma de se apresentarem, de se aproximarem ou até mesmo de negociarem com seus clientes. Nos últimos anos, está em plena expansão o chamado "comércio eletrônico" ou negócios celebrados na internet, o que nos leva a verificar as funções do *site* comparadas às funções do estabelecimento empresarial físico, que será analisado posteriormente no item referente ao estabelecimento virtual.

2.3. USUÁRIOS (INTERNAUTAS)

Outra figura presente na internet é o usuário.[16] Trata-se de toda pessoa física ou jurídica que utiliza a internet. Aqui está se referindo àquele que usa a internet na condição de pessoa física, propriamente dita, ou de pessoa jurídica, neste caso por meio do seu administrador ou representante/preposto, como um funcionário.

O usuário da internet pode utilizá-la, entre outras coisas: 1) como ferramenta de pesquisa (nos mais variados temas); 2) como forma de comunicação, por exemplo, por meio de *e-mail* e *chats* (salas de bate-papo) de conversas instantâneas; 3) como um método de aquisição de bens e serviços, considerando que muitas empresas usam esse recurso para disponibilizar seus produtos e serviços.

---

14 Marco Aurélio Greco. Estabelecimento tributário e *sites* na internet. In: Newton De Lucca e Adalberto Simão Filho (Coords.). *Direito e internet* – aspectos jurídicos relevantes, 2. ed., p. 341-342.

15 *Download* é a "operação de trazer um arquivo de um servidor remoto para o computador local, popularmente conhecido como 'baixa'. É o oposto de '*upload*', que consiste em enviar um arquivo do computador local para um servidor remoto". Cf. Aldemário Araújo Castro. Os meios eletrônicos e a tributação. In: Demócrito Reinaldo Filho (Coord.). *Direito da informática* – temas polêmicos. Bauru, SP: Edipro, 2002, p. 255 (nota n. 23).

16 No decorrer do presente livro, tal expressão será utilizada de preferência, mas não compulsoriamente, e poderá ser substituída por internauta (que é aquele que navega pela internet) ou por consumidor (quando se tratar de relação de consumo).

Nas palavras de Newton De Lucca, "o Usuário *de serviço de informações* é aquele que utiliza, por intermédio do *Serviço de Conexão à Internet*, as informações dispostas pelos *Provedores de Serviço de Informações*".[17]

Convencionalmente, tem-se utilizado a expressão "internauta"[18] para designar aquele que navega pela internet, ou melhor, que se utiliza da internet, independentemente de sua finalidade, de pesquisar, jogar, comunicar-se, comprar etc.

No entanto, o usuário também pode ser considerado consumidor, quando houver uma relação de consumo. Consumidor, que é toda pessoa física ou jurídica que adquire ou utiliza produto ou serviço como destinatário final, conforme dispõe o art. 2º do Código de Defesa do Consumidor. Esse aspecto será objeto de análise mais detalhada adiante.

---

17 Newton De Lucca. Títulos e contratos eletrônicos – o advento da informática e seu impacto no mundo jurídico. In: Newton De Lucca e Adalberto Simão Filho (Coords.). *Direito e internet* – aspectos jurídicos relevantes. Bauru, SP: Edipro, 2001, p. 60 (nota n. 87). Na segunda edição da referida obra, de 2005, em nova versão do artigo, o autor optou por não colocar tal conceituação.

18 Fábio Ulhoa Coelho, de forma bastante peculiar, utilizava as expressões "internete" e "internetenauta", para referir-se a internet e internauta, respectivamente. *Curso de direito comercial*. 4. ed. São Paulo: Saraiva, 2003, v. 3, p. 31 e 49. Passados alguns anos, em artigo publicado em dezembro de 2006, utilizou o vocábulo: "Internet", agora com a inicial maiúscula. Direitos do consumidor no comércio eletrônico. *Revista do Advogado*. São Paulo: Associação dos Advogados de São Paulo, n. 89, dezembro 2006, p. 32-37.

3

Peculiaridades na Operacionalização da Internet

Como já visto, a internet tem muitas peculiaridades que a fazem ser uma excelente fonte de pesquisa, útil para troca de informações, como forma de comunicação e aquisição de produtos e serviços, além de inúmeras outras serventias.

Entre suas características, estão algumas ações que não são tão conhecidas em outros campos, pelo menos não na mesma feição com que se apresentam na internet, por exemplo, a maneira fácil de como a privacidade pode ser violada nos meios eletrônicos.

Com efeito, a privacidade na internet[1] pode ser violada com facilidade por causa da indiscriminada captação de dados, que enseja a formação de um perfil de usuário e que acarreta a comercialização desses dados. Associa-se a

---

[1] A questão da privacidade na internet é tão preocupante que tem levado inúmeros juristas a dedicarem estudos ao tema, por exemplo: Amaro Moraes e Silva Neto. *Privacidade na internet*: um enfoque jurídico. Bauru, SP: Edipro, 2001; Fábio Henrique Podestá. Direito à intimidade em ambiente da internet. In: Newton De Lucca e Adalberto Simão Filho (Coords.). *Direito e internet* – aspectos jurídicos relevantes. 2. ed. São Paulo: Quartier Latin, 2005, p. 179-207; Roberto Senise Lisboa. A inviolabilidade de correspondência na internet. In: Newton De Lucca e Adalberto Simão Filho (Coords.). *Direito e internet* – aspectos jurídicos relevantes, 2. ed., p. 509-535; Taís Gasparian. Privacidade em tempos da internet. *Revista do Advogado*, São Paulo: Associação dos Advogados de São Paulo, n. 69, maio 2003, p. 37-46; Demócrito Reinaldo Filho. A privacidade na "sociedade da informação". In: Demócrito Reinaldo Filho (Coord.). *Direito da informática* – temas

isso o fato do envio de inúmeras mensagens não solicitadas, que não observam questões jurídicas aí envolvidas, além de outros problemas causados, seja às pessoas físicas, seja às pessoas jurídicas. Portanto, é necessário conhecer como se operacionaliza essa sistemática peculiar da internet e, consequentemente, suas implicações, para verificar, na ocasião da análise dos aspectos jurídicos, se há violação de direitos, especialmente quanto à privacidade.

3.1. CAPTAÇÃO DE DADOS – *COOKIE*

A captura de dados na internet se dá basicamente de duas formas: 1) mediante o fornecimento pelo usuário de seus dados, quando do preenchimento de formulários em *sites*, ou 2) por meio da captação dos *cookies*, questão mais delicada, que será objeto de maior atenção.

Ricardo Luis Lorenzetti esclarece:

> (...) os *cookies*, são fichários de dados gerados através das instruções que os servidores *web* enviam aos programas navegadores e que são guardados num diretório específico do computador do usuário. É um instrumento para a obtenção de dados sobre os hábitos de consumo, frequências de visita a uma seção determinada, tipo de notícias a suprir.[2]

A Procuradoria de Justiça do Estado de São Paulo manifestou-se sobre os *cookies* no sentido de que eles são pequenos arquivos de textos gravados pelo *browser*[3] no computador do usuário. A finalidade é guardar alguns dados, como nomes e senhas, para que o internauta não precise digitar novamente quando voltar a determinados *sites*. Também objetivam fazer o direcionamento dos anúncios, considerando o interesse e o comportamento do usuário.[4]

---

polêmicos. Bauru, SP: Edipro, 2002, p. 25-40; Danilo Duarte de Queiroz. Privacidade na internet. In: Demócrito Reinaldo Filho (Coord.). *Direito da informática* – temas polêmicos, p. 81-96.

2 Ricardo Luis Lorenzetti. Informática, *cyberlaw, e-commerce*. In: Newton De Lucca e Adalberto Simão Filho (Coords.). *Direito e internet* – aspectos jurídicos relevantes, 2. ed., p. 490-491.

3 *Browser* é o programa de computador para se utilizar a internet. Definição trazida por Walter Douglas Stuber, Manoel Ignácio Torres Monteiro e Lionel Pimentel Nobre. Questões jurídicas relacionadas à internet. *Revista de Direito Mercantil, Industrial, Econômico e Financeiro*. São Paulo: Malheiros, n. 120, out./dez. 2000, p. 148.

4 Definição extraída do despacho da Procuradoria de Justiça do Estado de São Paulo, referente à representação feita pelo advogado Amaro Moraes e Silva Neto. Cf.

Eles, os *cookies*, são instalados, pelos *sites* visitados, dentro do computador do usuário, no disco rígido, com informações que o próprio usuário forneceu. Exemplos: nome, senha, *e-mail*, preferências (de compras, notícias etc.), endereço, nacionalidade, profissão, estado civil, data de nascimento ou casamento, idade dos filhos, se porta doenças, dados comerciais em geral, entre outras. Eles têm a função de reconhecer o usuário, o que pode ser positivo. No entanto, tornam-se preocupantes na medida em que são utilizados indiscriminadamente e sem o devido esclarecimento aos usuários.

O *cookie* é, portanto, um programa de computador que registra os caminhos do usuário da internet e por meio do qual se obtém dados sobre seus costumes e preferências. Isso passa a ter um valor muito relevante para efeitos de publicidade mais personalizada. A questão mais preocupante no caso é se a captação desses dados é feita sem o consentimento do usuário.[5]

Para uma melhor compreensão das funções dos *cookies*, podemos classificá-los em passivos ou ativos.

"*Cookies* passivos" são aqueles programas de computador que armazenam as informações desde que autorizadas pelo usuário. Sua função é a de realmente facilitar um próximo acesso. Eles não são ocultos, são opcionais, e podem ter um caráter de coleta de dados com fins estatísticos, sem vinculação a determinada pessoa.

Já os "*cookies* ativos" têm a função de monitorar o comportamento dos usuários para registrar suas preferências. Sua finalidade principal é oferecer, por meio de *sites*, produtos e serviços que possam interessar a um determinado usuário em razão do seu perfil. Tendo em vista que são utilizados sem o consentimento do usuário, a obtenção de informações privadas é executada de forma clandestina.

Sobre o consentimento para instalação de *cookies*, Ricardo Luis Lorenzetti pondera: "(...) o usuário deve ser previamente notificado da presença desses fichários na página que visita, requerendo-se seu consentimento".[6] No entanto, raros são os *sites* ou provedores que adotam de maneira explícita essa prática.

Débora Pinho. *Invasão de privacidade* – MP investiga UOL, Yahoo e IG por causa de cookies. Disponível em: <http://www.cbeji.com.br/jurisprudencia/privacidade.htm>. Acesso em: 21 ago. 2017.

5 Ricardo Luis Lorenzetti. *Comercio electrónico*. Buenos Aires: Abeledo-Perrot, 2001, p. 243.

6 Ricardo Luis Lorenzetti. Informática, *cyberlaw, e-commerce*. In: Newton De Lucca e Adalberto Simão Filho (Coords.). *Direito e internet* – aspectos jurídicos relevantes, 2. ed., p. 491.

Assim, a partir da instalação dos *cookies* sem o consentimento do usuário, pode-se ter a privacidade invadida. De imediato, pela própria instalação sem consentimento; em seguida, pela captação das informações pessoais ou de qualquer outro gênero; posteriormente, pela formação de um banco de dados para a comercialização das preferências de determinados usuários; e, por último, pelo recebimento de inúmeras mensagens indesejadas.

A mera coleta de informações praticada pelo *site*, por meio do *cookie*, por si só, já pode configurar uma invasão de privacidade. O ideal é que no *site* seja informado o funcionamento do *cookie*, demonstrando qual o verdadeiro destino das informações que ali estão sendo coletadas. Isso pode ser feito mediante uma política explícita de privacidade, a qual deve ser disponibilizada pelo *site*. Assim, o usuário terá a faculdade de escolher fornecer ou não os dados. Nesse caso, não haveria por que falar em violação da privacidade.

A respeito da divulgação dos dados coletados pelos *cookies*, existe na Argentina um projeto de lei que trata do comércio eletrônico. Em seu art. 44, está previsto que os provedores poderão requerer os dados dos clientes para fins comerciais. No entanto, somente poderão ceder a terceiros os dados, total ou parcialmente, se houver o prévio e expresso consentimento, e tal consentimento não estará vinculado à realização do negócio.[7]

A União Europeia tem uma lei desde 2002 que faz restrições ao uso dos *cookies*, alegando que tal prática pode ser utilizada para espionar a navegação do internauta. Assim, os *cookies* só poderão entrar em ação se o *site* esclarecer ao usuário que as informações poderão ser manipuladas.[8]

Como veremos mais adiante, o Marco Civil da Internet, art. 10 e s., de forma genérica, expressa que a coleta, o armazenamento etc. de registros de dados pessoais ou de comunicações devem respeitar a legislação brasileira em vista a proteção da intimidade, da vida privada, da honra e da imagem das partes envolvidas, bem como do sigilo nas comunicações.

3.2. BANCO DE DADOS – *MAILING LIST*

Na internet, a formação de banco de dados (também chamado de *mailing list* – cuja tradução seria lista de dados ou endereços) se dá basicamente, após a captação, pela organização e registro de dados, em especial de endereços eletrônicos, mas pode conter outros dados pessoais e comerciais. Logo, é assim

---

7 Ricardo Luis Lorenzetti. *Comercio electrónico*, p. 243.

8 *União Europeia proíbe envio de* spam *no continente*. Disponível em: <http://noticias.bol.com.br/destaques/2002/05/31/ult124u10167.jhtm>. Acesso em: 22 ago. 2017.

que se forma um banco de dados que, provavelmente, tem por objetivo divulgar algo. As informações são colhidas a partir dos *cookies* ou pelo preenchimento de formulários aparentemente despretensiosos.

Já existe um mercado de *mailing list* estabelecido, com várias empresas vendendo seus "produtos" pela internet. São listas de *e-mails* de pessoas físicas e jurídicas, as quais são oferecidas em larga escala. Para se vislumbrar melhor a situação quanto aos valores financeiros envolvidos, uma das empresas que vende listagens oferece dois milhões de *e-mails* de pessoas físicas por R$ 250; duzentos mil *e-mails* de pessoas jurídicas por R$ 150; existindo, ainda, a possibilidade de se fazer pacotes, por exemplo, com um milhão de endereços eletrônicos de pessoas físicas e mais novecentos mil endereços eletrônicos de pessoas jurídicas por R$ 450.[9]

Proliferam empresas que oferecem cadastros com endereços de *e-mails* de pessoas físicas e jurídicas para o envio em massa de mensagens eletrônicas não solicitadas. Os endereços são vendidos por lote e por categorias, como arquitetos, médicos, imobiliárias, hotéis e muitos outros tipos de perfis.[10]

Aqueles que enviam mensagens eletrônicas não solicitadas têm usado técnicas para confirmar que os endereços eletrônicos dos destinatários estejam em funcionamento. Por exemplo, na própria mensagem, colocam a informação de que, caso não queira mais receber aquele tipo de mensagem, deve-se responder o *e-mail* indicando no assunto a palavra "remover".

No entanto, isso nada mais é do que um artifício utilizado para se confirmar que realmente aquele *e-mail* existe e está ativo. Tal confirmação faz com que esse *e-mail* tenha um valor ainda maior para a comercializaçao. Outro artifício, para confirmar que o *e-mail* está ativo, é o uso de um *link*, que leva o usuário receptor da mensagem, desejando descartá-la, a utilizar-se dele sem saber que, na verdade, está confirmando seu endereço.

O projeto de lei argentino, no seu art. 44, anteriormente mencionado, ao tratar da divulgação dos dados coletados pelos *cookies*, prevê que os provedores poderão requerer dados dos clientes para fins comerciais, todavia, *somente poderão ceder a terceiros os dados, total ou parcialmente, se houver o prévio e*

---

9 Eva Mothci e Giordani Rodrigues. Spammers *vendem milhões de* e-mails *e enganam internautas*. Disponível em: <http://www.terra.com.br/informatica/2001/03/14/001.htm>. Acesso em: 22 ago. 2017.

10 Giordani Rodrigues. *Empresa brasileira paga indenização por enviar* spam. Disponível em: <http://www.terra.com.br/informatica/2001/06/29/004.htm>. Acesso em: 22 ago. 2017.

expresso consentimento, apesar de que esse consentimento não estará vinculado à realização do negócio.[11]

Não só no Brasil a formação de banco de dados e sua transferência a terceiros já existiam muito antes da chegada da internet, mas é claro que, a partir de seu advento e sua disseminação, ocorreu uma proliferação dessa prática. No ordenamento jurídico pátrio, há disposições contra essas práticas, em especial o art. 43, § 2º, do Código de Defesa do Consumidor, que veremos a seguir.

Haroldo Malheiros Duclerc Verçosa, ao tratar da figura do agente fiduciário nas compras do consumidor pela internet, alerta para a necessidade de a empresa que manipula dados pessoais das partes cuidar para que esses dados não cheguem ao conhecimento de terceiros sem autorização para tanto, uma vez que pode proporcionar o uso indevido dos dados em detrimento daquelas partes.[12]

Mais adiante, teremos oportunidade de análise do Marco Civil da Internet (Lei n. 12.965/2014), cujo art. 7º trata das questões que envolvem o consentimento do usuário para a captação de dados (normalmente via uso de *cookie*) e a formação de banco de dados (*mailing list*) e sua cessão ou comercialização para terceiros.

3.3. MENSAGEM NÃO SOLICITADA – *SPAM* (*E-MAIL, SMS, WHATSAPP*, TELEFONE)

Ao fazermos menção à mensagem não solicitada, estamos nos referindo à mensagem eletrônica, popularmente chamada de *e-mail*. Então, para se compreender o que é uma mensagem eletrônica não solicitada, é necessário entender o que é um *e-mail*.[13] Trata-se do seguinte:

> *Electronic Mail*: A transmissão de mensagens por uma rede de comunicações. O correio eletrônico, ou *e-mail*, é uma versão informatizada (de computador para computador, ou terminal para terminal) dos serviços de correspondên-

---

[11] Ricardo Luis Lorenzetti. *Comercio electrónico*, p. 243.

[12] Haroldo Malheiros Duclerc Verçosa. Agente fiduciário do consumidor em compras pela internet: um novo negócio nascido da criatividade mercantil. *Revista de Direito Mercantil, Industrial, Econômico e Financeiro*. São Paulo: Malheiros, n. 118, abr./jun. 2000, p. 88.

[13] Olavo José Gomes Anchieschi relata que o *e-mail* foi criado por Ray Tomlinson em 1974. Olavo José Gomes Anchieschi. *Segurança total*. São Paulo: Makron Books, 2000, p. 1 apud Mauricio de Souza Matte. *Internet* – comércio eletrônico: aplicabilidade do Código de Defesa do Consumidor nos contratos de *e-commerce*. São Paulo: LTr, 2001, p. 26.

> cia interna ou dos serviços postais. Usado em redes locais e redes remotas, o correio eletrônico permite que os usuários enviem e recebam mensagens – em certos casos, mensagens gráficas ou mensagens de voz – de uma para outra ou entre grupos de pessoas.[14]

Do ponto de vista jurídico, uma discussão acerca do *e-mail* se dá quanto à sua eficácia probatória,[15] tendo, nesse sentido, avançado inicialmente o Código Civil francês, em razão de reforma promovida na década de 2000 e a previsão do art. 1.316-3,[16] que dá força probatória ao documento eletrônico como um documento escrito. Mais recentemente esse efeito passou a fazer parte de nosso ordenamento jurídico, conforme será estudado no item sobre documento eletrônico.

A mensagem eletrônica não solicitada, também conhecida por *spam*, é o *e-mail* de conteúdo impróprio ou inoportuno, distribuído em massa via correio eletrônico. Pode-se dizer que é a correspondência eletrônica (enviada por sistema eletrônico) sem o consentimento do destinatário; ela é dirigida a inúmeros endereços, com fim comercial ou não, na qual se divulgam e/ou oferecem produtos ou serviços.[17] Também é chamado de *junk e-mail*, que se tem traduzido por lixo eletrônico.[18]

---

14 *Microsoft Press. Dicionário de informática.* Trad. de Gilberto Castro e Valéria Chamon (Trad. da 3. ed. americana). Rio de Janeiro: Campus, 1998, p. 325.

15 Sobre a questão da prova e sua eficácia em sede de internet, vide: José Rogério Cruz e Tucci. Eficácia probatória dos contratos celebrados pela internet. In: Newton De Lucca e Adalberto Simão Filho (Coords.). *Direito e internet* – aspectos jurídicos relevantes, 2. ed., p. 311-319.

16 Código Civil francês, art. 1.316-3: "*L'écrit sur support électronique a la même force probante que l'écrit sur support papier*" [O escrito em suporte eletrônico tem a mesma força probante que o escrito em papel]. (Tradução livre.)

17 Juridicamente, o *spam* poderia ser uma proposta (destinada a uma pessoa determinada) ou uma oferta (destinada ao público em geral).

18 No Brasil, o Centro de Estudos, Respostas e Tratamento de Incidentes de Segurança no Brasil (CERT.BR) – órgão vinculado ao Comitê Gestor da Internet no Brasil – elaborou uma cartilha com dicas sobre segurança na internet, a qual, entre outras coisas, dispõe: "*Spam* é o termo usado para se referir aos *e-mails* não solicitados, que geralmente são enviados para um grande número de pessoas. Quando o conteúdo é exclusivamente comercial, este tipo de mensagem também é referenciado como UCE (do inglês *Unsolicited Commercial E-Mail*)". Disponível em: <http://cartilha.cert.br/>. Acesso em: 19 ago. 2017.

Nos últimos anos, com o desenvolvimento da internet, um dos fenômenos que cresce a cada dia de forma assustadora é o envio de mensagens não solicitadas, ou não autorizadas,[19] a ponto de causar em alguns certa antipatia pelo uso da rede.

Maria Eugênia Reis Finkelstein aponta que o *spam* é a forma abusiva do uso de mensagem eletrônica, geralmente associada a informes publicitários, mas que não se apresentam como tal. Seria o envio de *e-mails* sem autorização.[20]

O *spam* é originado a partir da captação de dados, que constituem as listas de endereços eletrônicos, apresentando-se como uma forma de publicidade de produtos ou serviços ou propaganda das mais variadas.

O conteúdo do *spam* pode aparecer de várias maneiras: fins comerciais, meros boatos,[21] ameaças, brincadeiras, correntes de boa sorte, propaganda política, donativos a desconhecidos, ofertas de como ganhar dinheiro, oferecimento de prêmios pelo repasse das mensagens, entre outras.

Ao escrever sobre o tema, Maria Eugênia Finkelstein aponta para duas espécies de *spam*: os sem objetivos comerciais (*spam lato sensu*) e os com finalidades comerciais (*spam stricto sensu*). Além disso, o que caracteriza o *spam* não é o seu recebimento, mas a questão de não ter sido solicitado pelo seu destinatário.[22]

O *spam* pode ser considerado simplesmente uma mala direta eletrônica com custos reduzidos, o que o torna uma prática muito atraente para fins comerciais. Em algumas situações, que não envolvem publicidade comercial, trata-se de uma maneira simples de se divertir com inúmeras pessoas (conhecidas ou não), em que o emissor espalha uma brincadeira ou um boato e aguarda para ver qual será sua extensão.[23-24]

---

19 Nesse sentido, Ricardo Luis Lorenzetti. Informática, *cyberlaw, e-commerce*. In: Newton De Lucca e Adalberto Simão Filho (Coords.). *Direito e internet* – aspectos jurídicos relevantes, 2. ed., p. 491.

20 Maria Eugênia Reis Finkelstein. *Aspectos jurídicos do comércio eletrônico*. São Paulo/Porto Alegre: Síntese, 2004, p. 148.

21 Os *e-mails* que espalham boatos são também chamados de *hoaxes*.

22 Maria Eugênia Finkelstein. Aspectos jurídicos do comércio eletrônico, p. 149.

23 Um caso de grande repercussão foi o do empresário brasileiro que, utilizando nome falso, enviou *e-mails* de um *cybercafé* em Londres para outros empresários, informando que um conhecido banco paulista estaria com capital negativo. Foi rastreado e localizado no momento em que tentou verificar se havia resposta para suas mensagens por meio dos computadores de sua empresa na Inglaterra. Posteriormente, foi condenado criminalmente pela prática.

24 Uma questão ainda não debatida é saber se os *e-mails* em massa, transmitidos entre pessoas que mantêm relacionamento pessoal ou profissional, podem ser

A maioria dos *spams* tem fins comerciais, logo, poder-se-ia considerá-los como uma publicidade eletrônica. Todavia, alguns têm por objetivo, pelo menos em tese, fins não comerciais, mas de caráter ideológico, como o intuito político-partidário, religioso etc., o que poderia ser considerado propaganda eletrônica.[25]

Nesse passo, não é objeto deste estudo a discussão do caráter publicitário ou não do *spam*. Entretanto, é claro que as mensagens com fins comerciais, sem sombra de dúvidas, merecem um cuidado maior, até por sua maior quantidade e repercussão.[26] Ainda quanto às mensagens eletrônicas, não é nossa intenção analisar seus conteúdos, se são criminosos, abusivos, enganosos etc.

O *spam* geralmente assume um papel de mala direta, de noticiário, de correntes de dinheiro etc.[27] Um único *spam* pode ter centenas ou milhares de

---

considerados *spam*. A princípio, parece que não, considerando que, nesses casos, o consentimento do receptor é implícito, seja pelo fornecimento de seu endereço eletrônico, seja pela ausência de manifestação de descontentamento com o seu colega remetente, o que acarreta a continuidade no envio de outros *e-mails*.

25 Apesar do uso indistinto das palavras publicidade e propaganda, Antônio Herman de Vasconcellos e Benjamin faz a distinção entre publicidade e propaganda. Considera ele que a publicidade tem finalidade comercial, e a propaganda, por sua vez, tem um fim ideológico, religioso, filosófico, político, econômico ou social. Antônio Herman de Vasconcellos e Benjamin. *Código brasileiro de defesa do consumidor*: comentado pelos autores do anteprojeto. 6. ed. rev., atual. e ampl. Rio de Janeiro: Forense Universitária, 1999, p. 266.

26 Aqui não se pode deixar de mencionar a imensidão de mensagens não solicitadas que foram enviadas pelos candidatos no primeiro turno das eleições para deputados e senadores de 2002. No entanto, parece que os *marqueteiros* que traçaram tal estratégia não estão atentos para o fato de que pode ser um perigo utilizar-se desse método, em face dos grandes transtornos causados aos receptores. Nesse sentido, vide: Spam *é um dos vencedores das eleições de 2002*. Disponível em: <http://www.terra.com.br/cgi-bin/index_frame/informatica/2002/10/07/012.htm>. Acesso em: 19 ago. 2017. Artifício idêntico foi usado por alguns candidatos na eleição de 2003 da Ordem dos Advogados do Brasil – Secção São Paulo.

27 O *e-mail* em si, nos últimos anos, tem se apresentado como uma importante ferramenta de comunicação pessoal e profissional, sendo utilizado pelas empresas para comunicações internas e externas. No entanto, paralelamente à sua boa utilização, esse recurso tem sido empregado de maneira abusiva dando ensejo a infrações legais, recebendo o nome de *e-mails* falsos. Eles visam enganar os destinatários, tendo como objetivo, por exemplo, conseguir dados e senhas pessoais, transmitir vírus etc. Muitos *e-mails* são revestidos como forma de: cobranças financeiras, cartões de festividades, notícias sensacionalistas, prêmios, piadas, entre outras. Essa prática não faz distinção de destinatários, sendo que até mesmo igrejas já foram alcançadas pelos "estelionatários virtuais". Isso tem feito aumentar a chamada "criminalidade informática", como se tem observado nos noticiários

destinatários; esse fato gera inúmeros problemas na rede, uma vez que ocupa espaço nos servidores dos provedores, além das implicações individuais dos usuários e, principalmente, das empresas que o recebem. Isso porque causa a perda de tempo dos diretores e dos funcionários para se livrar de tais mensagens, como a seguir veremos. Por se tratar de uma correspondência indesejada, o receptor do *spam* é necessariamente levado a perder tempo recebendo, abrindo, lendo e excluindo as mensagens.

Atualmente, alguns provedores já têm disponibilizado contas provisórias de *e-mails*, a fim de que o usuário que deseja fornecer seu endereço eletrônico, por exemplo, em um fórum de debates, não fique à mercê de receber posteriormente inúmeras mensagens indesejadas.

A prática do envio de *spam*, denominada *spamming*, hoje é tão grande que muitas pessoas – ou profissionais – já "acostumadas" a recebê-los não os abrem e, portanto, não os leem, o que, invariavelmente, pode levar alguém a excluir ou deixar de ler uma mensagem que, apesar de parecer, não é *spam*, podendo ter, com isso, inúmeros prejuízos, principalmente no mundo dos negócios. Sem falar da possibilidade de a mensagem eletrônica estar infectada com um vírus,[28] o que potencializa as perdas financeiras.[29]

---

corriqueiramente. Nesse sentido, vide as matérias *Mouse* ao alto: isto é um assalto! e *E-mail* é arma de ladrões virtuais, publicadas no Jornal *O Estado de S. Paulo*, em 05 set. 2005, Caderno Link, p. L1 e L4, respectivamente.

[28] O vírus é um programa escrito em linguagem de programação que faz a contaminação de outros programas de computador por meio de sua modificação, de modo a incluir uma cópia de si mesmo. Pode ser transmitido por um simples *e-mail*. Difere-se dos *trojans*, também conhecidos como "cavalos de troia" ou *backdoors*, que consistem em programas enviados a um sistema anfitrião, permitindo a conexão do computador infectado com o computador do invasor, sem necessidade de qualquer autorização. Assim, o remetente controla e monitora grande parte das atividades do usuário hospedeiro. Há ainda os *worms*, que se subdividem em *worms* de internet e *worms* de IRC. Estes são os que se propagam por meio de internet *Relay Chat* – IRC –, entendam-se canais de bate-papo; aqueles são programas que se propagam de um sistema para outro, automaticamente, por meio de autorreprodução, sem interferência do usuário infectado.

[29] Nos Estados Unidos, desde 1º de janeiro de 2004, está em vigor uma lei federal que trata do *spam*. Ela permite o envio de mensagens eletrônicas a qualquer pessoa, mas se esta manifestar sua vontade em não mais recebê-las o envio fica proibido (sistema *opt-out*). Em 34 Estados americanos, já havia leis sobre o *spam*. Demócrito Reinaldo Filho. O CAN SPAM ACT – em vigor a lei federal dos EUA que combate o *spam*. Disponível em: <http://www.infojus.com.br/webnews/imprime.php?id_noticia=2178&PHPSESSID=7>. Acesso em: 19 ago. 2017.

Como veremos adiante, ao regulamentar o Marco Civil da Internet, o Decreto n. 8.771/2016 tratou da questão do *spam*. Em seu art. 5º, § 1º, inc. I, prevê a necessidade de requisitos técnicos indispensáveis à prestação adequada de serviços quanto ao tratamento de questões de segurança de redes, tais como restrição ao envio de mensagens em massa (*spam*) e controle de ataques de negação de serviço.

No que se refere aos danos ocasionados pelo *spam*, podemos dizer que essa prática pode ser considerada ato ilícito, o que gera o dever de indenizar, conforme veremos mais adiante.

Contudo, embora o *spam* tenha ficado conhecido como envio de *e-mails* não solicitados, é fato que a prática se tornou comum também no que diz respeito ao envio de outros tipos de mensagens eletrônicas, como ***SMS*** e ***WhatsApp***, bem como às chamadas por telefone.

O SMS – *Short Message Service* (em português, Serviço de Mensagens Curtas) é um meio de comunicação, que se vale de textos pequenos, possível de ser utilizado em aparelhos de celular em geral. Já o *WhatsApp* é um aplicativo (*software* para *smartphones*) utilizado para troca de mensagens instantâneas de texto, vídeos, fotos e áudios via internet. Ambas as ferramentas tecnológicas são utilizadas, cada vez mais, para o envio de *spam*.

No caso do **telefone**, não é de hoje que as empresas se utilizam se *telemarketing* para vender seus produtos e serviços; porém nos últimos tempos passaram a realizar o serviço por meio de ligações cujo teor é uma gravação de caráter publicitário. Isso não deixa de ser um tipo de *spam* telefônico, uma vez que não é algo solicitado pelo destinatário.

Especificamente, no Estado americano de Washington, já existia uma lei, de 1998, que previa uma indenização de US$ 500 pelo envio de *spam*; que deveria ser paga ao destinatário pelo remetente da mensagem publicitária não solicitada. Ricardo Luis Lorenzetti. Informática, *cyberlaw, e-commerce*. In: Newton De Lucca e Adalberto Simão Filho (Coords.). *Direito e internet* – aspectos jurídicos relevantes, 2. ed., p. 491 (nota n. 94).

Foi aprovada no Parlamento Europeu, em maio de 2002, uma lei que proíbe o envio de *spam*. Assim, somente podem ser enviadas mensagens do gênero com a aprovação do usuário que irá recebê-la (sistema *opt-in*). *União Europeia proíbe envio de* spam *no continente*. Disponível em: <http://noticias.bol.com.br/destaques/2002/05/31/ult124u10167.jhtm>. Acesso em: 22 ago. 2017.

3.3.1. *Marketing* eletrônico

O *marketing* eletrônico não se restringe ao envio de mensagens eletrônicas, mas contempla toda forma de divulgação de produtos em ambiente virtual, como os anúncios realizados em *homepage* de *sites* buscadores, portais de correio eletrônico ou de notícias etc. Entretanto, o *marketing* eletrônico na forma do envio de *spam* é tormentoso.

Apesar disso, o Marco Civil da Internet, art. 14, expressa que é proibido aos provedores de acesso guardar os registros de acesso às aplicações de internet (conteúdos) pelo usuário com o fim de se aproveitarem da captação de dados relacionados às preferências dos internautas para realizarem anúncios dirigidos conforme seus gostos pessoais (*marketing* eletrônico). Porém, a norma não menciona a questão do *marketing* realizado por envio de mensagens eletrônicas não solicitadas.

O remetente de mensagens não solicitadas (*spams*) é conhecido por *spammer*, ou seja, aquela pessoa física ou jurídica que envia o *spam*; é quem envia mensagens eletrônicas a destinatários que não as solicitaram; ou ainda, são os propagadores dessa prática.[30] Eles dispõem de meios cada vez mais sofisticados para ocultar sua identidade e obter os endereços eletrônicos das suas vítimas.

Além de fins comerciais, religiosos, filosóficos, existem também os *spammers* conhecidos como *hoaxes*, que espalham mentiras ou boatos na rede, como o caso já citado do banco de São Paulo.

Em geral, os *spammers* são empresas de *marketing* (especializadas na melhoria da difusão de produtos ou serviços) que atuam no espaço virtual ou que compram bancos de dados formados a partir da captação de informações dos usuários por meio dos *cookies*. Acontece que, muitas vezes, os *spammers* são os próprios captadores de informações e formadores dos bancos de dados. Poder-se-ia também dizer que são os "marqueteiros" da internet.

No Brasil, alguns *spammers*, para justificar suas ações, citavam nas mensagens uma "norma" que sequer pertence ao ordenamento jurídico pátrio. Eles a denominavam "105º Congresso de Base das Normativas Internacionais sobre o *Spam*". Na verdade, a citação é uma deturpação de um projeto de lei americano.[31]

---

30 Dean Drako, empresário norte-americano na área de *softwares antispams*, define *spammers* como "pessoas ou grupos responsáveis por disseminar *spams*". Matéria intitulada Ele quer proteger o ciberespaço, publicada no jornal *O Estado de S. Paulo*, 5 set. 2005, Caderno Link, p. L14.

31 Fernando Farano Stacchini. *Aspectos jurídicos do lixo eletrônico*. Disponível em: <http://www.cbeji.com.br/br/novidades/artigos/index.asp?id=993>. Acesso em: 24 ago. 2017.

Uma empresa de publicidade por *e-mail* dos Estados Unidos, a *Opt-In Marketing Services*, ajuizou uma ação judicial contra seu provedor de acesso, o *Backbone*, e contra três organizações *antispam*. Afirmava estar na busca dos seus direitos por ter sido vítima de limitação em seus negócios, pois teve parte de seu acesso à internet cortado, o que causou enormes reclamações e um prejuízo da ordem de um milhão de dólares. Há uma ordem judicial que está impedindo o corte do acesso.[32-33]

Logo, se essa for a tendência da Justiça quanto às mensagens eletrônicas não desejadas, as entidades *antispam* e os órgãos de proteção dos consumidores terão uma árdua, e ainda maior, tarefa pela frente para tentar bloquear a crescente onda desse tipo de mensagem.

O *marketing* pode ocorrer de várias formas. Atualmente, tem se utilizado muito os meios eletrônicos, notadamente a internet, como estratégia para fazer publicidade, geralmente pelo *e-mail*, em razão do seu baixo custo para a difusão. É nesse sentido a consideração de Ricardo Luiz Lorenzetti:

> El envío de e-mails no solicitados por el usuario constituye un modo de publicidad que diminuye sensiblemente los costos de transacción respecto del correo tradicional, ya que, una vez que se consigue un listado de usuarios, se pueden mandar cantidades enormes de mensajes con bajísimos costes. Los problemas los tiene el usuario de la computadora, porque puede recibir virus o sufrir saturación de su correo, además de ver invadida su privacidad.[34]

O *spam* poder ser comparado ao *marketing* nos seus primórdios, quando listas de informações eram comercializadas sem critérios. Nessa época, as empresas enviavam inúmeras malas diretas para quaisquer pessoas físicas ou jurídicas, aguardando um retorno sem dimensão certa.

---

32 Daniel Tynan. *Spammers também reivindicam seus direitos*. Disponível em: <http://pcworld.terra.com.br/pcw/update/7019.html>. Acesso em: 19 ago. 2017.

33 Um tribunal norte-americano garantiu ao provedor AOL – *America Online* – o direito de receber uma indenização no valor de, aproximadamente, US$ 7 milhões de uma empresa que teria enviado aos usuários do provedor cerca de um bilhão de *e-mails* não solicitados. Matéria intitulada: *AOL consegue indenização de US$ 7 milhões em caso sobre* spam. Disponível em: <http://www.terra.com.br/cgibin/index_frame/informatica/2002/12/17/008.htm>. Acesso em: 24 ago. 2017.

34 Ricardo Luiz Lorenzetti. *Comercio electrónico*, p. 240.

Nos tempos atuais, apesar de tais práticas ainda serem usadas, estão se tornando obsoletas, contrariando a nova tendência do *marketing* que não mais tem o caráter de invasão, porque as empresas já estão procurando obter prévia autorização. No entanto, é de se destacar que, cada vez mais, o *marketing* tende a ser feito a partir de um dado perfil de pessoa pelo custo-benefício do investimento e retorno financeiro.

Poder-se-ia falar em *marketing* eletrônico, que seria o formato virtual do *marketing* feito pelo envio de *e-mail* (a princípio lícito, se houver uma autorização prévia para o envio e também equiparável à mala direta convencional).

Por sua vez, o *spam* é uma versão ilícita, diante do modo como ele se processa. Inicialmente, pela possível violação da privacidade em razão da captação clandestina de dados pelos *cookies*; posteriormente, pela comercialização indiscriminada dos dados dos usuários; e, também, pela ausência de consentimento para receber as mensagens, sem mencionar os custos e os transtornos pelo recebimento das múltiplas mensagens nas caixas de correios eletrônicos.

Assim, o *spam* é enviado de forma que o usuário não possa ao menos fazer a opção de recebê-lo ou não; ele é enviado (e "ponto final") ficando o destinatário com os custos para se livrar dele.

3.3.2. Proteção e repressão

Em face da proliferação do *spam* pelo mundo,[35] muitos órgãos e entidades têm agido no sentido de combater tal prática. Como exemplo, nos Estados Unidos, o FTC – *Federal Trade Commission* (Comissão Federal do Comércio),

---

[35] O Brasil é o quarto no *ranking* dos países que mais enviam *spams*. Os Estados Unidos estão na primeira posição; em seguida, estão China e Coreia do Sul, respectivamente. São enviados cerca de 12,8 bilhões de *spams* por dia, o que corresponde a 72% do tráfego de *e-mails*, conforme relatório da Iron Port System, empresa especializada em segurança de *e-mail*. Ainda segundo essa empresa, 75% dos *spams* são enviados por "computadores zumbis", cujos *spammers* capturam computadores que se utilizam da banda larga – acesso rápido à internet – e instalam programas que fazem disparar mensagens desses computadores para todos os endereços eletrônicos nele cadastrados. Matéria intitulada *Antispam* filtra caixa de mensagens, publicada no Jornal *O Estado de S. Paulo*, 05 set. 2005, Caderno Link, p. L4.

Pesquisa elaborada pelo *Gartner Group*, nos Estados Unidos, revelou que 34% dos *e-mails* que circulam na internet são *spams*. Segundo a empresa *Brightmail*, a onda do *spam* cresce em um ritmo de 200% ao ano. Por sua vez, a *Júpiter Media Matrix* calcula que, a partir de 2006, o usuário médio receberá, a cada ano, cerca de 1.500 *spams*, ou seja, o dobro do que recebe agora, quando se estima que 40% de todos os *e-mails* sejam *spams*. Matéria intitulada: Spam *cresce 200% ao ano e* juntamente com o FBI – *Federal Bureau of Investigation* (Departamento Federal de Investigação) e outras agências federais americanas têm investigado e resolvido questões relacionadas ao *spam*. O FTC informou que está enviando alertas para centenas de *spammers* e criadores de *e-mails* mentirosos: "Passamos o seguinte recado: estamos navegando, lendo seus *spams* e trabalhando em conjunto para impedir que essa prática se prolifere", disse J. Howard Beales III, diretor da área de Proteção ao Consumidor do FTC.[36]

A iniciativa, batizada de *International Netforce*, visa coibir as atividades fraudulentas, congelar os bens e até mesmo levar os infratores a julgamento. A entidade revelou que também está investigando fraudes corporativas, incluindo casos de uso enganoso de marcas e nomes conhecidos como remetentes das mensagens, prática conhecida como *spoof*.

Existem provedores que estão preocupados com o combate ao *spam*, em contrapartida, existem outros que são negligentes, pois fazem "vistas grossas", por considerar mais importante manter um cliente que paga pelo serviço, no caso o acesso, mesmo sabendo tratar-se de um *spammer*.

Os provedores de acesso ou de conteúdo, uma vez percebendo que estão sendo utilizados para circular ou veicular informações impróprias ou criminosas, devem denunciar os infratores, sob pena de se solidarizarem com eles.[37]

Apesar de ser um problema de ordem supranacional, no Brasil, especificamente, o *spam* tem tomado uma grande dimensão, tanto que já existe um museu do *spam* e, como não poderia deixar de ser, ele é virtual, ou seja, um *site*.[38] De acordo com a curadoria do museu, o objetivo deles é divulgar as farsas e os danos do *spam*; entretanto, o museu não combate o *spam*, apenas o estuda.

De igual modo, empresas especializadas em programas de computador têm se empenhado no desenvolvimento de inúmeros programas, com a intenção de conter o recebimento dos *spams*, como os filtros que bloqueiam men-

---

enlouquece usuários. Disponível em: <http://www.terra.com.br/informatica/2002/04/25/012.htm>. Acesso em: 19 ago. 2017.

Ambos os artigos não fazem menção sobre os períodos abrangidos pelas pesquisas.

36 Jennifer DiSabatino. *EUA declaram guerra contra* spammers. Disponível em: <http://idgnow.terra.com.br/idgnow/Internet/2002/04/0004>. Acesso em: 24 ago. 2017.

37 Nesse sentido, vide: Walter Douglas Stuber, Manoel Ignácio Torres Monteiro e Lionel Pimentel Nobre. Questões jurídicas relacionadas à internet. *Revista de Direito Mercantil, Industrial, Econômico e Financeiro*, p. 161.

38 Disponível em: <http://museudospam.subversao.com>. Acesso em: 24 ago. 2017.

sagens a partir de palavras suspeitas.[39] O chamado *antispam* é um *software* – programa de computação – que filtra as mensagens e faz a separação das mensagens consideradas indesejadas ou de massa. Esse programa tem sido adotado por muitos provedores que disponibilizam contas de *e-mails* e por empresas que adotam o *e-mail* como ferramenta de trabalho.[40] No entanto, sua eficácia não é absoluta, pois aqueles que enviam as mensagens indesejadas buscam sempre burlar a leitura e a distinção que o programa efetua. Logo, pode ser que algumas mensagens indesejadas passem pela barreira estabelecida, ou que sejam barradas mensagens que não são *spam*, ou seja, a eficácia do programa é parcial. Sem falar do problema de uma eventual censura, assunto que será visto posteriormente.

Alguns dos programas *antispams*, já bastante difundidos no mercado de *softwares*, são gratuitos e podem ser adquiridos na própria internet. Há, inclusive, alguns que obrigam o remetente a enviar a mensagem duas vezes, isto é, ele envia a mensagem e, em seguida, recebe uma mensagem do provedor do destinatário solicitando que confirme o envio daquela mensagem, necessitando, muitas vezes, confirmar o destinatário, ou então colocar uma espécie de senha disponibilizada na tela, como vem adotando o provedor UOL. A intenção é que o emissor de mensagens a inúmeros destinatários fique desestimulado a tal prática, tendo em vista a barreira estabelecida.

Apesar de não haver legislação específica para regulamentar e proteger a privacidade no ambiente eletrônico, existem alguns cuidados que podem ser tomados de forma a minimizar os transtornos e, consequentemente, os custos financeiros.

Pode-se evitar fornecer o *e-mail* em *sites* suspeitos. *Sites* de empresas de renome geralmente oferecem menor risco, mas, mesmo assim, deve-se ter precaução. Fica sem efeito o fato de a empresa oferecer segurança em sua *home page*, na qual se forneceu um endereço eletrônico, se os dados, posteriormente,

---

39 Mais adiante, verificaremos a questão da possibilidade de se alegar que os provedores possam estar exercendo censura e, por via reflexa, ferindo a liberdade de expressão.

40 Os sistemas *antispam* são também utilizados na mais recente forma de comunicação da internet, o *messenger* – sistema de comunicação imediata por voz –, uma vez que esse sistema, por ter uma caixa postal para mensagens de voz, está sujeito a mensagens indesejadas, o que obrigou os seus facilitadores a desenvolver um sistema contra mensagens de voz indesejadas. Yahoo! Aprimora seu mensageiro instantâneo. *O Estado de S. Paulo*, 05 set. 2005, Caderno Link, p. L2.

são tratados de maneira não segura pela "depositária", vulnerável à ação de *hackers*, por exemplo.

A utilização de programas em forma de filtros de mensagens não desejadas – os *antispams* – não vai impedir, de maneira absoluta, que o *spam* chegue à caixa de entrada das mensagens eletrônicas, entretanto, vai diminuir o fluxo de *e-mails* indesejados. São cuidados fundamentais: não fornecer dados e senhas pessoais quando solicitados em *e-mails* recebidos; não instalar programas recebidos por *e-mails*; manter ativo um sistema antivírus, até porque os *spams* frequentemente transportam vírus.

Os provedores de acesso que fazem gerenciamento de contas de *e-mails* têm criado um sistema de filtro pelo qual as mensagens suspeitas de serem *spams* – ou o que eles têm chamado de "mensagens em massa" – não são descarregadas na caixa de entrada do usuário, mas, sim, em uma "pasta de *e-mails* em massa" ou "pasta de *spams*". Os principais provedores já disponibilizam tal sistema de filtro. Essa medida faz parte dos esforços empreendidos a fim de minimizar os transtornos causados pelas inúmeras mensagens não solicitadas recebidas diariamente pelos usuários, o que aumenta a qualidade do serviço de acesso e do gerenciamento de *e-mail*.

A intenção desse controle é reduzir radicalmente o volume de *e-mails* distribuídos em larga escala, pois o sistema é ativado automaticamente quando identifica que um *e-mail* está sendo enviado a uma grande quantidade de destinatários. Sua implementação é positiva, porém pode ocorrer de o destinatário eventualmente ter um *e-mail* – que precisava ou desejava receber – enviado para essa pasta que funciona como filtro. Isso pode levar o usuário a ter duplo trabalho: verificar sua pasta de entrada e a pasta de *e-mails* em massa.[41] No âmbito empresarial, essa ocorrência pode trazer inúmeros problemas, levando em conta a possibilidade de perda de informações e de negócios.

Outra forma de combate ao *spam* é a repressão, que vai além da mera proteção. Trata-se da denúncia feita diretamente ao seu provedor. Muito provavelmente ele está capacitado para tomar as devidas providências contra o *spammer*. Para tanto, deve-se enviar ao administrador do provedor a mensagem completa, incluindo o cabeçalho, permitindo-lhe, assim, rastrear a origem do *spam*.

---

[41] Essa "falha" é reconhecida na própria nota explicativa do provedor Yahoo! sobre como funciona o sistema. Disponível em: <http://help.yahoo.com/help/br/mail/spam/spam-08.html>. Acesso em: 19 ago. 2017.

Hoje, os provedores têm disponibilizado canais de comunicação, como endereço eletrônico, número de telefone etc., a fim de que o usuário, em nome próprio ou da empresa a que pertence, denuncie a prática do *spam*.[42]

Existem, atualmente, vários grupos que se organizam em todo o mundo – como entidades *antispam* –[43] de maneira a combater provedores irresponsáveis. Uma forma é a criação de um banco de dados que cataloga os endereços eletrônicos de *spammers* e os domínios que enviam *spams* ou que são complacentes com eles. Quando um provedor mostra-se indiferente a consecutivos avisos, provenientes de uma entidade *antispam*, alertando que seu servidor está sendo usado para enviar *spam*, o domínio desse provedor (e as mensagens oriundas dele) é bloqueado pelos membros do grupo. Essa informação, então, é trocada entre esses diversos grupos, de modo que o provedor irresponsável pode ter todo o seu domínio rejeitado pelos servidores dos outros diversos provedores de um país e até do mundo.

Não existe, no Brasil, um órgão de regulamentação para evitar *spams*, mas provedores de acesso e de serviços organizam-se em movimentos para combater essa prática. A exemplo disso, o provedor BOL, em conjunto com outros provedores e empresas, participa do "Movimento Brasileiro *Antispam*",[44] que adota procedimentos de combate ao *spam*.

Cumpre salientar que, para ser incluído na lista de domínios banidos, é realmente muito fácil. Sair, entretanto, pode ser um processo demorado e complicado. Mesmo porque se perde a credibilidade perante a comunidade da internet.

---

42 Seria interessante (mas talvez não muito funcional) a criação de um cadastro nacional e/ou supranacional de endereços eletrônicos no qual as pessoas que não queiram receber *spams* de qualquer gênero pudessem se cadastrar. Assim sendo, aqueles que fazem uso do *spam*, os *spammers*, deveriam consultar tal banco de dados, a fim de saber se os seus possíveis destinatários lá não estão cadastrados, e aos cadastrados as mensagens não poderiam ser enviadas. Ou o contrário, aos não cadastrados elas não poderiam ser enviadas. É claro que, para sua efetivação, seria necessária a edição de uma norma internacional, a fim de estabelecer, inclusive, a sanção em caso de desrespeito.

43 Existem entidades na internet que combatem o *spam*, mantendo banco de dados de servidores de *e-mails* que permitem ou são complacentes com o *spamming* (que é a prática de enviar mensagem não solicitada – *spam*). É o caso da MAPS – *Mail Abuse Prevention System*. Disponível em: <http://www.mail-abuse.org>; e da ORBS – *Open Relay Behaviour-modification System*. Disponível em: <http://www.orbs.org>. Pode-se citar, também, a Cauce, a Caube, a *Spam*Cop, a Abuse.net e o Movimento Brasileiro de Combate ao *Spam*.

44 Disponível em: <http://www.antispam.org.br>. Acesso em: 19 ago. 2017.

A propósito, representantes de provedores estrangeiros já chegaram a discutir a possibilidade de bloquear, total ou parcialmente, os *e-mails* originados do Brasil. Alegaram que não conseguem barrar *spams* vindos de um determinado bloco de endereços de computadores brasileiros.[45]

Sobre política de privacidade, pode-se destacar que, além das empresas "ponto.com", ou seja, aquelas que trabalham diretamente com o espaço virtual, existem várias outras dos mais diversos ramos de atividade que já têm a preocupação de preservar a privacidade daqueles que navegam por suas páginas na internet. Como exemplo, pode-se citar uma construtora sediada em São Paulo, que tem, em seu *site*, um ícone que trata exclusivamente da política de privacidade. A empresa esclarece sobre a instalação do *cookie* e sua função; alerta que eventuais dados fornecidos pelo visitante da página não serão divulgados, informa que nunca serão enviados materiais publicitários em razão do perfil fornecido. Essas e outras informações e esclarecimentos dão segurança àqueles que por ali navegam.[46] Pode-se também citar a política de privacidade do *site* do Tribunal Regional do Trabalho da 2ª Região/São Paulo.[47]

Também, é importante mencionar a questão da política de segurança, a qual deve ter regras claramente definidas para casos de *spams*, a fim de advertir e até punir o usuário que não seguir os preceitos estabelecidos. Tal política, a ser estipulada pelo provedor, deve prever desde advertências em caso de mau uso da conta de *e-mail* até o seu cancelamento, em casos recorrentes de *spams* enviados pelo titular da conta, entre outras medidas.

3.3.3. Custos e implicações para as empresas – diminuição da capacidade laboral

O significativo alcance da internet aumentou a possibilidade de lucro das empresas, tendo em vista que a rede mundial de computadores facilita a atividade empresarial em vários aspectos, como na divulgação de sua atividade, nas vendas a distância de seus produtos e/ou serviços etc.

---

45 Giordani Rodrigues. *Brasil pode ser bloqueado por causa de* spam. Disponível em: <http://www.terra.com.br/cgi-bin/index_frame/informatica/2002/10/25/005.htm>. Acesso em: 19 ago. 2017.

46 Disponível em: <http://www.tecnisa.com.br/politica_privacidade.asp>. Acesso em: 19 ago. 2017.

47 Disponível em: <http://www.trt02.gov.br/menu.htm>. Acesso em: 19 ago. 2017.

No entanto, apesar de a internet ser uma excelente ferramenta de trabalho para a empresa, ela também traz contratempos, ou seja, o aumento de seus custos. Isso pode acontecer por vários motivos: 1) pela diminuição da produtividade de seus funcionários com o tempo gasto em navegação e recebimento ou envio de *e-mails* (não relacionados à atividade empresarial); 2) em razão de eventuais demandas pleiteando reparações de danos causados por funcionários (por exemplo, pelo envio de mensagens difamatórias ou pela disseminação de vírus); e 3) pelas reparações de danos provocados por terceiros (com os quais não se mantém relação jurídica) no caso dos provedores. Essas possibilidades serão verificadas oportunamente.

Entretanto, seria possível se perguntar: qual o problema de receber alguns *e-mails* não desejados por dia? Talvez nenhum ou quase nenhum. No entanto, é necessário fazer uma análise mais ampla, levando-se em conta o universo empresarial, pois, consideradas as suas dimensões, realmente o *e-mail* não solicitado é um grande problema, em razão das vultosas horas de trabalho que se perdem.

Particularmente, com relação ao envio indiscriminado de mensagens não desejadas (em decorrência da violação da privacidade, pela clandestina captação e livre negociação de dados e pelo envio, em si, dos *e-mails*), são inúmeros os prejuízos causados ao meio empresarial. Por conta do *spam*, dados internacionais mostram que a produtividade dos funcionários de uma empresa pode ser afetada em mais de 40% do seu tempo útil, tendo sido estimados, para 2003, prejuízos às empresas na ordem de US$ 10 bilhões.[48]

Sobre a perda da produtividade laboral e os prejuízos experimentados pelas empresas, Anderson Amaral relata o seguinte exemplo hipotético: uma empresa com cinquenta funcionários, cada um com um *e-mail* corporativo recebendo, em média, 25 *spams* por dia, e que ganhem R$ 2.400 mensais (R$ 10 por hora). Considerando o tempo dedicado à exclusão de cada mensagem (*download*, leitura, confirmação de que se trata de uma mensagem não solicitada e sua exclusão), gastam-se, em média, 30 segundos. Contudo, isso implicaria em desperdício financeiro para a empresa da ordem de R$ 25.000,00 por ano[49] (sem falar do custo com a carga tributária e previdenciária).

---

48 Spam *põe em risco serviços de* e-mail. Disponível em: <http://www.spam2003.com.br/>. Acesso em: 19 ago. 2017.

49 Anderson Amaral. Spam *põe em risco serviços de* e-mail. Disponível em: <http://www.cbeji.com.br/br/novidades/tendencias/index.asp?id=1605>. Acesso em: 23 ago. 2017.

A propósito, uma pesquisa realizada pela Symantec na Europa, na África e no Oriente Médio revelou que o *e-mail* é vício para 75% dos funcionários de empresas que usam a internet. Ela revelou que 21% dos entrevistados são considerados dependentes, afirmando verificar, compulsivamente, o *e-mail*, entrando em pânico quando não tem acesso. E que 52% dos funcionários gastam duas horas ou mais por dia enviando e recebendo mensagens; 15% gastam quatro horas diárias.[50]

Como já visto, o *spam* traz uma peculiaridade atípica dos meios ortodoxos de publicidade. Na verdade, enquanto nas outras formas publicitárias a maioria dos custos (senão todos) e das implicações (salvo, por exemplo, o ato de abrir uma correspondência) fica por conta do remetente, o contrário acontece no caso do *spam*. É claro que sempre existe algum custo para o *spammer*, seja na compra da *mailing list*, seja na conexão para o envio do *spam*. Todavia, esse custo é ínfimo comparado ao da massa de usuários.

De maneira específica em relação ao usuário destinatário de um *spam*, ele é obrigatoriamente levado a despender tempo para conectar, abrir, ler e excluir a mensagem indesejada.

A conexão é o primeiro passo na cadeia de prejuízos causados pelo *spam*. Com efeito, o usuário, para estabelecer conexão com a internet, deve utilizar-se de um provedor de acesso que, na maioria das vezes, é pago. Sem falar do serviço de telecomunicação, também pago, pelo qual o acesso se estabelece, por exemplo, pela linha telefônica, convencional ou não. Vale lembrar também do custo com a energia elétrica usada para manter o computador ligado.

Assim, percebe-se que o usuário, além de não autorizar o envio dessas mensagens, tem custos para se livrar delas, não incluindo aqui a perda do seu tempo com conexão, recebimento, leitura, exclusão da caixa de entrada, até a exclusão final da mensagem na lixeira. Se fosse mensurado o tempo desperdiçado com o *spam*, poderia ser afirmado que, a cada dia, perdem-se milhares de horas de trabalho pelo mundo todo.

---

50 E-mail *é vício para 75% dos internautas*. Disponível em: <http://idgnow.uol.com.br/AdPortalv5/CarreiraInterna.aspx?F12FD42A-4D86-4>. Acesso em: 24 ago. 2017. A pesquisa não dá informações sobre o período de sua realização, bem como não diz o quanto dessas mensagens podem estar relacionadas às atividades laborais desempenhadas pelos funcionários.

Sem dizer da possibilidade de dificultar ou, até mesmo, travar[51] o funcionamento dos servidores das empresas e/ou dos computadores dos usuários, impedindo o exercício de suas atividades. A propósito, considerando o número elevado de *spams* que circulam na internet, como já visto anteriormente, se esse quadro não mudar, corre-se o risco de as empresas terem, eventualmente, de deixar, ou diminuir, a utilização do correio eletrônico como ferramenta de trabalho.

Não bastasse, o *spam*, por si só, ser um grande problema aos executivos, às empresas e à sociedade em geral pelos prejuízos financeiros que pode ocasionar, nele pode estar embutido um vírus, o que agrava ainda mais a situação, pois os prejuízos causados por um vírus podem ser astronômicos, principalmente para o segmento empresarial. Esse transtorno gera a necessidade de vultosos investimentos por parte das empresas em sistemas de segurança de informática, como a contratação de especialistas e as constantes modificações e atualizações de programas de computadores, entre outras despesas.

Vislumbra-se a hipótese de um mesmo *e-mail* ser transmitido a milhares de endereços eletrônicos, alguns do mesmo provedor. O custo de todos eles, em termos de processamento, armazenamento e transferência na rede, acaba se revertendo contra o usuário. Com efeito, este levará mais tempo para enviar e receber seus *e-mails* devido à sobrecarga nos sistemas dos servidores envolvidos no processo. Além de essa operação ser prejudicada, o consumo da banda de tráfego do provedor por esses *e-mails* afeta, inclusive, a navegação e a transferência de dados na internet.

Em consequência, torna-se necessário que as empresas de provimento de acesso – os provedores – aumentem seus recursos em termos de processamento, armazenamento e banda de tráfego. Tudo isso tem um custo que, automaticamente, será repassado aos consumidores do serviço.

---

51 A propósito do travamento de *sites* de empresas, uma empresa, em São Paulo, no início de 2004, ficou com seu *site* fora do ar por vários dias, em função da sobrecarga dos servidores, em razão do recebimento de um grande número de *e-mails*. O diretor da empresa afirmou que, além dos gastos para tentar restabelecer o funcionamento do *site*, o prejuízo maior ficou por conta da imagem da empresa, que teve seu *site* fora do ar por vários dias, impedindo o contato dos clientes com a empresa. Matéria intitulada: Excesso de *e-mails* derruba *site* de empresa de SP. *Diário do Grande* ABC (sem referência de data). Cf. Anderson Amaral. Spam *põe em risco serviços de* e-mail.

Aqui chegamos ao ponto talvez mais relevante da questão, na medida em que as empresas aumentam seus custos pelos investimentos feitos em equipamentos, *softwares* e especialistas, bem como pela possibilidade de ser demandado judicialmente para reparação de danos por ato de funcionário ou de terceiro. Isso deverá ser pago por alguém, no caso, os consumidores. Até porque as empresas (tanto as que operam diretamente na internet, por exemplo, provedores, como as que fazem uso dela para desenvolver suas atividades) terão de repassar esses custos para seus clientes aumentando o preço de seus produtos e serviços.

3.3.3.1. Problemas para os provedores de acesso

Especialmente ainda no tocante ao *spam*, a empresa prestadora do serviço de acesso, ou provedor de acesso, também sofre com inúmeros problemas e, de igual maneira, tem custos. Levando-se em consideração que o provedor de acesso é um prestador de serviços, a ele incumbe a responsabilidade de possibilitar a conexão do usuário à rede mundial de computadores e, consequentemente, ter acesso aos seus *e-mails*.

Para tanto, é necessário que esse provedor mantenha uma estrutura que viabilize esse serviço. Essa estrutura pressupõe computadores de grande potência, pessoal qualificado, linhas de telefone, entre outras coisas, tendo, tudo isso, um custo operacional.

Como se não bastasse tal estrutura, o considerável volume de *e-mails* que circula pela rede – sendo grande parte deles *spams* – obriga os provedores de acesso a despender tempo, aumentando, com isso, seus ônus,[52] para fazer os *e-mails* chegarem aos destinatários. Aliás, não raro acontece de serem até obrigados a suspender a prestação de serviços[53] em razão do grande fluxo de

---

52 De acordo com informações da Abranet – Associação Brasileira de Provedores de Acesso, Serviços e Informações na Internet – por ocasião da Campanha Nacional de Propaganda na Internet, os provedores chegam a ter um prejuízo de R$ 90 milhões mensais, já que perdem inúmeras horas para conseguir sobrestar a distribuição dos *spams* a seus clientes, tendo que, às vezes, paralisar temporariamente suas atividades. Cf. Lúcia Helena Blum. *O "spam" à luz do Código de Defesa do Consumidor.* Disponível em: <http://www.emporiodosaber.com.br/estante/artigos/pp_artigo_index.asp?chobrainte=325&chareassun=26>. Acesso em: 22 ago. 2017.

53 Sobre a suspensão da prestação de serviços, poderá o provedor de acesso, ora fornecedor de serviços, ser obrigado a indenizar o consumidor, conforme disposições do CDC.

mensagens. Sem mencionar que esse fluxo pode dificultar ou travar o funcionamento dos computadores de um provedor de acesso, o que pode acarretar a perda de clientela.

Algumas entidades de serviço *antispam* noticiam o aumento da prática. A *Brightmail*, por exemplo, informa que a porcentagem de *spams* diante do total de *e-mails* que circulam na internet cresceu de 8% em 2001 para 36% em 2002. Já a *MessageLabs* conta que seus consumidores classificam como *spams* 35% a 50% de seus *e-mails*. Por sua vez, a *Microsoft* estima que o número de *spams* que circularam na rede em 2005 seja de 75% a 80%.[54] A *SpamHaus Linford* relata que isso ocorre por causa do desenvolvimento das tecnologias *antispam*, que dificultaram o trabalho dos *marqueteiros* da internet. Assim, para atingir mais pessoas, eles precisam enviar milhões de *spams* além dos que já mandavam.[55]

Em agosto de 2005, a *Microsoft* recebeu sete milhões de dólares de uma empresa considerada a maior autora de *spams*, a *OptInRealBig.com*, o que a fez arquivar o processo judicial movido contra esta, que chegava a enviar, pelo menos, 250 milhões de *spams* por dia.

Além do pagamento efetuado, ficou decidido que ela seja monitorada pelas autoridades americanas durante três anos, a fim de assegurar que não vai mais enviar *e-mails* indesejados. A *Microsoft*, por meio do seu porta-voz Lou Gellos, considerou uma grande vitória na luta contra os *spammers* e que, a partir desse fato, uma organização independente (não mencionada) já notou uma considerável diminuição na quantidade de *spams* (sem mencionar índices).[56]

É lamentável que os custos e os transtornos suportados pelos provedores de acesso ocorrem pela ocupação não otimizada de seus servidores. Tal ocorrência se deve às inúmeras informações veiculadas indevidamente, gerando perda de banda para utilização da internet e diminuição na qualidade dos serviços.

---

54 Matéria intitulada: *Microsoft recebe U$ 7 mi de empresa de* spams. Disponível em: <http://www.bbc.co.uk/portuguese/ciencia/story/2005/08/050810_spammeraw.shtml>. Acesso em: 22 ago. 2017.

55 Fabiana Bártholo. Spams *podem ser maioria dos* e-mails. Disponível em: <http://www.terra.com.br/cgi-bin/index_frame/informatica/2002/08/30/004.htm>. Acesso em: 23 ago. 2017.

56 Matéria intitulada: *Microsoft recebe U$ 7 mi de empresa de* spams.

Os investimentos para proteção de servidores, como em equipes qualificadas e com programas que fazem a função de filtros[57] para prevenir uso indevido de contas de *e-mail*, bem como em gastos com monitoração e segurança, poderiam ser diminuídos caso houvesse um meio de obstrução do abuso cometido por *spammers*. Isso poderia dar-se mediante uma normatização a respeito, a exemplo do que aconteceu na Europa.[58]

Todo esse material indevidamente enviado obriga os provedores de acesso a uma postura preventiva e defensiva, empregando recursos que poderiam ser utilizados em melhorias na qualidade do serviço, beneficiando internautas e o próprio funcionamento da rede mundial de computadores.

Diante desse quadro, recomenda-se aos provedores a prática de configurar seus servidores de *e-mails* no sentido de rejeitar mensagens originadas de endereços listados pelas entidades reconhecidas de combate ao *spam*. Levado a efeito, o uso desse recurso pode reduzir, significativamente, os problemas com *spams*.

3.4. OS PREJUÍZOS DECORRENTES DE PRÁTICAS ILÍCITAS

A internet, dentro da sua concepção inicial de total liberdade, tem sido palco para o cometimento de vários ilícitos civis[59] e penais.[60] Ela potencializa

---

57 Sobre o uso de filtros pelo destinatário final da mensagem, alguns administradores questionam sua utilidade, uma vez que o *spam* terá atingido grande parte de seu objetivo, que é o de desperdiçar recursos do servidor e banda do provedor, e também de congestionar a internet. Em contrapartida, o uso de filtros pelo provedor faz existir a possibilidade de ser obstada uma mensagem válida, apesar de o endereço eletrônico carregar o nome de domínio de alguém considerado *spammer*, ou tenha o nome de domínio de um provedor complacente com o *spamming*.

58 Como já visto em outra passagem, a União Europeia, preocupada com o quadro relatado, editou uma lei que proíbe o envio de *spam* no seu continente. Tal lei, votada no mês de maio de 2002 pelo Parlamento, também contou com o apoio de associações de consumidores, tendo os internautas que concordar a respeito do envio de *e-mails* comerciais não solicitados para suas caixas postais. Vale ressaltar que a referida norma igualmente faz restrições ao uso dos *cookies*, alegando que tal prática pode ser utilizada para espionar a navegação do internauta. Dessa forma, os *cookies* só poderão entrar em ação se o *site* esclarecer ao usuário que as informações poderão ser manipuladas. Cf. *União Europeia proíbe envio de* spam *no continente*.

59 A questão da consequência do ato ilícito, ou seja, da responsabilidade civil, será tratada mais adiante.

60 A proposta é verificar as consequências econômicas e jurídicas, mas não do ponto de vista penal. Sobre os crimes praticados na internet, vide: Ivette Senise

a prática de ilegalidades em vista da possibilidade de se atingir um número muito grande de pessoas. Quaisquer ilícitos que possam ter como ferramenta os meios eletrônicos, em tese, podem ser cometidos na internet.

Com o avanço e a popularização da internet, ela passou a fornecer inúmeras facilidades aos usuários, pessoas físicas ou jurídicas. Simultaneamente, porém, tornou-se um grande atrativo aos delinquentes. De igual modo, a partir da disseminação do comércio eletrônico, em que circulam grandes quantias financeiras e de informações, foi criado um ambiente muito propício aos "delinquentes virtuais".

A esse respeito, bem ponderou a professora Ivette Senise Ferreira:

> A informatização crescente das várias atividades desenvolvidas individual ou coletivamente na sociedade veio colocar novos instrumentos nas mãos dos criminosos, cujo alcance ainda não foi corretamente avaliado, pois surgem a cada dia novas modalidades de lesões aos mais variados bens e interesses que incumbe ao Estado tutelar, propiciando a formação de uma criminalidade específica da informática, cuja tendência é aumentar quantitativamente e, qualitativamente, aperfeiçoar os seus métodos de execução.[61]

Como na internet não há fronteiras geográficas estabelecidas, a prática de atos ilícitos leva certa vantagem no que diz respeito à sua repressão, uma vez que, muitas vezes, não podem ser reprimidos por leis sujeitas às barreiras entre os países.

Nesse sentido, pode ocorrer que a prática de um ato seja considerada ilícita em um país, mas não ser considerada como tal em outro. Quando isso acontece, mesmo que o país considere ato ilícito uma prática, poderá não ter poderes para punir quem o praticou por estar sob outra jurisdição. Ou quando

---

Ferreira. A criminalidade informática. In: Newton De Lucca e Adalberto Simão Filho (Coords.). *Direito e internet* – aspectos jurídicos relevantes, 2. ed., p. 237-266; Alexandre Jean Daoun e Renato M. S. Opice Blum. Cybercrimes. In: Newton De Lucca e Adalberto Simão Filho (Coords.). *Direito e internet* – aspectos jurídicos relevantes, 2. ed., p. 141-152; Carla Rodrigues Araújo de Castro. *Crimes de informática e seus aspectos processuais*. Rio de Janeiro: Lumen Juris, 2001; Túlio Lima Vianna. Dos crimes pela internet. In: Demócrito Reinaldo Filho (Coord.). *Direito da informática* – temas polêmicos, p. 211-224.

61 Ivette Senise Ferreira. A criminalidade informática. In: Newton De Lucca e Adalberto Simão Filho (Coords.). *Direito e internet* – aspectos jurídicos relevantes, 2. ed., p. 237.

um país não permite tal prática, assim mesmo não teria, em tese, como proibir, totalmente, o contato de seus cidadãos com ela (como vem tentando a China), como o acesso ao conteúdo de um determinado *site*.

Não há dúvida de que a internet favorece a prática de atos ilícitos. São alguns exemplos: crimes contra o patrimônio, fraudes em geral, crimes contra a honra, racismo, violação de correspondência e de dados, violação da propriedade industrial e do direito autoral (incluindo a pirataria de *software*), pornografia infantil, disseminação de vírus, subtração de número de cartão de crédito e dados bancários, entre outros. Como agravante, a internet não favorece a reparação de danos provocados pelos atos ilícitos ocorridos em seu ambiente, o que tem causado muita insegurança às pessoas físicas ou jurídicas que a utilizam.

Na internet, existem inúmeros *sites* de *hackers* ou *crackers*[62] que ensinam como efetivar ataques, fornecendo, para tanto, o *download* do *software* necessário, além de instruções.

A partir de uma pesquisa da empresa Attrition, soube-se que o Brasil é o país que está em primeiro lugar quanto aos ataques de delinquentes virtuais realizados no mundo com 3,56%, à frente dos Estados Unidos com 2,65%. Essa organização diz que uma possível explicação para isso é o fato de que os *hackers* americanos possuem maior prática, não deixando pistas e impedindo o rastreamento do crime, diminuindo o registro de ataques.[63]

A mesma pesquisa revelou que, de 4.573 ataques feitos nos Estados Unidos, mais de 45% foram a empresas comerciais; 6,91% a organizações não governamentais; 5,71% a redes de provedores; e 4,77% a organizações educacionais. A NASA recebeu 39 ataques, as redes militares 65 e as polícias nove.

---

62 Newton De Lucca estabelece a distinção entre *hackers* e *crakers*: "As palavras, na verdade, não são sinônimas. Os *hackers* são especialistas em informática, capazes de invadir computadores alheios, mas, também, de impedir invasões dos outros. Não existe, necessariamente, uma conotação pejorativa para os *hackers* que podem prestar serviço de extrema valia. Já os *crackers*, ao revés, atuam de forma claramente dolosa, isto é, com a intenção de prejudicar alguém ou de tirar proveito ou partido para si da informação obtida". Títulos e contratos eletrônicos – o advento da informática e seu impacto no mundo jurídico. In: Newton De Lucca e Adalberto Simão Filho (Coords.). *Direito e internet* – aspectos jurídicos relevantes, 2. ed., p. 71.

63 Arthur José Concerino. Internet e segurança são compatíveis? In: Newton De Lucca e Adalberto Simão Filho (Coords.). *Direito e internet* – aspectos jurídicos relevantes, 2. ed., p. 166. (Fonte sem detalhes sobre períodos ou datas.)

As áreas de informática das empresas que operam na internet recebem muitos ataques, que são realizados para demonstrar à empresa a insegurança do seu sistema. Muitas vezes, esses ataques são vinculados à exigência do delinquente por emprego, por dinheiro, ou até mesmo por fornecimento de *software* ou *hardware*, sob pena de danificar ainda mais o sistema já atacado.

Segundo a pesquisa da empresa ISS – *Internet Security Systems* (Sistemas de Segurança de Internet) realizada com 100 empresas brasileiras, entre elas 30 bancos, apenas 2,75% possuíam *software* para detectar invasores *on-line*. "O risco é eminente, o sistema é altamente vulnerável. Hoje, na internet, existem programas para invadir todos os tipos de sistema", diz Leonardo Scudere, presidente da ISS no Mercosul.[64]

A seguir, serão analisadas três questões que envolvem práticas ilícitas de significativo interesse para o ambiente empresarial: a pirataria de *software*, a clonagem de cartão de crédito e os ataques aos servidores das empresas. Isso em razão das grandes perdas que podem provocar.

3.4.1. A pirataria de *software*

O *software* é um programa de computador. Trata-se de uma criação intelectual; um bem imaterial, portanto. Consiste na linguagem dos computadores que permite a criação de textos, desenhos, cálculos, impressões etc. Sua proteção jurídica se dá pela Lei n. 9.609, de 19 de fevereiro de 1998 – Lei da proteção da propriedade intelectual de programas de computado, ou simplesmente "Lei do *Software*".[65] Essa lei protege os direitos dos seus proprietários, e sua violação é considerada, crime de acordo com o seu art. 12.

Em referência ao regime jurídico aplicável, em casos de omissões da Lei n. 9.609/98 – Lei do *Software* – LS (que revogou sua antecessora, a Lei n. 7.646/85),

---

64 Alexandre Jean Daoun. Os novos crimes de informática. *Jus Navigandi*, Teresina, ano 4, n. 37, dez. 1999. Disponível em: <http://wwwl.jus.com.br/doutrina/texto.asp?id=1790>. Acesso em: 21 ago. 2017. (Não há informação do período em que a pesquisa foi realizada.)

65 Lei n. 9.609/98, art. 1º: "Programa de computador é a expressão de um conjunto organizado de instruções em linguagem natural ou codificada, contida em suporte físico de qualquer natureza, de emprego necessário em máquinas automáticas de tratamento de informação, dispositivos, instrumentos ou equipamentos periféricos, baseados em técnica digital ou análoga, para fazê-los funcionar de modo e para fins determinados".

aplica-se subsidiariamente a Lei n. 9.610/98 – Lei dos Direitos Autorais. Ambas as leis do ano de 1998 são fruto do Acordo TRIPS, do qual o Brasil é signatário, sendo que o seu art. 10 assevera que os programas de computador são protegidos como obras literárias (direitos autorais) pela Convenção de Berna.

A criação dos computadores [*hardwares*/máquinas tuteladas por patentes] implicou no desenvolvimento de programas intelectuais (*softwares*) para "alimentarem" as máquinas que, desse modo, podem realizar as mais complexas operações.[66] Assim, é o programa que da funcionalidade à máquina.

Vale destacar que são tidos como periféricos: impressoras, leitores, monitores, teclado, mouses, entre outros,[67] os quais também são *hardwares* dotados, em maior ou menor grau, de funcionalidade via o uso de *softwares*.

Um programa de computador é estruturado a partir de um **código-fonte**, que consiste no conjunto ordenado de símbolos que permite a criação de uma estrutura lógica para dar "respostas" a problemas previamente concebidos (ao que se dá o nome de algoritmos).

Com o trabalho de programação, o código-fonte passa para um processo de "tradução", que tecnicamente é chamado de processo de compilação. Desse modo, quando o código-fonte torna-se capaz de ser lido, entendido e executado por um computador, a este código dá-se o nome de **código-objeto**.

Assim, o criador do *software* prevê determinados problemas para os quais o programa apresentará respostas; sendo por isso que os *softwares* precisam de constante atualização (ou novas versões), na medida em que, ao longo do tempo, vão surgindo outras exigências de respostas, em relação ao problema inicial, ou de melhoria dos requisitos funcionais.

Destaca-se que quando o *software* é cedido a terceiros, gratuita ou onerosamente, ele ajuda na racionalização de tarefas, em especial no campo corporativo. Além disso, o *software* aprimora a alocação dos recursos humanos e financeiros, proporcionando sensível economia em relação aos custos, tempo, espaço físico, entre outras vantagens.[68]

---

66 Carlos Alberto Bittar. Os contratos de comercialização de "software". In: BITTAR, Carlos Alberto (Coord.). *Novos contratos empresariais*. São Paulo: RT, 1990, p. 23 e s.

67 Carlos Alberto Bittar. Os contratos de comercialização de "software". In: BITTAR, Carlos Alberto (Coord.). *Novos contratos empresariais*, p. 24.

68 Nesse sentido, Carlos Alberto Bittar. *Contratos comerciais*. 4. ed. Rio de Janeiro: Forense Universitária, 2005, p. 213.

A violação dos direitos inerentes aos programas de computador é conhecida por "pirataria de *software*"[69]. Também se denomina contrafação de *software* quando ocorre a sua reprodução não autorizada. De certa maneira, a internet é uma ferramenta que facilita a violação dos direitos de propriedade intelectual do *software*. A ação ilícita – cópia e/ou distribuição de programa pirateado – pode ser praticada pelo agente de forma muito cômoda, pois o delito pode ser cometido em qualquer lugar, até mesmo dentro de casa, bastando, para tanto, estar diante de um computador.

Assim, a internet acaba sendo uma facilitadora para copiar, divulgar e distribuir o programa de computador pirateado. Todavia, paralelamente, ela acaba, muitas vezes, por encobrir a autoria da ação, pois, mesmo com os desenvolvidos sistemas de rastreamento, o anonimato é facilitado, como acontece, por exemplo, pelo uso de computadores em *cybercafés*, que não fazem os devidos registros de seus usuários.[70]

Um estudo conjunto da Abes – Associação Brasileira das Empresas de *Software* com a BSA – *Business Software Alliance* (Aliança das Empresas de *Software*; que reúne 46 empresas do setor, inclusive a *Microsoft*, a *Symantec* e a *Adobe Systems*) revelou que o índice mundial de pirataria de *software* em 2001 chegou a 40% (ou seja, de cada dez *softwares* instalados quatro eram

---

[69] "Direito civil. Recurso especial. Ação de conhecimento sob o rito ordinário. Programa de computador (*software*). Natureza jurídica. Direito autoral (propriedade intelectual). Regime jurídico aplicável. Contrafação e comercialização não autorizada. Indenização. Danos materiais. Fixação do *quantum*. Lei especial (9610/98, art. 103). Danos morais. Dissídio jurisprudencial. Não demonstração. – O programa de computador (*software*) possui natureza jurídica de direito autoral (obra intelectual), e não de propriedade industrial, sendo-lhe aplicável o regime jurídico atinente às obras literárias. – Constatada a contrafação e a comercialização não autorizada do *software*, é cabível a indenização por danos materiais conforme dispõe a lei especial, que a fixa em **3.000 exemplares**, somados aos que foram apreendidos, se não for possível conhecer a exata dimensão da edição fraudulenta. – É inadmissível o recurso especial interposto com fulcro na alínea *c* do permissivo constitucional se não restou demonstrado o dissídio jurisprudencial apontado. – Recurso especial parcialmente provido" (grifo nosso) (STJ, REsp 443.119-RJ, 3ª Turma, Rel. Min. Nancy Andrigui, *DJ* 30-6-2003).

[70] O Estado de São Paulo tem uma norma – Lei n. 12.228/2006 – que obriga o cadastramento de todos os usuários em *cybercafés*; ela determina que os estabelecimentos registrem nome, número do documento de identidade, endereço etc.

ilegais). No Brasil, esse índice foi de 56%; na América Latina, 57%; na Ásia, 54%; na Europa Oriental, 67%; na Europa Ocidental, 37%; e na América do Norte, 26%.[71]

Esses dados são colhidos por meio de levantamento anual, que apontou perdas para o setor no mundo da ordem de R$ 28,6 bilhões em 2001; 6,7% menor que em 2000. Em 1999, essa cifra chegou a R$ 31,61 bilhões.

No Brasil, a pirataria de *software* tem diminuído, pois, em 2001, o índice foi de 56%, abaixo dos 58% de 2000, já tendo chegado a 77% em 1994. Esse fato se deu em razão das intensas campanhas e ações judiciais promovidas pelas duas entidades (Abes e BSA).[72] Estima-se que a pirataria de *software* no Brasil em 2011 seja em torno de 50%.

Dados de uma pesquisa realizada pela empresa *PricewaterhouseCoopers* revelou que, se o índice de pirataria de *software* no Brasil fosse reduzido para uma média de 25%, o setor deixaria de perder R$ 1,7 bilhão em faturamento, o que geraria 25 mil novos empregos. Associada a esse fato, a arrecadação com tributos chegaria a R$ 1,2 milhão.[73]

3.4.2. A clonagem de cartão de crédito

Por meio da "clonagem de cartão de crédito", o número de um cartão de crédito é apropriado indevidamente pelo agente delinquente, visando a sua utilização ou sua comercialização para alguém que possa utilizá-lo.

Ainda, essa prática da clonagem do número do cartão de crédito faz com que inúmeras pessoas se recusem a utilizar a internet como forma de efetuar compras, pelo menos quando há a necessidade de fornecer o número do cartão para o pagamento, mesmo sendo o *site* seguro, com sistemas de segurança e criptografia de dados.[74]

---

71 *Site* da Abes – Associação Brasileira das Empresas de *Softwares*. Matéria intitulada: *Índice de pirataria de* software *no Brasil cai para 56%*. Disponível em: <http://www.s2.com.br/scripts/release.asp?releaseId=15182&clienteId=345>. Acesso em: 23 ago. 2017.

72 Cf. *Índice de pirataria de* software *no Brasil cai para 56%*. Disponível em: <http://www.s2.com.br/scripts/release.asp?releaseId=15182&clienteId=345>. Acesso em: 23 ago. 2017.

73 Cf. *Índice de pirataria de* software *no Brasil cai para 56%*.

74 Arthur José Concerino. Internet e segurança são compatíveis? In: Newton De Lucca e Adalberto Simão Filho (Coords.). *Direito e internet* – aspectos jurídicos relevantes, 2. ed., p. 171.

Constantemente, tem-se conhecimento de *sites* que são atacados, tendo os números de cartões de crédito dos clientes subtraídos. Tal fato tem gerado inúmeros prejuízos financeiros para as empresas, além dos danos e incômodos aos usuários. Na maioria das vezes, o usuário não chega a ter, efetivamente, um prejuízo de ordem monetária, pois as empresas costumam arcar com as perdas sem sequer discutir o assunto, sob pena de prejudicar a sua credibilidade. Conforme a jurisprudência do Tribunal de Justiça de Minas Gerais, em decisão de 2010, o relator Eduardo Mariné da Cunha diz: "Ora, tendo o réu disponibilizado aos seus clientes serviços bancários através da internet, caberia a ele garantir a segurança de tais transações, restando evidenciado, assim, a falha na prestação de serviços".[75]

Em pesquisa realizada pela Módulo Consultoria, constatou-se que 30% das empresas averiguadas já sofreram alguma invasão. O mais alarmante é que 39% não sabiam que tinham sido atacadas.[76]

Um caso muito conhecido, em especial por quem atua com informática, é o do *hacker* francês, condenado em 2000 por ter quebrado o código de 96 dígitos que protege os cartões bancários da França.

---

[75] "AÇÃO DE INDENIZAÇÃO – FALHA NA PRESTAÇÃO DO SERVIÇO – CONTA CORRENTE INVADIDA POR *HACKER* – QUEBRA DO SIGILO BANCÁRIO DO AUTOR – DANO MORAL CONFIGURADO – RECURSO DESPROVIDO. Para a caracterização do dano moral é indispensável a ocorrência de ofensa a algum dos direitos da personalidade do indivíduo. Esses direitos são aqueles inerentes à pessoa humana e caracterizam-se por serem intransmissíveis, irrenunciáveis e não sofrerem limitação voluntária, salvo restritas exceções legais (art. 11 CC/2002). A título de exemplificação, são direitos da personalidade aqueles referentes à imagem, ao nome, à honra subjetiva e objetiva, à integridade física e psicológica. Vale salientar que o autor da ação foi vítima de **fraude**, na medida em que teve numerário de sua conta corrente saqueado, ao utilizar do serviço de **internet** oferecido aos clientes do Banco Bradesco. Em razão da negligência da instituição financeira requerida, que permitiu a prática dos aludidos atos fraudulentos, por não oferecer a devida segurança no serviço prestado aos seus clientes, o requerente se viu em situação de flagrante intranquilidade de espírito e abalo psicológico. Isso porque, de forma súbita e inesperada, foi-lhe subtraída toda a quantia disponível em sua conta corrente" (Ap. Cív. 1.0035.08.133861-4/001, Comarca de Araguari, rel. Des. Eduardo Mariné da Cunha).

[76] Arthur José Concerino. Internet e segurança são compatíveis? In: Newton De Lucca e Adalberto Simão Filho (Coords.). *Direito e internet* – aspectos jurídicos relevantes, 2. ed., p. 172.

Em um primeiro momento, ele entrou em contato com a administradora dos cartões querendo ser contratado para trabalhar para a segurança da empresa. Esta solicitou uma prova da quebra do código. Então o *hacker* comprou 11 bilhetes de metrô em um caixa automático, usando o cartão que ele fabricou. Ele nunca chegou a usar os bilhetes, mas, ainda assim, foi denunciado pela empresa e condenado. Entretanto, duas semanas após sua condenação, começou a circular na rede a maneira de como confeccionar cartões, o que fez que as empresas buscassem formas de aprimorar a segurança dos cartões.[77]

O problema tem dimensões imensuráveis. Só para se ter uma ideia, em São Petersburgo (Rússia), cidade considerada o centro mundial do comércio de dados de cartões obtidos pela internet, foi desenvolvido um mercado acionário virtual de cartões de crédito. Seus preços, a exemplo das bolsas de valores, sobem e descem conforme a demanda diária, em média de um dólar por número de cartão de crédito; são vendidos em lotes de 500 a 5.000 números. Na Grã-Bretanha, em 1998, essas fraudes foram de US$ 196 milhões; em 2001, chegaram a US$ 596 milhões; e, para 2005, era previsto que fossem de US$ 1,5 bilhão.[78]

Em face desses e de muitos outros fatos ocorridos, as operadoras de cartões de crédito, os bancos e as empresas que operam no comércio eletrônico estão buscando instrumentos e *softwares* que deem maior segurança aos negócios eletrônicos. Já existem, por exemplo: formas de pagamento mediante débito em conta corrente; emissão de boleto para pagamento na rede bancária; cartão com *chip* e senha renovável; cartão virtual no qual o limite é relativamente baixo (não há a materialização do cartão, somente o número), sendo usado apenas para compras na internet, em que o usuário recebe um *e-mail* posterior para confirmar a compra; seguro para as despesas não efetuadas pelo legítimo proprietário do cartão, decorrentes de clonagem ou obtenção indevida do seu número.

No Brasil, a falsificação/clonagem de cartão de crédito e de débito passou a ser um crime específico, conforme o parágrafo único do art. 298 do Código Penal, derivado da Lei n. 12.737/2012, cujo tema será melhor tratado no item dos crimes de informática.

---

77 Arthur José Concerino. Internet e segurança são compatíveis? In: Newton De Lucca e Adalberto Simão Filho (Coords.). *Direito e internet* – aspectos jurídicos relevantes, 2. ed., p. 172.

78 Patrick Collinson. Ciberfraude – eis São Petersburgo, Rússia. Tem gente aqui de olho no seu cartão de crédito. *O Estado de S. Paulo*, 26 maio 2002, p. A10.

3.4.3. A invasão de servidores

Qualquer pessoa está sujeita a ser vítima das práticas ilícitas na internet. Para tanto, basta ter um computador conectado a ela, estando, a partir daí, suscetível a uma ação ilícita, por exemplo, pelo recebimento de um *e-mail* com vírus que destrua seus arquivos.

No entanto, as empresas são as principais lesadas por essas práticas e, na maioria das vezes, calam-se e não levam o fato ao conhecimento das autoridades policiais e judiciárias, arcando com os danos, em razão do receio de prejudicar sua imagem ao tornar o fato público e, com isso, prejudicarem-se ainda mais, uma vez que pode ocorrer a perda em massa de clientes. Uma vez tornada pública a fragilidade do sistema informatizado de uma empresa, pode-se ter prejuízos incalculáveis.[79]

São frequentes os exemplos de empresas que têm seus servidores invadidos por agentes (*hackers* ou *crackers*) com intenção de danificar seus *sites*, paralisando seu funcionamento, causando-lhes prejuízos; ou até mesmo pela subtração de informações confidenciais; entre outros danos.[80]

Suponhamos uma empresa que desenvolve sua atividade exclusivamente por meio do comércio eletrônico, sendo esse seu instrumento de vendas de produtos e serviços. Caso tenha seu *site* fora de operação por um ataque, com certeza irá sofrer prejuízos enormes, incluindo a possível perda de clientela, que tenderá a se direcionar para os concorrentes.

Especialmente quanto às instituições financeiras, a notícia, por exemplo, de que em um determinado banco alguns clientes foram prejudicados, por terem importâncias desaparecidas de suas contas, isso certamente causará uma insegurança generalizada aos demais correntistas, que podem deixar essa instituição para serem clientes de outra. É principalmente por essa razão que algumas empresas preferem silenciar e assumir os prejuízos dos ataques aos seus servidores.[81]

---

[79] Carla Rodrigues Araújo de Castro. *Crimes de informática e seus aspectos processuais*. Rio de Janeiro: Lumen Juris, 2001, p. 13.

[80] Não se enquadram nesse plano de investigações as questões técnicas sobre como se operacionalizam os ataques e as invasões aos servidores.

[81] Carla Rodrigues Araújo de Castro. *Crimes de informática e seus aspectos processuais*, p. 13-14.

Os usuários domésticos, a princípio, sofrem um risco menor quando comparados com as empresas, pois, mesmo que seus computadores possam ser mais vulneráveis a todo tipo de ataque de *hackers* ou *crackers*, estes, geralmente, preferem atacar empresas. É em casos específicos que esses usuários são prejudicados, por exemplo, pela transmissão de *e-mail* com vírus. Apesar de as empresas serem os maiores alvos, os computadores pessoais, em grande medida, estão totalmente suscetíveis aos ataques, já que, em determinadas circunstâncias, podem sofrer ações de *crackers*. Um bom exemplo está na obtenção indevida de dados pessoais e bancários para desvios de quantias em instituições financeiras.

Um projeto conjunto do FBI – *Federal Bureau of Investigation* (Departamento Federal de Investigação) e do CSI – *Computer Security Institute* (Instituto de Segurança de Computador) retratou que, nos Estados Unidos, de quinhentos entrevistados, na maioria empregados de grandes empresas, 85% disseram ter detectado algum tipo de falha no sistema de segurança de informática em 2001, resultando em perdas financeiras; e 44% deles enumeram quantias que, somadas, chegaram a um prejuízo de US$ 455,8 milhões nesse mesmo ano, devido a ataques de *hackers*. Ainda, de acordo com a pesquisa, a subtração de informações privadas resultou em um prejuízo de US$ 170,8 milhões também em 2001.[82]

Outra pesquisa sobre segurança de sistemas de informações, feita em 2002 pela *Symantec*, mostrou que 67% das empresas brasileiras já sofreram algum tipo de ataque aos seus servidores. O levantamento diagnosticou que 38% dos ataques foram de origem externa (por ação de *hackers*) e 7% de origem interna (funcionários).[83] O perfil das empresas atacadas corresponde, na maior parte, ao setor industrial com 30%; ao ramo de serviços com 20%; e aos bancos com 14%.[84]

---

[82] Pesquisa revela perdas com ataques em sistemas de informática. *Reuters*. Disponível em: <http://www.htmlstaff.org/noticias/n0363.php>. Acesso em: 23 ago. 2017.

[83] Alexandre Jean Daoun e Renato M. S. Opice Blum dizem que os *crackers* internos de uma empresa chamam-se *insiders*. Cybercrimes. In: Newton De Lucca e Adalberto Simão Filho (Coords.). *Direito e internet* – aspectos jurídicos relevantes, 2. ed., p. 147.

[84] *Cerca de 67% das empresas brasileiras já sofreram ataques*. Disponível em: <http://www.terra.com.br/cgi-bin/index_frame/informatica/2002/08/15/012.htm>. Acesso em: 19 ago. 2017.

Diante desse quadro, aparentemente os usuários domésticos devem preocupar-se mais com a questão da transmissão de vírus, que continua sendo a maior ameaça. Já as empresas, por sua vez, além da preocupação com vírus, devem tomar medidas preventivas, implantando sistemas de segurança para suas informações e segredos empresariais, bem como para os dados de clientes etc.

4

Direitos Constitucionais e a Internet

4.1. PRIVACIDADE

Sem prejuízo do que será tratado no item sobre o Marco Civil da Internet, acerca do assunto, tratando do tema da privacidade, Pinto Ferreira, ao comentar o inc. X do art. 5º da Constituição Federal, lembra que o preceito não existia na Constituição anterior e o que motivou sua inclusão na Carta foi a ampla devassa da vida privada e da intimidade, prejudicando a imagem das pessoas.[1]

O referido dispositivo constitucional expressa o direito à privacidade, que se reflete na inviolabilidade da intimidade, da vida privada, da honra e da imagem das pessoas.

Privacidade é o conjunto de informações acerca de um indivíduo, que, por sua vez, pode decidir mantê-las sob o seu controle exclusivamente ou, se quiser, pode comunicar a outrem nas condições que desejar.[2] A privacidade está relacionada ao que é privado, de conhecimento restrito, ao contrário do público, que é de conhecimento geral.

Para Tércio Sampaio Ferraz Júnior, a privacidade é o que diz respeito somente a um indivíduo; refere-se a sua vida familiar, seu íntimo, que deve ser

---

1 Pinto Ferreira. *Comentários à Constituição brasileira*. São Paulo: Saraiva, 1989, p. 79.

2 J. Matos Pereira. *Direito de informação*. Lisboa: Associação Portuguesa de Informática, edição do autor, 1980, p. 15 apud José Afonso da Silva. *Curso de direito constitucional positivo*. 13. ed. São Paulo: Malheiros, 1997, p. 202.

guardado por ele discricionariamente.[3] A doutrina busca fazer a distinção de vida privada e intimidade. Conforme J. M. Othon Sidou, o direito à intimidade significa direito à dignidade.[4]

Sônia Aguiar do Amaral Vieira pondera que a intimidade consiste em fatos da mais profunda intimidade, revestida de um caráter muito sigiloso, tendo o seu detentor o direito de não vê-los revelados a terceiros. Já a vida privada é a esfera menos íntima do ser humano; a natureza desse aspecto não é extremamente reservada.[5]

José Cretella Júnior, tratando da proteção da intimidade e da vida privada, pondera que intimidade é o *status* daquilo que é íntimo, isolado, sozinho, pois há uma liberdade ou um direito de não ser importunado, de estar só, de não ser visto por estranhos. Para ele, o legislador constitucional distinguiu a mesma situação com dois nomes diferentes, uma vez que se sabe que intimidade da pessoa é sua vida privada, no recesso do lar. Essa proteção se desdobra em outros direitos, como, por hipótese, inviolabilidade de domicílio e de correspondência, sigilo profissional etc. Não é fácil demarcar com precisão o campo de proteção da Constituição, uma vez que, nos tempos atuais, seria letra morta se o dispositivo constitucional abrangesse apenas a casa das pessoas.[6]

Celso Ribeiro Bastos e Ives Gandra da Silva Martins, comentando o direito à reserva da intimidade e da vida privada, ponderam que se trata de uma faculdade que cada pessoa tem de impedir a intromissão de estranhos na sua vida privada e familiar; também obstar o acesso a informações sobre a privacidade de cada um, bem como impedir que sejam divulgadas informações sobre a área da manifestação existencial do ser humano.[7]

---

3 Tércio Sampaio Ferraz Júnior. Sigilo de dados: o direito à privacidade e os limites à função fiscalizadora do Estado. *Cadernos de Direito Tributário e Finanças Públicas*, São Paulo, RT, n. 1, out./dez. 1992, p. 141.

4 J. M. Othon Sidou. Direito à intimidade. *Revista da Faculdade de Direito de Caruaru*, Caruaru, v. 7, ano XII, p. 151-152 apud Pinto Ferreira. *Comentários à Constituição brasileira*, p. 79.

5 Sônia Aguiar do Amaral Vieira. *Inviolabilidade da vida privada e da intimidade pelos meios eletrônicos*. São Paulo: Juarez de Oliveira, 2002, p. 25.

6 José Cretella Júnior. *Comentários à Constituição Federal de 1988*. Rio de Janeiro: Forense Universitária, 1990, v. 1, p. 257.

7 Celso Ribeiro Bastos e Ives Gandra da Silva Martins. *Comentários à Constituição do Brasil*: promulgada em 5 de outubro de 1988. São Paulo: Saraiva, 1988-1989, v. 2, p. 63-64.

A questão de a privacidade ser ou não sinônimo de intimidade, neste momento, não se apresenta tão relevante; elas se confundem e acabam sendo tratadas com o mesmo sentido. Assim, optamos pelo uso da expressão "privacidade" em sentido amplo, inclusive como o faz e sugere José Afonso da Silva. Este autor considera que a locução "direito à privacidade", *lato sensu*, abarca todas as manifestações da esfera íntima, privada e da personalidade que o art. 5º, inc. X, da Constituição Federal consagrou: direito à intimidade, à vida privada, à honra e à imagem das pessoas.[8]

René Ariel Dotti considera que a vida privada, genericamente, alcança todos os aspectos que as pessoas não gostariam que se tornassem públicos. É o que não deve ser objeto do direito à informação nem da curiosidade da sociedade atual que, para isso, conta com aparelhos sofisticados. Em outra passagem, o autor pondera que a evolução da informática ameaça o desenvolvimento natural da personalidade, sendo isso o que justifica a tutela da vida privada.[9]

Nessa esteira, André Franco Montoro diz que o computador é uma máquina a serviço do homem, que penetra rapidamente em todos os setores da vida social.[10]

A violação da privacidade dá à vítima o direito de buscar a reparação do dano junto ao agente causador, que, demonstrado o dano e nexo causal, responderá, patrimonialmente, pelo ato praticado. A lesão à vida privada pode ser de ordem patrimonial ou moral, sendo assegurada à vítima uma indenização proporcional ao dano causado.[11] Será abordada a questão da responsabilidade civil de forma mais aprofundada em outro momento.

4.2. SIGILO DA CORRESPONDÊNCIA, DA COMUNICAÇÃO E DOS DADOS

Como já dito, a questão do direito à privacidade é o centro da atenção do presente capítulo, em especial nas questões da internet, mas esse direito pode entrar em rota de conflito com outros direitos, também protegidos constitucionalmente, por isso precisamos conhecê-los, ainda que sucintamente.

---

8 José Afonso da Silva. *Curso de direito constitucional positivo*, p. 202.

9 René Ariel Dotti. *Proteção da vida privada e liberdade de informação*: possibilidades e limites. São Paulo: RT, 1980, p. 71 e 256.

10 André Franco Montoro. *Estudos de filosofia do direito*. 2. ed. São Paulo: Saraiva, 1995, p. 96.

11 José Cretella Júnior. *Comentários à Constituição Federal de 1988*. Rio de Janeiro: Forense Universitária, 1990, v. 1, p. 259.

Discorreremos sobre a liberdade de expressão e o sigilo da correspondência, das comunicações e dos dados, a ponto de contextualizar os problemas que enfrentaremos adiante; no entanto, não aprofundaremos o estudo dos direitos e das garantias fundamentais, seu desenvolvimento histórico, sua evolução no Brasil e no exterior etc.

O sigilo da correspondência,[12] da comunicação e dos dados são questões bem problemáticas no âmbito da internet, tendo em vista a grande possibilidade de serem devassados. O direito ao sigilo da correspondência, da comunicação e dos dados está relacionado a sua inviolabilidade. Tal inviolabilidade está diretamente ligada ao direito à privacidade, pois este alberga a proteção dos dados e fatos privados de uma pessoa. A correspondência, a comunicação e os dados das pessoas são invioláveis. Isso quer dizer que ninguém pode ter acesso ao seu conteúdo, romper seu sigilo. O conteúdo deve ficar restrito àquele que emite e àquele que recebe.[13]

José Cretella Júnior, ao comentar o art. 5º da Constituição, pondera que o sigilo da correspondência consiste em emitir o pensamento apenas para o destinatário, de modo que outro não possa devassá-lo, fazendo menção às cartas como suporte material do pensamento. O sigilo da comunicação significa a liberdade de comunicação por qualquer veículo oferecido pela tecnologia moderna, alcançando, inclusive, as áreas da telecomunicação e telegráfica. Com relação ao sigilo dos dados, quer dizer que os dados e as informações sobre pessoas são protegidos, sendo inviolável o acesso a eles.[14]

4.3. LIBERDADE DE EXPRESSÃO

A liberdade de expressão está relacionada tanto à liberdade de manifestação quanto à atividade intelectual, artística, científica e de comunicação, in-

---

[12] Sobre tratados internacionais e constituições (da Alemanha, Espanha, Itália, Chile, Colômbia, Equador, Peru e Venezuela) que tratam do sigilo da correspondência, veja: Mário Antônio Lobato de Paiva. O monitoramento do correio eletrônico no ambiente de trabalho. *Jus Navigandi*, Teresina, ano 7, n. 60, nov. 2002. Disponível em: <http://jus2.uol.com.br/doutrina/texto.asp?id=3486>. Acesso em: 24 ago. 2017.

[13] Celso Ribeiro Bastos e Ives Gandra da Silva Martins. *Comentários à Constituição do Brasil*: promulgada em 5 de outubro de 1988, p. 71. Na página anterior, esses autores dizem que o sigilo da correspondência é um direito que decorre de outro: o da preservação da própria intimidade.

[14] José Cretella Júnior. *Comentários à Constituição Federal de 1988*, p. 267-269.

dependentemente de censura ou licença, conforme o art. 5º, inc. IX, da Constituição Federal. É um direito assegurado não só no ordenamento jurídico brasileiro, como também além de nossas fronteiras, uma vez que está previsto em normas supranacionais, como acontece no Pacto de São José de Costa Rica, art. 13.

No entanto, o exercício da liberdade de expressão pode trazer algum prejuízo para a privacidade. O contrário também é verdadeiro: a preservação da privacidade pode trazer perdas à liberdade de expressão, uma vez que pode haver censura.

Celso Ribeiro Bastos e Ives Gandra da Silva Martins ponderam que a censura é o impedimento da expressão e da circulação de certas ideias ou informações, que, em certa medida, tem sido a negação desse direito (o de se expressar livremente). Para eles, por licença deve-se entender a desnecessidade de autorização para o exercício desse direito.[15]

A censura é definida por José Cretella Júnior como o exame feito por autoridades governamentais, moralistas e eclesiásticas dos meios de comunicação humana (livros, jornais, filmes, teatro etc.).[16]

A questão da liberdade de expressão na internet tem sido enfrentada pelos Estados Unidos, notadamente no que toca à questão do bloqueio, por parte de escolas ou bibliotecas, do acesso a determinados *sites*, por exemplo, com conteúdo pornográfico. A Justiça americana tem se inclinado a considerar que a internet deve ser oferecida como um pacote completo, considerando inconstitucional o uso obrigatório de filtragem que retire parte do conteúdo da internet (a adoção do filtro deve ser facultada ao usuário), sob pena de violação da liberdade de expressão prevista na Primeira Emenda Constitucional.[17]

A Suprema Corte americana já teve oportunidade de apreciar uma lei de 1996, *Communications Decency Act* (CDA), em que a declarou inconstitucional. A lei visava deixar a internet mais segura para as crianças, mas, para tanto, proibia a divulgação de material obsceno e indecente.

---

15 Celso Ribeiro Bastos e Ives Gandra da Silva Martins. *Comentários à Constituição do Brasil*: promulgada em 5 de outubro de 1988, p. 58-59.

16 José Cretella Júnior. *Comentários à Constituição Federal de 1988*, p. 256.

17 Nesse sentido, Carlos Alberto Rohrmann. O governo da internet: uma análise sob a ótica do direito das telecomunicações. *Revista da Faculdade de Direito Milton Campos*, Belo Horizonte, Del Rey, v. 6, 2001, p. 56 e 97.

Essa lei foi considerada uma violação à liberdade de expressão, prevista na Primeira Emenda à Constituição dos Estados Unidos, tendo em vista que os conceitos de obscenidade e indecência eram vagos, o que representava uma limitação do conteúdo da internet, até porque obrigaria os provedores a barrar uma imensa quantidade de material. Isso também porque alcançaria apenas os provedores norte-americanos. A decisão considerou que a internet não tem as mesmas características invasoras da televisão e do rádio, pois requer uma série de atos dos usuários para se ter o acesso.

4.4. VIOLAÇÃO DA PRIVACIDADE

Diante desses direitos assegurados pela Constituição, torna-se necessário verificar suas aplicações às relações estabelecidas na internet, especialmente quanto ao tema da violação da privacidade. Nas relações que ocorrem na rede mundial de computadores, há algumas peculiaridades que fazem o estudo do tema não ocorrer de forma estanque, ou seja, não é possível analisar cada um dos direitos de modo separado.

Por exemplo, quanto à prática do *spam*, são vários os direitos possivelmente violados, o que também faz surgir uma aparente antinomia de ordem constitucional. Com efeito, de um lado, estão o direito à liberdade de expressão, inc. IX, e o sigilo da correspondência, inc. XII, exigidos pelos *spammers* (aqueles que enviam as mensagens eletrônicas indesejadas); do outro lado, há o direito à privacidade, inc. X, e o sigilo de dados, inc. XII, reivindicados pelos usuários, pessoas físicas ou jurídicas (todos os incisos são do art. 5º da Constituição Federal).

O envio de mensagens eletrônicas, a princípio, reflete o direito à liberdade de expressão, não sendo razoável o exercício da censura, sob pena de infração do disposto no inc. IX do art. 5º.

Considerando-se que o *e-mail* é uma espécie de correspondência, apesar da forma eletrônica, ele teria, antes de tudo, a mesma natureza jurídica da correspondência convencional ou epistolar, cuja inviolabilidade e sigilo estão assegurados no inc. XII, do art. 5º da Constituição Federal.[18]

Por sua vez, o envio indiscriminado de mensagens – *spams* (a partir da captação dos dados pelos *cookies* e sua comercialização) à caixa de correio de

---

[18] No Brasil, devassar correspondência fechada é crime, conforme o art. 151 do Código Penal.

uma determinada pessoa – pode ser considerado violação do direito à privacidade, amoldando-se à previsão constitucional, art. 5º, inc. X.

Da mesma maneira, a clandestina captação de dados dos usuários, pessoas físicas e jurídicas, bem como o tráfico desses dados, pode infringir o dispositivo do inc. XII do art. 5º, por se tratar de violação do sigilo de dados.

A privacidade é uma questão bastante relevante, tanto que é considerada direito fundamental. Sua violação, inclusive, é vedada pela Constituição Federal de 1988, art. 5º, inc. X. Entretanto, com a chegada da internet, a privacidade pode ter encontrado uma grande vilã nessa avançada rede de comunicação.

Acontece que, na internet, a privacidade pode ser violada com facilidade em decorrência da indiscriminada captação de dados, muitos comercializados a partir da formação de perfis dos usuários, abrindo possibilidades de envio de inúmeras mensagens não solicitadas, sem levar em conta outras questões jurídicas relacionadas e os prejuízos causados aos usuários, pessoas físicas ou jurídicas.

Como já visto anteriormente, o problema da violação da privacidade na internet é tão preocupante que tem levado inúmeros juristas a se dedicarem ao tema. O desenvolvimento dos meios eletrônicos, que facilitou esse tipo de violação, já era preocupação de José Afonso da Silva em 1997, por ocasião da 13ª edição do seu *Curso*:

> O intenso desenvolvimento de complexa rede de fichários eletrônicos, especialmente sobre dados pessoais, constitui poderosa ameaça à privacidade das pessoas. O amplo sistema de informações computadorizadas gera um processo de esquadrinhamento das pessoas, que ficam com sua individualidade inteiramente devassada. O perigo é tão maior quanto mais a utilização da informática facilita a interconexão de fichários com a possibilidade de formar grandes bancos de dados que desvendem a vida dos indivíduos, sem sua autorização e até sem seu conhecimento.[19]

Celso Ribeiro Bastos e Ives Gandra da Silva Martins, em 1989, já alertavam que o desenvolvimento tecnológico torna possível uma devassa da vida íntima das pessoas, daí a necessidade de proteção pela Constituição Federal.[20] Inclusive a utilização de *chips* em seres humanos (a princípio para finalidade

---

19 José Afonso da Silva. *Curso de direito constitucional positivo*, p. 205.

20 Celso Ribeiro Bastos e Ives Gandra da Silva Martins. *Comentários à Constituição do Brasil*: promulgada em 5 de outubro de 1988, p. 61-62.

médica) pode trazer prejuízos à privacidade. As informações podem ter diversas destinações, o que possibilita a discriminação em razão de doença, raça, origem etc.

O que foi até aqui exposto diz respeito a temas que envolvem provedores, *sites* e usuários, associados ao fato da velocidade com que os dados são colhidos, armazenados e, eventualmente, comercializados. Acontece que, uma vez comercializados os dados, pode haver violações de direitos, o que frequentemente ocorre ao se considerar que as comunicações via internet também transmitem informações sigilosas e privativas. Tornam-se, então, evidentes as implicações jurídicas geradas por esse fato, tendo em vista que podem provocar danos às pessoas na medida em que se tem a privacidade invadida.

Com certa frequência, muitos provedores e *sites* não se preocupam em estabelecer uma verdadeira política de privacidade junto aos usuários pelo hábito de utilizarem os *cookies* para a clandestina captação de informações desses usuários e, em seguida, formar bancos de dados que são comercializados indiscriminadamente.

Esses bancos têm como dados principais os endereços eletrônicos, o que possibilita o envio das mensagens eletrônicas não solicitadas – *spams*. Como já referido, já existem empresas especializadas nessas práticas. Tais mensagens sobrecarregam as caixas de correios eletrônicos dos destinatários, causando inúmeros transtornos, além das perdas financeiras envolvidas, notadamente o tempo gasto para livrar-se delas. Em âmbito empresarial, as consequências podem ser catastróficas, obrigando os empresários a medidas rigorosas e de elevado custo, como já visto anteriormente.

Ocorre que todos esses fatores têm trazido grande preocupação, em vista da enorme quantidade de dados que circulam na internet, das constantes e rápidas mudanças e da falta de segurança,[21] especialmente para quem utiliza a internet, seja para fins pessoais, empresariais ou governamentais. Isso gera sério receio na sua utilização diante de tantos problemas causados. Concomitantemente, a preocupação do jurista aumenta na medida em que as infrações legais se multiplicam e passam a ser cada vez mais constantes no ambiente virtual.

Liliana Minardi Paesani alerta para a necessidade de se equacionar o avanço da internet com a necessidade de se obter algum controle do grande número

---

[21] Nesse sentido, Fernando Antônio Vasconcelos. O CDC e a responsabilidade das empresas virtuais. In: Demócrito Reinaldo Filho (Coord.). *Direito da informática* – temas polêmicos. Bauru, SP: Edipro, 2002, p. 279.

de informações que circula por ela, preservando direitos fundamentais, como a privacidade.[22]

Na Argentina, Ricardo Luiz Lorenzetti externa sua opinião sobre a invasão da privacidade pelo envio de *spam*:

> En el derecho argentino, y en nuestra opinión, el e-mail no deseado es una clara invasión a la privacidad, por lo cual es aplicable el art. 1.071 bis del Código Civil, que dice que viola la intimidad "el que arbitrariamente se entrometiere en la vida ajena, publicando retratos, difundiendo correspondencia, mortificando a otro en sus costumbres o sentimientos, perturbando de cualquier modo su intimidad (...)".[23]

Todo esse fenômeno, de certo modo recente, cria uma situação de insegurança jurídica quanto ao uso da internet e à garantia de uma proteção da privacidade dos usuários e dos dados sigilosos transmitidos.[24]

4.4.1. Conflito e harmonização de direitos fundamentais

Os direitos assegurados constitucionalmente podem entrar em rota de conflito, tendo em vista que o exercício de um pode prejudicar a proteção de outro, como acontece com a liberdade de expressão e o direito à privacidade.[25]

---

22 Liliana Minardi Paesani. *Direito e internet* – liberdade de informação, privacidade e responsabilidade civil. 2. ed. São Paulo: Atlas, 2003, p. 99.

23 Ricardo Luis Lorenzetti. *Comercio electrónico*. Buenos Aires: Abeledo-Perrot, 2001, p. 241.
A Argentina promulgou, em 30/12/2000, a Lei n. 25.326, que dispõe sobre a proteção de dados pessoais. Ela prevê a criação de um organismo de controle responsável pela proteção dos dados. Especificamente quanto ao *spam*, adota o sistema *opt-in*, cujas mensagens somente podem ser enviadas com a aprovação prévia do usuário que irá recebê-las. Este sistema também foi adotado pela União Europeia em 2002, diferindo do sistema adotado pelos Estados Unidos em 2004, *opt-out*, que permite o envio de mensagens eletrônicas a qualquer pessoa, mas, se esta manifestar sua vontade em não mais recebê-las, o envio fica proibido.

24 Nesse sentido, Demócrito Reinaldo Filho. A privacidade na "sociedade da informação". In: Demócrito Reinaldo Filho (Coord.). *Direito da informática* – temas polêmicos. Bauru, SP: Edipro, 2002, p. 28.

25 Nesse sentido, André Ramos Tavares. Liberdade de expressão-comunicação em face do direito à privacidade. In: Ives Gandra Martins Filho e Antônio Jorge Monteiro Junior (Coords.). *Direito à privacidade*. Aparecida: Ideias & Letras; São Paulo: Centro de Extensão Universitária, 2005, p. 213-240.

René Ariel Dotti, ao tratar do conflito entre a liberdade de informação e o direito à vida privada, assevera que, corriqueiramente, torna-se extremamente difícil precisar a fronteira entre o interesse de acesso à informação (que se dá pela liberdade de expressão) e o domínio particular (no que diz respeito à vida privada).[26]

No âmbito da internet, no caso específico da captação de dados, sua comercialização e o envio de mensagens eletrônicas, é possível perceber que há um aparente conflito de direitos constitucionais.

Notadamente quanto ao envio de mensagens eletrônicas, se, por um lado, isso não pode deixar de ser considerado manifestação da liberdade de expressão por parte do remetente; por outro, é uma invasão da privacidade do destinatário. Nasce disso um confronto de direitos que, eventualmente, poderia ser objeto de uma norma, a fim de equilibrá-los no campo da internet.

Pedro A. de Miguel Asensio trata da questão sob o prisma da Constituição espanhola:

> Los servicios y aplicaciones de Internet pueden ser instrumentos para la realización de actividades que suponen intromisiones ilegítimas en el derecho al honor, a la intimidad personal y familiar y a la propia imagen, garantizados en el artículo 18.1 Constitución y cuyo régimen de protección civil contiene la mencionada LO 1/1982. La propia Constitución (art. 18.4) prevé que '(l)a ley limitará el uso de la informática para garantir el honor y la intimidad personal y familiar ciudadanos y el pleno ejercicio de sus derechos', mandato que se ha traducido fundamentalmente en el régimen legal de protección de datos personales, que garantiza ante todo el derecho a la intimidad y reclama un análisis diferenciado.[27]

Entretanto, considerando-se a inexistência de norma brasileira que discipline a questão, mister se faz o equilíbrio entre os direitos assegurados pela Constituição. Porém, é um equilíbrio que não afasta a análise da casuística, a fim de que não seja inibida a liberdade de as pessoas se expressarem e seja mantida a inviolabilidade de suas correspondências (quanto aos que enviam mensagens

---

[26] René Ariel Dotti. *Proteção da vida privada e liberdade de informação*: possibilidades e limites, p. 134.

[27] Pedro A. de Miguel Asensio. *Derecho privado de internet*. 2. ed. Madrid: Civitas, 2001, p. 468-469.

eletrônicas). Sem descuidar também para que as pessoas não sejam lesadas em seus direitos à vida privada e à inviolabilidade de seus dados (de modo específico em relação aos receptores de mensagens eletrônicas não solicitadas).

Até aqui estão sendo analisados direitos individuais assegurados pela Carta Magna. Todavia, acontece que um direito individual não é absoluto, uma vez que pode ser relativizado, ou seja, ele não é ilimitado, pois seu limite esbarra nos outros direitos, de igual modo, garantidos constitucionalmente. Conforme Alexandre de Moraes, isso se dá em razão do princípio da relatividade ou da convivência das liberdades públicas.[28]

O avanço da internet[29] não trouxe apenas a facilidade das comunicações, mas também poderá trazer grandes transformações para os valores da sociedade. Assim, é preciso uma ponderação sobre relativizar estes direitos constitucionais: liberdade de expressão, sigilo da correspondência, direito à privacidade e ao sigilo de dados. Tais direitos, se mantidos de forma rígida, correm o risco de ser obstáculo não só para o bom funcionamento da rede mundial de computadores, como também para a sociedade atual.

Na verdade, se, por um lado, a inibição de expressar-se pode significar um retrocesso nas conquistas da sociedade, por outro, a ausência de privacidade pode gerar a falta de individualidade do ser humano, entre muitas outras implicações, como o congestionamento da internet pelo excesso de *spams*.

Sobre esse tema, Renan Lotufo pondera:

> A liberdade de expressão pode entrar em conflito com o direito à privacidade (...). E por isso mesmo todas as vezes que se tem essa situação de conflito,

---

[28] Alexandre de Moraes. *Direito constitucional*. 6. ed. São Paulo: Atlas, 1999, p. 58.

[29] Segundo Talden Farias, a rápida consagração da internet se deu pelo seu caráter de máxima expressão da liberdade; no entanto, tornou-se muito complicado manter o mesmo princípio de liberdade de expressão que a orientou em sua criação. A necessidade de um controle normativo mínimo parece ser evidente, considerando todos os ilícitos ocorridos. Acontece que muitos países autoritários já demonstram interesse em cercear o acesso à rede em uma espécie de censura, podendo levar a internet a ter uma função contrária à sua pretensão inicial, a democratização da informação. Por se tratar de um assunto relativamente novo, só o tempo dirá como deverá ser o controle da internet sem prejuízo da liberdade de expressão. *Internet, direito e liberdade de expressão*. Disponível em: <http://www.cbeji.com.br/novidades/artigos/index.asp?id=1056>. Acesso em: 19 ago. 2017.

> o chamado "direito de informação", que não admite censura e a possibilidade de violação a um direito individual, se estabelece o que se chama de colisão de direitos e por isso deve ser solucionado através da aplicação do princípio da proporcionalidade, que é o princípio do moderno direito constitucional, com o qual se busca fixar qual será considerado, qual direito constitucional deve ser preservado.[30]

Demócrito Reinaldo Filho traz uma visão bastante interessante sobre a relação da liberdade de expressão com o direito à privacidade. Ele pondera que a liberdade de expressão pode ser vista como resultado da garantia da privacidade do homem, pois, se a este for sonegada a liberdade de pensar, de crença, religiosa ou de qualquer forma de expressão, estar-se-á afrontando a sua dignidade, sua intimidade, o que nega a própria natureza humana. No entanto, o autor concorda que, em outras ocasiões, a liberdade de expressão funciona limitando a privacidade individual.[31]

Haveria a possibilidade de os provedores impedirem a entrada de mensagens oriundas de determinados servidores coniventes com o *spam*. Entretanto, se isso acontecer, esses provedores estariam exercendo o que se pode chamar de "papel de um órgão de censura", infringindo o disposto no inc. IX do art. 5º quanto à liberdade de expressão. Não deixaria de ser, então, o cerceamento do que a internet trouxe para a humanidade: a "liberdade sem fronteiras". Existem medidas que até atenuariam o problema do *spam*; certamente, porém, poderiam acarretar inconvenientes, como o óbice a alguma informação relevante decorrente do mesmo servidor, que foi bloqueado.

É o caso de contrapor o interesse coletivo ao interesse individual. O interesse coletivo é amparado no fato de ser necessário ao pleno funcionamento da internet, que é de utilidade pública. O interesse individual é abrigado na total liberdade de expressão e sigilo das correspondências. Não há a menor dúvida quanto ao dever de zelar pelos direitos fundamentais elencados na Carta Magna, porém não se pode perder de vista que o interesse coletivo deve

---

30 Renan Lotufo. Responsabilidade civil na internet. In: Marco Aurélio Greco e Ives Gandra da Silva Martins (Coords.). *Direito e internet* – relações jurídicas na sociedade informatizada. São Paulo: RT, 2001, p. 240.

31 Demócrito Reinaldo Filho. *Responsabilidade por publicações na internet*. Rio de Janeiro: Forense, 2005, p. 137-139.

prevalecer sobre o individual, a exemplo de uma desapropriação de residência para a construção de uma estação de trem.

A fim de melhor ilustrar esse ponto de vista, imaginemos a situação de um passageiro que queira embarcar com bagagens excessivamente pesadas em um voo, no qual a capacidade do avião não as comporta; ele não poderá fazê-lo em razão do interesse coletivo da sociedade em não aumentar o risco de a aeronave sofrer um acidente. Essa hipótese assemelha-se à situação daquele que quer se expressar com uma mensagem eletrônica, eventualmente considerada *spam*, dirigida a milhares de destinatários, que poderá causar problemas aos seus receptores, usuários da rede, provedores e às empresas em geral. Logo, visando ao bom funcionamento da internet, seria conveniente, também, impedi-lo de enviar tal mensagem.

Outra analogia pode ser estabelecida no que diz respeito ao direito à privacidade (e até mesmo ao sigilo da correspondência) de quem envia a mensagem eletrônica. É serviço de rotina as autoridades fazerem a vistoria de bagagens nos aeroportos. Em um primeiro momento, poderíamos achar que se trata de uma violação ou invasão de privacidade, mas não é, até porque existe uma regulamentação para tanto, tendo as pessoas já se adaptado a essa prática. Da mesma forma, poder-se-ia adotar regra semelhante quanto às questões de privacidade e de sigilo do que transita na internet, quer do emissor, quer do receptor, na intenção de assegurar a plena funcionabilidade da internet.[32]

---

[32] A partir dos atentados de 11 de setembro de 2001, nos Estados Unidos, parece que a aspiração social mais recente é pelo direito à "segurança", mesmo que em detrimento da "privacidade". Assim como bagagens são vistoriadas, as empresas de correios e entregas deveriam ser plenamente autorizadas para a utilização de sistema do tipo raio X, por exemplo, para verificar existência de bombas (a vistoria de bagagens é objeto de regulamentação pelo Decreto n. 7.168/2010, em especial pelo art. 108 e ss.). No caso do espaço virtual, por que não se adotar forma semelhante, quando o provedor, uma vez percebida a grande quantidade de destinatários de uma mensagem, poderia verificar se não se trata de *spam*?

Sobre o bloqueio de mensagens, alguns provedores, por meio dos seus servidores, já o fazem quando há uma suspeita de vírus, mantendo a mensagem em quarentena; então, por que não adotar técnica parecida para quando houver suspeita de *spam*? Essa medida, atualmente, vem sendo tomada por alguns provedores que adotam filtros (como visto em outra passagem), mas que pode, ainda, acarretar-lhes problemas jurídicos, em especial, com relação à censura.

Desse modo, o jurista deverá harmonizar as disposições constitucionais com vistas a satisfazer as exigências da ordem pública e do bem-estar da sociedade.[33] Precisa buscar a harmonização de maneira a coordenar e a combinar os bens jurídicos em conflito. Agindo assim, poderá evitar o sacrifício total de uns em relação aos outros, realizando uma redução proporcional do alcance de cada um dos direitos.[34]

José Joaquim Gomes Canotilho considera que, para solucionar o problema do aparente conflito entre normas constitucionais, não se pode adotar um método radical. O melhor é buscar um critério de harmonização, consistente na coordenação dos princípios em tensão com o fim de evitar o total sacrifício de um deles.[35]

De acordo com Canotilho, isso se explica em razão de que um direito constitucional não tem prevalência absoluta perante outros da mesma natureza constitucional, o que inibe o sacrifício de uns em relação aos outros, impondo o estabelecimento de limites recíprocos a fim de conseguir uma concordância entre eles.[36]

Demócrito Reinaldo Filho, a seu turno, alerta que, em alguns casos, a harmonização entre direitos pode resultar na prevalência de um em detrimento de outro, conforme o interesse majoritário da sociedade.[37]

Ao sopesar os direitos em conflito, o julgador deverá ter a sensibilidade de identificar aquele que mais se aproxima da aceitação majoritária da sociedade. A base dessa percepção, porém, será o critério da razoabilidade, devendo estar atento às transformações nas relações sociais em vista da internet, avaliando a atividade desenvolvida com seus riscos e benefícios.[38]

Diante de tudo isso, torna-se evidente a necessidade de se buscar um equilíbrio para o exercício dos direitos previstos na Constituição, tendo em

---

[33] Demócrito Reinaldo Filho. A privacidade na "sociedade da informação". In: Demócrito Reinaldo Filho (Coord.). *Direito da informática* – temas polêmicos, p. 37.

[34] Alexandre de Moraes. *Direito constitucional*, p. 58.

[35] José Joaquim Gomes Canotilho. *Direito constitucional*. 6. ed. Coimbra: Almedina, 1993, p. 196.

[36] José Joaquim Gomes Canotilho. *Direito constitucional*, p. 234.

[37] Demócrito Reinaldo Filho. *Responsabilidade por publicações na internet*. Rio de Janeiro: Forense, 2005, p. 141.

[38] Demócrito Reinaldo Filho. A privacidade na "sociedade da informação". In: Demócrito Reinaldo Filho (Coord.). *Direito da informática* – temas polêmicos, p. 40.

vista as relações estabelecidas na internet, notadamente quanto aos direitos da liberdade de expressão, da privacidade e do sigilo das correspondências, das comunicações e dos dados. Um caminho para isso é deixar claro que eles serão relativos a fim de assegurar o interesse coletivo sobre o interesse individual. Esse é, não de modo exclusivo, mas principalmente, um dos papéis da jurisprudência.

4.4.2. Proteção jurídica

4.4.2.1. União Europeia

Quanto à proteção da privacidade na internet, mas sem qualquer pretensão de fazer um estudo de direito comparado, verifica-se que, em 2006, a União Europeia aprovou uma Diretiva obrigando os provedores e as operadoras telefônicas a reter dados de tráfico de internet e de chamadas de telefonia. Isso uniformizou as diversas leis dos países que compõem o bloco quanto ao tratamento a ser observado pelos provedores sobre tráfico e localização nas comunicações eletrônicas.

Em regra, os dados deverão ser apagados e só poderão ser utilizados para *marketing* se houver consentimento da pessoa. Os provedores estão obrigados a reter alguns dados, mas que servirão apenas para o caso de uma investigação criminal. Devem armazenar os dados que permitam identificar quem enviou o *e-mail*, mas não o texto da mensagem. Ela não especifica a tecnologia a ser empregada para a retenção dos dados.[39]

Na União Europeia, já existia a Diretiva 95/46/CE, que trata da proteção das pessoas físicas no que diz respeito ao tratamento dos dados pessoais e à circulação destes dados. O art. 23 cuida, genericamente, da responsabilidade civil pelo não cumprimento das disposições da presente norma. Já existia também a Diretiva 97/66/CE sobre o tratamento dos dados pessoais e à proteção da intimidade no setor das telecomunicações.

Por sua vez, a Diretiva 97/7/CE trata das vendas a distância com *marketing* direto. Tal normativa traz um rol das formas para a comercialização a distância, estando nesta relação o *e-mail*. Especialmente quanto à proibição do *spam*, o art. 9º da Diretiva proíbe o envio de produtos e serviços não solicitados, estabelecendo que não se possa considerar o silêncio uma aceitação tácita.

---

[39] Demócrito Reinaldo Filho. A *diretiva europeia sobre retenção de dados das comunicações eletrônicas*. Disponível em: <http://www.infojus.com.br/webnews/noticia.php?id_noticia=2567&>. Acesso em: 23 ago 2017.

Desde 2002, já havia sido aprovada, no Parlamento Europeu, a Diretiva 2002/58, que proíbe o envio de *spam*; assim, somente podem ser enviadas mensagens do gênero com a aprovação do usuário que irá recebê-las (sistema *opt-in*). A norma também prevê restrições ao uso de *cookies*.[40-41]

Nessa época, os parlamentares que votaram contra a diretiva a consideraram pouco efetiva para barrar o *spam* na Europa, uma vez que, segundo eles, a maioria dos *spams* vem de fora do continente europeu. Além disso, muitos países pertencentes à União Europeia já aprovaram leis internas para evitar o *spam*, obrigando as empresas de *marketing* direto a só enviar *e-mails* para usuários que tenham autorizado o recebimento dessas mensagens.

4.4.2.2. Estados Unidos

A fim de dar maior proteção à privacidade, entrou em vigor no dia 1º de janeiro de 2004, nos Estados Unidos, uma lei que combate os *spams*. Na busca de uma efetiva punição, a lei considera crime o envio dessas mensagens, com pena de até um ano de prisão e multa de até US$ 1 milhão.

Essa norma demonstra a preocupação do Estado norte-americano com o tema, tendo em vista que até então ele vinha sendo combatido por entidades privadas. Com a previsão de infração legal para os *spammers*, com pena de prisão e de multa, pensou-se em uma diminuição dos *spams*, que representavam, aproximadamente, um terço dos *e-mails* em circulação na época da aprovação.

---

40 *União Europeia proíbe envio de* spam *no continente*. Disponível em: <http://noticias.bol.com.br/destaques/2002/05/31/ult124u10167.jhtm>. Acesso em: 22 ago. 2017.

41 Sobre o sistema adotado pela União Europeia, segue trecho da matéria espanhola intitulada: La Eurocámara apuesta por el sistema "opt-in" para limitar el envío de correo electrónico no deseado:

"La decisión tomada ayer por los europarlamentarios, con 259 votos a favor, 210 en contra y 6 abstenciones, supone un cambio de parecer de la Cámara de Estrasburgo respecto a la primera decisión tomada por este mismo órgano sobre los límites al 'spam' o envío masivo de correo no deseado. La apuesta por el sistema 'opt-in', en el que el usuario debe hacer expreso su deseo de recibir correo publicitario, en detrimento del sistema 'opt-out', por el que el internauta debía borrarse de la lista de envío de correo, forma parte del conjunto de enmiendas introducidas por la Eurocámara con respecto a la propuesta de Directiva sobre tratamiento de datos personales, que debe sustituir a la actual Directiva 97/66/CE". Disponível em: <http://v2.vlex.com/es/asp/noticias_detalle.asp?articulo=109279>. Acesso em: 19 ago. 2017.

A lei permite o envio de mensagens eletrônicas a qualquer pessoa, mas, se esta manifestar sua vontade em não mais recebê-las, o envio fica proibido (sistema *opt-out*). Nos Estados Unidos, 34 Estados americanos já tinham leis sobre o *spam*, mas com tratamentos heterogêneos para o tema.[42]

Esse sistema *opt-out* pode ser muito prejudicial, pois inúmeras mensagens serão enviadas aos seus destinatários, que, por sua vez, terão o trabalho, se for o caso, de informar que não desejam receber aquele tipo de *e-mail*. Sem dizer que a lei federal revogou as leis estaduais, sendo que algumas delas eram mais rigorosas. Por exemplo, na Califórnia e em Delaware, era adotado o critério do *opt-in*, em que há a necessidade de o remetente exigir a permissão prévia do destinatário, ou seja, antes do envio do *e-mail*.[43]

No Estado da Califórnia, a lei que estava em vigor desde janeiro de 2003 proibia também o envio de *spam* para celulares, uma vez que essa prática vem sendo utilizada por anunciantes e empresas de *telemarketing*.[44]

A lei estadual de Washington previa uma indenização de US$ 500 por *spam* ou perdas e danos ao destinatário da mensagem indesejada, o que fosse maior;[45] e ao provedor de serviços interativos, de US$ 1,000 ou perdas e danos, o que fosse maior.

Enquanto tramitava no Congresso norte-americano, o projeto de lei procurava tratar de vários aspectos, como: a mensagem publicitária que contivesse um endereço eletrônico válido para o qual o destinatário pudesse responder, informando que não desejava mais receber mensagens com fins publicitários, ficando vedado o envio de mensagens publicitárias àqueles que já houvessem expressado sua vontade de não recebê-las. As infrações às referidas disposições possibilitavam o direito do destinatário das mensagens ou do provedor de

---

42 Demócrito Reinaldo Filho. O CAN *SPAM ACT* – em vigor a lei federal dos EUA que combate o spam. Disponível em: <http://www.infojus.com.br/webnews/imprime.php?id_noticia=2178&PHPSESSID=7>. Acesso em: 19 ago. 2017.

43 Demócrito Reinaldo Filho. O CAN *SPAM ACT* – em vigor a lei federal dos EUA que combate o *spam*.

44 Califórnia proíbe *spam* em celulares. Disponível em: <http://www.terra.com.br/cgibin/index_frame/informatica/2002/09/24/008.htm>. Acesso em: 04 fev. 2003. (Novo acesso em: 10 ago. 2017).

45 Ricardo Luis Lorenzetti. Informática, *cyberlaw, e-commerce*. In: Newton De Lucca e Adalberto Simão Filho (Coords.). *Direito e internet* – aspectos jurídicos relevantes. 2. ed. São Paulo: Quartier Latin, 2005, p. 491 (nota n. 94).

acesso à internet a demandar contra o *spammer*, que deveria pagar indenização de valor igual aos prejuízos causados ou US$ 500 por violação, o que fosse maior, limitado a US$ 50 mil.

Em relação aos casos concretos, as cortes americanas já têm demonstrado preocupação em punir os *spammers*, como no caso em que a AOL – *America Online* – demandou contra a IMS, que foi punida por enviar 60 milhões de mensagens publicitárias com um falso endereço eletrônico para a resposta com o domínio "aol.com". Nesse processo, o judiciário norte-americano entendeu que a IMS prejudicou a marca da AOL perante seus consumidores.

Em outubro de 2002, o tribunal de Seattle proferiu uma decisão condenando um *spammer*, chamado *Jason Heckel*, a pagar US$ 98 mil em indenizações e despesas jurídicas por importunar os moradores de Washington com mensagens não solicitadas.[46]

Ainda contra os *spammers*, a justiça norte-americana vem dando ganho de causa aos provedores e proibindo o *spamming* (que é a prática de enviar *spams*). Como exemplo, destacam-se os casos em que a AOL foi demandante, cuja ação contra a *Publishing and David Shannon* obteve uma indenização de US$ 2 milhões; e contra a *Forrest Dayton* uma indenização de US$ 1,2 milhão.

4.4.2.3. Brasil

O Brasil ainda não tinha uma posição clara a respeito da proteção jurídica à privacidade e de outros bens jurídicos diante da Tecnologia da Informação, mesmo com o desenvolvimento da internet e o seu alcance em território pátrio. Apesar de já terem tramitado, no Congresso Nacional, inúmeros projetos de lei a fim de dar um tratamento jurídico específico para as questões jurídicas relacionadas à internet, somente em 23 de abril de 2014 foi promulgada a Lei n. 12.965 (Marco Civil da Internet), a qual será objeto de análise a seguir. Antes vejamos outros projetos de lei (alguns já arquivados):

- Projeto de Lei n. 3.356/2000 – Deputado Osmânio Pereira – Dispõe, entre outras coisas, sobre a coleta e a distribuição de informações pessoais que devem ser feitas somente com a aquiescência do usuário, inclusive tipificando como crime.

---

46 Joana Glasner. A *dificuldade de processar um* spammer. Disponível em: <http://busca.terra.com.br/wired/ politica/02/10/24/ pol_1.html?wf=terrabr>. Acesso em: 19 ago. 2017.

- Projeto de Lei n. 1.232/2011 – Referente às *compras coletivas* – Disciplina a venda eletrônica coletiva de produtos e serviços por meio de *sites*, estabelecendo critérios para o funcionamento das empresas que operam neste setor.
- Projeto de Lei n. 3.360/2000 – Deputado Nelson Proença – Dispõe sobre a privacidade de dados e a relação entre usuários, provedores e portais em redes eletrônicas.
- Projeto de Lei n. 3.891/2000 – Deputado Julio Semeghini – Dispõe sobre o registro de usuários pelos provedores de serviços de acesso a redes de computadores, inclusive à internet.
- Projeto de Lei n. 4.249/2001 – Deputado João Caldas – Acrescenta dispositivo à Lei n. 8.078/90 – Código de Defesa do Consumidor para estabelecer a inviolabilidade de informações pessoais e patrimoniais em posse de fornecedor, proibindo a venda de listagem de nomes para outros fornecedores.
- Projeto de Lei n. 243/2014 – Senador Waldemir Moka – Altera dispositivo do Código de Defesa do Consumidor para conferir maior segurança às relações de consumo não presenciais, ratificando como lícita a utilização de assinatura eletrônica que assegure a inequívoca identificação dos signatários.
- Projeto de Lei n. 4.906/2001 – Deputado Julio Semeghini – Dispõe sobre o comércio eletrônico e a assinatura digital, contendo dispositivo que visa identificar o remetente das mensagens publicitárias.
- Projeto de Lei n. 6.210/2002 – Deputado José Ivan de Carvalho Paixão – Limita o envio de mensagens eletrônicas não solicitadas pela internet, podendo ser enviadas uma única vez.
- Projeto de Lei n. 6.541/2002 – Deputado Paulo Rocha – Inclui como crime passível de pena a divulgação ou a comercialização de endereços e dados pessoais sem a devida autorização. Acrescenta o art. 153-A ao Código Penal – Decreto-lei n. 2.848, de 7 de dezembro de 1940.

Além dos projetos acima mencionados, há o Projeto de Lei n. 7.093/2002, também do deputado José Ivan de Carvalho Paixão, apresentado à Câmara dos Deputados em agosto de 2002, prevendo que o remetente de *spam* possa ser punido com sanções administrativas e penais.

De acordo com o projeto, é considerada mensagem eletrônica comercial qualquer mensagem eletrônica enviada a um receptor cujo propósito seja divulgar ou promover produto ou serviço, incluindo conteúdo de página da internet. As correntes ou pirâmides, destinadas à obtenção de recursos financeiros, mediante incentivo para que o receptor reenvie a mensagem a outros usuários da internet, também são tratadas como mensagem comercial.

Conforme o projeto, também será proibida a mensagem eletrônica que contiver informação falsa ou enganosa ou não obtida legitimamente, determinando que, para enviar uma dessas mensagens, o remetente deve informar para o receptor a identificação de que a mensagem é uma propaganda ou solicitação; o nome, endereço físico, endereço eletrônico e o número de telefone do remetente; e aviso ao receptor sobre a oportunidade de recusa a receber mais mensagens eletrônicas comerciais do remetente.

O remetente dessas mensagens também deve manter um endereço eletrônico em funcionamento, por meio do qual o receptor possa manifestar sua recusa de receber mensagens. Nesse caso, o remetente tem prazo de 24 horas do recebimento da recusa do receptor para encerrar a transmissão de correspondência eletrônica comercial.

No referido projeto, os provedores de serviços de internet são autorizados a estabelecer uma política sobre a entrada, em seus servidores, de correspondência eletrônica comercial não solicitada. O projeto também prevê que a comercialização de listas de endereços eletrônicos e compilações de informações só será permitida após autorização prévia dos usuários.

O projeto ainda determina que o Poder Público designe uma autoridade para fiscalizar e reprimir o envio indevido de mensagens eletrônicas comerciais e a comercialização de listas de endereços eletrônicos.

Tal órgão também deverá disponibilizar um banco de dados para cadastrar os endereços eletrônicos de usuários que não desejam receber qualquer tipo de correspondência eletrônica comercial. Para enviar mensagem aos endereços constantes desse banco de dados, o remetente deverá obter autorização prévia do receptor.

O texto do projeto de lei também prevê que as infrações aos preceitos da nova lei são consideradas crimes e sujeitam os responsáveis à pena de reclusão de um a quatro anos. Os infratores também podem ter de reparar danos que eventualmente causarem, além de pagar multa, com valor de R$ 100 a R$ 10 mil por mensagem enviada, com o acréscimo de um terço se forem reincidentes.

A Ordem dos Advogados do Brasil, Secção de São Paulo, elaborou um anteprojeto de lei, convertido no Projeto de Lei n. 1.589/99. Este procura dar proteção à privacidade, determinando que o ofertante somente possa exigir do consumidor dados de caráter privado que estejam relacionados à negociação em vista, conforme o Capítulo III – Das Informações Privadas do Destinatário, constituído pelo art. 5º, *caput* e §§ 1º e 2º, *in verbis*:

> Art. 5º O ofertante somente poderá solicitar do destinatário informações de caráter privado necessárias à efetivação do negócio oferecido, devendo mantê-las em sigilo, salvo se prévia e expressamente autorizado a divulgá-las ou cedê-las pelo respectivo titular.
>
> § 1º A autorização de que trata o *caput* deste artigo constará em destaque, não podendo estar vinculada à aceitação do negócio.
>
> § 2º Responde por perdas e danos o ofertante que solicitar, divulgar ou ceder informações em violação ao disposto neste artigo.

A aprovação deste projeto[47] seria de grande valia para os contratos celebrados no âmbito brasileiro, até porque ele trata ainda da segurança nos ambientes de negociação, da certificação eletrônica, documentos eletrônicos etc.

Tendo em vista o que já foi exposto até o momento, cabe ao jurista trabalhar com as normas vigentes no ordenamento jurídico brasileiro, a fim de buscar uma proteção à privacidade no comércio eletrônico, no âmbito do território nacional.

4.5. DIREITO AO ESQUECIMENTO E HERANÇA DIGITAL

Direito ao esquecimento (ou direito de ser esquecido) consiste no fato de a pessoa ter o direito a pleitear que as informações a seu respeito sejam apagadas de determinado banco de dados. Trata-se de um tema que tem sido muito discutido a partir do advento da internet e dos buscadores de informações na rede. O indivíduo muitas vezes, não querendo ser lembrando por fatos ocorridos, pleiteia que a informação seja apagada dos registros. Não se trata necessariamente de um direito novo, podendo ser visto como um direito instrumental que visa resguardar outros direitos, como o da privacidade.

---

47 Claudia Lima Marques afirma que para alguns este projeto já não tem muitas chances de ser aprovado. *Confiança no comércio eletrônico e a proteção do consumidor* (um estudo dos negócios jurídicos de consumo no comércio eletrônico). São Paulo: RT, 2004, p. 148.

Com a internet isso se torna cada vez mais complicado, pois informações a respeito das pessoas são facilmente encontradas por meio dos buscadores, que em poucos segundos vasculham tudo o que houver a respeito das palavras digitadas para a busca. Embora isso possa afetar o direito constitucional à privacidade e à dignidade da pessoa humana, de outro suprimir as informações da rede mundial dos computadores pode implicar em prejuízo a outros direitos constitucionais, o do direito à informação, livre manifestação do pensamento e liberdade de impressa.

No passado, a notícia de um crime ficava confinada nas páginas de jornais e na memória das pessoas, perdendo-se ao longo do tempo; com a proliferação de *sites* e redes sociais a informação vai se multiplicando e se perpetuando. Em parte, a autoexposição que as pessoas estão fazendo na rede tem contribuído para isso.

No Brasil, o STJ já decidiu acerca do direito ao esquecimento, cujos precedentes, embora não sejam exatamente sobre o assunto no campo da internet, são muito relevantes. No REsp 1.335.153/RJ (*DJe* 10-9-2013), o tribunal entendeu que os familiares não tinham o direito de exigir que o crime contra "Aida Curi", ocorrido em 1958, voltasse a ser ventilado por determinado programa televisivo. Já no REsp 1.334.097/RJ (*DJe* 10-9-2013), tratando do caso que ficou conhecido com a "Chacina da Candelária", o tribunal reconheceu o direito ao esquecimento do autor, uma vez que foi absolvido da acusação do crime ocorrido treze anos antes da exposição do documentário em programa de televisão.

Na Europa, o Tribunal da União Europeia, em 2014, condenou o buscador Google a remover *links* de conteúdos que tratem de dados pessoais quando houver solicitação da pessoa interessada.

Há notícias de outras decisões judiciais semelhantes pelo mundo, em que o Google (maior buscador de informações na internet) tem contra si a determinação da retirada de *links* que levem a certas notícias das pessoas requerentes.

Caso seja essa uma tendência, por óbvio que isso nos levar a ter de diferenciar o caso de pessoas públicas e notórias, como os políticos e artistas, as quais não terem o mesmo direito quanto às informações verídicas a seu respeito.

Independentemente de pessoa pública ou não, se for caso de informação falsa, o interessado poderá pleitear o direito ao esquecimento. Sendo a informação verdadeira, à pessoa pública, a princípio, não cabe tal direito. E no caso de pessoa "não pública" e de a informação ser verdadeira, será preciso verificar no caso concreto os direitos que estão em jogo, devendo haver o sopesamento de interesses envolvidos, conforme os direitos constitucionais, de um lado, a privacidade e dignidade da pessoa humana, de outro, direito à informação, livre manifestação do pensamento e liberdade de impressa; sem prejuízo de outros direitos que podem estar envolvidos no caso. Além disso, devemos ter em conta a célebre frase: "as pessoas são eternamente responsáveis pelos seus atos".

Na VI Jornada de Direito Civil de 2013 foi aprovado o Enunciado n. 531 com a seguinte redação: "A tutela da dignidade da pessoa humana na sociedade da informação inclui o direito ao esquecimento".

Contudo, é bom frisar que o Google é um buscador de informações que estão disponíveis na rede mundial de computadores (*sites*, *blogs* etc.), desse modo as decisões que condenam o buscador a retirar os links acabam como que não removendo o conteúdo da internet, apenas na memória do buscador. Se não fosse a capilaridade que o Google alcançou quanto ao seu uso como buscador preferido das pessoas, poderia se dizer que seria algo como pedir ao bibliotecário que esquecesse onde está tal livro.

Sem sombra de dúvida que a Tecnologia da Informação impõe certa perda da privacidade das pessoas, sendo que se o direito ao esquecimento não for muito bem considerado e aplicado pode-se haver implicações no que tange ao acesso à informação.

Quanto ao tema da **herança digital**, é preciso lembra que herança significa a universalidade de bens e direitos deixados por quem faleceu aos seus herdeiros. Herança pertence à disciplina do direito das sucessões, previsto no Código Civil, art. 1.784 e s. Os bens objeto da herança são transferidos por ato de livre disposição realizada em vida pelo *de cujus* – testamento – ou em razão do direito de sucessão pelos seus herdeiros, como descendentes, ascendentes, cônjuge sobrevivente etc. – inventário ou arrolamento – (CC, art. 1.788).

Tem-se discutido se os bens digitais podem ser objeto de transferência por testamento ou inventário/arrolamento. Considerando que os registros e arquivos digitais podem ter conotação econômica ou não, nos parece óbvia a resposta para o primeiro caso. Pois, se os bens digitais consistirem em registros e arquivos eletrônicos de segredos empresariais/industriais, informações de patentes de invenção, vídeos, livros, músicas, fotos etc. estes podem ser objeto de transferência por *ato inter vivos* ou *causa mortis*, sendo que apesar de não haver previsão expressão na lei sobre a herança de bens digitais, nos parece que quando estes bens têm cunho patrimonial nossa legislação é relativamente suficiente para tutelar o assunto (Código Civil, leis sobre direitos autorais, *software*, marca e patentes etc.), permitindo assim a transferência para os herdeiros.

Entretanto, quanto a registros e arquivos que não tenham conotação patrimonial, como contas de mensagens trocadas (*e-mails*, *MSN*, *WhatsApp*), bônus em jogos (que não possam ser convertidos em dinheiro), imagens e fotos (sem apelo comercial), entre outros, a questão ganha maior complexidade.

Vejamos a seguinte situação. Uma vez o herdeiro tendo acesso ao conteúdo de mensagens do falecido e ao seu conteúdo isso poderia trazer implicações à memória deste? Ao seu direito de autodeterminação informativa? **Autodeterminação informativa** é o direito que cada um tem de controlar e proteger suas informações privadas, podendo ser compreendido como uma extensão do direito à privacidade. Será que não se poderia pensar no direito ao esquecimento dos atos que em vida o falecido optou por manter em segredo? Por testamento (ato *inter vivos*) do falecido, nos parece não haver maior problema para a transmissão de seus registros e arquivos digitais. Já quando à transmissão de registros e arquivos por inventário/arrolamento a questão é mais complexa, como vimos. No que tange aos familiares/herdeiros, cabe a pergunta: é justo serem privados dos arquivos digitais não econômicos do falecido?

Por hora a legislação é silente quanto ao assunto dos registros digitais sem conotação econômica. Entretanto, visando garantir aos herdeiros a transmissão de todos os conteúdos de contas e arquivos digitais, está em trâmite no Congresso Nacional o Projeto de Lei n. 4.099/2012, o qual pretende incluir um parágrafo único ao art. 1.778 do Código Civil, que passaria a ter a seguinte redação: "Serão transmitidos aos herdeiros todos os conteúdos de contas ou arquivos digitais de titularidade do autor da herança".

5

Marco Civil da Internet – Lei n. 12.965, de 23 de Abril de 2014

5.1. ASPECTOS GERAIS. LIBERDADE DE EXPRESSÃO E PRIVACIDADE

A Lei n. 12.965, de 23 de abril de 2014, é conhecida como **Marco Civil da Internet** (MCI). Alguns vêm apelidando-a de a "Constituição da Internet". Dessa forma, o Brasil passa a ter uma posição mais clara a respeito da proteção jurídica da liberdade de expressão e da privacidade diante da internet. Alguns pontos do Marco Civil foram regulamentados pelo Decreto n. 8.771, 11 de maio de 2016, como mais a frente abordaremos.

Trata-se de uma lei principiológica, pois estabelece parâmetros gerais acerca de princípios, garantias, direitos e deveres para o uso da internet no Brasil, além de determinar algumas diretrizes a serem seguidas pelo Poder Público sobre o assunto (Lei n. 12.965/2014 – Marco Civil da Internet – MCI, art. 1º). Em seu texto também há regras específicas a serem cumpridas por agentes que operam na internet, especialmente as dirigidas aos provedores de conexão e de aplicações de internet, como veremos adiante.

A justificativa do então anteprojeto de lei, endereçado à Presidência da República, em 25 de abril de 2011, pelos Ministros José Eduardo Martins Cardozo, Miriam Aparecida Belchior, Aloizio Mercadante e Paulo Bernardo Silva, no seu item 4, expressa que, para o Poder Judiciário, a ausência de um marco legal específico, diante das diversificadas relações virtuais, tem gerado decisões judiciais conflitantes e contraditórias, sendo que muitas vezes em demandas simples sobre responsabilidade civil se obtêm tutelas judiciais divergentes que podem colocar em risco garantias constitucionais. O item 16 da justificativa assevera que a opção adotada privilegia a responsabilidade subjetiva, como forma de preservar as conquistas de liberdade de expressão na internet, que se caracteriza pela ampla liberdade de produção de conteúdo pelos próprios usuários, sem a necessidade de aprovação prévia pelos intermediários [provedores]. O esboço da eventual e futura norma adota como pressuposto o princípio da presunção de inocência, sendo os abusos tidos como excepcionais.

O Marco Civil da Internet (Lei n. 12.965/2011) é resultado do Projeto de Lei n. 2.126/2011, que tramitou inicialmente na Câmara dos Deputados, sendo amplamente discutido e objeto de várias audiências públicas. Ao ser aprovado nesta Casa Legislativa em 2014, foi para o Senado Federal, onde recebeu o número 21/2014, tendo sido aprovado em curtíssimo espaço de tempo, sem margem para qualquer discussão e alteração no âmbito desta segunda Casa.

A expressão "Marco Civil da Internet" vem sendo empregada desde a tramitação na Câmara dos Deputados. Para melhor compreender o seu sentido, vale explicitar que "marco" pode ser entendido como ponto de referência, "civil" porque se relaciona aos cidadãos e "internet" significa rede mundial de computadores. Dessa forma, o "Marco Civil da Internet" pode ser compreendido como a demarcação dos direitos do cidadão quanto ao uso da rede mundial de computadores, especialmente no âmbito brasileiro.

A referida norma não trata de comércio eletrônico (no sentido da circulação de bens e de serviços, pelo menos não diretamente), de crimes de informática, de propriedade intelectual (marcas, patentes e direitos autorais e conexos), de aspectos tributários etc. Quanto à prática do envio de mensagens eletrônicas não solicitadas (***spams***), o Marco Civil trata o assunto de forma indireta, não necessariamente com tal nomenclatura. Por sua vez, o art. 5º, § 1º, inc. I, do Decreto n. 8.771/2016 (que regulamenta o Marco Civil da Internet) prevê expressamente a necessidade de requisitos técnicos indispensáveis à prestação adequada de serviços quanto ao tratamento de questões de segurança de redes, como a restrição ao envio de mensagens em massa (*spam*).

Também o legislador optou por deixar de fora a previsão da necessidade de prévio cadastramento do usuário para navegar pela rede mundial de computadores, preservando certo anonimato dos internautas. Digo certo anonimato porque o internauta infrator pode ser localizado, ou pelo menos o terminal do qual partiram as infrações em razão dos rastros deixados.

Particularmente, somos favoráveis a um possível e adequado sistema de identificação dos usuários da rede, na medida em que isso facilitaria a identificação de eventuais infratores, não prejudicando em nada a navegação das pessoas, uma vez que os direitos à liberdade de expressão e à proteção da privacidade estão garantidos pelo próprio Marco Civil da Internet e pela Constituição Federal. O ideal seria a identificação com o uso de assinatura digital e certificação eletrônica, mas isso ainda encontra dificuldades notadamente em razão de que o acesso a esse recurso não é gratuito. Não vemos nenhum benefício na manutenção do anonimato, que de certa forma pode diminuir a credibilidade das informações veiculadas pela internet, o que já ocorre em alguma medida em vista da falta de fidedignidade da fonte em certas situações. No fundo, o anonimato apenas favorece aqueles que se utilizam da internet para fins escusos.

Para os efeitos da Lei n. 12.965/2014, o seu art. 5º, inc. I, define **internet** como "o sistema constituído do conjunto de protocolos lógicos, estruturado em escala mundial para uso público e irrestrito, com a finalidade de possibilitar a comunicação de dados entre terminais por meio de diferentes redes". Também é possível abstrair da Lei n. 12.965/2014 **três grandes pilares**: a garantia à liberdade de expressão, a inviolabilidade da privacidade e a neutralidade no uso da internet.

Quanto à **liberdade de expressão** (cujo direito está assegurado na Constituição Federal, art. 5º, inc. IX, consistindo na liberdade de manifestação intelectual, artística, científica e de comunicação, sem censura ou necessidade de licença, como visto em outro item desta obra), o usuário da internet pode se expressar escrevendo e postando o que bem entender, sendo que o conteúdo somente pode ser removido pelo provedor mediante ordem judicial. Como veremos adiante, nos casos de imagens (fotos e vídeos) com conteúdo pornográfico, os interessados envolvidos nas cenas podem exigir a retirada do conteúdo no provedor mediante notificação própria ou de seu procurador, não sendo, neste caso, necessária ordem judicial. Obviamente que o exercício da liberdade de expressão não impede de o prejudicado pleitear indenização com o internauta ofensor se a manifestação deste causar dano de ordem moral e/ou patrimonial (ficando o provedor livre de responsabilidade, via de regra).

No que diz respeito à proteção da **privacidade** (direito inerente à inviolabilidade da intimidade, da vida privada, da honra e da imagem da pessoa, nos termos da Constituição Federal, art. 5º, inc. X, como estudado em outro ponto), a lei garante o sigilo dos dados pessoais do usuário, do que ele acessa na rede e do conteúdo de suas comunicações. Assim, não é permitido monitorar ou fiscalizar os pacotes de dados (conteúdos) transmitidos pelos usuários na internet, sendo que o acesso a esses dados necessita de ordem judicial.

5.2. PRINCÍPIO DA NEUTRALIDADE

A neutralidade (ou princípio da neutralidade) no uso da internet consiste no fato de que o acesso à internet pelo usuário pode dar-se de forma livre para quaisquer fins: realizar pesquisas ou compras, estabelecer comunicações, como por *e-mail*, utilizar redes sociais em geral, jogar games, visualizar e postar textos, fotos e vídeos etc. Dessa forma, o tratamento deve ser neutro, não podendo haver diferenciação em razão do uso realizado pelo internauta, sendo possível apenas serem oferecidos pacotes com valores diversos para fins da velocidade na navegação. Assim, o usuário pode usar a conexão à internet para o fim que desejar (*e-mails*, *blogs* etc.) sem precisar pagar valores distintos para tanto e sem estar sujeito à fiscalização do provedor.

O princípio da neutralidade de rede foi prestigiado pelo Marco Civil da Internet, uma vez que o responsável pela transmissão, comutação (interligação) ou roteamento (encaminhamento) tem o dever de tratar de forma isonômica quaisquer pacotes de dados, sem distinção por conteúdo, origem e destino, serviço, terminal ou aplicação (MCI, art. 9º, *caput*).

A discriminação (diferenciação) ou degradação (decomposição) do tráfego, a ser regulamentada, somente poderá decorrer de: requisitos técnicos indispensáveis à prestação adequada dos serviços e aplicações; e priorização de serviços de emergência. Além disso, eventual discriminação ou degradação do tráfego não deve causar dano aos usuários, devendo: ser realizada com proporcionalidade, transparência e isonomia; informar previamente de modo transparente, claro e suficientemente descritivo aos seus usuários sobre as práticas de gerenciamento e mitigação de tráfego adotadas, inclusive as relacionadas à segurança da rede; e oferecer serviços em condições comerciais não discriminatórias e abster-se de praticar condutas anticoncorrenciais (MCI, art. 9º, §§ 1º e 2º).

A regulamentação sobre discriminação ou degradação do tráfego, prevista pela lei (art. 9º, § 1º), será feita pelo Presidente da República, após a manifestação do Comitê Gestor da Internet no Brasil (CGI) e a Agência Nacional de Telecomunicações (Anatel), com o fim de que a Lei n. 12.965/2014 possa ser fielmente cumprida.

Vale destacar o mandamento destinado aos provedores *backbone* e de conexão no que tange ao monitoramento de conteúdo. Nos termos do § 3º do art. 9º, no serviço de conexão, transmissão, comutação ou roteamento é vedado (proibido) monitorar, filtrar, analisar ou bloquear o conteúdo dos pacotes de dados. Essa regra alinha-se aos princípios da neutralidade e da igualdade previstos no *caput* do art. 9º.

Caso aconteça monitoramento, filtragem, análise ou bloqueio do conteúdo dos dados, fora dos padrões do art. 9º, haverá uma afronta aos pilares básicos do Marco Civil, sobre a liberdade de expressão e o direito à privacidade; além de o ato do provedor ser possivelmente considerado como censura, proibida pela Constituição Federal.

5.3. OS PROVEDORES DE CONEXÃO E DE APLICAÇÕES DE INTERNET

Em relação aos provedores de internet, o Marco Civil da Internet ocupou-se de estabelecer normas específicas aos provedores de conexão e de aplicações de internet.

Conforme visto em outra passagem, na doutrina, provedor de serviços de internet é aquele que realiza uma atividade de prestação de serviços ligada ao funcionamento da rede mundial de computadores, sendo muito comum ocorrer confusão entre as espécies de provedores. Assim, provedor de serviços de internet é um gênero do qual são espécies: provedor de *backbone*, provedor de acesso, provedor de correio eletrônico, provedor de hospedagem e provedor de conteúdo.

Diversamente, pelo teor da Lei n. 12.965/2013, ter-se-á duas categorias de provedor: de conexão e de aplicações de internet. Assim, compreendemos que, pelos termos da lei, o provedor de **conexão** é a categoria que corresponde ao provedor de acesso; por sua vez, o provedor de **aplicações de internet** é outra categoria que tem como espécies os provedores de correio eletrônico, hospedagem e conteúdo.

Quanto às espécies de provedores, embora cada uma delas preste um serviço diferente (como visto anteriormente), é usual que alguns dos serviços sejam ofertados em conjunto por um mesmo provedor. Por exemplo, um provedor pode prover acesso, fornecer correio eletrônico e hospedagem. Entretanto, as diferenças nos conceitos existem e são indispensáveis, devendo ser identificadas a fim de se verificar qual a responsabilidade de acordo com a atividade desenvolvida.[1] Isso é comprovado pelo art. 3º, VI, da Lei n. 12.965/2014, ao asseverar que a responsabilidade dos agentes deve ocorrer conforme as suas atividades desenvolvidas.

Como veremos com mais detalhes adiante, os **provedores de conexão**, os que oferecem o serviço de acesso à rede, não serão responsabilizados pelos atos danosos de seus usuários. A lei refere-se ao **provedor de acesso** como provedor de conexão, sendo que o art. 5º, incs. II e V, define conexão à internet como a habilitação de um terminal (computador ou qualquer dispositivo que se conecte à internet) para envio e recebimento de pacotes de dados pela internet, mediante a atribuição ou autenticação de um endereço IP – *Internet Protocol* (número de identificação do computador para fins de registro de conexão).

Assim, o conceito de provedor de conexão é o mesmo que o de provedor de acesso, ou seja, aquele que proporciona o acesso do usuário à rede mundial de computadores utilizando-se das estruturas das companhias de telecomunicações.

Por sua vez, os **provedores de conteúdo**, aqueles que disponibilizam e armazenam informações criadas por terceiros ou meios próprios (*sites*, *blogs*, redes sociais), não poderão ser responsabilizados pelo teor do que for armazenado pelos seus usuários (terceiros), exceto se não houver a remoção, no prazo fixado, por determinação judicial. Na Lei n. 12.965/2014, o provedor de conteúdo é denominado provedor de aplicações de internet, sendo que "aplicações de internet" consistem no conjunto de funcionalidades que podem ser acessadas por meio de um terminal conectado à internet (MCI, art. 5º, incs. II e VII).

"Terminal" pode ser computador ou quaisquer outros dispositivos aptos a conectar-se à internet, como os *smartphones*. Quanto às "funcionalidades", elas podem ser *sites*, redes sociais, *blogs*, contas de *e-mails* etc. Por isso, o conceito de provedor de aplicações de internet é um pouco mais amplo que o conceito de provedor de conteúdo por incluir também as operações do provedor de correio eletrônico (aquele que disponibiliza e gerencia contas de *e-mails*) e de hospedagem (o que hospeda na internet sítios eletrônicos). Contudo, nem todo provedor de aplicações de internet é um provedor de conteúdo, mas todo provedor de conteúdo é um provedor de aplicações de internet. *Sites* de *e-commerce* enquadram-se como provedores de aplicações de internet.

---

1 Marcel Leonardi. Internet: elementos fundamentais. In: SILVA, Regina Beatriz Tavares da; SANTOS, Manoel J. Pereira dos (Coords.). *Responsabilidade civil na internet e nos demais meios de comunicação*. São Paulo: Saraiva, 2012 (Série GVlaw), p. 82.

5.4. FUNDAMENTOS, PRINCÍPIOS, OBJETIVOS, DIREITOS E GARANTIAS

Conforme o texto do Marco Civil da Internet, o uso da internet no Brasil tem como fundamento o princípio constitucional da liberdade de expressão, devendo também assegurar o reconhecimento da escala mundial da rede; os direitos humanos, o desenvolvimento da personalidade e o exercício da cidadania em meios digitais; a pluralidade e a diversidade; a abertura e a colaboração; a livre iniciativa, a livre concorrência e a defesa do consumidor; e a finalidade social da rede (MCI, art. 2º).

Entre os **princípios** que norteiam o regime jurídico do uso da internet estão a: garantia da liberdade de expressão, comunicação e manifestação de pensamento; proteção da privacidade; proteção dos dados pessoais, na forma da lei; preservação e garantia da neutralidade de rede; preservação da estabilidade, segurança e funcionalidade da rede, por meio de medidas técnicas compatíveis com os padrões internacionais e pelo estímulo ao uso de boas práticas; responsabilização dos agentes de acordo com suas atividades, nos termos da lei; preservação da natureza participativa da rede; liberdade dos modelos de negócios promovidos na internet, desde que não conflitem com os demais princípios estabelecidos pelo próprio Marco Civil da Internet (MCI, art. 3º).

Vale explicitar que esse rol de princípios não é taxativo, podendo haver outros previstos em normas jurídicas ou tratados internacionais dos quais o Brasil venha a ser signatário. Também é pertinente ponderar que, quando o inc. III do art. 3º assevera o princípio da proteção dos dados pessoais "na forma da lei", significa dizer que o Marco Civil leva em conta a possibilidade da edição de uma norma específica para a proteção de dados. Enquanto isso não ocorre, serão aplicadas as regras protetivas do Marco Civil da Internet, do Código de Defesa do Consumidor e demais normas relacionadas ao assunto que possam existir.

No que tange aos **objetivos** do Marco Civil da Internet está a promoção do direito de todos poderem acessar a internet; do direito ao acesso à informação, ao conhecimento e à participação na vida cultural e política; bem como promover a inovação tecnológica e modelos de uso e acesso; da adesão a padrões tecnológicos abertos que permitam a comunicação, a acessibilidade e a interoperabilidade entre aplicações e bases de dados (MCI, art. 4º).

À luz do art. 6º da Lei n. 12.965/2014, na interpretação desta norma serão levados em consideração os seus fundamentos, princípios e objetivos, bem como a natureza da internet, seus **usos e costumes** particulares e sua importância para a promoção do desenvolvimento humano, econômico, social e cultural.

Os usos e costumes são práticas reiteradas por determinados agentes que são aceitas como regras jurídicas positivadas e obrigatórias, mas que vão sendo ajustadas de forma dinâmica, conforme a necessidade dos operadores do mercado. Trata-se de fontes do Direito em várias de suas áreas, especialmente no direito empresarial (comercial). Porém, à luz do inc. VI do art. 8º da Lei n. 8.934/94, para terem aplicação jurídica, usos e costumes precisam estar assentados no Registro Público das Empresas Mercantis (Junta Comercial), sendo que há uma Junta Comercial para cada Estado da federação. Assim, como compatibilizar esse dispositivo com os usos e costumes da internet, fundamentalmente nas relações que envolvem a atuação empresarial, que são altamente dinâmicas e cambiantes e, em certa medida, sem restrições territoriais? Já tive oportunidade de apontar que a exigência da Lei n. 8.934/94, ao estabelecer uma burocracia formal, acaba minimizando o papel dos usos e costumes como fonte do direito empresarial.[2] Contudo, há sinais em ambiente judicial da aceitação de usos e costumes independentemente do assentamento na Junta Comercial, como, por exemplo, na decisão do STJ no Recurso Especial n. 877.074/RJ. Sendo assim, os usos e costumes hão de desempenhar um papel fundamental na solução de conflitos estabelecidos em ambiente virtual, na medida em que qualquer norma que pretenda ser muito específica em matéria de Tecnologia da Informação, sem sombra de dúvida, tornar-se-á obsoleta muito rapidamente diante das constantes inovações e alterações nesse cenário.

Quanto aos **direitos** e às **garantias** dos usuários da internet no Brasil, o acesso à rede mundial de computadores passa a ser essencial ao exercício da cidadania (como de fato já tem sido em alguma medida), sendo assegurados aos usuários os seguintes direitos: inviolabilidade da intimidade e da vida privada, sua proteção e indenização pelo dano material e/ou moral decorrente de sua violação; inviolabilidade e sigilo do fluxo de suas comunicações pela internet, salvo por ordem judicial (na forma da lei); inviolabilidade e sigilo do teor de suas comunicações privadas e armazenadas (por exemplo, em contas de *e-mails*), salvo por ordem judicial; não suspensão da conexão à internet, salvo por débito diretamente decorrente de sua utilização; manutenção da

---

[2] Tarcisio Teixeira. *Direito empresarial sistematizado*: doutrina, jurisprudência e prática. 8. ed. São Paulo: Saraiva, 2019, p. 41 e s.

qualidade contratada da conexão à internet; informações claras e completas constantes dos contratos de prestação de serviços, com detalhamento sobre o regime de proteção aos registros de conexão e aos registros de acesso a aplicações de internet, bem como sobre práticas de gerenciamento da rede que possam afetar sua qualidade (MCI, art. 7º).

Também são direitos dos usuários protegidos pela norma em referência: exclusão definitiva dos dados pessoais que tiver fornecido a determinada aplicação de internet, a seu requerimento, ao término da relação entre as partes (ressalvadas as hipóteses de guarda obrigatória de registros previstas pela Lei n. 12.965/2014); publicidade e clareza de eventuais políticas de uso dos provedores de conexão à internet e de aplicações de internet; acessibilidade, consideradas as características físico-motoras, perceptivas, sensoriais, intelectuais e mentais do usuário, nos termos da lei; e aplicação das normas de proteção e defesa do consumidor nas relações de consumo realizadas na internet (MCI, art. 7º).

5.5. CONSENTIMENTO DO USUÁRIO. COLETA E REGISTRO DE DADOS. SANÇÕES

Ainda no campo dos direitos dos usuários da internet no Brasil, o Marco Civil trata das questões que envolvem a captação de dados (normalmente via uso de *cookie*) e a formação de banco de dados (*mailing list*) e sua cessão ou comercialização para terceiros. Conforme o art. 7º, o usuário tem direito. (i) a informações claras e completas sobre coleta, uso, armazenamento, tratamento e proteção de seus dados pessoais, que somente poderão ser utilizados para finalidades que justifiquem sua coleta, não sejam vedadas pela legislação e estejam especificadas nos contratos de prestação de serviços ou em termos de uso de aplicações de internet; (ii) a necessidade de **consentimento expresso** sobre coleta, uso, armazenamento e tratamento de dados pessoais deverá constar de forma destacada das demais cláusulas contratuais.

Sem dúvida, a norma teria feito melhor se, em vez de prever apenas consentimento expresso, tivesse disposto consentimento prévio e expresso. Com isso, alguns agentes econômicos poderão se utilizar de ferramentas para obter o consentimento posteriormente, de forma a dificultar a opção do usuário, que muitas vezes já estará envolvido com a ferramenta tecnológica que lhe foi oferecida e já está sendo utilizada.

Quanto à comercialização dos dados coletados, o art. 7º prevê que é direito do usuário o não fornecimento a terceiros de seus dados pessoais, inclusive registros de conexão, e de acesso a aplicações de internet, salvo mediante consentimento livre, expresso e informado ou nas hipóteses previstas em lei. A vedação ao fornecimento de dados é aplicável independentemente de a cessão a terceiro ser a título oneroso ou gratuito. Vale o mesmo comentário sobre o consentimento prévio.

Diante do exposto, a norma segue o padrão europeu e argentino quanto à necessidade de autorização expressa do usuário para a coleta de dados, bem como para o seu uso, armazenamento e tratamento de dados pessoais, não podendo ser fornecidos a terceiros, salvo consentimento. Assim, Europa e Argentina adotam o sistema *opt-in*. Ao contrário, os Estados Unidos seguem o sistema *opt-out*, em que se podem utilizar os dados livremente independentemente de prévio consentimento; mas se o usuário solicitar a exclusão de seus dados e/o não envio de mensagens e, ainda assim, o remetente insistir, isso é considerado crime. O Marco Civil brasileiro exige que o consentimento do usuário deva ocorrer separadamente das outras cláusulas contratuais que compõem o negócio jurídico em questão (MCI, art. 7º, inc. IX).

Cabe explicitar que a Lei n. 12.965/2014 (art. 7º, inc. XIII) procurou salientar, o que já é pacífico na doutrina e na jurisprudência, acerca da aplicação das normas de defesa do consumidor, especialmente o CDC, nas relações firmadas pela internet, desde que configurada uma relação de consumo (conforme tratamos em outro capítulo).

Há uma grande preocupação do legislador com o direito à privacidade e à liberdade de expressão dos usuários, ficando estabelecido que nas comunicações ambos os direitos constitucionais sejam condições para o pleno exercício do direito de acesso à internet. Para tanto, o parágrafo único do art. 8º prevê que são nulas de pleno direito as cláusulas contratuais que violem esses direitos, como, por exemplo, as que impliquem ofensa à inviolabilidade e ao sigilo das comunicações privadas, pela internet; ou, em contrato de adesão, não ofereçam como alternativa ao contratante a adoção do foro brasileiro para solução de controvérsias decorrentes de serviços prestados em território brasileiro.

Esse dispositivo legal somente tem sentido prático quando o titular do provedor tiver sede/domicílio no território brasileiro, pois, do contrário, a citação precisará ser por carta rogatória, dependendo de tratado entre o Brasil (rogante) e o país (rogado) em que o provedor estiver sediado. Além disso, o juízo do país rogado pode compreender que o foro competente é o do domicílio do réu e assim não cumprir a carta rogatória.

Um ponto extremamente relevante, previsto no § 3º do art. 9º da Lei n. 12.965/2014, é o fato de que na provisão de conexão à internet (gratuita ou onerosa) é proibido bloquear, monitorar, filtrar ou analisar o conteúdo dos pacotes de dados, devendo ser respeitado o que dispõe o próprio art. 9º. O mesmo se aplica na provisão de conexão quanto à transmissão, à comutação (interligação) ou ao roteamento (encaminhamento), ou seja, não se pode bloquear, monitorar, filtrar ou analisar o conteúdo dos pacotes de dados.

Especificamente sobre a proteção aos **registros**, aos **dados pessoais** e às **comunicações privadas**, a lei disciplina o tema em seus arts. 10 a 12. Conforme o *caput* do art. 10, a guarda e a disponibilização dos registros de conexão e de acesso a aplicações de internet, bem como de dados pessoais e do conteúdo de comunicações privadas, devem atender à preservação da intimidade, da vida privada, da honra e da imagem das partes direta ou indiretamente envolvidas.

Somente ordem judicial poderá fazer com que o provedor seja obrigado a disponibilizar tais registros, bem como acerca do conteúdo das comunicações privadas (MCI, art. 10, §§ 1º e 2º).

De qualquer forma, sempre deverão ser obrigatoriamente respeitadas as normas brasileiras e os direitos à privacidade, à proteção dos dados pessoais e ao sigilo das comunicações privadas e dos registros quanto às operações que envolvam **coleta, armazenamento, guarda e tratamento** de registros, de dados pessoais ou de comunicações por provedores de conexão e de aplicações de internet em que pelo menos um desses atos ocorra em território nacional (MCI, art. 11, *caput*). Aqui vale o mesmo comentário sobre a sede não ser no Brasil.

O art. 12 da Lei n. 12.965/2014 fixou penas para o caso de descumprimento das disposições previstas em seus arts. 10 e 11 acerca da proteção aos registros, aos dados pessoais e às comunicações. Dessa forma, sem prejuízo de outras **sanções** de caráter **cível**, **penal** ou **administrativo**, os infratores ficam sujeitos às seguintes penas, que podem ser aplicadas isolada ou cumulativamente: advertência, com indicação de prazo para adoção de medidas corretivas; multa de até dez por cento do faturamento do grupo econômico no Brasil no seu último exercício (excluídos os tributos, considerados a condição econômica do infrator e o princípio da proporcionalidade entre a gravidade da falta e a intensidade da sanção); suspensão temporária ou proibição de exercício das atividades que envolvam os atos previstos no art. 11.

5.6. RESPONSABILIDADE DOS PROVEDORES. COMPARTILHAMENTO DE *WI-FI*

No que diz respeito à atividade dos provedores, via de regra, o Marco Civil não impõe responsabilidade objetiva aos provedores de conexão (acesso) ou de aplicações de internet (conteúdo). Vale lembrar que a responsabilidade objetiva é aquela em que não é preciso a demonstração da culpa do agente, apenas a ação/omissão, o dano e o nexo causal entre eles. À luz do art. 927, parágrafo único, do Código Civil, a responsabilidade objetiva tem lugar nos casos previstos em lei ou quando a atividade normalmente desenvolvida pelo autor do dano implicar, por suas características, riscos a outras pessoas. Assim, pelas disposições da Lei n. 12.965/2014 a responsabilidade dos provedores de conexão e de aplicações de internet deve ser atribuída à luz da responsabilidade subjetiva. E, conforme prevê o inc. VI do art. 3º do Marco Civil, a responsabilização dos agentes de acordo com suas atividades, nos termos da lei, é um princípio a ser respeitado. Logo, se a lei não prevê responsabilidade objetiva aos provedores, aplicar-se-ão as regras ordinárias da responsabilidade civil, ou seja, da responsabilidade subjetiva.

Alguns hão de defender a responsabilidade objetiva, à luz do CDC, art. 14 e s., uma vez que seria uma lei destinada às relações de consumo. Sem dúvida aplicam-se as normas do CDC às relações firmadas na internet (incluindo as que são objeto de regulamentação pelo Marco Civil). Contudo, a responsabilização objetiva deve ser vista à luz da teoria geral da responsabilidade civil, em que, conforme determina o parágrafo único do art. 927 do Código Civil, ela tem cabimento nas hipóteses previstas em lei. E, em se tratando de internet, o Marco Civil é uma lei especial em relação à generalidade do CDC, sobretudo quanto à responsabilidade civil dos provedores (essa relação de especialidade também vale, por exemplo, para a Lei n. 9.656/98 – Lei dos Planos de Saúde –, que é específica se confrontada com o CDC). Assim, não tendo a Lei n. 12.965/2014 estabelecido responsabilidade aos provedores, a estes caberá a disciplina da responsabilidade subjetiva.

Aliás, já vem entendendo o STJ sobre a responsabilidade subjetiva dos provedores, como, por exemplo, nas decisões proferidas nos Recursos Especiais n. 1.193.764-SP e 1.186.616-MG, em que ficou assentado que não cabe ao provedor de conteúdo o dever de fiscalização prévia do teor das informações que são postadas pelos usuários de suas páginas (redes sociais). Isso porque não é uma atividade intrínseca ao serviço prestado, ficando, portanto, o provedor de responsabilidade exonerado de responsabilidade, ao considerar que esse fato não constitui risco inerente à sua atividade a fim de que lhe seja atribuída responsabilidade objetiva.

Os provedores de conexão são obrigados a manter os IPs, ou seja, os **registros de conexão** (de acesso), como data, hora e *sites*, *blogs* etc., acessados pelo período de **um ano**. Essa guarda deve ser feita em ambiente seguro e controlado, não podendo a responsabilidade pela manutenção dos registros de conexão ser transferida a terceiros (MCI, art. 13, *caput* e § 1º).

Porém, o provedor de conexão não poderá, na provisão de acesso (onerosa ou gratuita), guardar os registros de acesso aos conteúdos acessados durante a navegação (MCI, art. 14). Ou seja, pela dinâmica dos arts. 13 e 14 o provedor de conexão deve guardar os registros dos *sites* acessados pelos seus usuários (data, hora, endereço eletrônico), mas não pode guardar o teor do que foi acessado, ou seja, as aplicações de internet (conteúdos).

A vedação do art. 14 quanto aos provedores de conexão não poderem guardar os registros de acesso às aplicações de internet (conteúdos) pelo usuário está relacionada à prática, até então comum, desses provedores de aproveitarem a captação de dados relacionados às preferências dos internautas para realizarem anúncios dirigidos conforme seus gostos pessoais (*marketing* eletrônico).

Na provisão de conexão à internet, a autoridade policial (delegado) ou administrativa (fiscal) ou o Ministério Público poderá requerer cautelarmente que os registros de conexão sejam guardados por prazo superior a um ano, sendo que a autoridade requerente terá o prazo de sessenta dias, contados a partir do requerimento, para ingressar com o pedido de autorização judicial de acesso aos registros (MCI, art. 13, §§ 2º e 3º).

Quanto à possibilidade de **compartilhar** acesso à internet sem fio (*Wi-Fi*), devido aos grandes problemas que envolvem o assunto, preferimos tratá-lo separadamente num item próprio no capítulo sobre a "responsabilidade civil na internet".

Já os provedores de aplicações de internet devem armazenar, em ambiente seguro e controlado, os registros (dos acessos às aplicações de internet) de seus usuários sob sigilo e pelo período de **seis meses** (MCI, art. 15, *caput*).

Uma questão discutível é o fato de a imposição prevista no *caput* do art. 15 (bem como a do parágrafo único do art. 20) ser dirigida apenas aos provedores de aplicações de internet constituídos como pessoa jurídica e que exerçam essa atividade empresarialmente, ou seja, de forma organizada, profissionalmente e com fins econômicos.

Pelo teor da lei, *sites*, *blogs*, redes sociais etc. pertencentes a pessoas físicas ou entidades sem fins lucrativos (como associações e fundações), mesmo que suas atividades desenvolvidas se enquadrem no conceito de provedor de conteúdo ou de aplicações de internet, não se submetem ao dever geral de manter os respectivos registros de acesso a aplicações de internet, sob sigilo, em ambiente controlado e de segurança, pelo prazo de seis meses. Qual a justificativa? Se por um lado tal exigência poderia de certa forma limitar atividades no ambiente virtual de pessoas físicas e entidades sem fins lucrativos pela falta de recursos para manter os dados pelo período estabelecido pela lei, de outro, essa liberação da norma pode implicar impunidade para certas ofensas realizadas via internet, ou mesmo levar alguns a atuarem propositalmente como pessoas físicas ou pessoas jurídicas sem fins lucrativos.

Àqueles cujas atividades se enquadrem como de provedores de aplicações de internet, mas que não sejam pessoas jurídicas, nem organizações empresariais, a lei reservou um tratamento específico: a guarda dos registros de acesso às aplicações de internet será feita se houver determinação judicial e desde que os registros sejam por prazo determinado e digam respeito a fatos específicos (MCI, art. 15, *caput* e § 1º).

Vale evidenciar que a autoridade policial ou administrativa ou o Ministério Público poderão requerer cautelarmente a qualquer provedor de aplicações de internet que os registros de acesso aos conteúdos sejam guardados, inclusive por prazo superior a seis meses. Entretanto, a entrega dos dados ao requerente depende de autorização do juiz (MCI, art. 15, §§ 2º e 3º).

Outro ponto interessante é saber se essa imposição legal aos provedores quanto ao tempo e à forma de guarda dos dados será objeto de efetiva fiscalização pelo Poder Público. Entretanto, o desrespeito às determinações legais implicará **responsabilidade dos provedores**, devendo ser observado que (à luz do art. 17 e respeitadas as determinações previstas pela Lei n. 12.965/2014) a opção por não guardar os registros de acesso a conteúdo (aplicações de internet) não implica responsabilidade sobre danos decorrentes do uso desses serviços por terceiros.

O Marco Civil da Internet expressa que **provedor de conexão (acesso)** não será responsabilizado civilmente por danos decorrentes de conteúdos produzidos por terceiros (MCI, art. 18). Ou seja, assim como a companhia telefônica não pode ser condenada pelo mau uso da linha de telefone para a prática de crime, o provedor de conexão não será penalizado pelo uso indevido do acesso de seu usuário que causar dano a outrem, como, por exemplo, no caso de envio de *spam* (mensagens não solicitadas) ou mensagens com vírus.

Por sua vez, o **provedor de aplicações de internet** (**conteúdo, hospedagem ou correio eletrônico**) apenas poderá ser responsabilizado na esfera civil por danos decorrentes de conteúdo gerado por terceiros se, após ordem judicial específica, não tomar as providências para, no âmbito e nos limites técnicos do seu serviço e dentro do prazo assinalado, tornar indisponível o conteúdo apontado como danoso (MCI, art. 19). Isso soluciona, pelo menos em parte, a divergência entre as decisões judiciais que ora condenavam, ora não, os provedores pelo conteúdo de páginas ofensivas em seus *sites* e redes sociais. Entretanto, vale expressar que o STJ, mesmo antes da vigência do Marco Civil da Internet, já vinha firmando jurisprudência no mesmo sentido do que prevê a referida lei.

5.7. RETIRADA DE CONTEÚDO (MENSAGENS, VÍDEOS E FOTOS). CENAS DE NUDEZ E SEXUAIS

Como visto, a retirada de conteúdo somente deve se dar por determinação judicial, até porque, se isso coubesse ao provedor, discricionariamente, ele poderia ser acusado de censura quanto à liberdade de expressão alheia. Assim, somente a Justiça, mediante provocação do interessado, é quem poderá avaliar se certo conteúdo (produzido em razão do exercício da liberdade de expressão) é prejudicial ou não a outrem.

Cabe ponderar que o prejuízo pode ser de caráter pessoal, como a violação da vida privada; de concorrência desleal, quando se denigre o produto alheio a fim de desviar indevidamente clientela; de cunho criminal, por exemplo, atribuir falsamente prática criminosa a outrem (crime de calúnia, art. 138 do Código Penal); entre outros tipos de ofensas.

Se o provedor de aplicações de internet tiver **dados de contato do usuário** diretamente responsável pelo conteúdo retirado por ordem judicial, caberá a este provedor comunicar-lhe as informações e os motivos relativos à indisponibilização do conteúdo, com elementos que permitam o contraditório e a ampla defesa em juízo, salvo expressa previsão legal ou expressa determinação judicial fundamentada em contrário. Se houver solicitação do usuário que disponibilizou o conteúdo tornado indisponível, o provedor substituirá o conteúdo bloqueado pela motivação ou pelo teor da ordem judicial que ocasionou a indisponibilização (MCI, art. 20).

A lei se preocupou em dar um tratamento especial para os casos de imagens, vídeos ou outros materiais contendo cenas de **nudez** ou de **atos sexuais** de caráter privado. Isso tem se tornado uma prática frequente, sobretudo entre os mais jovens, seja pela exposição de imagens extraídas com o consentimento dos envolvidos, seja pela obtenção clandestina. Na maioria das vezes, quando há consentimento, este é voltado para a captação da cena, mas não para a sua exposição na internet. Alguns levam a cabo a exposição da cena na internet como forma de vingança, por exemplo, pelo término de um relacionamento.

À luz do art. 21, nesses casos, o provedor que disponibiliza conteúdo gerado por terceiros será responsabilizado subsidiariamente pela violação da intimidade decorrente da divulgação, sem autorização de seus participantes quando, após o recebimento de notificação pelo participante ou seu representante legal, deixar de promover, de forma diligente, no âmbito e nos limites técnicos do seu serviço, a não disponibilização desse conteúdo.

Vale frisar que nesse caso não se trata de ordem judicial, mas sim de mera notificação do interessado ao provedor. Essa notificação deverá ser específica, contendo, sob pena de nulidade, elementos que permitam a identificação exata do material apontado como violador da intimidade do participante e a verificação da legitimidade para apresentação do pedido. A lei cuidou de especificar apenas acerca do teor da notificação, mas não especificou sobre a forma da notificação. Tendo em vista a possibilidade de uma interpretação ampla em que uma comunicação eletrônica (como o *e-mail*) ou mesmo uma ligação telefônica poderiam ser considerados formas de notificação, é altamente recomendável que a notificação seja feita com aviso de recebimento (AR). Ou, melhor ainda, que seja feita via cartório extrajudicial ou pelo Poder Judiciário, sendo que em ambos os casos pode ser requerida a entrega por oficial de justiça.

Na hipótese de cenas de nudez ou atos sexuais, a responsabilidade do provedor é subsidiária. Por isso, é importante lembrar que "subsidiária" é uma responsabilidade que funciona como uma espécie de garantia acessória, em que haverá a responsabilização do provedor apenas quando não atender à notificação para retirada do conteúdo. Difere, portanto, da responsabilidade solidária, em que haveria uma responsabilidade mútua entre infrator e provedor, o que permitiria acionar judicialmente um ou outro, ou ambos concomitantemente, o que não é o caso.

E como fica a responsabilidade do provedor de aplicações de internet por danos a **direitos autorais** ou **direitos conexos** praticados por terceiros? Vale lembrar que os **direitos autorais** estão relacionados à proteção aos autores de obras literárias, artísticas ou científicas. Já os **direitos conexos** estão relacionados aos direitos dos intérpretes ou executantes, dos produtores fonográficos e das empresas de radiodifusão (os conexos são tidos como direitos autorais para fins de proteção legal). À luz dos arts. 19, § 2º, e 31 do Marco Civil, a responsabilidade do provedor de aplicações de internet em caso de violações aos direitos autorais e conexos por terceiros depende de previsão em lei específica, sendo que até a entrada em vigor de uma norma que trate do assunto continua aplicável a legislação vigente sobre a matéria, ou seja, a Lei n. 9.610/98 – Lei dos Direitos Autorais.

Um tema importante está no art. 16, ao prever que na provisão de aplicações de internet (não se inclui o serviço de conteúdo), onerosa ou gratuita, é proibida a guarda dos registros de acesso a outras aplicações de internet sem que o titular dos dados tenha consentido previamente. Também é vedada a guarda de dados pessoais que sejam excessivos em relação à finalidade para a qual foi dado consentimento pelo seu titular.

Essa vedação está relacionada com a prática do *marketing* eletrônico, aquelas divulgações normalmente de conteúdo comercial realizadas na internet, especialmente em razão dos registros das preferências dos usuários. Até então, é muito comum, ao se utilizar *sites* de busca, nossas preferências serem registradas para que nos próximos acessos aos mesmos *sites* fiquemos sujeitos, sem termos permitido, à publicidade de bens relacionados às buscas anteriormente realizadas, o que pode ser entendido como violação ao direito de privacidade.

Tanto é assim que o art. 16, inc. I, expressa que na provisão de aplicações de internet é proibido guardar registros de acesso a outras aplicações de internet sem prévio consentimento do titular dos dados, devendo ser respeitado o previsto no art. 7º, que por sua vez prevê que ao usuário é assegurada a inviolabilidade da intimidade e da vida privada, sendo que a violação implica o direito à indenização por dano material e/ou moral.

5.8. REQUERIMENTO JUDICIAL, NOTIFICAÇÃO, ANTECIPAÇÃO DE TUTELA E SEGREDO DE JUSTIÇA

A lei sob comento prevê a possibilidade de o interessado **requerer judicialmente** informações sobre os registros na internet com o fim de formar provas em processo judicial. Essa requisição judicial pode ser feita no curso de um processo de forma incidental ou em processo autônomo, devendo ser requerido ao juiz que ordene ao titular do provedor, responsável pela guarda, o fornecimento de registros de conexão ou de registros de acesso a aplicações (conteúdos) de internet.

O *caput* do art. 22, ao tratar do assunto, menciona apenas essa possibilidade para efeitos de **processo judicial cível ou penal**. Entretanto, compreendemos que tal dispositivo pode ser aplicado de forma analógica aos processos de natureza trabalhista, eleitoral e marítimo. Melhor seria se o legislador tivesse previsto expressamente esses outros tipos de processos a fim de não restar quaisquer dúvidas sobre a interpretação da norma.

Sempre respeitando outros requisitos previstos em lei, o requerimento judicial deverá conter: os fundados indícios da ocorrência do ilícito; a justificativa motivada da utilidade dos registros solicitados para fins de investigação ou instrução probatória; e o período ao qual se referem os registros. Conforme o parágrafo único do art. 22, o desrespeito a esses requisitos implicará a inadmissibilidade da requisição.

Do ponto de vista processual, a lei assegura a possibilidade de a vítima ajuizar a ação em **juizado especial** (popularmente conhecido como juizado de pequenas causas) quando sua demanda indenizatória se der por danos oriundos de conteúdos disponibilizados na internet relacionados à honra, à reputação ou aos direitos de personalidade, bem como pela indisponibilização desses conteúdos por provedores de aplicações de internet. Independentemente de a ação tramitar no juizado especial, o juiz poderá determinar a **antecipação da tutela**, total ou parcialmente, se houver prova inequívoca do fato e considerando o interesse da coletividade na disponibilização do conteúdo na internet, devendo ser observados os requisitos de verossimilhança da alegação do autor e de fundado receio de dano irreparável ou de difícil reparação (MCI, art. 19, §§ 3º e 4º).

Também o juiz poderá determinar **segredo de justiça**, inclusive quanto aos pedidos de guarda de registro, com o fim de garantir o sigilo das informações recebidas e a preservação da intimidade, da vida privada, da honra e da imagem do usuário (MCI, art. 23).

5.9. DIRETRIZES E ORIENTAÇÕES AO PODER PÚBLICO

Em outra perspectiva, o Marco Civil da Internet prevê várias **diretrizes** para a atuação do Estado (União, Estados, Distrito Federal e Municípios) no desenvolvimento da internet no país. Muitas delas em alguma medida já vêm sendo executadas, ainda que de forma pontual, como o mecanismo de governança multiparticipativa, via atuação conjunta de vários entes (governo, setor empresarial, sociedade civil e comunidade acadêmica), como ocorre com a formação do Comitê Gestor da Internet no Brasil. Conforme o art. 24, são as diretrizes para o poder público:

a – o estabelecimento de mecanismos de governança multiparticipativa, transparente, colaborativa e democrática, com a participação do governo, do setor empresarial, da sociedade civil e da comunidade acadêmica;

b – a promoção da racionalização da gestão, expansão e uso da internet, com participação do Comitê Gestor da internet no Brasil;

c – a promoção da racionalização e da interoperabilidade tecnológica dos serviços de governo eletrônico, entre os diferentes Poderes e âmbitos da Federação, para permitir o intercâmbio de informações e a celeridade de procedimentos;

d – a promoção da interoperabilidade entre sistemas e terminais diversos, inclusive entre os diferentes âmbitos federativos e diversos setores da sociedade;

e – a adoção preferencial de tecnologias, padrões e formatos abertos e livres;

f – a publicidade e a disseminação de dados e informações públicos, de forma aberta e estruturada;

g – a otimização da infraestrutura das redes e estímulo à implantação de centros de armazenamento, gerenciamento e disseminação de dados no País, promovendo a qualidade técnica, a inovação e a difusão das aplicações de internet, sem prejuízo à abertura, à neutralidade e à natureza participativa;

h – o desenvolvimento de ações e programas de capacitação para uso da internet;

i – a promoção da cultura e da cidadania; e

j – a prestação de serviços públicos de atendimento ao cidadão de forma integrada, eficiente, simplificada e por múltiplos canais de acesso, inclusive remotos.

Tais diretrizes são extremamente relevantes e bem-vindas, mas a questão é saber se haverá efetiva aplicação (colocadas em prática). Isso porque, se fossem determinações, a lei estabeleceria sanções e formas de fiscalização; entretanto, sendo meras diretrizes e não havendo previsão de sanções para os entes descumpridores, pode se tornar "letra morta".

Além disso, a Lei n. 12.965/2014, art. 25, estabeleceu **orientações** para as aplicações de internet (conteúdos) em que constem *sites* dos entes públicos. Assim, União, Estados, Distrito Federal e Municípios devem buscar:

a – a compatibilidade dos serviços de governo eletrônico com diversos terminais, sistemas operacionais e aplicativos para seu acesso;

b – a acessibilidade a todos os interessados, independentemente de suas capacidades físico-motoras, perceptivas, sensoriais, intelectuais, mentais, culturais e sociais, resguardados os aspectos de sigilo e restrições administrativas e legais;

c – a compatibilidade tanto com a leitura humana quanto com o tratamento automatizado das informações;

d – a facilidade de uso dos serviços de governo eletrônico; e

e – o fortalecimento da participação social nas políticas públicas.

Essas orientações podem contribuir para o acesso e a navegação pelos usuários nos *sites* governamentais, haja vista os múltiplos e confusos *layouts* (disposição gráfica do *site*) em que se torna muito difícil encontrar as informações que se busca.

5.10. INCLUSÃO DIGITAL, CONTROLE PARENTAL E BOAS PRÁTICAS

Também foi expressa a necessidade do cumprimento do dever constitucional do Estado na prestação da educação (de quaisquer níveis) incluindo a capacitação, conectada a outras práticas educacionais, para o uso seguro, consciente e responsável da internet como ferramenta para o exercício da cidadania, a promoção da cultura e o desenvolvimento tecnológico (MCI, art. 26).

Conforme os arts. 27 e 28 da Lei n. 12.965/2014, as iniciativas públicas de **fomento à cultura digital** e de promoção da internet como ferramenta social devem: promover a inclusão digital; buscar reduzir as desigualdades, sobretudo entre as diferentes regiões no território brasileiro, no acesso às tecnologias da informação e comunicação e no seu uso; e fomentar a produção e circulação de conteúdo nacional.

Para tanto, o Estado deve, regularmente, formular e fomentar estudos, bem como fixar metas, estratégias, planos e cronogramas, referentes ao uso e desenvolvimento da internet no Brasil.

Como tratado em outro capítulo, acerca do meio ambiente virtual e o uso ético e seguro da internet, muitas famílias estão se atentando para os perigos que a rede pode oferecer aos seus entes, especialmente as **crianças e adoles-**

centes. Preocupado com esse assunto o *caput* do art. 29 expressa que o usuário terá a opção de livre escolha na utilização de *software* em seu computador para exercício do **controle parental** de conteúdo entendido por ele como impróprio a seus filhos menores. Para tanto, deverão ser respeitados os princípios fixados pelo Marco Civil da Internet (Lei n. 12.965/2014) e pelo Estatuto da Criança e do Adolescente (Lei n. 8.069/90).

Vale esclarecer que o controle parental está relacionado ao poder familiar (ou pátrio poder), que consiste na relação entre pais e filhos do ponto de vista dos deveres e direitos a serem exercidos por aqueles sobre estes, ficando os filhos sujeitos ao poder familiar especialmente no campo da educação e assistência, bem como com o dever de prestar obediência (Código Civil, arts. 1.630 a 1.638). Controle parental no uso da internet são as limitações e restrições estabelecidas pelos detentores do poder familiar, essencialmente via instalação de *softwares*, quanto ao tempo de navegação e ao acesso a certos *sites* e/ou conteúdos disponíveis na internet.

Como vimos, entre os princípios previstos no Marco Civil está o do direito à privacidade (MCI, art. 3º, inc. II), que por sua vez tem o *status* de direito fundamental na Constituição Federal, art. 5º, inc. X. Assim, surgem as seguintes questões: os filhos menores têm privacidade a ser preservada em relação aos pais? Os pais têm direito de vigiar o conteúdo acessado e/ou postado pelos filhos? Neste caso, haveria uma infração ao direito constitucional da privacidade? Entendo que não há privacidade dos filhos menores em relação aos pais, seja em ambiente eletrônico ou fora dele, não devendo ser confundida a timidez do adolescente e da criança com privacidade. Por isso, os pais podem vigiar os conteúdos acessados por seus filhos, não havendo violação ao direito à privacidade justamente em razão do poder familiar existente na relação entre pais e filhos. Muito pelo contrário, pais negligentes ou permissivos que se omitem ou permitem o acesso irrestrito dos filhos a redes sociais e/ou conteúdos que possam ser impróprios e nocivos a eles poderão ter seu poder familiar extinto ou suspenso, por ordem judicial, nos termos dos arts. 1.635 a 1.630 do Código Civil (sem prejuízo de eventual tipificação penal).

De acordo com o parágrafo único do art. 29 da Lei n. 12.965/2014, cabe ao poder público, juntamente com os provedores de internet e a sociedade civil, promover a educação e fornecer informações sobre o uso dos programas de computador para o controle parental e para a definição de **boas práticas** para a **inclusão digital** de crianças e adolescentes.

Contudo, o Marco Civil da Internet mantém o sistema da responsabilidade subjetiva (em que é necessária a demonstração de culpa do causador do dano), permitindo a livre manifestação de pensamento e de conteúdo sem prévio controle de provedores e/ou intermediários. A positivação de certas questões foi necessária, tendo em vista que o avanço tecnológico acabou criando situações que o ordenamento jurídico não tratava expressamente, permitindo assim interpretações variadas. Entretanto, uma norma muito específica no campo da internet (e da Tecnologia da Informação em geral) sem dúvida estaria fadada à obsolescência de forma muito rápida. Por isso, vemos com bons olhos a promulgação do Marco Civil da Internet na medida em que se trata de uma lei principiológica, mas com a capacidade de promover maior transparência e confiança no uso da internet, bem como amplia a segurança jurídica no Brasil, especialmente a evitar divergências de decisões judiciais no campo da responsabilidade civil de provedores e o exercício da liberdade de expressão e a proteção da privacidade dos usuários.

5.11. DECRETO N. 8.771/2016 – REGULAMENTAÇÃO DO MARCO CIVIL DA INTERNET

Foi editado o Decreto n. 8.771, de 11 de maio de 2016, o qual regulamenta o Marco Civil da Internet (Lei n. 12.965/2016), ao tratar das hipóteses admitidas de discriminação de pacotes de dados na internet e de degradação de tráfego, indicar procedimentos para guarda e proteção de dados por provedores de conexão e de aplicações, apontar medidas de transparência na requisição de dados cadastrais pela administração pública e estabelecer parâmetros para fiscalização e apuração de infrações à Lei n. 12.965/2016.

O Decreto n. 8.771/2016 ocupa-se basicamente de três assuntos: neutralidade da rede; proteção aos registros, aos dados pessoais e às comunicações privadas; e da fiscalização da transparência.

Vale destacar que este decreto é destinado aos responsáveis pela transmissão, pela comutação ou pelo roteamento e aos provedores de conexão e de aplicações de internet (de acordo com a definição do Marco Civil, art. 5º, *caput*, inc. I). Ao contrário, não é aplicável: aos serviços de telecomunicações que não se destinem ao provimento de conexão de internet; e aos serviços especializados, entendidos como serviços otimizados por sua qualidade assegurada de serviço, de velocidade ou de segurança, ainda que utilizem protocolos lógicos TCP/IP ou equivalentes (desde que não configurem substituto à internet em seu caráter público e irrestrito; e sejam destinados a grupos específicos de usuários com controle estrito de admissão) (Decreto n. 8.771/2016, art. 2º).

Entre os pontos do decreto que merecem destaque, está a questão do *spam* (envio de mensagens eletrônicas não solicitadas), cujo art. 5º, § 1º, inc. I, prevê a necessidade de requisitos técnicos indispensáveis à prestação adequada de serviços quanto ao tratamento de questões de segurança de redes, tais como restrição ao envio de mensagens em massa (*spam*) e controle de ataques de negação de serviço.

Quanto aos requisitos técnicos, considerando as diretrizes do CGIbr, caberá a ANATEL a fiscalização e apuração de infrações no cumprimento dos requisitos técnicos fixados (Decreto n. 8.771/2016, arts. 6º e 5º, § 2º).

Vale explicitar que, nos termos do decreto sob comento, cabe ao CGI.br (Comitê Gestor da Internet) estabelecer diretrizes para o bom funcionamento da internet no Brasil, e compete à ANATEL (Agência Nacional de Telecomunicações) fixar os parâmetros regulatórios do setor. Assim, a ANATEL atuará na regulação, na fiscalização e na apuração de infrações. Quanto às relações de consumo, caberá à Secretária Nacional do Consumidor a fiscalização e apuração de infrações. De outro lado, no que tange às infrações à ordem econômica, a apuração de infrações fica a cargo do Sistema Brasileiro de Defesa da Concorrência (o qual é disciplinado pela Lei n. 12.529/2011). Tudo isso sem prejuízo da atuação colaborativa de outras entidades da administração pública federal (Decreto n. 8.771/2016, arts. 6º, 17, 18, 19 e 20).

Ainda, quanto à neutralidade da rede, as ofertas comerciais (e os modelos de cobrança de acesso à internet) devem preservar uma internet única, de natureza aberta, plural e diversa, compreendida como um meio para a promoção do desenvolvimento humano, econômico, social e cultural, contribuindo para a construção de uma sociedade inclusiva e não discriminatória (Decreto n. 8.771/2016, art. 10). Ou seja, não pode haver cobranças diferenciadas de acordo com o tipo de destinação que se dá com o acesso à internet, seja para vídeos, troca de mensagens, compras etc.

No que tange à proteção aos registros, dados e comunicações, o Decreto n. 8.771/2016 considera dados cadastrais do usuário: a qualificação pessoal (nome, prenome, estado civil e profissão), a filiação e o endereço (Decreto n. 8.771/2016, art. 11, § 2º).

Desse modo, ao requer aos provedores os dados cadastrais dos usuários, as autoridades administrativas deverão apresentar o fundamento legal e a motivação para o pedido de acesso aos dados. O provedor não está obrigado a fornecer dados cadastrais quando não os coletar dos internautas (Decreto n. 8.771/2016, art. 11, *caput* e § 1º).

No âmbito do decreto, conceitualmente dados cadastrais não são necessariamente o mesmo que dados pessoais, pois estes estão relacionados à pessoa natural identificada ou identificável, inclusive números identificadores (como os do RG, CPF, título de eleitor etc.), dados de localização ou identificadores eletrônicos (localizadores), quando estes estiverem relacionados a uma pessoa (Decreto n. 8.771/2016, art. 14, inc. I).

De acordo com o § 2º do art. 13 do Decreto, os provedores de conexão e de aplicações de internet devem reter a menor quantidade possível de dados pessoais, comunicações privadas e registros de conexão e de aplicações de internet, devendo ser excluídos imediatamente após a sua finalidade ser alcançada ou pelo decurso do prazo determinado por lei.

Os provedores de conexão e de aplicações de internet devem divulgar de forma clara e acessível a qualquer interessado os padrões de segurança adotados, de preferência em seus *sites*, desde que isso não atente contra o direito de confidencialidade (que possa haver em razão de contrato, por exemplo) e os segredos empresariais (produto, serviço ou modo de produção mantido sob sigilo pelo empresário, pois se patenteado a proteção restringe a vinte anos). Isso está previsto no art. 16 do Decreto n. 8.771/2016.

6

Proteção de Dados – Lei n. 13.709/2018 (alterada pela Lei n. 13.853/2019)

6.1. INTRODUÇÃO

Proteção de dados é um tema tão relevante que dia 28 de janeiro é o Dia Internacional da Proteção de Dados.

A discussão acerca da necessidade de haver uma tutela jurídica para os dados e a privacidade das pessoas iniciou na década de 1970 na Europa, que culminou implicando na Diretiva n. 95/46/CE, que por sua vez foi substituída pelo Regulamento n. 2016/679[1] (GDPR – *General Data Protection Regulation*; em português, Regulamento Geral de Proteção de Dados), o qual entrou em vigor em 2018.

Essa norma europeia datada de 2016 passou a ter forte influência na aprovação de normas de proteção de dados pelo mundo, especialmente no Brasil. Sendo assim, a partir de 14 de agosto de 2018 foi incorporada ao ordenamento jurídico brasileiro a Lei n. 13.709/2018 – Lei Geral de Proteção de Dados Pessoais (LGPD).

Inicialmente a lei brasileira tinha uma *vacatio legis* (tempo para entrar em vigor uma lei) de 18 meses, mas, com as alterações promovidas pela Lei n. 13.853/2019 (lei que cria a ANPD – Autoridade Nacional de Proteção de Dados),

---

1 Da apresentação de Cíntia Rosa Pereira de Lima ao livro: TEIXEIRA, Tarcisio; ARMELIN, Ruth Maria Guerreiro da Fonseca. *Lei Geral de Proteção de Dados Pessoais* – comentada artigo por artigo. Salvador: Juspodivm, 2019, p. 5.

o prazo de início da vigência da LGPD foi ampliado para 2 anos, igualando assim a lei europeia. Dessa forma, seu primeiro dia de vigência é 16 de agosto de 2020.

No Brasil, a título de histórico, as discussões sobre proteção da privacidade se desenvolveram, sobretudo, após a promulgação da Constituição Federal de 1988 e a edição do Código Civil de 2002, mas foram intensificadas com a chegada da internet ao país, na década de 1990, e as formas de captação de dados, formação e comercialização de *mailing list* e o envio de mensagens não solicitadas.

6.2. DADO PESSOAL – DO QUE ESTAMOS FALANDO?

No que consiste afinal dado pessoal? Em sentido amplo, dado pessoal é a "informação relacionada a pessoa natural identificada ou identificável" (LGPD, art. 5º, inc. I). Isto é, algo que se faz conhecer uma pessoa por identificá-la, como o nome da pessoa física, o número do seu RG ou outro documento. Ou algo que possa levar à identificação de uma pessoa (identificável – capaz de identificar uma pessoa), por exemplo, a data de nascimento, o endereço, a geolocalização; ou mesmo a soma de informações.

Assim, os dados pessoais poderiam ser classificados em diretos e indiretos. Dados pessoais diretos quando as informações identifiquem diretamente a pessoa. Já os dados pessoais indiretos quando a pessoa puder ser identificada (identificável) pelas informações.

Frise-se que o titular de um dado é a "pessoa natural a quem se referem os dados pessoais que são objeto de tratamento" (LGPD, art. 5º, inc. V). Pessoas jurídicas de quaisquer espécies não são titulares de dados pessoais para efeitos da LGPD – Lei n. 13.709/2018.

Uma vez o dado pessoal estando sujeito a tratamento, isso faz a questão estar sujeita à aplicação da LGPD. De outro modo, os **dados anonimizados** não estão suscetíveis a esse regime jurídico, sendo que conceitualmente dado anonimizado consiste no "dado relativo a titular que não possa ser identificado, considerando a utilização de meios técnicos razoáveis e disponíveis na ocasião de seu tratamento". Trata-se, portanto, do dado pessoal que se tornou anônimo ou foi convertido em anônimo.

Por sua vez, anonimização é a utilização de meios técnicos razoáveis e disponíveis no momento do tratamento, por meio dos quais um dado perde a possibilidade de associação, direta ou indireta, a um indivíduo (LGPD, art. 5º, incs. III e XI).

O *caput* do art. 12[2] reforça que os dados anonimizados não são considerados dados pessoais para os fins da LGPD, exceto quando o processo de anonimização ao qual foram submetidos for revertido, utilizando exclusivamente meios próprios, ou quando, com esforços razoáveis [custo, tempo e tecnologia], puder ser revertido.

Existem ainda os dados pseudonimizados. Logo, a anonimização de dados difere da pseudonimização de dados, em que os dados ainda podem ser associados a uma pessoa em razão de um elemento de ligação que fica registrado separadamente.[3]

Para efeito da lei, conceitualmente **tratamento de dados** consiste em "toda operação realizada com dados pessoais, como as que se referem a coleta, produção, recepção, classificação, utilização, acesso, reprodução, transmissão, distribuição, processamento, arquivamento, armazenamento, eliminação, avaliação ou controle da informação, modificação, comunicação, transferência, difusão ou extração" (LGPD, art. 5º, inc. X).

Como se pode perceber, embora o conceito legal traga inúmeras hipóteses (coleta, recepção, arquivamento etc.), trata-se de um rol exemplificativo ao expressar que "toda operação realizada com dados pessoais, como". Isto é, pode

---

2 Art. 12. Os dados anonimizados não serão considerados dados pessoais para os fins desta Lei, salvo quando o processo de anonimização ao qual foram submetidos for revertido, utilizando exclusivamente meios próprios, ou quando, com esforços razoáveis, puder ser revertido.

§ 1º A determinação do que seja razoável deve levar em consideração fatores objetivos, tais como custo e tempo necessários para reverter o processo de anonimização, de acordo com as tecnologias disponíveis, e a utilização exclusiva de meios próprios. (...)

§ 2º Poderão ser igualmente considerados como dados pessoais, para os fins desta Lei, aqueles utilizados para formação do perfil comportamental de determinada pessoa natural, se identificada.

§ 3º A autoridade nacional poderá dispor sobre padrões e técnicas utilizados em processos de anonimização e realizar verificações acerca de sua segurança, ouvido o Conselho Nacional de Proteção de Dados Pessoais.

3 Conforme o art. 13, § 4º "Para os efeitos deste artigo, a pseudonimização é o tratamento por meio do qual um dado perde a possibilidade de associação, direta ou indireta, a um indivíduo, senão pelo uso de informação adicional mantida separadamente pelo controlador em ambiente controlado e seguro".

haver outras hipóteses não previstas pela lei relacionadas a dados pessoais que serão tidas por tratamento de dados, logo, sujeitas à Lei n. 13.709/2018. As palavras "toda" e "como" do dispositivo legal referido reforçam tratar-se de um rol exemplificativo e não exaustivo.

Voltando-se um pouco mais ao conceito de dado pessoal, ele pode ser considerado "**sensível**" quando estiver relacionado à "origem racial ou étnica, convicção religiosa, opinião política, filiação a sindicato ou a organização de caráter religioso, filosófico ou político, dado referente à saúde ou à vida sexual, dado genético ou biométrico, quando vinculado a uma pessoa natural" (LGPD, art. 5º, inc. II). A íris dos olhos e a impressão digital dos dedos são tidos como dados sensíveis.

A título distintivo e ilustrativo, enquanto o dado pessoal está relacionado à privacidade do titular, o dado pessoal sensível diz respeito à intimidade dele.

6.3. A QUEM A LEI SE APLICA?

É importante explicitar que a LGPD alcança relações jurídicas estabelecidas digital e fisicamente, atingindo a todos que pratiquem tratamento de dados pessoais, podendo ser uma pessoa física ou uma pessoa jurídica (de direito público, como a União, Estados e Municípios e suas autarquias, ou de direito privado, como sociedades empresárias, associações, fundações, partidos políticos, igrejas etc.), nos termos do art. 1º, *caput*, c/c o art. 3º, *caput*.

Sinteticamente, a Lei Geral de Proteção de Dados Pessoais aplica-se a qualquer operação de tratamento realizada por pessoa natural ou por pessoa jurídica de direito público ou privado, independentemente do meio, físico ou digital.

Mas a Lei n. 13.709/2018 não se aplica ao tratamento de dados pessoais quando praticado por pessoa natural para fins exclusivamente particulares e não econômicos, conforme o inc. I do art. 4º.

6.4. OUTRAS NORMAS SOBRE PROTEÇÃO DE DADOS

O regramento jurídico da proteção de dados no Brasil já estava previsto em outras normas jurídicas, como a Constituição Federal, entretanto, previsto sob a roupagem da tutela à privacidade (CF, art. 5º, X), e o sigilo da correspondência, da comunicação e dos dados (CF, art. 5º, XII). Esses direitos estão previstos no Marco Civil da Internet – Lei n. 12.965/2014 –, embora sendo um tratamento mais superficial, tendo essa própria lei, em seu art. 3º, inc. III, expressado que a proteção de dados é um princípio legal, mas "na forma da lei". Ou seja, o próprio Marco Civil da Internet reconhece a necessidade de uma lei específica para proteção de dados.

Contudo embora existam disposições legais que toquem no tema da proteção de dados, por exemplo, o Código de Defesa do Consumidor, o Marco Civil da Internet, a Lei do Cadastro Positivo, o Código Civil e a Constituição Federal, entre outros diplomas, só agora temos uma norma específica. Ainda, mesmo que o Decreto n. 8.771/2016 (que regulamenta o Marco Civil da Internet) trate de dados cadastrais em seu art. 11 e s., não se pode afirmar que tal norma seja um regime jurídico sobre a proteção de dados. Na verdade esse decreto é voltado para a atuação de provedores, pois indica procedimentos para guarda e proteção de dados por provedores de conexão e de aplicações.

A partir de agora, com uma tutela legal específica, a proteção de dados está alicerçada nos seguintes fundamentos: respeito à privacidade; autodeterminação informativa; liberdade de expressão, de informação, de comunicação e de opinião; inviolabilidade da intimidade, da honra e da imagem; desenvolvimento econômico e tecnológico e a inovação; livre-iniciativa, livre concorrência e defesa do consumidor; e direitos humanos, livre desenvolvimento da personalidade, dignidade e exercício da cidadania pelas pessoas naturais (LGPD, art. 2º).

6.5. ALCANCE GEOGRÁFICO DA LGPD

Nos termos do art. 3º da LGPD, se a pessoa que realiza o tratamento de dados estiver sediada fora do Brasil, ou os dados estiverem localizados fora do país, nossa norma poderá ter incidência, nas hipóteses em que: (i) a operação de tratamento seja realizada no território nacional; (ii) a atividade de tratamento tenha por objetivo a oferta ou o fornecimento de bens ou serviços ou o tratamento de dados de indivíduos localizados no território nacional; ou (iii) os dados pessoais objeto do tratamento tenham sido coletados no território nacional (sendo considerados coletados no território nacional os dados pessoais cujo titular nele se encontre no momento da coleta).

Assim sendo, a Lei Geral de Proteção de Dados Pessoais produzirá efeitos que vão além do território [físico] nacional.

6.6. EXCLUÍDOS DA APLICAÇÃO DA LGPD

De outra forma, conforme o seu próprio art. 4º, a Lei n. 13.709/2018 não se aplica ao tratamento de dados pessoais quando: (i) praticado por pessoa natural para fins exclusivamente particulares e não econômicos; (ii) praticado para fins exclusivamente jornalísticos, artísticos ou acadêmicos; (iii) operacionalizado para fins exclusivos de segurança pública, defesa nacional, segurança do Estado ou atividades de investigação e repressão de infrações penais; ou (iv) resultantes de fora do território nacional e que não sejam objeto de comunicação, uso compartilhado de dados com agentes de tratamento brasileiros ou objeto de transferência internacional de dados com outro país que não o de proveniência, desde que o país de proveniência proporcione grau de proteção de dados pessoais adequado ao previsto na Lei n. 13.709/2018.

6.7. PRINCÍPIOS

Princípios são norteadores para a aplicação das regras jurídicas positivadas, diferenciando-se dos fundamentos, que são as bases/alicerces em que a legislação se apoia.

Quanto aos princípios trazidos pela Lei Geral de Proteção de Dados Pessoais, o art. 6º elenca uma série deles a serem observados no tratamento de dados. Vale destacar que, antes mesmo de descrever os princípios, o *caput* do art. 6º assevera a necessidade de observar a boa-fé.

A boa-fé é o contrário de má-fé/dolo/fraude (que é a má intenção do agente). Logo, agir de boa-fé é ter "boa intenção", não ter intenção de prejudicar a outra parte. A boa-fé é o comportamento que a sociedade espera do agente.[4]

Os princípios a serem observados no tratamento de dados são os seguintes:

a) finalidade: realização do tratamento para propósitos legítimos [lícitos, morais], específicos, explícitos e informados ao titular, sem possibilidade de tratamento posterior de forma incompatível com essas finalidades;

b) adequação: compatibilidade do tratamento com as finalidades informadas ao titular, de acordo com o contexto do tratamento;

---

[4] TEIXEIRA, Tarcisio. *Manual da compra e venda*: doutrina, jurisprudência e prática. 3. ed. São Paulo: Saraiva, 2018, p. 28.

c) necessidade: limitação do tratamento ao mínimo necessário para a realização de suas finalidades, com abrangência dos dados pertinentes, proporcionais e não excessivos em relação às finalidades do tratamento de dados;

d) livre acesso: garantia, aos titulares, de consulta facilitada e gratuita sobre a forma e a duração do tratamento, bem como sobre a integralidade de seus dados pessoais;

e) qualidade dos dados: garantia, aos titulares, de exatidão, relevância e atualização dos dados, de acordo com a necessidade e para o cumprimento da finalidade de seu tratamento;

f) transparência: garantia, aos titulares, de informações claras e facilmente acessíveis sobre a realização do tratamento e os respectivos agentes de tratamento, observados os segredos comercial e industrial;[5]

g) segurança: utilização de medidas técnicas e administrativas aptas a proteger os dados pessoais de acessos não autorizados e de situações acidentais ou ilícitas de destruição, perda, alteração, comunicação ou difusão;

h) prevenção: adoção de cautelas/cuidados para prevenir a ocorrência de danos em virtude do tratamento de dados pessoais [por exemplo, realizando *backups* e instalando *firewall*];

i) não discriminação: impossibilidade de realização do tratamento para fins discriminatórios ilícitos ou abusivos [inadequados];

j) responsabilização e prestação de contas: demonstração, pelo agente, da adoção de **medidas** eficazes e capazes de comprovar a observância e o cumprimento da legislação sobre proteção de dados pessoais e, inclusive, da eficácia dessas medidas [ou seja que esteja em *compliance* em proteção de dados].

---

5 "Segredo empresarial significa que o empresário prefere manter em segredo sua invenção e não deseja revelar sua criação a terceiros ou torná-la pública por meio da patente, para assim explorar o invento por prazo indeterminado. Ou seja, não quer que sua invenção se torne de domínio público, perdendo o privilégio de exploração exclusiva após o prazo legal". "A nomenclatura mais utilizada é 'segredo industrial' por terem se originado na indústria os primeiros segredos relacionados à invenção de produtos e às formas produtivas. Atualmente, qualquer atividade econômica (indústria, comércio, agropecuária e prestação de serviços em geral) pode utilizar-se desse método (manter segredos), o que justifica a denominação 'segredo empresarial'". In: TEIXEIRA, Tarcisio. *Direito empresarial sistematizado*: doutrina, jurisprudência e prática. 8. ed. São Paulo: Saraiva, 2019, p. 508.

6.8. BASES LEGAIS (HIPÓTESES) PARA REALIZAR TRATAMENTO DE DADOS

Para que se possa realizar tratamento de dados é preciso que esteja presente uma das dez hipóteses/bases legais de tratamento.

Sem sombra de dúvida que a hipótese mais sensível é a do consentimento do titular, não sendo em vão que ela foi enumerada com a primeira da lista composta por dez situações previstas no art. 7º[6], sem prejuízo do regramento jurídico específico previsto no art. 8º para o consentimento.

6.8.1. Consentimento

O consentimento deverá ser fornecido por escrito ou via outro meio que demonstre a manifestação de vontade do titular, por exemplo, utilizando-se de ferramentas digitais/eletrônicas como o *e-mail*, o *WhatsApp* etc.

---

6 Art. 7º O tratamento de dados pessoais somente poderá ser realizado nas seguintes hipóteses:

I – mediante o fornecimento de consentimento pelo titular;

II – para o cumprimento de obrigação legal ou regulatória pelo controlador;

III – pela administração pública, para o tratamento e uso compartilhado de dados necessários à execução de políticas públicas previstas em leis e regulamentos ou respaldadas em contratos, convênios ou instrumentos congêneres, observadas as disposições do Capítulo IV desta Lei;

IV – para a realização de estudos por órgão de pesquisa, garantida, sempre que possível, a anonimização dos dados pessoais;

V – quando necessário para a execução de contrato ou de procedimentos preliminares relacionados a contrato do qual seja parte o titular, a pedido do titular dos dados;

VI – para o exercício regular de direitos em processo judicial, administrativo ou arbitral, esse último nos termos da Lei n. 9.307, de 23 de setembro de 1996 (Lei de Arbitragem);

VII – para a proteção da vida ou da incolumidade física do titular ou de terceiro;

VIII – para a tutela da saúde, exclusivamente, em procedimento realizado por profissionais de saúde, serviços de saúde ou autoridade sanitária;

IX – quando necessário para atender aos interesses legítimos do controlador ou de terceiro, exceto no caso de prevalecerem direitos e liberdades fundamentais do titular que exijam a proteção dos dados pessoais; ou

X – para a proteção do crédito, inclusive quanto ao disposto na legislação pertinente.

Sendo o consentimento do titular fornecido por escrito, ele deverá estar asseverado em cláusula destacada das demais (cláusulas contratuais). Isto é, o titular deve ser informado ostensivamente sobre a necessidade de seu consentimento para aquele negócio que se tem projetado. Compreendemos que essa cláusula destacada deve ser observada em contratos físicos e/ou eletrônicos, estando aqui incluídos os Termos de Uso e Políticas de Privacidade empregados por plataformas digitais (*sites*, *blogs* etc.).

O ônus da prova de que o consentimento foi obtido nos termos da Lei de Proteção de Dados é do controlador (pessoa natural ou jurídica, de direito público ou privado, a quem competem as decisões referentes ao tratamento de dados pessoais), conforme os termos do § 2º do art. 8º, c/c o inc. VI do art. 5º.[7]

Além disso, o § 3º do art. 8º é claro ao expressar a proibição de tratamento de dados pessoais mediante vício de consentimento. Logo, o consentimento obtido com vício não produzirá efeito para o titular.

No mais, o consentimento deve estar relacionado a objetivos certos e específicos (por exemplo, para qualificar o consumidor no contrato a ser firmado com o fornecedor) e não a autorizações genéricas, sob pena de o consentimento ser nulo.

A lei dispõe sobre a possibilidade de o titular do dado revogar seu consentimento. Isso pode ser feito a qualquer tempo por sua manifestação expressa via procedimento facilitado e não oneroso (gratuito). Mesmo com a revogação, permanecerão ratificados os tratamentos realizados sob o consentimento outrora manifestado, salvo se houver requerimento de eliminação (§ 5º do art. 8º, c/c o inc. VI do *caput* do art. 18).

---

7 Vale explicar que, classicamente, no direito societário, controlador significa o acionista (pessoa física ou jurídica; ou grupo de pessoas em razão de acordo de voto) que detém uma quantidade relevante de ações assegurando-lhe a prevalência de sua vontade nas assembleias gerais de acionistas, incluindo a eleição dos administradores de sua confiança (Lei n. 6.404/76, art. 116, *caput*). Ou seja, o controlador não é a sociedade (pessoa jurídica de direito privado), mas sim um dos acionistas.

Diferentemente, para a Lei n. 13.709/2018, art. 5º, inc. VI, controlador é pessoa natural ou jurídica, de direito público ou privado, a quem competem as decisões referentes ao tratamento de dados pessoais. Assim, tendo em vista a legislação brasileira societária, seria melhor que a LGPD tivesse instituído outra nomenclatura para tal figura jurídica. Isso porque, no âmbito da proteção de dados, o controlador pode ser uma sociedade, enquanto pessoa jurídica de direito privado, o que poderá implicar "confusão jurídica".

Se houver alguma alteração em uma das hipóteses a seguir descritas, é obrigação do controlador informar ao titular, com destaque de forma específica do teor das alterações, podendo o titular, nos casos em que o seu consentimento é exigido, revogá-lo caso discorde da alteração (§ 6º do art. 8º, c/c os incs. I, II, III e V do art. 9º). São as hipóteses de alteração quanto:

A – à finalidade específica do tratamento;

B – à forma e duração do tratamento, observados os segredos comercial e industrial;

C – à identificação do controlador;

D – às informações acerca do uso compartilhado de dados pelo controlador e a finalidade.

Vale reforçar que, se o consentimento do titular dos dados foi exigido em qualquer das hipóteses acima, ele poderá revogá-lo se discordar da alteração.

6.8.2. As demais bases legais

Além do consentimento, existem outras bases legais (hipóteses) que autorizam o tratamento de dados pessoais (art. 7º), como o tratamento de dados para **atender a obrigação legal ou regulatória**. São bons exemplos as empresas sujeitas à regulação e fiscalização de Agências Reguladoras, as quais em sua atuação exigem a prestação de contas com uma série de informações das empresas e de seus respectivos clientes (entre outras, a ANATEL, a ANS etc.).

Ainda nos termos do art. 7º, há mais outras 8 hipóteses para o tratamento de dados pessoais, isto é, quando é realizada:

A – pela administração pública, para o tratamento e uso compartilhado de dados necessários à execução de políticas públicas previstas em leis e regulamentos ou respaldadas em contratos, convênios ou instrumentos congêneres (respeitados os arts. 23 a 32 da LGPD);

B – para a realização de estudos por órgão de pesquisa, garantida, sempre que possível, a anonimização dos dados pessoais;

C – quando necessário para a execução de contrato ou de procedimentos preliminares relacionados a contrato do qual seja parte o titular, a pedido do titular dos dados;

D – para o exercício regular de direitos em processo judicial, administrativo ou arbitral (neste caso atendendo à Lei n. 9.307/96);

E – para a proteção da vida ou da incolumidade física do titular ou de terceiro;
F – para a tutela da saúde, exclusivamente, em procedimento realizado por profissionais de saúde, serviços de saúde ou autoridade sanitária;[8]
G – para a proteção do crédito (respeitada a legislação correspondente[9]).
H – quando necessário para atender aos **interesses legítimos** do controlador ou de terceiro, exceto no caso de prevalecerem direitos e liberdades fundamentais do titular que exijam a proteção dos dados pessoais.

6.8.3. Legítimo interesse

A questão do interesse legítimo ou legítimo interesse é uma das questões mais delicadas da LGPD. Mas o que vem a ser legítimo interesse? Vamos por partes. Legítimo quer dizer algo justo, razoável; já interesse significa aquilo que é importante. Desse modo, conceitualmente, pode-se afirmar que o legítimo interesse do controlador é "aquilo que lhe é justo e importante".

Convenhamos que se trata de um conceito muito abstrato e aberto. O art. 10 da LGPD estabeleceu alguns parâmetros acerca do legítimo interesse do controlador ao expressar que ele somente poderá fundamentar tratamento de dados pessoais para finalidades legítimas [justas, razoáveis], consideradas a partir de casos concretos, que incluem, mas não se limitam a:

A – apoio e promoção de atividades do controlador; e

B – proteção, em relação ao titular, do exercício regular de seus direitos ou prestação de serviços que o beneficiem, respeitadas as legítimas expectativas dele e os direitos e liberdades fundamentais (atendidos os preceitos da LGPD).

O § 1º do art. 10 assevera que, nos casos de tratamento de dados com base no legítimo interesse do controlador, apenas poderão ser tratados os dados

---

8 Este caso vale tanto para médicos, fisioterapeutas, psicólogos etc. Especificamente sobre os médicos, é imprescindível observar o Código de Ética Médica (Resolução CFM n. 1.931/2009), cujo art. 85 veda ao médico permitir o manuseio e o conhecimento dos prontuários médicos por pessoas não obrigadas ao sigilo profissional quando sob sua responsabilidade.

9 Lei n. 12.414/2011, que disciplina a formação e a consulta a bancos de dados com informações de adimplemento, de pessoas naturais ou de pessoas jurídicas, para formação de histórico de crédito (conhecida como Lei do Cadastro Positivo, a qual sofreu substanciais alterações pela Lei Complementar n. 166/2019).

estritamente necessários para a finalidade almejada. Isso está associado ao princípio da necessidade.

Além disso, o exercício do legítimo interesse implica ao controlador seguir medidas adequadas para assegurar a transparência no tratamento de dados (§ 2º do art. 10). Ou seja, deve garantir que as informações sejam claras, precisas e facilmente acessíveis.

Um ponto interessante instituído pela lei é o do **relatório de impacto à proteção de dados pessoais (RIPD)**.[10] Respeitados os segredos empresariais (comerciais e industriais), a autoridade nacional poderá solicitar tal relatório ao controlador quando o tratamento for realizado com base no seu legítimo interesse (§ 3º do art. 10).

6.9. DIREITO DE ACESSO DO TITULAR E O PRINCÍPIO DO LIVRE ACESSO

Conceitualmente, o princípio do livre acesso é o que garante aos titulares o direito de consultar facilitada e gratuitamente acerca da forma e da duração do tratamento, bem como sobre a integralidade de seus dados pessoais (inc. IV do art. 6º).

Sem prejuízo de regulamentação específica para o atendimento desse princípio, o titular tem direito ao acesso facilitado às informações sobre o tratamento de seus dados, que deverão ser disponibilizados de forma clara, adequada e ostensiva quanto (art. 9º):

A – à finalidade específica do tratamento;

B – à forma e à duração do tratamento (respeitados os segredos empresariais);

C – à identificação do controlador;

---

[10] Art. 5º, XVII – relatório de impacto à proteção de dados pessoais: documentação do controlador que contém a descrição dos processos de tratamento de dados pessoais que podem gerar riscos às liberdades civis e aos direitos fundamentais, bem como medidas, salvaguardas [garantias] e mecanismos de mitigação [diminuição] de risco.

O RIPD deverá conter, no mínimo, a descrição das espécies de dados coletados, a metodologia utilizada para a coleta e para a garantia da segurança das informações, bem como a análise do controlador com relação a medidas, resguardos (salvaguardas) e mecanismos de mitigação de risco adotados (art. 38, parágrafo único).

D – às informações de contato do controlador;

E – às informações acerca do uso compartilhado de dados pelo controlador e a finalidade;

F – às responsabilidades dos agentes que realizarão o tratamento; e

G – aos direitos do titular (expressando os previstos no art. 18 da Lei n. 13.709/2018[11]).

---

[11] Art. 18. O titular dos dados pessoais tem direito a obter do controlador, em relação aos dados do titular por ele tratados, a qualquer momento e mediante requisição:

I – confirmação da existência de tratamento;

II – acesso aos dados;

III - correção de dados incompletos, inexatos ou desatualizados;

IV – anonimização, bloqueio ou eliminação de dados desnecessários, excessivos ou tratados em desconformidade com o disposto nesta Lei;

V – portabilidade dos dados a outro fornecedor de serviço ou produto, mediante requisição expressa, de acordo com a regulamentação da autoridade nacional, observados os segredos comercial e industrial;

VI – eliminação dos dados pessoais tratados com o consentimento do titular, exceto nas hipóteses previstas no art. 16 desta Lei;

VII – informação das entidades públicas e privadas com as quais o controlador realizou uso compartilhado de dados;

VIII – informação sobre a possibilidade de não fornecer consentimento e sobre as consequências da negativa;

IX – revogação do consentimento, nos termos do § 5º do art. 8º desta Lei.

§ 1º O titular dos dados pessoais tem o direito de peticionar em relação aos seus dados contra o controlador perante a autoridade nacional.

§ 2º O titular pode opor-se a tratamento realizado com fundamento em uma das hipóteses de dispensa de consentimento, em caso de descumprimento ao disposto nesta Lei.

§ 3º Os direitos previstos neste artigo serão exercidos mediante requerimento expresso do titular ou de representante legalmente constituído, a agente de tratamento

§ 4º Em caso de impossibilidade de adoção imediata da providência de que trata o § 3º deste artigo, o controlador enviará ao titular resposta em que poderá:

I – comunicar que não é agente de tratamento dos dados e indicar, sempre que possível, o agente; ou

II – indicar as razões de fato ou de direito que impedem a adoção imediata da providência.

§ 5º O requerimento referido no § 3º deste artigo será atendido sem custos para o titular, nos prazos e nos termos previstos em regulamento.

Havendo o titular fornecido seu consentimento, este será nulo (sem validade) quando as informações lhes foram apresentadas sem transparência, de forma clara e inequívoca, bem como se as informações tiverem conteúdo enganoso (que induz a erro) ou abusivo (inadequado) (§ 1º do art. 9º).

Se houver mudanças na finalidade do tratamento de dados a partir do consentimento requerido do titular, este deverá ser informado previamente sobre as mudanças de finalidade. Discordando das mudanças, o titular poderá revogar o consentimento. Vale esclarecer que essa regra é aplicável se houver mudanças da **finalidade** para o tratamento de dados pessoais não compatíveis com o consentimento original (§ 2º do art. 9º).

Sendo necessário para o fornecimento de produto ou de serviço ou para o exercício de direito pelo controlador (uma condição, portanto), o titular dos dados pessoais será informado, com destaque, acerca desse fato e sobre os meios pelos quais poderá exercer seus direitos previstos no art. 18 da LGPD (§ 3º do art. 9º).

6.10. TRATAMENTO DE DADOS PESSOAIS SENSÍVEIS – REGIME JURÍDICO

Dado pessoal sensível é aquela informação relacionada à raça, religião, opinião política, filiação a sindicato ou a organização religiosa, filosófica ou política; bem como a informação relacionada à saúde ou à vida sexual, informação genética ou biométrica (quando vinculada a uma pessoa natural) (inc. II do art. 5º). São exemplos, a impressão digital dos dedos e a íris dos olhos.

Diferentemente do art. 7º, que traz 10 bases legais para o tratamento de dados pessoais, o art. 11 divide as bases legais para tratamento de dados sensíveis em duas categorias: com o consentimento do titular; ou sem consentimento do titular (sendo essa segunda categoria dividida em sete subcategorias).

---

§ 6º O responsável deverá informar, de maneira imediata, aos agentes de tratamento com os quais tenha realizado uso compartilhado de dados a correção, a eliminação, a anonimização ou o bloqueio dos dados, para que repitam idêntico procedimento, exceto nos casos em que esta comunicação seja comprovadamente impossível ou implique esforço desproporcional.

§ 7º A portabilidade dos dados pessoais a que se refere o inciso V do *caput* deste artigo não inclui dados que já tenham sido anonimizados pelo controlador.

§ 8º O direito a que se refere o § 1º deste artigo também poderá ser exercido perante os organismos de defesa do consumidor.

No primeiro caso, o tratamento de dados sensíveis apenas poderá ocorrer quando o titular (ou o seu responsável legal: pais, tutores ou curadores) expressar seu consentimento, de forma específica e destacada, para finalidades específicas (e não genéricas) (inc. I do art. 11). Isso está relacionado ao princípio da finalidade.

Já na segunda categoria, sem o consentimento do titular, o tratamento de dados sensíveis poderá ocorrer nos casos em que for essencial para (inc. II do art. 11):

> a) cumprimento de obrigação legal ou regulatória pelo controlador;
>
> b) tratamento compartilhado de dados necessários à execução, pela administração pública, de políticas públicas previstas em leis ou regulamentos;
>
> c) realização de estudos por órgão de pesquisa, garantida, sempre que possível, a anonimização dos dados pessoais sensíveis;
>
> d) exercício regular de direitos, inclusive em **contrato** e em processo judicial, administrativo e arbitral (neste caso seguindo a Lei n. 9.307/96);
>
> e) proteção da vida ou da incolumidade física do titular ou de terceiro;
>
> f) tutela da saúde, exclusivamente, em procedimento realizado por profissionais de saúde, serviços de saúde ou autoridade sanitária; ou
>
> g) garantia da prevenção à fraude e à segurança do titular, nos processos de identificação e autenticação de cadastro em sistemas eletrônicos (resguardados os direitos mencionados no art. 9º da LGPD e exceto no caso de prevalecerem direitos e liberdades fundamentais do titular que exijam a proteção dos dados pessoais).

Repare que entre as hipóteses de tratamento de dados pessoais sensíveis do art. 11 não está prevista a do legítimo interesse (prevista no art. 7º). Logo, legítimo interesse não é base legal para o tratamento de dados sensíveis.

Uma questão muito relevante sobre os dados sensíveis em geral está no fato de que a comunicação ou o uso compartilhado deles por controladores, com a finalidade de obter vantagem financeira, poderá ser objeto de proibição ou de regulamentação pelo Poder Público (§ 3º do art. 11).

Mas a Lei n. 13.709/2018, desde já, proíbe a partir da sua vigência a comunicação ou o uso compartilhado entre controladores de dados pessoais sensíveis no que tange especificamente à saúde com objetivo de obter vantagem econômica. Essa regra é excepcionada nos casos referentes à prestação de serviços de saúde, de assistência farmacêutica e de assistência à saúde, incluídos os serviços auxiliares de diagnose e terapia, desde que em benefício dos interesses dos titulares de dados e para permitir (i) a portabilidade de dados quando solicitada pelo titular; ou (ii) as transações financeiras e administrativas resultantes do uso e da prestação dos serviços de que trata o § 4º do art. 11.

Soma-se a esse regramento o impedimento de as operadoras de planos privados de assistência à saúde (planos e seguros de saúde) realizarem o tratamento de dados de saúde para a prática de seleção de riscos na contratação de qualquer modalidade, assim como na contratação e exclusão de beneficiários (§ 5º do art. 11). Isso também vale para o caso de a operadora querer impor período de carência a doenças tidas por preexistentes das quais tomou conhecimento pelo indevido tratamento de dados.

6.11. TRATAMENTO DE DADOS PESSOAIS DE CRIANÇAS E DE ADOLESCENTES

A LGPD reservou um tratamento jurídico específico para os dados pessoais das crianças e adolescentes. Mas, inicialmente, vale ter em conta que, à luz do ordenamento jurídico brasileiro, especificamente o ECA – Estatuto da Criança e do Adolescente (Lei n. 8.069/90), criança é a pessoa até doze anos de idade incompletos; já adolescente, aquela entre doze e dezoito anos de idade (ECA, art. 2º, *caput*).

Nos termos do *caput* e § 1º do art. 14, o tratamento de dados pessoais de crianças e de adolescentes será feito em seu melhor interesse, devendo ser realizado com o consentimento específico, e em destaque, proferido por pelo menos um dos pais ou pelo responsável legal.

Considerando as tecnologias disponíveis à época, o controlador deve realizar todos os esforços razoáveis para verificar que o consentimento foi dado pelo responsável pela criança (§ 5º do art. 14). Fisicamente, bastaria a exibição dos documentos comprobatório; digitalmente, será preciso empregar tecnologia que assegure isso.

Os controladores deverão publicamente manter a informação sobre os tipos de dados coletados das crianças e adolescentes, a forma de sua utilização e os procedimentos para o exercício dos direitos previstos no art. 18 da LGPD (§ 2º do art. 14). Uma alternativa para atender a esse dispositivo legal é manter as informações no *site* ou aplicativo da empresa.

O consentimento dos pais ou responsável legal é dispensado quando a coleta do dado da criança e do adolescente for utilizada para contá-los. Neste caso o dado deve ser usado apenas uma vez e não deve ser armazenado, não podendo ser transmitido a terceiro (salvo consentimento para esse fim) (§ 3º do art. 14).

Trata-se de uma hipótese muito plausível, pois imaginou o legislador situações em que o menor possa estar, por exemplo, perdido ou desacompanhado e que seja preciso alguém contar seus pais ou responsável.

Quando se trata da participação de menores em jogo, aplicações de internet[12] ou demais atividades, os controladores não deverão condicionar a participação dos menores ao consentimento de pais ou responsável. Mas nesse caso os controladores não podem exigir o fornecimento de dados pessoais além daqueles cruciais à participação da atividade que se tem em vista (§ 4º do art. 14).

É pertinente explicitar a exigência legal de adaptação quanto às informações a serem prestadas acerca do tratamento de dados de crianças e adolescentes, os quais deverão ser fornecidos de maneira simples, clara e acessível, tendo em vista as características físico-motoras, perceptivas, sensoriais, intelectuais e mentais do usuário (criança ou adolescente).

E mais: essas informações sobre o tratamento devem ser fornecidas com o uso de recursos audiovisuais quando adequado, proporcionando a informação necessária aos pais ou ao responsável legal e adequada ao entendimento da criança (e do adolescente) (§ 6º do art. 14).

6.12. O FIM DO TRATAMENTO DE DADOS

O tratamento de dados tem início, meio e pode ter fim. O seu término se dá nos seguintes casos (art. 15):

> A – pela verificação de que a finalidade foi alcançada ou de que os dados deixaram de ser necessários ou pertinentes ao alcance da finalidade específica almejada;
>
> B – pelo término do período de tratamento [para as situações de tratamento por prazo determinado];

---

12 Marco Civil da Internet, art. 5º, inc. VII – "aplicações de internet: o conjunto de funcionalidades que podem ser acessadas por meio de um terminal conectado à internet". Vale esclarece que, por funcionalidades pode-se entender *sites, blogs*, redes sociais etc.

C – pela comunicação do titular (o que inclui o exercício do direito de revogação do consentimento à luz do § 5º do art. 8º, preservando-se o interesse público);

D – pela determinação da ANPD, quando houver violação ao disposto na LGPD.

Assim, os dados serão eliminados após o tratamento, respeitados o âmbito e limites técnicos das atividades; mas é autorizada a preservação dos dados para os seguintes fins (art. 16):

A – cumprimento de obrigação legal ou regulatória pelo controlador;

B – estudo por órgão de pesquisa, garantida – sempre que possível – a anonimização dos dados pessoais;

C – transferência a terceiro, desde que respeitados os requisitos de tratamento de dados da LGPD; ou

D – uso exclusivo do controlador, vedado seu acesso por terceiro, e desde que anonimizados os dados.

6.13. DIREITOS DO TITULAR

Não são poucos os direitos que a LGPD instituiu aos titulares de dados pessoais, de modo que toda pessoa física tem assegurada a titularidade de seus dados pessoais, sendo garantidos os direitos fundamentais de liberdade, de intimidade e de privacidade (art. 17).

O exercício dos direitos do titular poderá ser exercido perante órgãos administrativos, como ANPD, o Poder Judiciário e especialmente perante os controladores que realizam o tratamento dos seus dados pessoais.

Desse modo, o titular dos dados pessoais tem direito a obter do controlador, a qualquer momento e mediante **requisição** (art. 18, *caput*):

I – confirmação da existência de tratamento;

II – acesso aos dados;

III – correção de dados incompletos, inexatos ou desatualizados;

IV – **anonimização**, **bloqueio** ou **eliminação** de dados desnecessários, excessivos ou tratados em desconformidade com o que dispõe a LGPD;

V – **eliminação** dos dados pessoais que foram objeto de tratamento a partir do consentimento do titular (exceto nas hipóteses de preservação de dados previstas no art. 16);

VI – portabilidade dos dados a outro fornecedor de serviço ou produto[13] (mediante requisição expressa, de acordo com a regulamentação da ANPD, observados os segredos comercial e industrial);[14]
VII – informação das entidades públicas e privadas com as quais o controlador realizou uso compartilhado de dados;
VIII – informação sobre a possibilidade de não fornecer consentimento e sobre as consequências da negativa;
IX – **revogação** do **consentimento** (conforme o § 5º do art. 8º).

Especificamente no plano administrativo, o titular dos dados tem a faculdade de **peticionar** contra o controlador, junto à autoridade nacional acerca dos seus dados pessoais, bem como poderá ser exercer tal direito diante de instituições de defesa do consumidor e agências reguladoras, sobretudo os Procon's (§§ 1º e 8º do art. 18).

O titular dos dados também tem o direito de **oposição**, que significa contrapor-se a tratamento realizado com fundamento em uma das hipóteses de dispensa de consentimento, desde que haja descumprimento do regime jurídico da LGPD (§ 2º do art. 18).

Tal direito será exercido mediante **requerimento** expresso do titular ou de representante legalmente constituído (especialmente advogado) destinado a agente de tratamento (§ 3º do art. 18).

Embora o *caput* do art. 18 assevere que o titular tenha o direito de obter do controlador as hipóteses ali previstas, o § 3º do mesmo artigo expressa que o requerimento pode ser destinado a agente de tratamento, ou seja, o controlador ou o operador.[15-16]

---

13 Art. 18, § 7º A portabilidade dos dados pessoais a que se refere o inciso V do *caput* deste artigo não inclui dados que já tenham sido anonimizados pelo controlador.

14 Essa hipótese já ocorre há anos no setor bancário, quando uma instituição informa no talão de cheque o tempo que o correntista mantém sua conta bancária (ou é cliente bancário).

15 Operador é pessoa natural ou jurídica, de direito público ou privado, que realiza o tratamento de dados pessoais em nome do controlador (Lei n. 13.709/2018, art. 5º inc. VII). Desse modo, compreendemos que o operador pode ser uma pessoa que presta serviços ao controlador, seja na condição de funcionário ou de empresa terceirizada.

16 Embora não mencionando expressamente a figura do encarregado, à luz do § 2º do art. 41 da LGPD, entre as atividades do encarregado está a de aceitar reclamações e comunicações dos titulares, prestar esclarecimentos e adotar providências.

O requerimento será atendido sem custos ao titular, nos prazos e nos termos previstos em regulamento, a ser expedido pela autoridade nacional (§ 5º do art. 18).

6.13.1. Resposta do controlador

Se o controlador não puder atender imediatamente ao que foi solicitado pelo titular de dados, enviará **resposta** a esse titular (§ 4º do art. 18):

> I – comunicando que não é agente de tratamento dos dados e indicando, quando possível, o agente; ou
>
> II – indicando as razões de fato ou de direito que impedem a adoção imediata da providência.

Caso tenha havido o compartilhamento de dados, uma vez comunicado, o responsável deverá informar, de maneira imediata, aos agentes de tratamento com os quais tenha realizado uso compartilhado de dados, a correção, a eliminação, a anonimização ou o bloqueio dos dados, para que repitam idêntico procedimento (salvo quando essa comunicação seja comprovadamente impossível ou implique esforço desproporcional) (§ 6º do art. 18).

Podendo atender ao que foi requerido, a resposta ao que foi requisitado pelo titular – quanto à confirmação da existência ou do acesso a dados pessoais – será providenciada: (i) em formato simplificado, imediatamente; ou (ii) por meio de declaração completa e clara, que indique a origem dos dados, a inexistência de registro, os critérios utilizados e a finalidade do tratamento (observados os segredos comercial e industrial) (incs. I e II do *caput* do art. 19).

Nos termos do inc. II do *caput* do art. 19, nesta segunda hipótese (de declaração completa), a resposta completa deverá ser fornecida no prazo de até 15 dias, contado da data do requerimento do titular.

Para determinados setores, a ANPD poderá dispor de forma diferenciada acerca destes dois prazos: imediatamente e até 15 dias (§ 4º do art. 19).

A LGPD, art. 19, § 1º, prevê que os dados pessoais serão armazenados em formato que favoreça o exercício do direito de acesso. Entretanto, essa regra

---

Além disso, o inc. VIII do art. 5º dispõe que o encarregado é a "pessoa indicada pelo controlador e operador para atuar como canal de comunicação entre o controlador, os titulares dos dados e a Autoridade Nacional de Proteção de Dados (ANPD)".

pode ser prejudicial à segurança dos dados. Isso porque um formato de armazenamento que favoreça o acesso ou o exercício do direito de acesso pelo titular pode ser mais suscetível a um incidente de segurança (invasão, captura, alteração etc. dos dados).

A critério do titular, a resposta acerca dos dados poderá ser fornecida (i) na forma impressa ou (ii) por meio eletrônico, seguro e idôneo para esse fim (§ 2º do art. 19), por exemplo, por *e-mail* ou.

Outro direito do titular está no fato de que, "quando o tratamento tiver origem no consentimento do titular ou em contrato, o titular poderá **solicitar** cópia eletrônica integral de seus dados pessoais (observados os segredos comercial e industrial), nos termos de regulamentação da autoridade nacional, em formato que permita a sua utilização subsequente, inclusive em outras operações de tratamento" (§ 3º do art. 19).

6.13.2. Outras possibilidades

Também, o titular de dados pessoais tem o direito de **revisão**. Esse direito consiste em o titular solicitar a revisão de decisões adotadas apenas com base em tratamento automatizado de dados que afetam seus interesses. Nisso está incluída a definição sobre formação de perfil pessoal, de consumo, profissional e de crédito, ou mesmo questões de sua personalidade (*caput* do art. 20).

A automatização em tratamento de dados é baseada em *softwares* e/ou inteligência artificial que facilitam a formação de perfil dos usuários, mas que podem equivocar-se e assim afrontar os interesses dos titulares.

Uma vez solicitadas informações a respeitos dos critérios e dos procedimentos empregados para a decisão automatizada, o controlador deverá fornecê-las de forma clara e adequada. Isso não pode afrontar os segredos empresariais (§ 1º do art. 20), o que com certa frequência será objeto de alegação das empresas para não esclarecer os critérios e procedimentos utilizados.

Entretanto, uma vez alegado segredo e assim não tendo oferecidas as informações solicitadas, a ANPD poderá realizar **auditoria** na instituição para verificação de aspectos discriminatórios em tratamento automatizado de dados pessoais (§ 2º do art. 20).

Sendo o caso de o titular praticar um "exercício regular de direitos" – por exemplo, solicitar a lavratura de um boletim de ocorrência em Delegacia de Polícia –, os dados pessoais referentes a tal exercício não podem ser utilizados em seu prejuízo (art. 21).

Assim como outras normas jurídicas, a Lei n. 13.709, no art. 22, dispõe que a tutela dos interesses e direitos dos titulares de dados pessoais poderá ser exercida perante a Justiça de forma individual ou coletiva. Neste último caso, sem prejuízo do que será tratado adiante sobre dano coletivo, é aplicável a legislação que trata desses instrumentos de exercício de direito de forma coletiva, como o CPC, o CDC, a Lei da Ação Civil Pública (Lei n. 7.347/85) etc.

6.14. AGENTES DE TRATAMENTO: CONTROLADOR E OPERADOR

A LGPD disciplina três figuras muitos importantes quanto à proteção de dados pessoais, sendo eles o controlador, o operador e o encarregado de dados. Deste último trataremos posteriormente.

De acordo com a referida lei, art. 5º, incs. VI e VII, respectivamente, **controlador** é a "pessoa natural ou jurídica, de direito público ou privado, a quem competem as decisões referentes ao tratamento de dados pessoais"; já **operador**, a "pessoa natural ou jurídica, de direito público ou privado, que realiza o tratamento de dados pessoais em nome do controlador".

Ambos, controlador e operador, são considerados agentes de tratamento de acordo com os termos do inc. IX do art. 5º da LGPD.

Estabelecidos os conceitos, cabe analisar o regime jurídico aplicável a essas respectivas figuras instituídas pela lei.

Uma obrigação crucial e comum do controlador e do operador é a da manutenção do registro das operações de tratamento de dados pessoais que realizarem, sobretudo quando a base legal for o interesse legítimo (art. 37).

Especificamente quanto ao controlador, a ANPD "poderá" determinar que ele elabore relatório de impacto à proteção de dados pessoais (RIPD), inclusive de dados sensíveis, no que tange às suas operações de tratamento, respeitados os segredos empresariais (art. 38, *caput*). Tal dispositivo prevê que isso será objeto de regulamentação específica, no caso pela ANPD.

Sobre os requisitos do RIPD, ele deverá conter, no mínimo, a descrição das espécies de dados coletados, a metodologia utilizada para a coleta [por exemplo, via *cookies*] e para a garantia da segurança das informações, bem como a análise do controlador com relação a medidas, resguardos (salvaguardas) e mecanismos de mitigação de risco adotados (art. 38, parágrafo único).

Existe a obrigação legal de o operador realizar o tratamento de dados segundo as informações fornecidas pelo controlador, entretanto a responsabilidade pela observância dessas instruções e das normas aplicáveis é do próprio controlador (art. 39).

Veja-se que o controlador, independentemente de estar em conformidade com as normas sobre a proteção de dados, também deverá se preocupar com todas as pessoas que poderão tratar dados em seu nome. Revela-se aqui a importância de o controlador atentar para todas as pessoas que contratar para lidar com tratamento de dados, inclusive se precavendo em contratos e, principalmente, em medidas que assegurem que o operador cumpra as instruções dadas e as normas aplicáveis à proteção de dados. Utiliza-se, nesse caso, o que se chama de *data processing agreement*; em português, **acordo de processamento de dados**.[17]

É possível assemelhar a responsabilização do controlador pelos atos de seus operadores à responsabilidade solidária – atribuída aos fornecedores de serviço pelos atos de seus prepostos e representantes autônomos –, prevista no art. 34 do Código de Defesa do Consumidor. Isso para o âmbito das relações de consumo.

Já nas áreas civil e empresarial, se o preposto agir com culpa, responderá pessoalmente perante o preponente (empresário); se agir com dolo, responderá perante terceiros solidariamente com o preponente. E mais, os preponentes são responsáveis pelos atos de quaisquer prepostos quando praticados dentro do estabelecimento e relativos à atividade da empresa, mesmo que não autorizados por escrito. Se os atos do preposto forem realizados fora do estabelecimento, o preponente estará obrigado nos limites dos poderes conferidos por escrito. Tudo isso conforme os arts. 1.177 e 1.178 do Código Civil.[18]

6.15. ENCARREGADO

Embora o legislador nacional tenha copiado do GDPR a figura do *Data Protection Officer* (DPO; em português, Oficial de Proteção de Dados), optou-se por denominá-lo "encarregado pelo tratamento de dados pessoais", ou podemos nos referir simplesmente a "encarregado".

---

[17] TEIXEIRA, Tarcisio; ARMELIN, Ruth Maria Guerreiro da Fonseca. *Lei Geral de Proteção de Dados Pessoais* – comentada artigo por artigo. Salvador: Juspodivm, 2019, p. 111.

[18] TEIXEIRA, Tarcisio. *Direito empresarial sistematizado*: doutrina, jurisprudência e prática. 8. ed. São Paulo: Saraiva, 2019, p. 93-94.

O encarregado pode ser uma pessoa natural ou jurídica; no primeiro caso poderá ser normalmente um colaborador interno da empresa; no segundo, uma empresa prestadora de serviços.

Assim, o encarregado é a "pessoa indicada pelo controlador e operador para atuar como canal de comunicação entre o controlador, os titulares dos dados e a Autoridade Nacional de Proteção de Dados (ANPD)", conforme dispõe o inc. VIII do art. 5º da LGPD.

Nos termos do art. 41, *caput*, o encarregado de dados é a pessoa indicada pelo controlador; entretanto, de acordo com o art. 5º, inc. VIII, o encarregado é indicado pelo controlador e pelo operador. Trata-se, portanto, de um equívoco do legislador. No fundo na redação original do art. 5º, inc. VIII, a indicação era apenas do controlador, sendo a alteração promovida pela Lei n. 13.853/2019.

Tendo em vista o que já foi até aqui retratado, nos parece que a competência para escolher o encarregado de dados seja do controlador, até porque o operador é um subordinado a este, independentemente de ser um funcionário ou uma empresa que lhe presta serviços. Logo, o operador – por certo – aceitaria e concordaria com a indicação do controlador, o que seria, portanto, mera formalidade. Mas, diante dessa contradição legal, por excesso de cautela, poderá aquele a quem competir implantar as ferramentas jurídicas dentro da instituição aconselhar que a indicação do encarregado seja feita por ambos, controlador e operador.

Embora a Seção II (Do Encarregado pelo Tratamento de Dados Pessoais) pertença ao Capítulo IV (Dos Agentes de Tratamento de Dados Pessoais), não se pode afirmar categoricamente que o encarregado seja um dos agentes. Isso porque, nos termos do art. 5º, inc. IX, agentes de tratamento são apenas o controlador e o operador. Trata-se de outra contradição da lei.

O encarregado pelo tratamento de dados tem como atribuições (§ 2º do art. 41):

> I – aceitar reclamações e comunicações dos titulares, prestar esclarecimentos e adotar providências;
>
> II – receber comunicações da autoridade nacional e adotar providências;
>
> III – orientar os funcionários e os contratados da entidade a respeito das práticas a serem tomadas em relação à proteção de dados pessoais; e
>
> IV – executar as demais atribuições determinadas pelo controlador ou estabelecidas em normas complementares.

A ANPD poderá estabelecer normas complementares sobre a definição e as atribuições do encarregado, bem como possível dispensa da necessidade de sua indicação, levando em conta a natureza e o porte da entidade ou o volume de operações de tratamento de dados (art. 41, § 3º).

Nas duas hipóteses acima (previstas pelo § 2º do art. 41) em que se lê que cabe ao encarregado "adotar providências", isso deve ser compatibilizado com o fato de que o encarregado é nomeado pelo controlador (e operador); logo, não poderá ultrapassar as decisões sobre tratamento de dados tomadas pelo controlador. Entretanto, esse "adotar providências" pode estar associado a novas atribuições do encarregado a serem fixadas pela ANPD, o que de toda sorte pode afrontar as decisões do controlador, gerando algum conflito entre eles e, por consequência, até o rompimento do contrato entre ambos.

O ideal é que o encarregado atue com a maior imparcialidade possível, como um "oficial de *compliance*". Não deve se comportar como mero cumpridor de ordens ou um subordinado do controlador, embora remunerado por este. Mas também não pode afrontar determinações do controlador que estejam amparadas por lei.

Uma questão crucial está na imposição de que as informações de identificação e de contato do encarregado deverão ser divulgadas publicamente. Essa publicação deverá ser promovida pelo controlador, de forma clara e objetiva, preferencialmente em seu sítio eletrônico (art. 41, § 1º).

Nos casos em que a instituição não possua *site*, aconselha-se que as informações acerca do encarregado sejam colocadas nos locais que são acessíveis ao público, como contas em redes sociais e até mesmo balcões físicos de atendimento ao público.

6.16. RESPONSABILIDADE POR DANOS

6.16.1. Solidariedade dos agentes: controlador e operador

Acerca da responsabilidade solidária no âmbito da LGPD, de acordo com o seu art. 42, *caput*, tanto o controlador como o operador podem ser responsabilizados pelos danos causados, implicando responsabilidade solidária entre eles (ora agentes de tratamento) perante os titulares de dados.

Além disso, visando assegurar a efetiva indenização ao titular dos dados, o inc. I do § 1º do art. 42 dispõe que o operador responde solidariamente pelos danos causados pelo tratamento quando descumprir as obrigações da legislação de proteção de dados; ou quando não tiver seguido as instruções lícitas do controlador (à luz do art. 39). Neste caso, operador fica equiparado a controlador (exceto quanto às exclusões previstas no art. 43).

Aqui vale destacar a relevância de uma elaboração minuciosa e criteriosa do contrato firmado entre controlador e operador, visto que será através dele que se poderá apurar quais as instruções dadas pelo controlador e eventual direito de regresso entre ambas as partes, a depender do que estava previsto contratualmente. Vale destacar que empresas precisarão revisar os contratos que já possuem nos seus mais diversos setores/prestadores (Recursos Humanos, *Marketing* etc.) para incluir cláusulas mínimas para compartilhamento de dados entre controlador e operador de forma a regular essa relação. Nesse sentido, a boa elaboração de um contrato contendo as instruções fornecidas pelo controlador ao operador não exime a responsabilidade deste último de verificar se o que lhe está sendo instruído obedece às normas sobre a matéria (art. 39 da LGPD[19]), não podendo se escusar do cumprimento da lei alegando o cumprimento de ordens ou de cláusulas contratuais. Aqui o "temor reverencial" em razão da hierarquia/subordinação não é excludente de responsabilidade.

Ainda, visando concretizar a indenização ao titular, o inc. II do § 1º do art. 42 da LGPD descreve que, havendo dois ou mais controladores, os que estiverem diretamente envolvidos no tratamento do qual decorreram danos ao titular dos dados responderão solidariamente (salvo excludentes do art. 43).

Nesse momento, é preciso tecer alguns apontamentos sobre "solidariedade", palavra que significa que há uma concorrência entre agentes, de credores ou de devedores. A concorrência de credores é denominada solidariedade ativa, em que cada um dos credores pode exigir do devedor o cumprimento da prestação. Já a concorrência entre devedores chama-se solidariedade passiva, na qual o credor tem a faculdade de exigir e receber de um ou de alguns dos devedores, total ou parcialmente, o valor devido, cabendo o direito de regresso do devedor que suportou o pagamento contra os demais coobrigados pelas respectivas e proporcionais partes do débito (Código Civil, art. 264 e s.).

---

19 Lei n. 13.709/2018, art. 39. O operador deverá realizar o tratamento segundo as instruções fornecidas pelo controlador, que verificará a observância das próprias instruções e das normas sobre a matéria.

Quanto à responsabilidade e à solidariedade passiva, vale explicar que a palavra "solidária" significa responsabilidade mútua entre as pessoas envolvidas, as quais respondem individual ou concomitantemente. Difere, portanto, da responsabilidade "subsidiária" cuja responsabilidade de um é acessória à de outro, funcionando como se fosse uma espécie de garantia, ou seja, respondendo apenas quando o devedor principal não suportar o pagamento ou não tiver bens suficientes para fazer frente ao valor total da dívida.

Não é demais explicitar que solidariedade não se presume, devendo resultar da vontade das partes ou de previsão legal, sendo que todos responderão solidariamente pela reparação dos danos (Código Civil, arts. 265 e 942). Logo, a solidariedade entre controlador e operador consiste em uma solidariedade legal, não contratual. O contrato não pode alterar esse efeito perante terceiros.

Para efeitos de relação de consumo, o CDC prevê a responsabilidade solidária passiva em alguns dispositivos (arts. 18, 19 e 25), mas em especial o seu art. 7º, parágrafo único, dispõe que, quando a ofensa tiver mais de um autor, todos responderão pelas perdas e danos. Na responsabilidade dos fornecedores por defeitos nos serviços, havendo mais de um fornecedor, exemplificativamente, pela terceirização de serviços, todos serão solidariamente responsáveis.

Contudo, uma vez condenado, é assegurado àquele que arcou com a indenização o direito de regresso contra o efetivo causador do dano. Essa regra geral é espelhada pelo § 4º do art. 42 da LGPD ao prever que aquele que tiver reparado o dano ao titular dos dados terá o direito regressivo contra os demais responsáveis, de acordo com sua participação no evento danoso. Será preciso apurar no caso concreto.

6.16.2. Excludentes de responsabilidade

O art. 43 da LGPD instituiu um rol de hipóteses excludentes de responsabilidade dos agentes (controlador e operador), num formato assemelhado ao do CDC (art. 14, § 3º), quando esse diploma prevê que o fornecedor de serviços não responde quando provar que o defeito inexiste ou a culpa exclusiva do consumidor ou de terceiro.

Especificamente na LGPD, os agentes de tratamento não são responsabilizáveis quando provarem que: não realizaram o tratamento de dados pessoais que lhes é atribuído; não houve violação à legislação de proteção de dados; ou o dano é decorrente de culpa exclusiva do titular dos dados ou de terceiro (art. 43). Essas são hipóteses de excludentes de responsabilidade.

De forma geral, as excludentes de responsabilidade são possibilidades previstas pelo Direito (legislação, doutrina e jurisprudência) que extinguem a responsabilidade da pessoa. As excludentes afastam a responsabilidade, pois eliminam o nexo causal entre o dano e a conduta do agente.

Frise-se que, se houver culpa "concorrente" da vítima ou de terceiro, ainda assim o controlador ou operador será responsável pelo dano. Neste caso, havendo culpa concorrente da vítima, é aplicável a regra do art. 945 do Código Civil ao estabelecer que a indenização deve ser fixada considerando a gravidade da culpa da vítima em confronto com a do autor do dano. Ou seja, a culpa concorrente não afasta a responsabilidade do controlador ou do operador; apenas pode atenuar o valor da indenização.

A culpa "exclusiva" da vítima pode dar-se por ação ou por omissão, ou seja, o seu ato é a única causa do dano; ou quando ele tem acesso a meios para afastar seu próprio prejuízo e não o faz, mesmo que por simples descuido omissivo.

No âmbito da proteção de dados, pode-se citar a culpa exclusiva da vítima quando, por exemplo, o titular dos dados pessoais os divulga publicamente em plataformas digitais; ou armazena seus dados de forma insegura em um *pendrive*, o qual é esquecido negligentemente em local público.

No que se refere à hipótese de exclusão da responsabilidade por culpa "exclusiva de terceiro", para a sua aplicação esse terceiro não pode ser alguém que mantenha qualquer tipo de relação com o fornecedor (como comerciantes-intermediários, agentes, funcionários, prepostos em geral etc.). Em sede de tratamento de dados, terceiro é uma pessoa que não se identifique com o controlador ou o operador (que não deixar de ser um fornecedor), nem com o titular dos dados (que não deixa de ser um consumidor).

Por isso, o terceiro deve ser uma pessoa que não mantenha vínculo com o fornecedor [controlador ou operador], isto é, completamente estranho à cadeia de consumo [ou de tratamento de dados]. Por hipótese, o comerciante que distribui os produtos não pode ser tido como terceiro. O mesmo vale para prepostos, empregados e representantes, porque os riscos da atividade econômica são do fornecedor. É por essa assunção de riscos que o CDC, art. 34, estabelece que o fornecedor é solidariamente responsável pelos atos de seus prepostos ou representantes.

Ressalte-se que, quando se pensa na excludente da culpa exclusiva de terceiros, em tratamento ilícito de dados, não é possível alegar a hipótese de corrompimento de sistema (invasão de *hackers*, por exemplo) se ficar comprovado que as medidas de segurança adotadas pelo agente de tratamento não seguiam os padrões estabelecidos no art. 44 da LGPD, cujo dispositivo trata dos defeitos no tratamento de dados pessoais.[20]

Sergio Cavalieri Filho pondera que, mesmo nos casos de responsabilidade objetiva, como do CDC, é indispensável o nexo causal, por se tratar de uma regra universal de responsabilidade civil, excepcionada nos raríssimos casos em que a responsabilidade é fundamentada no risco integral, não sendo esse o caso do CDC. Por isso, não havendo relação de causa e efeito, aplicam-se as hipóteses exonerantes de responsabilidade previstas nos art. 12, § 3º, e 14, § 3º, do referido diploma consumerista.[21] Compreendemos que tal raciocínio se aplica à tutela da proteção de dados, isto é, não havendo nexo de causalidade, serão cabíveis as hipóteses de excludentes de responsabilidade previstas no art. 43 da LGPD.

Existem outras excludentes de responsabilidade não estabelecidas previstas pela LGPD, nem pelo CDC, cuja admissão ou não é importante analisarmos, sobretudo ao pensarmos em responsabilidade civil objetiva. Seriam elas: o caso fortuito e a força maior, o risco do desenvolvimento e o fato príncipe (ou fato do príncipe). Mais uma vez, apoiamo-nos nos ensinamentos consumeristas (mas também dos civilistas) para assim buscar bons fundamentos à tutela da proteção de dados.

Embora não haja consenso sobre os conceitos, de forma apertada, compreendemos que a força maior consiste em evento da natureza (por exemplo, um furacão) e o caso fortuito, em evento humano ou social (como uma greve). Em ambos os casos são inevitáveis e alheios à vontade das partes envolvidas.

---

20 Art. 44. O tratamento de dados pessoais será irregular quando deixar de observar a legislação ou quando não fornecer a segurança que o titular dele pode esperar, consideradas as circunstâncias relevantes, entre as quais:

I – o modo pelo qual é realizado;

II – o resultado e os riscos que razoavelmente dele se esperam;

III – as técnicas de tratamento de dados pessoais disponíveis à época em que foi realizado.

Parágrafo único. Responde pelos danos decorrentes da violação da segurança dos dados o controlador ou o operador que, ao deixar de adotar as medidas de segurança previstas no art. 46 desta Lei, der causa ao dano.

21 CAVALIERI FILHO, Sergio. *Programa de responsabilidade civil*, cit., p. 508.

Roberto Senise Lisboa pondera que, pelo fato de o CDC não ter fixado expressamente como excludentes de responsabilidade o caso fortuito e a força maior, não se pode admiti-las nas relações de consumo, nem mesmo sob o argumento da aplicação subsidiária do Código Civil, por considerar que o microssistema consumerista é incompatível com as normas do sistema civil, que exoneram a responsabilidade por caso fortuito e força maior.[22]

Diferentemente, Sílvio de Salvo Venosa explica que a questão de o CDC deixar de prever expressamente o caso fortuito e a força maior não significa que não possam ser exonerantes de responsabilidade, pois do contrário estaríamos diante da responsabilidade pelo risco integral do fornecedor, o que não é o caso do CDC.[23]

Antônio Herman V. Benjamin explica que o caso fortuito e a força maior excluem a responsabilidade civil, sendo que o CDC não as elencou entre suas causas excludentes, mas não as nega. Logo, não sendo afastadas pelo CDC, aplica-se o direito tradicional e suas excludentes a fim de impedir o dever indenizatório.[24]

Compreendemos que o caso fortuito e a força maior são princípios do Direito, independentemente de previsão no Código Civil, art. 393, ou em outras normas jurídicas, por isso são aplicáveis a todos os tipos de relações jurídicas, incluindo as de consumo. Não seriam aplicáveis somente em situações excepcionadas por lei de forma clara e expressa. Assim, aplicando-se o diálogo das fontes entre o CDC e o Código Civil, o caso fortuito e a força maior são cabíveis como excludentes de responsabilidade para as relações de consumo. Ambos os institutos são excludentes por afetarem o nexo de causalidade entre conduta e dano ocasionado à vítima.[25]

---

22 LISBOA, Roberto Senise. *Responsabilidade civil nas relações de consumo*. São Paulo: RT, 2001, p. 270-271.

23 VENOSA, Sílvio de Salvo. *Direito civil: responsabilidade civil*. 13. ed. São Paulo: Atlas, 2013, v. 4, p. 167.

24 BENJAMIN, Antônio Herman V. Fato do produto e do serviço. In: BENJAMIN, Antônio Herman V.; MARQUES, Cláudia Lima; BESSA, Leonardo Roscoe. *Manual de direito do consumidor*, cit., p. 130.

25 Agostinho Alvim classifica essas excludentes de responsabilidade em fortuito interno e fortuito externo. Enquanto o fortuito interno estaria ligado à ação da pessoa, da coisa ou da empresa do agente, o fortuito externo ligado à força maior (como os fenômenos da natureza). Para o autor, no regime da responsabilidade objetiva, somente o fortuito externo, como causa ligada a fenômenos naturais (bem como a culpa da vítima, o fato do príncipe e outras situações invencíveis que

Exatamente nos mesmos termos, entendemos que o caso fortuito e a força maior são hipóteses de exclusão de responsabilidade no âmbito da tutela dos dados pessoais, sendo plenamente possível a aplicação do Código Civil como fonte complementar à LGPD. Ainda que assim não fosse, o caso fortuito e a força maior são princípios gerais do Direito que não são foram afastados expressamente pela LGPD.

Quanto ao risco do desenvolvimento, Antônio Herman V. Benjamin explica que se trata de defeitos que eram desconhecidos em face do estado da ciência e da técnica ao tempo da colocação do produto ou serviço no mercado [ou quando foi realizado o tratamento de dados], ou seja, não eram conhecidos nem previsíveis, sendo revelados ("descobertos") posteriormente. O CDC, ao adotar a responsabilidade objetiva fundada na teoria do risco, não exonera o fabricante, o produtor, o construtor e o importador pelo risco do desenvolvimento [nem o prestador de serviço]. O autor esclarece que os sistemas que aceitam o risco do desenvolvimento como excludente de responsabilidade adotam como critério não a informação apenas do fornecedor isoladamente, mas as informações de toda a comunidade científica. Os defeitos decorrentes do risco do desenvolvimento são do gênero defeito de concepção, mas neste caso uma consequência da falta de conhecimento científico. Mesmo que o fabricante prove que desconhecia o defeito ao tempo da produção, ainda assim será responsabilidade pelo risco assumido. Mais grave é a situação do fabricante que, após a inserção do produto no mercado, descobre o defeito e se omite. Neste caso ao defeito de concepção soma-se um defeito de informação.[26]

---

não possam ser evitadas, por exemplo, guerra e revolução), excluiria a responsabilidade. In: ALVIM, Agostinho. *Da inexecução das obrigações e suas consequências*. 5. ed. São Paulo: Saraiva, 1980, p. 329-330.

O fortuito interno não rompe o nexo de causalidade por ser um fato que se liga à organização da empresa, relacionando-se com os riscos da própria atividade desenvolvida, por isso não afasta a responsabilidade. Não basta que o fato de terceiro seja inevitável para a exclusão de responsabilidade do fornecedor; é preciso que seja indispensavelmente imprevisível. Assim, entendemos que o fortuito interno está relacionado a algo que integra o processo produtivo ou de prestação de serviço, não excluindo a responsabilidade do agente; já o fortuito externo é derivado de um fato alheio ou extrínseco à produção do bem ou à execução do serviço, por isso é uma excludente de responsabilidade.

26 BENJAMIN, Antônio Herman V. Fato do produto e do serviço. In: BENJAMIN, Antônio Herman V.; MARQUES, Cláudia Lima; BESSA, Leonardo Roscoe. *Manual de direito do consumidor*, cit., p. 131-132.

Sergio Cavalieri Filho relata o fato de haver defensores de que o risco do desenvolvimento deveria ser suportado pelo consumidor, pois, se o fornecedor tiver de responder por isso, o desenvolvimento do setor produtivo poderia se tornar insuportável, a ponto de inviabilizar a pesquisa e o progresso tecnológico, diminuindo o lançamento de novos produtos, pois, não conhecendo os defeitos, não teriam como incluir isso no preço. Em sentido contrário, outros defendem que o progresso não pode ser suportado pelos consumidores, o que seria um retrocesso à responsabilidade objetiva, cujo fundamento é a socialização do risco. O setor produtivo pode utilizar-se de mecanismo de aumento de preço e de seguros, mesmo vindo a refletir no valor final do bem.

O referido autor entende que os riscos do desenvolvimento devem ser enquadrados como fortuito interno, ou seja, um risco que integra a atividade do fornecedor, que não exonera sua responsabilidade,[27] com cuja tese estamos de acordo.

Trazendo para a tutela dos dados pessoais, entendemos que o risco do desenvolvimento não deve ser transferido ao titular dos dados, devendo ser suportado pelo agente de tratamento (controlador ou operador) do desenvolvimento de sua atividade. Logo, o risco do desenvolvimento não é uma excludente de responsabilidade na relação jurídica entre titular de dados e agente de tratamento.

No que tange à excludente pelo fato príncipe (ou fato do príncipe), esse fenômeno consiste em um ato derivado do poder público, sem qualquer interferência do afetado, que obriga alguém a fazer ou deixar de fazer algo. Esse conceito genérico aplicado à atividade empresarial poder ser, por exemplo, uma norma jurídica que determina detalhadamente como se deve fabricar certo produto ou prestar determinado serviço.

Se a norma estabelece de forma estrita como se deve industrializar determinado bem, indicando com precisão os componentes, as quantidades, os métodos do processo fabril etc. sem deixar espaço para a liberdade criativa do empresário; e se por conta disso o produto apresentar algum defeito, parece-nos razoável que o fabricante [ou prestador de serviço] possa ter esse fato como uma excludente de responsabilidade. Ou seja, o fornecedor poderia se esquivar de responsabilização se comprovar que foi o cumprimento fiel da norma que

---

27 CAVALIERI FILHO, Sergio. *Programa de responsabilidade civil*, cit., p. 186-187.

originou o defeito.[28] O mesmo raciocínio vale para excluir a responsabilidade dos agentes de tratamento de dados pessoais.

Diversamente, há muitos produtos que são fabricados mediante o cumprimento de certos padrões de conformidade e qualidade, com a aplicação de técnicas e/ou de insumos estabelecidos pelo poder público, que, entretanto, não restringem a liberdade empresarial completamente quanto à maneira de produzir o bem [ou prestar o serviço], pois apenas fixam regras mínimas para garantir maior segurança. O cumprimento dessas normas de conformidade ou qualidade não exclui a responsabilidade do fornecedor, pois há liberdade de empreender na maneira de fabricar e de organizar a atividade empresarial. Isso vale também para os casos de produtos que são testados, aprovados e autorizados pelo poder público, uma vez que isso comprova apenas a conformidade qualitativa dos bens,[29] por meio de amostras. Compreendemos que esse cumprimento de normas de qualidade/conformidade não se caracteriza como fato príncipe; logo, não se enquadra como excludente de responsabilidade. O raciocínio dessa hipótese também vale para o tratamento de dados pessoais, em que não haveria excludente de responsabilidade para os agentes de tratamento.

Diante de tudo até aqui exposto, a LGPD precisa ser compatibilizada com todo o ordenamento jurídico pátrio, sendo que o fato príncipe, o caso fortuito e a força maior (fortuito externo) são excludentes de responsabilidade aplicáveis às relações jurídicas sujeitas à LGPD, bem como à sua fonte subsidiária, o CDC.

6.16.3. Inversão do ônus da prova e dano coletivo

O § 2º do art. 42 da LGPD prevê a possibilidade de inversão do ônus da prova – em favor do titular contra os agentes de dados – no processo civil, assemelhando-se ao previsto no inc. VIII do art. 6º do CDC, quanto à inversão do ônus da prova em benefício do consumidor. Isso porque, em geral, os agentes de tratamento de dados estarão em posse das provas necessárias à instrução do processo.

---

28 Nesse sentido, SILVA, João Calvão da. *Responsabilidade civil do produtor*. Coimbra: Almedina, 1999 (Colecção Teses), p. 725.

29 Nesse sentido, ROCHA, Silvio Luís Ferreira da. *Responsabilidade civil do fornecedor pelo fato do produto no direito brasileiro*. 2. ed. São Paulo: RT, 2000 (Biblioteca de Direito do Consumidor), v. 4, p. 109-110. O autor prefere utilizar a expressão "controle imperativo administrativo" como causa excludente de responsabilidade.

Isso deve ser visto à luz das hipóteses de excludentes de responsabilidade do art. 43 da LGPD, uma vez que caberá o ônus da prova ao agente de tratamento de dados (controlador ou operador), que precisará demonstrar que a hipótese concreta enquadra-se em uma daquelas excludentes previstas na lei.

Assim, em favor do titular de dados, no âmbito do processo civil, existe a possibilidade de inversão do ônus da prova em caso de hipossuficiência quanto à produção de provas ou se essa prova lhe for excessivamente onerosa; ou alegação verossímil (que parece verdadeira) pelo titular (LGPD, art. 42, § 2º).

A hipossuficiência do titular de dados se torna facilmente constatável quando se tem uma sociedade permeada pela cultura do *Big Data*,[30] em que há uma coleta massiva de dados, muitas vezes até desnecessária. Diante dessa realidade, o titular de dados se encontra em posição claramente desfavorável, em que beira o impossível saber quais de seus dados estão sendo tratados, de que forma isso tem sido feito e até quem seriam os agentes de tratamento.

Quanto ao dano coletivo, sem prejuízo de outras normas jurídicas tal qual o CDC, a LGPD prevê a possibilidade de ocorrer dano coletivo. Diferenciando-se do dano que provoca lesão pessoal e individual, o dano coletivo consiste em prejuízo a valores essenciais da sociedade, por exemplo, a publicidade abusiva que incita a violência nas crianças.

O CDC, art. 81, inc. II, traz um conceito que contribui para nossa análise: "[são] interesses ou direitos coletivos, assim entendidos, para efeitos deste código, os transindividuais, de natureza indivisível de que seja titular grupo, categoria ou classe de pessoas ligadas entre si ou com a parte contrária por uma relação jurídica base".

No âmbito da proteção de dados, a LGPD prevê que o dano pode ser de ordem coletiva (art. 42, *caput*) e que o pleito para a reparação dele pode ser exercida judicialmente de forma coletiva, atendido ao que prevê a legislação aplicável (arts. 22 e 42, § 3º). Ou seja, pode haver apenas uma demanda para atender a um grande número de interessados na tutela de dados pessoais.

As associações de classe, a Defensoria Pública e – sobretudo – o Ministério Público têm legitimidade para propor as medidas judiciais em face do controlador e/ou operador em busca da reparação de danos coletivos pela violação de dados. Assim, a depender do caso, são também aplicáveis as normas

---

30 *Big Data*: em português literal, Grandes Dados; ou, em sede de tecnologia da informação: grandes conjuntos de dados que são processados e armazenados.

que tratam de ações coletivas, como o CDC, art. 81, e a Lei n. 7.347/85 (Lei da Ação Civil Pública), art. 1º, inc. IV.[31]

A inclusão da possibilidade de exercer coletivamente os direitos previstos no *caput* do art. 42 confere aos titulares de dados um poder maior do que se considerar uma tutela individual para frear abusos cometidos pelos agentes de tratamento.

É de destacar, novamente, a relevância da tutela coletiva para forçar mudanças, uma vez que somente com reiteradas decisões individuais conseguir-se-ia a diminuição e/ou erradicação de práticas abusivas pelos provedores de serviço. Uma efetiva mudança em toda a configuração dos serviços só será possível por meio de mecanismos de tutela coletiva visando aos interesses das vítimas.[32]

6.17. AUTORIDADE NACIONAL DE PROTEÇÃO DE DADOS (ANPD)

A Autoridade Nacional de Proteção de Dados (ANPD), após muito debate, foi criada como uma autoridade de natureza jurídica transitória, ou seja, em um primeiro momento ela será um órgão da administração pública federal, vinculado à Presidência da República (art. 55-A).

Sua criação se deu, especificamente, a partir da edição da Lei n. 13.853/2019, a qual promoveu substanciais alterações e inclusões de vários dispositivos na Lei Geral de Proteção de Dados Pessoais.

Em até 2 anos da data de entrada em vigor da LGPD a autoridade poderá ser transformada em entidade da administração pública federal, submetida a um regime autárquico especial e vinculada à Presidência da República.

O principal questionamento sobre a ANPD se dá acerca da sua indispensável autonomia, sendo necessária sua desvinculação com outros órgãos a fim de garantir a adequada segurança jurídica de suas decisões.[33]

---

31 Há outras normas que preveem questões envolvendo tutelas jurídicas, interesses e danos coletivos, como: o Código de Processo Civil; a Lei n. 8.069/90 (ECA – Estatuto da Criança e do Adolescente), arts. 148, IV, 201, V, 208, § 1º, e 210, *caput*; e a Lei n. 12.965/2014 (Marco Civil da Internet), art. 30.

32 LEONARDI, Marcel. *Tutela e privacidade na internet*. São Paulo: Saraiva, 2011, p. 245.

33 TEIXEIRA, Tarcisio; ARMELIN, Ruth Maria Guerreiro da Fonseca. *Lei Geral de Proteção de Dados Pessoais* – comentada artigo por artigo. Salvador: Juspodivm, 2019, p. 141.

A expectativa que se tem com relação à autoridade é que ela atue de maneira diferenciada de outros órgãos semelhantes. Espera-se que ela seja moderna e dinâmica e que não paute suas ações exclusivamente em aplicar penalidades, mas em atuar de forma pragmática, principalmente junto aos agentes de tratamento, objetivando uma mudança efetiva de cultura quanto à proteção de dados.

A autonomia técnica e decisória da Autoridade é fundamental para o fortalecimento de sua atuação, que se pretende seja focada na proteção de dados e não em atender desmandos políticos e/ou interesses exclusivamente econômicos (art. 55-B).

Quanto à **composição** da Autoridade Nacional de Proteção de Dados, ela é formada por diversos entes, o que a faz assemelhar-se a outros órgãos brasileiros de cunho administrativo (art. 55-C[34]).

No mais, as unidades administrativas e unidades especializadas serão essenciais à aplicabilidade da lei, possibilitando-se uma proximidade maior com a população, essencialmente em um país de dimensões continentais como o Brasil.

Na composição do **Conselho Diretor** (com 5 membros), dever-se-á levar em conta principalmente o conhecimento técnico de seus membros sobre a matéria, além da reputação ilibada (art. 55-D).

Os membros do Conselho deverão ainda passar por sabatina no Senado, como ocorre com os integrantes de agências reguladoras. Os conselheiros só poderão ser afastados preventivamente pelo Presidente da República após o devido processo administrativo disciplinar.

O mandato de cada membro será de 4 anos, entretanto o mandato dos primeiros membros poderá ser de duração diferenciada a depender do que ficar estabelecido em sua nomeação nesse período de adaptação.

---

[34] Art. 55-C. A ANPD é composta de:

I – Conselho Diretor, órgão máximo de direção;

II – Conselho Nacional de Proteção de Dados Pessoais e da Privacidade;

III – Corregedoria;

IV – Ouvidoria;

V – órgão de assessoramento jurídico próprio; e

VI – unidades administrativas e unidades especializadas necessárias à aplicação do disposto nesta Lei.

Vale explicitar que o art. 55-E da LGPD visa dar ampla liberdade e autonomia aos membros do Conselho Diretor, assegurando-lhe a possibilidade de deliberarem, quanto às medidas necessárias à efetividade da lei, sem estarem atrelados a decisões não técnicas, ou seja, que não guardem relação com a proteção de dados.

Por sua vez, o art. 55-F prevê a submissão dos membros do Conselho Diretor às regras do disposto no art. 6º da lei que dispõe sobre os conflitos de interesses no exercício de cargo ou emprego do Poder Executivo Federal e impedimentos posteriores ao exercício do cargo ou emprego.

O art. 6º da citada lei especifica as situações que configuram conflitos de interesse após o exercício do cargo no âmbito do Poder Executivo, que serão aplicáveis aos membros do Conselho Diretor.

A estrutura regimental da Autoridade Nacional de Proteção de Dados ainda pende de ato do presidente da República, sendo que até sua definição receberá apoio técnico e administrativo da Casa Civil para exercer suas atividades (art. 55-G).

Frise-se que as normas disciplinadoras de cunho interno da ANPD serão fixadas por meio de regimento interno do Conselho Diretor.

O art. 55-H, alinhado com o disposto no art. 55-A, prevê que todos os cargos em comissão e de confiança serão redirecionados de outros órgãos, o que significa não gerar novas despesas para o Poder Executivo, já que suas remunerações já têm previsão orçamentária.

Tendo em vista a questão de limites orçamentários, os cargos em comissão e as funções de confiança, mesmo sendo remanejados de outros órgãos e entidades do Poder Executivo Federal, deverão ser indicados pelo Conselho Diretor e nomeados ou designados pelo Diretor-Presidente (art. 55-I).

Já o art. 55-J[35] detalha as **competências** da Autoridade Nacional de Proteção de Dados, que terá um papel significativo na eficácia da lei.

---

[35] Art. 55-J. Compete à ANPD:

I – zelar pela proteção dos dados pessoais, nos termos da legislação;

II – zelar pela observância dos segredos comercial e industrial, observada a proteção de dados pessoais e do sigilo das informações quando protegido por lei ou quando a quebra do sigilo violar os fundamentos do art. 2º desta Lei;

III – elaborar diretrizes para a Política Nacional de Proteção de Dados Pessoais e da Privacidade;

IV – fiscalizar e aplicar sanções em caso de tratamento de dados realizado em descumprimento à legislação, mediante processo administrativo que assegure o contraditório, a ampla defesa e o direito de recurso;

V – apreciar petições de titular contra controlador após comprovada pelo titular a apresentação de reclamação ao controlador não solucionada no prazo estabelecido em regulamentação;

VI – promover na população o conhecimento das normas e das políticas públicas sobre proteção de dados pessoais e das medidas de segurança;

VII – promover e elaborar estudos sobre as práticas nacionais e internacionais de proteção de dados pessoais e privacidade;

VIII – estimular a adoção de padrões para serviços e produtos que facilitem o exercício de controle dos titulares sobre seus dados pessoais, os quais deverão levar em consideração as especificidades das atividades e o porte dos responsáveis;

IX – promover ações de cooperação com autoridades de proteção de dados pessoais de outros países, de natureza internacional ou transnacional;

X – dispor sobre as formas de publicidade das operações de tratamento de dados pessoais, respeitados os segredos comercial e industrial;

XI – solicitar, a qualquer momento, às entidades do poder público que realizem operações de tratamento de dados pessoais informe específico sobre o âmbito, a natureza dos dados e os demais detalhes do tratamento realizado, com a possibilidade de emitir parecer técnico complementar para garantir o cumprimento desta Lei;

XII – elaborar relatórios de gestão anuais acerca de suas atividades;

XIII – editar regulamentos e procedimentos sobre proteção de dados pessoais e privacidade, bem como sobre relatórios de impacto à proteção de dados pessoais para os casos em que o tratamento representar alto risco à garantia dos princípios gerais de proteção de dados pessoais previstos nesta Lei;

XIV – ouvir os agentes de tratamento e a sociedade em matérias de interesse relevante e prestar contas sobre suas atividades e planejamento;

XV – arrecadar e aplicar suas receitas e publicar, no relatório de gestão a que se refere o inciso XII do *caput* deste artigo, o detalhamento de suas receitas e despesas;

XVI – realizar auditorias, ou determinar sua realização, no âmbito da atividade de fiscalização de que trata o inciso IV e com a devida observância do disposto no inciso II do *caput* deste artigo, sobre o tratamento de dados pessoais efetuado pelos agentes de tratamento, incluído o poder público;

XVII – celebrar, a qualquer momento, compromisso com agentes de tratamento para eliminar irregularidade, incerteza jurídica ou situação contenciosa no âmbito de processos administrativos, de acordo com o previsto no Decreto-lei n. 4.657, de 4 de setembro de 1942;

XVIII – editar normas, orientações e procedimentos simplificados e diferenciados, inclusive quanto aos prazos, para que microempresas e empresas de pequeno porte, bem como iniciativas empresariais de caráter incremental ou disruptivo que se autodeclarem *startups* ou empresas de inovação, possam adequar-se a esta Lei;

Em diversas passagens da lei vincula-se o papel da ANPD à preservação do segredo empresarial e do sigilo das informações, isso porque muitas vezes o exercício dos direitos dos titulares de dados poderá ir de encontro (esbarrar) ao segredo empresarial e ao sigilo de informações.

Também o legislador se preocupou em estabelecer diferenciações quanto ao tratamento de dados pessoais de idosos de maneira a facilitar seu entendimento, em consonância com o disposto no Estatuto do Idoso (Lei n. 10.741/2003).

A LGPD prevê um canal de comunicação direto com a sociedade, com os agentes de tratamento, assim como com outros órgãos, a fim de apurar irregularidades quanto ao tratamento de dados. Da mesma forma, a Autoridade será o elo de comunicação com autoridades internacionais para promoção de ações de cooperação com enfoque na proteção de dados.

A Autoridade será ainda essencial à modulação da aplicabilidade da lei perante empresas, levando em consideração seu porte e suas características, editando normas, procedimentos e regulamentos simplificados e diferenciados a depender da empresa.

Vislumbra-se por meio da análise das competências da ANPD o seu papel central e amplo para atuar em favor da proteção de dados pessoais, seja fiscalizando, editando normas, sancionando e principalmente conscientizando a sociedade da relevância de proteger dados pessoais.

Por certo, para que a autoridade se estabeleça de maneira sólida, indispensável será não só o esforço de seus membros, mas o inevitável transcurso de tempo até que suas funções estejam bem delineadas e adequadas ao fim que se propõe.

XIX – garantir que o tratamento de dados de idosos seja efetuado de maneira simples, clara, acessível e adequada ao seu entendimento, nos termos desta Lei e da Lei n. 10.741, de 1º de outubro de 2003 (Estatuto do Idoso);

XX – deliberar, na esfera administrativa, em caráter terminativo, sobre a interpretação desta Lei, as suas competências e os casos omissos;

XXI – comunicar às autoridades competentes as infrações penais das quais tiver conhecimento;

XXII – comunicar aos órgãos de controle interno o descumprimento do disposto nesta Lei por órgãos e entidades da administração pública federal;

XXIII – articular-se com as autoridades reguladoras públicas para exercer suas competências em setores específicos de atividades econômicas e governamentais sujeitas à regulação; e

XXIV – implementar mecanismos simplificados, inclusive por meio eletrônico, para o registro de reclamações sobre o tratamento de dados pessoais em desconformidade com esta Lei.

Reafirmamos a ânsia para que a ANPD se comporte de maneira disruptiva (quebrando paradigma) por meio de uma atuação que vá além do propósito meramente sancionador, desvinculando-se da visão obsoleta da primazia da punição como propulsor de uma mudança de paradigma, para enfim exercer efetivamente o seu papel de agente propagador de lei.

É de suma importância que a ANPD tenha prevalência sobre outras entidades e órgãos da administração pública com competências correlatas, uma vez que, por ter um caráter transversal à proteção de dados pessoais, deverá ser harmonizada com diversas outras disciplinas jurídicas já existentes, como é o caso do direito do consumidor, do direito do trabalho, dentre outras (art. 55-K).

6.17.1. Penalidades administrativas

O art. 52 da LGPD[36] prevê quais são as **sanções de cunho administrativo** a serem aplicadas pela ANPD.

---

[36] Art. 52. Os agentes de tratamento de dados, em razão das infrações cometidas às normas previstas nesta Lei, ficam sujeitos às seguintes sanções administrativas aplicáveis pela autoridade nacional:

I – advertência, com indicação de prazo para adoção de medidas corretivas;

II – multa simples, de até 2% (dois por cento) do faturamento da pessoa jurídica de direito privado, grupo ou conglomerado no Brasil no seu último exercício, excluídos os tributos, limitada, no total, a R$ 50.000.000,00 (cinquenta milhões de reais) por infração;

III – multa diária, observado o limite total a que se refere o inciso II;

IV – publicização da infração após devidamente apurada e confirmada a sua ocorrência;

V – bloqueio dos dados pessoais a que se refere a infração até a sua regularização;

VI – eliminação dos dados pessoais a que se refere a infração;

§ 1º As sanções serão aplicadas após procedimento administrativo que possibilite a oportunidade da ampla defesa, de forma gradativa, isolada ou cumulativa, de acordo com as peculiaridades do caso concreto e considerados os seguintes parâmetros e critérios:

I – a gravidade e a natureza das infrações e dos direitos pessoais afetados;

II – a boa-fé do infrator;

III – a vantagem auferida ou pretendida pelo infrator;

IV – a condição econômica do infrator;

V – a reincidência;

VI – o grau do dano;

Como reforçado pelo § 2º, as penas esculpidas neste art. 52 são de caráter administrativo, não impedindo a aplicação de sanções de caráter civil, penal e outras de cunho administrativo.

É fato que se chegou a criar certo alarde a respeito da lei devido à multa que poderá ser aplicada em caso de seu descumprimento, o que de fato pode ser considerável, pois seu valor máximo poderá ser aplicado por infração. Dito de outra forma, se em um mesmo incidente o agente de tratamento cometer duas ou mais infrações, poderá sofrer a multa por cada uma delas.

Também poderá ser imposto ao controlador o bloqueio ou até mesmo a eliminação do banco de dados do infrator dos dados pessoais relativos à infração, o que, a depender do tipo de atividade da empresa, poderá levá-la ao encerramento de suas atividades.

VII – a cooperação do infrator;

VIII – a adoção reiterada e demonstrada de mecanismos e procedimentos internos capazes de minimizar o dano, voltados ao tratamento seguro e adequado de dados, em consonância com o disposto no inciso II do § 2º do art. 48 desta Lei;

IX – a adoção de política de boas práticas e governança;

X – a pronta adoção de medidas corretivas; e

XI – a proporcionalidade entre a gravidade da falta e a intensidade da sanção.

§ 2º O disposto neste artigo não substitui a aplicação de sanções administrativas, civis ou penais definidas na Lei n. 8.078, de 11 de setembro de 1990, e em legislação específica.

§ 3º (VETADO).

§ 4º No cálculo do valor da multa de que trata o inciso II do *caput* deste artigo, a autoridade nacional poderá considerar o faturamento total da empresa ou grupo de empresas, quando não dispuser do valor do faturamento no ramo de atividade empresarial em que ocorreu a infração, definido pela autoridade nacional, ou quando o valor for apresentado de forma incompleta ou não for demonstrado de forma inequívoca e idônea.

§ 5º O produto da arrecadação das multas aplicadas pela ANPD, inscritas ou não em dívida ativa, será destinado ao Fundo de Defesa de Direitos Difusos de que tratam o art. 13 da Lei n. 7.347, de 24 de julho de 1985, e a Lei n. 9.008, de 21 de março de 1995.

§ 6º (VETADO).

§ 7º Os vazamentos individuais ou os acessos não autorizados de que trata o *caput* do art. 46 desta Lei poderão ser objeto de conciliação direta entre controlador e titular e, caso não haja acordo, o controlador estará sujeito à aplicação das penalidades de que trata este artigo.

É preciso destacar que a autoridade nacional analisará o caso concreto e tomará as medidas conforme o tipo de vazamento e levará em conta quais medidas foram tomadas para reverter ou mitigar os efeitos dos incidentes, o que remete à importância da elaboração do relatório de impacto de proteção de dados pessoais previsto no art. 38, podendo facilitar a adoção de medidas em menor tempo possível, contando inclusive para minimização da pena.[37]

Outros aspectos serão considerados, e todos eles serão levados em conta para a fixação da pena, logicamente após procedimento administrativo.

Frise-se que o legislador, ao se inspirar no art. 83 do GDPR, pretende não apenas punir o infrator, mas também evitar que os danos decorrentes do incidente possam se agravar. Isso porque, sendo o titular de dados o maior prejudicado, mesmo obtendo reparação pecuniária, a situação não voltará à situação anterior (*status quo ante*).

As boas práticas e a governança previstas também integram os critérios para dosimetria da pena, tendo a lei um capítulo inteiro dedicado a elas; portanto, imprescindível sua adoção.

Os órgãos públicos não estarão sujeitos às multas estipuladas nesse artigo, entretanto se sujeitarão às demais penalidades, sem prejuízo das demais leis pertinentes (servidor público, acesso à informação e improbidade administrativa).

O § 7º do art. 52 incentiva a conciliação direta entre controlador e titular em casos de vazamentos individuais e acessos não autorizados, o que poderá ser operacionalizado por meio de canais de comunicação disponibilizados ao titular especificamente para tratar da proteção de dados.

Contudo, a LGPD não disciplina com tipos penais a proteção de dados, o que não impede, por exemplo, que se punam condutas envolvendo dados pessoais tipificadas como crimes a partir de outras normas de cunho penal.

6.17.2. Interoperabilidade

São muitas as disposições da LGPD que preveem regulamentação pela ANPD. O art. 40 assim o expressa: "A autoridade nacional poderá dispor sobre padrões de interoperabilidade para fins de portabilidade, livre acesso aos dados e segurança, assim como sobre o tempo de guarda dos registros, tendo em vista especialmente a necessidade e a transparência".

---

[37] TEIXEIRA, Tarcisio; ARMELIN, Ruth Maria Guerreiro da Fonseca. *Lei Geral de Proteção de Dados Pessoais* – comentada artigo por artigo. Salvador: Juspodivm, 2019, p. 137.

Vale lembrar que interoperabilidade significa a capacidade de um sistema se comunicar com outro sistema, que pode ser semelhante ou não ao primeiro.

Desse modo, a questão da interoperabilidade é essencial quando se pensa no direito à portabilidade dado ao titular, por isso alguns padrões deverão ser estabelecidos, o que será feito pela autoridade nacional.

O legislador optou por atribuir à autoridade nacional os padrões que deverão ser adotados tanto por controlador como pelo operador para garantir a portabilidade dos dados pessoais, o livre acesso aos titulares de dados e a guarda dos registros.

Essa questão operacional pode variar muito a depender dos tipos de dados, se são sensíveis ou se se trata de dados de menores, por exemplo; qual o volume de tratamento de dados, o tamanho da empresa e outros fatores que podem influenciar nas medidas mais eficazes para que o responsável pelo tratamento atenda aos princípios da necessidade e da transparência.

O tempo de guarda dos registros é assunto imprescindível a ser definido pela futura autoridade nacional, considerando as obrigações de eliminação de dados prevista no art. 16 atribuída aos agentes de tratamento, para que o agente possa manter ou eliminar dados pessoais após o término de seu tratamento de forma segura, garantindo-se assim o cumprimento da lei.[38]

6.18. SEGURANÇA E SIGILO DE DADOS

Visando ao sigilo dos dados pessoais, o *caput* do art. 46 da LGPD expressa a necessidade de os agentes de tratamento adotarem medidas de segurança, técnicas e administrativas adequadas para proteção de dados pessoais quanto a acessos não autorizados (por exemplo, invasão de servidor) e de situações acidentais ou ilícitas de destruição, perda, alteração, comunicação ou qualquer forma de tratamento inadequado ou ilícito.

A disseminação da cultura de segurança da informação será tão valiosa e indispensável como outras práticas corriqueiras de uma empresa, já que qualquer pessoa, funcionário ou terceiro que trate dados poderá cometer irregularidades, sujeitando-se ou sujeitando a empresa que trabalha ou presta serviços a ser responsabilizada pelo descumprimento da lei.

---

[38] TEIXEIRA, Tarcisio; ARMELIN, Ruth Maria Guerreiro da Fonseca. *Lei Geral de Proteção de Dados Pessoais* – comentada artigo por artigo. Salvador: Juspodivm, 2019, p. 114.

É de considerar que o investimento em segurança da informação deve ser proporcional à quantidade de dados tratados pela empresa, não necessariamente em relação ao seu tamanho (patrimônio, faturamento, rede de estabelecimentos etc.). Isso porque, ilustrativamente, há pequenas empresas (*startups*) cuja atividade principal é o "trabalho" com grandes bancos de dados.

As boas práticas deverão fazer parte da rotina dos empregados, dos prestadores de serviço e quaisquer outras pessoas que tratem dados a fim de evitar o acesso não autorizado de dados, situações acidentais ou ilícitos de destruição. Percebe-se que a lei não exclui a responsabilidade do agente nesses casos; pelo contrário, coloca-o como ator na prevenção de tais incidentes, sendo sua obrigação adotar as medidas previstas no *caput* do art. 46.

Observe-se que o legislador (art. 46, § 2º) expressa a necessidade de medidas de segurança desde a concepção do produto ou do serviço. São os chamados *privacy by design* (privacidade desde a concepção) e *privacy by default* (privacidade por padrão), os quais já existem há muito tempo, mas são trazidos pela lei para direcionar o agente de tratamento quando for criar um produto ou oferecer o serviço.[39]

Destaque-se que a garantia da segurança dos dados deve ser promovida pelos agentes, bem como para outras pessoas que intervenham em quaisquer fases do tratamento de dados (art. 47).

A segurança da informação está intimamente ligada à proteção de dados pessoais, na medida em que (garantir que os dados pessoais do usuário não sejam destruídos, alterados, divulgados ou indevidamente acessados, em um mundo aberto como a internet) demanda razoável organização e medidas técnicas suficientes para o atendimento dessa finalidade.[40]

O dado desde a sua coleta poderá percorrer diversas fases de tratamento, sendo que, de acordo com o princípio da segurança, em quaisquer delas, tanto o agente de tratamento como qualquer pessoa que possa vir a intervir numa

---

39 TEIXEIRA, Tarcisio; ARMELIN, Ruth Maria Guerreiro da Fonseca. *Lei Geral de Proteção de Dados Pessoais* – comentada artigo por artigo. Salvador: Juspodivm, 2019, p. 125-126.

40 Nesse sentido, MENDES, Laura Schertel. A tutela da privacidade do consumidor na internet: uma análise à luz do Marco Civil da Internet e do Código de Defesa do Consumidor. In: DE LUCCA, Newton; SIMÃO FILHO, Adalberto; LIMA, Cíntia Rosa Pereira de (Coords.). *Direito & Internet III* – Tomo I: Marco Civil da Internet (Lei n. 12.965/2014). São Paulo: Quartier Latin, 2015, p. 488.

dessas fases estão obrigados a garantir a segurança em relação aos dados pessoais, mesmo após o término do seu tratamento.

A segurança da informação é tema de extrema relevância e passou a ser de interesse da população em geral quando Edward Snowden (ex-analista de sistemas da CIA e da NSA) escancarou como eram os programas de vigilância da NSA e como empresas privadas como Google e Apple, além de entidades governamentais, estavam envolvidas, gerando um clima de desconfiança geral. Diante desse fator, as empresas, preocupadas com o descrédito perante seus clientes, começaram a investir fortemente em segurança da informação como medida de *marketing* para, assim, demonstrarem que nem mesmo elas pudessem violar os dados que possuíam de seus clientes.[41]

Assim, por uma questão mercadológica, muitas empresas globais já adotaram tecnologias de segurança para as informações coletadas de seus usuários, sendo que, com a vigência da LGPD, deverão providenciar para que essa segurança seja capaz de proteger os dados pessoais de qualquer pessoa, mesmo após o término de seu tratamento.

Caso ocorra algum incidente, será avaliada eventual comprovação de que foram adotadas medidas técnicas adequadas que tornem os dados pessoais afetados ininteligíveis, no âmbito e nos limites técnicos de seus serviços, para terceiro não autorizado a acessá-los.

Sem prejuízo da aplicação de outras normas, é de rememorar que o Decreto n. 8.771/2016, que regulamentou o Marco Civil da Internet, trouxe em seu art. 13 quais diretrizes sobre padrões de segurança os provedores de conexão e de aplicações devem adotar na guarda, armazenamento e tratamento de dados pessoais. Ou seja, antes mesmo da existência de uma lei de proteção de dados já existia a obrigação de agentes de tratamento de dados, como os provedores, atentarem à segurança da informação.[42]

---

41 SANTOS, Coriolano Aurélio de Almeida Camargo; CRESPO, Marcelo. *Segurança pública e dados pessoais: algumas palavras sobre os casos FBI x Apple e Justiça x Facebook*. Disponível em: <https://www.migalhas.com.br/DireitoDigital/105,MI235602,91041-Seguranca+publica+e+dados+pessoais+algumas+palavras+sobre+os+casos>. Acesso em: 15 jan. 2020.

42 Decreto n. 8.771/2016. Art. 13. Os provedores de conexão e de aplicações devem, na guarda, armazenamento e tratamento de dados pessoais e comunicações privadas, observar as seguintes diretrizes sobre padrões de segurança:

I – o estabelecimento de controle estrito sobre o acesso aos dados mediante a definição de responsabilidades das pessoas que terão possibilidade de acesso e de privilégios de acesso exclusivo para determinados usuários;

Caso ocorra algum incidente de segurança quanto a dados pessoais, é obrigação do controlador comunicar à ANPD e aos titulares dos dados tal ocorrência. O legislador expressa que tal comunicação deve ser feita em prazo razoável, conforme definido pela ANPD, devendo conter uma série de requisitos previstos nos incs. do § 1º do art. 48.[43]

A comunicação do incidente de segurança é medida indispensável para que a autoridade nacional possa agir de forma célere, de modo a analisar a gravidade como recomendar as medidas que entender cabíveis, dentre elas a determinação para o controlador divulgar amplamente o fato nos meios de comunicação (o que pode abalar, de alguma forma, a reputação dele perante seus clientes).

Frise-se que a lei não estabelece um prazo fixo para a comunicação do incidente, mencionando apenas que ele seja razoável e que será defini-

---

II – a previsão de mecanismos de autenticação de acesso aos registros, usando, por exemplo, sistemas de autenticação dupla para assegurar a individualização do responsável pelo tratamento dos registros;

III – a criação de inventário detalhado dos acessos aos registros de conexão e de acesso a aplicações, contendo o momento, a duração, a identidade do funcionário ou do responsável pelo acesso designado pela empresa e o arquivo acessado, inclusive para cumprimento do disposto no art. 11, § 3º, da Lei n. 12.965, de 2014; e

IV – o uso de soluções de gestão dos registros por meio de técnicas que garantam a inviolabilidade dos dados, como encriptação ou medidas de proteção equivalentes.

§ 1º Cabe ao CGIbr promover estudos e recomendar procedimentos, normas e padrões técnicos e operacionais para o disposto nesse artigo, de acordo com as especificidades e o porte dos provedores de conexão e de aplicação.

§ 2º Tendo em vista o disposto nos incisos VII a X do *caput* do art. 7º da Lei n. 12.965, de 2014, os provedores de conexão e aplicações devem reter a menor quantidade possível de dados pessoais, comunicações privadas e registros de conexão e acesso a aplicações, os quais deverão ser excluídos:

I – tão logo atingida a finalidade de seu uso; ou

II – se encerrado o prazo determinado por obrigação legal.

43 I – a descrição da natureza dos dados pessoais afetados;

II – as informações sobre os titulares envolvidos;

III – a indicação das medidas técnicas e de segurança utilizadas para a proteção dos dados, observados os segredos comercial e industrial;

IV – os riscos relacionados ao incidente;

V – os motivos da demora, no caso de a comunicação não ter sido imediata; e

VI – as medidas que foram ou que serão adotadas para reverter ou mitigar os efeitos do prejuízo.

do pela ANPD (o GDPR fixou o prazo de 72 horas). De qualquer forma, é de considerar que, quanto antes for divulgado o incidente, por mais que possa macular a reputação do controlador, maior confiança gerará aos seus consumidores e investidores, o que deverá ser feito quando o incidente de segurança possa acarretar risco ou dano relevante aos titulares [como nos casos de *recall*].

Percebe-se que a lei não menciona o dever do operador nem do encarregado em efetuar a comunicação, sendo omissa nesse aspecto, expressando apenas o dever do controlador.

Avaliando a gravidade do caso, a ANPD poderá, se entender necessário para garantir os direitos dos titulares, determinar ao controlador a adoção das seguintes providências do § 2º do art. 48: (i) ampla divulgação do fato em meios de comunicação; e (ii) medidas para reverter ou mitigar os efeitos do incidente.

Como dito anteriormente, o *privacy by design* (privacidade desde a concepção) e o *privacy by default* (privacidade por padrão) serão indispensáveis aos sistemas de tratamento de dados, já que deverão ser estruturados visando proporcionar a segurança adequada desde a sua estruturação, chamada de *security by design* (em português, segurança a começar do desenho; ou melhor: ponderar sobre a segurança desde o planejamento do projeto).

Por isso, os sistemas implementados no tratamento de dados devem ser estruturados de modo a atender a requisitos de segurança, padrões de boas práticas e de governança, bem como aos princípios previstos na LGPD e demais normas regulamentares (art. 49).

6.19. BOAS PRÁTICAS E GOVERNANÇA

Governança significa o conjunto de práticas, processos, legislação e regulamentos internos para administrar uma instituição; quando aplicável às empresas, denomina-se governança corporativa.[44] Por sua vez, boas práticas tem o sentido de ser as melhores técnicas para realizar algo.

A LGPD prevê que os agentes de dados (controladores e operadores) poderão elaborar regras de boas prática e de governança quanto ao tratamento de

---

44 No que diz respeito à governança sob os aspectos societário e anticorrupção, respectivamente: TEIXEIRA, Tarcisio. *Direito empresarial sistematizado*: doutrina, jurisprudência e prática. 8. ed. São Paulo: Saraiva, 2019. p. 195-198 e 579-586.

dados. Entre outros aspectos relacionados ao tratamento de dados pessoais, tais regras estabelecerão (*caput* do art. 50):

A – as condições de organização;

B – o regime de funcionamento;

C – os procedimentos, incluindo reclamações e petições de titulares;

D – as normas de segurança;

E – os padrões técnicos;

F – as obrigações específicas para os diversos envolvidos no tratamento;

G – as ações educativas;

H – os mecanismos internos de supervisão e de mitigação de riscos.

A instituição dessas regras via boas práticas e governança poderá ser elaborada individualmente pelos controladores e operadores ou coletivamente por meio de associações de classe, que por sua vez podem obter resultados bons e uniformizados.

Em relação ao tratamento dos dados pessoais, será preciso estabelecer regras levando em conta a natureza, o escopo, a finalidade, bem como a probabilidade e a gravidade dos riscos e os benefícios decorrentes de tratamento de dados (§ 1º do art. 50).

Assim, a legislação sobre proteção de dados visa não somente proteger o titular de dados, mas conscientizar os agentes de tratamento, controlador e operador, de que o tratamento de dados pessoais envolve direitos fundamentais do cidadão.[45]

Como exemplo de boas práticas, os agentes poderão adotar política de privacidade interna, instituir canais de denúncia para a proteção de dados, promover ações educativas e treinamentos, criar manuais e planos para o caso de vazamento de dados, de forma a engajar todas as pessoas e setores de uma empresa para a política de proteção aos dados pessoais.

Será substancialmente vital aos agentes de tratamento que adaptem seus processos internos de tratamento de dados, adaptem suas políticas internas e externas de privacidade, bem como constantemente revisem o seu programa de governança para que estejam adequados e em conformidade com a lei.

---

[45] TEIXEIRA, Tarcisio; ARMELIN, Ruth Maria Guerreiro da Fonseca. *Lei Geral de Proteção de Dados Pessoais* – comentada artigo por artigo. Salvador: Juspodivm, 2019, p. 133.

Dispositivos do art. 50[46] detalham de que forma poderão ser estabelecidas as regras de boa prática e de governança visando à adequação de rotinas e procedimentos envolvendo o tratamento de dados, objetivando assim a promoção do cumprimento da lei, que poderão inclusive ser reconhecidas e divulgadas pela autoridade nacional.

Visando facilitar o controle pelos titulares dos dados pessoais, a ANPD estimulará a adoção de certos padrões técnicos (art. 51).

O "empoderamento" do titular de dados é escopo da lei, o que pode ser constatado expressamente em vários dispositivos da LGPD, em que o próprio titular, por meio de medidas técnicas, possa controlar seus dados pessoais. Para que isso aconteça, será necessária a adoção de padrões técnicos.

---

[46] Art. 50, § 2º Na aplicação dos princípios indicados nos incisos VII e VIII do *caput* do art. 6º desta Lei, o controlador, observados a estrutura, a escala e o volume de suas operações, bem como a sensibilidade dos dados tratados e a probabilidade e a gravidade dos danos para os titulares dos dados, poderá:

I – implementar programa de governança em privacidade que, no mínimo:

a) demonstre o comprometimento do controlador em adotar processos e políticas internas que assegurem o cumprimento, de forma abrangente, de normas e boas práticas relativas à proteção de dados pessoais;

b) seja aplicável a todo o conjunto de dados pessoais que estejam sob seu controle, independentemente do modo como se realizou sua coleta;

c) seja adaptado à estrutura, à escala e ao volume de suas operações, bem como à sensibilidade dos dados tratados;

d) estabeleça políticas e salvaguardas adequadas com base em processo de avaliação sistemática de impactos e riscos à privacidade;

e) tenha o objetivo de estabelecer relação de confiança com o titular, por meio de atuação transparente e que assegure mecanismos de participação do titular;

f) esteja integrado a sua estrutura geral de governança e estabeleça e aplique mecanismos de supervisão internos e externos;

g) conte com planos de resposta a incidentes e remediação; e

h) seja atualizado constantemente com base em informações obtidas a partir de monitoramento contínuo e avaliações periódicas;

II – demonstrar a efetividade de seu programa de governança em privacidade quando apropriado e, em especial, a pedido da autoridade nacional ou de outra entidade responsável por promover o cumprimento de boas práticas ou códigos de conduta, os quais, de forma independente, promovam o cumprimento desta Lei.

§ 3º As regras de boas práticas e de governança deverão ser publicadas e atualizadas periodicamente e poderão ser reconhecidas e divulgadas pela autoridade nacional.

6.20. RISCOS, PREVENÇÃO E RECOMENDAÇÕES. ATENDER À LEGISLAÇÃO COM EFICIÊNCIA

Sem sombra de dúvida que realizar tratamento de dados implica algum tipo de risco, por exemplo, um vazamento por invasão de *cracker/hacker* no servidor da empresa ou um ato deliberado de um colaborador.

Além disso, a lei "empodera" o titular de dados em muitos direitos e impõe muitas responsabilidades às instituições.

Então, surge a questão: sua instituição capta ou registra algum tipo de dado, seja de clientes ou colaboradores? Em caso afirmativo, ela precisará se adaptar à Lei Geral de Proteção de Dados Pessoais.

Será preciso implementar ferramentas que gerem segurança jurídica, informática e administrativa, que uma vez adotadas poderão resultar no aumento da credibilidade e boa imagem da sua empresa, que mais tarde resultará no volume de clientes e negócios.

Desse modo, será preciso compreender em cada caso o risco e a necessidade da instituição e as soluções cabíveis, tais como:

- Avaliar os seus riscos conforme as suas operações, o fluxo de dados e as exigências legais.
- Adequar às ferramentas jurídicas, administrativas e informáticas com eficiência e sem burocratizar o negócio.
- Treinar e sensibilizar os colaboradores.
- Indicar o operador e encarregado de dados.
- Minimizar a instituição de riscos, responsabilidades e penalidades desnecessárias.
- Enfim, implantar o *compliance* (conformidade) em proteção de dados na instituição, ou seja, adequando-o à LGPD – Lei Geral de Proteção de Dados Pessoais.

O trabalho deverá levar em conta a aplicabilidade e regulamentação da lei, os riscos na forma como os dados são e serão tratados, bem como as eventuais penalidades que poderão ser impostas em caso de problemas no tratamento.

Assim, utilizando-se de estratégias e instrumentos de prevenção, as penalidades poderão ser evitadas, bem como o demérito da instituição quanto ao tratamento de dados pessoais. Esse demérito poderia ser denominado "dano reputacional" em razão das reclamações em redes sociais, sem prejuízo de reclamações nos Procon's, no Poder Judiciário e na ANPD.

7

Teletrabalho, Ponto Eletrônico e Monitoramento de *E-mails* e Acesso à Internet (*Sites*, Redes Sociais etc.)

7.1. TELETRABALHO

Teletrabalho é uma modalidade de trabalho realizada a distância (ou *home office*), ou seja, fora das dependências (estabelecimento ou residência) do empregador, em que se utilizam ferramentas da Tecnologia da Informação (meios telemáticos e informatizados), principalmente com canais de comunicação *on-line* via internet para se comunicar com a empresa e/ou colegas de trabalho, clientes, fornecedores etc.

Com o desenvolvimento e o uso massificado das ferramentas eletrônicas as relações cada vez mais são realizadas a distância, sendo isso também uma realidade nas relações trabalhistas. Sem sombra de dúvida, trata-se de mais um campo em que a tecnologia exerce uma forte influência, tendo em vista os possíveis ganhos de produção e diminuição de custo para a empresa (otimização de recursos); além de favorecer o empregado, que passa a dispor das horas anteriormente gastas com a locomoção de casa para o trabalho e vice-versa (podendo essas horas ser empregadas em outras atividades ou não).

Apesar de o teletrabalho ser uma realidade presente há algum tempo pelo mundo, no Brasil esse assunto tornou-se mais palpitante após a vigência da Lei n. 12.551/2011 e, mais recentemente, da Lei n. 13.467/2017 (cujo teor examinaremos adiante). No fundo, isso reflete a velha e árdua tarefa do direito tentando acompanhar a mudanças sociais. Começando pelo exame da Lei n.

12.551/2011, ela alterou o art. 6º da Consolidação das Leis do Trabalho – CLT (Decreto-lei n. 5.452/43), o qual passou a não mais distinguir trabalho feito no estabelecimento do empregador, o executado no domicílio do empregado e o realizado a distância, desde que estejam configurados os requisitos da relação de emprego. Assim, para fins de subordinação jurídica, as ferramentas tecnológicas de comando e supervisão se equiparam aos meios pessoais e diretos de direção e controle do trabalho alheio.

Conceitualmente, teletrabalho não significa necessariamente o mesmo que trabalho no domicílio do empregado (*home office*) ou trabalho a distância, pois estes podem ser realizados sem os instrumentos tecnológicos, os quais são indispensáveis ao teletrabalho. No entanto, pode-se dizer que o teletrabalho é uma espécie de trabalho a distância ou de *home office*, mas com a utilização da Tecnologia da Informação. O fato é que todos passaram a ter o mesmo tratamento jurídico, por força do art. 6º da CLT, sendo, portanto, o teletrabalho o trabalho a distância e o realizado no domicílio do empregado equiparados ao trabalho presencial desenvolvido no estabelecimento do empregador.

Para que se configure o teletrabalho é necessário que sejam preenchidos os requisitos/pressupostos da relação de emprego: pessoalidade, não eventualidade (continuidade), remuneração (onerosidade), subordinação, alteridade (risco de outrem, não do empregado).

Além disso, conforme o parágrafo único do art. 6º da CLT, o poder de controle e supervisão do empregador pode ser exercido por meio dos recursos tecnológicos, equiparando-se, para fins jurídicos de subordinação, aos meios pessoais e diretos de comando e supervisão do trabalho executado pelo empregado.

Vale ter em conta que o poder de controle é parte do poder de direção do empregador, o qual se expressa de três formas: 1) pelo poder de organização – ao empregador cabe organizar a atividade empresarial; 2) pelo poder de controle – o direito de o empregador fiscalizar as atividades profissionais de seus empregados; 3) pelo poder disciplinar – direito de o empregador impor sanções disciplinares aos seus empregados.[1]

---

1 Amauri Mascaro Nascimento. *Iniciação ao direito do trabalho*. 33. ed. São Paulo: LTr, 2007, p. 224-227.

A norma não tratou especificamente de direitos e deveres das partes no teletrabalho, apenas restringiu-se a efetuar equiparação do teletrabalho com o trabalho realizado pessoalmente (no estabelecimento, no domicílio do empregado e a distância). Devendo ser respeitadas as regras gerais sobre a jornada de trabalho (carga horária máxima diária e semanal), descanso semanal remunerado, entre outros direitos do empregado assegurados por lei. Por isso, a fim de evitar discussões derivadas de horas extras ou de sobreaviso, é importante que as partes acordem especificamente qual é o período de trabalho do empregado, em que momentos necessariamente ele deverá estar *on-line* com a empresa, se o trabalho pode ser realizado apenas quando estiver conectado à empresa etc.

Notadamente, quanto ao sobreaviso, o TST – Tribunal Superior do Trabalho – deu nova redação à Súmula 428 (que antes tratava basicamente do uso de aparelho celular e BIP):

> SOBREAVISO. APLICAÇÃO ANALÓGICA DO ART. 244, § 2º, DA CLT[2]
>
> I – O uso de instrumentos telemáticos ou informatizados fornecidos pela empresa ao empregado, por si só, não caracteriza o regime de sobreaviso.
>
> II – Considera-se em sobreaviso o empregado que, à distância e submetido a controle patronal por instrumentos telemáticos ou informatizados, permanecer em regime de plantão ou equivalente, aguardando a qualquer momento o chamado para o serviço durante o período de descanso.

No mais, a previsão legal do teletrabalho nada mais é do que o reconhecimento de uma realidade nas relações de emprego. Às partes é permitido detalhar expressamente quais os direitos e deveres entre elas, como as questões referentes a horas extras e sobreaviso, sem prejuízo da aplicação da Súmula 428 do TST.

Contudo, ainda persistindo certa dose de insegurança jurídica no âmbito do teletrabalho, o legislador compreendeu por bem editar a Lei n. 13.467/2017, a qual incluiu na CLT os arts. 75-A a 75-E com o fim de disciplinar mais

---

2 CLT, art. 244, § 2º: “Considera-se de ‘sobreaviso’ o empregado efetivo, que permanecer em sua própria casa, aguardando a qualquer momento o chamado para o serviço. Cada escala de ‘sobreaviso’ será, no máximo, de 24 (vinte e quatro) horas. As horas de ‘sobreaviso’, para todos os efeitos, serão contadas à razão de 1/3 (um terço) do salário normal” (redação alterada na sessão do Tribunal Pleno realizada em 14-9-2012. Res. n. 185/2012, *DEJT* divulgado em 25, 26 e 27-9-2012).

específica e claramente o teletrabalho, como uma modalidade de prestação de serviço trabalhista.

A partir disso, a legislação estabeleceu um conceito legal para o teletrabalho, consistindo na prestação de serviços realizada predominantemente fora das dependências do empregador, utilizando tecnologias de informação e de comunicação, não se revestindo de natureza de trabalho externo. A natureza do teletrabalho não é descaracterizada pelo fato de o empregado comparecer às dependências do empregador para a prática de determinadas atividades (CLT, art. 75-B).

O contrato individual de trabalho deverá prever expressamente a modalidade de teletrabalho, especificando as atividades a serem feitas pelo empregado. Poderá haver alteração de regimes de trabalho, desde que assinado mediante aditivo contratual. Assim, desde que haja acordo entre as partes, poderá haver alteração do regime presencial para o teletrabalho e vice-versa. Entretanto, se a alteração se der por determinação do empregador e a mudança for do regime do teletrabalho para o presencial, ao empregado será garantido ao menos quinze dias para adaptação e transição (CLT, art. 75-C).

Frise-se que deverão constar do contrato entre as partes a quem caberá as responsabilidades pela aquisição, manutenção e/ou fornecimento da infraestrutura necessária e dos equipamentos tecnológicos para o exercício do teletrabalho. Também o contrato deverá expressar como serão realizados os ressarcimentos das despesas feitas pelo empregado. Nenhum dos valores aqui envolvidos integram a remuneração do empregado (CLT, art. 75-D).

Essa "nova" modalidade de trabalho não tira do empregador o direito/dever de instruir seus empregados, sobretudo porque o teletrabalho é exercido substancialmente com a utilização de recursos tecnológicos (computadores desktop, *notebooks*, *tablets*, *smartphones* etc.), o que pode implicar inúmeras lesões e doenças ao empregado. Nesse sentido, o parágrafo único do art. 75-E prevê que o empregado deverá comprometer-se a cumprir as instruções preventivas do empregador com o fim de evitar doenças e acidentes do trabalho, devendo para tanto assinar um termo de responsabilidade.

No que diz respeito às férias, o legislador estabeleceu que havendo consentimento do empregado, elas poderão ser gozadas em até três períodos. Entretanto, um dos períodos das férias não poderá ser inferior a 14 dias corridos, sendo que cada um dos demais períodos não poderão ser inferiores a cinco dias corridos. O início das férias não poderá ter início no prazo de dois dias que antecedam o repouso semanal remunerado ou feriado (CLT, art. 75-E, §§ 1º e 3º).

7.2. PONTO ELETRÔNICO

Ponto eletrônico é o mecanismo/sistema de registro de entrada e saída do emprego no local em que desenvolve seu trabalho. Aqui o termo "eletrônico" tem a conotação de a maneira pela qual o registro de frequência do empregado deve ser anotado, não necessariamente o uso da Tecnologia da Informação como forma de comunicação entre pessoas ou entre estas e as instituições, bem como seus efeitos. Mas, tendo em vista as consequências jurídicas que possam advir do uso dessa tecnologia de "assinatura" do ponto, compreendemos ser necessário tecermos ponderações sobre o tema.

O ponto eletrônico deve ser marcado pessoalmente pelo empregado, não a distância. Para tanto, teoricamente, o sistema pode funcionar por meios biométricos, como a leitura da impressão digital, íris dos olhos etc., ou por meio de controle magnético, como um crachá codificado.

A Portaria, do Ministério do Trabalho e Emprego, MTE n. 1.510, de 21-8-2009, disciplina o registro eletrônico de ponto. Após vários adiamentos, essa Portaria entrou em vigor em 2 de abril de 2012. Por sua vez, a Portaria n. 2.686, de 27-12-2011, escalonou o prazo para o início da utilização obrigatória do Registrador Eletrônico de Ponto (REP) da seguinte forma: a) 2-4-2012 para as empresas que exploram atividades na indústria, no comércio em geral, no setor de serviços, incluindo, entre outros, os setores financeiro, de transportes, de construção, de comunicações, de energia, de saúde e de educação; b) 1º-6-2012 para as empresas que exploram atividade agroeconômica nos termos da Lei n. 5.889/73; e c) 3-9-2012 para as microempresas e empresas de pequeno porte, definidas na forma da Lei Complementar n. 123/2006.

Frise-se que a finalidade da Portaria é impedir fraudes, em especial o não pagamento de horas extras, e seus reflexos, pelos empregadores.

Conforme o parágrafo único do art. 1º da Portaria, o Sistema de Registro Eletrônico de Ponto (SREP) é o conjunto de equipamentos e programas informatizados destinado à anotação por meio eletrônico da entrada e saída dos trabalhadores das empresas, à luz do art. 74 da CLT.[3]

---

[3] CLT, art. 74, § 2º: "Para os estabelecimentos de mais de dez trabalhadores será obrigatória a anotação da hora de entrada e de saída, em registro manual, mecânico ou eletrônico, conforme instruções a serem expedidas pelo Ministério do Trabalho, devendo haver pré-assinalação do período de repouso".

O SREP deve registrar fielmente as marcações efetuadas, não sendo permitida qualquer ação que desvirtue os fins legais a que se destina, tais como: restrições de horário à marcação do ponto; marcação automática do ponto, utilizando-se horários predeterminados ou o horário contratual; exigência, por parte do sistema, de autorização prévia para marcação de sobrejornada; existência de qualquer dispositivo que permita a alteração dos dados registrados pelo empregado (art. 2º).

Cabe esclarecer que o equipamento de automação utilizado para o registro da jornada de trabalho denomina-se Registrador Eletrônico de Ponto – REP. Conforme o art. 3º, ele deve ter a capacidade para emitir documentos fiscais e realizar controles de natureza fiscal, referentes à entrada e à saída de empregados nos locais de trabalho. Assim, para o uso do SREP é obrigatória a utilização do REP no local da prestação do serviço, sendo proibidos outros meios de registro.

Um dos pontos mais discutidos da Portaria é o fato de ela exigir que o ponto eletrônico tenha um comprovante em papel. O art. 11 prevê a necessidade de um documento impresso para o empregado acompanhar, a cada marcação, o controle de sua jornada de trabalho; é o Comprovante de Registro de Ponto do Trabalhador. Este documento deverá conter: a denominação no título "Comprovante de Registro de Ponto do Trabalhador"; identificação do empregador contendo nome, CNPJ/CPF e CEI (Cadastro Específico do INSS), caso exista; identificação do trabalhador com nome e número do PIS; data e horário do respectivo registro; local da prestação do serviço; número de fabricação do relógio eletrônico.

Quanto aos fabricantes do REP, eles deverão se cadastrar junto ao Ministério do Trabalho e Emprego, e solicitar o registro de cada um dos modelos de REP que produzir (art. 13).

Vale ter em conta que o empregador somente poderá utilizar o Sistema de Registro Eletrônico de Ponto se possuir os atestados emitidos pelos fabricantes dos equipamentos e programas utilizados, nos termos da referida Portaria (art. 19).

Além disso, o Ministério do Trabalho e Emprego deverá credenciar órgãos técnicos para a realização da análise de conformidade técnica dos equipamentos REP à legislação (art. 23).

Muitos empregadores estão discutindo judicialmente a constitucionalidade da Portaria, tendo em vista seu caráter compulsório, por proibir outros meios de registro eletrônico e pelo fato de tal disciplina jurídica derivar de uma Portaria, pois extrapola suas competências ao criar obrigações de ordem trabalhista aos empregadores. Assim, por não advir de lei emanada do Congresso Nacional, haveria afronta à separação harmônica entre os Poderes, prevista na Constituição Federal.

7.3. MONITORAMENTO: DIREITOS DO EMPREGADO E DIREITOS DO EMPREGADOR

Sem prejuízo do que foi tratado, as empresas têm lançado mão de estratégias que têm por função minimizar o trânsito de mensagens eletrônicas de conteúdo impróprio e o uso indevido do acesso à internet (*sites*, blogs, redes sociais etc.). O objetivo básico é impedir infrações por parte de seus colaboradores, bem como tentar diminuir a perda de produtividade provocada pelo tempo gasto na leitura e na retransmissão dessas mensagens.[4] Tais providências dão a entender que as ferramentas de trabalho, de modo especial o acesso à internet e a transmissão de *e-mails*, têm sido usadas de forma abusiva. É justamente a questão do confronto entre o poder diretivo do empregador[5] e os direitos do empregado, que, por sua vez, está subordinado ao empresário por força do contrato de trabalho.

Para Amauri Mascaro Nascimento, o poder de direção do empregador expressa-se de três formas: 1) pelo poder de organização – ao empregador cabe organizar a atividade empresarial; 2) pelo poder de controle – o direito de o empregador fiscalizar as atividades profissionais de seus empregados; 3) pelo poder disciplinar – direito de o empregador impor sanções disciplinares aos seus empregados.[6]

Os direitos do empregado estão basicamente relacionados ao direito à privacidade e ao sigilo da correspondência, previstos na Constituição Federal, art. 5º, incs. X e XII, respectivamente. Assim, confrontando o poder de direção

---

4 Nesse sentido é o nosso: Tarcisio Teixeira. Os interesses das empresas e dos empregados no uso do *e-mail*. In: Newton De Lucca; Adalberto Simão Filho (Coords.). *Direito e internet* – aspectos jurídicos relevantes. São Paulo: Quartier Latin, 2008, v. 2, p. 677 e s.

5 Abstraído do art. 2º da CLT – Consolidação das Leis do Trabalho.

6 Amauri Mascaro Nascimento. *Iniciação ao direito do trabalho*, p. 224-227.

e os direitos do empregado, é mister saber qual a extensão de um e de outro nas questões que envolvem a internet.

Será que a empresa pode rastrear as mensagens eletrônicas, uma vez que não há qualquer privacidade a ser preservada, porque o *e-mail* corporativo não deve ser usado para fins particulares?[7] O funcionário, por seu turno, que fica grande parte do tempo retransmitindo mensagens de natureza não profissional para seus colegas de trabalho, como de conteúdo obsceno ou humorístico, além de comprometer o tempo de trabalho e prejudicar a concentração deles, não estará desrespeitando a boa-fé do contrato de trabalho? E quanto aos endereços de *sites*, redes sociais etc., bem como aos conteúdos acessados pelos usuários, pelos terminais da empresa, há privacidade a ser preservada?

Nesse contexto, há também a questão da responsabilidade civil do empregador pelo ato de seu funcionário no exercício do trabalho que lhe competir (a ser examinada a seguir), ou a responsabilidade civil decorrente da violação de lei por uso de um *e-mail* corporativo. Podemos imaginar a situação de um empregado que utiliza o *e-mail* profissional para difamar alguém, denegrir a reputação de outro empresário ou retransmitir vírus que cause prejuízos. Considerando-se que a empregadora disponibilizou aquele *e-mail* (que, por

---

[7] Ainda que aparentemente antes da decisão do Tribunal Superior do Trabalho (que veremos a seguir), Felipe Siqueira de Queiroz Simões firmava-se contra o monitoramento de *e-mail*. Internet: direito do empregado X interesse do empregador. *Revista Del Rey Jurídica*, ano 7, n. 14, 1º sem. 2005, p. 40-41.

A posição de Roberto Senise Lisboa também era contrária. A inviolabilidade de correspondência na internet. In: Newton De Lucca e Adalberto Simão Filho (Coords.). *Direito e internet* – aspectos jurídicos relevantes. Bauru, SP: Edipro, 2001, p. 490. Em 2005, na segunda edição desta obra, constata-se a manutenção de tal posição. Roberto Senise Lisboa. A inviolabilidade de correspondência na internet. In: Newton De Lucca e Adalberto Simão Filho (Coords.). *Direito e internet* – aspectos jurídicos relevantes. 2. ed. São Paulo: Quartier Latin, 2005, p. 534 e s. Mais recentemente, o referido autor, ao dar continuidade ao seu estudo, traz uma posição mais abrandada sobre a possibilidade do monitoramento de *e-mail*. Conforme sua perspectiva, isso é associado ao fato de que o empregado pode violar a boa-fé do contrato de trabalho pela má-utilização da correspondência eletrônica. Roberto Senise Lisboa. Quebra da inviolabilidade de correspondência eletrônica por violação da boa-fé objetiva. In: Newton De Lucca e Adalberto Simão Filho (Coords.). *Direito e internet* – aspectos jurídicos relevantes. São Paulo: Quartier Latin, 2008, v. 2, p. 595 e s.

sinal, carrega a sua denominação ou a sua marca no nome de domínio), ela poderá ser responsabilizada civilmente também.

Em razão disso, talvez seja essa mais uma das necessidades (e por que não um direito do empregador, decorrente do poder de controle) pelas quais as empresas têm de vigiar as mensagens das contas de *e-mails* corporativos.

Uma pesquisa realizada com executivos em 2002 pela empresa Symantec, sobre segurança de sistemas de informações, revelou que 36% das empresas monitoravam os *e-mails* corporativos.[8]

Até que ponto o empregador pode monitorar os *e-mails* produzidos e retransmitidos pelo seu empregado? Em que medida isso configura invasão de privacidade e obtenção de prova ilícita para a demissão por justa causa? Será que o *e-mail* corporativo tem a mesma natureza jurídica da correspondência convencional?[9]

Em 2005, o **Tribunal Superior do Trabalho**, em inédita decisão sobre monitoramento de *e-mails* nessa instância,[10] reconheceu o direito de o empre-

---

8 *Cerca de 67% das empresas brasileiras já sofreram ataques*. Disponível em: <http://www.terra.com.br/cgi-bin/index_frame/informatica/2002/08/15/012.htm>. Acesso em: 19 ago. 2017.

9 Sobre esse tema foi o voto do Juiz do Tribunal Regional do Trabalho da 10ª Região – Distrito Federal – Douglas Alencar Rodrigues:

"RESOLUÇÃO CONTRATUAL. SISTEMA DE COMUNICAÇÃO ELETRÔNICA. UTILIZAÇÃO INDEVIDA. ENVIO DE FOTOS PORNOGRÁFICAS. SIGILO DE CORRESPONDÊNCIA. QUEBRA. INOCORRÊNCIA. Se o *e-mail* é concedido pelo empregador para o exercício das atividades laborais, não há como equipará-lo às correspondências postais e telefônicas, objetos da tutela constitucional inscrita no art. 5º, inc. XII, da CF. Tratando-se de ferramenta de trabalho, e não de benefício contratual indireto, o acesso ao correio eletrônico não se qualifica como espaço eminentemente privado, insuscetível de controle por parte do empregador, titular do poder diretivo e proprietário dos equipamentos e sistemas operados. Por isso o rastreamento do sistema de provisão de acesso à internet, como forma de identificar o responsável pelo envio de fotos pornográficas a partir dos equipamentos da empresa, não denota quebra de sigilo de correspondência (art. 5º, inc. XII, da CF), igualmente não desqualificando a prova assim obtida (art. 5º, inc. LVI, da CF), nulificando a justa causa aplicada (CLT, art. 482)" (TRT-DF-RO 0504/2002 – Acórdão 3ª Turma).

10 Processo n. TST-RR-613/2000-013-10-00.7, decisão de 18-5-2005, publicado no *DJ* em 10-6-2005.

Mais recentemente, a 9ª Turma do Tribunal Regional do Trabalho da 2ª Região – São Paulo decidiu que a empresa pode ter acesso a *e-mail* de funcionários. A decisão

gador rastrear o *e-mail* corporativo do empregado e demiti-lo por justa causa, por retransmitir mensagens de conteúdo pornográfico (no entanto, as questões do *spam* e da diminuição da produtividade laboral não foram discutidas).

A decisão considerou que não houve violação do direito à privacidade do empregado e que era legal a prova obtida pelo rastreamento. A decisão foi unânime, e o relator, Ministro João Oreste Dalazen, argumentou que a empresa pode exercer, de forma moderada, generalizada e impessoal, o controle das mensagens enviadas e recebidas pelo *e-mail* por ela fornecido como ferramenta de trabalho.

Ponderou, ainda, que esse *e-mail* tem natureza jurídica equivalente a uma ferramenta de trabalho, destinando-se ao uso profissional, a não ser que tenha outra finalidade consentida pelo empregador. Pelo veredicto, não pode o *e-mail* corporativo servir para fins estritamente pessoais, utilizando-se de computador da empresa para envio de fotos pornográficas.

O acórdão ainda apreciou a questão do uso da senha pessoal fornecida pelo empregador ao empregado, para o acesso de sua caixa de *e-mail*, não sendo uma forma de proteção para evitar que o empregador tenha acesso ao conteúdo das mensagens. Considerou ainda que a função da senha é proteger o próprio empregador contra terceiros que queiram ter acesso às informações da empresa, que, muitas vezes, são confidenciais. No entanto, a decisão considerou a possibilidade da utilização comedida do correio eletrônico para fins particulares, desde que sejam observados a moral e os bons costumes (pensamos que deve ser da mesma forma como o uso de telefone nas empresas, ou seja, é possível desde que com moderação e para assuntos lícitos).

Diante da ausência de regulamentação da matéria no Brasil, o acórdão citou o Reino Unido por ter uma lei que permite o monitoramento de *e-mails* e telefonemas de empregados. Referiu-se, ainda, aos Estados Unidos, onde a

---

entendeu que a empregadora exerceu o seu direito de empregadora e, ainda, ponderou que o monitoramento dos *e-mails* funcionais estava previsto no manual de "Política de Uso do E-mail", do qual a ex-funcionária tinha conhecimento. A ex-empregada foi demitida por justa causa em razão de ela promover temor aos empregados pela possibilidade de demissão, bem como pelo possível abalo à imagem da empresa perante o mercado, por intermédio do *e-mail* corporativo. O tribunal considerou que a empresa agiu no exercício de seu poder diretivo, sem intenção de atingir a honra da ex-funcionária (Processo n. TRT-SP-01478.2004.067.02.00-6, decisão de 25-5-2006, publicado no *DJ* em 23-6-2006).

Suprema Corte considerou que o empregado tem direito à privacidade, mas não de modo absoluto. Aliás, os tribunais americanos vêm considerando que não há expectativa de privacidade quando se trata de *e-mail* fornecido pelo empregador.

Além disso, a decisão considerou que os direitos do cidadão à privacidade e ao sigilo de correspondência, assegurados pela Constituição, dizem respeito estritamente à comunicação pessoal (*e-mail* particular); já nos *e-mails* corporativos, o empregador pode exercer o controle do conteúdo das mensagens que trafegam pelos seus computadores.[11]

A princípio, a decisão do Tribunal Superior do Trabalho sacramenta o fato de o *e-mail* fornecido pelo empregador ser uma ferramenta de trabalho com destinação profissional. Pode, portanto, ser monitorado pelo empresário sem, com isso, estar cometendo uma infração quanto aos direitos dos empregados. No entanto, resta ainda a questão do uso do "*e-mail* particular" a partir do acesso à internet pelos computadores da empresa, dentro ou fora do horário de trabalho.

Especificamente quanto aos *e-mails* particulares, não é cabível, em tese, a fiscalização por parte dos empresários, pois, nesse caso, trata-se de uma correspondência eletrônica com a mesma natureza jurídica da correspondência convencional ou epistolar, o que pode gerar violação de direitos constitucionalmente assegurados, como o sigilo de correspondência. Entretanto, levando-se em consideração que o uso do *e-mail* particular pode se dar por meio dos computadores da empresa, isso pode lhe acarretar perdas. Por exemplo, quanto à transmissão de vírus[12] e/ou à eventual alegação de complacência

---

[11] O art. 197 do Código Penal espanhol considera crime contra a intimidade a conduta de apoderar-se, ou interceptar, mensagens de correio eletrônico. Cf. Pedro A. de Miguel Asensio. *Derecho privado de internet*, p. 501; e Mário Antônio Lobato de Paiva. O monitoramento do correio eletrônico no ambiente de trabalho. *Jus Navigandi*, Teresina, ano 7, n. 60, nov. 2002. Disponível em: <http://jus2.uol.com.br/doutrina/texto.asp?id=3486>. Acesso em: 24 ago. 2017.

[12] Para evitar riscos em seus sistemas de informática, algumas empresas disponibilizam computadores específicos para o acesso de seus funcionários aos *e-mails* particulares e *sites* não relacionados com a atividade profissional. Outras empresas têm, em sua política interna, a emissão de extratos das contas de *e-mails* dos funcionários, a fim de verificar o fluxo de entrada e saída das mensagens eletrônicas. A proibição taxativa do uso do *e-mail* corporativo para comunicação pessoal não parece ser a melhor opção, considerando que o *e-mail*, nos tempos atuais, é uma das maneiras mais utilizadas para comunicação interpessoal. Sua vedação pode

da empresa com práticas ilícitas cometidas a partir de seus terminais eletrônicos. Sem falar que o uso do *e-mail* particular durante a jornada de trabalho pode acarretar a perda da produtividade do empregado.

Nesse passo, ao celebrar o contrato de trabalho, é recomendável firmar claramente a possibilidade ou não (em que condições e horários) de os empregados acessarem pelos computadores da empresa determinados *sites* e *e-mails* particulares.

7.4. CONCILIAÇÃO DE INTERESSES ENTRE EMPRESAS E EMPREGADOS. USO DO *SMARTPHONE*. BOAS PRÁTICAS

Em muitas empresas, nos últimos anos, a utilização dos equipamentos eletrônicos, o acesso à internet (*sites*, blogs, redes sociais), o uso do *e-mail* e do aparelho celular etc. são praticamente inevitáveis. Daí a necessidade de uma conciliação de interesses dos empregadores e empregados, bem como a adoção de boas práticas de uso dessas ferramentas tecnológicas.

O empregado enquanto subordinado ao empregador, que detém o poder diretivo, não pode ter sua privacidade devassada. O estado de subordinação não pode ser sinônimo de submissão a ponto de causar prejuízo de ordem pessoal. Aos empregados é assegurado o direito à privacidade e ao sigilo de correspondência. Aos empregadores é assegurado o poder diretivo, até porque respondem pelos atos do empregado, como será visto em outro item.

Ana Paula Paiva de Mesquita Barros entende que um empregado, quando opta por tratar de assuntos privados pelos instrumentos disponibilizados pela empresa, no caso o *e-mail* (que é ferramenta de trabalho, não uma regalia do empregado), acaba por assumir o risco de ter sua privacidade devassada. Afirma ainda que, se há privacidade a ser efetivamente violada, esta é a da empresa, quanto aos seus segredos industriais e informações sigilosas.[13]

---

até trazer perda do estímulo do funcionário. Assim como no caso do telefone, cujo uso não é proibido, quando utilizado com bom senso para fins pessoais, quem sabe para o *e-mail* também pudesse seguir esse raciocínio (ou seja, o uso de forma moderada mediante o estabelecimento de regras), se não fosse a possibilidade de transmissão de vírus e os prejuízos que dela podem advir, entre outras.

[13] Ana Paula Paiva de Mesquita Barros. *Internet e as relações do trabalho*: poder diretivo e privacidade. Tese (Doutorado em Direito) – Faculdade de Direito da Universidade de São Paulo, São Paulo, 2004, p. 42.

Os *insiders* são os *crackers* internos de uma empresa, ou seja, são os empregados, ou colaboradores, que atuam contra a empresa.[14] São eles os causadores de muitos problemas empresariais relacionados à informática.

Arthur José Concerino relata duas pesquisas: a primeira apontou que 80% das origens de problemas são internas, já que, a partir da insatisfação com o emprego e havendo a possibilidade de ganhar dinheiro com a venda de informação privilegiada à concorrência, um funcionário é levado a lesar a própria empresa; a segunda, realizada no Brasil, mostrou que: 35% dos problemas eram causados propositadamente por funcionários; 17% por *hackers*; e 25% de causas desconhecidas.[15]

Esses apontamentos deixam claro que é importante o investimento, além de em sistemas de segurança externa, em sistemas de segurança interna, que permitam a inviolabilidade de determinados dados e informações, por membros *intracorpus*.

Adalberto Simão Filho trata do direito da empresa à vida privada, em que, com as adaptações necessárias, a sociedade empresária possui direito à privacidade, tal como a pessoa física. Defende a proteção às práticas que depõem contra a vida privada empresarial, que podem envolver nome empresarial, marca, patentes, segredos industriais e financeiros, imagem e reputação junto ao público, entre outras. As repercussões disso podem se dar tanto na esfera patrimonial como moral.[16]

É um assunto polêmico; logo, é preciso encontrar um equilíbrio entre os interesses de ambos. Se, de um lado, o empregador tem o direito de monitorar o empregado a fim de verificar sua produtividade, de outro, o empregado não pode ter sua vida íntima devassada, injustificadamente, pelo empregador.

Nesse sentido é a posição de Mário Antônio Lobato de Paiva, em palestra proferida, no dia 03 de outubro de 2002, no auditório do Superior Tribunal de Justiça, no Congresso Internacional de Direito e Tecnologia da Informação, realizado pelo Conselho da Justiça Federal:

---

14 Nesse sentido, Alexandre Jean Daoun e Renato M. S. Opice Blum. Cybercrimes. In: Newton De Lucca e Adalberto Simão Filho (Coords.). *Direito e internet* – aspectos jurídicos relevantes, 2. ed., p. 147.

15 Arthur José Concerino. Internet e segurança são compatíveis? In: Newton De Lucca e Adalberto Simão Filho (Coords.). *Direito e internet* – aspectos jurídicos relevantes, 2. ed., p. 157.

16 Adalberto Simão Filho. O direito da empresa à vida privada e seus reflexos no direito falimentar. In: Ives Gandra Martins Filho e Antônio Jorge Monteiro Junior (Coords.). *Direito à privacidade*, p. 337-365.

> O exercício do poder diretivo e fiscalizador do empregador não pode servir em nenhum momento para a produção de resultados inconstitucionais, lesivos dos direitos fundamentais do trabalhador (...). Nos casos em que surjam conflitos aonde haja direitos fundamentais em questão – como o direito à intimidade e ao segredo das comunicações – deve ser ponderado, mediante a aplicação do princípio da proporcionalidade, como medida de respeito ao direito. Aplicando este princípio será possível conciliar direitos sem que os mesmos tenham o condão de lesionar garantias previstas quando forem confrontados.
>
> (...) a intimidade do trabalhador deve ser respeitada em qualquer ocasião no ambiente de trabalho, e o segredo das comunicações em qualquer que seja a modalidade em que se transmita. Porém nenhum desses direitos deve ser absoluto e se sobrepujar a outros (...).[17]

Quando se trata de ambiente de trabalho, é preciso haver a integração dos interesses de ambas as partes. Em outros termos, o empregador pode fazer o monitoramento de ações dos empregados, desde que não seja de forma arbitrária e abusiva, com o fim de persegui-los, contrariando direitos que lhes são assegurados.

Têm sido lançados programas de computador (por exemplo: NextSpy) para verificar todos os trabalhos efetuados pelos empregados. É indicado para empresas que se preocupam com a segurança, pois fiscaliza o envio e recebimento de *e-mails*, acesso a *sites*, *chats* etc. A verificação se dá por meio de uma pesquisa que se utiliza de vários critérios, como a estação de trabalho, data, horário ou palavra-chave, sendo possível, inclusive, visualizar as imagens acessadas pelos funcionários.[18]

A propósito, essas ferramentas têm a finalidade de conferir ao empresário a possibilidade de se certificar de que o funcionário está exercendo sua atividade regularmente. A ideia, então, não é violar a privacidade, até porque o que se busca não são informações da sua intimidade, como hábitos, pensamentos etc., mas, sim, informações profissionais de interesse do empregador.

---

17 Mário Antônio Lobato de Paiva. O monitoramento do correio eletrônico no ambiente de trabalho. *Jus Navigandi*, Teresina, ano 7, n. 60, nov. 2002. Disponível em: <http://jus2.uol.com.br/doutrina/texto. asp?id=3486>. Acesso em: 24 ago. 2017.

18 Matéria intitulada: Monitoramento de computador. *Tribuna do Direito*, set. 2005, p. 30.

Mais uma vez, são importantes as considerações que nos oferece Mário Antônio Lobato de Paiva:

> Os bens em jogo podem sofrer uma vulneração que permite denotar que nenhum direito é absoluto seja ele o de liberdade de organização da empresa, a titularidade na propriedade do correio eletrônico, a inviolabilidade sem restrições do sigilo de dados. Assim o empregador não possui o poder de acessar de maneira irrestrita o correio eletrônico do trabalhador nem o empregador [sic] tem o direito de acesso e utilização de sua conta de *e-mail* para quaisquer fins alheios a prestação de serviço.
>
> A palavra-chave para essas dúvidas concernentes ao modo de aplicação do direito chama-se equilíbrio, ou seja, a [sic] proporcionalidade de cada direito em virtude da falta de legislação existente somos chamados a aplicar normas gerais que não vislumbram de forma clara a limitação existente por exemplo no direito a [sic] intimidade. Daí a necessidade da interpretação responsável e coerente resguardando o poder diretivo do empregador para comandar a empresa sem que implique em lesão ao direito do empregado de acessar os serviços eletrônicos.[19]

Diante desse quadro, aparentemente chocam-se os interesses de empregadores e empregados, deixando claro que existe uma tendência (e uma evidente necessidade) de conciliação de direitos e de interesses.

No plano das decisões judiciais, o CPC de 2015 prevê no § 2º do art. 489 que: "No caso de colisão entre normas, o juiz deve justificar o objeto e os critérios gerais da ponderação efetuada, enunciando as razões que autorizam a interferência na norma afastada e as premissas fáticas que fundamentam a conclusão".

Uma forma transparente de melhor equilibrar esses interesses é estabelecer uma verdadeira política de utilização de equipamentos eletrônicos (fixando boas práticas de uso), como reflexo do poder diretivo do empregador, sem, todavia, perder de vista os direitos do trabalhador. Essa política poderá: 1) estabelecer regras para a utilização dos equipamentos eletrônicos, incluindo monitoramento do acesso a *sites*, uso do *e-mail* corporativo etc.; 2) prever o que é proibido e permitido; 3) fixar punições em caso de descumprimento (adver-

---

19 Mário Antônio Lobato de Paiva. O monitoramento do correio eletrônico no ambiente de trabalho. *Jus Navigandi*.

tência, demissão etc.), de acordo com a gravidade da falta cometida pelo empregado, buscando sempre a proporcionalidade da sanção com a ação.

Além disso, essa política poderá tratar de maneira bastante clara a questão: 1) do uso do *e-mail* fornecido pela empresa para fim profissional (e da possibilidade ou não do uso para fim pessoal), sendo que, mesmo com senha fornecida ao empregado, o *e-mail* não estará livre de monitoramento; e 2) do uso de *e-mail* particular do funcionário, sua possibilidade ou não de acesso e de uso a partir dos computadores da empregadora, em quais horários e em que condições.

A efetiva monitoração deve ser de forma objetiva, não devendo considerar aspectos subjetivos e pessoais com finalidades arbitrárias e de perseguição a determinado funcionário. As ações precisam ser efetuadas com base em critérios transparentes e objetivos, por exemplo, buscando palavras-chave nos títulos das mensagens.

Não descartando a hipótese de uma eventual disciplina legal sobre o tema, o mais apropriado seria que tal política fosse implementada por meio de norma (convenção ou acordo coletivo; contrato individual de trabalho ou aditivo contratual – nesses casos, com o aval do sindicato[20]) para minimizar, ao máximo, controvérsias acerca do conhecimento do empregado[21] sobre tais regras.

---

[20] Na Holanda, é permitido o monitoramento das atividades eletrônicas dos trabalhadores desde que haja a participação do sindicato ou representante dos trabalhadores para acompanhar ou elaborar o sistema de controle, com base na lei de proteção de dados pessoais de 2001. Mesmo assim, a empresa está obrigada a tornar públicas suas metas de controle aos trabalhadores. Cf. Mário Antônio Lobato de Paiva. O monitoramento do correio eletrônico no ambiente de trabalho. *Jus Navigandi*.
Ricardo de Paula Alves aponta para a necessidade da participação dos representantes dos trabalhadores a fim de buscar uma efetiva proteção aos direitos fundamentais dos funcionários nas empresas. Vida pessoal do empregado, liberdade de expressão e direitos fundamentais do trabalhador. In: Ives Gandra Martins Filho e Antônio Jorge Monteiro Junior (Coords.). *Direito à privacidade*, p. 386-388.

[21] Na Áustria, há uma lei de proteção de dados, de 2000, pela qual a empresa somente pode efetuar o monitoramento de *e-mails* a partir do consentimento dos empregados por meio do contrato individual de trabalho ou por acordo coletivo. Outros países, como Argentina, Egito, Índia e Itália, não possuem leis específicas sobre o assunto, mas tendem a aceitar o monitoramento com o prévio conhecimento do funcionário. Cf. Joana Cardozo. *Monitoramento de* e-mail: uma tendência mundial (E-mail survillance: a worldwide tendency). Disponível em: <http://www.cbeji.com.br/br/novidades/artigos/index.asp?id=1211>. Acesso em: 23 ago. 2017.

Fica, então, bem atenuada uma possível alegação de quem contava com o argumento de haver privacidade em suas ações e utilizações de equipamentos ou que desconhecia as regras.[22]

Especificamente, quanto ao uso do *smartphone*, já que em certa medida é um computador de bolso, será que o empregador pode proibir o seu uso pelo empregado? Sim, é possível que nas regras contratuais firmadas entre as partes seja fixada a proibição de uso de aparelho celular durante a jornada de trabalho. Isso por si só não configura uma prática abusiva ou assédio moral, muito menos fere "direitos fundamentais" do subordinado. A seguir, uma decisão judicial que ilustra a situação:

> DEMISSÃO POR JUSTA CAUSA. **PROIBIÇÃO DO USO DE APARELHO CELULAR. LICITUDE.** INSUBORDINAÇÃO. USO DE PALAVRAS INJURIOSAS. JUSTA CAUSA. Inclui-se no poder diretivo do empregador o estabelecimento de regras e padrões de conduta a serem seguidos pelos seus empregados durante os horários de trabalho, dentre os quais a lícita proibição do uso de aparelho celular. Com efeito, **não é direito do empregado o uso de celular durante a jornada, não havendo como se antever, portanto e consequentemente, qualquer abuso na correspondente proibição.** Há diversos aspectos da contratualidade envolvidos nesse uso de aparelho pessoal do empregado. Evidentemente, **enquanto utiliza o celular, o empregado está deixando de trabalhar, ou seja, direcionando seu tempo para atividade diversa daquela para a qual foi contratado e remunerado. Além da questão do tempo suprimido do trabalho, com seus efeitos diretos e indiretos** *intra partes*. **Como produtividade, segurança, qualidade do serviço**, não há como se olvidar o reflexo coletivo que o uso pode vir a gerar sobre a conduta dos demais empregados, que podem, evidentemente, arvorar-se o direito de também realizar referido manuseio de celular, gerando, tal circunstância, um padrão comportamental que ultrapassaria o interesse meramente individual de cada trabalhador, para alcançar, diretamente, a empregadora, enquanto organizadora de meios de

[22] De qualquer forma, parece que o monitoramento de *e-mail* pela empresa pode trazer violação do sigilo de correspondência e de privacidade de terceiro, enquanto remetente da mensagem e que desconheça a política de fiscalização da empresa empregadora do destinatário. Ou, de outro modo, a partir da difusão dessa prática no meio empresarial, quem enviar um *e-mail* acabará assumindo esse risco.

> produção. Como os riscos do empreendimento cabem ao empregador, nos termos do artigo 2º, da CLT, absolutamente lícita, pois, a regra restritiva imposta pela ré. Nesse contexto, constitui motivo suficiente para a aplicação da pena de demissão por justa causa a reação do empregado que, após admoestado pelo seu superior hierárquico para a cessação do uso do aparelho celular, reage com o uso palavras injuriosas. Sentença mantida. MULTA DO ART. 510, DA CLT. NATUREZA ADMINISTRATIVA. O art. 510, da CLT, prevê: pela infração das proibições constantes deste Título, será imposta à empresa a multa de valor igual a 1 (um) salário mínimo regional, elevada ao dobro, no caso de reincidência, sem prejuízo das demais cominações legais. A multa prevista nesse dispositivo legal possui caráter administrativo e não se reverte em favor da parte. Recurso do reclamante a que se nega provimento. (grifos nossos) (TRT09, RO: 44599201302909009, Relator(a): Sueli Gil e Rafihi, 6ª Turma, *DJe* 15-07-2016).

Contudo, apresenta-se de forma sensata a ideia de não permitir o uso irrestrito do das ferramentas tecnológicas- pelo empregado (como o *e-mail* corporativo, redes sociais etc.), juntamente com a possibilidade de uma monitoração indiscriminada pelos empregadores. Trata-se de boas práticas a busca do equilíbrio entre os direitos e os interesses de ambas as partes. Em complemento a este assunto, recomendamos ao leitor a leitura do item deste livro sobre responsabilidade da empresa por ato do empregado.

8

Meio Ambiente Virtual e Jogos Digitais. Uso Ético e Seguro. Boas Práticas

8.1. MEIO AMBIENTE VIRTUAL. CRIANÇAS E ADOLESCENTES. *CYBERBULLYING*. PORNOGRAFIA DE REVANCHE

Hoje a vida social de muitas pessoas é desenvolvida presencialmente e/ou a distância. Mas, em grande medida, as pessoas estão trocando a vida social (física e presencial) pela vida virtual. Isso é plenamente perceptível em jovens e crianças que utilizam seu tempo navegando pela internet, jogando, enfim, diante do computador, *tablet*, *smartphone* etc. Os mais velhos não estão imunes às tentações da Tecnologia da Informação, basta reparar apenas alguns exemplos: em aeroportos, saguões de hotéis e outros locais de espera em que muitos estão "conectados". Não é raro encontrar rodas de pessoas que ao invés de entabularem o diálogo "frente a frente" valorizam o isolamento real para a inserção virtual, mantendo-se cada um com o seu "teclado" ou "monitor" em detrimento de relações pessoais e presenciais (fisicamente falando).

O acesso ao mundo virtual, no quadro de dimensões ou gerações de direito,[1] ocupa a quinta posição. As relações virtuais alcançaram tal importância na

---

[1] Apesar de controvertido, pode-se sintetizar da seguinte forma as dimensões ou gerações de direito: primeira geração: direitos civis e políticos, fundamentados na liberdade; segunda geração: direitos econômicos, sociais e culturais, baseados na igualdade; terceira geração: direitos de solidariedade (desenvolvimento, paz e meio ambiente), calcados na fraternidade; quarta geração: aqueles relacionados à democracia, à informação e ao pluralismo. In: José Eliaci Nogueira Diógenes

sociedade contemporânea, que se tornou impossível imaginar o mundo e sua rede de relações desconectadas como acontecia há poucas décadas. A verdade é que nas sociedades mais avançadas e nos rincões mais afastados do mundo é inegável a importância dos recursos virtuais, mesmo que a virtualidade não seja acessível à totalidade da população, representando nova forma de marginalização social. A respeito das incontáveis vantagens proporcionadas pelo ambiente virtual, infelizmente nem tudo são "flores", pois é um recurso que muitas vezes promove o isolamento das pessoas, em vez de aproximá-las. Além disso, permite certa facilidade para o cometimento de ilícitos de todas as naturezas, o que representa na atualidade grandes problemas para a sociedade, que ainda não promoveu a completa regulamentação das atividades diretamente ligadas ao mundo virtual.

Várias pessoas diminuíram suas conversas presenciais para se comunicarem por meios tecnológicos. Muitos estão se isolando, outros são extremamente viciados no uso da Tecnologia da Informação; alguns têm como única fonte de alegria em suas vidas o uso da internet e do aparelho celular com dificuldades de se relacionarem fisicamente com outras pessoas, especialmente no campo afetivo, a ponto de, em muitas oportunidades, precisarem de tratamento médico. Não é em vão que o Hospital das Clínicas de São Paulo mantém uma área especializada em atendimento em viciados em internet e *games*. O mesmo ocorre em outro hospital da cidade do Rio de Janeiro.

No ambiente corporativo não é diferente, muitos colaboradores acabam viciando-se no uso da Tecnologia da Informação, especialmente navegando pela internet e suas redes sociais, trocando *e-mails*, bem como utilizando seus *smartphones*. Isso implica em perda de produtividade laboral, objeto de análise em outro item deste livro. Algumas empresas estão traçando estratégias para que, em certas situações, os colaboradores voltem a utilizar ferramentas de trabalho mais antigas como o telefone. A razão é que perceberam que às vezes o excesso de Tecnologia da Informação implica perda de tempo, o que é facilmente diagnosticado naquelas intermináveis trocas de *e-mails* em que não se chega a qualquer conclusão, procrastinando resultados e soluções que poderiam ser alcançados por uma simples ligação telefônica (em alguns casos até gratuita por se tratar de ramal interno) ou

---

Júnior. *Gerações ou dimensões dos direitos fundamentais?* Disponível em: <http://www.ambito-juridico.com.br/site/?n_link=revista_artigos_leitura&artigo_id=11750>. Acesso em: 22 ago. 2017.

mesmo uma rápida visita ao setor da pessoa que tem competência para resolver o problema.

Pais e mães estão trocando o tempo com seus filhos para poder manusear seus equipamentos de informática (*smartphones, tablets* etc.). Alguns alegam que estão presentes nas brincadeiras, no entanto, é uma presença física apenas, a mente permanece na internet (ou sabe-se lá onde). As crianças, por sua vez, têm acesso à informática e aparelhos celulares cada vez mais cedo, o que não seria necessariamente um problema se o uso fosse limitado e com critérios. Contudo, o que se observa em grande parte dos casos é que a falta de limites coloca em risco o próprio desenvolvimento do indivíduo.

Enfim, o uso da Tecnologia da Informação em geral (internet, celular etc.) tem sido para muitos um fim em si mesmo, não um meio que facilite as atividades cotidianas e permita maior interação humana. Ao contrário, promove o afastamento, o egoísmo, impedindo o compartilhamento e companheirismo. Assim, mais difícil para o ser humano desenvolver-se e aprimorar-se como ser social que é.

Também não são poucas as pessoas que reclamam da falta de tempo para as atividades cotidianas, sendo que em boa medida a sensação de que o tempo está cada vez mais curto, ou que a quantidade de tarefas está cada vez maior, é motivada pelo excesso de horas utilizando as ferramentas tecnológicas, ainda mais com assuntos de pouca relevância. É preciso selecionar e priorizar; otimizar o uso das ferramentas disponíveis, sob pena de nos tornarmos escravos delas.

Se o conceito de meio ambiente classicamente contempla o ar, a água, a terra, a flora, a fauna, o ser humano e as edificações, nos últimos anos sem dúvida alcança também o ambiente virtual, como direito de quinta dimensão. Portanto, se existe o meio ambiente natural, urbano e do trabalho, pode-se afirmar que também há o meio ambiente digital.

Assim, por meio ambiente virtual compreendemos o local digital (não físico) em que as pessoas podem desenvolver os mais variados atos: se relacionar trocando mensagens, pesquisar, contratar, isto é, efetuar uma série de atitudes da vida social e econômica. No ambiente virtual, especialmente pelas mídias sociais, as pessoas estão encontrando novas formas de exercer a cidadania, manifestando-se e organizando-se; ou seja, a utilização da Tecnologia da Informação pode ter os mais variados fins, sendo hoje uma ferramenta indispensável às pessoas. A propósito, aqueles que não têm acesso à internet têm sido denominados de excluídos digitais.

Especificamente sobre as relações trabalhistas, atualmente são várias pessoas que na condição de empregados exercem suas atividades a distância, utilizando-se das ferramentas eletrônicas. Milhares de pessoas fazem suas compras quase exclusivamente pela internet. Não são poucos os que usam o seu tempo praticando delitos de informática.

As famílias e instituições passaram a ter de se preocupar com o uso da internet pelas pessoas que estão sob sua responsabilidade. Pais precisam ficar atentos para a navegação dos filhos, pois estes podem ser suscetíveis à violação de privacidade, pornografia infantil, ***cyberbullying*** etc. *Bullying* significa agressão psicológica e/ou física praticada, de forma intencional e repetida, por uma ou mais pessoas contra alguém que possa causar-lhe humilhação ou provocando difamação.

Tendo em vista a preocupação social com o *bullying*, o assunto foi disciplinado pela Lei n. 13.185/2015. De acordo com o § 1º do art. 1º da referida lei, *bullying* significa "intimidação sistemática", a qual se caracteriza como "todo ato de violência física ou psicológica, intencional e repetitivo que ocorre sem motivação evidente, praticado por indivíduo ou grupo, contra uma ou mais pessoas, com o objetivo de intimidá-la ou agredi-la, causando dor e angústia à vítima, em uma relação de desequilíbrio de poder entre as partes envolvidas". E, nos termos do art. 2º, *caput*, o *bullying* se caracteriza quando ocorre violência física ou psicológica em atos de intimidação, humilhação ou discriminação e, também: ataques físicos; insultos pessoais; comentários sistemáticos e apelidos pejorativos; ameaças por quaisquer meios; grafites depreciativos; expressões preconceituosas; isolamento social consciente e premeditado etc.

O *cyberbullying* significa esta prática realizada pela internet, cujo efeito é o mesmo, humilhação ou difamação de um internauta, que no fundo é uma pessoa como outra qualquer. A Lei n. 13.185/2015 se ocupou de tratar especificamente do *cyberbullying* no parágrafo único do art. 2º, o qual prevê que acontece "intimidação sistemática na rede mundial de computadores (*cyberbullying*), quando se usarem os instrumentos que lhe são próprios para depreciar, incitar a violência, adulterar fotos e dados pessoais com o intuito de criar meios de constrangimento psicossocial".

Considerando as características da internet, facilmente as crianças e adolescentes podem ser vítimas de *cyberbullying*; e, eventualmente, às vezes sem conhecimento, as crianças e os adolescentes podem contribuir com a prática do *cyberbullying* e até atos criminosos (por exemplo, ao curtir, comentar ou retransmitir alguma postagem), como crimes contra a honra, de racismo, violação de direitos intelectuais (marcas, patentes, direitos autorais: músicas, vídeos, textos etc.), a disseminação de vírus, entre outros. Por isso, é indispensável que as famílias saibam como lidar com o uso da Tecnologia da Informação, principalmente esclarecendo seus filhos sobre os perigos, as pessoas mal intencionadas, o que é permitido ou não, quais são os limites ao se navegar pela internet, como usar mídias sociais, aparelho celular etc. Entre tantas situações que demandam cuidados, aquelas que envolvem as crianças são as mais significativas, pois elas são um dos personagens mais suscetíveis no mundo virtual, e é preciso que haja vigilância constante, já que a internet apresenta tanto aspectos positivos como negativos. Os "pseudoamigos virtuais" podem ser na verdade efetivos criminosos.

Apesar de altamente recomendável, a instalação de filtros (*softwares*) com o fim de bloquear o acesso a certas páginas eletrônicas, e/ou rastrear as visitadas, devendo ser avaliada cada situação em concreto pelos responsáveis (aliás, como prevê o Marco Civil da Internet, art. 29, acerca do controle parental). É recomendável: instalar antivírus; desconfiar de pessoas aparentemente bem-intencionadas, especialmente se quiser marcar encontros pessoais; evitar fornecer dados pessoais, como endereço, nome de parentes e da escola; não revelar informações íntimas, bem como não se deixar fotografar e/ou filmar, especialmente em cenas mais íntimas; entre outras cautelas. Algumas famílias e organizações optam por deixar os computadores em locais expostos, de fácil visualização, para facilitar a "fiscalização" de quem estiver por perto.

Tudo isso são **boas práticas** de uso das ferramentas tecnológicas, visando o uso seguro e ético da internet, aplicáveis ao ambiente doméstico e às instituições, no que couber.

O avanço da Tecnologia da Informação e a despersonalização das relações têm contribuído para a efetivação de negócios jurídicos por crianças e adolescentes, tendo em vista o manejo de diversos programas de computador e *smartphones*. Com isso, tem-se construído a ideia de que crianças e adolescentes são considerados seres **hipervulneráveis** para efeitos de tutela jurídica, sobretudo nas relações de consumo.

Embora as crianças e os adolescentes tenham cada vez mais "poder" nas decisões de compra familiar, há uma vulnerabilidade que apresentam em relação às técnicas de *marketing*, sedutoras aos consumidores em geral, porém com maior intensidade em relação às crianças e aos adolescentes. Estes se encontram em estágio da vida em que se convencem com maior facilidade, em razão de uma formação intelectual incompleta, como também não possuem o controle sobre os aspectos práticos da contratação (os valores financeiros envolvidos, os riscos e benefícios do negócio). Daí porque estejam em posição de maior debilidade com relação à vulnerabilidade que se reconhece a um consumidor comum. Esta vulnerabilidade agravada da criança é reconhecida no âmbito da publicidade, estabelecendo o próprio CDC o caráter abusivo da publicidade que venha a aproveitar-se da deficiência de julgamento da criança (artigo 37, § 2º), como de qualquer conduta negocial do fornecedor que venha a se prevalecer da fraqueza ou ignorância do consumidor, dentre outras condições de sua idade e conhecimento (artigo 39, IV).[2]

Diante disso, é preciso conhecer juridicamente os mecanismos contratuais da era digital envolvendo menores, em suas variadas formas e ocorrências (publicidade, oferta, aceitação etc.), considerando a atual imensidão de dispositivos móveis, computadores, *softwares*, aplicativos, *sites*, jogos, dentre outros, que o meio eletrônico cada vez mais propicia e desenvolve para a classe infanto-juvenil, o que contribui para o agravamento da vulnerabilidade, senão da própria hipervulnerabilidade, dado que as condições físico-mentais características das crianças e adolescentes já os elevam a tal estado.

Por tudo isso, que Antônio Herman Benjamin considerou o aparecimento de uma "hipervulnerabilidade" nos dias atuais.[3] Lembramos que a doutrina consumerista trabalha com os conceitos de vulnerabilidade fática, técnica, jurídica ou informacional do consumidor nas relações jurídicas suscetíveis de aplicação do CDC.

A vulnerabilidade fática ou socioeconômica ocorre quando há uma inferioridade do comprador em face da posição privilegiada ou superior do vendedor, tendo em vista seu porte econômico ou em razão da essencialidade

---

2 Claudia Lima Marques; Bruno Miragem. *O novo direito privado e a proteção dos vulneráveis*. 2. ed. rev., atual. e ampl. São Paulo: Revista dos Tribunais, 2014, p. 126.

3 "Ao Estado Social importam não apenas os vulneráveis, mas sobretudo os hipervulneráveis, pois são esses que, exatamente por serem minoritários e amiúde discriminados ou ignorados, mais sofrem com a massificação do consumo e a "pasteurização" das diferenças que caracterizam e enriquecem a sociedade moderna." (STJ, REsp 586.316-MG, 2ª Turma, Min. Antônio Herman Benjamin, *DJe* 19-3-2009).

do produto, como, por exemplo, se um médico compra um veículo pelo sistema de consórcio, cuja regulamentação se dá pelo Estado. Já a vulnerabilidade técnica está relacionada com o fato de o consumidor não possuir conhecimentos específicos sobre o produto ou serviço adquirido. Vulnerabilidade jurídica ou científica relaciona-se com a ausência de conhecimentos jurídicos, contábeis ou econômicos. Por sua vez, a vulnerabilidade informacional está relacionada com o déficit de informação do consumidor, inerente à relação de consumo, pois os fornecedores são praticamente os únicos detentores das informações. Claudia Lima Marques reconhece que esta categoria (informacional) estaria englobada na vulnerabilidade técnica.[4]

Especificamente quanto às instituições, é preciso definir quais as regras para o uso da Tecnologia da Informação. Isso vale tanto para a iniciativa privada como para o Poder Público, pois em ambos os casos poderá haver a responsabilidade da instituição por ato de terceiro, funcionário, colaborador etc., nos termos da lei, como, por exemplo, prevê o art. 932 do Código Civil. Normalmente isso é feito pela adoção de políticas de uso da internet e demais ferramentas tecnológicas, com a previsão do que é permitido e proibido, bem como as sanções pertinentes. Sobre esse assunto, recomendamos a leitura do item que trata do monitoramento de *e-mail* e acesso à internet.

Na internet as pessoas podem usar de sua liberdade de expressão, quanto a pensamentos e sentimentos, desempenhando atividade intelectual, artística, científica ou de comunicação; entretanto, é preciso saber que a liberdade de expressão é limitada no que se refere ao direito alheio, pois haverá implicações na ocorrência de abusos por meio da responsabilização do infrator (e em alguns casos também dos seus responsáveis). Ou seja, a liberdade de expressão deve ser usada de forma a não causar prejuízo a outrem, por exemplo, quanto à violação da honra, da intimidade, do sigilo, enfim.

Também, na internet são encontrados *sites*, *blogs* etc. dos mais variados assuntos. Há aqueles especializados em compra e venda, troca, autoajuda, auxiliar a emagrecer, encontrar companheiro(a) ou hospedagem, de consultas psicológicas ou jurídicas (o que é vedado pelos Tribunais de Ética e Disciplina da OAB), ensinar a confeccionar desde artesanato até bombas. etc. Se, por um lado, a internet tem muitas coisas benéficas, por outro, pode ser

---

4 Claudia Lima Marques. Campo de aplicação do CDC. In: BENJAMIN, Antônio Herman V.; MARQUES, Claudia Lima; BESSA, Leonardo Roscoe. Manual de direito do consumidor. 2. ed. São Paulo: RT, 2009, p. 72-76.

uma armadilha a pessoas mais suscetíveis e/ou sem critérios bem definidos. Explico. Muitos relacionamentos têm sido rompidos em razão da chamada "traição virtual" ou "infidelidade *on-line*", em que a traição é feita por meio da internet, tendo este tema sido tratado como matéria de capa da Revista *IstoÉ* n. 2.206.

Além disso, alguns têm se utilizado das redes sociais para o vem sendo denominado **pornografia de revanche** (do inglês: *revenge porn*), em que após o fim de um relacionamento amoroso um dos parceiros posta imagens íntimas do outro como forma de vingança. A isso também se emprega a expressão *cybervingança*.

Não podemos deixar de observar que a internet tem potencializado o **superficialismo** das pessoas quanto aos temas em geral, pelo excesso de informação a que se tem acesso, bem como o **consumismo** e o superendividamento, em razão das inúmeras ofertas comerciais e as compras por impulso feitas pelos internautas.

O que vemos é um excessivo culto ao prazer (hedonismo), bem como uma curiosidade mórbida (doentia) em saber tudo o que se passa pelo mundo, recebendo e acessando uma quantidade tão grande de informações e imagens que, ao invés de se informar, acaba-se por se desinformar, pois, dado o excesso, tudo acaba sendo superficial demais, sem dizer da falta de tempo para se refletir sobre os assuntos.

Percebe-se claramente uma grande dificuldade em se estabelecer prioridades quando se diz respeito à Tecnologia da Informação, bem como uma falta de temperança (moderação) quanto ao uso dos equipamentos de informática. A propósito, a proliferação dos *smartphones* tem contribuído ferozmente nesse sentido, pois não é difícil vivenciar situações em que o pequeno telefone "rouba" a cena em detrimento de um filme, espetáculo de teatro, das outras pessoas que estão à mesa ou em uma reunião, do sermão do padre ou do pastor etc.

A falta de moderação (justa medida) no uso dos celulares e da Tecnologia da Informação tem "escravizado" muitas pessoas. Algumas empresas estão tendo que proibir o uso de *smartphones*, *tablets* e outros equipamentos pessoais durante a **jornada de trabalho** visando diminuir a perda da capacidade laboral. Outra medida tem sido bloquear o acesso às contas corporativas, como as de *e-mails*, fora do horário de expediente, objetivando que o colaborador não extrapole no uso da ferramenta, o que pode trazer implicações tanto à saúde como à relação trabalhista (por exemplo, nas horas extras).

Quanto aos **acidentes de trânsito**, boa parte deles está associada ao uso do aparelho celular ao dirigir. Em razão disso, o Governo Federal, pelo Ministério das Cidades, desenvolveu um aplicativo denominado "Mãos no Volante", que tem por fim ajudar na educação do motorista em relação a não utilizar o celular enquanto estiver ao volante. Quando acionado pelo usuário do *smartphone*, ao receber chamadas ou mensagens o aplicativo dispara ao remetente um alerta de que a pessoa está dirigindo e retornará o contato posteriormente.

O *selfie* (autorretrato), diga-se de passagem, já existia antes dos *smartphones*, e foi por estes potencializado, provocando certo narcisismo (excesso de amor-próprio ou por sua própria imagem), além de provocar uma banalização da fotografia. Também, o *selfie* muitas vezes é causa de frustração, pois grande parte das fotos são feitas visando a postagem em redes sociais, que, uma vez não curtidas (conforme se esperava), gera certa decepção na pessoa em razão de certa carência de ordem afetiva.

Vamos nos abster de comentar sobre o uso, que já foi bem maior, do "pau de *selfie*", bem como sobre a vulgarização e o uso sem critérios objetivos de ferramentas *on-line* como o **WhatsApp** no *smartphone* (em outros tempos o **Messenger** no computador); sem dizer daqueles que, sem uma necessidade real e objetiva, se "matam" para adquirir imediatamente a última versão de um *smartphone*. Poderiam aqui ser inclusos aqueles relógios com acesso às redes sociais e até aqueles "óculos tecnológicos" que não tiveram grande aceitação no mercado. Ou seja, não faltam *gadgets* (dispositivos eletrônicos portáteis) para atrair as pessoas. Entretanto, não podemos nos furtar de retransmitir uma frase atribuída a William Shakespeare: "Sofremos muito com o pouco que nos falta e alegramo-nos pouco pelo muito que temos".

É indiscutível que a Tecnologia da Informação é altamente benéfica, mas o excesso de tecnologia tem "atrofiado" nossas mentes, pois estamos perdendo a capacidade de escolha e preferência ("eles" escolhem por nós); a capacidade de localização e locomoção, na medida em que o GPS[5] se tornou quase obrigatório para muitos e está diminuindo a capacidade de encontrar endereços de empresas, números de telefones e outras informações se não for por um buscador da internet (como, por exemplo, o Google); praticamente não sabemos

---

[5] GPS – *Global Positioning System*, que em português significa "Sistema de Posicionamento Global", é um sistema de navegação por satélite.

mais pesquisar em livros e enciclopédias, pois tem tudo na internet (em grande parte na Wikipédia). Essa reflexão começa a ser comprovada por pesquisas realizadas em algumas universidades europeias e americanas, as quais demonstram que a falta de outros estímulos sensoriais (como o tato, o olfato, a visão e a audição, sem o intermédio de câmeras e fones) vem prejudicando a forma do conhecimento.

O americano Nicholas Carr pondera que "a internet está tirando minha capacidade de concentração e contemplação. Minha mente espera receber informações da forma como a internet as distribui em uma suave transição de partículas".[6] O autor aponta que estamos ficando mais "burros", sendo a culpa da internet. Perdemos a capacidade de focar em apenas um assunto em razão do acesso, praticamente ilimitado, que temos às informações disponíveis na internet. O cérebro de quem usa a internet está cada vez mais caótico, poluído, impaciente e sem rumo.

Por isso, destacamos que o excesso de tecnologia provoca certa preguiça mental nas pessoas, o que pode desencadear problemas nas relações pessoais e sociais, bem como doenças de cunho psiquiátrico e/ou psicológicas, como a depressão e principalmente a ansiedade. Mas, como tudo na vida é "passageiro", sobretudo a "moda" (e o excesso de tecnologia para muitos é mero modismo), não está longe o tempo em que a moda será conseguir ficar *off-line* em certos períodos ou determinadas ocasiões, pois do contrário será um desrespeito para com o próximo. Algo parecido com o que aconteceu com o cigarro; isso porque, se no passado era "bonito" fumar, sendo admitido isso em ambientes fechados como aviões, ônibus, estabelecimentos empresariais etc., hoje fumar é quase que um "atentado" contra as demais pessoas e a si mesmo.

As pessoas se rendem à tecnologia e às empresas que a detém ao invés de utilizá-las para fins de libertação. Além disso, a informação disposta nas redes é cada vez mais reciclada e descaracterizada, o que faz com que a sociedade se subordine ao ambiente virtual sem discernir seus benefícios e malefícios. Para atingir a democracia digital, a informação real e útil deve ser efetivamente compartilhada, caso contrário o meio digital será mais um instrumento de dominação e de controle social, levando os indivíduos rumo a uma autocracia informacional, em que o real conhecimento é obtido por poucos.

---

6 Nicolas Carr. A *geração superficial*: o que a internet está fazendo com os nossos cérebros. Presidente Prudente-SP: Agir, 2011.

A rede mundial de computadores deveria ser utilizada como forma de desenvolvimento individual e social, e não apenas econômico. Sob este prisma:

> A evolução das novas tecnologias pode ser usada para se incentivar e aprofundar a participação dos cidadãos na vida política do país. Para que se configure uma real democracia digital, é necessário o desenvolvimento de políticas que reconheçam a existência de um novo direito, qual seja, o direito de acesso à rede, o que implica o combate ao analfabetismo eletrônico. Também o Estado deve utilizar as novas tecnologias, fazendo com que todas as instituições públicas forneçam pela rede as informações e serviços básicos sob sua responsabilidade. Tornar real o direito ao acesso, direito fundamental.[7]

Aproveitamos também para retransmitir o pensamento do sociólogo Zygmunt Bauman, retransmitindo trecho de uma entrevista concedida ao jornal espanhol El País:

> Pergunta: As redes sociais mudaram a forma com que as pessoas protestam, ou a exigência de transparência. Você é cético quanto a esse "ativismo de sofá" e sublinha que a internet também nos adormece com entretenimento barato. Em vez de um instrumento revolucionário como a vê alguns, as redes são o novo ópio do povo? Resposta: A questão da identidade se transformou em algo que se presta a um objetivo específico: tu tens que criar tua própria comunidade. Porém não se cria uma comunidade, você a tem ou não; o que as redes sociais podem criar é um substituto. A diferença entre a comunidade e a rede é que tu pertences à comunidade, porém a rede pertence a ti. Podes adicionar amigos e podes excluí-los, controlas dessa forma as pessoas com as quais te relacionas. As pessoas se sentem um pouco melhor porque a solidão é a grande ameaça nestes tempos de individualismo. Porém nas redes sociais é tão fácil adicionar amigos ou excluí-los que não necessitas de habilidades sociais. Estas você desenvolve quando está na rua, ou vais ao teu local de trabalho, ou te encontras com pessoas às quais precisas manter um relacionamento razoável. Aí tens que enfrentar a dificuldade, envolver-se em um diálogo interpessoal. O papa Francisco, que é um

---

[7] Aires José Rover. A democracia digital possível. *Revista Sequência*. Florianópolis, n. 52, jul. 2006, p. 99.

> grande homem, ao ser eleito deu sua primeira entrevista a Eugenio Scalfari, um jornalista italiano que é autodeclarado ateu. Foi um sinal: o diálogo real não é falar com gente que pensa o mesmo que tu. As redes sociais não ensinam a dialogar, porque é tão fácil evitar a controvérsia... Muita gente usa a rede social não para unir, não para ampliar seus horizontes, mas ao contrário, para encerrar-se ao que chamo de zona de conforto, onde o único som que se ouve é o eco de sua própria voz, onde o único que vê é o reflexo de sua própria cara. **As redes são muito úteis, nos oferecem serviços muito prazerosos e eficientes, contudo é uma armadilha** (grifo nosso).[8]

Umberto Eco compreende que a internet é perigosa para o ignorante porque não filtra nada para ele. Ela só é boa para quem já conhece e sabe onde está o conhecimento. A longo prazo, o resultado pedagógico será dramático, havendo multidões de ignorantes usando a internet para as mais variadas bobagens: jogos, bate-papos e busca de notícias irrelevantes. O escritor italiano defende, inclusive, a criação de uma teoria da filtragem. Uma disciplina prática, baseada na experimentação cotidiana com a internet, deixando como uma sugestão para as universidades: elaborar uma teoria e uma ferramenta de filtragem que funcionem para o bem do conhecimento.[9]

Quanto ao aspecto do vício em usar os recursos tecnológicos, a situação chegou num ponto tão crítico que já se fala em **detox digital** [detox seria uma abreviação de detoxificação, ou seja, a retirada de substâncias tóxicas do organismo]. No caso seria ficar *off-line* por um determinado período. Assim, começa o modismo entre alguns bares, restaurantes, hotéis, *spas* etc. com a proposta de seus clientes ficarem *off-line* durante a permanência no estabelecimento.[10] Da mesma forma que as dietas radicais, esse tipo de desintoxicação eletrônica tende a não funcionar a longo prazo, mas pode ser uma grande oportunidade para a pessoa refletir e tentar mudar seus hábitos.

---

8 In: Ricardo de Querol. *Zygmunt Bauman: "As redes sociais são uma armadilha"*. Disponível em: <http://brasil.elpais.com/brasil/2015/12/30/cultura/1451504427_675885.html>. Acesso em: 28 ago. 2017.

9 Umberto Eco. O excesso de informação provoca amnésia. *Revista Época*. 30 dez. 2011. Disponível em: <http://revistaepoca.globo.com/ideias/noticia/2011/12/umberto-eco-o-excesso-de-informacao-provoca-amnesia.html>. Acesso em: 28 ago. 2017.

10 Filipe Vilicic e Raquel Beer. A vida sem internet. *Revista Veja*. São Paulo: Abril, edição 2413, ano 48, n. 7, 18 fev. 2015, p. 78-85.

O segredo está na moderação no uso da Tecnologia da Informação. A virtude está no meio-termo, na justa medida de como a internet deve estar em nossa vida pessoal e profissional. Isso porque o uso da tecnologia não é pecado, porém o erro é deixar de realizar coisas extremamente relevantes para se manter *on-line* a todo o momento.

Sem dúvida, no futuro a Tecnologia da Informação será usada de forma mais consciente, isso porque ainda estamos numa fase experimental e transitória. Apesar de que nos últimos anos tudo tem evoluído tão rapidamente que tenho dúvidas efetivamente dessa transitoriedade.

O ambiente virtual, diferentemente do que pensam alguns, trata-se de um ambiente real, cujas relações são estabelecidas não pessoal e presencialmente, mas sim com o uso da Tecnologia da Informação, produzindo efeitos sociais, econômicos e jurídicos. Isso é plenamente perceptível no cenário atual. O próprio ordenamento jurídico vem reconhecendo as relações estabelecidas com o uso de aparato tecnológico de informática, a ponto de prever em várias leis a questão, como, por exemplo, no Decreto n. 7.962/2013, que regulamenta o Código de Defesa do Consumidor para fins de contratos celebrados eletronicamente; a reforma da Consolidação das Leis do Trabalho (promovida pela Lei n. 12.551/2011) ao considerar o teletrabalho equiparado ao trabalho realizado pessoalmente; as reformas feitas ao Código Penal tipificando alguns delitos informáticos; a previsão do crime da pornografia infantil com o uso da Tecnologia da Informação no Estatuto da Criança e do Adolescente/ECA, art. 241-A, incluído pela Lei n. 11.829/2008; as reformas ao Código de Processo Penal permitindo depoimento por videoconferência; o Código de Processo Civil de 2015 e a Lei n. 11.419/2006, que informatiza o processo judicial processo eletrônico, permitem que os atos processuais possam ser realizados eletronicamente; a Lei n. 12.431/2011, art. 6º, que promoveu alteração na Lei n. 6.404/76 para que o acionista possa registrar presença e votar a distância em assembleia geral da sociedade anônima; a Lei n. 11.977/2009, art. 37, que institui o sistema de registro eletrônico para os serviços de registros públicos previstos na Lei n. 6.015/73 (Registros de Títulos e Documentos, de Imóveis, Civil de Pessoas Físicas ou Jurídicas etc.); a Lei n. 9.504/97, art. 91-A, parágrafo único (incluído pela Lei n. 12.034/2009), que proíbe portar aparelho de telefonia celular, dentro da cabina de votação; a MP – Medida Provisória n. 2.200-2/2001, que criou a Infraestrutura de Chaves Públicas Brasileira – ICP-

BRASIL –,[11] a fim de garantir autenticidade, integralidade e validade jurídica de documentos eletrônicos, por meio da assinatura digital e certificação eletrônica; entre outras.

Não se pode deixar de mencionar a aprovação da Lei n. 12.965, de 23 de abril de 2014 (Marco Civil da Internet), que estabelece princípios, garantias, direitos e deveres para o uso da internet no Brasil. Vale lembrar que o Marco Civil da Internet foi regulamentado pelo Decreto n. 8.771/2016. Esta norma e outras citadas a pouco são objeto de análise em outros itens deste livro.

Uma das questões que ficou fora do Marco Civil da Internet e outras normas já aprovadas é a necessidade ou não de **prévio cadastro** dos usuários para usar a internet. Isso foi muito discutido no âmbito da tramitação do Projeto de Lei Substitutivo, Relator Senador Eduardo Azeredo (PSDB-MG), que consolidou o Projeto de Lei da Câmara n. 89, de 2003, e Projetos de Lei do Senado n. 137, de 2000, e n. 76, de 2000, todos referentes a crimes na área de informática. Esse substitutivo em grande medida segue as diretrizes da Convenção Internacional de Budapeste sobre *cybercrimes*.

O prévio cadastro para acesso à internet teria o fim de minimizar as chances de que pessoas que cometam ilicitudes pela internet fiquem impunes. Os que são contrários a essa ideia afirmam que haveria burocracia e limitação ao acesso à internet, bem como prejuízo a certo anonimato inerente à rede mundial de computadores desde sua concepção. Somos partidários de que o tempo em que a internet era tida como um mundo sem leis, de amplas e irrestritas liberdades, acabou. A internet se tornou um bem público em que o uso particular deve se limitar pelo interesse coletivo. Por isso, não somos contra o prévio cadastro de usuários, seja via provedor, seja pelo uso de assinatura digital e certificação eletrônica, ou outro meio apto para tanto (de preferência gratuito). O que não se pode conceber é termos um ambiente que produz efeitos jurídicos ficar fora do alcance do Direito, enquanto conjunto de regras para a melhor convivência harmônica das pessoas.

Esse tema do meio ambiente virtual tem uma série de implicações jurídicas, no campo da liberdade de expressão, da privacidade, da proteção de dados, da criação de documentos, dos meios de prova, da contratação, dos atos ilícitos e a responsabilidade civil, da tributação, das infrações penais etc. (cujos temas

---

11 A MP n. 2.200-2/2001 (em sua segunda edição) ainda está em vigor, pois foi publicada em 24 de agosto de 2001, logo, antes da Emenda Constitucional n. 32, de 11 de setembro de 2001, a qual alterou alguns artigos da Constituição Federal, especialmente o art. 62, quanto ao regime jurídico das medidas provisórias.

são tratados em outros capítulos deste livro). A seguir, teceremos algumas ponderações sobre o assunto (meio ambiente virtual) sob o prisma dos jogos digitais.

8.2. PANORAMA DOS JOGOS DIGITAIS

Para adentrar no conceito de jogos digitais, é necessário introduzir a concepção de "jogo" em sentido estrito. Esta expressão possui ampla atuação na língua portuguesa. Assim, pode-se entender por jogo: brincadeira, desafio, competição, elemento do cinismo etc. Por decorrência desta percepção pode induzir a ambiguidade. Diferentemente da língua inglesa, que distingue jogos em duas perspectivas: *play*, que significa atividade livre; e *game*, que é a atividade baseada em regras.

Aqui teremos por jogo um sistema interativo cujas regras (implícitas e explícitas) determinam a relação do usuário final com o aplicativo em busca de um objetivo. A fim de que isto ocorra, o usuário passa por um processo contínuo de tomadas de decisões, além da aplicação de esforço e desprendimento de tempo em busca de entretenimento.

Segundo a *Digital Games Research Association*,[12] jogos digitais utilizam como matéria-prima *bits* e *bytes* e não se relacionam a apenas uma plataforma de interação na qual o programa é executado.

Jogos digitais (ou jogos eletrônicos) são programas executados em plataformas microprocessadas,[13] na maioria das vezes caracterizados como um sistema fechado, no qual o usuário não possui possibilidade de modificar a implementação do código; sendo assim, não consegue alterar o programa, apenas interagir a partir de regras preestabelecidas. Este possui sua representação baseada em *bits* e é apresentada por imagens e sons. As plataformas mais comuns de interação são os consoles, os computadores e os *smartphones*.

Dentro dos diversos jogos digitais, interessa-nos estudar aqueles que possam trazer um maior número de problemas jurídicos, em especial os jogos disponíveis

---

12 Conceito extraído do *site*: <http://www.digra.org>. Acesso em: 17 dez. 2010. (Novo acesso em: 10 ago. 2017).

13 Paula Dornhofer Paro Costa, Paulo Sergio Prampero e Zady Castañeda Salazar. *Inteligência artificial aplicada a jogos digitais*. Trabalho (sem especificação de nível) – Faculdade de Engenharia Elétrica e de Computação da Universidade Estadual de Campinas, Campinas, 2009. Disponível em: <http://www.dca.fee.unicamp.br/~martino/disciplinas/ia369/trabalhos/t4g1.pdf>. Acesso em: 21 ago. 2017.

na internet. Para fins meramente didático e exemplificativo, trataremos de quatro destes jogos, tendo em vista suas peculiaridades, o *Clash Royale*, o Pokémon GO, o Minecraft e o *Second Life*.

8.3. GAMES PARA *SMARTPHONES*. *CLASH ROYALE*. POKÉMON GO

Clash Royale pode ser traduzido como "Batalha dos Reis". Trata-se de um jogo desenvolvido para ser utilizado em *smartphones*; logo, é um aplicativo (*software* para celulares). Lançado no início de 2016, o *Clash Royale* é jogado em tempo real por mais de um jogador gratuitamente. Na verdade é uma modalidade intitulada de *freemium*, ou seja, um formato em que o serviço digital é gratuito (como muitos disponibilizados na internet), sendo, porém, possível se adquirir recursos adicionais mediante pagamento em moeda real, normalmente via cartão de crédito.

De forma sintética, o jogo *Clash Royale* consiste, substancialmente, em batalhas disputadas por dois reis, com suas respectivas tropas, com o objetivo de derrubar as torres do adversário. Vence quem derrubar mais torres ao final do período de tempo estabelecido para a batalha, sendo que ao vencedor são dados troféus, ouro e baús como premiação. Existem arenas de batalhas (atualmente são 11 arenas), sendo que ao ser iniciado no jogo o *player* (jogador) recebe cartas que poderão ser utilizadas para ataque ou defesa durante as partidas. Os jogadores podem formar clãs (tribos) para que possam, entre si, comunicarem-se, trocarem cartas ou mesmo batalharem num formato amistoso, sem perder as premiações já conquistadas.

Também, existem bonificações que são feitas, por exemplo, pelo fornecimento de baús, que ao serem abertos se recebe ouro, cartas ou gemas. As gemas podem ser utilizadas para comprar mais ouro, cartas e baús. Frise-se que é possível se adquirir, via pagamento com dinheiro real, mais gemas visando tornar-se ainda "poderoso" e/ou ascender de nível mais rapidamente no jogo.

Assim, percebe-se que eventualmente poderá haver problemas derivados do *Clash Royale* que impliquem efeitos jurídicos, pois é possível ocorrer o contato entre pessoas (jogadores) por meio do jogo, a compra de gemas com o uso de dinheiro real, entre outros aspectos derivados do jogo, como a publicidade enganosa e os vícios de serviço.

Um fenômeno em matéria de jogo eletrônico e instalação de aplicativo (programa de computador para aparelho celular) é o "Pokémon GO". Trata-se de um aplicativo, cuja finalidade é ser um jogo eletrônico gratuito[14] para *smartphones*. É um jogo de realidade ampliada que utiliza o sistema de localização por satélite GPS (*Global Positioning System* – Sistema de Posicionamento Global) e a câmera de vídeo instalados no *smartphone*. Desse modo, o aplicativo permite aos jogadores caçar, capturar, batalhar e treinar Pokémons ao aparecerem na tela do *smartphone* como se fossem no mundo físico.[15]

Pokémons são monstrinhos/criaturas virtuais, derivados do desenho animado "Pokémon". Para jogar, o usuário se localiza e caça os Pokémons por meio de um mapa que representa o mundo real, sendo que enquanto se desloca, o aparelho vibra para avisar sobre a presença dos bonecos pelo trajeto, que podem estar localizados em qualquer localidade, com menor ou maior trânsito de pessoas, como parques, lanchonetes, *shopping centers* etc.

Tocando a tela do aparelho celular a criatura é visualizada, no mesmo local onde o usuário está, pois o jogo usa a câmera do próprio aparelho para projetar no ambiente uma imagem que se assemelha muito ao mundo virtual. Para capturar o Pokémon é preciso usar uma "pokebola" (recipiente virtual guardar os Pokémons). De acordo com o número de bonecos capturados, o jogador vai subindo de nível, permitindo alcançar níveis mais complexos do jogo, como o de participar de batalhas com outros usuários.

Após o uso massificado do jogo, foi lançado um acessório denominado **Pokémon Go Plus**. Trata-se de um acessório, um dispositivo opcional que consiste em uma espécie de pulseira parecida com um relógio de pulso. Sua finalidade é ser um acessório que alerta os jogadores para Pokémons que estiverem nas proximidades para ser capturados

Sem dúvida, o jogo é (ou melhor, foi) um fenômeno de popularidade entre crianças, adolescentes e adultos. Em poucas semanas alcançou milhões de usuários pelo mundo, ainda que tenha perdido boa parte de seus usuários, sobretudo no modo remunerado do jogo.[16] Embora haja quem diga que o jogo

---

14 Como se diz, se o produto (ou serviço) é gratuito é porque você (ou os seus dados) é o produto que está sendo comercializado. Isso é dito pois, hoje a informação vale dinheiro. Empresas precisam das informações das pessoas, sobretudo as preferências de consumo, de modo potencializar sua publicidade e venda de produtos e serviços.

15 Disponível em: <https://pt.wikipedia.org/wiki/Pok%C3%A9mon_GO>. Acesso em: 20 ago. 2017.

16 *Pokémon GO' Has Lost 79% Of Its Paying Players Since Launch, But That's Fine*. Disponível em: <http://www.forbes.com/sites/davidthier/2016/09/13/pokemon-go-has-lost-79-of-its-paying-players-since-launch-but-thats-fine/#2ab5fbfd526c>. Acesso em: 26 ago. 2017.

incentivava a movimentação física dos usuários na busca por capturar o maior número de Pokémons, o aplicativo chegou a provocar uma série de problemas jurídicos, como: invasões de propriedade, pública e privada; acidentes, que vão desde atropelamento até a queda de sacadas, tendo em alguns casos provocado a morte do jogador; perda da produtividade laboral etc. Sem dizer dos problemas psicológicos envolvendo a perda do interesse por outros assuntos do mundo real, o fato de tornar-se extremamente viciado no jogo, entre outros.

Contudo, e sem sombra de dúvidas, quando problemas têm efeitos para o mundo do Direito é preciso refletir sobre a possibilidade ou não de os proprietários do jogo serem responsáveis pelos ocorridos, do ponto de vista civil e/ou criminal. No entanto, o fato de haver problemas jurídicos, médicos, psicológicos, sociais etc. não significa que não sejam aplicáveis em favor dos titulares do jogo as excludentes de responsabilidade, sobretudo da culpa exclusiva da vítima (e de terceiro), pois em boa medida o problema não é do jogo em si, mas dos seus jogadores que o utilizam sem o menor senso crítico.

Em geral, as tecnologias são pensadas visando racionalizar as atividades humanas e corporativas, provendo, portanto, bem-estar e otimização dos recursos. Acontece que boa parte das pessoas tem deixado se levar (às vezes por modismo/efemeridade ou influência publicitária da mídia) de modo a transformar a Tecnologia da Informação como um fim em si mesmo em suas vidas, não como um meio de melhorá-las.

8.4. MINECRAFT

Sensação entre muitas pessoas, especialmente as crianças, o Minecraft é um jogo eletrônico que permite a construção dos mais variados mundos e objetos usando cubos, como, por exemplo, casas, estabelecimentos comerciais, museus etc. Na verdade o cenário do jogo é formado totalmente pelos blocos (cubos) de pedra, madeira, areia, água, cimento, entre outros materiais disponíveis. É permitido o deslocamento dos blocos para outros lugares, construindo e desconstruindo coisas. Além disso, é possível realizar a mineração e coleta de recursos para construção de coisas, podendo ser caracterizado como um jogo misto de sobrevivência e exploração.[17]

O jogo não tem um fim específico, um resultado a ser alcançado ou vencedor; a intenção é o jogador trabalhar com sua criatividade. O Minecraft pode

---

17 Disponível em: <https://pt.wikipedia.org/wiki/Minecraft>. Acesso em: 20 ago. 2017.

ser jogado de forma gratuita ou onerosa (paga), sendo que neste caso há níveis mais complexos de entretenimento.

Inicialmente o jogo proporciona ao usuário cenários virtuais aleatórios (como, praia, cidade, floresta etc.), de modo que este possa construir o seu mundo conforme a sua criatividade. O jogo pode ter a participação de apenas um jogador, ou a de dois ou mais ao mesmo tempo.

Este jogo tem propiciado algo muito interessante (não necessariamente bom); muitas pessoas estão divulgando vídeos, sobretudo pelo Youtube (*site* de compartilhamento de vídeos), em que se comentam detalhes realizados no jogo. Isso tem atraído a atenção de muitos expectadores, propiciando assim um grande número de visualizações destes vídeos, que a partir de certo número de visualizações, acaba por consequência trazendo rendimentos pagos pelo Youtube àqueles que postam tais vídeos.

Entre outras questões que podem ter implicação jurídica, podemos pensar se esta renda, a qual muitas vezes está sendo recebida por menores de idade, é tributável. Será preciso examinar com cuidado as regras do direito tributário acerca do regime jurídico aplicável a esta remuneração. Sob o prisma do direito civil e empresarial, será que esta renda pode ser considerada para fins de emancipação do menor, conforme prevê o inc. V do art. 5º do Código Civil?

8.5. CASO *SECOND LIFE*

Second Life (Segunda Vida) foi um jogo que ocorre em ambiente virtual e tridimensional, no qual o objetivo é a simulação do mundo real, desenvolvido pela empresa Linden Labs em 2003.[18] Este jogo utiliza a mídia MMORPG (*Massive Multiplayer Online Role Playing Game*),[19] no qual cada usuário cria o personagem (*avatar*) a seu critério, escolhendo cada aspecto, como roupas, cabelo, tom da pele etc.

Após a criação do *avatar*, o operador está hábil para interagir com o mundo virtual, comprando, namorando, casando-se, tendo filhos, produzindo objetos, fazendo negócios etc. (o que pode gerar efeitos no âmbito do direito). A interface do jogo simula a realidade física de alguns municípios, países,

---

[18] Disponível em: <http://www.secondlife.com> e <www.gruposecondlife.com.br>. Acesso em: 17 dez. 2010. (Novo acesso em: 10 ago. 2017).

[19] José Milagre. *Direitos no Second Life*: realidade virtual ou virtual realidade? Disponível em: <http://imasters.com.br/>. Acesso em: 24 ago. 2017.

prédios públicos, como, por exemplo, o bairro dos Jardins e o Teatro Municipal, ambos da cidade de São Paulo.

O jogador tem a opção de aderir ao jogo de forma paga (maior interatividade) ou gratuita (mais simples).

Este jogo começou nos EUA em 2003. Atualmente, conta com 6,7 milhões de usuários,[20] sendo que 30% da população do jogo é americana. O Brasil, em abril de 2007, tinha a sétima maior população no *Second Life*, com 216.000 *avatares*.[21] Em abril de 2007, começou a versão brasileira.

O *Second Life* possui câmbio, moeda e economia próprios;[22] a moeda corrente virtual é representada pelo *Linden Dollar* (L$), que pode ser adquirido por dinheiro real via cartão de crédito, como também pode ser convertida pela casa de câmbio *LindeX Currency Exchange* em dinheiro real, com crédito no cartão de crédito real do jogador. No jogo, o *Linden Dollar* pode ser utilizado para comprar bens, contratar serviços fornecidos por outros jogadores etc.

Para se jogar há necessidade: de computadores bem potentes; boa conexão de banda larga; dedicação de várias horas para aprender a movimentar o *avatar* etc. (sendo que nem todos têm tempo e paciência para tanto).[23] Muitos se cadastram, mas logo abandonam também em razão desses entraves.

Neste jogo há todo tipo de atividade empresarial: bancos, seguradoras, administradoras de cartão de crédito, companhias aéreas, faculdades com cursos de graduação e pós-graduação.[24]

Há muita publicidade no *Second Life*. Muitas empresas, dos mais variados ramos, têm explorado o espaço virtual do jogo com anúncios publicitários: cigarro, carros, cartão de crédito, companhias aéreas etc. Exemplos: TAM, Toyota, Fiat, Volkswagen, Adidas, Bradesco.

Poder-se-ia questionar qual a utilidade de uma empresa aérea em um ambiente em que se pode voar. Acontece que se trata de um baixo investimen-

---

[20] Fonte: *Revista Exame*, 6 jun. 2007, p. 100.

[21] Fonte: *Revista Veja*, 18 abr. 2007, p. 96.

[22] André Sussumu Iizuka. *Second Life* – velhos problemas jurídicos na nova tecnologia. Disponível em: <http://www.comarcabrasil.com.br>. Acesso em: 21 ago. 2017.

[23] Fonte: *Revista Exame*, 06 jun. 2007, p. 102.

[24] Um dia será possível validar esses diplomas? O conhecimento a princípio é válido.

to em publicidade, mas que alcança muitas pessoas. A construtora Rossi anunciou dar um apartamento virtual no jogo para quem comprasse um apartamento de um empreendimento real na cidade de São Paulo, que ficaria pronto em 2010.[25]

Outras empresas têm postergado a entrada no jogo por recomendação de especialistas em publicidade. Isso porque entendem que, se é uma segunda vida, os personagens não querem estar sujeitos às mesmas práticas da vida real. Segundo os participantes mais antigos, eles não gostam de ver publicidade no *Second Life*, considerando que é uma invasão oportunista das empresas.[26]

Logo, a publicidade no jogo pode trazer um efeito reverso, ou seja, trazer antipatia pela marca na vida real, pois até nos momentos de "lazer" o jogador se depararia com os anúncios publicitários.

Já houve caso de um escritório de advocacia que se estabeleceu no jogo utilizando-se do mesmo nome do escritório real. Submetido a processo de consulta junto ao Tribunal de Ética e Disciplina da OAB/SP, sob o n. E-3.472/2007, a decisão vedou a participação de escritório de advocacia no *Second Life*, ficando impossibilitada a publicidade dos serviços advocatícios neste tipo de jogo.

Neste universo *on-line* é possível praticar vários atos jurídicos semelhantes aos do mundo real, sujeitando-se assim a conflitos. E o *Second Life* está imerso em questões envolvidas pelo Direito, como, por exemplo, plágio e violação de direitos autorais, contrafação de marcas e patentes, subtrações e desvios de recursos, evasão tributária, publicidade abusiva e enganosa, terrorismo, pedofilia etc.

Na plataforma de interação, os personagens que realizarem atos considerados ilegais são excluídos do sistema. Porém, na maioria das vezes, a exclusão do personagem não faz a situação retornar ao *status* anterior; e, desta forma, gera algum tipo de prejuízo virtual para outros jogadores, podendo ter reflexos por meio de dano na esfera real.

Por exemplo, digamos que um usuário furte no jogo L$ 1.000,00 de outro, isso poderia ser considerado um delito? Neste caso, houve uma transgressão, como também uma diminuição patrimonial da vítima. Mas vale lembrar que, de acordo com o art. 155 do Código Penal brasileiro, furtar é: "Subtrair, para

[25] Fonte: *Revista Veja*, 18 abr. 2007, p. 102.

[26] Fonte: *Revista Exame*, 06 jun. 2007, p. 101.

si ou para outrem, coisa alheia móvel". Para ser tido como infração penal, o dinheiro virtual precisaria ser interpretado como "coisa alheia móvel", o que dependeria de formação de jurisprudência.

Segundo Ana Amélia Mena Barreto:

> Parte-se da premissa de que esse ambiente virtual depende do real. Assim, não há necessidade de se criarem leis específicas. O que está sendo feito, atualmente, são ajustes para modernização legislativa, para que os códigos tenham novos artigos que estabeleçam a aceitação do meio eletrônico. Temos, por exemplo, a Lei do Direito Autoral, então, independente de onde tenha sido praticada a violação, o fundamento jurídico será o mesmo.[27]

Vale destacar que, no Congresso Nacional, são vários os projetos de lei que visam estabelecer regras para ambientes virtuais, em todas as áreas do Direito, em especial na esfera penal, como é o caso dos Projetos de Lei ns. 89/2003, 137/2000 e 76/2000, que foram reunidos para uma consolidação.

Os danos podem ser variados. Recentemente houve a denúncia de pedofilia dentro do ambiente virtual *Second Life*; as imagens foram transmitidas por um canal de televisão alemão, nas quais constava um *avatar* adulto cometendo atos pornográficos com um *avatar* infantil. Ao investigar o caso, a polícia, com a ajuda da Linden Labs, conseguiu identificar os responsáveis, que podem responder a processo criminal por pornografia, além da exclusão de sua conta.[28]

Outro caso na esfera penal foi o do adolescente preso (na vida real) na Holanda por furto em um hotel virtual. Ele é acusado de ter roubado móveis virtuais de um dos quartos do Habbo Hotel no jogo eletrônico, comprados com dinheiro real. O prejuízo seria da ordem de dez mil Reais.[29]

Também curiosa é a situação de uma emissora de TV australiana que construiu uma glamorosa ilha no *Second Life*. A ilha foi destruída em razão

---

[27] Simone Garrafiel. *Participação no Second Life requer cuidados*. Disponível em: <http://www.nucleodedireito.com>. Acesso em: 20 ago. 2017.

[28] Coriolano Aurélio de Almeida Camargo Santos. *As múltiplas faces dos crimes eletrônicos e dos fenômenos tecnológicos e seus reflexos no universo jurídico*. Disponível em: <http://www.estig.ipbeja.pt/~ac_direito/crimes-eletronicos-oab.pdf>. Acesso em: 20 ago. 2017.

[29] *Adolescente é preso na Holanda por furto em hotel virtual*. Disponível em: <http://www.estadao.com.br/noticias/tecnologia,adolescente-e-preso-na-holanda-por-furto-em-hotel-virtual,80891,0.htm>. Acesso em: 20 ago. 2017.

de uma explosão. No caso, alguns *avatares* em helicópteros e munidos de bombas e armas detonaram o local. A empresa ficou conhecida por ser a primeira vítima de um ataque terrorista virtual.[30-31]

Evidentemente, o dano causado gerou prejuízos aos proprietários da ilha, por perderem dinheiro na vida real (pelos créditos comprados); em razão do desastre no jogo, haverá reflexos jurídicos, tanto do ponto de vista civil como penal. Sem prejuízo de outros crimes, pode se considerar o ato como apologia ao crime.

Em sede de responsabilidade penal e civil, será que uma ofensa no jogo, entre *avatares*, pode ter reflexo na vida real? O Direito deve alcançar as relações estabelecidas entre *avatares*.

Vejamos o caso do casal (real) que em grande parte do seu tempo se relaciona pelo *Second Life*, via seus *avatares* (12 horas por final de semana),[32] inclusive para pedir cigarros (a serem entregues fisicamente). Será que de um possível desentendimento no jogo não haveria reflexos na vida pessoal e real?

Além disso, no jogo é possível ter filhos, casar-se, separar-se. E se em decorrência de um adultério virtual houver uma separação virtual: poderá haver danos morais à vítima no jogo, com possíveis reflexos na sua vida real?

As indagações que o Direito terá de responder se multiplicam. Como já dito, é possível adquirir a moeda do jogo comprando-a por meio de pagamento no cartão de crédito (da vida real). Também se pode o inverso, transformar a moeda virtual em Reais.

Assim, tendo crédito na vida virtual, você pode adquirir bens e serviços no jogo. Acontece que você pode vender algo no jogo e receber por isso. Logo, se quiser, poderá transformar o dinheiro virtual em dinheiro real. Como fica essa situação do ponto de vista jurídico-tributário? Poder-se-ia realizar uma compra e venda na vida real, mas com pagamento na vida virtual (ainda que se alegue uma compra e venda virtual). Como ficam os tributos? Houve aumento patrimonial? Há renda para justificar? Será que a renda obtida no jogo é suscetível de constar na Declaração do Imposto de Renda? É passível de tributação?

Se a pessoa vender o apartamento no *Second Life* e transformar seus *Linden Dollars* em Reais, poderá haver um ganho de capital? E assim tributável?

---

30 Fonte: *Revista Exame*, 06 jun. 2007, p. 102.

31 Coriolano Aurélio de Almeida Camargo Santos. *As múltiplas faces dos crimes eletrônicos e dos fenômenos tecnológicos e seus reflexos no universo jurídico*.

32 Fonte: *Revista Exame*, 06 jun. 2007, p. 98.

Quanto à questão tributária dos negócios realizados no ambiente eletrônico, os valores gerados em moeda corrente nacional, o Real, a partir dos negócios realizados no *Second Life*, deverão ser tributados. Nos Estados Unidos (e em países da União Europeia), se houve a geração de lucro para a empresa em moeda virtual, e esta não é convertida em dólar, não há incidência de tributação, caso contrário, segue a cobrança das taxas incidentes. No Brasil, ainda não há notícias sobre a tributação nestas operações.

Sem sombra de dúvida, trata-se de um mercado virtual com efeitos na economia real. Mas até que ponto o Estado poderá interferir nas relações estabelecidas na vida virtual, haja vista as regras jurídicas do ordenamento jurídico vigente. Discute-se se este tipo de jogo perderia suas características de segunda vida se o Estado impusesse suas regras jurídicas e sua jurisdição do mundo real ao mundo virtual.

Assim, essa nova interação social gera, a partir de suas relações, efeitos no mundo jurídico. No entanto, por fazer parte de uma nova perspectiva, os diversos métodos jurídicos normalmente utilizados podem ser tidos como obsoletos e/ou não aplicáveis a estas relações.

Cabe ressaltar que, embora estes jogos tidos como segunda vida estejam inseridos em uma nova concepção de mídia e interação social, não passam de uma dimensão da vida real; sendo assim, as regras, os direitos e os deveres provindos dele devem ser respeitados e cumpridos nas searas virtuais e reais.

Contudo, entendemos que das relações estabelecidas no mundo virtual em qualquer área do Direito (contratual ou extracontratualmente) podem surgir reflexos no mundo jurídico sim, por ser este tipo de jogo extensão da vida real.

9.

Internet das Coisas e Inteligência Artificial

9.1. INTERNET DAS COISAS

O processo de automação industrial é um fenômeno que se confunde com a Revolução Industrial (séculos XVIII e XIX), enquanto um processo de produção em série para atender um consumo em massa. Isso porque a Revolução Industrial em boa medida foi possível em razão do desenvolvimento da automatização no processo fabril. Desse modo, a "internet das coisas" (*internet of things*) é fruto da constante evolução que a tecnologia (conjunto e estudo das técnicas) vem sofrendo desde o século XVIII.

Conceitualmente, internet das coisas pode ser compreendida como o avanço tecnológico pelo qual aparelhos de uso comum passam a ser dispositivos eletrônicos que se comunicam entre si sem a necessidade do manuseio humano. Isso vale para veículos, máquinas, eletrodomésticos, eletroportáteis, meios de transporte, entre outros inúmeros exemplos que são conectados à rede mundial de computadores para terem um desempenho mais dinâmico e "inteligente".

No fundo, quando estes aparelhos são incrementados com tecnologia inteligente que lhes permitem, entre outras coisas, conectarem-se à internet, pode-se afirmar que eles estão passando para a categoria dos denominados Gadgets (do francês: peças mecânicas variadas).

Gadget é um dispositivo eletrônico portátil; um equipamento que tem um propósito e uma função específica, prática e útil no cotidiano, sendo exemplos, *smartphones*, aparelhos de GPS,[1] leitores de MP3, dentre outros. Os *gadgets* são chamados de *gizmos* (do inglês: aparelho) quando ainda não tenham nome próprio, ou este seja desconhecido ou se tenha sido esquecido. Enquanto um *gadget*, o *gizmo* possui um forte apelo de inovação em tecnologia, normalmente com apresentação estética (*design*) mais moderna ou tendo sido construído de um modo mais eficiente e extraordinário. No direito empresarial, isso pode ser enquadrado como "modelo de utilidade",[2] que é tutelado pela Lei n. 9.279/96, art. 9º e s.

Por certo que quanto maior for o desenvolvimento da nanotecnologia,[3] da inteligência artificial,[4] do acesso sem fio à internet (*Wi-Fi*)[5] etc. mais a internet das coisas será desenvolvida e expandida.

Compreendemos que a internet das coisas é um avanço e não uma revolução tecnológica, pois revolução pressupõe uma quebra/mudança de paradig-

---

1 GPS – *Global Positioning System*, que em português significa "Sistema de Posicionamento Global", é um sistema de navegação por satélite.

2 Modelo de utilidade é o objeto de uso prático que apresenta ato inventivo do qual resulte melhoria funcional no seu uso ou em sua fabricação. Ele deve apresentar nova forma ou disposição, em relação à invenção, e deve ter aplicação industrial. Para mais detalhes, veja Tarcisio Teixeira. *Direito empresarial sistematizado:* doutrina, jurisprudência e prática. 8. ed. São Paulo: Saraiva, 2019, p. 135-136.

3 Nanotecnologia significa a tecnologia que trabalha em escala nanométrica (a grandeza dividida por um milhão) aplicada à produção de circuitos e dispositivos eletrônicos com as dimensões de átomos ou moléculas.

4 Inteligência parecida com a humana, porém praticada por equipamentos ou *softwares*. De acordo com Aires José Rover a inteligência artificial pode ser compreendida, em suma, como a ciência do conhecimento que busca a melhor forma de representá-lo, na medida em que estuda o raciocínio e os processos de aprendizagem em máquinas. Um agente inteligente, assim entendido como uma entidade integrada que envolve um sistema de computador e seus usuários, dispõe de: a) autonomia, visto que o agente opera sem a intervenção direta do usuário ou de outros agentes; b) habilidade social, uma vez que o agente interage com outros agentes através de algum tipo de linguagem de comunicação; c) reatividade, dado que o agente percebe o ambiente ao seu redor e responde oportunamente às mudanças que acontecem; e d) proatividade, haja vista o agente não só agi em resposta ao ambiente, como também toma iniciativa a partir de um objetivo. Em outras palavras, a inteligência artificial busca, com o desenvolvimento computacional, uma inteligência de máquinas que seja similar à inteligência do homem. Aires José Rover. *Informática no Direito*: inteligência artificial. Curitiba: Juruá, 2001, p. 60-62.

5 A expressão ***Wi-Fi*** é uma abreviação de *wireless fidelity* ("fidelidade sem fio").

ma (modelo),[6] sendo que a internet das coisas é uma decorrência (aprimoramento) do processo de automação que vem se desenvolvendo nos últimos séculos, e, sobretudo, a partir do final da década de 1960 com o desenvolvimento inicial do que hoje conhecemos como internet.

Desse modo, a internet das coisas consiste em fazer com que as coisas físicas tornem os aparelhos conectados à rede mundial de computadores. Não significa necessariamente transformá-las em computadores (em sentido estrito), mas caracterizá-las como minúsculos "computadores", denominados de "coisas inteligentes", em razão de seu agir mais dinâmico quando comparado às coisas não conectadas à rede.

Por isso, internet das coisas não é algo novo, entretanto o assunto tornou-se relevante para o mundo nos últimos tempos devido ao seu progresso no desenvolvimento de *hardwares* [e *softwares*]. Assim, a redução de tamanho, dos custos e do consumo de energia, a melhora do desempenho e o impulso à inovação são pontos positivos do assunto.[7]

Essa também é nossa opinião. Por isso, insistimos, na verdade a internet das coisas nada mais do que a evolução do processo de automação na atividade empresarial que vem sendo desenvolvido ao longo dos anos.

Podemos estabelecer combinações entre o potencial da internet das coisas e a noção de sustentabilidade, com vistas a efetivar a função social que as novas tecnologias possibilitam quando integradas conscientemente à população e ao meio ambiente.

De acordo com Celso Antônio Pacheco Fiorillo, a manifestação do pensamento, a criação, a expressão e a informação da pessoa humana, passaram no século XXI por um novo processo civilizatório representativo de novas culturas, tendo caráter marcadamente difuso evidentemente em face das formas, processos e veículos de comunicação de massa, principalmente com o uso das

6 Com certa segurança, podemos denominar de "revolução", a Revolução Francesa (século XVIII) e a Revolução Industrial (séculos XVIII e XIX). A primeira por ter havido uma mudança significativa do ponto de vista social e ideológica, sobretudo pelo seu lema de "liberdade, igualdade e fraternidade"; já a segunda, porque de fato ouve uma alteração sensível no modo de produção, passando de artesanal para um processo fabril padronizado e em larga escala para atender o consumo em massa dos cidadãos.

7 Elgar Fleisch. What is the *internet* of Things? An economic perspective. *Auto-ID Labs White Paper*, jan. 2010, p. 3.

ondas eletromagnéticas (rádio e televisão); e, sobretudo, pelo advento da rede de computadores de alcance mundial formada por inúmeras e diferentes máquinas interconectadas em todo o mundo (internet).[8]

Nesse contexto, a internet das coisas vem caracterizar uma nova fase de transformações quanto aos hábitos e costumes sociais, favorecendo redes de integração ainda maiores e complexas. A inserção da internet das coisas combinada com a capacidade humana revela um ambiente unificado e fortemente conectado, ultrapassando a divisão entre ambiente físico e virtual.

Assim, a internet das coisas permite-nos pensar: em estratégias sustentáveis de internet das coisas na colaboração com o planejamento ambiental e urbano e com vistas à promoção das cidades inteligentes (*smart cities*) e do ambiente inteligente (*smart environment*); na identificação de vias de deliberação social a respeito dessas inserções; na demonstração de meios iniciais de promoção e orientação a par do Direito, no momento em que há o levantamento de conflitos e a internet das coisas torna-se relevante também para o mundo jurídico.

Em matéria ambiental e urbana, a internet das coisas é auxiliada pela "computação onipresente" (*pervasive computing*), isto é, em todos os lugares de modo invisível ao ser humano e utilizando interfaces naturais, bem como com as redes de sensores sem fio (*wireless sensors network*). Entre tais campos, e tendo como base a política pública sobre internet das coisas inaugurada na Índia em 2014, revisada em 2015, destacam-se: iluminação inteligente (*smart lighting*); gerenciamento de tráfego inteligente (*smart traffic*), incluindo estacionamentos inteligentes (*smart parking*); gerenciamento inteligente da água (*smart water*); gerenciamento inteligente de resíduos (*smart waste management*); agricultura inteligente (*smart agriculture*); segurança inteligente (*smart safety*); construções inteligentes (*smart building*).[9]

Podemos enumerar muitos exemplos: árvores artificiais que utilizam energia solar e fornecem ao público acesso sem fio à rede mundial de compu-

---

8 Celso Antônio Pacheco Fiorillo. Tutela jurídica do meio ambiente cultural como parâmetro normativo da denominada sociedade da informação no Brasil. *Revista do Instituto do Direito Brasileiro da Faculdade de Direito de Lisboa*, v. 10, 2012, p. 5.980.

9 GOVERNMENT OF INDIA, Ministry of Electronics & Information Technology. *Draft Policy on internet of Things*, 2015. Disponível em: <http://meity.gov.in/sites/upload_files/dit/files/Revised-Draft-*internet* das coisas-Policy_0.pdf>. Acesso em: 24 ago. 2017, p. 6-10.

tadores (como a *Smart Palm*, instalada em Dubai); as redes de sensores sem fio implantados em estradas e semáforos para acompanhamento e controle do trânsito e também para verificação de mudanças de temperatura e emissão de gases (por exemplo, o HIKOB desenvolvido em França; a iniciativa da Audi com a plataforma *Vehicle to Infrastructure* – V2I); os reservatórios de lixo baseado em energia solar que alertam as equipes de saneamento quando estão completos (como o sistema *BigBelly*); as redes de sensores sem fio em sistemas de irrigação para verificar a umidade do solo e evitar o excesso e desperdício de água (por exemplo, o *WaterBee*), bem como para capturar insetos e prevenir danos (como o *Z-Trap*, da Spensa); entre outros.

Para tanto, a participação da sociedade (cidadãos, empresas e instituições) é imprescindível, especialmente no que tange à indicação das vantagens e desvantagens, o que também é possível realizar por meio da internet das coisas, com o acesso à internet via *Wi-Fi* em pontos locais de vigilância e fiscalização das cidades (*city surveillance*). Também se ressalta a iniciativa dos "*city changer labs*" (laboratórios da campanha). A expressão vem da campanha/movimento promovido pela ONU-Habitat denominado de "*I'm City Changer*". Consistem em centros de inovação e empreendedorismo, onde os jovens criam novas tecnologias para superar desafios urbanos locais e por meio de ações coletivas. A participação cidadã, e principalmente a participação cívica da juventude, é um dos objetivos desses laboratórios, cujo processo beneficia o governo e os cidadãos, ajudando a desenvolver habilidades de liderança e de gestão. Por exemplo, a proposta se efetiva por meio de encontros das intituladas "maratonas de programação" (*hackathons*).[10]

Entretanto, surgem algumas questões jurídicas, como é o caso da possível violação da privacidade e da segurança a partir de invasões e ataques de *hackers*, de coleta e circulação comercial não autorizada de dados pessoais, além do uso inconsciente e inseguro. Cabe ao Direito, concomitantemente, estimular e assegurar o convívio entre as novas tecnologias e as normas existentes que se relacionam ao assunto, como, o MCI – Marco Civil da Internet e o Decreto n. 8.771/2016, que regulamenta o MCI; o CDC – Código de Defesa do Consumidor e o Decreto n. 7.962/2013, que regulamenta o CDC para fins de *e-commerce*; legislação ambiental, entre outras inúmeras normas a respeito.

---

[10] UN-HABITAT, United Nations Human Settlements Programme. *E-Governance and urban policy design*: in developing countries. Nairobi: UN-Habitat, 2015, p. 44-45.

Não se afasta a possibilidade da criação de outras normas jurídicas mais específicas sobre o assunto, pois pode haver conflitos envolvendo limitações do uso de dados e velocidade da internet por parte das empresas de telefonia e demais fornecedores de produtos que demandam a conexão com a internet. Nesse ponto, compreende-se que a atuação do Direito deverá embasar-se por meio de normas de incentivo, atendendo sua função promocional, lançando-se técnicas de encorajamento nos elementos da lei (como contribuições financeiras direta ou indiretamente),[11] a fim de impulsionar a mudança social com segurança jurídica. Uma das áreas do Direito mais sensível como forma de estimular ou desestimular o desenvolvimento de algo é o Direito Tributário, cujas normas podem isentar ou até majorar a tributação de certos bens e/ou atividades econômicas (natureza extrafiscal de determinados tributos).

As políticas públicas (como a da Índia sobre a internet das coisas) ganham relevância em um cenário de revolução tecnológica cada vez mais veloz e a corrida legislativa é inviável. Desse modo, o Estado deve buscar meios pelos quais acompanhe o aprimoramento e evolução constante da sociedade, considerando o Direito como instrumento para materializar os objetivos esperados por meio das normas jurídicas. A criação de políticas públicas, enquanto campo de estudos jurídicos, é um movimento que faz parte de uma maior abertura do Direito para a interdisciplinaridade. Alguns institutos e categorias jurídicas tradicionais, hoje despidos de seu sentido legitimador original, buscam novo sentido ou nova força, restabelecendo contato com outras áreas do conhecimento.[12]

Assim, com a internet das coisas a experimentação e implementação de novos produtos e serviços mais dinâmicos e (provavelmente) mais econômicos, incluindo aqueles criados por empreendedores que atuam cada vez mais por meio de *startups*,[13] contribuirá para o desenvolvimento do bem-estar humano e das instituições, bem como para um possível caminho em vista da sustentabilidade das cidades e do meio ambiente. Neste ponto, o Direito tem função extremamente importante, ser uma ferramenta de incentivo ou desestímulo.

---

11 Norberto Bobbio. *Da estrutura à função*: novos estudos de teoria do direito. Barueri, SP: Manole, 2007, p. 17-21.

12 Maria Paula Dallari Bucci. *Fundamentos para uma teoria jurídica das políticas públicas*. São Paulo: Saraiva, 2013, p. 2.

13 Para mais detalhes, veja Tarcisio Teixeira e Alan Moreira Lopes. *Startups e Inovação* – Direito do Empreendedorismo (*Entrepreneurship Law*). Barueri, SP: Manole, 2017.

9.2. INTELIGÊNCIA ARTIFICIAL

Desde a invenção da roda, o homem busca encontrar formas que facilitem sua existência no mundo. Se nossos antepassados precisavam constantemente se mudar em virtude da alimentação ou condições climáticas, pouco a pouco a evolução da sociedade promoveu significativas mudanças nesse cenário. Com a dominação de técnicas voltadas ao cultivo e agricultura, o homem deixou de ser nômade e passou a se fixar em determinada região, o que impulsionou diversos avanços.

Mais tarde, o homem, a fim de facilitar sua locomoção, inventou a roda, e aos poucos foram surgindo outras inovações à medida que esses homens se relacionavam, proporcionando a estruturação de vilarejos que mais tarde viriam a se tornar cidades política, social, econômica e culturalmente organizadas.

Posteriormente, já com as sociedades estruturadas, o desenvolvimento tecnocientífico deu origem à Revolução Industrial, no século XVIII, a qual impulsionou os avanços tecnológicos, propiciando uma interação entre homem e máquina. Essa evolução impactou profundamente na forma de o homem se relacionar com o mundo e como consequência trouxe o fenômeno da automação, especialmente nas relações de trabalho.

A partir de então, o avanço tecnológico começou a crescer vertiginosamente, de modo que, com a chegada do século XXI e a popularização da internet e dos computadores, passou-se a criar máquinas inteligentes. Hoje já existem automóveis autônomos, robôs humanoides, e esse tipo de inteligência artificial passou a ser utilizado para os mais diversos fins, como na elaboração de diagnósticos médicos, consultorias jurídicas, análise de contratos financeiros etc.

Se antes a interação entre homem e máquina somente era vislumbrada nas obras de ficção científica, hoje podemos afirmar que a vida passou a imitar a arte. Aquilo que antes parecia uma realidade distante, senão impossível, começou a integrar o cotidiano, trazendo situaçoes jurídicas que necessitam de análise cuidadosa, tais como a responsabilidade civil por atos cometidos por sistemas de inteligência artificial autômatos.

Desse modo, a fim de que se compreendam as implicações do uso da inteligência artificial nas esferas do direito, inicialmente é preciso analisar o que esta significa, abordando sua conceituação e evolução histórica. Num segundo momento, serão apontados casos práticos em que há a utilização da inteligência artificial. Por fim, o presente trabalho abordará a proposta da União

Europeia de regulamentar o tema por meio da criação de uma personalidade eletrônica e a possibilidade ou não da aplicabilidade da responsabilidade civil quanto ao uso desse tipo de inteligência no Brasil, comparando-o com as diretrizes tratadas no direito estrangeiro.

9.2.1. Inteligência artificial; evolução e conceito

A Revolução Industrial forneceu subsídios para a evolução tecnológica, trazendo para a realidade aquilo que até então somente era vislumbrado nos filmes e livros de ficção, máquinas inteligentes, capazes de interagir com o ser humano e até mesmo substituí-lo em determinadas situações. Com essa evolução da tecnologia, o homem passou a desenvolver, dentro da ciência da computação, e máquinas capazes de aprender e reproduzir comportamentos humanos, seja por meio de robôs humanoides ou por meio de sistemas operacionais disponíveis em aparelhos eletrônicos, por exemplo.

Essa área da ciência da computação passou a ser chamada de inteligência artificial (IA).[14] Segundo Ivo Teixeira Gico Junior, o termo "inteligência artificial" foi criado por John McCarthy em 1956, na conferência de verão em Dartmouth College, nos Estados Unidos, e foi utilizado para batizar a ciência ou engenharia de fazer máquinas inteligentes.[15] À época em que foi cunhado o termo foi criticado, pois muitos o consideravam presunçoso, entretanto o uso dessa expressão permanece até os dias atuais.

Em que pese John McCarthy ter ficado mundialmente conhecido por ter difundido o termo "inteligência artificial", em 1950 o inglês Alan Turing já havia publicado um artigo que tinha como escopo o questionamento acerca da possibilidade de as máquinas poderem pensar. Diante da dificuldade de responder a essa pergunta, o autor propõe um jogo de imitação que ficou conhecido como "Teses de Turing".[16] Em suma, o jogo teria três participantes:

---

[14] George F. Luger. *Inteligência artificial*: estruturas e estratégias para solução de problemas complexos. 4 ed. Porto Alegre: Bookman, 2004, p. 23.

[15] Ivo Teixeira Gico Junior. Responsabilidade civil dos robôs? Normas sociais de controle dos agentes eletrônicos. In: DE LUCCA, Newton; SIMÃO FILHO, Adalberto (Coord.). *Direito & Internet II*: aspectos jurídicos relevantes. São Paulo: Quartier Latin, 2008, p. 282.

[16] Para maiores informações: Alan Turing. Computação e inteligência. Trad. de Fábio de Carvalho Hansem. In: *Cérebros, máquinas e consciência*: uma introdução à filosofia da mente. São Carlos: EdUFScar, 1996.

um homem, uma mulher e um interrogador, que poderia ser de qualquer sexo e que permaneceria em um quarto separado dos demais participantes. O interrogador faria questionamentos e, com base nas respostas obtidas através de um *chat*, para evitar qualquer identificação, deveria descobrir se o respondente era o homem ou a mulher. A partir daí, Alan Turing aventa a possibilidade de um computador se passar por um jogador a ponto de enganar verdadeiramente o interrogador, fazendo-o pensar que se trata de um humano, e conclui que, se um computador for capaz de simular um ser humano, mantendo interações comunicativas com um interrogador humano, e esse não consiga dizer se a interação esta ocorrendo com uma máquina ou com outra pessoa, essa máquina será, sim, dotada de inteligência.[17]

A inteligência artificial é uma inteligência parecida com a humana, porém praticada por equipamentos ou *softwares*. De acordo com Aires José Rover, a inteligência artificial pode ser compreendida, em suma, como a ciência do conhecimento que busca a melhor forma de representá-lo, na medida em que estuda o raciocínio e os processos de aprendizagem em máquinas. Um agente inteligente, assim entendido como uma entidade integrada que envolve um sistema de computador e seus usuários, dispõe de: a) autonomia, visto que o agente opera sem a intervenção direta do usuário ou de outros agentes; b) habilidade social, uma vez que o agente interage com outros agentes por meio de algum tipo de linguagem de comunicação; c) reatividade, dado que o agente percebe o ambiente ao seu redor e responde oportunamente às mudanças que acontecem; e d) proatividade, haja vista que o agente não só age em resposta ao ambiente como também toma iniciativas a partir de um objetivo. Em outras palavras, a inteligência artificial busca, com o desenvolvimento computacional, uma inteligência de máquinas que seja similar à inteligência do homem.[18]

O uso da terminologia "inteligência" tornou-se usual e mantém-se desde então, mas ao longo do tempo outras definições para inteligência artificial começaram a surgir, e hoje não existe apenas uma definição completa, mas

---

[17] David J. Gunke. Comunicação e inteligência artificial: novos desafios e oportunidades para pesquisa e comunicação. Traduzido por Francisco B. Trento, Daniela Norcia Gonçalves. *Galáxia*, São Paulo [*on-line*]. 2017, n. 34, p. 5-19. ISSN 1519-311X. http://dx.doi.org/10.1590/1982-2554201730816.

[18] Aires José Rover. *Informática no Direito*: inteligência artificial. Curitiba: Juruá, 2001, p. 60-62.

várias definições que se completam. Para Stuart Russel e Peter Norvig,[19] inteligência artificial é "uma ciência experimental, que envolve o estudo da representação do conhecimento (cognição), raciocínio e aprendizagem, percepção dos problemas e ação ou solução dos mesmos". Ou seja, inteligência artificial pode ser compreendida como conjunto de instruções que possibilitam que as máquinas executem tarefas que são características da inteligência humana, tais como planejamento, compreensão de linguagem, aprendizagem...

O funcionamento dos sistemas de inteligência artificial tem como base os dados – tais como textos, imagens, multimídia, vídeos etc. –, bem como a ideia de *Machine Learning* (ML) e *Deep Learning* (DL), que são áreas da computação que estudam formas para que as máquinas consigam exercer atividades humanas do modo mais natural possível.

> O *Machine Learning* é a tecnologia responsável pelo aperfeiçoamento e aprendizado das máquinas por meio dos dados inseridos em seus algoritmos. De forma simples, facilita a capacidade do computador em aprender e evoluir à medida que é exposto a dados (*Big Data*), permitindo ações inteligentes baseadas no conhecimento adquirido pelas informações coletadas. Ou seja, é como se a máquina fosse treinada a partir dos dados "desenvolvendo" a habilidade de aprender e executar uma tarefa.[20]

Em suma, *Machine Learning* consiste na utilização de algoritmos para coleta de dados e aprendizado com base nesses dados para que então a máquina desenvolva a habilidade de realizar determinada tarefa. A ideia central está atrelada ao treinamento factível da máquina, fazendo com que ela consiga realizar distinções, além de permitir que aprenda com suas decisões anteriores. A título de ilustração, pode-se imaginar que a máquina seria como uma criança que está começando a aprender. Já o *Deep Learning* surge como uma subdivisão do *Machine Learning* e permite que a máquina aprenda também com dados complexos. Assim,

> O *Deep Learning* utiliza-se de algoritmos mais complexos (redes neurais) para aprimorar o aprendizado da máquina, de forma que consiga avaliar

---

[19] Stuart Russel; Peter Norvig. *Artificial Intelligence*: a modern approach. 2. ed. New Jersey: Prentice Hall, 2003, p. 62.

[20] João Barcellos. Além da ficção: como a inteligência artificial tem sido essencial para os negócios. *Revista Brasileira de Comércio Eletrônico* (E-commerce Brasil), São Paulo, v. 8, p. 45.

estruturas de dados e ações complexas, como reconhecimento de voz e áudio, interpretação de imagens, como no reconhecimento facial, processamento de linguagem natural, entre outros.[21]

Na inteligência artificial, por meio do *Machine Learning* e do *Deep Learning*, a máquina, sistema ou robô[22] passa a aprender com as decisões anteriores advindas de seu treinamento, com os dados que nela são inseridos, mas também com os dados que ela mesma coleta e armazena. Assim, mediante *feedbacks* positivos ou negativos advindos dos usuários, o sistema se aprimora.

É preciso esclarecer que a inteligência artificial não se confunde com a automação. Isto porque na automação não há o raciocínio por parte da máquina, enquanto na inteligência artificial a atuação humana torna-se dispensável em virtude da existência de algoritmos matemáticos ou estatísticos que permitem que máquinas desenvolvam raciocínios aproximados do raciocínio humano para determinadas atividades.[23] Desse modo, o ponto nevrálgico que as diferencia reside no comportamento complexo e independente da intervenção humana que a inteligência artificial possui e a automação, não.

Em virtude dessa autonomia que a inteligência artificial possui, surgem questionamentos acerca da possibilidade de a máquina ultrapassar a capacidade intelectual humana e passar a substituir ou até mesmo controlar o homem com o objetivo de assegurar sua própria sobrevivência. Nesse cenário, a máquina deixaria de servir o homem e passaria a instrumentalizá-lo, invertendo os papéis.

A revolta das máquinas é tema já trabalhado nas obras de ficção, sendo que a pioneira e mais famosa obra sobre o assunto é de Isaac Asimov. O autor, juntamente com John W. Campbell na obra *Runaround* – impresso na coletânea *Eu, robô* –, relata a estória de um robô doméstico que teria se rebelado e

---

21 João Barcellos. Além da ficção: como a inteligência artificial tem sido essencial para os negócios. *Revista Brasileira de Comércio Eletrônico* (E-commerce Brasil), p. 46.

22 O uso da palavra "máquina" empregado no texto compreende os robôs e sistemas que utilizam inteligência artificial, sendo todos tratados como sinônimo no âmbito deste trabalho.

23 Ivo Teixeira Gico Junior. Responsabilidade civil dos robôs? Normas sociais de controle dos agentes eletrônicos. In: DE LUCCA, Newton; SIMÃO FILHO, Adalberto (Coord.). *Direito & Internet II*: aspectos jurídicos relevantes. São Paulo: Quartier Latin, 2008, p. 282.

cometido um assassinato, desrespeitando os três mandamentos[24] a que todos os robôs deveriam obedecer, quais sejam:

> 1. A um robô é vedado causar dano a um ser humano ou comissivamente permitir que um ser humano sofra injúria;
> 2. Um robô deve obedecer aos comandos dos seres humanos, exceto quando tais comandos conflitarem com o Primeiro Mandamento;
> 3. Um robô deve se autopreservar, desde que a autopreservação não conflite com o Primeiro e o Segundo Mandamentos.

Depreende-se da leitura dos mandamentos acima que o intuito dos autores é manter os robôs autônomos sob o domínio humano por meio dessas regras de convivência. Anos depois, o autor entende ser necessária a criação de mais um mandamento, já que em suas novas estórias as leis anteriores poderiam não ser suficientes. Esse novo mandamento passou a ser chamado de Mandamento Zero e enuncia que a um robô é vedado causar dano à humanidade, ou permitir que a humanidade seja prejudicada.[25]

Evidentemente que esses mandamentos foram pensados e criados para as obras de ficção e não possuem qualquer comprometimento ou equivalência com a realidade, mas essas leis ficaram mundialmente conhecidas como "Leis da Robótica". Em que pese não se revestirem de caráter jurídico, acabam sendo levadas em consideração pelos pesquisadores nos estudos e no desenvolvimento da ciência da computação, em especial no campo da inteligência artificial, como normas genéricas e principiológicas.[26]

Todavia, por outro lado, há quem defenda que o desenvolvimento da inteligência artificial culminará na interação positiva entre homem e máquina, de modo que a máquina, ao aumentar suas capacidades cognitivas, poderá auxiliar cada vez mais o ser humano no desempenho de suas tarefas, fazendo que este poupe tempo e esforços. É possível também encontrar exemplos de interação positiva do homem com a máquina na indústria cinematográfica,

---

24 Isaac Asimov. *Eu, robô*. Trad. Aline Storto Pereira. São Paulo: Aleph, 2014.

25 Ivo Teixeira Gico Junior. Responsabilidade civil dos robôs? Normas sociais de controle dos agentes eletrônicos. In: DE LUCCA, Newton; SIMÃO FILHO, Adalberto (Coord.). *Direito & Internet II*: aspectos jurídicos relevantes, p. 287.

26 EL PAÍS. A *Europa se fixa em Asimov para regular as máquinas autônomas*. Disponível em: <https://brasil.elpais.com/brasil/2018/04/24/tecnologia/1524562104_998276.html> Acesso em: 22 mar. 2018.

desde relações profissionais a amorosas,[27] inclusive obras que abordam o desejo de um robô se tornar humano.[28]

Inspiradas ou não pela arte, com o desenvolvimento das técnicas de inteligência artificial as máquinas vão cada vez mais se aprimorando, os sistemas que antes eram mais simplificados hoje são altamente complexos e estão presentes nas mais diversas searas da vida humana. Hoje é possível encontrar robôs com inteligência artificial que atuam na interpretação de acordo de empréstimo comercial e analisam acordos financeiros. Robôs que atuam no âmbito da advocacia, como é o caso do Robô ROSS, nos Estados Unidos.[29]

O caso mais famoso do uso de inteligência artificial é o do Watson, da empresa americana IBM. A primeira aparição pública desse sistema ocorreu em fevereiro de 2011 no programa norte-americano Jeopardy. O programa conta com um apresentador e três participantes. No jogo o apresentador dá uma resposta e os participantes devem fazer a pergunta que ensejaria aquela resposta; aquele que acerta vai ganhando pontos em dinheiro. Os competidores eram o Watson e os dois maiores vencedores do programa. Para participar da competição, o sistema de inteligência artificial da IBM foi treinado apenas com a base de dados disponível no *site* wikpedia.org, mas contava com um sistema cognitivo altamente complexo e poderoso, o que fez com que o Watson fosse o campeão do programa.[30]

Após a vitória de seu sistema, a IBM passou a investir cada vez mais no desenvolvimento de inteligência artificial, com o intuito de aliar o trabalho entre homens e máquinas. Conforme a declaração de Thomas Watson Jr. no *site* da IBM, "nossas máquinas não devem ser nada além do que ferramentas para empoderar ainda mais os seres humanos que as usam".

Atualmente o Watson é uma plataforma de inteligência artificial multiúso mundialmente conhecida e comercializada, que já foi utilizada inclusive para ajudar os médicos a elaborar diagnósticos de seus pacientes, para *insights* de negócios, para criação de assistentes de conversação, para o ensino, entre outros.[31]

---

27 Por exemplo, a obra cinematográfica *Ela* (EUA, direção de Spike Jonze, 2013).

28 Obras cinematográficas como *O homem bicentenário* (EUA, direção de Chris Columbus, 1999) e *A.I. – Inteligência Artificial* (EUA, direção de Steven Spielberg, 2001).

29 Disponível em: <https://rossintelligence.com/>. Acesso em: 10 fev. 2020.

30 Disponível em: <https://www.jeopardy.com/jbuzz/highlights/watson-ibm>. Acesso em: 10 fev. 2020.

31 Disponível em: <https://www.ibm.com/watson/br-pt/>. Acesso em: 10 fev. 2020.

Outro caso de uso de inteligência artificial que ficou mundialmente famoso é o da Uber, que em 2016 passou a testar o serviço de carro sem motorista nos Estados Unidos, os chamados veículos cem por cento autônomos. Ainda em fase de testes, a empresa expandiu o número de cidades que ofertavam esses serviços, até que em março do ano corrente uma pedestre foi atropelada por um veículo autônomo. Em virtude do acidente, a Uber imediatamente suspendeu o uso desse tipo de veículo.[32]

Diante da possibilidade de acidentes por uso de sistemas autônomos, os debates jurídicos começam a ganhar contornos, especialmente no que tange à responsabilidade civil, pois esses sistemas podem ser desenvolvidos para qualquer tipo de incentivo ou objetivo, conforme se denota da vasta possibilidade ofertada pelo Watson, por exemplo. Além disso, por ser um sistema que aprende com suas próprias decisões e passa a agir sem interferência externa, em virtude do *Machine Learning* e do *Deep Learning*, é possível que as plataformas de inteligência artificial, em determinado momento, superem sua programação original e ajam por conta própria. Nesse sentido, João Fábio Azevedo e Azeredo[33] afirma:

> É importante que se entenda que a inteligência artificial não se limita à execução de comandos estabelecidos por um programador. O objetivo é a criação de sistemas capazes de efetivamente captar informações e adotar condutas que extrapolam sua programação inicial.

Ora, se a inteligência artificial tem por objetivo, conforme previamente exposto, executar tarefas próprias da natureza humana, em determinado momento pode ocorrer uma situação em que as máquinas ajam de forma imprevisível – tal como ocorre com os seres humanos, que não raras vezes tomam decisões inesperadas e descumprem as normas éticas, sociais e jurídicas –, daí a necessidade de regulamentar o uso da inteligência artificial.

Por mais fantasioso que isso possa parecer num primeiro momento, já existem casos em que programas de inteligência artificial operaram indepen-

---

32 Disponível em: <https://g1.globo.com/carros/noticia/carro-autonomo-do-uber-falhou-em-reconhecer-pedestre-e-frear-antes-de-atropelamento.ghtml>. Acesso em: 10 abr. 2018.

33 João Fábio Azevedo e Azeredo. *Reflexos do emprego de sistemas de inteligência artificial nos contratos*. Dissertação (Mestrado em Direito) – Faculdade de Direito, Universidade de São Paulo, 2014, p. 35.

dentemente de sua programação para aquele fim, como aconteceu com o Facebook,[34] por exemplo. Essas experiências apenas enfatizam que a inteligência artificial, em que pese ter sido criada pelo homem, tende a se desenvolver sozinha.

Importante, portanto, a preocupação com o uso e a regulamentação da inteligência artificial, já que esta pode se tornar autossuficiente. A grande questão nesses casos é a quem se imputaria a responsabilidade pelos danos causados pelos robôs. Ora, se a máquina se torna autossuficiente indo além daquilo para que foi programada, caberia imputar a responsabilidade ao programador do sistema? Estaríamos diante de uma nova modalidade de responsabilidade? Diante das consequências desses questionamentos, alguns ordenamentos jurídicos passaram a debater o tema da inteligência artificial e seus aspectos jurídicos.

9.2.2. Personalidade eletrônica. União Europeia

O uso da inteligência artificial cresceu exponencialmente, e os processos de registro de patentes em tecnologia robótica triplicaram nos últimos dez anos.[35] Os *smartphones*, as televisões, os automóveis, eletrodomésticos, computadores, dentre outras categorias, possuem sistemas de inteligência artificial cada vez mais sofisticados e atrativos.

Estima-se que o aumento das vendas de robôs entre os anos de 2010 e 2014 situava-se em 17%, mas em 2014 houve um aumento de 29%, de acordo

---

[34] O laboratório de pesquisas de inteligência artificial do Facebook desenvolveu um programa com o objetivo de simular situações de negociação. O sistema criou dois agentes distintos que deveriam conversar entre si para negociar a troca de determinados itens. As interações valiam pontos; quando a solução alcançada beneficiasse os dois agentes ambos pontuavam. Os programadores estabeleceram alguns diálogos que os agentes poderiam manter. No entanto, em que pese terem sido programados na língua inglesa, o sistema verificou que o uso daquele idioma não implicava pontuação. Desse modo, a inteligência artificial desenvolveu uma linguagem própria, que não havia sido programada e tornava as transações mais rápidas. Por não atender à finalidade para a qual foi criado, o Facebook acabou por desativar o programa. Fonte: <https://canaltech.com.br/robotica/facebook-desativa-chatbots-que-criaram-sua-propria-linguagem-98078/>.

[35] Disponível em: <http://www.europarl.europa.eu/sides/getDoc.do?pubRef=-//EP//TEXT+REPORT+A8-2017-0005+0+DOC+XML+V0//PT>. Acesso em: 15 fev. 2020.

com os dados da Federação Internacional de Robótica.[36] Em face do aumento do uso da inteligência artificial e sua característica autônoma, a União Europeia passou a discutir a respeito da responsabilização por danos causados por robôs.

No entanto, ainda carecem de regulamentação ético-jurídica a criação e as implicações advindas de atos cometidos por esses sistemas autônomos. Diante dessa realidade, a União Europeia iniciou em primeiro de março de 2012 os debates sobre as consequências jurídicas dos atos realizados por autômatos por meio do projeto "RoboLAW".[37] O projeto durou 27 meses e tinha como objetivo investigar o modo pelo qual as novas tecnologias advindas do campo da (bio)robótica, na qual está incluída a inteligência artificial, influenciariam não só o conteúdo, mas também o significado e a definição da lei. Com a conclusão do projeto, foi possível elaborar algumas diretrizes para regulamentação da robótica que consistem em sugestões regulatórias para a Comissão Europeia, para o estabelecimento de uma estrutura sólida de RoboLAW na Europa.

Após o referido estudo, o Parlamento Europeu editou, em 16 de fevereiro de 2017, a Resolução n. 2015/2013 (INL), que teve como base a monção da eurodeputada luxemburguesa Mady Delvaux. A Resolução fez com que a União Europeia ocupasse a posição de vanguarda sobre o tema e reflete sua preocupação em ter de seguir normas elaboradas por outras organizações e/ou países. Ao regulamentar as implicações oriundas do desenvolvimento da ciência da computação, em especial no campo da inteligência artificial, a União Europeia obsta que seus Estados-membros desenvolvam diferentes legislações nacionais, podendo assim uniformizar o entendimento e evitar eventuais discrepâncias, uma vez que as consequências do uso de sistemas de inteligência artificial podem ser transfronteiriças.[38]

---

36 Disponível em: <http://www.europarl.europa.eu/news/pt/press-room/20170210IPR61808/eurodeputados-querem-regras-europeias-sobre-robos-e-inteligencia-artificial>. Acesso em: 15 fev. 2020.

37 Disponível em: <http://www.robolaw.eu/>. Acesso em: 15 fev. 2020.

38 Thatiane Cristina Fontão Ires; Rafael Peteffi da Silva. A responsabilidade civil pelos atos autônomos da inteligência artificial: notas iniciais sobre a resolução do Parlamento Europeu. *Revista Brasileira de Políticas Públicas*, Brasília, v. 7, n. 3, 2017, p. 245.

Entre as propostas trazidas pela Resolução n. 2015/2013 (INL), os eurodeputados propõem a criação de uma agência europeia para o setor de robótica e a elaboração de um código de ética para os engenheiros, programadores e criadores, visando ao respeito à dignidade humana, privacidade e segurança dos seres humanos. Nota-se que essas recomendações caminham no mesmo sentido dos Mandamentos de Isaac Asimov, pois enunciam que a robótica deve estar sempre a serviço da humanidade.[39]

A Resolução ainda retrata a preocupação com questões atinentes à responsabilidade civil, bem como a criação de um estatuto jurídico específico para os robôs, a fim de que ao menos os robôs autônomos sejam "determinados como detentores do estatuto de pessoas eletronicamente responsáveis por sanar quaisquer dos danos que possam causar" e, quando necessário, "aplicar a personalidade eletrônica a casos em que os robôs tomam decisões autônomas ou em que interagem por qualquer outro modo com terceiros de forma independente".[40] O objetivo de tal resolução implica dar contornos ao desenvolvimento tecnológico contendo da maior e melhor forma os danos e possíveis riscos dela advindos.

Assim, para que haja a imputação da personalidade eletrônica, o robô deverá ter como características: a aquisição de autonomia por meio de sensores e/ou mediante troca de dados com o seu ambiente e da análise destes; aprender por conta própria; ter suporte físico e, por fim, conseguir adaptar suas ações e comportamento ao ambiente no qual esteja inserido.[41] Para Thatiane Cristina Fontão Pires e Rafael Peteffi da Silva,[42]

---

39 Considerando que as Leis de Asimov têm de ser perspetivadas como sendo direcionadas aos criadores, produtores e operadores de robôs, incluindo robôs com autonomia integrada e autoaprendizagem, uma vez que aquelas leis não podem ser convertidas em código de máquina. Disponível em: <http://www.europarl.europa.eu/sides/getDoc.do?pubRef=-//EP//TEXT+REPORT+A8-2017-0005+0+DOC+XML+V0//PT> Acesso em: 22 fev. 2020.

40 Disponível em: <http://www.europarl.europa.eu/news/pt/press-room/20170210IPR61808/eurodeputados-querem-regras-europeias-sobre-robos-e-inteligencia-artificial>. Acesso em: 22 fev. 2020.

41 UNIÃO EUROPEIA. Resolução do Parlamento Europeu, de 16 de fevereiro de 2017, com recomendações à Comissão de Direito Civil sobre Robótica (2015/2013 [INL]). Parágrafo 1º.

42 Thatiane Cristina Fontão Ires; Rafael Peteffi da Silva. A responsabilidade civil pelos atos autônomos da inteligência artificial: notas iniciais sobre a resolução do Parlamento Europeu. *Revista Brasileira de Políticas Públicas*, p. 245-246.

> A perspectiva de que a tecnologia avance a ponto de criar, efetivamente, robôs que se tornem ou sejam autoconscientes aliada ao atual estado da Teoria Geral da Responsabilidade Civil, segundo a qual, na maior parte dos casos de responsabilidade, responderá pelo dano quem lhe dá causa por conduta própria, são razões pelas quais alguns autores da doutrina levantaram a questão de saber se os agentes artificiais deveriam ter reconhecido um estatuto jurídico próprio, como as pessoas jurídicas.
>
> Tal perspectiva parte da ideia de que, se a IA será, de fato, totalmente autônoma, como uma superinteligência, então ela deverá ter a capacidade de atentar às suas ações e às consequências indesejáveis de tais ações. E, uma vez que esteja consciente de suas ações, à própria IA poderia ser imputável a responsabilidade por danos causados por seus próprios atos. Para tanto, porém, seria necessária uma radical mudança legislativa, que atribuísse, necessariamente, personalidade jurídica à IA.

Sustenta-se a criação desse novo instituto porque não mais é possível enquadrar a inteligência artificial como uma ferramenta, pois tal entendimento implicaria imputar a responsabilidade àquele que está efetivamente fazendo uso dela, descartando os casos em que a máquina realiza tarefas de modo autônomo, fazendo surgir o questionamento acerca de a quem seria imputada a responsabilidade, poderiam ser estritamente responsáveis os fabricantes, os programadores, os empresários ou os usuários pelas ações ou omissões de um robô autônomo?

Nesse sentido, a Resolução prevê a possibilidade de responsabilizar aquele que ensinou o robô, na proporção de seus ensinamentos e nível de autonomia da inteligência artificial. Em outras palavras, os usuários somente poderão ser responsabilizados na medida de seus atos, ou seja, quando ensinarem ou criarem máquinas para que estas cometam atos que tragam consequências danosas, de modo que a responsabilidade daquele que treinou/criou o robô recairia na proporção de seu ensinamento/criação, mas sempre levando em conta a autonomia do próprio sistema.

Ocorre que atualmente, considerando a Diretiva n. 85/374/CEE do Conselho, datada de 25 de julho de 1985, há a previsão de que em alguns casos os danos decorrentes de máquinas com inteligência artificial somente implicarão responsabilidade extracontratual se os danos provocados forem advindos de defeitos de fábrica, se o fabricante não informou devidamente o consumidor acerca dos riscos associados ao uso ou se o sistema de segurança não fornecer a segurança esperada. Desse modo,

> Uma vez cumpridos os deveres de informação e de segurança impostos ao fornecedor e provado que não há defeito na sua fabricação, permanece, porém, a polêmica acerca da aplicação da responsabilidade pelo produto aos danos causados pela IA, tendo em vista, ainda, que a diretiva europeia prevê, expressamente, a excludente da responsabilidade do produto pelos riscos do desenvolvimento.[43]

Sendo assim, diante da possibilidade de apurar a ocorrência de influência do usuário ou terceiro nas máquinas, a responsabilidade deste recairá na proporção de seus atos e consequências deles advindas, conforme disposto na diretiva. No entanto, nos casos em que a máquina age de modo autônomo, em função da inteligência artificial, haveria que se falar na configuração de uma responsabilidade eletrônica. Isso porque, quando de sua criação, a Diretiva não tratou dos danos causados por essa nova geração de robôs com inteligência artificial dotados de capacidade adaptativa e aprendizagem que integram certo grau de imprevisibilidade.[44]

Por tais razões, o Parlamento Europeu considera imprescindível a criação de uma legislação adequada e atualizada sobre o tema, especialmente diante do aumento do desenvolvimento de veículos autônomos. Para tanto, prevê a criação de um regime de seguro obrigatório com o intuito de assegurar a indenização de vítimas em casos de incidentes ocorridos em virtude do uso desses veículos. Esse regime de seguros permite uma complementação por um fundo de garantia de reparação de danos em casos que não foram abrangidos por qualquer seguro, cabendo, então, ao setor dos seguros desenvolver novos produtos e tipos de ofertas que sejam compatíveis com os avanços advindos da robótica.[45]

---

[43] Thatiane Cristina Fontão Ires; Rafael Peteffi da Silva. A responsabilidade civil pelos atos autônomos da inteligência artificial: notas iniciais sobre a resolução do Parlamento Europeu. *Revista Brasileira de Políticas Públicas*, p. 249.

[44] UNIÃO EUROPEIA. Resolução do Parlamento Europeu, de 16 de fevereiro de 2017, com recomendações à Comissão de Direito Civil sobre Robótica (2015/2013 [INL]). Disponível em: <http://www.europarl.europa.eu/sides/getDoc.do?pubRef=-//EP//TEXT+REPORT+A8-2017-0005+0+DOC+XML+V0//PT>. Acesso em: 22 fev. 2020.

[45] Parágrafos 25 a 28. Disponível em: <http://www.europarl.europa.eu/sides/getDoc.do?pubRef=-//EP//TEXT+REPORT+A8-2017-0005+0+DOC+XML+V0//PT>. Acesso em: 23 fev. 2020.

Evidente, portanto, que, diante de todas as implicações a respeito do tema, muitas mudanças legislativas precisarão ocorrer a fim de que se proporcionem condições previsíveis e suficientes para o desenvolvimento das novas tecnologias, mas também para que haja uma regulamentação para os casos de danos causados pelos sistemas autônomos que fazem uso de inteligência artificial.

9.2.3. Inteligência artificial e responsabilidade civil

No Brasil, a regulamentação sobre o desenvolvimento da robótica ainda é insuficiente, de modo que em nosso ordenamento a legislação sobre o uso e desenvolvimento da tecnologia, especialmente no que tange à inteligência artificial, é superficial. O dispositivo mais próximo do tema encontra-se no art. 218 da Constituição vigente e enuncia ser dever do Estado promover e incentivar o desenvolvimento científico, a pesquisa, a capacitação científica e tecnológica e a inovação.

Com base nesse dispositivo constitucional, duas leis foram editadas. A primeira foi a Lei n. 10.973/2004, que ficou conhecida como "Lei da Inovação", e foi alterada em 2016 pela Lei n. 13.243, para que fossem estabelecidas medidas com o objetivo de estimular a inovação, a ciência e a tecnologia, retratando a preocupação com a autonomia e a capacitação tecnológica.

Nota-se que o ordenamento jurídico pátrio é extremamente precário quando se fala em tecnologia, tanto no que tange a diretrizes sobre o desenvolvimento de inteligência artificial quanto no que tange às consequências do uso desse tipo de tecnologia autônoma, ou seja, nos casos de responsabilidade civil por danos causados por esses sistemas. Não há, como no caso da União Europeia, previsão de responsabilização quando o dano é oriundo de comandos advindos do próprio sistema. Segundo Natália Cristina Chaves,[46]

> Sob essa ótica, as ciências do direito e da tecnologia, até então tratadas isoladamente, em razão do cenário atual, marcado por um significativo progresso tecnológico, estabeleceram uma relação simbiótica, ao que tudo indica indissociável, de modo que se revela imperiosa a concepção de normas jurídicas capazes de disciplinar, em sua complexa gama de interações, as relações multidisciplinares havidas, notadamente para a apuração de

---

[46] Natália Cristina Chaves. Inteligência artificial: os novos rumos da responsabilidade civil. In: *VII Encontro Internacional do CONPEDI Braga – Portugal*, 2017. Disponível em: <https://www.conpedi.org.br/publicacoes/pi88duoz/c3e18e5u/7M14BT72Q86shvFL.pdf>. Acesso em: 29 mar. 2020.

eventuais responsabilidades oriundas de condutas praticadas por sistemas autônomos de inteligência, como meio de salvaguardar não só os direitos das partes relacionadas, mas, sobretudo, os da própria sociedade.

Para que se verifique a possibilidade da imputação da responsabilidade civil por danos advindos de máquinas inteligentes, é preciso que primeiro se analise o instituto da responsabilidade civil no Brasil para, a partir de então, com base nas teorias adotadas, aplicá-la ou não.

Sem prejuízo do que foi tratado no item próprio sobre responsabilidade civil, é preciso ter em conta que expressar o instituto adveio de uma visão clássica, na qual a culpa do agente era elemento essencial para que houvesse a responsabilização do dano causado. Assim, além do nexo causal e do dano sofrido, aquele que sofreu o dano deveria provar a culpa do agente causador; essa teoria passou a ser chamada de responsabilidade civil subjetiva. Nos dizeres de Anderson Schreiber,[47]

> O sistema de responsabilidade civil consagrado pelas grandes codificações ancorava-se em três pilares: culpa, dano e nexo causal. Na prática judicial, isto significava que a vítima de um dano precisava, além de evidenciar seu prejuízo, superar duas sólidas barreiras para obtenção da indenização: (i) a demonstração da culpa do ofensor, e (ii) a demonstração do nexo de causalidade entre a conduta culposa do ofensor e o dano. [...] Aos olhos da época, parecia evidente que se, por qualquer catástrofe, estes filtros se rompessem, o Poder Judiciário seria inundado com um volume incalculável de pedidos de reparação.

Entretanto, a dinamicidade e o desenvolvimento das relações e da sociedade aliados à Revolução Industrial redirecionaram a forma do reconhecimento da responsabilidade civil. Isto porque a culpa era um elemento de difícil comprovação, uma vez que estava vinculada a impulsos anímicos do sujeito, sendo, portanto, muito complexa sua aferição. Ademais, exigir que a vítima de um dano demonstrasse a ocorrência da culpa em situações tais como a de um acidente de transporte ferroviário revelava-se no mínimo absurda, e acabava por inviabilizar a obtenção do ressarcimento.[48]

---

[47] Anderson Schreiber. *Novos paradigmas da responsabilidade civil*: da erosão dos filtros da reparação à diluição dos danos. 5. ed. São Paulo: Atlas, 2013, p. 11.

[48] Anderson Schreiber. *Novos paradigmas da responsabilidade civil*: da erosão dos filtros da reparação à diluição dos danos, p. 17.

Nesse sentido, José Fernando de Castro Farias[49] expõe:

> Essa abordagem obedecia a uma lógica individualista e tornava-se incompatível com a complexidade das práticas industriais, em que o risco de acidente era cada vez maior, de forma que a visão tradicional passa a ser considerada injusta em relação aos operários, a quem se impunha a necessidade de uma prova impossível.

A necessidade de comprovação da culpa para se tenha o dever de indenizar não mais satisfazia os anseios sociais, o que resultou na ascensão da teoria do risco, segundo a qual quem exerce uma atividade perigosa deve assumir os riscos e repara os danos dela decorrentes. Em decorrência da teoria do risco, surge a responsabilidade civil objetiva, na qual a imputação da responsabilidade independe da comprovação da culpa, mas depende da desconformidade da conduta com um dever jurídico preexistente que gera dano ou risco de dano.

A partir desse cenário, o Código de Defesa do Consumidor instituiu a responsabilidade objetiva do fornecedor de produtos ou serviços, "criando um sistema de responsabilização livre do fator subjetivo da culpa e abrangente de um vasto campo de relações na sociedade contemporânea".[50]

Mais tarde, o Código Civil vigente consolidou a responsabilidade civil em nosso ordenamento e trouxe no parágrafo único do art. 927 uma cláusula geral de responsabilidade objetiva por atividades de risco.

> Art. 927. Parágrafo único. Haverá obrigação de reparar o dano, independentemente de culpa, nos casos especificados em lei, ou quando a atividade normalmente desenvolvida pelo autor do ano implicar, por sua natureza, risco para os direitos de outrem.

Ao trazer essa cláusula geral, o ordenamento deixou a cargo da doutrina e da jurisprudência o estabelecimento de um rol sobre as atividades de risco, pois a noção de risco se transforma conforme o decorrer do tempo. Desse modo, na V Jornada de Direito Civil foi editado o Enunciado 448, segundo o qual a regra do art. 927, parágrafo único, segunda parte, aplica-se sempre que a atividade normalmente desenvolvida, mesmo sem defeito e não essencialmente

---

49 José Fernando de Castro Farias. *A origem do direito de solidariedade*. Rio de Janeiro: Renovar, 1998, p. 135.

50 Anderson Schreiber. *Novos paradigmas da responsabilidade civil*: da erosão dos filtros da reparação à diluição dos danos, p. 21.

perigosa, induza, por sua natureza, risco especial e diferenciado aos direitos de outrem. Servem como critérios de avaliação desse risco, entre outros, a estatística, a prova técnica e as máximas de experiência.[51]

À luz das teorias da responsabilidade civil existentes no Brasil, cumpre destacar que, exceto raras exceções, a teoria do risco do negócio não pode ser aplicada aos programadores, pois estes somente poderão ser responsabilizados, conforme o quadro jurídico atual, nos casos em que houver falha na programação do sistema de inteligência artificial ou quando o dano adveio de uma conduta que, mesmo não programada, poderia ter sido prevista e evitada.

Voltando os olhos para o caso dos fornecedores de produtos e serviços que façam uso da inteligência artificial inteiramente autônoma ou dependente de interferência externa, estes, em regra, serão responsáveis pelos danos causados ao consumidor, desde que haja de fato um problema na máquina ou nos casos em que o fornecedor teria ciência de que um dano poderia vir a ocorrer em virtude daquela configuração.

Quanto à responsabilidade do empresário pelos danos ocorridos em virtude do uso da inteligência artificial, esta poderá recair sobre aquele empresário responsável pela sua produção, comercialização ou emprego no desenvolvimento de sua atividade, uma vez que ele aufere lucro e/ou reduz custos de sua atividade, ainda que ele não tenha agido com culpa.

O grande problema trazido pela inteligência artificial no campo da responsabilidade civil encontra-se nas situações em que esta age de modo totalmente autônomo sem que fosse possível prever que aquela conduta geraria um dano. Desse modo, conforme Natália Cristina Chaves,

> Não obstante as situações em comento possam ser solucionadas, do ponto de vista civil, à luz da teoria do risco da atividade empresarial e, portanto, da responsabilidade objetiva, o mesmo não se aplica aos casos para os quais a responsabilidade for subjetiva. Isto porque, verificando-se que o dano decorreu de um comando independente da inteligência artificial, sem qualquer conexão com uma prévia programação ou com a interferência humana, a culpa não restará configurada e o dano não será ressarcido.[52]

---

[51] CONSELHO FEDERAL DE JUSTIÇA. Enunciado 448 da V Jornada de Direito Civil. Disponível em: <http://www.cjf.jus.br/enunciados/enunciado/377>. Acesso em: 23 fev. 2020.

[52] Natália Cristina Chaves. Inteligência artificial: os novos rumos da responsabilidade civil. In: *VII Encontro Internacional do CONPEDI Braga – Portugal*, 2017.

Urge, portanto, a discussão sobre as consequências dos danos causados por máquinas autônomas, se seria possível que o ordenamento jurídico pátrio, inspirado nas discussões europeias, criasse um novo instituto que tutelasse a inteligência artificial por meio de uma personificação eletrônica e até mesmo uma forma capaz de apurar a autonomia desse sistema ou se seria o caso de ampliar o conceito de pessoa jurídica para que esta albergasse também a inteligência artificial. Isto porque,

> Ante a possibilidade, cada vez mais próxima, de que o homem se depare com eventos danosos provocados autonomamente pela inteligência artificial, sem que seja possível punir uma pessoa natural ou jurídica ou, ainda, obter a compensação pelo dano sofrido, que a discussão em torno da personificação da inteligência artificial e/ou da busca por caminhos alternativos de responsabilização de danos acarretados pela própria inteligência artificial vem adquirindo força.[53]

A urgência do tema se dá em virtude de os sistemas de inteligência artificial serem cada vez mais implementados em nosso cotidiano sem que se saiba quais as reais consequências desse uso. Seja por meio da criação de um novo instituto ou por meio da ampliação do conceito de pessoa jurídica para englobar agora também os sistemas de inteligência artificial, fato é que o desenvolvimento dessa tecnologia precisa ser regulamentado.

Contudo, a função do Direito diante dessa nova tecnologia não deve ser a de engessar seu progresso, mas deve assegurar que haja ao menos certo controle por meio de um órgão ou comissão capaz de verificar o grau de autonomia da inteligência artificial para que esta não se volte contra a humanidade, e também para que se delimitem questões acerca da responsabilidade civil, tais como o autor do dano e a forma como esse dano será reparado, de modo a conferir maior segurança jurídica às relações.

Disponível em: <https://www.conpedi.org.br/publicacoes/pi88duoz/c3el8e5u/7M14BT72Q86shvFL.pdf>. Acesso em: 29 mar. 2020.

53 Natália Cristina Chaves. Inteligência artificial: os novos rumos da responsabilidade civil. In: *VII Encontro Internacional do CONPEDI Braga – Portugal*, 2017. Disponível em: <https://www.conpedi.org.br/publicacoes/pi88duoz/c3el8e5u/7M14BT72Q86shvFL.pdf>. Acesso em: 29 mar. 2020.

10

Documento Eletrônico e Prova Eletrônica

10.1. CONCEITOS DE DOCUMENTO ELETRÔNICO E DIGITAL

Como é notório, à medida que novas tecnologias se tornam mais acessíveis e, principalmente, tornam-se meio ordinário de realização de negócios que possuem relevância jurídica, surgem questões do gênero: de que forma o direito irá acompanhar as novas tecnologias? Como se adaptarão os conceitos tradicionais firmados pelo tempo aos novos problemas que estão surgindo na prática forense? É nesse cenário que surge a questão do documento eletrônico podendo ser utilizado como meio de prova em processo judicial.

Dentro deste contexto, vemos os meios eletrônicos, principalmente a internet, tornarem-se um instrumento frequente de negociações e relacionamentos (empresariais, governamentais, pessoais etc.). Logo, as ferramentas eletrônicas acabam servindo como meio de prova, como ocorre, por exemplo, quando se utiliza de *sites* de "redes sociais" para se provarem determinados aspectos da vida de uma pessoa, como posição financeira, postura ética, entre outras coisas.

Mais uma questão que se mostra relevante quanto ao documento eletrônico é a utilização dos meios eletrônicos para a transmissão de documentos de papel eletronicamente, ou seja, o documento transmitido eletronicamente tem um suporte físico e material, não sendo a Tecnologia da Informação utilizada apenas como forma de transmissão. Veja o tema da fotografia, sendo que nos últimos anos a fotografia de papel teve seu uso bem reduzido. Sua regulamentação tornou-a uma prova dúbia em algumas situações, como eram os casos previstos nos §§ 1º e 2º do art. 385 do revogado CPC – Código de Processo Civil [de 1973].[1] Atualmente a matéria se relaciona com os arts. 422 a 425 do CPC de 2015.

À margem de todas as discussões que têm surgido, e que ainda surgirão, em torno da adaptação do direito aos novos meios eletrônicos, necessário se faz indagar se é possível dispensar ao documento eletrônico tratamento diverso daquele dado à prova documental em geral.

Diante da abrangência do tema, não parece adequado conceituar o documento eletrônico como simplesmente aquele produzido a partir de um processador de texto, tão somente. Isso pois a fotografia digital a princípio é um documento eletrônico e não é produzida em um processador de texto, igualmente o conteúdo de um *site* que não é necessariamente produzido por um processador de texto, não obstante o conteúdo do mesmo pode ser considerado documento eletrônico. Logo, parece-nos mais adequado utilizar uma definição mais abrangente, como o faz João Batista Lopes, conceituando documento eletrônico como: uma representação de um ato ou um fato, por meio de um suporte material eletrônico, ou seja, que tenha sido produzido eletronicamente.[2]

E quanto à palavra digital, será que podemos considerá-la como sinônimo de eletrônico? Ou seja, documento eletrônico e documento digital teriam necessariamente o mesmo sentido?

Podemos nos apoiar na explicação do CONARQ (Conselho Nacional de Arquivos), instituição vinculada ao Arquivo Nacional do Ministério da Justiça, cuja finalidade é definir a política nacional de arquivos públicos e privados, como órgão central de um SINAR (Sistema Nacional de Arquivos). De acordo com o CONARQ,

> na literatura arquivística internacional, ainda é corrente o uso do termo "**documento eletrônico**" como sinônimo de "**documento digital**". Entretanto, do ponto de vista tecnológico, existe uma diferença entre os termos "eletrônico" e "digital". Um documento eletrônico é acessível e interpretá-

---

1 Luiz Guilherme Marinoni e Sergio Cruz Arenhart. *Prova*. São Paulo: RT, 2009, p. 355-357.

2 João Batista Lopes. *A prova no direito processual civil*. 2. ed. São Paulo: RT, 2002, p. 185-186.

vel por meio de um equipamento eletrônico (aparelho de videocassete, filmadora, computador), podendo ser registrado e codificado em forma analógica ou em dígitos binários. Já um documento digital é um documento eletrônico caracterizado pela codificação em dígitos binários e acessado por meio de sistema computacional. Assim, todo documento digital é eletrônico, mas nem todo documento eletrônico é digital (...). Exemplos: 1) documento eletrônico: filme em VHS, música em fita cassete; 2) documento digital: texto em PDF, planilha de cálculo em Microsoft Excel, áudio em MP3, filme em AVI (grifo nosso).[3]

Contudo, é bem verdade que o termo "eletrônico" tem sido muito empregado em expressões como "comércio eletrônico" e "correio eletrônico". Como vimos na Nota do Autor, o vocábulo "eletrônico" está relacionada à eletrônica, que é aquela parte da física que trata de circuitos elétricos; sendo que a comunicação de dados via computador se faz por meio de impulsos elétricos, o que a caracteriza como comunicação eletrônica. Desse modo, justifica-se o adjetivo eletrônico para a comunicação gerada por impulsos elétricos, seja um contrato ou não, bem como para um documento, cabendo, portanto, o emprego da expressão "documento eletrônico".

10.2. LEGISLAÇÃO APLICÁVEL E CONCEITO DE DOCUMENTO

O regramento jurídico para os documentos eletrônicos se dá pela MP – Medida Provisória n. 2.200-2/2001, que criou a Infra-Estrutura de Chaves Públicas Brasileira – ICP-BRASIL –, a fim de garantir autenticidade, integralidade e validade jurídica de documentos eletrônicos. Ela é composta de uma autoridade estatal, gestora da política e das normas técnicas de certificação (Comitê Gestor), e de uma rede de autoridades certificadoras (subordinadas àquela), que, entre outras atribuições, mantêm os registros dos usuários e atestam a ligação entre as chaves privadas utilizadas nas assinaturas dos documentos e as pessoas que nelas apontam como emitentes das mensagens, garantindo a inalterabilidade dos seus conteúdos.

A MP n. 2.200-2, que está em sua segunda edição, encontra-se ainda em vigor tendo em vista ter sido publicada em 24 de agosto de 2001, portanto,

---

3 Disponível em: <http://conarq.arquivonacional.gov.br/conarq/perguntas-mais-frequentes.html>. Acesso em: 25 ago. 2017.

anteriormente à Emenda Constitucional n. 32, de 11 de setembro de 2001, a qual alterou alguns artigos da Constituição Federal, especialmente o art. 62, quanto ao regime jurídico das medidas provisórias.

Também vale lembrar que entrou em vigor dia 20 de março de 2007 a Lei n. 11.419, de 19 de dezembro de 2006. Ela dispõe sobre a informatização do processo judicial (processo eletrônico); alterava o Código de Processo Civil [de 1973]; e dá outras providências. Mas tão somente o art. 11 refere-se aos documentos eletrônicos propriamente ditos. Os demais artigos tratam da transmissão eletrônica de dados e comunicação eletrônica dos atos processuais.

Além disso, previa o § 1º do art. 154 do CPC de 1973, acrescido pela Lei n. 11.280/2006 [o que corresponde ao CPC de 2015, arts. 193 a 199], que os tribunais podem disciplinar a prática e a comunicação oficial dos atos processuais por meios eletrônicos, desde que atendidos os requisitos de autenticidade, integridade, validade jurídica e interoperabilidade da Infraestrutura de Chaves Públicas Brasileira – ICP-BRASIL.

A propósito, o CPC de 1973 regulava a questão das provas documentais nos seus arts. 396 a 399, que também são aplicáveis no que couber ao documento eletrônico. Por sua vez, o CPC de 2015 disciplina o tema das provas documentais: arts. 405 a 438; além de uma seção específica sobre documento eletrônico: arts. 439 a 441.

Em França, o Código Civil de 1804, em uma de suas últimas reformas, na década de 2000, recebeu o seguinte dispositivo: art. 1.316-3: "L'écrit sur support électronique a la même force probante que l'écrit sur support papier" [O escrito em suporte eletrônico tem a mesma força probante que o escrito em papel] (tradução livre). Do ponto de vista jurídico, em âmbito francês, este dispositivo dá força probatória ao documento eletrônico como um documento escrito.

Adriana Valéria Pugliesi Gardino afirma que o direito francês, ao estabelecer paridade quanto à força probatória entre o documento eletrônico e o documento materializado em papel, acabou por acatar a moderna teoria dos documentos de Francesco Carnelutti,[4] o qual afirma que o significado de documento está no fato de ser algo que se permite conhecer ou representar um fato (como, por exemplo, o metal, a pedra etc.). Francesco Carnelutti

---

[4] Novissimo digesto italiano, VI. Diretto da Antonio Azara e Ernesto Eula. Editrice Torinese, p. 86.

pondera que há muita confusão entre ato e documento, sendo o documento tão somente a representação do ato.[5]

Francisco Cavalcanti Pontes de Miranda explicita que documento é toda coisa que expressa por meio de sinais o pensamento.[6]

Já Stefano Nespor afirma que o documento pressupõe a escrita. É considerado escrita qualquer tipo de sinal (arábico, numérico, datilografado, cifrado etc.) expresso em qualquer linguagem, mesmo que por meios mecânicos, a fim de transmitir uma mensagem que deva ser conservada por certo tempo, sendo irrelevante o suporte físico sobre o qual é impressa a mensagem, podendo utilizar-se também do suporte eletrônico. Seria assim documento eletrônico o documento cuja escrita foi gravada na memória de um disco rígido, por exemplo.[7]

Lecionam José Miguel Garcia Medina e Teresa Arruda Alvim Wambier: "Considera-se documento qualquer representação material de um fato. Assim, filmes, fotografias, documentos eletrônicos (considera-se, *ex vi legis*, documentos) são, cada um ao seu modo, documentos".[8]

Ricardo Luis Lorenzetti aponta que, o documento eletrônico tem como característica o fato de que a declaração de vontade está assentada sobre *bytes* e não sobre átomos.[9]

Percebe-se que, ao fazer uma varredura na literatura, não se encontram autores que defendam que documento é sinônimo de papel.[10] No fundo, o que aconteceu é que nos últimos séculos o papel acabou sendo o suporte mais

---

5 Adriana Valéria Pugliesi Gardino. Títulos de crédito eletrônicos: noções gerais e aspectos processsuais. In: PENTEADO, Mauro Rodrigues (Coord.). *Títulos de crédito*: teoria geral e títulos atípicos em face do novo Código Civil, títulos de crédito eletrônico. São Paulo: Walmar, 2004, p. 15-18.

6 Francisco Cavalcanti Pontes de Miranda. *Comentários ao Código de Processo Civil*. Rio de Janeiro: Forense, 1974, v. 4, p. 188.

7 Stefano Nespor. *Internet e la legge*. Milano: Hoelpi. 1999, p. 56, *apud* Adriana Valéria Pugliesi Gardino. "Títulos de crédito eletrônicos: noções gerais e aspectos processsuais", p. 18.

8 José Miguel Garcia Medina e Teresa Arruda Alvim Wambier. *Processo civil moderno*. São Paulo: RT, 2009, v. 1, p. 217.

9 Ricardo Luis Lorenzetti. *Comercio electrónico*. Buenos Aires: Abeledo-Perrot, 2001, p. 42.

10 Ainda que a seu tempo, Newton De Lucca, analisando a doutrina sobre a definição de título de crédito e sua posição na teoria geral dos documentos, não revela

adequado para a documentalização de obrigações, mas não é o único meio de se documentalizar. Além disso, o papel se mostrou muito apto para o seu porte (guarda e transporte), bem como para a efetivação da circulação do direito que ele representa, por meio da tradição, endosso ou cessão de crédito.

Contudo, parece-nos que o advento da informática, e a possibilidade do suporte eletrônico para os atos jurídicos, é um avanço da civilização ao qual o Direito precisa se adaptar, assim como um se adaptou pela relevante criação do papel. Assim, como um dia apenas os objetos materiais/corpóreos eram tidos como bens, sendo que mais tarde o Direito avançou para caracterizar e admitir os bens imateriais/incorpóreos; atualmente os documentos também podem ser classificados em materiais e imateriais.

10.3. PROVA ELETRÔNICA: ADMISSIBILIDADE DO DOCUMENTO ELETRÔNICO E DAS REPRODUÇÕES MECÂNICAS E DIGITALIZADAS

A cada dia diminui o receio em se admitirem como prova documentos eletrônicos, haja vista sua segurança. Isso em razão de sua ampla utilização, da legislação e da posição favorável dos tribunais. Nesse passo, lecionam José Miguel Garcia Medina e Teresa Arruda Alvim Wambier: "Considera-se documento qualquer representação material de um fato. Assim, filmes, fotografias, documentos eletrônicos (considera-se, *ex vi legis*, documentos) são cada um ao seu modo, documentos".[11]

O advento da Lei n. 11.419/2006, art. 11, torna o documento eletrônico expressamente admissível como meio de prova. A força probante deste tipo de documento (eletrônico) passa a equivaler à de outros documentos tradicionais como o documento cartular (em papel) quando este apresentar determinados requisitos.

Conforme dispõe o *caput* do art. 11, os documentos produzidos eletronicamente e juntados aos autos do processo eletrônico com garantia da origem e de seu signatário serão considerados originais para todos os efeitos legais.

E mais, o § 1º do art. 11 prevê que os documentos escaneados juntados ao processo têm a mesma força probante dos originais. Assim, equivalerão aos

---

nada que contrarie nossa opinião. Newton De Lucca. *Aspectos da teoria geral dos títulos de crédito*. São Paulo: Pioneira, 1979, p. 11-24.

11 José Miguel Garcia Medina e Teresa Arruda Alvim Wambier. *Processo civil moderno*. São Paulo: RT, 2009, v. 1, p. 217.

documentos originais os documentos escaneados e juntados aos autos pelos órgãos da Justiça e seus auxiliares, pelo Ministério Público e seus auxiliares, pelas procuradorias, pelas autoridades policiais, pelas repartições públicas em geral e por advogados públicos e privados.

Há de se dizer ainda que os originais dos documentos digitalizados (escaneados) ou reproduzidos mecanicamente deverão ser preservados pelo seu detentor até o trânsito em julgado da sentença ou, quando admitida, até o final do prazo para interposição de ação rescisória.[12] É o que dispõe o § 3º do art. 11 da Lei n. 11.419/2006.

Vale destacar que as reproduções fotográficas (fotocópias), cinematográficas, as obtidas por processo de repetição (xerografia), bem como os registros fonográficos e demais reproduções mecânicas e eletrônicas de fatos ou coisas, fazem prova plena destes se a parte contrária não lhes impugnar a exatidão. Se a impugnação ocorrer, haverá a confrontação do documento original e da cópia por meio de exame pericial,[13] cujo tema é abordado em outro item desta obra.

Cabe salientar que, em sede de processo eletrônico, dispõe o § 2º do art. 11 da Lei n. 11.419/2006 a respeito da arguição de falsidade do documento original, que deverá ser processada eletronicamente, atendendo aos ditames da lei processual em vigor.

Ainda quanto ao fato das reproduções fotográficas e das obtidas por processo de repetição dos documentos particulares, elas valerão como certidões do original quando autenticadas por oficial público. O escrivão tem fé pública e por isso tais documentos, quando atestados por ele, obtêm o título de certidão.[14]

Também não se pode perder de vista o que estabelece o art. 225 do Código Civil, ao prever: "As reproduções fotográficas, cinematográficas, os registros fonográficos e, em geral, quaisquer outras reproduções mecânicas ou eletrônicas de fatos ou de coisas fazem prova plena destes, se a parte, contra quem forem exibidos, não lhes impugnar a exatidão".

O CPC de 2015 também trata do assunto no art. 422, *caput*, §§ 2º e 3º, cuja redação é: "Qualquer reprodução mecânica, como a fotográfica, a

---

12 Luiz Guilherme Marinoni e Sergio Cruz Arenhart. *Prova*, p. 545.

13 Luiz Guilherme Marinoni e Sergio Cruz Arenhart. *Prova*, p. 545.

14 Moacyr Amaral Santos. *Primeiras linhas de direito processual*. 24. ed. São Paulo: Saraiva, 2008, v. 2, p. 417.

cinematográfica, a fonográfica ou de outra espécie, tem aptidão para fazer prova dos fatos ou das coisas representadas, se a sua conformidade com o documento original não for impugnada por aquele contra quem foi produzida. As fotografias digitais e as extraídas da rede mundial de computadores fazem prova das imagens que reproduzem, devendo, se impugnadas, ser apresentada a respectiva autenticação eletrônica ou, não sendo possível, realizada perícia. (...) Aplica-se o disposto neste artigo à forma impressa de mensagem eletrônica".

Também, não se pode deixar de retransmitir o teor dos arts. 439 a 441: "A utilização de documentos eletrônicos no processo convencional dependerá de sua conversão à forma impressa e da verificação de sua autenticidade, na forma da lei. O juiz apreciará o valor probante do documento eletrônico não convertido, assegurado às partes o acesso ao seu teor. Serão admitidos documentos eletrônicos produzidos e conservados com a observância da legislação específica".

Não se pode deixar de mencionar a entrada em vigor, a partir de 10 de julho de 2012, da **Lei n. 12.682**, que dispõe sobre a elaboração e o arquivamento de documentos em meios eletromagnéticos. Ela prevê que digitalização significa a conversão da fiel imagem de um documento em código digital, devendo ser utilizado certificado digital emitido no âmbito da Infraestrutura de Chaves Públicas Brasileira – ICP-Brasil. Vejamos o teor da lei:

> Art. 1º A digitalização, o armazenamento em meio eletrônico, óptico ou equivalente e a reprodução de documentos públicos e privados serão regulados pelo disposto nesta Lei.
>
> Parágrafo único. Entende-se por digitalização a conversão da fiel imagem de um documento para código digital.
>
> (...)
>
> Art. 3º O processo de digitalização deverá ser realizado de forma a manter a integridade, a autenticidade e, se necessário, a confidencialidade do documento digital, com o emprego de certificado digital emitido no âmbito da Infraestrutura de Chaves Públicas Brasileira – ICP-Brasil.
>
> Parágrafo único. Os meios de armazenamento dos documentos digitais deverão protegê-los de acesso, uso, alteração, reprodução e destruição não autorizados.
>
> Art. 4º As empresas privadas ou os órgãos da Administração Pública direta ou indireta que utilizarem procedimentos de armazenamento de documentos em meio eletrônico, óptico ou equivalente deverão adotar sistema de

> indexação que possibilite a sua precisa localização, permitindo a posterior conferência da regularidade das etapas do processo adotado.
>
> (...)
>
> Art. 6º Os registros públicos originais, ainda que digitalizados, deverão ser preservados de acordo com o disposto na legislação pertinente.

Contudo, quanto à admissibilidade do documento eletrônico como meio de prova e à relevância desse tema, necessário se faz um exame acerca da assinatura digital e certificação eletrônica, assuntos que trataremos adiante.

10.4. REGISTRO ELETRÔNICO

O registro de documentos é feito de acordo com a competência das várias espécies de Registros Públicos, conforme a legislação em vigor, sobretudo da Lei n. 6.015/73 – Lei dos Registros Públicos, que em seu art. 1º prevê:

> Art. 1º Os serviços concernentes aos Registros Públicos, estabelecidos pela legislação civil para autenticidade, segurança e eficácia dos atos jurídicos, ficam sujeitos ao regime estabelecido nesta Lei.
>
> § 1º Esses registros são:
>
> I – o registro civil de pessoas naturais;
>
> II – o registro civil de pessoas jurídicas;
>
> III – o registro de títulos e documentos;
>
> IV – o registro de imóveis;
>
> V – o registro de propriedade literária, científica e artística.
>
> § 2º O registro mercantil continua a ser regido pelos dispositivos da legislação comercial.

Em geral, o sistema registral e notarial tem a função de garantir a publicidade, autenticidade, segurança e eficácia dos atos jurídicos, como acontece com o Registro de Imóveis. Entretanto, no caso do Registro de Títulos e Documentos sua função primordial é a de conservar o teor do documento.

Recentemente, um recurso que pode ser utilizado é o registro eletrônico de documentos. Conforme os termos do art. 37 da Lei n. 11.977/2009, os serviços de registros públicos previstos na Lei n. 6.015/73 (entre os quais estão inseridos o do Registro de Títulos e Documentos, Registro Civil de Pessoas Físicas ou Jurídicas, Registro de Imóveis etc.), atendendo os prazos e as condições previstas em regulamento, instituirão **sistema de registro eletrônico**.

Vale destacar que a Lei n. 11.977/2009, em seu art. 38, ressalta o fato de que os documentos eletrônicos apresentados ao registrador deverão atender à arquitetura e-PING (Padrões de Interoperabilidade de Governo Eletrônico) e aos requisitos da ICP-Brasil (Infraestrutura de Chaves Públicas Brasileira, regulamentada pela MP n. 2.200-2/2001, cujo tema é objeto de estudo em outro item do livro).

Além disso, os serviços de registros públicos disponibilizarão serviços de recepção de títulos e de fornecimento de informações e certidões em meio eletrônico.

Já os atos praticados a partir da vigência da Lei n. 6.015/73 serão inseridos no sistema de registro eletrônico, no prazo de até cinco anos a contar da publicação da Lei n. 11.977/2009. Por fim, a norma prevê que regulamento próprio definirá os requisitos referentes a cópias de segurança de documentos e de livros escriturados de forma eletrônica (Lei n. 11.977/2009, arts. 39 e 40).

De forma residual, o registro de documentos que não sejam de competência de outros entes registrais (por exemplo, os que cabem à Junta Comercial ou ao Registro Imobiliário) pode ser feito perante o Registro de Títulos e Documentos, cujo serviço dá autenticidade, segurança e eficácia aos atos jurídicos, de acordo com a Lei n. 6.015/73, art. 1º, *caput* e § 1º, III.

O registro de um documento no Registro de Títulos e Documentos não tem o condão de dar publicidade do teor do documento, necessariamente, mas sim de preservá-lo. O Registrador (ou Oficial de Registro) é um profissional do Direito dotado de fé pública, conforme prevê o art. 3º da Lei dos Cartórios (Lei n. 8.935/94), que regulamenta o art. 236 da Constituição Federal. Dessa forma, o interessado em preservar o teor de um documento físico ou eletrônico pode utilizar-se desse serviço prestador pelo sistema de registro.

Sem sombra de dúvidas de que o **sistema de registro eletrônico** deverá ter a mais alta tecnologia de segurança com o fim de evitar quaisquer problemas em relação à violação dos documentos. A segurança adotada deverá ser permanentemente atualizada visando preservar a autenticidade dos documentos, sob pena de responsabilidade dos responsáveis.

Contudo, os interessados em preservar um documento eletrônico poderão socorrer-se deste mecanismo (o sistema de registro eletrônico) prestado pelos serviços registrais públicos, pois não é mera digitalização ou microfilmagem de documento, mas uma forma de conferir autenticidade ao documento eletrônico, bem como de preservá-lo. Trata-se de uma guarda de modo seguro, mantendo o valor do original. E mais, o conteúdo poderá ser acessado a distância via internet pelo interessado, além de poder obter certidão do teor do documento a qual, sendo eletrônica, poderá ser impressa.

O CPC de 2015 prevê que é aplicável, no que couber, à prática de **atos notariais e de registro** a disciplina dos arts. 193 a 199, que tratam dos atos processuais, que podem ser total ou parcialmente digitais, de forma a permitir que sejam produzidos, comunicados, armazenados e validados por meio eletrônico; bem como que os sistemas de automação processual respeitarão a publicidade dos atos; entre outros assuntos (CPC de 2015, art. 193, parágrafo único).

10.5. ATA NOTARIAL

A ata notarial é uma espécie de instrumento pelo qual o tabelião autentica algum fato, fazendo com que conste em seus livros; tendo a finalidade principal de tornar-se prova em processo judicial.

Tabelião é um profissional do Direito, dotado de fé pública, a quem é delegado o exercício da atividade notarial, conforme prevê o art. 3º da Lei n. 8.935/94, que dispõe sobre serviços notariais e de registro.

Cabe apontar a distinção entre ata notarial e escritura pública. Apesar de ambas serem feitas por notários, a escritura pública é um documento que contém a manifestação de vontade das partes interessadas, podendo acrescentar elementos acidentais como condição, termo e encargo. Neste caso, o notário ao elaborá-la apenas reproduz aquilo que lhe informam, sem investigar se todo o suporte fático é verdadeiro (não é de sua competência conhecer detalhes).

Já a ata notarial é a narração de fatos que o tabelião presenciou e transcreveu para um documento com fé e conteúdo probatório de uma escritura pública, o que lhe confere a situação de testemunha extrajudicial. O notário deve narrar objetivamente os fatos, sem emitir juízo de valor. Assim, a ata evita o desaparecimento de um fato. É um instrumento que tem fé pública e serve de prova em processo judicial e/ou administrativo.

Para os documentos eletrônicos, basta que se apresente o seu conteúdo ao notário. Por exemplo, no caso de um *site*, mostra-se ao tabelião o conteúdo disponibilizado na internet para que ele, a partir do que vê e constata, redija a correspondente descrição em seus livros e lavre a ata notarial respectiva. Assim, a ata exerce a importante função de também declarar que as informações e fatos estão presentes e disponíveis para todos.

Ainda, pode-se requisitar que seja feita uma ata diária acerca dos fatos para que seja mensurado o dano causado conforme o tempo em que o documento ficou disponível na internet.

Vale lembrar que, de acordo com o parágrafo único do art. 193 do CPC de 2015, são aplicáveis à prática de atos notariais, no que for compatível, as regras previstas em seus arts. 193 a 199, que disciplinam os atos processuais total ou parcialmente digitais, sistemas de automação que respeitem a publicidade dos atos etc. Além disso, o art. 384 do CPC de 2015 prevê que "a existência e o modo de existir de algum fato podem ser atestados ou documentados, a requerimento do interessado, mediante ata lavrada por tabelião. Dados representados por imagem ou som gravados em arquivos eletrônicos poderão constar da ata notarial".

10.6. ASSINATURA DIGITAL E CERTIFICAÇÃO ELETRÔNICA

A chegada da computação e da internet ao Brasil trouxe inúmeros benefícios e comodidades aos seus usuários, que passaram a realizar várias operações por meio dela, como automatização de operações bancárias, processamento de textos e cálculos matemáticos com maior precisão, armazenagem de documentos de forma digital, entre outros usos.

A tecnologia passou então a ter papel fundamental na vida humana e da economia mundial, uma vez que possibilita maior agilidade, produtividade e eficiência na execução dos serviços profissionais, bem como comodidade e imediatidade nos pessoais. E, com o seu desenvolvimento e sua difusão, aumentou a acessibilidade a esses equipamentos, bem como a exigência dessas pessoas com relação à quantidade de serviços disponibilizados aos usuários, principalmente com relação ao Estado.

Paralelamente aos benefícios, várias pessoas visualizaram nesses meios formas de obter ganhos ilicitamente, inclusive criando mecanismos para capturar dados pessoais como senhas e números de contas bancárias, chantagear por via de informações obtidas por meio eletrônico, entre outras tantas. Contudo, isso não foi motivo para que a internet e a informática deixassem de ser utilizadas pelas pessoas.

Tendo em vista o uso maciço da Tecnologia da Informação e a possibilidade de seu uso para fins fraudulentos, busca-se a todo momento criar ferramentas que possam dar segurança às relações estabelecidas com suporte eletrônico. Entre essas ferramentas, desenvolveu-se um método pelo qual seria possível identificar o autor e garantir a integridade dos dados transmitidos. Trata-se da assinatura digital e certificação eletrônica.

Isso pois, em razão da desmaterialização dos instrumentos negociais (notadamente o papel), criou-se um sistema de assinatura digital e certificação eletrônica de documentos, por meio da criptografia, com o fim de trazer mais segurança e minimizar as chances de fraudes.

A criptografia é um método matemático que cifra uma mensagem em código, ou seja, transforma-a em caracteres indecifráveis. Cabe esclarecer que a criptografia pode ser simétrica ou assimétrica.

Em razão da segurança, a que mais se utiliza é a criptografia assimétrica. Ela cria um código e uma senha para decifrá-lo, isto é, concebem-se duas chaves: uma chave privada, que codifica a mensagem, e outra chave pública, que decodifica a mensagem. Entretanto, o inverso também pode ocorrer, ou seja, a pública serve para codificar e a privada para decodificar. O emissor da mensagem fica com a chave privada, e os destinatários de suas mensagens ficam com a chave pública. Esse sistema dá segurança aos negócios efetuados na internet, devendo ser controlado por uma terceira entidade, que é a autoridade certificadora, conhecida, de igual modo, como tabelião virtual, que irá conferir a autenticação digital das assinaturas e dos documentos. Por sua vez, a criptografia simétrica cria uma mesma chave para criptografar e decriptografar.

Na prática, para possibilitar a assinatura digital, a certificadora fornece ao usuário, em regra, mediante pagamento, um *kit* que contempla: um *smart card*, uma leitora a ser acoplada a um computador e o cadastramento de uma senha (o *smart card* e a leitora podem ser substituídos por um *token*, semelhante a um *pen drive* que é utilizado pelo acoplamento no computador e senha previamente cadastrada).

Lembrando que a MP n. 2.200-2/2001, ao criar a Infra-Estrutura de Chaves Públicas Brasileira – ICP-BRASIL –, instituiu o Comitê Gestor e uma rede de autoridades certificadoras subordinadas a ela, que mantêm os registros dos usuários e atestam a ligação entre as chaves privadas utilizadas nas assinaturas dos documentos e as pessoas que nelas apontam como emitentes das mensagens, garantindo a inalterabilidade dos seus conteúdos.

Assim, por meio deste mecanismo de segurança, permite-se às pessoas realizarem negociações no meio eletrônico com a confiabilidade de que as informações transmitidas estão seguras. Estes instrumentos eletrônicos possibilitam que se assinem contratos, obtenham-se informações sensíveis do

Estado ou do setor privado, pratiquem-se atos processuais eletrônicos autorizados pela Lei n. 11.419/2006, entre outros.

Neste ponto, vale retransmitir o que dispõe a Lei n. 11.419/2006, arts. 1º e 2º:

> Art. 1º O uso de meio eletrônico na tramitação de processos judiciais, comunicação de atos e transmissão de peças processuais será admitido nos termos desta Lei.
>
> § 1º Aplica-se o disposto nesta Lei, indistintamente, aos processos civil, penal e trabalhista, bem como aos juizados especiais, em qualquer grau de jurisdição.
>
> (...)
>
> Art. 2º O envio de petições, de recursos e a prática de atos processuais em geral por meio eletrônico serão admitidos mediante **uso de assinatura eletrônica**, na forma do art. 1º desta Lei, sendo obrigatório o credenciamento prévio no Poder Judiciário, conforme disciplinado pelos órgãos respectivos (destaque nosso).

Cabe ponderar que o processo de certificação digital prescinde de três elementos para a consecução do seu fim (não constam nessa lista os *softwares*, *drivers* e *hardwares* necessários, por tratarem de requisitos pelos quais a mesma se viabiliza), a saber: certificado digital; assinatura digital; e uma normatização técnica positivada que regulamente o sistema de chaves digitais e os órgãos estatais fiscalizadores do sistema eletrônico.

Esses elementos respeitam a algumas necessidades, como: para que o documento eletrônico seja considerado juridicamente válido, é imprescindível que se possam identificar o autor, a localização e a data da sua autoria; que haja segurança quanto à integralidade dos dados criados, de forma que inviabilize alteração; e que esse sistema seja regulamentado pelo Estado.

Por isso, ainda que talvez tardiamente, é importante conceituarmos assinatura digital e certificado eletrônico. Por **certificado eletrônico** entende-se o arquivo eletrônico gerado por uma Autoridade Certificadora, cuja função será a de identificar com segurança pessoas (físicas ou jurídicas) que emitiram determinado documento eletrônico mediante um par de chaves criptográficas. Estes certificados contêm dados do seu titular, como nome, números de documentos identificadores, entre outros, conforme regulamento da respectiva Política de Segurança da sua Autoridade Certificadora.

Em âmbito brasileiro, a Autoridade Certificadora competente para estabelecer normas e políticas de segurança é o Instituto Nacional de Tecnologia e Informação (ITI), uma autarquia federal vinculada à Casa Civil da Presidência da República, cujo objetivo é manter a Infraestrutura de Chaves Públicas Brasileira (ICP-BRASIL), sendo a primeira autoridade da cadeia de certificação – AC Raiz, conforme prevê o art. 13 da MP n. 2.200-2/2001: "O ITI é a Autoridade Certificadora Raiz da Infraestrutura de Chaves Públicas Brasileira".

Sobre a estrutura de chaves públicas brasileira, o art. 1º da MP n. 2.200-2/2001 estabelece os seus objetivos, enquanto o art. 10, § 1º, a validade jurídica dos documentos por ela assinados.

Aqui é importante retransmitir o que dispõe a MP n. 2.200-2/2001, nos arts. 1º e 10:

> Art. 1º Fica instituída a Infra-Estrutura de Chaves Públicas Brasileira – ICP-Brasil, para garantir a autenticidade, a integridade e a validade jurídica de documentos em forma eletrônica, das aplicações de suporte e das aplicações habilitadas que utilizem certificados digitais, bem como a realização de transações eletrônicas seguras.
>
> (...)
>
> Art. 10. Consideram-se documentos públicos ou particulares, para todos os fins legais, os documentos eletrônicos de que trata esta Medida Provisória.
>
> § 1º As declarações constantes dos documentos em forma eletrônica produzidos com a utilização de processo de certificação disponibilizado pela ICP-Brasil presumem-se verdadeiros em relação aos signatários (...).

Ainda no plano conceitual, **assinatura digital** é um código anexado ou logicamente associado a um arquivo eletrônico que confere de forma única e exclusiva a comprovação da autenticidade e confiabilidade quanto à integralidade do conjunto de dados do referido documento conforme o original.[15]

Poder-se-ia até dizer que, guardadas as devidas peculiaridades distintivas, a assinatura digital equipara-se à assinatura manuscrita, uma vez que possibilita a comprovação de que tal documento eletrônico foi criado pelo autor; ou manifesta uma vontade identificada por ele, na forma da lei. A propósito, a legislação aplicável que confirma a aceitação e a validade jurídica da assinatura digital é a Lei n. 11.419/2006, art. 2º, bem como o CPC de 2015, arts. 193, *caput*, 205, § 2º, e 943[CPC de 1973, arts. 154, § 2º, e 164, parágrafo único].

---

15 Luiz Guilherme Marinoni e Sergio Cruz Arenhart. *Manual do processo de conhecimento.* São Paulo: RT, 2006, p. 352.

Haja vista a segurança da assinatura digital e certificação eletrônica, é possível que os mais variados atos jurídicos sejam realizados eletronicamente: contratos, operações bancárias, a prática de atos processuais, entre outros.

Contudo, tornou-se possível a validade jurídica dos documentos eletrônicos, pois, utilizando-se de assinatura digital e certificação eletrônica, é possível identificar o criador do documento eletrônico; também pelo fato de que o autor subscreve o documento eletrônico, conferindo-lhe autenticidade, além de criptografá-lo com sua chave privada para que somente o detentor da outra chave pública possa abri-lo e assim conhecer o seu conteúdo, que será igual ao original por conta da segurança do procedimento da certificação digital.

11

Título de Crédito Eletrônico, Gestão de Pagamentos e Moedas Digitais

Sem prejuízo do que foi tratado acerca do documento eletrônico e sua validade jurídica como meio de prova em juízo, este capítulo visa a analisar a influência da informática sobre os títulos de crédito, objetivando verificar a possibilidade de reconhecimento jurídico dos títulos emitidos eletronicamente como documentos e a viabilidade de sua execução judicial em caso de inadimplência. Para tanto, faremos uma introdução à problemática.

Primeiramente, vale ter em conta que a palavra "crédito" vem do latim *credere* e significa confiar, confiança. Por isso, o crédito oferece a possibilidade de aquisição imediata pelo seu tomador em relação à compra de produto ou de serviço e à espera do vendedor para receber a contraprestação pelo que vendeu.

Com isso, o crédito possibilita a circulação de riquezas sem a necessidade do pagamento imediato. Assim, cuida-se da troca de uma prestação atual por uma prestação futura com base na confiança de uma parte na outra. Assim, de forma singela, título de crédito é um documento que representa um direito do credor contra o devedor de uma obrigação.

Pode-se dizer que o dinheiro é uma forma de troca aceita por todos. É o método para adquirir mercadorias e serviços. Porém, anteriormente, as negociações eram feitas por trocas *in natura* (de coisa por coisa); mais tarde, passou-se a usar o sal como moeda; depois a moeda metálica; e, finalmente, o papel-moeda fundado na confiança do Estado emissor. Passou-se da chamada economia natural para a economia monetária, caracterizada pela moeda como instrumento de troca. Posteriormente, a economia monetária cedeu lugar, de forma parcial, à economia creditória, ampliando o conceito de troca, ou seja, o dinheiro em espécie foi, em parte, substituído pelos títulos de crédito.

Os títulos de créditos surgiram na Idade Média como instrumento para facilitar a circulação do crédito comercial. O primeiro título de crédito inventado foi a letra de câmbio. A princípio, o título de crédito foi criado como uma forma de contrato de câmbio para o trajeto, ou seja, uma forma de segurança encontrada para evitar que os títulos dos mercadores fossem subtraídos durante suas viagens. Depois, com o passar do tempo, o título de crédito assume a condição de representar valores, contendo implicitamente a obrigação de realizar esse valor no prazo convencionado.

Quanto ao conceito de título de crédito, classicamente utiliza-se o conceito formulado pelo italiano Cesare Vivante como o "documento necessário para o exercício do direito literal e autônomo nele mencionado".[1]

O Código Civil de 2002, influenciado pelo direito italiano, no seu art. 887, trouxe um conceito de título de crédito, que é semelhante ao de Cesare Vivante: "O título de crédito, documento necessário ao exercício do direito literal e autônomo nele contido, somente produz efeito quando preencha os requisitos da lei".

Feito esse preâmbulo, vale ter em conta que são inegáveis os efeitos que o Direito tem recebido em decorrência do desenvolvimento da Tecnologia da Informação, como a criação do comércio eletrônico e os inúmeros contratos praticados naquele ambiente; o sistema de pregão eletrônico da Bolsa de Valores; o cumprimento das obrigações tributárias acessórias por meio da internet e a criação do SPED – Sistema Público de Escrituração Digital – e da NF-e – Nota Fiscal Eletrônica; entre outros.

Especificamente no campo dos títulos de crédito, a informática também vem trazendo mudanças importantes há algumas décadas, como será visto quanto à duplicata, por exemplo. Mas o tema ganhou relevo com a vigência do Código Civil de 2002, especialmente pelo § 3º do art. 889, o qual prevê a possibilidade da emissão de título por computador.[2]

---

1 Cesare Vivante. *Elementi di diritto commerciale.* Milano: Ulrico Hoepli, 1936.

2 Este dispositivo foi acrescido ao então projeto de Código Civil por força de Mauro Rodrigues Penteado, professor de Direito Comercial da Faculdade de Direito do Largo São Francisco – USP. Vale lembrar que a parte do projeto de Código Civil, hoje em vigor, que trata de títulos de crédito se deu por obra do saudado professor

A emissão de título de crédito por computador tem recebido a denominação título de crédito eletrônico ou virtual, ou seja, é o título emitido por meio eletrônico, não materializado em papel (o título é real, mas não é impresso em papel). Esse fato pode ser tido como uma exceção ao princípio cambiário da cartularidade. Além disso, pode trazer implicações para a execução judicial do credor contra o devedor e coobrigados.

Com o fim de aprofundarmos o estudo, o presente capítulo será delimitado pela análise dos efeitos da informática aos títulos de crédito típicos ou em sentido estrito, isto é, aqueles que foram emitidos em razão de uma aquisição imediata de bens ou serviços mediante o pagamento do preço no futuro, como são os casos da duplicata e do cheque. Portanto, escapa do objeto deste estudo a análise de outros títulos, como os valores mobiliários (emitidos em série/massa[3]), entre os quais estão as ações de sociedade anônima; os títulos ao portador (obrigação de fazer), como bilhetes de ônibus; títulos representativos (representam mercadorias ou garantias), como certificado de depósito agropecuário e o *warrant* agropecuário.

11.1. OS PRINCÍPIOS DA CARTULARIDADE E DA LITERALIDADE ESTÃO EM JOGO?

Cartularidade deriva de "cártula", cujo significado é papel; logo, um título de crédito deveria ser firmado em papel, *a priori*. Vale destacar que os títulos de crédito desde a sua criação na Idade Média se desenvolveram materializados em papel; por isso, o princípio ter recebido a denominação "car-

---

de Direito Comercial Mauro Brandão Lopes, o qual pertenceu à mesma academia jurídica. Este último vislumbrava que a partir de tais regras seria possível a criação de títulos atípicos. O aprofundamento dessa discussão escapa do objeto deste trabalho, mas não podemos deixar de mencionar que não são poucos os que sustentam a impossibilidade da criação desses títulos, haja vista a insegurança que seria produzida a partir disso, podendo ser citados exemplificativamente: Fabio Konder Comparato. *Ensaios e pareceres de direito empresarial*. Rio de Janeiro: Forense, 1978, p. 548-550; e Newton De Lucca. *Aspectos da teoria geral dos títulos de crédito*. São Paulo: Pioneira, 1979, p. 121-127. Apesar de aderirmos a tese da possibilidade de criação de títulos atípicos, a partir do Código Civil vigente, pensamos que os empresários até hoje não o fizeram principalmente pelo fato de que, se houver inadimplência, o documento não será considerado como título executivo extrajudicial, face a falta de previsão legal.

3 Waldirio Bulgarelli. *Títulos de crédito*. 2. ed. São Paulo: Atlas, 1982, p. 85-88.

tularidade". Assim, é necessário perquirir quais são os efeitos que a informática traz à teoria dos títulos de crédito, e, neste particular, ao princípio da cartularidade.

Teoricamente, em razão da expressão "cartulidade", o título de crédito não poderia ser materializado em outro suporte que não o papel (o que não é verdade), como, por exemplo, em tecido, madeira, couro, vidro etc. Se assim fosse, o mais apropriado, então, seria chamar esse princípio de princípio da materialidade ou, melhor ainda, princípio da documentalidade, e não da cartularidade.

Mas isso vem sendo cada vez mais discutido, principalmente, a partir da vigência do art. 889, § 3º, do Código Civil, ao prever a possibilidade da emissão de título por computador. Dessa forma, emitido eletronicamente, não sendo materializado em papel, seria uma exceção ao princípio da cartularidade.

Pelo princípio da cartularidade, o exercício do direito (literal e autônomo) representado por um título de crédito pressupõe a sua posse, pois somente quem exibe a cártula (o papel, que representa o título) pode exigir a satisfação do direito que está documentado no título. Assim, em geral, quem não tem a posse do título não pode ser presumido credor. Para Newton De Lucca, cartularidade significa a necessidade de apresentação do documento para o exercício do direito.[4]

Com isso, para instruir a petição inicial de uma execução judicial, é necessária a exibição do original, não podendo ser cópia autenticada. Dessa forma, tem-se a garantia de que quem postula a satisfação do direito é realmente o seu titular, o que dá segurança às operações creditórias.

A necessidade da cártula original evita o enriquecimento sem causa de oportunistas, como hipoteticamente alguém que já foi credor daquele título, mas agora não é mais por tê-lo transferido a outra pessoa.

Se fosse possível ajuizar a execução anexando uma cópia do título, o original poderia continuar circulando, prejudicando terceiros de boa-fé. Uma exceção a isso (e ao princípio da cartularidade) ocorre quando o devedor não devolve a duplicata (que lhe foi enviada para aceitação). Nesse caso, a execução pode ser instruída com o comprovante de entrega da mercadoria, pois o título original foi retido pelo devedor.

É preciso ter em mente que, sem sombra de dúvida, a informática tem promovido a substituição do papel em muitas áreas, sendo que no Direito,

---

[4] Newton De Lucca. *Aspectos da teoria geral dos títulos de crédito*, p. 57.

especialmente no Direito Comercial, isso não é diferente. A informática tem implicado cada vez mais na virtualização das operações mercantis, afetando também o princípio da cartularidade.

No clássico e difundido conceito de Vivante, bem como no do art. 887 do Código Civil, não se exige que o título esteja firmado em papel, menciona-se apenas a expressão "documento" não "cártula". Isso porque documento teoricamente pode ser materializado em vários tipos de suporte: papel, tecido, couro, vidro etc. E, como será visto adiante, um arquivo digital ou eletrônico é tido como um documento, sendo que nosso ordenamento, a propósito, reconhece a validade do documento eletrônico.

Tullio Ascarelli, ao tratar da teoria geral dos títulos de crédito, situa o título de crédito como um documento, mas não necessariamente documento cartular.[5]

Por sua vez, Frabrizio Devescovi chama a atenção quanto ao suporte dos títulos de crédito mencionando que não se trata de desmaterializar o título, mas de descartularizá-lo, pois apenas substitui-se o meio cartular por outro veículo.[6]

Quanto ao princípio da literalidade, "literal" quer dizer que vale apenas o que está escrito, ou seja, o que efetivamente está estampado no título. Assim, somente produzem efeitos jurídico-cambiários os atos lançados no próprio título de crédito, pois apenas o conteúdo do título é que possui valor cambiário.

Os atos firmados em documentos separados entre as partes, ainda que válidos entre elas, não irão produzir efeitos perante terceiros. É o caso do recibo separado, que não produz consequência jurídica perante o terceiro de boa-fé que recebeu o título, pois este não sabia que o título tinha sido quitado devido ao fato de não constar a quitação no corpo do título de crédito. Logo, a quitação deve constar no próprio título. No caso de pagamento parcial, quem paga apenas uma parte de um título deve exigir a quitação parcial no corpo do título, para evitar a transmissão pelo valor total a terceiro de boa-fé.

Outro exemplo é o aval, garantia dada em títulos de crédito, que apenas é válido se constar no corpo do título ou folha anexa, pois, do contrário, será

---

5 Tullio Ascarelli. *Teoria geral dos títulos de crédito*. 2. ed. São Paulo: Saraiva, 1969, p. 61-63.

6 Frabrizio Devescovi. *Titolo di credito e informatica*. Padova: Cedam, 1991. Le monografie di Contratto e Impresa – serie diretta da Francesco Galgano, p. 97, *apud* Adriana Valéria Pugliesi Gardino. "Títulos de crédito eletrônicos: noções gerais e aspectos processsuais", p. 18.

considerado inexistente (art. 31 do Decreto n. 57.663, de 24-1-1966 – conhecido como Lei Uniforme – LU).

Como discorremos adiante, em teoria, mediante o uso da Tecnologia da Informação, especialmente com o recurso da assinatura digital e certificação eletrônica (temas que serão examinados adiante), um arquivo pode ter sua literalidade preservada. A assinatura digital visa assegurar a autenticidade do documento, o que não prejudicaria o princípio da literalidade. Assim, como bem apontado por Raphael Velly de Castro, o requisito da assinatura no corpo do próprio título será atendido mediante esse recurso tecnológico (assinatura digital).[7]

11.2. A INFORMÁTICA E OS TÍTULOS DE CRÉDITO

Como já apontado, o art. 889, § 3º, do Código Civil prevê a possibilidade da emissão de título por computador. Essa emissão tem recebido a denominação título de crédito eletrônico ou virtual. Alguns defendem que essa emissão eletrônica de um título de crédito somente seria possível para a duplicata, haja vista que ela é um título emitido pelo próprio credor.

É preciso investigar se o fato de um título ser emitido eletronicamente feriria o princípio da cartularidade, ou seria mais uma exceção a ele, como é o caso da duplicata. A Lei de Duplicatas, no seu art. 13, § 1º, prevê a possibilidade do protesto por indicação, sem a duplicata original quando não devolvida pelo credor. Por esse mandamento legal, é possível realizar um ato cambiário, o protesto, sem o absolutismo quanto ao princípio da cartularidade.

Desse modo, a previsão do Código Civil poderia ser outra hipótese de exceção ao princípio da cartularidade, inclusive levando-se em consideração que as situações, os princípios e as normas evoluem. E os títulos de crédito estão acompanhando a evolução da sociedade, da ciência e do comércio. Muitas negociações têm sido estabelecidas eletronicamente, por isso, nada mais óbvio do que a possibilidade de emissão de títulos eletrônicos.

Quanto à assinatura do emitente, à possibilidade de circulação e à segurança dos títulos eletrônicos, este poderá ser garantido pelos sistemas de assi-

---

7 Raphael Velly de Castro. Notas sobre a circulação e a literalidade nos títulos de crédito eletrônicos. In: PENTEADO, Mauro Rodrigues (Coord.). *Títulos de crédito*: teoria geral e títulos atípicos em face do novo Código Civil, títulos de crédito eletrônico. São Paulo: Walmar, 2004, p. 397-398.

natura eletrônica e certificação digital, que no Brasil é disciplinado pela Medida Provisória n. 2.200-2/2001, que criou a Infraestrutura de Chaves Públicas Brasileira – ICP-BRASIL –, a qual trataremos a seguir.

A desmaterialização dos títulos de crédito não é algo novo. Como bem ponderou Newton De Lucca, pioneiro no trato da questão no Brasil, esse fato teve início em França, no ano de 1967, quando se passou a utilizar uma letra de câmbio que não era materializada. Nesse caso, o comerciante passou a remeter seus créditos ao banco por meio de fitas magnéticas, acompanhadas de um borderô de cobrança, não existindo nem circulação do título,[8] nem sua tradicional materialização do ponto de vista da cartularidade.

Michel Vasseur, ao analisar o fenômeno dos efeitos da informática sobre os títulos de crédito em França, no final da década de 1960, apontou que ao se considerar o título de crédito como um suporte de informação, o papel não é indispensável, podendo ser substituído por um suporte magnético.[9]

Sobre a discussão da possibilidade ou não da criação de títulos de crédito atípicos pela via eletrônica, talvez o mais apropriado não fosse chamá-lo "título de crédito eletrônico", mas, sim, "título de crédito emitido eletronicamente", pois o que será obtido é um título já previsto no ordenamento jurídico (por exemplo, a duplicata), mas agora emitido em suporte eletrônico, e não mais em papel.

Destaca-se que a própria redação do § 3º do art. 889 do Código Civil, quando menciona computador ou meio técnico equivalente, está tratando da forma de emissão dos títulos, e não da criação de novos títulos de crédito.

Examinando a questão, Fernando Netto Boiteux afirma que meio eletrônico é qualquer meio de armazenamento ou de comunicação de dados por via eletrônica, sendo esse meio apto para uma pessoa poder externar sua vontade, o que se configurará em um documento, que por sua vez poderá ser um título de crédito perfeitamente válido.[10]

---

8 Newton De Lucca. *A cambial-extrato*. São Paulo: RT, 1985, p. 23 e s.

9 Michel Vasseur. Letra de câmbio-reprodução. Da influência da informática sobre o direito. *Revue Trimestrielle de Droit Commercial*, abril-junho, 1975, p. 8 e s, *apud* Nelson Abrão. Cibernética e títulos de crédito. *Revista de Direito Mercantil, Industrial, Econômico e Financeiro*. São Paulo: RT, n. 19, 1975, p. 95.

10 Fernando Netto Boiteux. *Títulos de crédito (em conformidade com o novo Código Civil)*. São Paulo: Dialética, 2002, p. 46.

Ainda com referência à materialização do título, o princípio da cartularidade, na expressão "documento necessário" do conceito de título de crédito tem a finalidade primordial de provar a existência do crédito, uma vez que, até algumas décadas atrás, o papel era o suporte que se tinha como mais apropriado para a firmação do crédito, o seu exercício em termos de transmissão e cobrança, e a respectiva perícia em caso de dúvida.

Com a evolução da tecnologia, tudo isso (confirmação da existência do crédito e sua transmissão, cobrança etc.) poderá ser feito utilizando-se o suporte eletrônico. O Direito não pode se esquivar do avanço tecnológico da sociedade e do comércio.

Os problemas advindos de oportunistas[11] e falsificadores no ambiente eletrônico não são menores que os de fora desse ambiente. Os sistemas de assinatura digital e de certificação digital (com codificação por meio de sistema criptográfico assimétrico e uso de chave pública e privada), a propósito, podem ser mais seguros do que a sistemática de assinatura e reconhecimento de firma por semelhança dos cartórios brasileiros; ou até mesmo pela assinatura de duas testemunhas.

---

[11] "RECURSO ESPECIAL. DIREITO CAMBIÁRIO. AÇÃO DECLARATÓRIA DE NULIDADE DE TÍTULO DE CRÉDITO. NOTA PROMISSÓRIA. ASSINATURA ESCANEADA. DESCABIMENTO. INVOCAÇÃO DO VÍCIO POR QUEM O DEU CAUSA. OFENSA AO PRINCÍPIO DA BOA-FÉ OBJETIVA. APLICAÇÃO DA TEORIA DOS ATOS PRÓPRIOS SINTETIZADA NOS BROCARDOS LATINOS 'TU QUOQUE' E 'VENIRE CONTRA FACTUM PROPRIUM'. 1. A assinatura de próprio punho do emitente é requisito de existência e validade de nota promissória. 2. Possibilidade de criação, mediante lei, de outras formas de assinatura, conforme ressalva do Brasil à Lei Uniforme de Genebra. 3. Inexistência de lei dispondo sobre a validade da assinatura escaneada no Direito brasileiro. 4. Caso concreto, porém, em que a assinatura irregular escaneada foi aposta pelo próprio emitente. 5. Vício que não pode ser invocado por quem lhe deu causa. 6. Aplicação da 'teoria dos atos próprios', como concreção do princípio da boa-fé objetiva, sintetizada nos brocardos latinos 'tu quoque' e 'venire contra factum proprium', segundo a qual ninguém é lícito fazer valer um direito em contradição com a sua conduta anterior ou posterior interpretada objetivamente, segundo a lei, os bons costumes e a boa-fé 7. Doutrina e jurisprudência acerca do tema. 8. RECURSO ESPECIAL DESPROVIDO" (REsp n. 1.192.678/PR, STJ, 3ª Turma, Rel. Min. Paulo de Tarso Sanseverino, *DJe* 26-11-2012).

11.3. DUPLICATA VIRTUAL E BOLETO BANCÁRIO

Antes do exame efetivo das influências da informatização sobre a duplicata, como título de crédito, é preciso resgatar um pouco de suas regras gerais, objetivando uma melhor compreensão da duplicata virtual.

Duplicata mercantil é o título de crédito criado a partir de uma compra e venda mercantil, sendo emitida pelo vendedor contra o comprador, que efetuará o pagamento. Também é possível a emissão de duplicata de prestação de serviços quando o objeto for a realização de uma prestação de serviços, não uma compra e venda mercantil.

Diferentemente do cheque, da nota promissória, da letra de câmbio e de outros, a duplicata é um título de crédito de criação brasileira, cuja emissão é realizada pelo credor do título. A palavra "duplicata" tem origem no revogado art. 219 do Código Comercial, ao disciplinar a entrega da fatura "por duplicado" (uma via ficava para o comprador e outra para o vendedor).

O devedor (principal) da duplicata é o sacado, que é o comprador, porém este não é o emitente do título, mas sim o credor. O regime jurídico da duplicata é a Lei n. 5.474/68 – Lei das Duplicatas – LD, aplicando-se o Decreto n. 57.663/66 – Lei Uniforme no que couber em matéria de emissão, circulação e pagamento (LD, art. 25), além dos princípios do Direito Cambiário (cartularidade, literalidade, autonomia etc.) e regras sobre aval, vencimento etc.

Teoricamente, o aceite na duplicata é obrigatório: ela deve ser enviada pelo vendedor ao comprador para que este faça o aceite (LD, arts. 6º e s.). No entanto, na prática, os vendedores acabam por enviar juntamente com a nota fiscal-fatura um **boleto para quitação via bancária**, não cumprindo assim a duplicata seu trâmite normal e burocrático previsto na lei.

Na duplicata, o aceite pode ser ordinário: dá-se pela assinatura do aceitante (comprador) no título; por comunicação: quando o comprador retém o título, mas efetua um aviso comunicando (por exemplo, pela troca de *e-mails*); por presunção: quando não há causa para recusa do aceite, e, nesse caso, o comprador assina o canhoto da nota fiscal-fatura referente ao recebimento das mercadorias.

Acerca do protesto da duplicata, vale mencionar o disposto no art. 1º da Lei do Protesto – Lei n. 9.492/97: "Protesto é o ato formal e solene pelo qual se prova a inadimplência e o descumprimento de obrigação originada em títulos e outros documentos de dívida".

À luz da Lei das Duplicatas, o protesto da duplicata pode ocorrer pela falta de pagamento, falta de devolução do título ou pela falta de aceite (LD, art. 13, *caput*). O credor que não efetuar o protesto no prazo de trinta dias do vencimento perde o direito de regresso contra os coobrigados – endossantes e avalistas (LD, art. 13, § 4º). É importante destacar que a Lei de Protesto menciona que não cabe ao tabelião o exame de datas do título, existindo, dessa forma, um conflito aparente de normas (Lei n. 9.492/97, art. 9º).

Como regra geral, é necessário o título de crédito original para efetuar o seu protesto. Mas, no caso de duplicata, se o comprador não devolveu o título, poderá se realizar o protesto por indicação (LD, art. 13, § 1º, c/c o art. 14). Protesto por indicação significa que o Cartório efetuará o protesto com base nas indicações/informações fornecidas pelo credor, por exemplo, pelo canhoto de recebimento das mercadorias assinado, além de outros elementos constantes da nota fiscal-fatura, situação em que é dispensada a apresentação do título (exceção ao princípio da cartularidade).

Essa regra está alinhada com a Lei do Protesto, que em seu art. 8º, parágrafo único, dispõe que o Tabelionato de Protesto poderá recepcionar as indicações a protesto de duplicata mercantil e de prestação de serviço, por meio magnético ou de gravação eletrônica de dados. Soma-se a isso a autorização legal prevista pelo Código Civil de 2002, art. 889, § 3º, combinado com o art. 903. O primeiro dispositivo autoriza a emissão eletrônica de títulos de crédito. O segundo permite a aplicação supletiva das regras do Código Civil aos regramentos especiais dos demais títulos de crédito, se não houver contrariedade expressa.

Em análise do § 3º do art. 889, Ligia Paula Pires Pinto posiciona-se no sentido de que a emissão e circulação por meio eletrônico se dá tanto para os títulos atípicos ou inominados trazidos pelo Código Civil quanto para os títulos típicos previstos em legislação especial.[12]

Quanto à execução judicial da duplicata ou triplicata aceita, protestada ou não, a petição deve ser instruída com o título (LD, art. 15, I). Porém, para a execução judicial de "duplicata sem aceite" ou "duplicata não devolvida", será

---

12 Ligia Paula Pires Pinto. Títulos de crédito eletrônicos e assinatura digital: análise do art. 889, § 3º do Código Civil. In: PENTEADO, Mauro Rodrigues (Coord.). *Títulos de crédito*: teoria geral e títulos atípicos em face do novo Código Civil, títulos de crédito eletrônico. São Paulo: Walmar, 2004, p. 196.

necessária a prova do protesto juntamente com o comprovante de entrega da mercadoria ou prestação de serviço a fim de instruir a petição (LD, art. 15, II).

Há tempos, a duplicata desprendeu-se das regras ordinárias previstas em sua norma em razão da realidade negocial, assumindo uma dinâmica influenciada pelo desenvolvimento da informática. Esse fato, em grande medida, acabou levando a duplicata a ser desmaterializada, transformando-se em simples registros eletromagnéticos, os quais são transmitidos pelo empresário à instituição financeira,[13] quando da realização de operação de desconto bancário.

Fernando Netto Boiteux afirma que os empresários deixaram de emitir duplicatas em papel e passaram a emitir uma relação das duplicatas emitidas por meio eletrônico. Esta relação é conhecida como borderô, do qual constam os números das duplicatas, correspondendo tais números aos das respectivas notas fiscais-faturas. O borderô é remetido ao banco por via eletrônica (atualmente via internet, no passado por outros veículos como o disquete). Assim, o banco emite e encaminha aos sacados (devedores), para que efetuem o pagamento na rede bancária, um documento de cobrança (**boleto bancário**) com os dados dos sacadores. Se determinado boleto deixar de ser pago, o banco comunica-se com o Tabelionato de Protesto também por via eletrônica e envia a indicação dos dados do título, em vez do próprio título impresso em papel ou o seu respectivo boleto bancário, para se efetuar o protesto. O comprovante da entrega da mercadoria ou prestação de serviços é substituído por uma declaração do sacador de que tal documento encontra-se em sua posse, a fim de exonerar o banco de responsabilidade.[14]

A transferência dos créditos para o banco trata-se de um negócio denominado desconto bancário, que consiste na operação de recebimento antecipado dos valores de títulos de créditos não vencidos, o que é muito utilizado pelos empresários que vendem a crédito. A antecipação dos valores é feita por um banco, para o qual o comerciante transferiu os créditos. A princípio, a transmissão dos créditos deveria ser efetivada por endosso (ou excepcionalmente por cessão de crédito), mas a informática acabou por alterar essa formalidade.

Na operação de desconto, os valores antecipados dos títulos de crédito ficam sujeitos a um deságio, a fim de remunerar a instituição financeira por ter ante-

---

13 Nesse sentido, Newton De Lucca. A *cambial-extrato*, p. 23 e s.

14 Fernando Netto Boiteux. *Títulos de crédito (em conformidade com o novo Código Civil)*, p. 50-51.

cipado o valor; pelos seus custos de cobrança; e pelo risco de inadimplência assumido. Teoricamente, o risco poderá ser total quando não tiver direito de regresso contra quem lhe transmitiu o título, ou devolvê-lo; ou parcial, quando isso for possível. O risco vai influir na taxa de juros cobrada na operação.

Ao tempo do vencimento, o banco promove a cobrança do crédito mediante a expedição de **boleto bancário**, que não se trata de um título de crédito, mas sim um aviso de cobrança ao devedor que tem a facilidade de permitir sua quitação por meio da rede bancária física, caixas eletrônicos ou pela internet.

Nesse caso, a duplicata em si apenas vai surgir quando houver inadimplemento do devedor. Na grande maioria das vezes há o adimplemento da obrigação, assim a duplicata tem a potencialidade de ser emitida, por isso a designação de duplicata virtual.[15] Isso porque é um título cuja emissão é feita pelo credor.

Vale destacar que a emissão e o pagamento de boletos bancários tornaram-se uma prática corriqueira no comércio, ou seja, usos e costumes. Usos e costumes são práticas continuadas de determinados atos pelos agentes econômicos, que são aceitas pelos empresários como regras obrigatórias. Eles vigoram quando a lei não possui normas expressas para regular o assunto.

No âmbito do STJ, após citar o artigo já referido de Paulo Salvador Frontini, a Ministra Nancy Andrigui expressou parte de seu voto:

> EXECUÇÃO DE TÍTULO EXTRAJUDICIAL. DUPLICATA VIRTUAL. PROTESTO POR INDICAÇÃO. **BOLETO BANCÁRIO** ACOMPANHADO DO COMPROVANTE DE RECEBIMENTO DAS MERCADORIAS. DESNECESSIDADE DE EXIBIÇÃO JUDICIAL DO TÍTULO DE CRÉDITO ORIGINAL. 1. As duplicatas virtuais – emitidas e recebidas por meio magnético ou de gravação eletrônica – podem ser protestadas por mera indicação, de modo que a exibição do título não é imprescindível para o ajuizamento da execução judicial. Lei 9.492/97. 2. Os **boletos de cobrança bancária** vinculados ao título virtual, devidamente acompanhados dos instrumentos de protesto por indicação e dos comprovantes de entrega da mercadoria ou da prestação dos serviços, suprem a ausência física do título

---

15 Paulo Salvador Frontini. Títulos de crédito e títulos circulatórios: que futuro a informática lhes reserva? Rol e funções à vista de sua crescente desmaterialização. *Revista dos Tribunais*. São Paulo: RT, n. 730, ago. 1996, p. 60.

> cambiário eletrônico e constituem, em princípio, títulos executivos extrajudiciais. 3. Recurso especial a que se nega provimento.
>
> Trecho do voto da Relatora: "(...) Os usos e costumes desempenham uma relevante função na demarcação do Direito Comercial. Atualmente, os hábitos mercantis não exigem a concretização das duplicatas, ou seja, a apresentação da cártula impressa em papel e seu encaminhamento ao sacado. É fundamental, portanto, considerar essa peculiaridade para a análise deste recurso especial, a fim de que seja alcançada solução capaz de adaptar a jurisprudência à realidade produzida pela introdução da informática na praxe mercantil – sem, contudo, desprezar os princípios gerais de Direito ou violar alguma prerrogativa das partes. É importante ter em vista, ainda, que a má interpretação da legislação aplicável às transações comerciais pode ser um sério obstáculo à agilidade negocial, de maneira a tornar a posição do Brasil no competitivo mercado internacional cada vez mais desvantajosa".[16]

Contudo, entendemos que o a duplicata virtual é uma realidade amparada pelo ordenamento jurídico, pois, como analisado, o aceite não precisa ser necessariamente realizado no próprio título; o protesto pode ser feito eletronicamente por meio de indicação; e a legislação admite a execução de duplicata não aceita, desde que protestada, acompanhada do comprovante de entrega do produto (ou prestação de serviço) e sem que tenha havido recusa de aceite pelo sacado.

Por último, Paulo Salvador Frontini aponta outro fator que afeta a dinâmica da duplicata, as vendas ao consumidor cujas operações quando feitas para pagamento a prazo utilizam-se da figura do cheque pré-datado,[17] tema o qual passamos a tratar.

11.4. "CHEQUE ELETRÔNICO": CARTÕES DE DÉBITO E DE CRÉDITO

Procuraremos examinar quais consequências a informática tem reservado ao cheque, mas antes precisamos analisar algumas de suas regras com o fim

---

16 STJ, REsp 102.469-1/PR, 3ª Turma, rel. Min. Nancy Andrighi, *DJe* 12-4-2011.

17 Paulo Salvador Frontini. Títulos de crédito e títulos circulatórios: que futuro a informática lhes reserva? Rol e funções à vista de sua crescente desmaterialiação", p. 60.

de fundamentar o estudo dos "cheques eletrônicos", como fenômeno da atividade negocial.

Cheque é uma ordem de pagamento à vista, emitida (sacada) contra um banco, considerando a provisão de fundos suficientes. Assim, sendo o cheque uma ordem de pagamento, cria três figuras: emitente (sacador), sacado (o banco que recebe a ordem e efetua o pagamento) e portador (beneficiário, tomador, credor). Na verdade, o cheque, enquanto ordem de pagamento, é uma evolução da letra de câmbio. Mas esses títulos guardam distinções, em especial pelo fato de o cheque não admitir aceite.

O regime jurídico do cheque é a Lei n. 7.357/85 – Lei do Cheque – LC aplicando subsidiariamente a Lei Uniforme para os casos de omissão. A propósito, ao cheque são aplicáveis os princípios da cartularidade, literalidade e autonomia, e aos seus subprincípios da abstração e da inoponibilidade das exceções pessoais ao terceiro de boa-fé.

Quanto aos "fundos suficientes", eles devem ser (a) previamente depositados pelo emissor (sacador) em conta bancária; ou (b) decorrente de abertura de crédito do banco ao cliente emissor do cheque (LC, art. 4º, § 2º).

Ainda, o cheque é um dos títulos de crédito mais utilizados, mas cabe ressaltar que se trata de um título de crédito à vista (LC, art. 32), mesmo que o comércio tenha por hábito utilizá-lo com vencimento a prazo.

De acordo com a norma, qualquer cláusula inserida no cheque é considerada não escrita para efeitos cambiais, como pré-datá-lo (LC, art. 32). No entanto, se ao combinar com o credor do cheque que este deveria ser levado à compensação em uma data posterior, e não sendo essa combinação cumprida, o emissor do cheque tem direito a pleitear indenização contra o descumpridor dessa cláusula, que tem valor para efeitos civis. Nesse sentido é a Súmula 370 do STJ: "Caracteriza dano moral a apresentação antecipada de cheque pré-datado".

Cheque pré-datado (ou pós-datado) é aquele em que se fixa um vencimento a prazo (uma data futura para ser levado à compensação ou à quitação); no entanto, por ser uma ordem de pagamento à vista, poderá ser apresentado ao banco para compensação/quitação antes da data.

É claro, porém, que isso pode estar violando um acordo entre as partes, cabendo ação indenizatória na esfera civil, conforme a Súmula 370 do STJ. Mas se houver fundos na conta bancária do emitente, o cheque será compensado, pois ao banco não cabe o exame de cláusulas com datas de vencimento a prazo.

Compreendemos que a edição de tal súmula é reflexo dos usos e costumes mercantis, como práticas continuadas de determinados atos pelos agentes econômicos, que são aceitas pelos empresários como regras obrigatórias, vigorando quando a norma não possui comandos sobre o tema.

No que tange ao prazo para apresentação para pagamento, o cheque pode ser apresentado para pagamento ou ser levado para câmara de compensação bancária. Cheque com valor de até R$ 299,99 (conhecido como de "valor inferior") terá prazo máximo de dois dias para compensação; acima desse valor, R$ 300,00 ou mais ("valor superior"), o prazo é de um dia. Isso em razão da instalação de sistema em que os dados são transmitidos digitalmente, não mais com o efetivo transporte físico dos títulos para a compensação.

Para a ação cambiária (execução judicial), não há necessidade de protesto (o protesto é facultativo), sendo de seis meses o prazo prescricional para o seu ajuizamento. Esse prazo começa a contar do término da data para apresentação ao pagamento (trinta dias para mesma praça; sessenta dias para praça diversa). Por isso é que se diz que o prazo para a execução de cheque da mesma praça é de sete meses, e de oito meses para cheques de praça diferente. Após esse prazo, o exercício do direito de crédito do credor somente poderá ocorrer por ação monitória, servindo o cheque como prova.

O cheque tem efeito *pro solvendo*, ou seja, o negócio que originou sua emissão fica condicionado à sua compensação. Se a compensação do cheque não ocorrer, o negócio é desfeito, como o pagamento de aluguel. Mas as partes também podem convencionar ser o cheque *pro soluto*, em que pela não compensação o negócio originário não se desfaz (o que é bem usual ocorrer no comércio), cabendo ao credor um direito cambial contra o devedor do cheque (protesto, execução judicial).

De acordo com a Lei do Cheque – Lei n. 7.357/85 –, é possível a revogação ou a sustação do cheque. A revogação do cheque é uma contraordem, para não pagamento ou compensação do título, que deve ter razões motivadas (LC, art. 35). Por sua vez, a sustação do cheque é uma oposição que deve ser fundada em relevante razão de direito (LC, art. 36), como no caso de furto ou roubo. No entanto, os atos destinados a suspender a compensação do cheque são indistintamente denominados "sustação".

São vários os critérios (motivos) para a devolução de cheque previstos na Resolução do Banco Central do Brasil – BACEN n. 1.682/90, sendo os principais: motivo n. 28 para roubo ou furto; motivo n. 11 para a primeira devolução do cheque por insuficiência de fundos; motivo n. 12 quando da segunda devolução por ausência de fundos; motivo n. 13 para devolução de cheque em razão de a conta estar encerrada; motivo n. 22 por divergência de assinatura; motivo n. 25 para cancelamento de talonário (por exemplo, em caso de subtração de talonários em assalto a carro forte ou agência); motivo n. 21 para demais casos (como desacordo comercial, que é o desentendimento entre as partes após a entrega do pagamento por meio de cheque).

Conforme a Circular do Banco Central do Brasil – BACEN n. 2.655, de 17-1-1996, que criou o motivo de devolução n. 28, a utilização da revogação ou da sustação pelo emissor do cheque fica condicionada à apresentação do respectivo boletim de ocorrência policial. Quando for sustação realizada por portador legitimado do cheque (credor), também haverá a necessidade do boletim de ocorrência policial. Na prática bancária, via de regra, os bancos não exigem dos seus clientes o boletim de ocorrência para desacordo comercial.

Atualmente, Resolução do BACEN n. 3.972/2011 estabeleceu mais uma série de regras para o uso do cheque, entre elas: a necessidade da apresentação de boletim de ocorrência para caso de extravio de folhas de cheque em branco; obrigatoriedade de impressão da data de confecção nas folhas de cheque etc. Também é muito pertinente expressar que o Superior Tribunal de Justiça sumulou a questão que envolve a responsabilidade do banco por devolução indevida de cheque, o que gera dano moral ao correntista. Súmula 388 do STJ: "A simples devolução indevida de cheque caracteriza dano moral".

Um último tema sobre cheque que gostaríamos de tratar, antes de examinar os tidos "cheques eletrônicos," é o "cheque sem fundo". O denominado cheque sem fundo trata-se daquele não pago ou não compensado por insuficiência de fundos. Se o cheque for devolvido por falta de provisão duas vezes, seu emissor será inscrito no Cadastro de Emitentes de Cheques sem Fundos – CCF, ficando o banco impedido de fornecer novos talões, porém não está obrigado a encerrar a conta bancária. Em caso de conta bancária conjunta, anteriormente eram incluídos no CCF os nomes e CPFs de todos os titulares. Hoje é incluído apenas o nome e CPF do emitente do cheque. Se o emitente, ao sacar o cheque, tinha ciência da insuficiência de fundos, estará sujeito à condenação por crime de estelionato, de acordo com o art. 171, § 2º, VI, do Código Penal. Essa tipificação na prática nem sempre é de fácil enquadramento, porém, é possível sim haver conduta delitiva.

Em boa medida o uso do cheque tem sido substituído pelos cartões de débito e de crédito como formas de pagamento.[18] Assim, marcamos propositalmente a expressão "cheque eletrônico", haja vista que a finalidade deste item é investigar a natureza jurídica do cartão de débito e do cartão de crédito, a fim de saber se podem ser tidos como uma ordem de pagamento, e consequentemente uma evolução do cheque (este, por sua vez, foi um aprimoramento da letra de câmbio criada na Idade Média); ou se são meros sucedâneos/substitutos do cheque.

Essa substituição pode ser explicada por várias razões, entre elas: a facilidade de porte do *smart card* (cartão inteligente); a expansão das compras pela internet, em que muitos fornecedores disponibilizam apenas as formas eletrônicas de pagamento; impossibilidade de sustação por desacordo comercial; diminuição do risco de inadimplência, como acontece com o cheque sem fundo; segurança quanto ao porte de dinheiro em espécie, entre outras.

Para o exame da matéria, será necessário tratarmos, ainda que brevemente, acerca de alguns contratos financeiros, lembrando que a eles é aplicável o Código de Defesa do Consumidor, conforme a Súmula 297 do STJ: "O Código de Defesa do Consumidor é aplicável às instituições financeiras". É bom registrar que o Supremo Tribunal Federal mantém a mesma posição acerca da matéria.

Entre os principais contratos celebrados por bancos está o contrato de abertura de crédito, que consiste no acordo pelo qual o banco coloca à disposição do cliente, por prazo certo ou indeterminado, uma importância limitada, facultando a utilização total ou parcial do crédito concedido (nesse sentido é o art. 1.842 do Código Civil italiano, de 1942), mediante o pagamento de juros (como se fosse uma espécie de mútuo ou empréstimo).

Utilizando-se da linha de crédito, da qual correm juros, o cliente deverá efetuar a sua quitação em determinado prazo fixado no contrato. Por isso, essa operação contratual também é denominada contrato de mútuo.

Aqui, cabe destacar o que prevê a Súmula 233 do STJ: "O contrato de abertura de crédito, ainda que acompanhado de extrato de conta corrente, não é título executivo", cabendo, assim, ação monitória para a cobrança do débito

---

18 Nesse sentido, Paulo Salvador Frontini. "Títulos de crédito e títulos circulatórios: que futuro a informática lhes reserva? Rol e funções à vista de sua crescente desmaterialiação", p. 62.

junto ao cliente correntista. Especificamente sobre a nota promissória atrelada ao contrato de abertura de crédito, dispõe a Súmula 258 do STJ: "A nota promissória vinculada a contrato de abertura de crédito não goza de autonomia em razão da iliquidez do título que a originou".

No entanto, de acordo com a decisão da 3ª Turma do STJ,[19] havendo inadimplência, o contrato de abertura de crédito pode ser considerado título executivo extrajudicial, nos termos do então vigente art. 585, II, do CPC de 1973 [CPC de 2015, art. 784, III], para efeitos de promover a correspondente execução judicial da quantia devida.

Não havendo proibição legal, a cobrança de taxa de manutenção pode ser convencionada, pois, mesmo que não utilizada a linha de crédito aberta, o banco se compromete a manter a quantia à disposição do cliente. De modo popular, essa taxa é denominada "taxa do limite" ou "taxa do cheque especial".

O contrato de abertura de crédito também pode ser garantido ou não, com garantia real (por exemplo, hipoteca) ou fidejussória (por exemplo, aval). São garantias reais: hipoteca, penhor, anticrese, debênture sobre o ativo da sociedade anônima. Trata-se de um direito real sobre a propriedade, um privilégio sobre o bem dado como garantia. Já as garantias fidejussórias são aval e fiança. É um vínculo subjetivo ou de natureza pessoal, por meio do qual alguém se responsabiliza perante o credor pelo cumprimento da obrigação assumida pelo devedor, em caso de inadimplemento deste.

Outro contrato importante é o contrato de depósito bancário, que por sua vez não é necessariamente o mesmo que contrato de abertura de crédito. Isso, pois, no contrato de depósito bancário, a instituição se compromete a guardar os valores que lhes são confiados, podendo ser resgatados nos prazos e períodos ajustados. Trata-se de um depósito irregular, logo, rege-se pelas regras do mútuo. No entanto, com frequência ocorre a mistura do contrato de depósito bancário com abertura de crédito, podendo abarcar outros serviços, como fornecimento de talões de cheque em domicílio etc.

É pertinente considerar que o contrato de depósito bancário pode ser de poupança ou de conta corrente. O contrato de poupança é aquele em que os valores são remunerados por serem depositados em uma conta em uma instituição financeira. Essa remuneração no contrato de poupança é de acordo com índices oficiais fixados por lei. Os valores depositados ficam sob a custódia da

---

19 AgRg no REsp 623.809.

instituição, que acaba aproveitando o montante dos recursos de seus clientes--depositantes para emprestar a outras pessoas, mediante a cobrança de uma taxa de juros maior do que a que é paga aos depositantes. Assim, ganha na diferença entre juros pagos aos depositantes e os juros que recebe dos que tomam empréstimos, o que é denominado *spread* bancário.

No contrato de conta corrente, por sua vez, em geral não há remuneração ao saldo positivo (mas pode-se convencionar diferentemente) decorrente dos valores na conta bancária. A expressão "conta corrente bancária" significa que o banco se compromete a fazer operações de débito e de crédito na conta bancária do cliente, conforme suas determinações a partir de: emissão de cheques, saques avulsos, autorização de débito automático, depósitos efetuados etc. Assim, por exemplo, se o banco fizer um débito em conta sem autorização expressa do correntista, haverá a necessidade de restituí-lo.[20]

Especificamente acerca do cartão de débito, trata-se de uma operação contratual entre banco e cliente em que aquele (banco) se compromete a efetuar débitos da conta bancária deste (cliente) mediante ordem de pagamento com o uso da informática. Trata-se de uma autorização de débito. Se houvesse previsão legal, o cartão de débito poderia ser tido como uma espécie de cheque, o "cheque eletrônico".

Destaca-se que o cartão de débito é uma facilidade criada pelos bancos, por meio do qual o cliente pode efetuar um pagamento realizando débito em sua conta bancária para ser creditado na conta bancária do seu fornecedor (vendedor de produtos ou prestador de serviços). Essa possibilidade apresenta benefícios, como evitar o porte de dinheiro e de talonário de cheques. Nas palavras de Carlos Henrique Abrão, trata-se de dinheiro de plástico que está embutido no magnético, transferível mediante senha.[21]

No fundo, o cartão em si é feito de plástico com uma fita magnética, cuja utilização implica sua passagem por uma leitora conectada ao sistema do banco.[22] Ele pode funcionar para operações de: retirada de dinheiro em terminais,

---

20 Nesse sentido, REsp 163.815.

21 Carlos Henrique Abrão. *Cartões de crédito e débito*. 2. ed. São Paulo: Atlas, 2011, p. 130.

22 Nesse sentido, Wille Duarte Costa. *Títulos de crédito*. 2. ed. Belo Horizonte: Del Rey, 2006, p. 88.

transferências entre contas bancárias, autorização de débito etc. Este cartão recebe o nome de cartão magnético ou *smart card* (cartão inteligente).

Uma questão importante é alertar em relação à necessidade de segurança nas operações pela transmissão de informações eletronicamente. Mas, a autorização do débito em conta bancária é feita pelo titular por meio da digitação de uma senha alfanumérica (que em algumas operações vem sendo substituída pela leitura biométrica da impressão digital do cliente). Ainda é importante ressaltar que essa operação foi concebida inicialmente para pagamentos à vista (débito da conta do comprador e crédito na conta do vendedor imediatamente), não havendo o efeito *pro solvendo* do cheque e nem possibilidade de sustação por desacordo comercial. Mais tarde surgiu a possibilidade de pagamentos parcelados e pré-datados (débitos e créditos futuros). Esta última se aproxima do cartão de crédito, se não fossem algumas características deste que serão vistas adiante.

Quanto ao cartão de crédito, como já visto, o crédito possibilita a circulação de riquezas sem a necessidade de pagamento imediato, confiando-se no pagamento futuro. Logo, o crédito traz a possibilidade de consumo imediato pelo seu tomador, no que diz respeito à compra de produto ou serviço e à espera do vendedor para receber a contraprestação relativa ao bem que vendeu.

Com o cartão de crédito, surge a possibilidade de aquisição imediata do bem para pagamento posterior. O cartão de crédito também está associado à possibilidade de o vendedor não precisar, necessariamente, ter de esperar todo o prazo que esperaria para receber seu crédito, pois pode realizar operação de transferência de seus créditos a instituições financeiras, ou mesmo solicitar a antecipação junto à administradora do cartão, em ambos os casos mediante taxa de deságio.

A administradora do cartão concede crédito para que o usuário possa usá-lo da forma que melhor entender, dentro do limite estabelecido, para compras de produtos e serviços junto a qualquer fornecedor que esteja filiado à rede da administradora do cartão.

Difere, portanto, dos cartões de fidelidade ou de compras emitidos por lojas, em que o crédito é concedido para uso exclusivo em sua rede própria, para compras de produtos e serviços que esta tenha à disposição. Nos últimos anos, as lojas têm transformado seus cartões de fidelidade em cartões de crédito também, por meio de parcerias com administradoras de cartões.

As vantagens do uso de cartão de crédito para o comprador são as seguintes: não precisa demonstrar sua capacidade de pagamento a todo o momento; meio alternativo aos títulos de crédito para pagamento das obrigações; segurança quanto à desnecessidade de porte de dinheiro etc. Já as vantagens do cartão de crédito ao vendedor são: não há o risco de inadimplência, pois a administradora pagará ao vendedor ainda que o cliente não pague a fatura do cartão (mas, há administradoras colocando cláusulas de que não irão pagar quando for caso de clonagem de cartão etc., surgindo desse fato a necessidade de se exigir o documento de identificação do cliente); não precisa de assessoria creditícia, gestão do crédito, seleção de riscos e administração de contas a receber, o que pode diminuir a necessidade de operações de *factoring*; segurança por não ter de manusear dinheiro ou títulos de crédito (às vezes com custo de carro-forte etc.).

Especificamente acerca da clonagem de cartão de crédito e débito, tal conduta passou a ter tipificado como crime, conforme o parágrafo único do art. 298 do Código Penal, incluído pela Lei n. 12.737/2012, cujo assunto é discorrido no item dos crimes de informática.

Quanto às desvantagens pelo uso do cartão de crédito, existem algumas: ao comprador: a taxa de juros é a de mercado, em caso de inadimplemento, muitas vezes mais alto do que as pagas aos bancos pelo uso da linha de crédito do "cheque especial" (Súmula 283 do STJ: "As empresas de administração de cartão de crédito são instituições financeiras e, por isso, os juros remuneratórios por elas cobrados não sofrem as limitações da Lei de Usura"); ao vendedor: existe uma comissão ou taxa cobrada pela administradora sobre o valor de cada compra, que pode variar dependendo do prazo em que a quantia será repassada a ele (razão pela qual alguns vendedores ainda preferem outras formas de pagamento, como ocorre em pequenas pousadas e restaurantes do interior).

Diante do exposto, o cheque continua sendo utilizado pelo comércio por algumas razões: a taxa cobrada nas operações de desconto bancário ou *factoring* pela antecipação dos valores dos cheques são inferiores às cobradas pelas administradoras de cartão de crédito; a possibilidade de impor restrição ao nome do emitente do cheque sem fundo no CCF – Cadastro de Emitentes de Cheques sem Fundos; o cheque muitas vezes é utilizado como caução/garantia em certos negócios, que ao serem concretizados passam a ter este cheque como início de pagamento.

Contudo, o recebimento via cartão de crédito tem sido cada vez mais ampliado. Atualmente, é viabilizado por meio de *smartphones*, os quais mediante a instalação de um aplicativo (*software*) permite que se digite na tela o número do cartão, valor, quantidade de parcelas etc. Esse fato tem permitido que profissionais liberais prefiram receber por cartão de crédito ou de débito em detrimento do cheque ou duplicata, como, por exemplo, dentistas, massoterapeutas, livreiros, taxistas, entre outros. Isso principalmente em razão do risco de receber cheques sem fundos ou subtraídos.

11.5. COMPENSAÇÃO POR *SMARTPHONE*

Muitos bancos estão disponibilizando aos seus correntistas aplicativos (programas para *smartphones*) que permitem a compensação de cheque eletronicamente. Na verdade, é feito o crédito do valor do cheque na conta bancária sem a necessidade de comparecimento à agência física ou ao caixa eletrônico para realizar o depósito.

Sendo o correntista credor de um cheque ele deve cruzá-lo com dois traços transversais escrevendo o nome do banco entre os traços. O correntista deve fotografar o cheque e enviar a imagem pelo aplicativo para que o banco processe a compensação daquele, realizando assim o crédito correspondente na conta bancária do cliente.

O correntista deve guardar o cheque em papel, pois será considerado o seu fiel depositário; não podendo transferi-lo a terceiros, sob pena de arcar com os prejuízos, cujas quantias poderão ser debitadas de sua conta bancária.

Após ocorrer a efetiva compensação do cheque, o banco entrará em contato com o cliente, normalmente via mensagem eletrônica, fornecendo outras informações da liquidação do título, como a autorização para destruí-lo e/ou prazo em que ele deve permanecer em posse do correntista.

Frise-se que os prazos para a compensação do cheque, a princípio, são os mesmos; isto é, cheque até R$ 299,99 ("valor inferior") tem o prazo máximo de 2 dias para compensação; a partir de R$ 300,00 ("valor superior"), o prazo é de *1* dia.

11.6. ASPECTOS PRÁTICOS E PROCESSUAIS

Parece claro que com o passar do tempo há uma forte tendência à substituição do papel por arquivos digitais. Isso tem acontecido no campo jurídico em várias searas, como já apontado, não passando imune a teoria geral dos títulos de crédito, em especial os princípios da cartularidade e da literalidade.

A questão é saber se, em termos práticos, um arquivo digital tem condições de suportar os atos cambiários da mesma forma que o papel. Isso, pois, conforme a legislação em vigor, por exemplo, o saque, o aceite, o endosso e o aval são atos que devem ser praticados no corpo do título, na cártula, portanto.

Sobre o endosso e o aval, o Decreto n. 57.663/66 – Lei Uniforme (LU), assim dispõe: "Art. 13: O endosso deve ser escrito na letra ou numa folha ligada a esta (anexo). Deve ser assinado pelo endossante. (...) Art. 31: O aval é escrito na própria letra ou numa folha anexa".

Em tese, a Tecnologia da Informação permitiria que os atos cambiários fossem praticados diretamente num arquivo digital que seria o título de crédito em si, especialmente pelo uso da assinatura digital e certificação eletrônica, que trariam segurança quanto ao teor dos atos, à luz da Medida Provisória n. 2.200-2/2001, que criou a Infraestrutura de Chaves Públicas Brasileira – ICP-BRASIL.

Isso poderia ser reconhecido pela doutrina e jurisprudência, seja como usos e costumes mercantis, seja pela aplicação do art. 903 do Código Civil: "Salvo disposição diversa em lei especial, regem-se os títulos de crédito pelo disposto neste Código".

Esse dispositivo deve ser combinado com a autorização prevista no § 3º do art. 889 do mesmo Código: "O título de crédito poderá ser emitido a partir dos caracteres criados em computador ou meio técnico equivalente e que constem da escrituração do emitente, observados os requisitos mínimos previstos neste Código".

Feita essa combinação de dispositivos, alinhada ao uso de tecnologia com segurança, os títulos de crédito poderiam efetivamente assumir a figura de um título eletrônico, cuja documentalidade não seria num papel, mas sim num suporte digital, o qual poderia ser, com o uso da tecnologia, sacado, aceitado, endossado e avalizado.

No entanto, imagine a situação em que um título eletrônico receberia várias assinaturas (digitais) no mesmo documento (arquivo), consistindo cada qual uma manifestação de vontade, seja sacador, avalistas ou endossantes. Todavia, isso talvez não seja tão simples e prático como nos títulos físicos (cartularizados), mas que é um obstáculo que pode ser atenuado com o tempo em razão do avanço da tecnologia.[23]

Quanto ao aspecto processual, o Código de Processo Civil de 2015, art. 784, inc. I [correspondente ao art. 585, inc. I, do CPC de 1973], ao enumerar os títulos de crédito que podem ser objeto de execução judicial, entre eles a duplicata, a nota promissória e o cheque, não exige que o título esteja suportado por papel.

No máximo, o que a legislação exige é que o título seja derivado de obrigação certa, líquida e exigível, conforme prevê o art. art. 786 do CPC de 2015 [art. 586 do CPC de 1973]: "A execução pode ser instaurada caso o devedor não satisfaça a obrigação certa, líquida e exigível consubstanciada em título executivo".

Considerando que o teor do arquivo digital estará assegurado pelo uso da assinatura digital e certificação eletrônica, se o título contiver uma obrigação inquestionável quanto à sua existência (certa), com valor determinado e corretamente expresso (líquido) e vencido (exigível), ele poderá ser objeto de execução judicial.

E mais, o art. 798, inc. I, *a*, do CPC de 2015 [art. 614, inc. I, do CPC de 1973], ao tratar da execução judicial, não exige que o suporte do título seja o papel: "Art. 798. Ao propor a execução, incumbe ao exequente: I – instruir a petição inicial com: *a* – o título executivo extrajudicial".

Além disso, até o processo judicial em si, que nos últimos séculos esteve suportado pelo papel, no Brasil tem se inclinado para o suporte eletrônico, haja vista a Lei n. 11.419/2006, cujo objetivo é a informatização do processo judicial, conforme tratamos anteriormente.

Para efeitos processuais a Lei n. 11.419/2006 prevê, em seu art. 11, que o documento eletrônico é expressamente admissível como meio de prova. A força probante deste tipo de documento passa a equivaler à do documento tradicional quando este apresentar determinados requisitos.

Conforme dispõe o *caput* do art. 11 da Lei n. 11.419/2006, "os documentos produzidos eletronicamente e juntados aos autos do processo eletrônico com garantia da origem e de seu signatário, na forma estabelecida nesta Lei, serão considerados originais para todos os efeitos legais".

De acordo com o que já foi apontado, o CPC de 2015 não deixou de disciplinar a matéria via o art. 422, *caput*, §§ 2º e 3º, cuja redação é: "Qualquer reprodução mecânica, como a fotográfica, a cinematográfica, a fonográfica

---

[23] No mesmo sentido, Raphael Velly de Castro. Notas sobre a circulação e a literalidade nos títulos de crédito eletrônicos, p. 399.

ou de outra espécie, tem aptidão para fazer prova dos fatos ou das coisas representadas, se a sua conformidade com o documento original não for impugnada por aquele contra quem foi produzida. As fotografias digitais e as extraídas da rede mundial de computadores fazem prova das imagens que reproduzem, devendo, se impugnadas, ser apresentada a respectiva autenticação eletrônica ou, não sendo possível, realizada perícia. (...) Aplica-se o disposto neste artigo à forma impressa de mensagem eletrônica". Bem como pelos arts. 439 a 441: "A utilização de documentos eletrônicos no processo convencional dependerá de sua conversão à forma impressa e da verificação de sua autenticidade, na forma da lei. O juiz apreciará o valor probante do documento eletrônico não convertido, assegurado às partes o acesso ao seu teor. Serão admitidos documentos eletrônicos produzidos e conservados com a observância da legislação específica".

Esse dispositivo nos aproxima do que foi disciplinado, na reforma da década de 2000, pelo Código Civil francês, que no seu art. 1.316-3 equipara o escrito em suporte eletrônico ao escrito em papel para fins probatórios.

Dessa forma, se não fossem os dispositivos legais autorizadores da execução de um título emitido eletronicamente, ao credor restaria ainda, se for o caso, ajuizar ação monitória, prevista nos arts. 700 a 702 do CPC de 2015 [arts. 1.102-A a 1.102-C do CPC de 1973]. Essa ação de conhecimento tem por objeto efetuar a constituição de um título executivo a partir de uma prova escrita que não tenha eficácia executiva. Nesse caso, utilizar-se-ão os documentos escritos que comprovam o direito de crédito do interessado.

11.7. OUTROS APONTAMENTOS SOBRE TÍTULOS DE CRÉDITO

Diante do exposto, podemos concluir que a emissão de títulos eletrônicos é possível por disposição expressa do art. 889, § 3º, do Código Civil, sendo isso possível teoricamente, a nosso sentir, a qualquer título de crédito, mas especialmente a duplicata, haja vista que as respectivas normas cambiárias não vedam tal possibilidade. Isso sem prejuízo do que dispõe o art. 903 do Código Civil, ao dispor que as normas deste Código em matéria de títulos de crédito são aplicáveis a títulos disciplinados por leis especiais desde que não as afronte, o que não é o caso.

Utilizando-se de assinatura digital e certificação eletrônica, em tese, é possível realizar atos cambiários, como o saque, o aceite, o endosso e o aval. O título emitido eletronicamente (com uso da assinatura digital) circulará eletronicamente para o banco, que cobrará eletronicamente. Assim, saque, aceite, endosso e aval são possíveis em um título emitido eletronicamente, pois serão apostos no próprio título atendendo às determinações da Lei Uniforme, no entanto, serão apostos em um arquivo eletrônico mediante o uso de assinatura digital e certificação eletrônica.

Tudo isso, em tese, permite que os atos cambiários inerentes aos títulos de crédito possam ser praticados utilizando-se deste ferramental tecnológico, como o saque, o aceite, o aval e o endosso, ainda que talvez não seja muito prático aos empresários, em especial quanto à circulação do título.

O título de crédito consiste em uma declaração unilateral de vontade, sendo que não há nenhuma norma que exija que essa declaração deva ser materializada obrigatoriamente em papel. A cártula sempre trouxe segurança para o cumprimento da obrigação via execução judicial, mas atualmente isso é perfeitamente possível e admitido pela legislação, mediante suporte eletrônico.

Além disso, o art. 887 expressa a palavra "documento", não "cártula"; e que o título somente produzirá efeitos se preencher os requisitos da lei. Logo, um título emitido eletronicamente (documento eletrônico) poderá ser tido como título de crédito desde que respeite as regras da sua norma regente. Sem dizer que as leis cambiárias quando estabelecem requisitos formais para um título de crédito não menciona a necessidade de cártula (papel).

Quanto à executividade do título, ele apenas deixou o suporte em papel para utilizar o suporte eletrônico, sendo apenas uma questão de prova. Deve ser observado aqui que até o processo judicial poderá ser digital, conforme estabelece a Lei n. 11.419/2006, que disciplina a informatização do processo judicial.

Caso não haja avanço jurídico na aceitação de títulos emitidos eletronicamente, seja por posição doutrinária e jurisprudencial, seja por reforma legal, os títulos de crédito podem acabar não circulando fisicamente, mas continuarão sendo cobrado por via bancária, ou mesmo por *factoring*, restando a eles a finalidade de instrução para eventual execução judicial ou protesto. Mas acreditamos também ser possível a continuidade da circulação dos títulos de crédito em razão da tecnologia atual (e a ser desenvolvida), em especial pelo uso de assinatura digital e certificação eletrônica. Dependerá da vontade dos agentes econômicos em razão da maior agilidade ou não no tráfico mercantil.

Imagine a situação em que um título eletrônico receberia várias assinaturas digitais no mesmo documento-arquivo, consistindo cada qual uma manifestação de vontade, seja sacador, avalistas ou endossantes. Eventualmente esse fato não se apresenta de forma tão simples e prática como nos títulos físicos (cartularizados), todavia é um obstáculo que pode ser atenuado com o tempo em razão do avanço da tecnologia. Também, para a transmissão com uso da assinatura digital o destinatário precisaria estar com a chave pública para decriptografar o documento, o que pode ser algo inviável na prática mercantil.

Como seria a tradição/circulação eletrônica? A tradição física de bem corpóreo implica o objeto sair do campo de domínio de uma pessoa e adentrar no de outra. No campo digital não, pois o imaterial permite a duplicação do bem, se ao transferi-lo a outrem o arquivo continuar com quem o transferiu, o que poderia permitir outras circulações a terceiros de boa-fé. Solução possível seria a criação de título em nuvem em que ele ficasse custodiado no servidor de uma entidade a qual receberia a ordem do credor, mediante assinatura digital, para transferir a titularidade a um a terceiro, que passaria ser o novo credor. Isso, teoricamente, impediria títulos eletrônicos ao portador.

Essa entidade custodiadora poderia funcionar como as Centrais de Registro, Custódia, Compensação e Liquidação de títulos escriturais, a exemplo, da SELIC e da CETIP. SELIC – Sistema Especial de Liquidação e de Custódia é o depositário central dos títulos emitidos pelo Tesouro Nacional e pelo Banco Central do Brasil e nessa condição processa, relativamente a esses títulos, a emissão, o resgate, o pagamento dos juros e a custódia. Todos os títulos são escriturais, isto é, emitidos exclusivamente na forma eletrônica. O sistema é gerido pelo Banco Central. Cetip S.A. – Mercados Organizados é uma companhia de capital aberto que oferece serviços de registro, central depositária, negociação e liquidação de ativos, títulos e valores mobiliários. O próprio BACEN poderia ser o custodiador, sendo que a titularidade dos títulos poderia ser consultada mediante o número do CNPJ ou CPF.

Assim, como na década de 1960, nos Estados Unidos, buscou-se extinguir os certificados de ações, principalmente das grandes empresas, tendo em vista o volume de ações negociadas na Bolsa de Valores de Nova York, a cártula, na qual estaria mencionado o direito do titular, após tantas facilidades promovidas à atividade negocial durante séculos, passou a atrapalhar.[24] Esse fato desaguou nas ações escriturais, que acabaram se tornando regra geral, inclusive em

[24] Fernando Netto Boiteux. *Títulos de crédito (em conformidade com o novo Código Civil)*, p. 49.

território nacional. Logo, parece-nos que o caminho para os títulos de crédito seja algo semelhante, isto é, a substituição de sua materialização em papel pelo suporte eletrônico.

Contudo, é preciso repensar a teoria geral dos títulos de crédito, em especial o princípio da cartularidade, haja vista que cada vez mais os títulos até então materializados em papel tendem a diminuir, notadamente pelo avanço das formas de pagamento eletrônicas, como o cartão de débito e o cartão de crédito. Temos legislação e tecnologia para criação e utilização de títulos emitidos eletronicamente, mas os empresários parecem preferir outros instrumentos, como as operações por meio de débito em conta bancária e cartão de crédito.

11.8. GESTÃO DE PAGAMENTO (PAGAMENTO CAUCIONADO): PAYPAL, MERCADOPAGO, BCASH E PAGSEGURO

Nos últimos anos surgiu uma nova figura que faz a gestão dos pagamentos nas compras pela internet (mas também tem sido utilizado fora dela). São empresas de pagamento caucionado (ou de gestão de pagamentos), cuja atividade é realizar uma prestação de serviço que consiste em intermediar o pagamento do negócio realizado entre o consumidor, a administradora do cartão de crédito e o fornecedor (vendedor do produto ou prestador do serviço). A título de exemplo, enquanto operadores desse sistema de pagamento caucionado, no âmbito internacional (que também oferecem seus serviços ao Brasil), o PayU (antigo Bcash e Pagamento Digital), o Stripe, o PayPal e o Mercado Pago. Já no que tange a operadores nacionais, destacam-se o PagSeguro, o Moip e, mais recentemente, as *startups* que constituíram as gestoras Iugu e Pagar.Me.

Vale esclarecer que as empresas que realizam a gestão de pagamento podem ser: empresas autônomas em relação àquelas que realizam a intermediação de compras pela internet, como é o caso do PayPal; ou empresas vinculadas a grupos que possuem intermediários de compras, o que pode ser exemplificado pelo MercadoPago, pertencente ao MercadoLivre.

Este sistema envolve quatro relações: a primeira entre o comprador e o fornecedor do produto ou serviço; a segunda relação se dá entre o comprador e o caucionador; já a terceira trata-se da relação entre o caucionador e o fornecedor; por último, a quarta relação é firmada entre o caucionador e a administradora do cartão de crédito (ou banco, se a operação for realizada por débito em conta bancária).

Nesta operação, o consumidor compra pela internet usando seu cartão de crédito (ou o sistema de débito em conta), sendo que a empresa de pagamento caucionado avalia o negócio e antecipa o repasse do pagamento ao fornecedor antes mesmo de tê-lo recebido da administradora de cartão de crédito. Este repasse é feito normalmente após quatorze dias, pois se neste prazo o consumidor não se manifestar ficará entendido que ele recebeu o bem adquirido e que nenhum vício o acomete, tendo então o fornecedor atendido às especificações da contratação. Neste caso, a empresa de pagamento caucionado libera antecipadamente o recurso ao vendedor do produto, mediante cobrança de uma porcentagem que lhe remunerará, recebendo o valor da compra junto à administradora de cartão de crédito, conforme o prazo contratual, que pode ser após trinta dias ou data mensal previamente estabelecida.

Há uma situação peculiar que consiste no fato de o caucionador reter o pagamento, que deveria ser feito ao vendedor no prazo contratado, quando houver queixa do comprador. Neste caso, o pagamento fica retido até que haja um desfecho amigável entre as partes, sob pena de devolução ou estorno do valor ao comprador. Com o surgimento da figura desses agentes que operam com o sistema de pagamento caucionado, as compras eletrônicas ganharam mais credibilidade e segurança. Esse mecanismo de pagamento funciona como uma espécie de garantia atípica: para o comprador, por saber que o valor será repassado ao vendedor apenas se este honrar o contrato; já para o vendedor, por saber que receberá a quantia após cumprir sua prestação contratual.

Às vezes os valores são repassados ao vendedor mesmo com o aviso do consumidor que o bem não foi entregue ou que chegou com algum vício. Além disso, pode ser o caso de o consumidor exercer seu direito de arrependimento para assim desfazer o negócio, devendo ser ressarcido integralmente da quantia paga, conforme determina o art. 49 do Código de Defesa do Consumidor.

A remuneração da empresa gestora de pagamento se dá conforme uma tabela estipulada contratualmente que, em geral, consiste em uma porcentagem sobre o valor do bem, observada uma quantia mínima e máxima como contraprestação. Pode a remuneração da gestora ser acrescida por valor descontado da quantia a ser repassada ao vendedor, caso este opte por receber antecipadamente a quantia a que tem direito pela venda (isso porque há uma data mensal preestabelecida para o repasse do caucionador ao vendedor).

Escapa do objeto desta obra investigar se o serviço de gestão de pagamento tem natureza jurídica de **instituição financeira**, ainda que possa haver muita semelhança quanto a este tipo de antecipação e o instituto do desconto bancário.[25] Bem como se haveria possível analogia com a operação de ***factoring***.

No ano 2000, pioneiramente, Haroldo Malheiros Duclerc Verçosa escreveu sobre uma operação decorrente da criatividade dos empresários na busca de melhor eficiência e segurança nas compras de produtos e serviços pela internet. A operação consiste na intermediação de compras pela internet, em que o comprador depositaria o valor em conta bancária do intermediário em vez de pagar diretamente ao vendedor, correndo, assim, o risco de não receber o bem (e o contrário igualmente, de o vendedor enviar a mercadoria e não receber o valor correspondente). Por sua vez, o intermediário avisaria o vendedor que a quantia estava em sua posse, para que assim o vendedor remetesse o bem ao comprador; tendo o comprador recebido o bem conforme o pactuado, avisaria o intermediário a fim de que ele liberasse o valor ao vendedor. Este intermediário foi denominado como "agente fiduciário", haja vista a semelhança com o agente fiduciário de debêntures, à luz da Lei n. 6.404/76, art. 68. Trata-se de uma atividade nova, não regulamentada por lei, derivada do princípio constitucional da liberdade das convenções. Conforme o autor, o agente fiduciário deve assumir uma posição favorável a uma das partes, não podendo atuar em favor de comprador e vendedor por não haver neutralidade em sua posição. A neutralidade ocorre em câmaras de compensação, mas não em agentes fiduciários. Neste caso, o agente fiduciário atuará em favor do comprador, defendendo os interesses deste quanto à liberação de recursos quando o vendedor cumprir as prestações derivadas do contrato.[26]

Contudo, compreendemos que o serviço de gestão de pagamentos é uma evolução do crédito documentado (documentário), cujo instituto é um contrato

---

[25] Para um exame aprofundado sobre o assunto, veja Tarcisio Teixeira. *Direito empresarial sistematizado: doutrina, jurisprudência e prática.* 8. ed. São Paulo: Saraiva, 2019, p. 242 e s.

[26] Haroldo Malheiros Duclerc Verçosa. Agente fiduciário do consumidor em compras pela internet: um novo negócio nascido da criatividade mercantil. *Revista de Direito Mercantil, Industrial, Econômico e Financeiro.* N. 118. São Paulo: Malheiros, abr./jun. 2000, p. 88-90 e 93.

bancário muito utilizado e importante para pagamento em contratos internacionais, com a intermediação bancária.[27]

11.8.1. Trata-se de atividade financeira?

A economia capitalista gerou a acumulação de capitais e a atividade negocial privada, culminando na produção de riquezas. Aquele que capta o capital acumulado alheio por meio de sua atividade negocial privada e os reinveste em pessoas, que produzem mais facilmente riquezas, é o banqueiro nas suas diversas gamas e fases. Como deve receber de muitos depositantes para arriscar em aplicações com vários empresários, a sua atividade lucrativa profissional é então atividade de massa, que deve ser fiscalizada. Surge então a compreensão de como ele opera a obtenção de sua mercadoria de quem a possui disponível, e como ele reemprega o dinheiro que conseguiu receber dos que o têm disponível. Todas, sob o ponto de vista legislativo, representam as atividades bancárias privadas.[28]

A atividade bancária, por imposição do art. 17 da Lei n. 4.595/64, é reservada apenas às pessoas jurídicas públicas ou privadas. Para funcionarem, os bancos, pessoas jurídicas nacionais, necessitam de autorização do Banco Central do Brasil (BACEN); e, se estrangeiras, necessitam de decreto do Poder Executivo (art. 18 da Lei n. 4.595/64), que, como aponta Nelson Abrão, vem disciplinando o setor sem descaracterizar o conjunto de medidas provisórias e aquelas de caráter emergencial na solução de crises econômicas, ocasião em que o capital externo é essencial na circulação do mercado.[29]

Vilson Rodrigues Alves observa que as expressões "instituição financeira" e "banco" não possuem a mesma extensão. Nos termos do mencionado art. 17, consideram-se instituições financeiras as pessoas jurídicas públicas ou privadas que tenham como atividade principal ou acessória a coleta, intermediação ou aplicação de recursos financeiros próprios ou de terceiros, em moeda nacional ou estrangeira, e a custódia de valor de propriedade de terceiros. Nessa conotação

---

27 Havendo interesse num estudo vertical acerca do tema, veja Tarcisio Teixeira. *Direito empresarial sistematizado: doutrina, jurisprudência e prática*, p. 240.

28 Philomeno J. da Costa. As atividades bancárias no anteprojeto do Código Civil. *Revista de Direito Mercantil, Industrial, Econômico e Financeiro*, São Paulo, v. 12, n. 10, 1973, p. 12.

29 Nelson Abrão. *Direito bancário*. 14. ed. rev., atual. e ampl. por Carlos Henrique Abrão. São Paulo: Saraiva, 2011, p. 24.

incluem-se os bancos federais e estaduais; as caixas econômicas federais e estaduais; e, no setor privado, os bancos comerciais; os bancos de investimento; as sociedades de crédito, financiamento e investimento; as sociedades corretoras; os fundos de investimento; as Bolsas de Valores; as sociedades de crédito imobiliário e as associações de poupança e empréstimo. No entanto, com a Lei n. 7.492/86, que define os crimes contra o Sistema Financeiro Nacional, o conceito de instituição financeira sofreu uma modificação ampliativa. Segundo seu art. 1º, é considerada instituição financeira a pessoa jurídica de direito público ou privado, que tenha como atividade principal ou acessória, cumulativamente ou não, a captação, intermediação ou aplicação de recursos financeiros de terceiros, em moeda nacional ou estrangeira, ou a custódia, emissão, distribuição, negociação, intermediação ou administração de valores mobiliários. Esse alargamento reflete a existência de diversas instituições financeiras organizadas em conglomerados de pessoas jurídicas com atuação em diversas áreas.[30]

O processo de globalização vem tornando a economia capitalista ainda mais independente, e o reflexo disso é o surgimento de bancos e instituições financeiras diversas atuantes no país, tanto de origem nacional como internacional. Além disso, com o avanço da informática, surgem na atualidade empresas especializadas em operar sistemas de pagamento pela internet (as gestoras de pagamento). A Lei n. 12.865/2013 é que disciplina essas empresas, no que se refere aos conceitos de "arranjo de pagamento", "instituidor de arranjo de pagamento" e "instituição de pagamento", previstos no art. 6º, incisos I a III, figuras regulamentadas pelo BACEN.

Nos termos da mencionada lei, arranjo de pagamento é o conjunto de regras e procedimentos que disciplinam a prestação de determinado serviço de pagamento ao público. São exemplos de arranjos de pagamento os procedimentos utilizados para realizar compras com cartões de crédito, débito e pré-pago, seja em moeda nacional ou em moeda estrangeira. Os serviços de transferência e remessas de recursos também são arranjos de pagamento. O arranjo em si não executa nada, mas apenas disciplina a prestação dos serviços. Quando as atividades de emissão e credenciamento são realizadas pela mesma empresa que instituiu o arranjo, considera-se um arranjo fechado. Já o instituidor de arranjo de pagamento, por sua vez, é a pessoa jurídica responsável

---

30 Vilson Rodrigues Alves. *Responsabilidade civil dos estabelecimentos bancários.* Campinas: Bookseller, 1996, p. 63-64.

pela criação do arranjo de pagamento como, por exemplo, as bandeiras de cartão de crédito. O arranjo proposto deve ser submetido à autorização do BACEN (art. 9º, inc. IV, da Lei n. 12.865/2013). Já as instituições de pagamento são pessoas jurídicas não financeiras que executam os serviços de pagamento no âmbito do arranjo e que são responsáveis pelo relacionamento com os usuários finais do serviço de pagamento. São exemplos de instituições de pagamento os credenciadores de estabelecimentos comerciais para a aceitação de cartões e as instituições não financeiras que acolhem recursos do público para fazerem pagamentos ou transferências.[31]

Essa temática também passa pela regulamentação promovida pela Circular BACEN n. 3.682/2013, a qual disciplina a prestação de serviço de pagamento no âmbito dos arranjos de pagamentos integrantes do SPB – Sistema de Pagamentos Brasileiro. Mais recentemente, a referida Circular 3.682 foi alterada pela Circular BACEN n. 3.815/2016, de modo que o tema ganhou novos contornos.

As gestoras de pagamento, como o MercadoPago, PagSeguro e PayPal, enquadram-se na modalidade de instituidoras e/ou instituições de pagamento, as quais, nos termos do art. 9º, inc. V, da Lei n. 12.865/2013, necessitam também de autorização do BACEN para serem consideradas regulares. Vale dizer que, embora a função dessas empresas assemelhe-se ao conceito de instituição financeira da Lei n. 4.595/64 e da Lei n. 7.492/86 (visto intermediarem recursos financeiros de terceiros), a Lei n. 12.865/2013, em seu art. 6º, § 2º, veda, explicitamente, que instituições de pagamento realizem atividades privativas de instituições financeiras, como a concessão de crédito e a gestão de uma conta corrente bancária. Por essa razão, compreende-se que as gestoras de pagamento não operam a atividade de natureza bancária prevista no art. 17 da Lei n. 4.595/64.

O PayPal, inclusive, é uma instituição de pagamento emissora de moeda eletrônica, e também um instituidor de arranjo de pagamento, nos termos da Lei n. 12.865/2013, que atualmente está em processo de autorização perante o BACEN, e, como tal, oferece serviços de pagamento. O arranjo de pagamento do PayPal é um arranjo fechado, doméstico e transfronteiriço, de compra e de conta de pagamento pré-paga.[32]

---

31 BANCO CENTRAL DO BRASIL. Arranjos e Instituições de Pagamento. Disponível em: <http://www.bcb.gov.br/pre/bc_atende/port/arranjo.asp>. Acesso em: 19 set. 2016.

32 Contrato do usuário do PayPal. Disponível em: <https://www.paypal.com.br/webapps/mpp/ua/useragreement-full>. Acesso em: 19 set. 2016.

11.9. MOEDAS DIGITAIS. CRIPTOMOEDAS

Como relata John Kenneth Galbraith, a moeda é um artigo de conveniência bastante antigo, mas a noção de que é um artefato seguro, aceito sem discussão é uma circunstância do século XX. Pelos quatro mil anos que precederam esse século, houve acordo quanto ao uso de um ou mais de três metais para fins de troca, a saber, prata, cobre e ouro. Pela maior parte desses anos, a prata ocupou a posição principal. Por menos tempo, como entre os antigos gregos, ou em Constantinopla após a divisão do Império Romano, o ouro foi o metal dominante. Por períodos curtos, o ferro também foi usado e, mais tarde, o fumo teve uma experiência limitada, porém notável. Artigos mais diversificados como o gado, conchas, uísque e pedras não foram relevantes por muito tempo para pessoas afastadas de uma vida rural primitiva. Tanto na Antiguidade como na Idade Média, as moedas de jurisdições diferentes convergiam para as principais cidades comerciais. Se houvesse qualquer disposição para aceitar moedas, ofereciam-se as piores, retendo-se as boas moedas. Fato é que a partir de um grande número de moedas em circulação, muitas vezes adulteradas, sendo as piores oferecidas em primeiro lugar, além da prática da usura, abriu-se o caminho para a criação dos bancos, destacando-se o Banco da Inglaterra em 1694.[33]

É o que a economia denominou de velha corrente do "mercantilismo" e do "livre comércio", caracterizado pela ausência de intervenção estatal. Contudo, John Maynard Keynes já observava que quando uma nação está aumentando a sua riqueza com certa rapidez, o regime de *laissez-faire* pode ser interrompido pela insuficiência de estímulo a novos investimentos, o que ocorreu com a preocupação das autoridades públicas, na época, com as altas taxas de juros e com uma "balança comercial favorável".[34]

Enquanto a história dos bancos centrais pertence aos ingleses, o papel-moeda emitido por um governo pertence aos americanos. Isso é explicado por Galbraith a partir de várias circunstâncias. A guerra, como sempre, forçou a inovação financeira. O papel-moeda, como os empréstimos do Banco da In-

---

[33] John Kenneth Galbraith. *Moeda*: de onde veio, para onde foi. Trad. de Antônio Zoratto Sanvicente. São Paulo: Pioneira, 1977, p. 7-8, 10 e 35.

[34] John Maynard Keynes. *A teoria geral do emprego, do juro e da moeda*. Trad. de Mário R. da Cruz e Paulo de Almeida. São Paulo: Nova Cultural, 1996, p. 310-311.

glaterra, era um substituto para a tributação e, no que se refere aos impostos, os colonos eram bastante resistentes, razão pela qual o papel-moeda era considerado um antídoto para a insatisfação econômica. Além disso, as colônias também estavam sob a proibição geral da metrópole quanto à formação de bancos. Consequentemente, não podia haver notas bancárias, sendo o papel-moeda uma alternativa óbvia. E, por fim, a crença de que no Novo Mundo havia a possibilidade, original e inigualada na História, de criar dinheiro para enriquecer os homens. A primeira emissão de papel-moeda foi feita pela Colônia da Baía de Massachusetts em 1690.[35]

Nos séculos seguintes, à medida que os países conquistavam sua independência, seus governos passavam a conduzir a emissão de cédulas, controlando as falsificações a fim de garantir o pagamento nos negócios. Hoje a grande maioria dos países possuem seus bancos centrais, encarregados das emissões de cédulas e moedas. Todavia, foi com o advento da informática no decorrer do século XX que a moeda de papel evoluiu para um sistema quase inteiramente eletrônico, reduzindo a sua impressão a um simples número, desmaterializado.

Joel Kurtzman reflete que a mudança está no dinheiro, não nas notas ou nas moedas. Hoje o dinheiro tangível representa apenas a mínima parte de todo o dinheiro em circulação no mundo. É um fantasma do passado, um anacronismo. Em seu lugar há uma espécie inteiramente nova de dinheiro, que se baseia não no papel ou no metal, mas na tecnologia, na matemática e na ciência e que percorre o mundo incessantemente numa velocidade semelhante à da luz. Assim como na hipótese de Einstein de que um fóton de luz cria o universo onde quer que vá, este novo dinheiro, definido pelo autor como "megabyte", está criando um mundo diferente onde quer que ele surja. O dinheiro está deixando de ser uma unidade padrão de valor, algo fixo e limitado, para se transformar em algo etéreo, volátil e eletrônico.[36]

Na análise do referido economista, o dinheiro "megabyte" traz inúmeras vantagens, tais como: é um excelente veículo para transações, é movimentado rapidamente e com facilidade, é impresso magneticamente numa fita de computador, é convertido de uma moeda para outra numa fração de segundo, é negociado rapidamente nos mercados de todo o mundo e transformado quase

---

[35] John Kenneth Galbraith. *Moeda*: de onde veio, para onde foi, p. 51 e 55.

[36] Joel Kurtzman. *A morte do dinheiro*: como a economia eletrônica desestabilizou os mercados mundiais e criou o caos financeiro. Trad. de Geni G. Goldschmidt. São Paulo: Atlas, 1994, p. 15.

instantaneamente de bônus em ações ou em opções e contratos de futuros. O dinheiro "megabyte" não ocupa espaço, pode ser contado automaticamente e nunca estraga, corrói ou perde a cor. Por outro lado, as antigas moedas lastreadas em ouro com seus elos com a economia real, eram excelentes reservas de valor. Em épocas de expansão ou de retração, as pessoas sempre podiam ter certeza de que uma onça de ouro compraria um bom terno masculino, por exemplo. Isto não acontece com os novos dólares eletrônicos. Com o passar do tempo, o dinheiro "megabyte" sempre perde poder aquisitivo.[37]

Não suficiente a inserção do dinheiro e do sistema financeiro na informática, o virtual tornou-se característica essencial de toda essa funcionalidade, de forma que em cada operação financeira, a estrutura se afiança e se desvincula da economia real. As transferências eletrônicas instantâneas de ativos que circulam em segundos por inúmeras praças constituem uma realidade virtual que supera significativamente a economia real e se reproduz por si mesma, independente. Os bancos, sujeitos do mercado financeiro, uma vez que foram transformando seu modelo organizacional, vinculam-se em maior ou menor grau com grupos de fundos de inversões estabelecidos em várias praças e países. Todo esse quadro de operações instantâneas, de grupos de inversores desconhecidos, de organismos internacionais com poderes superiores a seus próprios governantes, de centros decisórios difusos e indeterminados gera uma nova dimensão que parte do virtual como base operativa, mas que incide no real como determinante da vida dos sujeitos.[38]

Isso dá origem à descentralização e desregulamentação da economia, abrindo-se espaço para novos agentes econômicos, e, ainda, novas formas de dinheiro. O desenvolvimento veloz da informática e a impossibilidade de intervenção estatal em todos os pontos da internet ocasionaram o que será tratado de "moeda digital", "moeda criptografada" ou "moeda virtual", símbolo da autonomia privada financeira que se distancia da área regulamentada pelos bancos centrais. No Brasil, ainda que discretamente em relação a outros países, como nos EUA, onde o movimento é maior, essas moedas têm circulado e chamado atenção do Banco Central.

---

[37] Joel Kurtzman. *A morte do dinheiro*: como a economia eletrônica desestabilizou os mercados mundiais e criou o caos financeiro, p. 59.

[38] Maria Alejandra Fortuny. A virtualidade informática e o sistema financeiro: paradoxos iniludíveis da sociedade pós-moderna. In: ROVER, Aires José (Org.). *Direito e informática*. Barueri, SP: Manole, 2004, p. 118-119.

A propósito, como apontam Rachel Sztajn e Milton Barossi-Filho, no Brasil o modelo monetário é muito próximo ao norte-americano, ou de moeda fiduciária (por exemplo, os títulos de crédito). A confiança das pessoas de que o BACEN desempenha a função de defensor do valor da moeda, sem desprezar o desempenho do produto, é fundamental para a aceitação e aprovação da moeda de curso forçado, o Real, como moeda fiduciária, além da segurança.[39]

O BACEN tem acompanhado o crescimento da utilização das chamadas moedas virtuais, ou "criptografadas", como o *bitcoin*, a *dogecoin*, o *ripple* e o *vetcoin*. Por meio de comunicados oficiais (Comunicados BACEN n. 25.306/2014 n. 31.379/2017), a autarquia alertou sobre os riscos de utilização dessas moedas, as quais são denominadas em unidade de conta distinta das moedas emitidas por governos soberanos e não se caracterizam como dispositivos ou sistemas eletrônicos para armazenamento de moeda eletrônica denominada em reais.[40] Tais moedas virtuais estão sujeitas a riscos imponderáveis, o que inclui a possibilidade de perda de todo o capital investido. Outras moedas digitais vêm sendo criadas, como, por exemplo, *pagcoin*, *coinbase* e *litecoins*.

Analisando os referidos comunicados, o BACEN distingue, inicialmente, as moedas eletrônicas das moedas virtuais. Moeda eletrônica seria a moeda real inserida em um sistema eletrônico, como é conhecido, inclusive sendo mencionada pela Lei n. 12.865/2013. Já as virtuais são moedas que não são emitidas por nenhum governo soberano, possuindo forma própria de dominação. São criptografadas e não representam dispositivo ou sistema eletrônico para armazenamento em reais. É onde estariam os exemplos mencionados.

De acordo com os itens "3" e "4" do Comunicado BACEN n. 25.306/2014,[41] depreende-se que o BACEN é contrário à circulação dessas moedas, expondo os detalhes de seus riscos.

---

39 Rachel Sztajn; Milton Barossi-Filho. Natureza jurídica da moeda e desafios da moeda virtual. In: SZTAJN, Rachel; SALLES, Marcos Paulo de Almeida; TEIXEIRA, Tarcisio (Coords.). *Direito empresarial*: estudos em homenagem ao professor Haroldo Malheiros Duclerc Verçosa. São Paulo: IASP, 2015, p. 201-202.

40 BANCO CENTRAL DO BRASIL. Relatório da Administração 2014. Disponível em: <https://www.bcb.gov.br/Pre/Surel/RelAdmBC/2014/files/Relatorio-da-Administracao-2014.pdf>. Acesso em: 4 dez. 2017.

41 3. As chamadas moedas virtuais não são emitidas nem garantidas por uma autoridade monetária. Algumas são emitidas e intermediadas por entidades não financeiras e outras não têm sequer uma entidade responsável por sua emissão. Em

Em que pese as moedas virtuais, aparentemente, enquadrarem-se à moeda objeto de atividade de instituição financeira prevista no art. 17 da Lei n. 4.595/64[42] (que inclusive abrange a coleta, intermediação ou aplicação de recursos financeiros em moeda estrangeira – dado que a origem da moeda virtual é estrangeira), a moeda virtual, criptografada ou digital ainda não está autorizada pelo BACEN, nos termos do art. 18, *caput*,[43] da mencionada lei. Assim, o seu emitente não é considerado instituição financeira e sua circulação não pode ser tida como atividade bancária, de acordo com a legislação brasileira. Muito embora, como consta no Comunicado n. 25.306/2014, no Brasil o uso das moedas virtuais ainda não se mostrou capaz de oferecer riscos ao Sistema Financeiro Nacional.[44]

A moeda digital é atrativa para muitos, tendo em conta as várias facilidades dentro no comércio eletrônico. Entretanto, salienta Luiz Alberto Albertin o fato dela estar ocupando um lugar instável e desconfortável nos sistemas de taxação e vigência legal existentes. Anônimas e virtualmente não rastreáveis,

---

ambos os casos, as entidades e pessoas que emitem ou fazem a intermediação desses ativos virtuais não são reguladas nem supervisionadas por autoridades monetárias de qualquer país.

4. Essas chamadas moedas virtuais não têm garantia de conversão para a moeda oficial, tampouco são garantidos por ativo real de qualquer espécie. O valor de conversão de um ativo conhecido como moeda virtual para moedas emitidas por autoridades monetárias depende da credibilidade e da confiança que os agentes de mercado possuam na aceitação da chamada moeda virtual como meio de troca e das expectativas de sua valorização. Não há, portanto, nenhum mecanismo governamental que garanta o valor em moeda oficial dos instrumentos conhecidos como moedas virtuais, ficando todo o risco de sua aceitação nas mãos dos usuários.

42 Art. 17. Consideram-se instituições financeiras, para os efeitos da legislação em vigor, as pessoas jurídicas públicas ou privadas, que tenham como atividade principal ou acessória a coleta, intermediação ou aplicação de recursos financeiros próprios ou de terceiros, em moeda nacional ou estrangeira, e a custódia de valor de propriedade de terceiros.

Parágrafo único. Para os efeitos desta Lei n. e da legislação em vigor, equiparam-se às instituições financeiras as pessoas físicas que exerçam qualquer das atividades referidas neste artigo, de forma permanente ou eventual.

43 Art. 18. As instituições financeiras somente poderão funcionar no País mediante prévia autorização do Banco Central da República do Brasil ou decreto do Poder Executivo, quando forem estrangeiras.

44 BANCO CENTRAL DO BRASIL. Comunicado n. 25.306, de 19 de fevereiro de 2014, cit.

essas atuais transações caracterizam um tipo de economia informal. Para prevenir uma economia informal, o governo a coíbe por meio de leis,[45] exigindo autorizações, como vem acontecendo com as empresas gestoras de pagamento eletrônico e as moedas virtuais.

Haroldo Malheiros Duclerc Verçosa observa que, tendo conta seu crescimento significativo, as criptomoedas podem ocasionar fortes crises em razão de sua dimensão internacional, bem como por estarem fora do alcance direto do poder estatal. Uma vez que as instituições financeiras tenham investido ativos significativos em tal moeda, elas se encontram diante de um risco imensurável quanto à probabilidade e proporção, o que pode ocasionar a sua quebra e causar um risco sistêmico[46] [efeito cascata].

Dentre as espécies de modas virtuais, a seguir será analisado o *bitcoin*, cuja criação e evolução insere-se neste cenário de economia informal e independente de qualquer intermediário ou licença governamental, representando para os seus idealizadores um anseio de liberdade quanto à imposição de taxas bancárias, além de proporcionar maior velocidade e menos custos nas transações negociais, sobretudo no comércio eletrônico operado na internet.

11.9.1. *Bitcoin*

Sem prejuízo de outras moedas digitais, como *dogecoin*, *ripple*, *vetcoin*, *litecoins*, *coinbase* e *pagcoin*, neste item do livro trataremos do *bitcoin* como paradigma, tendo em vista sua atual e maior capilaridade pelo mundo.

De acordo com Jerry Brito, *bitcoin* é uma moeda criptografada, um sistema de pagamento *on-line* baseado em protocolo de código aberto que é independente de qualquer autoridade central. É característico por ser o primeiro sistema de pagamento digital completamente descentralizado do mundo. Um *bitcoin* pode ser transferido por um computador ou *smartphone* sem recurso a uma instituição financeira intermediária. Para tanto, é necessário que a cada utilizador seja atribuído duas "chaves": uma chave privada que é mantida em segredo com uma senha, e uma chave pública que pode ser compartilhada

---

45 Alberto Luiz Albertin. *Comércio eletrônico*: modelo, aspectos e contribuições de sua aplicação. 4. ed. atual. e ampl. São Paulo: Atlas, 2002, p. 186.

46 Haroldo Malheiros Duclerc Verçosa. Breves considerações econômicas e jurídicas sobre a criptomoeda. Os bitcoins. *Revista de Direito Empresarial*. vol. 14. São Paulo: RT, mar./abr. 2016, p. 151.

com o mundo. A transferência de propriedade dos *bitcoins* é gravado em uma "cadeia de blocos" (*blockchain*), de forma que a criptografia da chave pública assegura que todos os computadores na rede tenham um registro constantemente atualizado e verificado de todas as operações dentro da rede *bitcoin*, o que impede duplo gastos e fraude.[47]

Desse modo, há um sistema de escrituração das operações feitas com o uso de *bitcoins* chamado blockchain. Trata-se uma espécie registro "público" das negociações com *bitcoins*, ou seja, é uma forma de escrituração contábil que funciona como um histórico dos atos praticados, tendo a finalidade de garantir lisura e segurança na utilização do *bitcoin*. Vale destacar que essa escrituração "pública" da *blockchain* não armazena dados pessoais dos usuários.

Para o funcionamento da escrituração é preciso usar assinatura digitais, as quais são certificadas pelos intitulados "mineradores", que são programadores que realizam o trabalho de atestar a segurança das operações. No fundo, os mineradores são os certificadores, que pela tarefa de certificação (mineração) são remunerados com *bitcoins*.[48]

De acordo com Natasha Alves Ferreira, o funcionamento do *bitcoin* parece com um programa de computador (ou aplicativo de *smartphone*) que dispõe de uma carteira digital de armazenamento de *bitcoin* e que permite que o usuário envie ou receba a moeda digital por meio de um *software* livre e de um código aberto.[49]

Assim, o *bitcoin* é uma criptomoeda, um sistema de pagamento *on-line* com base em protocolo de código aberto, independentemente de qualquer controle de autoridade ou banco central. O *bitcoin* é transferível sem a intermediação de instituição financeira via uso de computador ou *smartphone*.

Na década de 1990, Julian Assange, jornalista e ativista australiano, editor do *Wikileaks*,[50] foi membro do "*Cypherpunks*", um grupo defensor da não

---

47 Jerry Brito; Andrea Castillo. *Bitcoin*: a primer for policymakers. Arlington: Mercatus Center at George Mason University, 2013, p. 3-5.

48 Fernando Ulrich. *Bitcon*: a moeda na era digital. São Paulo: Instituto Von Misses Brasil, 2014, p. 18.

49 Natasha Alves Ferreira. Incertezas jurídicas e econômicas da bitcoin como moeda. In: *CONPEDI/UFPB*. Direito e economia II. Florianópolis: CONPEDI, 2014, p. 385.

50 *WikiLeaks* é uma organização multinacional de mídia e biblioteca associada. Foi fundada por seu editor Julian Assange em 2006. É especializada na análise

regulamentação governamental no sentido de alcançar privacidade, com ideais libertários usando a criptografia. Em 1998, outro membro das *cypherpunks* propôs uma moeda anônima digital chamada "*bmoney*" que permitiria que entidades não rastreáveis cooperassem umas com as outras de forma mais eficiente, proporcionando-lhes um meio de troca. Cerca de dez anos mais tarde, um programador trabalhando sob o pseudônimo Satoshi Nakamoto[51] descobriu como implementar essa moeda, a qual denominou-a como um sistema eletrônico *peer-to-peer*,[52] que é independente de um servidor central. Como o dólar americano, o *bitcoin* não é resgatável para outro tipo de dinheiro ou para certa quantidade de determinada mercadoria, como uma onça de ouro. Ao contrário do dólar americano, o *bitcoin* não é apoiado pelo governo dos EUA ou de qualquer outra instituição legal. Trata-se de um papel-moeda digital, armazenável em meio eletrônico e transferível por meio da internet.[53]

Sobre as características do sistema *bitcoin*, Julian Assange explica que é um sistema híbrido. Os usuários são completamente privados e é muito fácil

---

e publicação de grandes conjuntos de dados de materiais oficiais censurados ou qualquer outra restrição que envolva guerra, espionagem e corrupção. Disponível em: <https://wikileaks.org/What-is-Wikileaks.html>. Acesso em: 19 ago. 2017.

51 Satoshi Nakamoto. *Bitcoin*: a peer-to-peer electronic cash system. White Paper, 2008. Disponível em: <http://bitcoin.org/bitcoin.pdf>. Acesso em: 19 ago. 2017.

52 Uma rede *peer-to-peer* (do inglês, seria o equivalente a "par-a-par", com sigla P2P) permite que todos os computadores se comuniquem e compartilhem recursos entre iguais sem controle de um servidor central, ao contrário da arquitetura cliente-servidor tradicional. Apesar de uma rede P2P prover uma solução flexível e escalável para o intercâmbio de dados, ela também traz com ela um problema crítico: já que a cópia e modificação dos dados são realizadas de forma independente por "pares" (*peers*) autônomos sem o controle de um servidor central, é difícil controlar como os dados são trocados entre os "pares". In: Fengrong Li; Yoshiharu Ishikawa. "Simulation based analysis for a traceable p2p record exchange framework". In: HAMEURLAIN, Abdelkader; TJOA, A Min (Org.). *Data management in grid and peer-to-peer systems*. Toulouse, France: Springer, 2011, p. 49-50. Disponível em: <http://booksee.org/book/1424964>. Acesso em: 19 ago. 2017.

53 Reuben Grinberg. Bitcoin: an innovative alternative digital currency. *Hastings Science & Technology Law Journal*, v. 4, p. 160–208, dez. 2011, p. 162. Disponível em: <http://papers.ssrn.com/sol3/papers.cfm?abstract_id=1817857>. Acesso em: 19 ago. 2017.

criar uma conta, mas as operações feitas por toda a economia do *bitcoin* são completamente públicas, justamente para que todos possam concordar que uma negociação foi efetivada. Essa é uma das poucas maneiras de operar um sistema monetário distribuído que não requer um servidor central, o que seria um alvo atraente para um controle repressor. Baseado na premissa de que não se pode confiar em ninguém, a grande inovação do *bitcoin* é a sua distribuição, ou seja, a confiança é distribuída. A observância das regras não é imposta por meio de leis, regulamentações ou auditorias, mas sim pela dificuldade computacional criptográfica pela qual cada parte dessa rede deve passar para provar que realmente está fazendo o que alega fazer. Logo, a observância do sistema "bancário" do *bitcoin* está imbuída em sua própria arquitetura. O sistema *bitcoin* permite contabilizar o custo de cometer uma fraude em termos de preços e energia elétrica, de forma que o trabalho necessário para tanto é configurado para ser maior em termos de custos de eletricidade do que o benefício econômico resultante dessa fraude. Segundo o jornalista, na prática o *bitcoin* conseguiu um equilíbrio certo e incluiu uma ideia para comprovar um verdadeiro consenso global em relação às operações na economia *bitcoin*.[54]

Desse modo, o fato do *bitcoin* circular sem supervisão de qualquer autoridade monetária, sem oferecer garantia de conversibilidade em outra moeda e não possuir lastro (como moedas de curso forçado, ou metais preciosos), acarreta o risco de desastres financeiros. Isso é observado por Rachel Sztajn e Milton Barossi-Filho, que apontam a impossibilidade de garantir limites de sua criação, o que equipara essa moeda com qualquer outro bem. Falta-lhe a liquidez típica das moedas de curso forçado. No entanto, a criação dessa moeda virtual não viola norma jurídica cogente.[55]

Jerry Brito observa que nos EUA há um esforço das agências reguladoras no sentido de aplicar as leis federais e regulamentos já existentes no país ao *bitcoin*, tais como: o regime monetário, composto por estatutos antifalsificação e leis relativas a moedas concorrentes; o regime *Anti-Money Laundering* (Anti-branqueamento de Capitais – "AML"), grupo de leis e regulamentos concebidos para evitar a lavagem de dinheiro e financiamento do terrorismo e da utilização de produtos financeiros para fins ilícitos, administrado pelo

---

54 Julian Assange. *Cypherpunks*: liberdade e o futuro da internet. Trad. de Cristina Yamagami. São Paulo: Boitempo, 2013, p. 108-109.

55 Rachel Sztajn; Milton Barossi-Filho. Natureza jurídica da moeda e desafios da moeda virtual, p. 204.

Financial Crimes Enforcement Network (Rede de Combate a Crimes Financeiros – "FinCEN"), um departamento do tesouro dos EUA ("*Treasury*"); o regime de investimento, categoria de leis e regulamentos destinados a proteger os investidores potencialmente aplicáveis e os mercados financeiros, de responsabilidade da *Securities Exchange Commission* (Comissão de Valores Mobiliários – a "SEC") e da *Commodity Futures Trading Commission* (Comissão de Comércio de Futuros de Matérias-Primas – o "CFTC"); o regime de proteção do consumidor, o conjunto de leis e regulamentos federais destinados a proteger os consumidores dos perigos potenciais associados a produtos e instituições financeiras, regido pela *Bureau of Consumer Financial Protection* (Secretaria de Defesa do Consumidor Financeiro – a "CFPB") e pela *Federal Trade Commission* (Comissão Federal do Comércio – o "FTC").[56] De fato, a falta de regulamentação e fiscalização por órgãos reguladores poderá implicar no uso das moedas digitais, entre as quais se inclui o *bitcoin*, para a lavagem de dinheiro decorrente de crimes de corrupção, tráfico de drogas etc.

Já para Reuben Grinberg, o *bitcoin* opera atualmente em uma área que denomina de "penumbra legal". O monopólio do governo federal sobre a emissão de moeda é um pouco restrito e as leis federais sobre a matéria aparentemente não se aplicam ao *bitcoin* devido à sua natureza digital. Os proponentes do *bitcoin* terão que aguardar uma interpretação da SEC – *Securities Exchange Commission* (Comissão de Valores Mobiliários) ou judicial para ter certeza do seu enquadramento legal. Além disso, outras questões legais significantes devem ser estudadas, como a evasão fiscal, a atividade bancária sem "alvará", e estatutos estaduais de confisco.[57]

A realidade sobre o *bitcoin* está evoluindo, e seu uso tende a abrir o caminho para outros sistemas financeiros com tecnologia semelhante. Tanto é verdade que, em notícia recente veiculada no *The Economist*, alguns bancos centrais, inspirados pelo *bitcoin* e por sua tecnologia *blockchain*, estão estudando a emissão de moedas digitais próprias, como é o caso da China e da Rússia. Assim como o *bitcoin*, elas seriam construídas em torno de um banco de dados listando quem é dono do quê. Diferente dos *bitcoins*, no entanto, esses "livros-razão distribuídos" não seriam mantidos coletivamente por

---

56 Jerry Brito (et. al). *The law of bitcoin*. Bloomington: iUniverse, 2015, *on-line*.

57 Reuben Grinberg. Bitcoin: an innovative alternative digital currency, p. 206-207.

alguns de seus usuários, mas sim controlados pelos emitentes da moeda. Os planos envolvem permitir que indivíduos e firmas abram contas no Banco Central, um privilégio normalmente desfrutado apenas pelos bancos de varejo. Diferente de uma conta bancária normal, estas seriam garantidas completamente pelo estado, independentemente de qualquer limite no regime de depósito-seguro nacional. Isso faria o ato de guardar o dinheiro no Banco Central atrativo em tempos de incerteza. Os bancos centrais também se beneficiariam, pois poderiam economizar em custos de impressão se as pessoas guardassem mais "bits" e menos notas. A moeda digital seria mais difícil de falsificar, embora um ataque cibernético bem-sucedido seria catastrófico. Dinheiro digital do Banco Central poderia até, em teoria, substituir o dinheiro em espécie.[58]

Como visto, a tecnologia *bitcoin* releva-se vantajosa e eficaz ao permitir uma maior transparência nas operações financeiras, não apenas para a economia informal, mas eventualmente para as instituições bancárias reconhecidas pelas autoridades públicas. Cabe aos formuladores das regulamentações bancárias – e isso vale para o Brasil – permitir e contribuir para o desenvolvimento do *bitcoin*, promovendo o seu crescimento e revistando as barreiras legais e regulamentares existentes. Um dos maiores obstáculos mundiais para a adoção legítima dos *bitcoins* é a exigência de que as empresas que pretendem manejá-los devem adquirir, de alguma forma, uma autorização ou licença de seu país, sendo que muitos apresentam-se resistentes à sua circulação. Este é um processo trabalhoso que representa um óbice para o comércio eletrônico internacional, sem que haja muitos benefícios para os consumidores.

Contudo, o ponto mais relevante para o Direito quanto ao uso do *bitcoin* (e das moedas digitais em geral) está na dificuldade – senão na impossibilidade – de rastreamento da origem e do destino das operações financeiras realizadas, pois a escrituração da *blockchain* não armazena dados pessoais dos usuários, alienantes e adquirentes dos *bitcoins*, o que pode implicar no uso das moedas digitais para a ocultação de práticas delitivas.

---

[58] "Redistributed ledger: even central bankers are excited about the blockchain" (Tradução livre: Livro-razão redistribuído: mesmo os banqueiros centrais estão excitados com o blockchain). *The Economist*, mar. 19th 2016. Disponível em: <http://www.economist.com/news/finance-and-economics/21695088-even-central-bankers-are-excited-about-blockchain-redistributed-ledger>. Acesso em: 19 ago. 2017.

11.10. PAGAMENTO POR APROXIMAÇÃO

Um dos pilares centrais do desenvolvimento de inovadoras modalidades de adimplemento de obrigações advém da elucidação das chamadas *Fintechs*, ferramentas tecnológicas criadas para aprimoramento de atividades da indústria financeira.

Ademais, as tecnologias mencionadas advinham, em sua imensa maioria, de *startups*, criadas com a estrita finalidade de desenvolver *Fintechs* a serem repassadas, em parceria, para instituições financeiras, empresas de gestão de pagamento ou, ainda, fabricantes de *smartphones*.

Diante desse cenário, uma das tecnologias que foram criadas para revolucionar o sistema de pagamentos e aprimorar a indústria financeira foi a denominada por *Negar Field Communication* (NFC), ou seja, "comunicação por campo de proximidade", também chamada de *Contactless* ("sem contato").

Referida inovação, cuja criação aponta para o início da presente década, em meados de 2011, difundida por intermédio de fóruns *on-line*, se desenvolve no intuito de viabilizar o câmbio de informações, de maneira *wireless*, entre dois dispositivos eletrônicos, por intermédio da simples aproximação entre estes.

A *Negar Field Communication*, ou tecnologia *Contactless*, nada mais é do que uma evolução da troca de informações e comunicações, via radiofrequência, quando um dispositivo busca informações em outro, desprovido de fonte de energia para funcionamento.

Entretanto, enquanto a tecnologia de câmbio informativo via radiofrequência permite a comunicação em longas distâncias, a *NFC* é utilizada para comunicação em distâncias menores, cujo funcionamento se dá pela proximidade de até dez centímetros entre os dispositivos compatibilizados.

Dessa forma, o funcionamento de referida ferramenta se dá pela aproximação entre dois dispositivos compatibilizados pela tecnologia, normalmente com *displays* (telas) de *smartphones* colocados frente a frente, ou, ainda, pela aproximação do dispositivo do comprador (seja seu celular, ou seu cartão de crédito com a tecnologia implantada), junto da máquina de cartão ou dispositivo análogo, do receptor, permitindo a comunicação e o compartilhamento de dados para as mais diversas finalidades.

Inicialmente, a tecnologia *NFC* fora utilizada para leituras câmbio-informativas mais dinâmicas, como para fins de publicidade, quando o detalhamento de determinado produto ou serviço é oferecido após a aproximação entre dispositivos, ou até mesmo por intermédio de bilhetes de metrô, ou passagens de ônibus, cuja tecnologia é implantada em determinados países, nos quais basta aproximar o bilhete, ou passá-lo pelo leitor, para que o ingresso à condução seja autorizado.

Contudo, tanto as instituições financeiras como as grandes empresas de tecnologia e fabricantes de *smartphone* vislumbraram na tecnologia *NFC*, ou *Contactless*, importante inovação a ser efetivada para melhoria de seus serviços.

Assim sendo, especialmente no âmbito de transações e comércio, referida tecnologia vem sendo utilizada, recentemente, como inovador meio de pagamento para as mais diversas operações financeiras.

Sendo, ainda, inovação normalmente efetivada por *startups*, estas também vislumbraram oportunidade de criação de *softwares* para o desenvolvimento da tecnologia *NFC* como novo meio de pagamento.

A partir de então, o "pagamento direto por aproximação" surge ao redor do mundo, angariando grandes empresas que buscaram inovar seus sistemas para fixar referida modalidade de adimplemento de obrigações em seus *softwares*.

Conforme se infere do *Negar Field Communication Forum*,[59] associação sem fins lucrativos que detém *website* utilizado para fins de definir, dimensionar, descrever e promover a tecnologia *NFC*, encontram-se entre as empresas já adeptas a essa inovação a *VISA*, o *Google*, a *Apple*, a *Samsung Eletronics*, a *Sony*, a *Mastercard*, dentre outras.

As transações financeiras podem ser realizadas tanto pela aproximação de telas de *smartphones* compatibilizados pela tecnologia, colocadas frente a frente, quanto pela aproximação de qualquer *display* que possua a inovação implementada (seja celular ou o próprio cartão de crédito), para com dispositivo do receptor que seja compatível com a leitura da tecnologia, sendo este, normalmente, máquina de cartão de crédito apta para tanto.

A grande maioria dos pagamentos por aproximação, atualmente, é realizada por intermédio de *smartphones*, em parceria com instituições financeiras, como é o caso do Banco do Brasil, que passou a autorizar o pagamento por aproximação, utilizando a tecnologia *NFC*, implementando a inovação em seu

---

[59] NFC FORUM. *The Near Field Communication Forum*. Disponível em: <https://nfc-forum.org/>. Acesso em: 15 jan. 2020.

aplicativo, para que o usuário não precise utilizar cartão de crédito ou débito. Basta, assim, inicializar o aplicativo da instituição financeira, selecionar o cartão a ser utilizado, na modalidade de pagamento por aproximação, e posteriormente aproximar o celular da máquina contendo o leitor da tecnologia, para que seja digitada a senha, e concretizada a transação.[60]

Grandes empresas, como cediço, já possuem aplicativos destinados mormente aos novos meios de pagamento, efetivando, talvez como o principal destes, o pagamento por aproximação. É o caso, por exemplo, do aplicativo *Google Pay*, autoconceituado como "a maneira mais rápida e segura de pagar *on-line* e em milhares de lojas", que atua em parceria com *Banco do Brasil, Caixa Econômica Federal, Banrisul, Credicard, Bradesco Cartões, Next, Itaú*, dentre outras.[61]

A Samsung, a seu turno, já possuía seu aplicativo próprio, o *Samsung Pay*; no entanto, com a finalidade de melhor se adaptar às *fintechs* que trouxeram inovadores meios de pagamento digitais, estabeleceu, em março do ano de 2019, parceria com a empresa Trigg, uma *startup* especificamente destinada a implementar *fintechs* no cenário nacional.[62]

Tal parceria, por sua vez, abarcou como integrante a VISA, que, na esteira do disposto em seu *website*,[63] disponibiliza, para estabelecimentos comerciais, leitores de faixa magnética aptos, ou seja, compatíveis com a tecnologia NFC ou *Contacless*, para efetivar os pagamentos por aproximação.

Uma das empresas com maior crescimento dos últimos anos, no âmbito da indústria financeira, o *Nubank* implementou, em novembro de 2018, a tecnologia *Contacless*, diretamente nos cartões de crédito distribuídos aos seus clientes, para que a simples aproximação do cartão em dispositivos com leitores

---

60 BANCO DO BRASIL (BB Digital). *Pagamento por aproximação do celular*. Disponível em: <https://www.bb.com.br/pbb/pagina-inicial/bb-digital/solucoes/pagamento-por-aproximacao-do-celular#/>. Acesso em: 16 jan. 2020.

61 GOOGLE PAY BRASIL. (GooglePay). *Bancos e parceiros*. Disponível em: <https://pay.google.com/intl/pt_br/about/banks/>. Acesso em: 16 jan. 2020.

62 SAMSUNG NEWSROOM BRASIL. *Samsung Pay anuncia parceria com a Trigg*. 2019. Disponível em: <https://news.samsung.com/br/samsung-pay-anuncia-parceria-com-a-trigg>. Acesso em: 17 jan. 2020.

63 VISA. *Pagamento por aproximação*. Disponível em: <https://www.visa.com.br/empresas/pequenas-e-medias-empresas/pagamento-por-aproximacao-para-comerciantes.html>. Acesso em: 18 jan. 2020.

compatibilizados, sem a necessidade de prévia emissão deste, seja capaz de realizar uma transação financeira.

De acordo com o explicitado pelo portal da própria empresa,[64] o cliente cria uma senha contendo 4 dígitos no momento do cadastro de suas informações pessoais, devendo, via de regra, utilizá-la sempre que realizar transações por intermédio de máquinas de cartão. A tecnologia *Contactless* implementada, por sua vez, permite a compra pela simples aproximação do cartão junto ao leitor da máquina, sem a necessidade de inserção, além de que, em transações com valor inferior a R$ 50,00 (cinquenta reais), a senha se torna desnecessária.

Ainda segundo o portal, a segurança da tecnologia é garantida, pois todas as compras feitas por aproximação utilizam criptografia, que não permite o armazenamento de dados confidenciais, uma vez que muda após cada transação. Há quem garanta, ainda, que referida modalidade de pagamento é, inclusive, mais segura que o próprio cartão de crédito ou demais formas de adimplemento, por ser abarcada por comprovados modelos de proteção à captação indevida de dados, bem como por prevenir a duplicidade de transações imediatas em igual valor.

Hodiernamente, já existem, inclusive, pulseiras com a tecnologia implementada, que permitem o pagamento por aproximação, por exemplo, os modelos produzidos e comercializados pela Trigg, Santander Pass, Visa e Ourocard.

Por óbvio, todo o sistema constituído pelo pagamento por aproximação, e as tecnologias que o envolvem, demandam, via de regra, presença física entre comprador e vendedor, ou pagador e recebedor (ainda que intermediários). Entretanto, tendo em vista a constante evolução tecnológica vivenciada pelo mundo globalizado, nada impede que se elucidem mecanismos de pagamento por aproximação no comércio eletrônico, por intermédio de leitores digitais, passíveis de captar as informações necessárias pela tela de um computador, o que deve se tornar tendência em um futuro próximo.

11.11. PAGAMENTO INSTANTÂNEO

Ao longo do ano de 2018, o Banco Central do Brasil organizou um Grupo de Trabalho para fins de implementar, em seu sistema, mecanismos que de-

---

64 BLOG NUBANK. *Nubank contactless:* como fazer pagamento por aproximação com seu roxinho. 2019. Disponível em: <https://blog.nubank.com.br/nubank-contactless-pagamento-por-aproximacao/>. Acesso em: 19 jan. 2020.

nominaram "pagamentos instantâneos", sendo estes transferências monetárias entre diferentes instituições, por meio da qual a transação e a disponibilidade de fundos para o destinatário final ocorrem em tempo real, com serviço disponível durante 24 horas por dia, 7 dias por semana, em todos os dias do ano.[65]

Na esteira das informações prestadas pelo próprio Banco Central, entre as finalidades do sistema de pagamentos instantâneos estão, basicamente: o incentivo à eletronização dos instrumentos de pagamento de varejo; a melhoria nos serviços de transferências eletrônicas interbancárias; imediatismo na disponibilização dos valores para o destinatário final.

Ademais, restou alinhavado que, para efetuar um pagamento instantâneo, como pretendido pelo Banco Central do Brasil, no sistema a ser implementado, bastaria que o pagador selecionasse, em seu *smartphone*, o sujeito para qual desejasse transferir determinado montante, ou, ainda, utilizar um *QR Sede* para realizar a leitura de um código de identificação.

Há, inclusive, a ideia de padronizar um único *QR Sede* para cada estabelecimento comercial cadastrado no sistema, permitindo a todos os seus clientes a leitura deste, para transferência de valores.

Em um primeiro momento, o Banco Central do Brasil organizou o Grupo de Trabalho sobre Pagamentos Instantâneos, por meio da Portaria n. 97.909,[66] que encerrou seus trabalhos em 21 de dezembro de 2008, divulgando o Comunicado n. 32.927,[67] que estabelecia as diretrizes e sintetizava as pretensões acerca do ecossistema de pagamentos instantâneos pretendido pela instituição.

Posteriormente, foi publicada a Portaria n. 102.166,[68] já em 19 de março de 2019, destinada a instituir o Fórum de Pagamentos Instantâneos (FPI) no

---

65 BANCO CENTRAL DO BRASIL. *Pagamentos instantâneos.* Disponível em: <https://www.bcb.gov.br/estabilidadefinanceira/pagamentosinstantaneos>. Acesso em: 15 jan. 2020.

66 CASA CIVIL DA REPÚBLICA, IMPRENSA NACIONAL. *Portaria n. 97.909, de 3 de maio de 2018.* Diário Oficial da União. Publicado em 7-5-2018. 86. ed. Seção 2, p. 46.

67 BANCO CENTRAL DO BRASIL. *Comunicado n. 32.927, de 21 de dezembro de 2018.* Disponível em: <https://www.bcb.gov.br/content/estabilidadefinanceira/especialnor/Comunicado32927.pdf>. Acesso em: 15 jan. 2020.

68 CASA CIVIL DA REPÚBLICA, IMPRENSA NACIONAL. *Portaria n. 102.166, de 19 de março de 2019.* Diário Oficial da União. Publicado em 20-3-2019. 54. ed. Seção 2, p. 27.

âmbito do Sistema de Pagamentos Brasileiros (SPB), com o objetivo de auxiliar o Banco Central em seu papel de definidor das diretrizes do sistema pretendido. Assim, houve a criação de mais dois Grupos de Trabalho, o "GT Negócios" e o "GT Padronização e Requisitos Técnicos".

O próprio Banco Central, em seus termos, incentiva que "um modelo baseado em transações entre contas transacionais é propício para o aparecimento de *fintechs* que desenvolvam soluções inovadores para as transações de pagamento, tanto para pagadores quanto para recebedores".

Apesar dos esforços, o sistema de pagamento instantâneo ainda não foi implementado pelo Banco Central do Brasil. Conforme entrevista de seu atual presidente, Roberto Campos Neto, concedida ao periódico *Valor Econômico*, os trabalhos estão sendo concentrados e acelerados, para que todo o ecossistema seja entregue e lançado já no ano de 2020.

Ainda segundo a matéria, repisam-se as vantagens desse mecanismo, como uma alternativa mais barata para comerciantes, dispensando o uso de máquinas de cartão de crédito e débito ao utilizar de leitura digital de códigos de identificação (*QR Sede*), sob transferências em tempo real, independentemente de dia, hora ou encerramento de horário comercial/bancário.[69]

Notoriamente, caso esse sistema seja realmente implementado, em atenção às diretrizes e finalidades já traçadas, constituirá avanço significativo para o comércio eletrônico, tanto para consumidores, que deverão receber seus produtos em menor tempo, dado o imediatismo da transação, quanto para os fornecedores, que não mais necessitarão aguardar longos dias para o recebimento de valores que lhes são devidos por transações *on-line* via cartão de crédito ou débito.

11.12. DÉBITO DIRETO AUTORIZADO (DDA)

Pela evolução tecnológica, é possível a emissão de boletos utilizando ferramentas digitais, por intermédio de *softwares* (normalmente aplicativos) vinculados à instituição financeira da qual faz uso o comprador, para que este simplesmente opte por pagar, ou não, dentro do vencimento estipulado.

---

[69] VALOR ECONÔMICO. TAUHATA, Sérgio. *BC lançará sistema de meios de pagamento instantâneo em 2020*. 2019. Disponível em: <https://www.valor.com.br/financas/6228229/bc-lancara-sistema-de-meios-de-pagamento-instantaneo-em-2020>. Acesso em: 19 jan. 2020.

A essa inovação tecnológica deu-se o nome de Débito Direto Autorizado (DDA), implementada em meados do ano de 2009 pela Federação Brasileira de Bancos (FEBRABRAN), a qual, inclusive, publicou cartilha explicativa sobre o funcionamento do sistema e suas finalidades.[70]

Basicamente, o Débito Direto Autorizado funciona essencialmente como um boleto, entretanto cobrado por intermédio de um *software on line* (nos dias atuais, um aplicativo da instituição financeira do cliente). É enviada, diretamente ao aplicativo, uma cobrança com o nome do devedor, o montante a ser pago, e a data de vencimento.

O devedor, para adimplir a obrigação, acessa sua conta por intermédio da internet (*home banking*, ou *internet banking*) e simplesmente autoriza que o montante cobrado seja debitado de seu saldo. Entretanto, importante tecer uma diferença dessa ferramenta para o instituto do débito automático. Este último, ao contrário do DDA, demanda simplesmente a opção pelo serviço, em uma única autorização, para que todas as despesas atinentes àquele gasto optado a ser adimplido por débito automático seja, como já diz o nome, automaticamente debitado da conta do cliente.

Já no sistema de Débito Direto Autorizado, o cliente recebe todos os boletos vinculados a esse serviço, com o respectivo vencimento e valor, e deve autorizar o pagamento de cada um destes, de maneira individualizada, e no dia em que julgar melhor, desde que dentro do vencimento.

De acordo com o que se extrai da mencionada Cartilha sobre DDA, publicada pela FEBRABRAN, apenas alguns tipos de conta, denominados "Boletos de Cobrança", por exemplo, aqueles destinados ao pagamento de condomínio, clube, mensalidade escolar, entre outros, enquanto as cobranças decorrentes de "Arrecadação de Tributos" (IPTU, IPVA, multas etc.) e "Contas de Serviços Públicos" (água, energia elétrica, telefone etc.) não poderiam ser abarcadas pelo DDA.

Entendendo, portanto, as cobranças emitidas por fornecedores em comércio eletrônico como "Boletos de Cobrança", são, portanto, passíveis de serem adimplidos por intermédio do Débito Direto Autorizado, constituindo, também,

---

70 FEBRABRAN (Federação Brasileira de Bancos). *Cartilha DDA*: Débito Direto Autorizado. Disponível em: <https://cmsportal.febraban.org.br/Arquivos/documentos/PDF/CartilhaDDA.pdf>. Acesso em: 16 jan. 2020.

novo meio de pagamento decorrente da evolução tecnológica trazida pela era digital em que vivemos.

11.13. CARTÃO DE CRÉDITO VIRTUAL

O cartão de crédito passou por processo de implementações tecnológicas para que as desvantagens e, principalmente, os riscos decorrentes de seu uso fossem sanados ou, ao menos, diminuídos. Ademais, fora também alinhavado que, apesar de ser a modalidade de pagamento utilizada pela grande maioria das compras realizadas pela internet, o cartão de crédito reflete, essencialmente, perigos decorrentes de sua utilização, em especial quanto a possíveis falhas de segurança atinentes ao envio de informações pessoais, em especial dados bancários do cliente para os ambientes digitais dos fornecedores.

Dessa forma, no contexto contemporâneo global, com a específica finalidade de tornar mais seguras as compras em comércio eletrônico, evitando captação indevida de dados, processos de *hackeamento*, e clonagem de cartões, começaram a surgir *fintechs* destinadas a efetivar a criação do que é tido, hoje, por "cartão de crédito virtual não reutilizável".

O cartão de crédito virtual não reutilizável, comumente conhecido tão somente por cartão de crédito virtual, consiste, na esteira da própria acepção de sua nomenclatura, em um cartão fornecido pela instituição financeira vinculada ao cliente, em seus meios digitais (normalmente aplicativos), que contém numeração temporária, tanto de identificação quanto de código de segurança. Possui, também, prazo para ser utilizado, após sua emissão *onl-ine*, sendo que, após sua utilização, ou expirado o prazo para tanto, o cartão de crédito virtual é extinto, sendo impossível reutilizá-lo. Sendo assim, os dados nele contidos não são armazenados ou repassados a ambiente algum.

Atualmente, no Brasil, diversas instituições financeiras já possuem a tecnologia necessária para fornecer aos seus clientes a modalidade de pagamento via cartão de crédito virtual não reutilizável. O *Nubank*, *startup* brasileira pioneira na implementação das mais diversas *fintechs* no país, também se mostrou a primeira instituição financeira a oferecer aos seus clientes a possibilidade de comprarem por intermédio de cartão de crédito virtual. Em momento posterior, a tecnologia foi implementada pelas demais grandes empresas do ramo, como Bradesco, Santander, Caixa Econômica Federal, Banco do Brasil e Itaú.

Cada uma das instituições financeiras acima mencionadas oferece o cartão de crédito virtual não reutilizável com diferentes peculiaridades de funcionamento, de acordo com matéria veiculada pelo conceituado portal de tecnologia "Techtudo".[71]

No caso do *Nubank*, o cartão virtual pode, como exceção aos demais, ser reutilizável, uma vez que é gerado pelo aplicativo da empresa, como um cartão alternativo ao físico, com numeração diferente, porém fixa. Apesar de depender das informações do cartão físico, para fins de envio e cobrança da fatura, bem como limite de crédito, o cartão virtual pode "sobreviver", ainda que o físico seja cancelado, armazenadas as informações do cliente, para fins exclusivos de cobrança.

O *Itaú*, por sua vez, talvez seja a instituição financeira que mais utiliza o cartão de crédito virtual para os fins estritos de sua criação, pois o cartão virtual não é reutilizável, é válido por apenas 48 (quarenta e oito) horas, para única compra, sendo que seu limite e fatura são os mesmos do cartão físico vinculado ao banco. O *Bradesco* utiliza sistema praticamente idêntico.

No que tange ao Banco do Brasil, referida instituição financeira optou por oferecer aos seus clientes uma modalidade mais flexível de utilização dos cartões de crédito virtuais, pois é possível escolher o limite do cartão virtual (respeitado o do físico), assim como o tempo de atividade deste, quantas transações poderão ser feitas e, ainda, valor máximo destas. Entretanto, a emissão de cartão de crédito digital pelo Banco do Brasil prescinde de posse anterior do cartão físico *Ourocard*.

Em arremate, imperioso explicitar que os conceitos de cartão de crédito virtual e cartão de crédito digital não se confundem, e nem podem se confundir, uma vez que cartão de crédito digital é, basicamente, a definição que envolve o processo eletrônico de emissão de cartão físico. Ou seja, enquanto o cartão de crédito virtual nem sequer existe materialmente, o cartão de crédito digital nada mais é que o cartão de crédito físico, emitido em ambiente digital.

---

71 TECHTUDO. DIAS, Mara. *Como funciona um cartão de crédito virtual?* Saiba o que é e tire dúvidas. 2019. Disponível em: <https://www.techtudo.com.br/noticias/2019/04/como-funciona-um-cartao-de-credito-virtual-saiba-o-que-e-e-tire-duvidas.ghtml>. Acesso em: 16 jan. 2020.

Notável, portanto, as vantagens trazidas por essa modalidade de pagamento ao comércio eletrônico, uma vez que constitui, certamente, resposta aos riscos decorrentes do compartilhamento de informações pessoais e dados bancários. Referida tecnologia está muito menos sujeita a sofrer ataques *hackers* e processo de clonagem. Tendo inovado e trazido melhorias ao pagamento por cartão de crédito físico, o cartão de crédito virtual (via de regra não reutilizável) agrega aspectos de segurança ao já dinâmico meio de pagamento tradicional anteriormente abordado.

12

Contratação Eletrônica

12.1. CONTRATO

O campo da investigação neste capítulo é o do contrato, especificamente quando celebrado em ambiente virtual. Portanto, parece que não vem ao caso voltarmos ao que fizeram com tanta maestria os autores clássicos do direito contratual, a exemplo de Darcy Bessone de Oliveira Andrade,[1] que, ao iniciar seu estudo, partiu da classificação de fato para, posteriormente, fazer a distinção pormenorizada entre fato e ato; ato e negócio; e, finalmente, negócio e contrato.

Como Waldírio Bulgarelli,[2] que traz a evolução histórica do contrato e os seus princípios; ou como Orlando Gomes,[3] que primeiro faz a distinção entre negócios jurídicos unilaterais e bilaterais e entre contrato e ato coletivo; expõe sobre os princípios do direito contratual: a classificação, a formação, os pressupostos e os requisitos do contrato. Muito menos tratar da longa classificação dos contratos (principais e acessórios, consensuais e reais, comutativos e aleatórios etc.), feita pelos doutrinadores, a exemplo de Silvio Rodrigues[4] e Manuel Inácio Carvalho de Mendonça.[5]

---

1 Darcy Bessone de Oliveira Andrade. *Do contrato*. Rio de Janeiro: Forense, 1960, p. 11 e s.

2 Waldírio Bulgarelli. *Contratos mercantis*. 7. ed. São Paulo: Atlas, 1993, p. 57 e s.

3 Orlando Gomes. *Contratos*. 4. ed. Rio de Janeiro: Forense, 1973, p. 15 e s.

4 Silvio Rodrigues. *Direito civil*: dos contratos e das declarações unilaterais da vontade. 30. ed. São Paulo: Saraiva, 2004, v. 3, p. 27 e s.

5 Manuel Inácio Carvalho de Mendonça. *Doutrina e prática das obrigações*. 4. ed. aumentada e atualizada por José de Aguiar Dias. Rio de Janeiro: Forense, 1956, t. II, p. 277 e s.

Apenas para ilustrar e introduzir o tema, Darcy Bessone, ao iniciar um longo e detalhado estudo sobre a evolução do contrato, relata que, no direito romano, convenção era gênero do qual o contrato (*contractum*) e o pacto (*pactum*) eram espécies. O contrato se dava para obrigações civis e o pacto se referia apenas às obrigações naturais. Para o contrato, não bastava o acordo de vontades, era imprescindível uma causa civil, por exemplo, uma promessa pública com palavras solenes. Os pactos, então, não tendo um caráter solene, não podiam ser levados aos tribunais em um primeiro momento, sendo utilizados, por exemplo, pelos escravos, que não eram titulares de obrigações civis, sendo, mais tarde, abertas algumas exceções.[6]

Domat definiu que convenção é "o consentimento de duas ou mais pessoas para formar entre elas algum vínculo, ou para resolver um precedente, ou para modificá-lo". Ele considera a convenção o gênero do qual o contrato é uma espécie.[7]

Pothier escreveu que contrato é a "convenção pela qual duas ou mais pessoas prometem e se obrigam a dar, fazer ou não fazer alguma coisa".[8] Tem esse sentido o art. 1.101 do Código Civil francês de 1804.

No Brasil, não temos um conceito legal de contrato; apesar de o Código Civil de 2002 ter como fonte inspiradora o Código Civil italiano de 1942, o legislador pátrio entendeu que não deveria utilizar a definição de contrato estampada pela norma italiana no art. 1.321, como segue: "O contrato é acordo de duas ou mais partes para constituir, regular ou extinguir entre elas uma relação jurídica patrimonial" (tradução livre).

O conceito de contrato trazido pelo art. 1.321 do Código Civil italiano tem sido adotado, em grande medida, pela doutrina brasileira, a exemplo de Darcy Bessone.[9]

---

6 Darcy Bessone de Oliveira Andrade. *Aspectos da evolução da teoria dos contratos*. São Paulo: Saraiva, 1949, p. 9-10.

7 Domat. *Oeuvres complètes*, I, p. 122, apud Darcy Bessone de Oliveira Andrade. *Aspectos da evolução da teoria dos contratos*, p. 11.

8 Pothier. *Tratado das obrigações pessoais e recíprocas*. Trad. de Corrêa Telles, I, n. 3 apud Darcy Bessone de Oliveira Andrade. *Aspectos da evolução da teoria dos contratos*, p. 11.

9 Darcy Bessone de Oliveira Andrade. *Aspectos da evolução da teoria dos contratos*, p. 21; e Darcy Bessone de Oliveira Andrade. *Do contrato*, p. 29.

Sobre a questão patrimonial, Francesco Messineo chama a atenção para o fato de que o conteúdo de um contrato deve ser patrimonial, cujas partes regulam seus interesses por meio do clausulado, respeitando as normas de ordem pública.[10]

Ainda sobre o tema, Waldírio Bulgarelli alerta para a distinção de contrato, que deve ter sempre conteúdo patrimonial, de outros negócios bilaterais, como os de direito de família e das sucessões.[11]

Para Orlando Gomes, o contrato é o negócio jurídico bilateral ou plurilateral que obriga as partes à observância de conduta idônea à satisfação dos interesses que estipularam.[12] Silvio Rodrigues diz que o contrato é um negócio bilateral decorrente da vontade de mais de uma vontade.[13]

Enzo Roppo afirma que o contrato é uma construção da ciência jurídica elaborada na intenção de dotar a linguagem jurídica de uma expressão capaz de resumir uma série de princípios e regras de direitos, uma disciplina jurídica complexa.[14]

As pessoas são livres para contratarem. O contrato é a expressão do princípio da autonomia privada. Na esfera contratual, autonomia privada significa a liberdade do sujeito em determinar com a sua vontade (eventualmente, alinhada à vontade da outra parte no consenso contratual) o conteúdo das obrigações que se pretende assumir ou das modificações que se quer realizar no seu patrimônio.[15]

A liberdade de contratar, de contrair ou não vínculo contratual, atualmente pode ser exercida de forma virtual, o que dá ensejo à análise das peculiaridades que cercam essa questão.

---

10 Francesco Messineo. *Dottrina generale del contratto*. 3. ed. Milano: Giuffrè, 1948, p. 39.

11 Waldírio Bulgarelli. *Contratos mercantis*, p. 57.

12 Orlando Gomes. *Contratos*, p. 17.

13 Silvio Rodrigues. *Direito civil*: dos contratos e das declarações unilaterais da vontade, p. 9.

14 Enzo Roppo. *O contrato*. Trad. de Ana Coimbra e M. Januário C. Gomes. Coimbra: Almedina, 1988, p. 7. O autor, na mesma página, ainda pondera que o conceito jurídico de contrato reflete uma realidade externa ao campo jurídico e, para entender verdadeiramente o conceito do contrato, é preciso perquirir relações econômicas e sociais (o que extrapola o objeto do presente).

15 Enzo Roppo. *O contrato*, p. 128.

12.1.1. Contrato eletrônico, telemático e informático

Até há bem pouco tempo, os contratos eram celebrados basicamente de forma escrita (em papel) ou verbal (inclusive por telefone). Com a chegada da internet e a disseminação da informática, desenvolveu-se mais uma maneira de se contratar, a contratação eletrônica,[16] que rompe as fronteiras geográficas, facilitando, ainda mais, a ação das empresas (que, por sinal, sempre buscaram superar barreiras), notadamente das pequenas e das médias que tinham alcance limitado para a distribuição de seus produtos ou da prestação de serviços. Elas agora veem nos meios eletrônicos um modo prático e econômico para a expansão de seus negócios.[17]

Entende-se por contratação eletrônica aquela celebrada via computador, em rede local ou na internet. A princípio, essa contratação se dá no mesmo molde da contratação "convencional" quanto a capacidade do agente, objeto lícito e forma válida. No entanto, é a forma que vai variar.[18] É uma contratação na qual a formalidade se dará em ambiente virtual, no caso, a internet. Nas

---

[16] A contratação eletrônica é um tema relevante, tanto que tem levado pesquisadores a dedicarem obras, trabalhos acadêmicos e artigos exclusivamente ao assunto. Por exemplo: Maria Eugênia Reis Finkelstein. *Aspectos jurídicos do comércio eletrônico*. São Paulo/Porto Alegre: Síntese, 2004; Erica Brandini Barbagalo. *Contratos eletrônicos*. São Paulo: Saraiva, 2001; Ricardo Luis Lorenzetti. *Comercio electrónico*. Buenos Aires: Abeledo-Perrot, 2001 – mais tarde traduzido para o português: *Comércio eletrônico*. Trad. de Fabiano Menke. São Paulo: RT, 2004; Newton De Lucca. Títulos e contratos eletrônicos – o advento da informática e suas consequências para a pesquisa jurídica. In: Newton De Lucca e Adalberto Simão Filho (Coords.). *Direito e internet* – aspectos jurídicos relevantes. 2. ed. São Paulo: Quartier Latin, 2005, p. 29-126; Angela Bittencourt Brasil. Contratos eletrônicos. In: Demócrito Reinaldo Filho (Coord.). *Direito da informática* – temas polêmicos. Bauru, SP: Edipro, 2002, p. 297-306; Fábio Malina Losso. Contratos informáticos. In: Demócrito Reinaldo Filho (Coord.). *Direito da informática* – temas polêmicos. Bauru, SP: Edipro, 2002, p. 287-296; Patricia Peck Pinheiro. Contratos eletrônicos. *Revista do Advogado*, São Paulo: Associação dos Advogados de São Paulo, n. 69, maio 2003, p. 100-107.

[17] Haroldo Malheiros Duclerc Verçosa pondera: "O mercado tradicionalmente caracterizado como um lugar físico torna-se uma visão superada pela moderna tecnologia, sendo apenas virtual o lugar das operações realizadas via Internet". *Curso de direito comercial*. São Paulo: Malheiros, 2004, v. 1, p. 135.

[18] Nesse sentido, Angela Bittencourt Brasil. Contratos eletrônicos. In: Demócrito Reinaldo Filho (Coord.). *Direito da informática* – temas polêmicos, p. 298.

palavras de Semy Glanz, "contrato eletrônico é aquele celebrado por meio de programas de computador ou aparelhos com tais programas".[19]

Erica Brandini Barbagalo considera "contratos eletrônicos os acordos entre duas ou mais pessoas para, entre si, constituírem, modificarem ou extinguirem um vínculo jurídico, de natureza patrimonial, expressando suas respectivas declarações de vontade por computadores interligados entre si".[20]

Fábio Ulhoa Coelho considera contrato eletrônico aquele celebrado por meio de transmissão eletrônica de dados, cuja manifestação de vontade das partes não se veicula de forma oral ou escrita em papel, mas por meio virtual.[21]

A priori, a internet seria apenas uma facilitadora na contratação, sendo mais um instrumento pelo qual as pessoas pudessem externar sua vontade. Entretanto, nos contratos eletrônicos celebrados na internet, o objeto do negócio pode ser entregue pelo fornecedor fisicamente (quando se tratar de um bem material) ou eletronicamente (quando se tratar de um bem imaterial, por exemplo, um *software*, o qual é disponibilizado por meio do *download* – transmissão eletrônica do programa), sendo esta última categoria uma espécie de contratação própria dos meios eletrônicos.

Ricardo Luis Lorenzetti afirma que a caracterização do contrato eletrônico se dá na forma empregada para a sua celebração, para o seu cumprimento ou para a sua execução. Pode ocorrer apenas uma das etapas ou as três, de modo parcial ou total.[22]

Quanto à expressão "contrato eletrônico", a doutrina varia quanto à nomenclatura. Claudia Lima Marques prefere a expressão contratos do comércio eletrônico.[23] Por sua vez, Mauricio de Souza Matte denomina-o de contrato por meio eletrônico.[24] Fábio Malina Losso o chama de contrato

---

19 Semy Glanz. Internet e contrato eletrônico. *Revista dos Tribunais*, São Paulo, v. 87, n. 757, nov. 1998, p. 72.

20 Erica Brandini Barbagalo. *Contratos eletrônicos*, p. 37.

21 Fábio Ulhoa Coelho. *Curso de direito comercial*. 4. ed. São Paulo: Saraiva, 2003, v. 3, p. 37.

22 Ricardo Luis Lorenzetti. *Comércio eletrônico*, p. 285-286.

23 Claudia Lima Marques. *Confiança no comércio eletrônico e a proteção do consumidor* (um estudo dos negócios jurídicos de consumo no comércio eletrônico). São Paulo: RT, 2004, p. 36.

24 Mauricio de Souza Matte. *Internet* – comércio eletrônico: aplicabilidade do Código de Defesa do Consumidor nos contratos de *e-commerce*. São Paulo: LTr, 2001, p. 76.

informático.[25] Já Newton De Lucca considera que a expressão contrato eletrônico, ou mesmo contrato informático, parece firmar-se cada vez mais,[26] sendo essa a razão da sua utilização, preferencialmente, neste livro.

A palavra "eletrônico" está relacionada à eletrônica, que é aquela parte da física que trata de circuitos elétricos, na qual a comunicação de dados via computador se faz por meio de impulsos elétricos, o que a caracteriza como comunicação eletrônica. Por essa razão, justifica-se o adjetivo eletrônico para o contrato firmado por comunicação gerada por impulsos elétricos.[27]

Longe da intenção de fazer uma investigação sobre todos os pontos que permeariam as peculiaridades do que até aqui chamamos de contrato eletrônico (como bem fez Newton De Lucca ao avançar seu estudo pela doutrina italiana, francesa, espanhola e argentina),[28] é cabível expor a distinção entre contrato eletrônico e contrato informático, a título de melhor situar o leitor.

Contrato informático é o que tem por "objeto" o equipamento ou o serviço de informática, incluindo o desenvolvimento, a venda e a distribuição de *hardware* ou *software* e outros bens ou serviços relacionados. Todavia, o contrato eletrônico tem na sua "forma" a peculiaridade, isto é, a contratação é feita por meio da informática.

O que está aqui se considerando contrato eletrônico, em França, é denominado contrato telemático, conforme escreve Newton De Lucca. Este aponta o fato de que a doutrina francesa refere-se à telemática como a conjugação da informática com as telecomunicações.[29] O autor faz a distinção entre contrato informático e telemático, assim conceituando-os:

---

[25] Fábio Malina Losso. Contratos informáticos. In: Demócrito Reinaldo Filho (Coord.). *Direito da informática* – temas polêmicos, p. 289.

[26] Newton De Lucca. Títulos e contratos eletrônicos – o advento da informática e suas consequências para a pesquisa jurídica. In: Newton De Lucca e Adalberto Simão Filho (Coords.). *Direito e internet* – aspectos jurídicos relevantes, 2. ed., p. 63.

[27] Erica Brandini Barbagalo. *Contratos eletrônicos*, p. 38.

[28] Newton De Lucca. *Aspectos jurídicos da contratação informática e telemática*. São Paulo: Saraiva, 2003, p. 20 e s.

[29] Newton De Lucca. Títulos e contratos eletrônicos – o advento da informática e suas consequências para a pesquisa jurídica. In: Newton De Lucca e Adalberto Simão Filho (Coords.). *Direito e internet* – aspectos jurídicos relevantes, 2. ed., p. 63; e Newton De Lucca. *Aspectos jurídicos da contratação informática e telemática*, p. 93.

> Contrato informático é o negócio jurídico bilateral que tem por objeto bens ou serviços relacionados à ciência da computação. (...) Contrato telemático, por sua vez, é o negócio jurídico bilateral que tem o computador e uma rede de comunicação como suportes básicos para sua celebração.[30]

Diante do exposto, o contrato que tem por objeto um bem informático (contrato informático) pode ser celebrado inclusive de forma verbal ou escrita (materializado em minuta contratual, em loja de equipamentos de informática, por exemplo). Já o contrato eletrônico ou telemático é aquele que tem o computador como instrumento para sua celebração.

José de Oliveira Ascensão faz a distinção de três categorias de contratos informáticos. A primeira é o contrato de *hardware* (equipamento); a segunda é o contrato de *software* (programa de computador); e a terceira é o contrato de manutenção ou assistência.[31]

Imaginando a compra de um computador na internet, surge a seguinte questão: seria possível um contrato em que o objeto fosse um equipamento de informática e a forma de celebração fosse feita na internet? Parece que sim. O que leva a crer, nessa hipótese, estarmos diante de um contrato informático-telemático.

Newton De Lucca afirma não haver uma precisão conceitual, podendo haver uma superposição entre uma e outra categoria, mas que de toda sorte facilita a compreensão das realidades negociais existentes, tendo em vista o modo pelo qual se deu sua celebração.[32]

Em seu estudo sobre os contratos com objeto informático, e tratando da expressão contrato de informática, Giusella Finocchiaro, apoiada em Francesco Galgano e Guido Alpa, afirma que não se trata de uma nova categoria do ponto de vista científico; trata-se somente de um valor descritivo e prático.[33] Ou seja, em grande medida, estaremos diante de contratos já conhecidos, como, por exemplo, compra e venda, prestação de serviço, locação, doação etc.

---

30 Newton De Lucca. *Aspectos jurídicos da contratação informática e telemática*, p. 33. No mesmo sentido, Erica Brandini Barbagalo. *Contratos eletrônicos*, p. 39.

31 José de Oliveira Ascensão. *Estudos sobre direito da internet e da sociedade da informação*. Coimbra: Almedina, 2001, p. 38.

32 Newton De Lucca. *Aspectos jurídicos da contratação informática e telemática*, p. 33-34.

33 Giusella Finocchiaro. *I contratti ad oggetto informatico*. Padova: Cedam, 1993, p. 3.

A seu turno, José de Oliveira Ascensão, também tratando do contrato informático, calcado em Guido Alpa e André Lucas, afirma que não há, em sentido técnico, uma categoria de contratos informáticos, pois estes são regidos pelos princípios gerais dos contratos e pelas próprias disposições dos tipos em que se insiram.[34] Quer dizer, serão aplicadas as normas do direito contratual, sejam as regras próprias de um contrato em espécie, como a compra e venda, bem como a principiologia dos contratos em geral.

Com efeito, entendemos que os contratos celebrados pela internet (contratos eletrônicos em razão da forma) e os contratos cujo objeto seja relacionado à Tecnologia da Informação em geral (informáticos pelo objeto) não são tipos contratuais novos, necessariamente; sendo categorias contratuais regidas conforme o seu objeto, ou seja, compra e venda, prestação de serviços, locação etc. Especificamente sobre os contratos eletrônicos, o que há é uma nova maneira das vontades serem externadas, que se dá pelo uso da informática, bem como de se formar o vínculo obrigacional (conclusão do contrato), sem prejuízo de sua execução que pode dar-se totalmente de forma eletrônica, como, por exemplo, pelo *download* do bem e o pagamento via fornecimento do número do cartão de crédito.

De todo modo, a contratação eletrônica proporciona os mais variados tipos de negócios, por diversos agentes. Negócios entre empresas (*B2B – business to business*) ou entre fornecedor e consumidor (B2C – *business to consumer*). Na internet, também são possíveis negócios entre particulares no âmbito da contratação civil. Entretanto, por serem negócios eventuais e esporádicos,[35] talvez

---

34 José de Oliveira Ascensão. *Estudos sobre direito da internet e da sociedade da informação*, p. 38.

35 Existem vários *sites* (por exemplo, Buscapé, Webmotors, Videoimóveis etc.) que viabilizam a negociação entre civis (mas também negócios empresariais ou de consumo). No entanto, a internet, na maioria das vezes, funciona como uma mera ferramenta de aproximação das pessoas, em que o negócio não chega a ser efetivado por via eletrônica, apenas as primeiras tratativas. Exceção é o Mercado Livre, cujo *site* permite a efetiva celebração do contrato, sendo ele um intermediador entre quem compra e quem vende. Nesse *site*, há uma espécie de autocertificação, a qual é feita pelas avaliações dos compradores em relação aos vendedores. A princípio, na condição de mero aproximador das partes, não caberia a ele responsabilidade em casos de defeitos dos produtos.

Para mais detalhes sobre essa temática, veja Tarcisio Teixeira. *Comércio eletrônico*: conforme o Marco Civil da Internet e a regulamentação do "e-commerce". São Paulo: Saraiva, 2015, p. 150 e s.

não seja o mais apropriado incluí-las como parte do comércio,[36] passando à margem do objeto desta obra.

12.1.1.1. Função social do contrato

A ideia desse tópico não é fazer um estudo aprofundado da função social do contrato, mas apenas dar uma noção, a fim de demonstrar sua importância para as contratações celebradas na internet.

Como preleciona Francesco Messineo, o contrato exerce uma função e apresenta um conteúdo constante: ser o centro da vida dos negócios. É o instrumento que realiza o mister de harmonizar interesses não coincidentes. Origina-se da vontade das partes. A instituição jurídica do contrato é um reflexo da instituição jurídica da propriedade, sendo o veículo de circulação da riqueza.[37]

Nessa esteira, Emilio Betti afirma que a necessidade de negociações entre pessoas se dá de forma mais nítida nos ordenamentos socioeconômicos que reconhecem a propriedade individual, assegurando a proteção dos bens dos cidadãos. Somente com esse reconhecimento é que os particulares podem prover a circulação de bens e a prestação de serviços mediante a celebração de negócios.[38]

A função social do contrato é promover a circulação de bens e serviços. O contrato é instrumento indispensável para isso e, por seu aperfeiçoamento de regras, foi responsável pelo desenvolvimento do comércio.

Orlando Gomes diz que os contratos constituem o instrumento jurídico por excelência da vida econômica, os quais oferecem às pessoas a regulação de seus interesses, com o respaldo da ordem jurídica. A função socioeconômica do contrato foi reconhecida como a razão determinante de sua tutela jurídica. Se um contrato não tiver utilidade social (for fútil ou improdutivo), não merece proteção jurídica. O homem precisa desses instrumentos jurídicos para alcançar fins ditados por seus interesses econômicos.[39]

A despeito da função econômica do contrato, na vida dos negócios as relações são estabelecidas de forma rápida, sendo o contrato o instrumento que fornece respaldo aos atos praticados nas negociações.

---

36 Antonio Carlos Rodrigues do Amaral (Coord.). *Direito do comércio internacional*: aspectos fundamentais. São Paulo: Aduaneiras/Lex Editora, 2004, p. 311.

37 Francesco Messineo. *Dottrina generale del contratto*, p. 19.

38 Emilio Betti. *Teoria geral do negócio jurídico*. Trad. de Fernando de Miranda. Coimbra: Coimbra Editora, 1969, p. 92-93.

39 Orlando Gomes. *Contratos*, p. 25-27.

Desse modo, é indispensável registrar aqui o pensamento de Caio Mário da Silva Pereira sobre a função econômica do contrato:

> Com o passar do tempo, entretanto, e com o desenvolvimento das atividades sociais, a função do contrato ampliou-se. Generalizou-se. Qualquer indivíduo – sem distinção de classe, de padrão econômico, de grau de instrução – contrata. O mundo moderno é o mundo do contrato. E a vida moderna o é também, e em tão alta escala que, se fizesse abstração por um momento do fenômeno contratual na civilização de nosso tempo, a consequência seria a estagnação da vida social. O *homo economicus* estancaria as suas atividades. É o contrato que proporciona subsistência de toda a gente. Sem ele, a vida individual regrediria, a atividade do homem limitar-se-ia aos momentos primários.[40]

A função social do contrato foi positivada pelo Código Civil de 2002, no art. 421, cuja redação diz que a liberdade de contratar será exercida em razão e nos limites da função social do contrato.

Caio Mário, ao comentar essa redação, afirma que ela reflete o princípio de que a liberdade de contratar é exercida em razão da autonomia privada que a lei outorga às pessoas. A função social do contrato vale para limitar a autonomia privada, em especial quando esta esteja em confronto com o interesse social e este deve prevalecer. Considerando que o direito de propriedade deve ser exercido tendo como limite o desempenho de deveres compatíveis com a sua função social, a liberdade não pode se separar daquela função. A função social do contrato é um princípio, que, por sua vez, pode evitar que um contrato prejudique terceiros, ou mesmo que, em razão do interesse coletivo, possa evitar uma contratação.[41]

Tudo isso para dizer que o desenvolvimento da internet e a sua expansão vêm aumentando a cada dia e, de certa forma, em razão de ter sido levado a ela o instituto do contrato e a possibilidade de contratar.

O contrato no ambiente virtual exerce uma função socioeconômica, que é a circulação de bens e de serviços, seja apenas para o acordo de vontades (com o cumprimento posterior da obrigação, fisicamente), seja pelo acordo de

---

40 Caio Mário da Silva Pereira. *Instituições de direito civil* – contratos. 12. ed. Rio de Janeiro: Forense, 2006, v. III, p. 11.

41 Caio Mário da Silva Pereira. *Instituições de direito civil* – contratos, p. 13-14.

vontades e cumprimento da prestação eletronicamente. Fica claro que a função social do contrato da mesma forma é exercida na internet.

Contudo, apesar de a internet possibilitar também a comunicação entre as pessoas, o acesso a informações etc., atualmente, pensar em uma rede mundial de computadores sem a possibilidade de contratar seria, em grande medida, esvaziá-la e inibir seu desenvolvimento e expansão, que, de certa forma, são impulsionados pelos empresários que veem nela uma ferramenta para buscar o lucro.

12.1.1.2. Contrato de adesão

Ressalte-se que grande parte dos contratos celebrados na internet são contratos de adesão, ou seja, aqueles em que uma das partes (aderente) não tem poderes para discutir as cláusulas contratuais. Muitas vezes a adesão se dá por meio de um clique no "aceito" os "termos de uso" do ***site*** (e/ou **aplicativo**) em que se está navegando.

Silvio Rodrigues explica que o contrato de adesão é aquele em que todas as cláusulas são previamente estipuladas por uma das partes, de modo que a outra, em geral mais fraca e com a necessidade de contratar, não tem poderes para debater cláusulas nem propor alterações, ou aceita ou recusa por completo.[42]

Além desse aspecto, outra explicação para que os contratos celebrados na internet sejam de adesão pode se dar pelo fato de o fornecedor de produtos e serviços ter a necessidade de padronizar seus contratos, a fim de dar maior rapidez na celebração do contrato e dinamizar sua administração (pós-contratual), que, muitas das vezes, tem o consentimento dado por um mero "clique",[43] bem comum no campo de contratos de consumo (B2C – *business to consumer*).

Darcy Bessone, apoiado em Carnelutti, ao abordar o contrato de adesão, refere-se a que o tratamento em algumas relações contratuais (transporte,

---

[42] Silvio Rodrigues. *Direito civil:* dos contratos e das declarações unilaterais da vontade, p. 44.

[43] A fim de minimizar alegações de usuários que dizem não terem tido condições de ler o contrato, celebrando-o tão somente pelo clique em "aceitar", em alguns *sites* a opção na tela de "aceitar" somente é permitida (destravada) depois que a barra de rolagem é levada ao final do texto contratual, ou, ainda, em outros casos, depois que este é impresso.

seguros, diversões públicas etc.) é submetido a uma regulamentação uniforme, imposta pela conveniência de celeridade na conclusão dos negócios.[44]

Entretanto, é claro que também existem os casos de contratos que são amplamente negociados em ambiente virtual, por exemplo, com extensas trocas de *e-mails* discutindo as condições do negócio. A esses contratos dá-se o nome de paritários, em oposição aos de adesão. Eles são, geralmente, contratos interempresariais (*B2B – business to business*), nos quais não há a figura do consumidor final (como a seguir veremos), em que as empresas negociam as cláusulas contratuais. Como afirma Silvio Rodrigues, no contrato paritário, supõe-se [certa] igualdade entre os interessados.[45]

Nos contratos de adesão, celebrados na internet via **termos de uso** (e **política de privacidade**) ou não, sempre que houver relação de consumo (como também veremos adiante), aplica-se a disciplina do art. 54 da Lei n. 8.078/90 – Código de Defesa do Consumidor – CDC –, o qual prevê que contrato de adesão é aquele cujas cláusulas tenham sido aprovadas pela autoridade competente ou estabelecidas unilateralmente pelo fornecedor de produtos ou serviços, sem que o consumidor possa discutir ou modificar substancialmente o seu conteúdo. Sobre termos de uso e política de privacidade, remetemos o leitor ao item que trata especificamente deste assunto o qual traz também modelos sugestivos que podem auxiliar na compreensão do tema.

Por sua vez, àqueles contratos celebrados entre empresas na internet (contratação típica empresarial), em razão da vigência do Código Civil de 2002 e da revogação de parte do Código Comercial de 1850, aplica-se a disciplina dos arts. 423 e 424 daquele Código, referentes ao contrato de adesão. Basicamente, está disposto que, nos contratos de adesão, quando houver cláusulas ambíguas ou contraditórias, deve-se interpretá-las da forma mais favorável ao aderente.

12.1.1.2.1. Termos de Uso e Política de privacidade. Modelos

Sem prejuízo do que foi estudado nos capítulos sobre o Marco Civil da Internet, Meio Ambiente Virtual e Direitos Constitucionais (incluindo a violação da privacidade), objetivando a adequação do ordenamento jurídico quanto às informações que o usuário de um *site* e/ou aplicativo deve receber

---

[44] Darcy Bessone de Oliveira Andrade. *Do contrato*, p. 84.

[45] Silvio Rodrigues. *Direito civil*: dos contratos e das declarações unilaterais da vontade, p. 44-45.

sobre privacidade, como os dados pessoais serão coletados e utilizados, formas de uso das ferramentas disponibilizadas, regras internas, entre outros assuntos, é imprescindível a elaboração de Termos de Uso e Política de Privacidade. Esses dois documentos podem estar consolidados em um único arquivo/link, ou em arquivos/links separados, para salientar cada um dos temas que tratam. Isso diminui riscos jurídicos.

Nos **Termos de Uso** deve-se descrever o conteúdo e finalidade do *site* ou aplicativo, informando as "regras internas" para uso. Deve-se incluir a proibição de postagens ofensivas e imorais; e a vedação da reprodução de informações por pessoas não detentoras do direito autoral respectivo.

Por sua vez, na **Política de Privacidade** é preciso informar como são utilizadas as informações inseridas por usuários e se estas serão compartilhadas com outras pessoas ou empresas parceiras; ou ainda se as informações serão utilizadas para pesquisas que proporcionem melhorar o desempenho do *site*/aplicativo.

Esses dois documentos são o primeiro passo na proteção jurídica do *site* e/ou aplicativo de sua empresa. Com eles ficará mais claro e explícito aos usuários e a terceiros quais condutas são permitidas e proibidas no ambiente do *site*/aplicativo. Neles, a empresa também pode externalizar, por exemplo, sua intenção de compartilhar alguns dados com *sites* parceiros, para que o usuário esteja ciente desde o início de que ele só deve utilizar o *site* ou o aplicativo se ele estiver de acordo com referido compartilhamento.

A ausência desses esclarecimentos nos Termos de Uso e Política de Privacidade pode causar mal-entendidos que firam direitos de usuários ou de terceiros; ou, ainda, pode dificultar a tutela dos interesses do titular do site/aplicativo em eventual processo contra um usuário suspeito de ter cometido fraude, por exemplo.

Adiante, seguem os modelos de Termos de Uso e de Política de Privacidade, os quais são meramente sugestivos, sendo que o mais apropriado é que cada empreendedor, ou o seu consultor, considere suas particularidades antes de elaborar os seus próprios documentos:

Modelo de Termos de Uso*

Termos de Uso, o que significa? Também conhecido como Condições Gerais de Uso, são as regras estabelecidas pelo titular do *site* às quais os

---

* Este modelo é meramente sugestivo, devendo ser avaliado o caso concreto a fim de melhor estabelecer suas regras e interesses, sempre respeitando o que prevê a legislação.

internautas precisam ater-se ao navegar e/ou se cadastrar pelo *site*. É uma espécie de contrato de adesão em que o internauta concorda com suas regras no que diz respeito à navegação, acesso e uso do conteúdo do *site* (vídeos, palestras, artigos, informações etc.), bem como quanto ao cadastramento e à coleta de seus dados pessoais (*e-mails*, nomes etc.), o seu armazenamento e sua utilização.

Os Termos de Uso elaborados pelo (NOME DO *SITE* OU APLICATIVO) e todo o conteúdo disponibilizado pelo nosso *site* está de acordo com a Constituição Federal brasileira, o Marco Civil da Internet e as normas de Proteção do Consumidor. Além disso, o conteúdo do *site* é protegido pela legislação que trata de Direitos Autorais, Registro de Marcas, Patentes de Invenção, Registros de Domínio etc.

Complementam os Termos de Uso do (NOME DO *SITE* OU APLICATIVO) a "Política de Privacidade" disponibilizada em nosso *site*. Eles foram criados com o intuito de disponibilizar o conteúdo do nosso *site* de forma segura, permitindo que o usuário acesse e utilize corretamente as informações fornecidas.

Os Termos de Uso e a Política de Privacidade estão sujeitos à alteração, sem prévio aviso, sendo importante o usuário se atentar às atualizações. Navegando pelo *site* (NOME DO *SITE* OU APLICATIVO) o usuário reconhece e aceita os Termos de Uso e a Política de Privacidade estabelecidos, bem como suas atualizações. Assim, é importante o usuário revê-las a cada nova navegação.

Independentemente de o acesso do usuário ao conteúdo do *site* (vídeos, palestras, artigos, informações etc.) se dar de forma remunerada ou gratuita, o usuário concorda que todo o conteúdo disponível no *site* (NOME DO *SITE* OU APLICATIVO) é protegido juridicamente, sendo expressamente proibido ao usuário copiar, reproduzir, transmitir, comercializar, vender, publicar, licenciar, alugar, distribuir, adaptar, modificar, criar trabalhos a partir de tal material etc., sob pena de infração à lei, exceto os casos autorizados de modo expresso, que deverão ser solicitados via contato@................ .

A critério do titular do *site* (NOME DO *SITE* OU APLICATIVO), quando houver a necessidade de celebração de um contrato específico com o usuário (tanto para conteúdo remunerado como gratuito), as condições contratuais acordadas prevalecerão sobre estes Termos de Uso e a Política de Privacidade, tendo estes dois últimos apenas aplicação subsidiária em caso de eventual omissão do contrato firmado, sem prejuízo da legislação aplicável.

O conteúdo do *site* (NOME DO *SITE* OU APLICATIVO) é destinado a pessoas maiores e capazes; por isso, sempre que possível, é empreendido esforços para identificar casos que não se enquadrem nesta condição. E, especialmente, no caso de compras, estas somente podem ser realizadas por pessoas maiores e com capacidade civil para tanto.

De qualquer maneira, pelo *e-mail* contato@................. o usuário pode obter esclarecimentos sobre quaisquer dúvidas sobre os Termos de Uso e a Política de Privacidade.

Modelo de Política de Privacidade*

Você sabe o que é Política de Privacidade? São as regras adotadas pelo titular do *site* quanto aos dados pessoais (como nomes, *e-mails*, preferências etc.) dos internautas que navegam e/ou se cadastram pelo *site*; isto é, se os dados são coletados, como são armazenados e utilizados.

O (NOME DO *SITE* OU APLICATIVO) respeita os seus usuários/internautas e, por isso, tem um sério compromisso com a transparência, a confiabilidade e a preservação da privacidade daqueles que navegam e/ou se cadastram pelo seu *site*.

A Política de Privacidade do (NOME DO *SITE* OU APLICATIVO) está de acordo com a Constituição Federal brasileira, o Marco Civil da Internet e as normas de Proteção do Consumidor.

Após a leitura desta Política de Privacidade, a qual é complementada pelos "Termos de Uso" do nosso portal, se você continuar a navegar pelo nosso *site* você estará aceitando-os, bem como as suas atualizações, ficando sujeito às regras apresentadas e atualizadas.

Visando garantir a proteção de dados e da privacidade dos usuários que acessam o *site* (NOME DO *SITE* OU APLICATIVO), eventuais informações e dados coletados ficarão protegidos com sistema de segurança adequado, independentemente de a captação se dar pelo preenchimento de formulários na tela ou por meio de *cookies*, *web beacons* etc. (programas de computador com

---

* Este modelo é meramente sugestivo, devendo ser avaliado o caso concreto a fim de melhor estabelecer suas regras e interesses, sempre respeitando o que prevê a legislação.

o fim de coletar as preferências do internauta a partir da navegação do usuário no *site*). Estes dados não serão fornecidos a terceiros, exceto se previamente autorizado ou em decorrência de ordem judicial.

O (NOME DO *SITE* OU APLICATIVO) possui compromisso com a segurança da informação na rede mundial de computadores, seguindo regras de modo a evitar o envio de mensagens eletrônicas não solicitadas, não sendo consideradas como tais as mensagens com conteúdo de interesse do usuário enviadas pelo (NOME DO *SITE* OU APLICATIVO) e/ou eventuais empresas coligadas ou contratadas para este fim. A partir das preferências coletadas pelas nossas ferramentas é que ocorre o disparato das mensagens, que têm por objetivo informar acerca de assuntos que possam ser do interesse do destinatário, como palestras, cursos, informações relevantes sobre determinadas doenças/síndromes etc.

Para que o usuário tenha amplo acesso a notícias, informações e conteúdos disponibilizados pelo (NOME DO *SITE* OU APLICATIVO), poderemos expor para você mensagens por outros canais, como, por exemplo, Facebook, Twitter, Instagram, SMS, telemarketing etc. Mas não nos responsabilizamos por eventual exposição de nossos produtos e serviços em *sites* de busca e anúncio, como no caso Google, sobretudo quando o fazem de forma independente e sem contrato conosco.

A qualquer momento, o usuário tem a faculdade de decidir pelo recebimento de informações do (NOME DO *SITE* OU APLICATIVO). Se preferir pode solicitar o cancelamento do envio de mensagens, bem como solicitar esclarecimento sobre qualquer dúvida acerca da nossa Política de Privacidade e Termos de Uso. Para tanto, você deve escrever para contato@.................

13

Comércio Eletrônico e Legislação Aplicável

A contratação eletrônica ganha ainda mais importância quando adentra o campo do comércio, até porque o desenvolvimento deste só foi possível graças ao aperfeiçoamento do contrato, que é instrumento indispensável à circulação de bens e serviços.

Na definição de Alfredo Rocco, "o comércio é aquele ramo da produção econômica que faz aumentar o valor dos produtos pela interposição entre produtores e consumidores, a fim de facilitar a troca das mercadorias".[1]

Nesse passo, é interessante relembrar o conceito de direito comercial trazido por Cesare Vivante: "O direito comercial constitui aquela parte do direito privado que tem, principalmente, por objeto regular a circulação dos bens entre aqueles que os produzem e aqueles que os consomem".[2] (Tradução livre.)

Essas passagens são importantes para clarear o rumo do presente tópico. Ou seja, analisar o comércio eletrônico tanto do ponto de vista dos negócios entre empresas como em relação aos negócios entre fornecedores e consumidores, que veremos posteriormente.

A internet pode ser considerada uma ferramenta de aproximação entre as pessoas físicas e jurídicas. E o empresário, que sempre buscou transpor obstáculos para levar seus produtos e serviços a quem deles precisem, seja por terra,

---

1 Alfredo Rocco. *Princípios de direito comercial*. São Paulo: Saraiva & Cia., 1931, apud Rubens Requião. *Curso de direito comercial*. 22. ed. São Paulo: Saraiva, 1995, v. 1, p. 4.

2 Cesare Vivante. *Elementi di diritto commerciale*. Milano: Ulrico Hoepli, 1936, p. 1.

por água ou pelo ar, vê, agora, nos meios eletrônicos, um instrumento potencial – de custo relativamente baixo – de venda de suas "especiarias".

Desse modo, o tráfico mercantil ganha mais uma forma para seu funcionamento. Além disso, considerando o baixo custo que se tem para operar na internet, torna-se um poderoso atrativo às empresas em geral que utilizam esse recurso para expandir seus negócios na busca do lucro.

O comércio que, nos seus primórdios, foi desenvolvido por meio de feiras,[3] de caravanas terrestres ou marítimas etc., chegou, ao final do século XX, impulsionado, ainda mais, por um sistema eletrônico que é a internet, formando, então, o que se tem chamado de "comércio eletrônico" ou *e-commerce*.[4]

A esse propósito, ressalta-se que a conhecida criatividade do empresário tem aflorado em rápida velocidade nos últimos anos. Ou seja, tem sido posta em relevo diante do comércio eletrônico, que se transformou em um campo para o exercício da arte de criar, talvez de modo ainda mais intenso, tendo em vista a dinamicidade com que a internet se apresenta. Nessa direção são as palavras de Haroldo Malheiros Duclerc Verçosa, ao tratar da criação da figura do agente fiduciário do consumidor em compras pela internet:

> (...) a forma extremamente dinâmica como as atividades negociais têm se desenvolvido nos anos recentes – especialmente no campo do comércio eletrônico – leva à criação de novas operações e à consequente necessidade de estabelecimento de novos mecanismos técnico-jurídicos para regê-las (...).[5]

---

[3] Quanto às feiras medievais e sua importância para o desenvolvimento do direito comercial, vide Haroldo Malheiros Duclerc Verçosa. *Curso de direito comercial*, p. 38-42.

[4] De acordo com a pesquisa realizada pela *Web Shoppers*, o comércio eletrônico brasileiro deveria crescer, em 2006, 56%, movimentando 3,9 bilhões de reais, sendo que, de 2001 a 2005, o crescimento foi de 355%. *Comércio on-line movimenta R$ 3,9 bi em 2006*. Disponível em: <http://idgnow.uol.com.br/AdPortalv5/InternetInterna.aspx?GUID=CFEE7411-A2F8-4>. Acesso em: 20 fev. 2006. (Novo acesso em: 10 ago. 2017).

Conforme a pesquisa da *e-Bit*, sobre os dados estatísticos da internet, o comércio eletrônico teve faturamento anual em 2012 de 22,5 bilhões de reais. Disponível em: <http://www.e-commerce.org.br/stats.php>. Acesso em: 22 ago. 2013. (Novo acesso em: 10 ago. 2017).

[5] Haroldo Malheiros Duclerc Verçosa. Agente fiduciário do consumidor em compras pela internet: um novo negócio nascido da criatividade mercantil. *Revista de Direito Mercantil, Industrial, Econômico e Financeiro*. São Paulo: Malheiros, n. 118, abr./jun. 2000, p. 90.

Nesse passo, são bastante ilustrativas as considerações de Aldemário Araújo Castro sobre o comércio eletrônico:

> (...) o sentido da expressão "comércio eletrônico". Seria o conjunto de operações de compra e venda de mercadorias ou prestações de serviços por meio eletrônico ou, em outras palavras, as transações com conteúdo econômico realizadas por intermédio de meios digitais. Nesta linha, o comércio eletrônico envolve a venda de bens tangíveis (comércio eletrônico impróprio ou indireto) e de bens intangíveis (comércio eletrônico próprio ou direto). Assim, são exemplos do primeiro tipo de operações: a venda de livros, brinquedos, CDs de música, equipamentos eletrônicos, entre outros. Já no segundo tipo de transações podemos ter a venda de *softwares*, músicas, utilidades. No primeiro caso, temos um desdobramento físico da operação, um bem corpóreo sairá do estabelecimento do vendedor e será entregue ao comprador. Já no segundo caso, a operação começa, se desenvolve e termina nos meios eletrônicos, normalmente a internet.[6]

Há alguns contratos que são próprios da internet, como o serviço de conexão, o armazenamento ou a manutenção de *sites* etc. Em contrapartida, há outros contratos que se utilizam dela apenas como manifestação da vontade no negócio. Por exemplo, a compra e a venda de insumo podem ser tratadas totalmente pela internet, utilizando-se de *e-mail* para, posteriormente, ser entregue fisicamente nas dependências do comprador.

Para Fábio Ulhoa Coelho, comércio eletrônico é a venda de produtos, virtuais ou físicos, ou a prestação de serviços realizada em ambiente virtual. Ele pondera que tanto a oferta como a celebração do contrato são realizadas por transmissão e recepção eletrônica de dados e que podem se dar por meio da internet ou fora dela. Ao ponderar que o comércio eletrônico pode ser realizado fora da internet, o autor exemplifica que o cliente, mediante o fornecimento do programa, pode estabelecer conexão de seu computador com o computador do banco por meio de contato telefônico, sem usar a rede mundial de computadores. É o que chama de "comércio-e não internetenáutico", para referir-se ao *e-commerce* realizado fora da internet.[7]

---

[6] Aldemário Araújo Castro. Os meios eletrônicos e a tributação. In: Demócrito Reinaldo Filho (Coord.). *Direito da informática* – temas polêmicos. Bauru, SP: Edipro, 2002, p. 254.

[7] Fábio Ulhoa Coelho. *Curso de direito comercial*, p. 32.

Sobre esse ponto, Claudia Lima Marques pondera que o comércio eletrônico seria o comércio "clássico", hoje realizado por meio de contratação a distância. Alcança os contratos celebrados pela internet, por telefones fixos e celulares, pela televisão a cabo etc.[8]

Do ponto de vista técnico, tem razão quanto à possibilidade de o comércio eletrônico ser realizado fora da internet; no entanto, os grandes problemas jurídicos a serem enfrentados se dão, notadamente, no âmbito do comércio eletrônico realizado na rede mundial de computadores, o que nos leva a fixar o foco do estudo nesse campo.

Está em trâmite no Congresso Nacional o Projeto de Lei n. 1.572/2011, o qual pretende instituir um **novo Código Comercial**. Seu art. 108, *caput*, define comércio eletrônico como a relação cujas partes se comunicam e contratam por meio de transmissão eletrônica de dados, abrangendo a comercialização de mercadorias, insumos e prestação de serviços. Já o seu art. 111 prevê que se o *site* for destinado tão somente a possibilitar a aproximação entre potenciais interessados na concretização de negócios entre eles, o empresário que o mantém não terá responsabilidade pelos atos praticados pelos vendedores e compradores de produtos ou serviços por ele intermediados. Para tanto caberá ao empresário titular do *site* o dever de: retirar do *site* as ofertas que lesem direito de propriedade intelectual alheio, no prazo de vinte e quatro horas do recebimento da notificação emitida por quem seja comprovadamente o seu titular; disponibilizar no *site* um procedimento de avaliação dos vendedores pelos compradores, acessível a qualquer pessoa; e manter uma política de privacidade na página inicial do *site*, a qual deve mencionar claramente a instalação de programas no computador de quem o acessa, bem como a forma pela qual eles podem ser desinstalados.

No âmbito brasileiro, os contratos celebrados na internet estão sujeitos aos mesmos princípios e regras aplicáveis aos demais contratos celebrados no território nacional.[9] A seguir, analisaremos alguns dispositivos do Código Civil e do Código de Defesa do Consumidor, tendo em vista a aplicação de ambos

---

8 Claudia Lima Marques. *Confiança no comércio eletrônico e a proteção do consumidor* (um estudo dos negócios jurídicos de consumo no comércio eletrônico), p. 35.

9 Nesse sentido, Carlos Roberto Gonçalves. *Responsabilidade civil*. 8. ed. São Paulo: Saraiva, 2003, p. 117.

os diplomas normativos aos contratos firmados na internet, opinião esta que se coaduna com a de Ana Paula Gambogi Carvalho.[10]

13.1. CRESCIMENTO DO *E-COMMERCE*

O *e-commerce* representa o futuro do comércio. Existem milhares de oportunidades de negócios espalhadas pela rede, e é muito provável que uma pesquisa de preços na internet lhe trará não só o menor preço, como o melhor produto. Apesar do gargalo representado pelo "analfabetismo digital" de uma grande parcela da população, o *e-commerce* já desponta junto a uma geração que nasceu com o computador no colo. O crescimento do número de internautas na última década é espantoso.

Atualmente, o Brasil possui 70,6% (cerca de 149 milhões de pessoas) de sua população com acesso à internet. Se fizermos um comparativo entre os anos de 2000 e 2012, perceberemos um aumento de aproximadamente 1.500% do número de internautas no Brasil.[11]

O grande destaque dentre os dados recentes foi a China. Com um grande aumento nos últimos anos, os internautas chineses agora representam 18,5% do total de pessoas com acesso à rede no mundo inteiro. Apesar desse enorme percentual, os internautas chineses ainda podem se multiplicar, uma vez que apenas 54,5% da população chinesa possui acesso à rede.

O *ranking* dos países com maior quantidade de internautas (habitantes com acesso à internet) em números absolutos é o seguinte: 1º China (772 milhões); 2º Índia (462 mihões); 3º EUA (312 millhoes); 4º Brasil (149 milhões); 5º Indonésia (143 milhões); 6º Japão (118 milhões); e 7º Rússia (109 milhões). Em média, os países desenvolvidos têm acima de 90% de sua população com acesso à internet, a exemplo de Estados Unidos (95,7%), Alemanha (96%), Japão (92%) e França (92%).

O que se pode constatar a respeito de tais dados é que o acesso à internet cresceu muito nos últimos anos, o que foi crucial para o alavancamento do comércio eletrônico em todo o mundo, e também significativamente no Brasil. Aqui as categorias de bens mais comercializados são: moda e acessórios, 19%; cosméticos e perfumaria, 18%; eletrodomésticos, 10%; livros e revistas, 9%;

---

10 Ana Paula Gambogi Carvalho. *Contratos via internet segundo os ordenamentos jurídicos alemão e brasileiro.* Belo Horizonte: Del Rey, 2001, p. 60.

11 *Top 20 countries with the highest number of internet users.* Disponível em: <www.internetworldstats.com/top20.htm>. Acesso em: 19 ago 2017.

informática, 7%. Veja as tabelas ilustrativas a seguir, referentes ao crescimento do comércio eletrônico varejista no Brasil, por meio da pesquisa e-Bit.[12]

Faturamento do *e-commerce* no Brasil – bilhões de reais

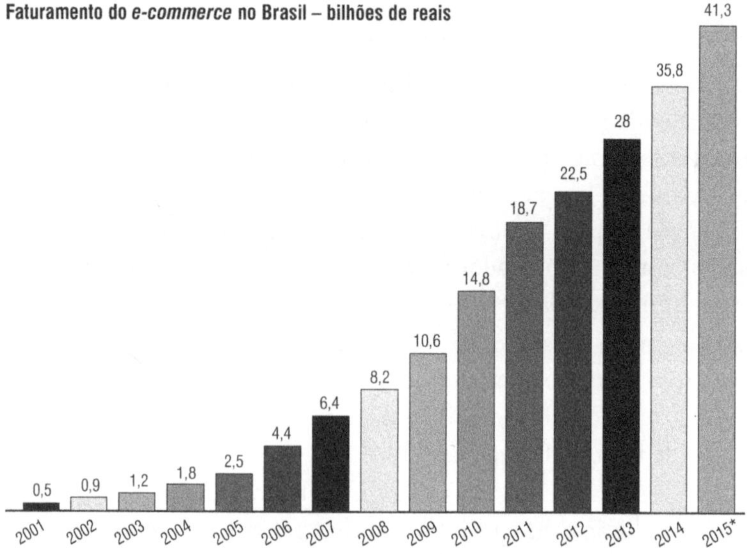

* **Fonte:** Ebit – www.e-commerce.org.br (Obs.: a instituição não tem mais divulgado estes números).

ANO	FATURAMENTO	Variação
2015	R$ 41,3 bilhões	15%
2014	R$ 35,8 bilhões	24%
2013	R$ 28,8 bilhões	28%
2012	R$ 22,5 bilhões	20%
2011	R$ 18,7 bilhões	26%

12 Evolução da internet e do *e-commerce*. Disponível em: <http://www.e-commerce.org.br/stats.php>. Acesso em: 22 maio 2016. Esses números não consideram as vendas de automóveis, passagens aéreas e leilões *on-line*.

Lamentamos que a instituição não tenha mais atualizado e/ou divulgado abertamente os dados. E, embora não se tenham outras fontes fidedignas, chegou-se a anunciar que o *e-commerce* brasileiro em geral, incluindo a comercialização de todos os tipos de produtos e serviços, teria alcançado cerca de 120 bilhões em 2016. Outras fontes não fidedignas expressariam 44,6 bilhões em 2016, 49 bilhões em 2017 e 56 bilhões para 2018.

ANO	FATURAMENTO	Variação
2010	R$ 14,80 bilhões	40%
2009	R$ 10,60 bilhões	33%
2008	R$ 8,20 bilhões	30%
2007	R$ 6,30 bilhões	43%
2006	R$ 4,40 bilhões	76%
2005	R$ 2,50 bilhões	43%
2004	R$ 1,75 bilhão	48%
2003	R$ 1,18 bilhão	39%
2002	R$ 0,85 bilhão	55%
2001	R$ 0,54 bilhão	–

Em 2015, essas compras pela internet foram efetuadas por 70 milhões de brasileiros tidos como consumidores *on-line*. Isso significa dizer que parte do total dos internautas brasileiros (aproximadamente 139 milhões) tem receio de comprar pela internet; além do mais, quanto maior o número de pessoas tendo acesso à internet e maior o nível de confiança no comércio eletrônico, maior será a tendência de o *e-commerce* no Brasil alcançar números bem maiores. Segue o demonstrativo do crescimento dos consumidores *on-line* brasileiros:

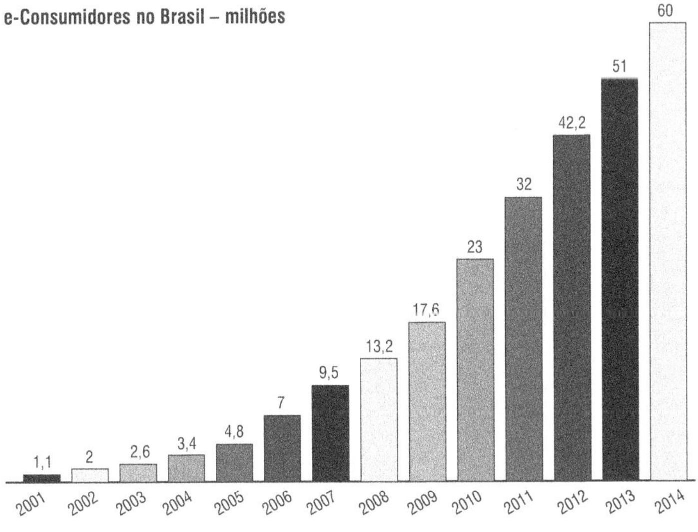

Fonte dos dados até 2014: Ebit – www.e-commerce.org.br (Obs.: a instituição não tem mais divulgado estes números).

13.2. CÓDIGO CIVIL

Com a vigência do Código Civil de 2002, aos contratos celebrados entre civis (contratos civis) e aos entre empresários (contratos mercantis), inclusive no que tange à internet, é aplicável o regime jurídico estabelecido em tal diploma normativo.[13]

Especificamente quanto aos contratos mercantis, ocorre que, a partir do Código Civil de 2002, ficou revogada a Parte Primeira do Código Comercial de 1850, passando, então, a existir um único diploma legislativo quanto às obrigações civis e mercantis.[14] Isso tem feito muitos falarem em unificação do direito privado, pois as obrigações civis e comerciais passaram a estar sob a mesma disciplina normativa.

Acontece que o direito obrigacional comercial, mesmo antes do Código Civil de 2002, já se socorria das normas do direito civil (às ordenações até 1916 e ao Código Civil após 1916), conforme previsão expressa do revogado art. 121 do Código Comercial.[15] O que nos leva a perceber – de imediato – que a expressão "unificação do direito privado" pode não ser a mais adequada.[16]

---

13 Quanto à discussão da necessidade, ou não, de normas específicas para o comércio eletrônico, parece bem acertada a posição de Maristela Basso quando, ao externar sua opinião, diz que a lei brasileira não precisaria ser detalhista, querendo tratar de todos os aspectos envolvidos na questão, pois seria um erro diante da dinamicidade dos meios de comunicação. Ela considera que se legisle no Brasil de acordo com os parâmetros internacionais fixados pela "Lei Modelo da UNCITRAL", tema que veremos adiante. Maristela Basso. Prudência no comércio eletrônico. *Jus Navigandi*, Teresina, ano 4, n. 43, jul. 2000. Disponível em: <http://jus2.uol.com.br/doutrina/texto. asp?id=1803>. Acesso em: 22 ago. 2017.

14 Nesse sentido é o Capítulo I, "Unificação dos diplomas obrigacionais", em nosso: Tarcisio Teixeira. *Manual da compra e venda:* doutrina, jurisprudência e prática. 3. ed. São Paulo: Saraiva, 2018, p. 15 e s.

15 Art. 121: "As regras e disposições do direito civil para os contratos em geral são aplicáveis aos contratos comerciais, com as modificações e restrições estabelecidas neste Código".

16 Fábio Konder Comparato afirma que, mesmo antes do Código Civil de 2002, o sistema de direito privado já era unificado, pois havia um regime único, de direito civil [Código Civil de 1916 ou as ordenações portuguesas antes de 1916], sendo que o Código Comercial apenas excepcionava determinadas situações específicas – as relações mercantis. Fábio Konder Comparato. A cessão de controle acionário é negócio mercantil? In: *Novos ensaios e pareceres de direito empresarial.* Rio de Janeiro: Forense, 1981, p. 251.

Com o advento do Código Civil de 2002, o que ocorreu foi a unificação do direito obrigacional, passando a vigorar, então, o mesmo regime jurídico para as obrigações civis e mercantis. O legislador brasileiro seguiu, em grande medida, o modelo do Código Civil italiano de 1942, notadamente quanto às disposições sobre o direito obrigacional e o direito de empresa.

No entanto, cada uma das obrigações (civis ou mercantis) continua guardando suas peculiaridades, tendo em vista que o empresário é um especialista na arte de contratar, diferentemente de um civil que contrata esporadicamente.

Haroldo Malheiros Duclerc Verçosa, após um aprofundado estudo da doutrina, afirma que, mesmo com a vigência do Código Civil de 2002, a autonomia do direito comercial se mantém, tendo em vista que possui princípios próprios, sem dizer a gama de atividades empresariais às quais não se aplica o direito civil, como acontece, por exemplo, com as instituições financeiras e com o mercado de capitais, não se podendo, por isso, falar em unificação plena do direito privado.[17]

Rubens Requião, a seu turno, ponderou que, mesmo com a pretensão de reforma legislativa, quanto à unificação das obrigações civis e mercantis, não haveria consequência para a manutenção da autonomia do direito comercial enquanto ramo do direito.[18] Waldírio Bulgarelli, mesmo já prevendo a unificação dos diplomas obrigacionais, defende a especificidade dos contratos mercantis, reconhecendo a manutenção da autonomia do direito comercial, agora não mais como direito dos comerciantes ou dos atos de comércio, mas como do empresário – aquele que exerce atividade econômica organizada.[19]

Ainda é muito recorrente o uso da expressão direito comercial no meio jurídico, e falar de direito empresarial pode ser considerado o mesmo que falar de direito comercial, mas, talvez, em uma versão mais ampla, pois, a partir do Código Civil de 2002, com a adoção da "teoria da empresa", passou-se a abranger qualquer exercício profissional de atividade econômica organizada (exceto a de natureza intelectual) para a produção ou circulação de bens ou serviços, diferenciando-se do regime anterior do Código Comercial de 1850, que adotava a "teoria dos atos de comércio".

---

17 Haroldo Malheiros Duclerc Verçosa. *Curso de direito comercial*, p. 100-101.

18 Rubens Requião. *Curso de direito comercial*, p. 17-20.

19 Waldírio Bulgarelli. *Contratos mercantis*, p. 48 e s.

Haroldo Malheiros Duclerc Verçosa ilustra essa situação com dois círculos concêntricos, em que o direito empresarial seria o maior e o direito comercial, o menor.[20]

A seu tempo, José Xavier Carvalho de Mendonça, ao analisar detidamente as obrigações mercantis, conclui que contrato comercial é aquele que tem por objeto o ato de comércio.[21] Transplantado para a vigência do Código Civil de 2002 e a adoção da teoria da empresa, poder-se-ia dizer que contrato empresarial é aquele que tem por objeto a atividade econômica organizada e exercida profissionalmente.

Waldemar Ferreira expressa a profissionalidade como critério de distinção para os contratos, pois será comercial todo o contrato celebrado por comerciante no exercício da sua profissão mercantil.[22]

O Código Civil é importante para o direito comercial, especialmente no que se refere à teoria geral dos contratos, refletida no Título V – "Dos contratos em geral" (arts. 421 a 480), sendo o regime jurídico de todos os tipos contratuais possíveis, típicos ou atípicos, mercantis ou civis etc.

A aplicação da disciplina dos contratos, prevista no Código Civil, nas relações mercantis, deve levar em conta os princípios do direito comercial, à luz do Livro II – Do direito de empresa, a partir do art. 966 do mesmo Código.[23]

As relações jurídicas firmadas no âmbito do direito comercial guardam especificidades que não correspondem exatamente aos negócios jurídicos firmados no âmbito do direito civil. Os negócios civis são, em geral, praticados isoladamente (por exemplo, a compra ou a venda de um imóvel) e em ritmo lento (com muita reflexão na maioria das vezes); já os negócios empresariais são firmados reiteradamente (por exemplo, as compras de insumos e as vendas

---

20 Haroldo Malheiros Duclerc Verçosa. *Curso de direito comercial*, p. 139.

21 José Xavier Carvalho de Mendonça. *Trattado de direito commercial brasileiro*. Rio de Janeiro: Freitas Bastos, 1957, v. VI, p. 449.

22 Waldemar Ferreira. *Tratado de direito comercial*. São Paulo: Saraiva, 1962, v. 8, p. 10 e s.

23 O art. 966 prevê: "Considera-se empresário quem exerce profissionalmente atividade econômica organizada para a produção ou a circulação de bens ou de serviços. Parágrafo único – Não se considera empresário quem exerce profissão intelectual, de natureza científica, literária ou artística, ainda com o concurso de auxiliares ou colaboradores, salvo se o exercício da profissão constituir elemento de empresa".

dos produtos) e em ritmo acelerado (uma vez que a dinâmica da atividade e o mercado assim exigem), tendo em vista que os negócios jurídicos são a essência da atividade empresarial.

O empresário (aquele que exerce profissionalmente atividade econômica organizada para a produção ou a circulação de bens ou serviços, conforme o art. 966 do Código Civil de 2002) firma negócios jurídicos (com a mais ampla autonomia privada e a mais ampla liberdade de modelagem, principalmente com a utilização de condições e termos) constantemente, a fim de dinamizar sua atividade. Os negócios representam para o empresário o que o ar representa para o ser humano, o que quer dizer que, sem os negócios, a vida empresarial não existe. Pode-se dizer que a profissão do empresário é a celebração de negócios jurídicos.

O direito comercial tradicionalmente é considerado um ramo do direito, guardando uma principiologia própria, sendo dinâmico e cambiante, ocupando-se de negócios de massa, diferente dos demais ramos, notadamente do direito civil, que tem a peculiaridade de ser mais conservador e estável nas suas relações e quanto às mudanças, tratando de atos isolados. Isso está alinhado com a posiçao de Cesare Vivante,[24] ao se retratar quanto à manutenção da autonomia do direito comercial com relação ao direito civil, pois, do contrário, acarretaria prejuízo para o direito comercial, uma vez que o direito civil é quase que estático na disposição de suas normas tratando de atos isolados. Já o direito comercial precisa de dinamismo nas suas normas em razão do constante desenvolvimento econômico, tratando ele, o direito comercial, de negócios de massa.[25]

Oscar Barreto Filho, ao se referir ao tema da autonomia do direito comercial, afirmou que a satisfação das necessidades do mercado exige uma organização especializada e diferenciada, uma atividade criadora que não existe na vida civil comum. Na atividade mercantil, as relações econômicas apresentam-se e são reguladas em razão da sua dinâmica, não sendo estática sua posição.[26]

---

24 Cesare Vivante. *Trattato di diritto comerciale*. 4. ed. Milão: Casa Editrice Dott. Francesco Vallardi, 1912, apud Rubens Requião. *Curso de direito comercial*, p. 17 e s.

25 Para mais detalhes sobre esse tema, *vide* o item 1.2, "Autonomia e importância do Direito Empresarial", em nosso: Tarcisio Teixeira. *Manual da compra e venda: doutrina, jurisprudência e prática*, p. 17 e s.

26 Oscar Barreto Filho. *Teoria do estabelecimento comercial*. São Paulo: Max Limonad, 1969, p. 17-18.

Mesmo com o advento do Código de 2002, os negócios empresariais devem ser vistos por uma ótica diferente (com as "lentes" do direito comercial) diante de suas peculiaridades e dinamismo, mesmo com o surgimento de um diploma unificado quanto às obrigações civis e empresariais. Ou seja, se antes de 2002 tínhamos duas leis obrigacionais, uma lei para contrato civil – Código Civil – e outra para contrato comercial – Código Comercial –, agora só temos uma que é o Código Civil, aplicável, no entanto, às duas espécies de contratos.

Podemos dizer que, se cada uma das leis fosse "um tipo de óculos" para se enxergarem as relações contratuais, teríamos os óculos do direito civil e os óculos do direito comercial. Agora, a partir da vigência do Código Civil de 2002, digamos que se passou a ter apenas um único tipo de óculos para vermos as relações civis e empresariais (com lentes bifocais, como aquelas que são usadas para perto e para longe).

Assim sendo, com apenas um óculos (mesmo regime jurídico), uma vez identificada a relação que se trata (direito civil ou comercial), deve-se aplicar e interpretar a relação contratual conforme os princípios pertinentes, notadamente quanto à questão da profissionalidade do empresário, dando a devida carga valorativa.

A título de exemplo, em relações empresariais, na compra e venda de insumos para a linha de produção, não poderia, a princípio, um empresário invocar indistintamente o instituto da lesão previsto no Código Civil, dizendo que contratou sob premente necessidade ou "inexperiência", como pode ocorrer nas relações civis e de consumo. Nessas relações, muitas vezes o cidadão ou consumidor se vê obrigado a contratar, ou contrata por inexperiência. O empresário, na celebração de contratos, em geral, é um profissional; não é inexperiente, nem hipossuficiente; em tese, pode, sim, ser incompetente.

O mesmo vale para o que se refere à "resolução por onerosidade excessiva", prevista no art. 478 do Código Civil. Trata-se aqui da Teoria da Imprevisão. Pois, certas circunstâncias são perfeitamente previsíveis pelo empresário, como, por exemplo, a variação de preço àquele que compra e vende na Bolsa de Valores, uma vez que é um especialista em seu negócio, que é contratar reiteradamente. A atividade empresarial é de risco. O empresário vive de correr riscos. Logo, o critério para se aferir a imprevisão deve ser diferente no direito comercial.

Com isso, em razão do advento do Código Civil de 2002, a valoração dada em uma relação negocial empresarial deve ser diferente daquela que é dada em uma relação civil, pois é da essência do empresário (à luz do art. 966) a profissionalidade, com experiência presumida, na organização da atividade econômica, não podendo perder isso de vista ao analisar os institutos nas relações negociais empresariais, em especial às celebradas na internet.

13.2.1. Formação do contrato em ambiente virtual. Proposta, oferta e publicidade

Acerca da formação do contrato em ambiente virtual, em geral, aplicam-se as regras estabelecidas no Código Civil quanto à manifestação da vontade, oferta, proposta e aceitação, previstas no art. 427 e seguintes.[27]

Devemos explicitar que juridicamente pode-se estabelecer a seguinte distinção entre oferta e proposta: a oferta tem o caráter de oferecimento de algo ao público em geral (CC, art. 429); já a proposta é dirigida a pessoa determinada (CC, art. 427). O Código Civil não tem uma seção específica para o tratamento da oferta e da proposta, sendo o tema tratado na seção II – Da formação dos contratos.

No geral, o Código Civil impõe o princípio da vinculação da oferta e da proposta, em que ofertante e proponente são obrigados a cumpri-las se houve a aceitação da parte contrária, exceto se houver ressalva quanto a essa não vinculação, ou pela natureza ou circunstância do negócio.

A lei civilista não emprega a expressão "publicidade", devendo ser ela considerada como oferta para fins dessa norma. Já o Código de Defesa do Consumidor (CDC), em seu artigo 30, assevera que toda informação ou publicidade, suficientemente precisa, veiculada por qualquer meio ou forma de comunicação quanto a produtos e serviços apresentados, obriga o fornecedor que a fizer veicular ou dela se utilizar, integrando o contrato que venha a ser concluído (celebrado). Esse dispositivo reflete o princípio da vinculação da oferta.

Sem prejuízo do que veremos a seguir, no item sobre o Código de Defesa do Consumidor, o CDC ao estabelecer um regime para a oferta, Seção II – Da oferta, arts. 30 a 35, não faz essa distinção em relação à proposta; no entanto, se a oferta for dirigida a pessoa certa, como no caso do art. 33 de venda por telefone, aplicar-se-á esse mesmo regime legal. A publicidade é trata na Seção III – Da publicidade, arts. 36 a 38.

---

[27] Nesse sentido, Angela Bittencourt Brasil. Contratos eletrônicos. In: Demócrito Reinaldo Filho (Coord.). *Direito da informática* – temas polêmicos, p. 299.

Os produtos e os serviços devem ser ofertados ou apresentados com informações claras e precisas, em língua portuguesa, com especificações de quantidade, qualidade, preço, prazo de validade etc. A publicidade deve ser veiculada de forma que o consumidor possa perceber imediatamente que se trata de publicidade (CDC, arts. 31 e 36), não se admitindo mensagens subliminares.

Pelos termos do CDC, publicidade tem conteúdo comercial, ou seja, toda informação com o fim comercial, incluindo sons, imagens, exposição de marca. Na internet, também podem ser inclusos o envio *e-mails marketing*, a exposição de *banners* em *sites*, entre outros. Já a propaganda, não tratada pelo CDC, juridicamente falando, tem outras finalidades: eleitorais, religiosas, filosóficas, entre outras.[28]

"Por todo meio e forma de comunicação pelo qual a informação ou publicidade possa ser realizada", deve-se compreender: televisão, cinema, rádio, *telemarketing*, jornal, revista, folheto, mala direta, *outdoor*, cartaz etc. A apresentação do produto por meio de vitrine, balcão e prateleira também é oferta.[29]

No rol de formas pelas quais se pode realizar uma oferta, sem sombra de dúvida, se inclui a internet, a qual atualmente é uma das mais importantes ferramentas pelas quais as informações e publicidades são veiculadas e difundidas, diante da grande quantidade de usuários, bem como de suas redes sociais e formas variadas de uso e acesso.

Publicidade pode ser tida como o conjunto de técnicas e atividades de informação e persuasão que tem por finalidade influenciar opiniões, sentimentos e atitudes do público a qual se destinada.[30]

Destacamos que os termos da oferta vinculam o fornecedor, integrando o contrato que vier a ser celebrado, exceto se houver algum erro notório no

---

[28] A distinção conceitual entre publicidade e propaganda pode ser encontrada em Jean-Marie Auby; e Robert Ader-Ducos,. Droit de l'information. Paris: Dalloz, 1982, p. 617 apud Antônio Herman de Vasconcellos e Benjamin. "Capítulo V – Das práticas comerciais". In: Ada Pellegrini Grinover [et. al.]. Código brasileiro de defesa do consumidor: comentados pelos autores do anteprojeto. 6. ed. Rio de Janeiro: Forense Universitária, 1999, p. 266.

[29] Rizzatto Nunes. Comentários ao código de defesa do consumidor. 4. ed. São Paulo: Saraiva, 2009, p. 389.

[30] Adalberto pasqualotto. Os efeitos obrigacionais da publicidade no código de defesa do consumidor. São Paulo: RT, 1997. (Biblioteca de direito do consumidor), v. 10, p. 19.

anúncio ou na apresentação que seja plenamente perceptível ao consumidor. O não cumprimento da oferta, da apresentação ou da publicidade dá ao consumidor o direito de exigir o cumprimento forçado do negócio conforme os termos anunciados; aceitar outro produto ou serviço equivalente; rescindir o contrato, com direito à restituição de quantia paga e perdas e danos (CDC, art. 35).

A lei proíbe a publicidade que tiver o fim de ludibriar as pessoas, considerando-a enganosa. Publicidade enganosa consiste em qualquer forma de informação ou comunicação publicitária, inteira ou parcialmente falsa, que possa induzir ao erro o consumidor quanto à natureza, características, qualidade, quantidade, origem, preço e outros elementos sobre o produto ou o serviço. A publicidade pode ser enganosa por omissão, quando deixar de informar algum dado essencial sobre o produto ou o serviço. Difere, portanto, da publicidade abusiva, a qual tem cunho de discriminação, exploração do medo ou da superstição, incitação à violência, indução do consumidor a se comportar de forma prejudicial à sua saúde ou segurança, aproveitamento da inexperiência das crianças ou que desrespeite valores ambientais (CDC, art. 37).

Quanto à responsabilidade pela informação ou publicidade realizada, o fornecedor que a fizer veicular ou dela se utilizar fica obrigado aos termos do que foi ofertado. O art. 30 refere-se a "fornecedor" de forma genérica, do que se depreende que ficam incluídos os fabricantes, produtores, construtores, importadores, montadores etc. Nesta relação de fornecedores inclui-se também o comerciante (intermediário: atacadista ou varejista).

No mais, tratando dos vícios, o CDC, art. 18, *caput*, considera viciado o produto que tenha alguma disparidade em relação às indicações constantes em mensagem publicitária, impondo assim responsabilidade solidária aos fornecedores. Por sua vez, o art. 20, *caput*, assevera a responsabilidade do fornecedor por vício do serviço quando houver diferença com as indicações da oferta ou mensagem publicitária. São hipóteses de responsabilidade por vícios de comercialização do produto ou do serviço.

Tratando de estabelecimento virtual, Fábio Ulhoa Coelho considera que o seu titular não responde pela veracidade e regularidade da publicidade de terceiros, por ser um mero veículo de comunicação. Porém, haverá responsabilidade caso se trate de anúncio dos próprios serviços ou produtos.[31]

---

[31] Fábio Ulhoa Coelho. *Curso de direito comercial*: direito de empresa, cit., p. 45.

Vale explicitar que anunciante é aquele que contrata a divulgação de um produto ou serviço; agente publicitário (ou agência publicitária) é aquele que realiza a peça, produz o anúncio; e veículo de divulgação é aquele realiza o anúncio no meio de comunicação em que opera, como, por exemplo, rádio, televisão, mídia impressa, entre outros. O anunciante é o fornecedor, podendo ser fabricante, importador, comerciante (atacadista ou varejista) etc. Ele pode contratar o anúncio diretamente com o veículo de comunicação; bem como pode contratar um agente publicitário para a elaboração do anúncio.

Dessa forma, estará obrigado todo e qualquer fornecedor (anunciante) que, por contrato, fizer veicular a informação ou publicidade; bem como aquele fornecedor que embora não tenha contratado a veiculação do anúncio publicitário ou a divulgação da informação dela se aproveitar. Em alguns contratos de intermediação empresarial, pode ocorrer de o intermediário realizar a divulgação do produto do fabricante, mas o contrário também é verdadeiro, o fabricante muitas vezes realiza anúncios publicitários que serão aproveitados pelos comerciantes. Ou seja, todos os fornecedores da cadeia produtiva e distributiva de um bem estarão vinculados pela oferta ou publicidade realizada. Neste caso, a responsabilidade é solidária entre os fornecedores.

Contudo, é preciso ater-se ao fato de que essa responsabilidade solidária aqui referida entre fornecedores está relacionada ao cumprimento da oferta e da publicidade. Em especial quanto à responsabilidade pelo fato (defeito) do produto, deve-se respeitar as regras da responsabilidade civil, notadamente, quanto à aplicação dos arts. 12 e 13 do CDC, bem como dos arts. 927 e 931 do Código Civil. Ou seja, o intermediário de compras (comerciante) não pode responder objetivamente por defeito do produto que foi objeto da negociação entre vendedor e comprador, exceto nos casos previstos no próprio art. 13 do CDC (não identificação do produtor, fabricante, importador ou construtor; e não armazenamento adequado do produto). Além dessas hipóteses, a responsabilidade do comerciante deve ser apurada à luz da responsabilidade subjetiva (teoria da culpa).[32]

Especificamente no que tange à aceitação, o art. 434 do Código Civil adota a teoria da expedição, cuja regra é a de que o contrato entre ausentes

---

32 Veja mais a esse respeito em nosso: Comércio eletrônico – conforme o Marco Civil da Internet e a regulamentação do *e-commerce*. São Paulo: Saraiva, 2015, p. 220 e s.

torna-se perfeito desde que a aceitação é expedida. Esse fato pode trazer alguma complicação para os contratos celebrados via *e-mail* (e outros mecanismos que não haja interação instantânea), tendo em vista as inúmeras questões que podem impedir o seu recebimento, como, por exemplo, problemas no provedor, filtros etc. Talvez o mais adequado fosse o momento do recebimento da mensagem (teoria da recepção). Nesse sentido, o inc. III do art. 1º do Decreto n. 7.962/2013 (que regulamenta o CDC para fins de compras pela internet), visando ao atendimento facilitado do consumidor, determina que o fornecedor confirme imediatamente o recebimento da aceitação pelo comprador da oferta feita na internet.

Por sua vez, sobre o lugar da contratação, vale a regra do local onde residir o proponente, à luz do art. 9º, § 2º, da LICC – Lei de Introdução ao Código Civil – cuja nomenclatura foi alterada para LINDB – Lei de Introdução às Normas do Direito Brasileiro.[33] No contrato celebrado na internet, será o local da sede física do proprietário do *site* ou em que estiver instalado o computador que dá suporte ao *site*.[34]

De modo específico, sobre a manifestação da vontade na internet, tendo em vista a desmaterialização dos instrumentos negociais (notadamente o papel), criou-se um sistema de assinatura digital e certificação eletrônica de documentos, por meio da criptografia, com o fim de evitar fraudes, como já tratado anteriormente.

Apenas a título ilustrativo, a criptografia é um método matemático que cifra uma mensagem em código, ou seja, transforma-a em caracteres indecifráveis. A criptografia pode ser simétrica ou assimétrica.

A mais utilizada e segura é a criptografia assimétrica. Ela cria um código e uma senha para decifrá-lo, isto é, concebem-se duas chaves: uma chave privada, que codifica a mensagem, e outra chave pública, que decodifica a mensagem. Entretanto, o inverso também pode ocorrer, ou seja, a pública serve para codificar e a privada para decodificar. O emissor da mensagem fica com a chave privada, e os destinatários de suas mensagens ficam com a chave pública. Esse sistema dá segurança aos negócios efetuados na internet, devendo

---

33 A Lei n. 12.376, de 30 de dezembro de 2010, altera a ementa do Decreto-lei n. 4.657, de 4 de setembro de 1942, que passa a vigorar com a seguinte redação: "Lei de Introdução às Normas do Direito Brasileiro".

34 Nesse sentido, Rui Stoco. *Tratado de responsabilidade civil*. 6. ed. São Paulo: RT, 2004, p. 901.

ser controlado por uma terceira entidade, que é a autoridade certificadora, conhecida, de igual modo, como "tabelião virtual", que irá conferir a autenticação digital das assinaturas e dos documentos. Por sua vez, a criptografia simétrica cria uma mesma chave para criptografar e decriptografar.[35-36]

Sobre a oferta e a aceitação nos contratos eletrônicos, pode-se dizer que a oferta se dá no momento em que os dados disponibilizados no *site* ingressam no computador do possível adquirente. Já a aceitação acontece quando os dados são transmitidos por este às máquinas do proprietário do *site*.[37]

Não é o momento da disponibilização das informações no *site* que vincula o ofertante, pois, ainda que acessíveis, podem não ser acessadas por ninguém em razão de problemas técnicos, o que não seria considerado então como manifestação de vontade. No entanto, a partir do momento em que as informações chegam ao computador de um usuário, aí sim está realizada a oferta, vinculando assim o ofertante.

De igual modo, se o ato do comprador em manifestar sua vontade, no sentido de concluir o contrato, não chegar ao ofertante, por exemplo, em razão

---

[35] A respeito do tema, é referência o texto de Regis Magalhães Soares de Queiróz e Henrique de Azevedo Ferreira França: Assinatura digital e a cadeia de autoridades certificadoras. In: Newton De Lucca e Adalberto Simão Filho (Coords.). *Direito e internet* – aspectos jurídicos relevantes. 2. ed. São Paulo: Quartier Latin, 2005, p. 411-464.

Ainda sobre o tema, *vide*: Ana Carolina Horta Barretto. Assinaturas eletrônicas e certificação. In: Valdir de Oliveira Rocha Filho (Coord.). *O direito e a internet*. Rio de Janeiro: Forense Universitária, 2002, p. 1-66; Augusto Tavares Rosa Marcacini. Certificação eletrônica, sem mitos nem mistérios. *Revista do Advogado*, São Paulo: Associação dos Advogados de São Paulo, n. 69, maio 2003, p. 108-114; Marlon Marcelo Volpi. Assinatura digital e sua regulamentação no Brasil. In: Demócrito Reinaldo Filho (Coord.). *Direito da informática* – temas polêmicos. Bauru, SP: Edipro, 2002, p. 367-382.

[36] Como já visto em outra passagem, no Brasil, a Medida Provisória n. 2.200-2, de 24 de agosto de 2001, criou a Infraestrutura de Chaves Públicas Brasileira – ICP-BRASIL –, a fim de garantir autenticidade, integralidade e validade jurídica de documentos eletrônicos. Ela é composta de uma autoridade estatal, gestora da política e das normas técnicas de certificação (Comitê Gestor), e de uma rede de autoridades certificadoras (subordinadas àquela), que, entre outras atribuições, mantêm os registros dos usuários e atestam a ligação entre as chaves privadas utilizadas nas assinaturas dos documentos e as pessoas que nelas apontam como emitentes das mensagens, garantindo a inalterabilidade dos seus conteúdos.

[37] Nesse sentido, Fábio Ulhoa Coelho. *Curso de direito comercial*, p. 40.

de problemas técnicos na transmissão dos dados, não será tido como aceitação. A aceitação no contrato eletrônico se dá quando a transmissão de dados é realizada a ponto de chegar ao ofertante inequivocamente.

Ricardo Luis Lorenzetti pondera que as informações contidas em um *site* podem ou não ter o caráter de oferta, e assim ser considerada obrigatória. O que vai determinar é se estão presentes elementos essenciais e suficientes para constituir uma oferta e, assim, torná-la vinculante a ponto de se poder concluir o contrato (por exemplo, preço, forma de pagamento, garantia, data de entrega etc.). Em caso positivo, a aceitação será dada pela pessoa que visita o *site*; em caso negativo, o internauta será o proponente, e o fornecedor titular do *site* é quem dará a aceitação.[38] Na falta de lei expressa, a solução deverá ser buscada no caso concreto.

Os contratos eletrônicos podem ser considerados contratos entre ausentes ou entre presentes, no sentido do disposto no art. 428 do Código Civil, especialmente o seu inc. I, a depender de a contratação estar sendo feita em um sistema com comunicação instantânea ou não. A contratação eletrônica por comunicação instantânea – *on-line* – pode se dar, por exemplo, por meio de sistema de comunicação falada (voz sobre IP), salas de conversação em tempo real (*chats*), sistema de comunicação instantânea por escrito (*WhatsApp*, *Messenger*) etc.

Já a contratação eletrônica por comunicação não instantânea – *off-line* – pode acontecer, por exemplo, via *e-mail*, considerando o tempo entre seu envio e recebimento, atrelado ao fato de que a pessoa pode enviar um *e-mail* sem, necessariamente, a outra estar conectada à rede para recebê-lo de imediato.

No primeiro caso, estamos diante de uma contratação entre presentes; já no segundo, diante de uma contratação entre ausentes.

Angela Bittencourt Brasil parece equivocar-se ao considerar o que ela chama de "contratos virtuais" contratos entre ausentes por não haver contato pessoal entre as partes, pois parece que o sentido do art. 428, inc. I, do Código Civil está relacionado com a questão da instantaneidade da negociação, e não com o contato pessoal das partes.[39]

Sob esse aspecto, são sábias as considerações de Manuel Inácio Carvalho de Mendonça sobre contratos entre presentes e entre ausentes:

---

[38] Ricardo Luis Lorenzetti. *Comércio eletrônico*, p. 308-309.

[39] Angela Bittencourt Brasil. Contratos eletrônicos. In: Demócrito Reinaldo Filho (Coord.). *Direito da informática* – temas polêmicos, p. 299.

> Entre presentes forma-se o vínculo contratual pela aceitação imediata, ou significada dentro de um prazo breve. A presença não implica permanência material, *animo et corpore*, e basta que as partes troquem suas declarações de modo que a oferta e a aceitação sucedam sem interrupção. Tal é o caso do telefone.[40]

Contudo, podemos dizer que aos contratos celebrados na internet é aplicável a teoria geral dos contratos, aí incluída a aplicação da função social do contrato (CC, art. 421), da probidade e da boa-fé (CC, art. 422), da disciplina do contrato de adesão (CC, arts. 423 e 424), do contrato atípico (CC, art. 425) etc.

Por fim, nos casos desses tipos de contratos, a forma de pagamento pode se dar por cartão de crédito (em que o contratante fornece o número do seu cartão ao contratado), débito em conta, pela emissão de título a ser quitado na rede bancária, entre outras.[41]

13.3. CÓDIGO DE DEFESA DO CONSUMIDOR

Sem prejuízo do que foi abordado no item sobre a formação do contrato em ambiente virtual, o regramento básico do mercado de consumo brasileiro é a Lei n. 8.078/90 – Código de Defesa do Consumidor –, que tem por objeto assegurar direitos individuais e coletivos aos consumidores. Conforme o disposto no seu art. 1º, trata-se de norma de ordem pública e interesse social, não

---

[40] Manuel Inácio Carvalho de Mendonça. *Doutrina e prática das obrigações*, p. 233.

[41] Talvez outra forma de pagamento das obrigações firmadas na internet seja a emissão de títulos de crédito. O estudo dos chamados "títulos de crédito eletrônicos" extrapola o objeto do presente item, mas pode ser conferido em capítulo próprio deste livro, bem como em: Paulo Salvador Frontini. Títulos de crédito e títulos circulatórios: que futuro a informática lhes reserva? *Revista dos Tribunais*, São Paulo, v. 85, n. 730, ago. 1996, p. 50-67; Fernando Netto Boiteux. A circulação dos títulos de crédito no novo Código Civil. *Revista do Advogado*. São Paulo: Associação dos Advogados de São Paulo, n. 71, ago. 2003, p. 34-35; Silvânio Covas. O título de crédito eletrônico e a cédula de crédito bancário. *Tribuna do Direito*, set. 2005, p. 17-18; Carlos Alberto Rohrmann. O governo da internet: uma análise sob a ótica do direito das telecomunicações. *Revista da Faculdade de Direito Milton Campos*. Belo Horizonte, Del Rey, v. 6, 2001, p. 52-53; Guiomar T. Estrella Faria. Considerações sobre o direito comercial e o novo Código Civil. *Revista do Advogado*, p. 49-51.

podendo ser afastada pelas partes, sendo suas regras imperativas, obrigatórias e inderrogáveis.

O CDC – Código de Defesa do Consumidor – é uma lei principiológica, pois não versa especificamente sobre determinado contrato firmado entre fornecedor e consumidor, ou seja, de um negócio jurídico específico. Ao contrário, estabelece parâmetros para todos os contratos de consumo. São normas cogentes de proteção do consumidor, tendo a função de intervir e garantir o equilíbrio e a harmonia das relações jurídicas entre fornecedor e consumidor.

Desse modo, nas relações firmadas na esfera da internet, pode haver a aplicação do CDC. No entanto, será necessária a análise dessas relações a fim de verificar se há efetivamente a configuração de uma relação de consumo.

A relação de consumo é o vínculo estabelecido entre fornecedor e consumidor com o objetivo de adquirir produtos ou serviços. Para Jean Calais-Auloy, um contrato de consumo é a ligação entre o consumidor e um profissional, fornecedor de produto ou serviço.[42] Claudia Lima Marques pondera que contrato de consumo é a relação contratual ligando um consumidor a um profissional, fornecedor de bens ou serviços.[43]

Portanto, para se verificar a existência da relação de consumo nas contratações eletrônicas, notadamente naqueles contratos celebrados entre usuário e provedor, ou usuário e empresa, que vende seus produtos ou serviços por meio do *site*, é necessário analisar alguns dispositivos da legislação de proteção ao consumidor.

Conforme a definição legal do art. 2º, *caput*, do CDC, consumidor é toda pessoa física ou jurídica que adquire ou utiliza produto ou serviço como destinatário final,[44-45] somada à disposição do art. 3º, *caput*, do mesmo diploma

---

42 Jean Calais-Auloy. *Droit de la consommation*. Paris: Dalloz, 1992, p. 1-2.

43 Claudia Lima Marques. *Contratos no Código de Defesa do Consumidor*. 4. ed. São Paulo: RT, 2002, p. 252.

44 É importante salientar que o CDC ainda traz mais três conceitos de consumidor por equiparação: parágrafo único do art. 2º, art. 17 e art. 29, que veremos a seguir.

45 Aqui se faz mister tecer um breve comentário sobre as teorias maximalista e finalista. A maximalista considera consumidor todas as pessoas físicas ou jurídicas. Em contrapartida, a teoria finalista leva em conta a intenção do Código de Defesa do Consumidor de proteger o consumidor que é vulnerável em relação ao fornecedor; logo, uma pessoa jurídica não poderia ser considerada consumidor. Essa teoria atualmente tende a admitir a possibilidade de uma pessoa jurídica ser tida

legal, que prevê que fornecedor é pessoa física ou jurídica, pública ou privada, nacional ou estrangeira, não importando se é despersonalizado, que desenvolve atividade econômica, inclusive prestação de serviços.

---

como consumidor, em razão de algumas peculiaridades e "fragilidades", por exemplo, a microempresa. Nos últimos anos, o Superior Tribunal de Justiça, em boa medida, tem aplicado nos julgamentos o que se tem chamado de **teoria finalista mitigada** (ou **finalista temperada**), que corresponde a uma posição intermediária às anteriores. Essa teoria leva em conta a vulnerabilidade (ou seja, a fragilidade/desigualdade de ordem fática, técnica, jurídica ou informacional) da pessoa física ou jurídica que se relaciona com o fornecedor, para então considerá-la consumidor, portanto protegida pelo Código de Defesa do Consumidor. Precedentes: REsps-STJ 1.010.834, 1.080.719 e 716.877.

O art. 51, inc. I, do Código de Defesa do Consumidor, fala que, nas relações de consumo entre fornecedor e consumidor-pessoa jurídica, a indenização poderá ser limitada em casos justificáveis, o que externa a peculiaridade dessa relação, quando comparada à relação que tem o consumidor-pessoa física em um dos polos.

Ser destinatário final diferencia-se de ser intermediário. Numa primeira análise, a pessoa jurídica até poderia ser destinatária final de um bem, quando, por exemplo, uma indústria metalúrgica compra uma cafeteira. Neste caso, a cafeteira não é um insumo para a indústria desenvolver sua atividade final, a de metalurgia, por isso a empresa seria destinatária final deste bem. Mas, se uma empresa compra cafeteiras para revendê-las, essa empresa não é destinatária final do bem, tratando-se de uma intermediária; sendo as cafeteiras insumos para a sua atividade comercial de revenda. Também se pode afirmar que as cafeteiras são insumos para as cafeterias que vendem café expresso. O CDC cuida de relações de consumo, não relações de insumo. As relações de aquisições de insumo são tratadas pelas regras do direito comercial, Código Civil e leis especiais. Assim, quando se tratar de um intermediário, este não poderá ser tido como consumidor.

Contudo, realizada a análise preliminar, é preciso alcançar uma posição mais segura e concreta quanto à aplicação da legislação, por isso entendemos que o CDC não se aplica aos contratos empresariais em que um dos contratantes (empresário individual, empresa individual de responsabilidade limitada ou sociedade empresária) tenha por fim suprir-se de insumos para sua atividade de produção, comércio ou prestação de serviço. Na atividade empresarial, tudo o que é adquirido considera-se insumo, direto ou indireto. E, mesmo no caso de insumo indireto (que não integra diretamente a linha produtiva), há um aproveitamento econômico do bem, como uma máquina de café para uso dos funcionários, cuja finalidade é aumentar o bem-estar e a atenção destes durante a jornada, que por sua vez vai refletir na melhora da produção. Isso dá ensejo à aplicação das regras do Código Civil e da legislação extravagante, e não necessariamente do Código de Defesa do Consumidor.

Por sua vez, de acordo com o § 1º do art. 3º da referida norma, "produto é qualquer bem, móvel ou imóvel, material ou imaterial". Já o § 2º do mesmo artigo dispõe que "serviço é qualquer atividade fornecida no mercado de consumo, mediante remuneração (...)".

Os conceitos trazidos pelo CDC são bastante claros, e devem ser associados aos conceitos vistos na primeira parte deste livro. Logo, ao considerá-los, sempre que o usuário se enquadrar no conceito de consumidor – mesmo que por equiparação – e o proprietário do *site* ou do provedor no conceito de fornecedor, associado à aquisição de um produto material ou imaterial ou a uma prestação de serviços, estaremos diante de uma relação de consumo, consequentemente, assegurada pela legislação protetiva do consumidor.

Assim sendo, o contrato celebrado na internet entre o usuário e o proprietário do provedor ou do *site* (seja o provedor de acesso ou *site* de compras de produtos e serviços) configura uma relação de consumo. Portanto, o usuário deve ser considerado consumidor e o proprietário do provedor/*site* fornecedor para todos os efeitos,[46] até porque não há nenhuma incompatibilidade entre tais figuras e os conceitos trazidos pela lei.

Uma vez diante de uma relação de consumo, no que couber, é aplicável o Código de Defesa do Consumidor nas relações firmadas no campo da internet,[47] como o reconhecimento da vulnerabilidade do consumidor (art. 4º, inc. I),[48] a inversão do ônus da prova em favor do consumidor (art. 6º, inc. VIII) etc.

Por meio de nossa sugestão durante a Jornada de Direito Comercial, promovida pelo Conselho da Justiça Federal em outubro de 2012, foi aprovado o Enunciado n. 20: "Não se aplica o Código de Defesa do Consumidor aos contratos celebrados entre empresários em que um dos contratantes tenha por objetivo suprir-se de insumos para sua atividade de produção, comércio ou prestação de serviços".

46 Nesse sentido, Fernando Antônio Vasconcelos. O CDC e a responsabilidade das empresas virtuais. In: Demócrito Reinaldo Filho (Coord.). *Direito da informática – temas polêmicos*. Bauru, SP: Edipro, 2002, p. 285-286.

47 Ana Paula Gambogi Carvalho pondera que a celebração de contratos via internet dá ensejo à aplicação do CDC quando se tratar de relação de consumo. *Contratos via internet segundo os ordenamentos jurídicos alemão e brasileiro*, p. 60.

48 Ressalta-se a questão da vulnerabilidade do consumidor diante do fornecedor, que nas relações firmadas na internet pode ser ainda mais potencializada, uma vez que há desigualdade de informações entre as partes. Há um desequilíbrio de condições técnicas e econômicas dos usuários e fornecedores que operam na internet.

E, estabelecidas as premissas para a formação de uma relação de consumo, é oportuno analisar algumas questões que envolvem a internet, as quais podem levar à infração do CDC. Em outros termos, é necessário avaliar quais os direitos eventualmente infringidos no campo da relação de consumo firmada a partir da rede mundial de computadores.

Acontece que a proteção do CDC vai além da típica relação de consumo, tendo em vista que proporciona uma proteção preventiva para as atuações de fornecedores em detrimento de consumidores considerados "por equiparação". Os consumidores por equiparação estão previstos no parágrafo único do art. 2º, no art. 17 e no art. 29 do CDC.

O consumidor, então, não é apenas aquele que adquire ou utiliza produtos ou serviços, conforme previsto no *caput* do art. 2º do referido diploma, considerado "consumidor efetivo" devido à relação de consumo estabelecida entre este e o fornecedor, mas também as pessoas que são equiparáveis ao consumidor.

Das três hipóteses de consumidor por equiparação previstas no CDC, a "qualidade" de consumidor, elencada no art. 17, dá-se por obra de uma relação de consumo estabelecida entre fornecedor e um terceiro que não é a vítima do evento, não tendo a vítima participado diretamente da relação de consumo (é o terceiro equiparado a consumidor em razão do prejuízo ocasionado pelo evento).

Por sua vez, o consumidor, por equiparação do art. 29, configura-se pela simples exposição às práticas comerciais e contratuais previstas no CDC, não sendo necessário o estabelecimento da convencional relação de consumo (seriam os potenciais consumidores).

Já no parágrafo único do art. 2º, está previsto que a coletividade de pessoas, ainda que indetermináveis, é considerada consumidor (pois pode ser prejudicada mesmo que não necessariamente exposta às práticas comerciais e contratuais).

Ao tratar do tema, são bastante ilustrativas as ponderações de Antônio Herman de Vasconcelos e Benjamin:

> Vale dizer: pode ser visto **concretamente** (art. 2º), ou **abstratamente** (art. 29). No primeiro caso, impõe-se que haja ou que esteja por haver aquisição

---

Ricardo Luiz Lorenzetti, ao tratar do tema, considera que há três categorias de assimetrias: econômica; informativa quanto ao objeto; e tecnológica. *Comercio electrónico*, p. 220-222.

ou utilização. Diversamente, no segundo, o que se exige é a **simples exposição** à prática, mesmo que não se consiga apontar, concretamente, um consumidor que esteja em vias de adquirir ou utilizar o produto ou serviço[49] (destaques do original).

Nesse ponto, não é tão significativa a identificação da pessoa, ou seja, se ela é determinável ou não, se é pessoa jurídica ou pessoa física. O importante é essa pessoa estar sujeita às práticas previstas no CDC (práticas comerciais e contratuais), ou seja, basta a mera exposição a essas práticas, por exemplo, em caso de uma prática comercial abusiva.

Ainda sobre a análise do art. 29 do CDC, escreve o mesmo Antônio Herman de Vasconcelos e Benjamin:

> Um tal conceito é importante, notadamente para fins de controle preventivo e abstrato dessas práticas. O implementador – aí se incluindo o juiz e o Ministério Público – não deve esperar o exaurimento da relação de consumo para, só então, atuar. Exatamente porque estamos diante de atividades que trazem um enorme potencial danoso, de caráter coletivo ou difuso, é mais econômico e justo evitar que o gravame venha a se materializar.[50]

Dessa forma, no caso do consumidor por equiparação, previsto no art. 29 do CDC, não é necessário configurar a relação de consumo "convencional", bastando a simples exposição da pessoa às práticas comerciais e contratuais para o referido diploma legal ser aplicado.

Percebe-se, então, que, na internet, o usuário poderá ser considerado consumidor a partir de uma contratação estabelecida em ambiente eletrônico; ou poderá ser considerado consumidor por equiparação por estar sujeito às práticas comerciais e contratuais desenvolvidas na rede.

Entre as práticas comerciais previstas no CDC estão: a oferta, a publicidade (enganosa ou abusiva), as práticas abusivas, a cobrança de dívidas e os bancos de dados, respectivamente estabelecidas nas Seções II, III, IV, V e VI, todas do Capítulo V. A princípio, qualquer uma delas pode se dar na internet,

---

[49] Antônio Herman de Vasconcelos e Benjamin. *Código Brasileiro de Defesa do Consumidor*: comentado pelos autores do anteprojeto. 6. ed. rev., atual. e ampl. Rio de Janeiro: Forense Universitária, 1999, p. 223-224.

[50] Antônio Herman de Vasconcelos e Benjamin. *Código Brasileiro de Defesa do Consumidor*: comentado pelos autores do anteprojeto, p. 224.

o que gera a aplicação da legislação protetiva do consumidor, independentemente de estar instituída uma relação de consumo "convencional" ou pelo simples fato de o usuário estar sujeito a essas práticas.

No que tange à proteção contratual prevista no Capítulo VI do CDC, lá estão estabelecidas a interpretação de cláusulas de forma mais favorável ao consumidor, as declarações de vontade, o direito de arrependimento, a garantia, as cláusulas abusivas, os contratos por adesão. Quanto a isso, a consideração é a mesma das práticas comerciais, feita anteriormente.[51]

Sendo assim, na questão dos bancos de dados e cadastros de consumidores, por exemplo, o art. 43 do CDC prevê que os consumidores têm pleno acesso às informações neles contidas, bem como às respectivas fontes. E no § 2º do mesmo artigo, em razão da abertura de cadastro, ficha, registro e dados pessoais e de consumo, é previsto que deverá haver um comunicado escrito ao consumidor, quando não solicitado por ele. Entende-se desse modo que, antes de cadastrar ou tornar públicas informações do consumidor, este deve expressar seu consentimento, devendo também ser observado o seu direito ao acesso às informações, se for o caso, à devida retificação, e às suas fontes.[52]

Nesse contexto, pode-se dizer que os consumidores devem ser plenamente esclarecidos sobre informações pessoais captadas pelos *cookies*, sem perder de vista o direito à informação, previsto no art. 6º do CDC, que precisa ser oferecida de forma clara e adequada.

Então, quanto à relação de consumo entre usuário e aquele que capta dados pessoais, forma e comercializa banco de dados, a partir do momento em que uma pessoa tem seus dados inseridos nesse banco, estará configurada uma relação de consumo, tendo em vista a exposição às práticas de consumo, conforme

---

51 Explorar todos esses temas previstos no CDC ultrapassa o objeto deste livro, sendo que a ideia no presente tópico é apenas ilustrar a possibilidade de aplicar o CDC às relações estabelecidas na internet.

52 Nos Estados Unidos, um cidadão demandou judicialmente contra uma joalheria que obteve seus dados, mediante solicitação à *American Express*, de uma seleção de clientes de boa condição financeira e bons pagadores. Apesar de argumentar que teve seu direito individual violado em razão da informação de seus gastos financeiros, o tribunal norte-americano assim não entendeu, considerando que as informações eram de caráter negocial e comercial, portanto objetivas, e não de dados relativos à privacidade pessoal do cidadão. Renan Lotufo. Responsabilidade civil na internet. In: Marco Aurélio Greco e Ives Gandra da Silva Martins (Coords.). *Direito e internet* – relações jurídicas na sociedade informatizada. São Paulo: RT, 2001, p. 231.

prevê o CDC (Capítulo V do CDC – práticas da oferta, da publicidade, abusivas, de cobrança, da formação de banco de dados e cadastros de consumidores).

Dessa maneira, a pessoa torna-se consumidora por equiparação, independentemente de ser ou não determinável, de acordo com o disposto no art. 29 do CDC. E, de modo específico, quanto ao organizador e comerciante do banco de dados, este é considerado fornecedor, pois, entre outras coisas, desenvolve atividade econômica, conforme prevê o art. 3º, *caput*, do CDC.

No que se refere às mensagens eletrônicas não solicitadas, na maioria das vezes elas servem como forma de oferta ou publicidade; além disso, não raro, estão eivadas de aspectos que podem configurar publicidade abusiva ou enganosa. É possível o consumidor, ao se sentir prejudicado com o envio de *spam*, demandar contra o seu remetente – o *spammer*. No entanto, surge a dúvida quanto à possibilidade ou não de poder ser demandado o provedor (que ainda será objeto de análise) para reparar as perdas e danos.

O art. 30 do CDC diz que toda informação ou publicidade veiculada por qualquer meio de comunicação obriga o fornecedor e ainda integra o contrato que vier a ser celebrado. O *e-mail* é mais um dos modos de comunicação existente, portanto a publicidade feita por mensagens eletrônicas permite a aplicação do referido dispositivo.

Pode-se ainda mencionar o art. 36, que determina que toda publicidade deve ser veiculada de forma que o consumidor possa identificá-la como tal, fácil e imediatamente. Assim, ela não pode mascarar seu intuito publicitário, não podendo ser diferente com relação ao *e-mail*. O remetente da mensagem eletrônica deve, porém, deixar claro que se trata de um anúncio com fins comerciais.

O *spam* pode configurar uma ilicitude quando, para a sua formação, é necessária a utilização de *cookies* pelos *sites* e provedores, com o fim de conhecer as informações privadas dos usuários, para, posteriormente, comercializá-las, além dos problemas e dos prejuízos provocados pelo recebimento dessas mensagens indesejadas.[53] Isso tudo causa a violação dos dados e da privacidade.

---

[53] Apesar de fugir do foco da presente obra, não há, em matéria penal, legislação específica para internet; porém, podem-se enquadrar determinados casos, como o *spam* (de acordo com o seu conteúdo), nas normas criminais vigentes, tais como: calúnia, injúria, difamação, falsidade ideológica, estelionato, entre outras. O *spam*, por si só, poderia enquadrar-se no tipo do art. 163 do Código Penal brasileiro, em que está presente o "crime de dano". No entanto, para que a conduta

Nesse ponto, o art. 39, inc. III, proíbe o fornecedor de enviar ao consumidor qualquer produto, sem solicitação prévia, considerando como tal uma prática abusiva. Especialmente no que se refere às mensagens eletrônicas, sabe-se que o consumidor tem dificuldades de se livrar delas, despendendo tempo ao aguardar que sejam baixadas na sua caixa de correio eletrônico. Ainda leva tempo excluindo-as da caixa de entrada e, posteriormente, da lixeira, sem falar de despesas com pulso telefônico, conexão etc.

Tudo isso atrelado ao art. 6º, inc. II, do CDC, que assegura a liberdade do consumidor de escolher serviços e produtos. A seu turno, o *e-mail* pode ser considerado um produto (automaticamente o *spam* também), uma vez que se trata de algo decorrente do trabalho do ser humano, conforme dispõe o art. 3º, § 1º: "produto é qualquer bem, móvel ou imóvel, material ou imaterial".

Todas essas determinações, associadas entre si, configurariam o desrespeito à norma do CDC, uma vez que o consumidor tem o direito de optar em receber ou não o *e-mail*, isto é, deve haver o consentimento por parte do usuário.

Contudo, diante de uma contratação eletrônica, que configure uma relação de consumo, ou mesmo pelo simples fato de o usuário estar suscetível a determinadas práticas na internet, será aplicável o Código de Defesa do Consumidor.[54-55]

---

do agente seja típica, ou melhor, enquadre-se perfeitamente na previsão legal, deve a vítima, necessariamente, experimentar um prejuízo material.

Se a internet for considerada um serviço de utilidade pública e um *spam* vier a prejudicar o seu funcionamento, poder-se-ia tipificar a conduta do *spammer* no "crime de atentado contra a segurança de serviço de utilidade pública", conforme prevê o art. 265 do diploma criminal.

54 Coadunam com essa opinião: Thalles Figueiredo Soares da Silva. Autoaplicação do Código de Defesa do Consumidor nas transações pelo comércio eletrônico na "internet". *Revista da Esmape*, Recife, v. 7, n. 15, jan./jun. 2002, p. 578; Carolina Dias Tavares Guerreiro. Contratos eletrônicos e a aplicação do Código de Defesa do Consumidor. In: Valdir de Oliveira Rocha Filho (Coord.). *O direito e a internet*. Rio de Janeiro: Forense Universitária, 2002, p. 91; Mauricio de Souza Matte. *Internet* – comércio eletrônico: aplicabilidade do Código de Defesa do Consumidor nos contratos de *e-commerce*, p. 123-124. Este último chega a defender a aplicação do CDC inclusive nos casos em que o fornecedor esteja situado no exterior, o que não ousaremos avaliar, uma vez que seria necessário perquirir questões de direito internacional privado, o que extrapola o objetivo deste livro.

55 Vale mencionar em breve passagem que, em favor dos interesses difusos e coletivos, é possível a atuação do Ministério Público, no sentido de instaurar inquérito civil público e, se for o caso, ação civil pública, contra empresas que infringirem

13.3.1. Práticas e cláusulas abusivas. Proteção

O tema das práticas e cláusulas abusivas é muito bem tratado pelo CDC – Código de Defesa do Consumidor. Sem prejuízo do que foi tratado sobre o que venha a ser contrato de consumo, o CDC prevê foro privilegiado para o consumidor ajuizar ação indenizatória (art. 101, inc. I), a possibilidade de inversão do ônus da prova, em caso de hipossuficiência do consumidor ou veros similhança da alegação (art. 6º, inc. VIII), entre outras regras benéficas ao consumidor destinadas a equilibrar as forças entre as partes.

Os arts. 4º e 6º do CDC elencam uma série de princípios e direitos aos consumidores, como, por exemplo, a: proteção da vida, saúde e segurança contra os riscos provocados pelo fornecimento produtos e serviços; liberdade de escolha; igualdade nas contratações; educação sobre o consumo adequado dos produtos ou serviços; informação adequada e clara sobre a distinção de produtos e serviços, com a devida especificação sobre quantidade, qualidade, composição, preço e os riscos inerentes; proteção contra práticas e cláusulas impostas na contratação; modificação de cláusulas que fixaram prestações desproporcionais; revisão de cláusulas que em razão de fatos supervenientes as tornaram excessivamente onerosas; reparação de danos patrimoniais e morais; proteção contra publicidade enganosa e abusiva; reconhecida vulnerabilidade do consumidor.

Além disso, o CDC prevê uma série de práticas que são consideradas abusivas, conforme o seu art. 39. Práticas abusivas são aquelas que estão em desacordo com as práticas de boa conduta no mercado de consumo (boas práticas de mercado); ou que diminuam os direitos dos consumidores. Entre as atitudes de fornecedores que o CDC proíbe por considerar práticas abusivas estão a de: venda casada; venda quantitativa (sem justa causa, ocorre a imposição da aquisição de produto ou serviço em maior ou menor quantidade ao que ele precisa); recusar atender à necessidade do consumidor em adquirir produto ou serviço (até o limite da disponibilidade de estoques); recusar a vender a quem disponha de pronto pagamento; prevalecer-se da fraqueza ou ignorância do consumidor para impor-lhe seus produtos ou serviços; depreciar o ato praticado pelo consumidor no exercício de seus direitos; deixar de estabelecer um prazo para o cumprimento de sua obrigação; expor o consumidor

---

disposições constitucionais ou infraconstitucionais, a fim de assegurar direitos da massa de consumidores por práticas ilícitas na internet, com fulcro na Lei de Ação Civil Pública, n. 7.347/85.

ao ridículo, constrangê-lo ou ameaçá-lo; enviar ou entregar produto ou prestar serviço, sem prévia autorização do consumidor (equiparam-se à amostra grátis); exigir do consumidor acréscimos pela contratação de serviços não previstos no orçamento.

Quanto à proteção contratual do consumidor e práticas contratuais realizadas pelos fornecedores tidas por cláusulas abusivas, os arts. 51 a 53 preveem um rol delas. Cabe esclarecer que as cláusulas abusivas são as que diminuam os direitos do consumidor, sendo nulas de pleno direito (sem prejuízo de possível indenização por perdas e danos do consumidor contra o fornecedor). São exemplos de cláusulas abusivas a que: restrinja direitos fundamentais inerentes à natureza do contrato; possibilite ao fornecedor a alteração unilateral de cláusulas; permita ao fornecedor a variação de preço unilateralmente; exonere ou diminua a responsabilidade do fornecedor por vícios do produto ou serviço; transfira a responsabilidade a terceiros; fixe a inversão do ônus da prova em prejuízo do consumidor; estabeleça a opção do fornecedor em concluir ou não o contrato, embora obrigando o consumidor; determine a utilização compulsória da arbitragem (Lei n. 9.307/96 – Lei da arbitragem); permita a renúncia do consumidor ao direito indenizatório por benfeitorias necessárias; infrinja normas ambientais; demonstre ser excessivamente onerosa ao consumidor pela natureza do contrato; estabeleça multa de mora superior a dois por cento em financiamentos; vede o direito do consumidor, em financiamento, de liquidar antecipadamente seu débito, total ou parcial, mediante redução dos juros e demais acréscimos; fixe a obrigatoriedade de ressarcimento dos custos de cobrança pelo consumidor, mas não igualmente para o fornecedor; autorize o fornecer a cancelar o contrato unilateralmente, sem igual direito ao consumidor; estabeleça a perda total das prestações pagas em contratos de compra e venda de móveis ou imóveis financiados, em razão de inadimplência.

13.3.2. Direito de arrependimento

Em razão das relações de consumo estabelecidas via internet, não se pode deixar escapar a análise da possibilidade de ser cabível o direito de arrependimento, que está previsto no art. 49 do CDC. Esse dispositivo prevê a aplicação do exercício de tal direito, no prazo de sete dias,[56] quando a contratação ocor-

---

[56] A Diretiva 97/7 da União Europeia estabelece que, nas vendas a distância com *marketing* direto, o direito de arrependimento pode ser exercido no prazo de sete

rer "fora" do estabelecimento comercial, especialmente por telefone ou em domicílio.

O direito de arrependimento veio para coibir as compras por impulso, isto é, aquelas realizadas pelo consumidor sem que este tenha tido tempo para avaliar sobre a conveniência e a oportunidade de adquirir um produto ou serviço; e mais, apreciar se tem condições financeiras para arcar com a despesa. O consumidor precisa de um tempo de reflexão para isso, daí o prazo de sete dias, que faz, necessariamente, o consumidor passar por um final de semana, em que, em tese, teria melhores condições de avaliar suas necessidades e possibilidades de pagamento.

Em razão das várias técnicas de vendas que são empregadas pelos empresários, como sistemas apelativos, promoções válidas por um curto espaço de tempo etc., muitas vezes o consumidor se vê com a necessidade de adquirir um produto ou um serviço de que, na realidade, não precisaria. São recursos utilizados de forma a inibir a reflexão do consumidor quanto à compra.

Igualmente, a aplicação do instituto também está atrelada ao fato de o consumidor não ter tido acesso físico (diretamente) ao bem, especialmente nas vendas por catálogo ou por telefone, sendo bastante comum que, na ocasião da entrega do produto, o comprador apresente certo descontentamento.

Fábio Ulhoa Coelho menciona o *marketing* agressivo para explicar as formas de vendas que inibem o consumidor, a ponto de ele efetuar a compra porque não tem condições de recusá-la, pois há uma inibição da possibilidade de refletir sobre o negócio.[57]

A aplicação desse instituto, até o desenvolvimento do comércio eletrônico, não enfrentava grandes discussões, tendo em vista que a maior parte das compras efetuadas pelos consumidores era realizada no estabelecimento empresarial (físico), ficando restritas a negociações feitas fora do estabelecimento, a fim

---

dias. Na Argentina, a Lei n. 24.240 prevê que, nas vendas em domicílio e por correspondência, o consumidor pode utilizar-se de tal direito no prazo de cinco dias. Ricardo Luis Lorenzetti. *Comércio eletrônico*, p. 400.

Em Portugal, o Decreto-lei n. 143, de 26 de abril de 2001, transpôs ao ordenamento jurídico interno lusitano a Diretiva n. 97/7, mas estabelecendo um prazo maior, de 14 dias, para o exercício do direito de arrependimento nas vendas a distância. Cf. Maria Eugênia Reis Finkelstein. *Aspectos jurídicos do comércio eletrônico*, p. 273-274.

57 Fábio Ulhoa Coelho. *Curso de direito comercial*, p. 47-48.

de proteger o consumidor das compras por impulso, sem a prévia avaliação da real necessidade de adquirir o bem e da possibilidade de pagar por ele.

Aparentemente, a posição de aceitar a possibilidade de arrependimento seria contraditória, ainda mais quando se pode defender que o estabelecimento virtual seja o próprio estabelecimento empresarial (ou até mesmo a extensão deste), pois neste caso a venda teria sido feita no estabelecimento. No entanto, não o é, uma vez que o sentido da norma também se refere à possibilidade de o consumidor poder ter contato material (seja pelo tato, pela visão etc.; sem o intermédio de câmeras, de vídeos etc.) com o produto ou serviço, atrelado ao prazo de reflexão quanto à necessidade e à possibilidade da contratação, minimizando as compras por impulso, o que geralmente não ocorre na contratação feita na internet.

Portanto, nas compras efetuadas pelo consumidor na internet, é aplicável o direito de arrependimento previsto no art. 49 do Código de Defesa do Consumidor, posição essa avalizada pelas palavras de Haroldo Malheiros Duclerc Verçosa: "Sem dúvida alguma, a compra via internet é classificada como tendo sido feita fora do estabelecimento comercial, aplicável, portanto, o direito de arrependimento acima referido".[58-59]

Ricardo Luiz Lorenzetti, ao tratar do tema pela ótica da legislação argentina, pondera: "este derecho es aplicable a los contratos de consumo realizados por Internet, ya que, como hemos señalado, hay una relación contractual a distancia".[60]

Claudia Lima Marques também é favorável à aplicação do direito de arrependimento, previsto no art. 49 do Código de Defesa do Consumidor, nas compras efetuadas por consumidores pela internet.[61]

---

58 Haroldo Malheiros Duclerc Verçosa. Agente fiduciário do consumidor em compras pela internet: um novo negócio nascido da criatividade mercantil. *Revista de Direito Mercantil, Industrial, Econômico e Financeiro*, p. 92.

59 Compartilham da mesma opinião: Thalles Figueiredo Soares da Silva. Autoaplicação do Código de Defesa do Consumidor nas transações pelo comércio eletrônico na "internet". *Revista da Esmape*, p. 582; Angela Bittencourt Brasil. Contratos eletrônicos. In: Demócrito Reinaldo Filho (Coord.). *Direito da informática* – temas polêmicos, p. 300.

60 Ricardo Luiz Lorenzetti. *Comercio electrónico*, p. 246.

61 Claudia Lima Marques. *Confiança no comércio eletrônico e a proteção do consumidor* (um estudo dos negócios jurídicos de consumo no comércio eletrônico), p. 278.

Em contraste com as opiniões anteriores, Fábio Ulhoa Coelho pondera que nas contratações feitas na internet não é aplicável o direito de arrependimento, uma vez que é o internauta quem tem a iniciativa de ir até o *site*, não sendo necessariamente estimulado como acontece nas vendas em domicílio ou por telefone.

Quanto à possibilidade de reflexão do consumidor, o autor considera que não há diferença entre se dirigir ao estabelecimento físico ou virtual. Ele sustenta que o art. 49 do CDC não deve ser aplicado ao comércio eletrônico, pois quem está em casa, ou no trabalho, e acessa o estabelecimento virtual, está na mesma situação daquele que se dirige ao estabelecimento físico; sua aplicação seria possível apenas nas circunstâncias em que o comércio eletrônico empregar técnicas de *marketing* agressivo, por exemplo, com o uso de ícones chamativos ou com promoções rápidas.[62]

Sobre esse aspecto, é interessante trazer um trecho em que Fábio Ulhoa Coelho sintetiza seu pensamento:

> A compra de produtos ou serviços através da internete realiza-se "dentro" do estabelecimento (virtual) do fornecedor. Por isso, o consumidor internetenáutico não tem direito de arrependimento, a menos que o empresário tenha utilizado em seu *website* alguma técnica agressiva de *marketing*, isto é, tenha-se valido de expediente que inibe a reflexão do consumidor sobre a necessidade e conveniência da compra.[63]

Parece que a posição mais acertada seria a de que se aplica o direito de arrependimento nas compras realizadas pela internet, uma vez que o internauta a todo o momento recebe publicidades (por meio de *e-mails*, ícones na tela, anúncios coloridos nos *sites* em que navega etc.) que o levam a efetuar contratos de consumo, sem ter condições de avaliar e refletir sobre a compra. É como se lhe tirassem o prazo de reflexão. Ele está a todo o momento sendo "tentado", pois, para a realização do contrato, basta um simples "clique", o que aumenta as chances de uma compra por impulso.

A preferência pela adoção da tese em que se aplica o art. 49 do CDC às compras feitas na internet se dá também pelo fato de que a intenção da norma diz respeito à possibilidade de o consumidor poder ter contato direto (físico/

---

62 Fábio Ulhoa Coelho. *Curso de direito comercial*, p. 49.

63 Fábio Ulhoa Coelho. *Curso de direito comercial*, p. 50.

material) com o produto ou serviço e, assim, perceber seu contentamento ou não com ele, ou seja, se o bem atinge suas expectativas.

Também, após avaliar as considerações de Fábio Ulhoa Coelho, Maria Eugênia Reis Finkelstein se coloca de forma contrária à posição de não aplicação do direito de arrependimento nas compras efetuadas na internet. Ela se justifica dizendo que os negócios realizados pela internet devem ser vistos como qualquer compra realizada a distância, como por telefone ou por correio, até porque o consumidor não tem contato com o bem, o que fundamenta o prazo de devolução.[64]

Newton De Lucca, de igual modo, também vem manifestando seu pensamento no sentido da aplicação do direito de arrependimento nas compras efetuadas por consumidores pela internet, mas o autor adiciona que o exercício de tal direito deve estar subordinado à boa-fé, norma principiológica, prevista no art. 4º, inc. III, do CDC.[65]

O tema é muito complexo, pois imagine a situação de uma pessoa que durante muito tempo ficou avaliando sobre a compra de um utensílio doméstico em um *site*, ponderando, inclusive, quanto à sua real necessidade e à sua possibilidade de pagamento. Neste caso, a princípio, não estaríamos diante de uma compra por impulso, mas o fato é que, com a entrega do utensílio, este pode não corresponder às expectativas do consumidor, que não teve acesso físico ao bem.

É claro que será necessária muita cautela na aplicação do instituto diante da possibilidade de contratações nas quais o recebimento do produto se dá também pelo meio eletrônico, como ocorre, por exemplo, na aquisição de programas de computador que são entregues de modo instantâneo pelo fornecedor ao consumidor por via eletrônica (por *download*), o que poderia fazer o consumidor utilizar o produto de imediato e pretender devolver dentro do prazo de sete dias.

Em dezembro de 2006, Fábio Ulhoa Coelho alterou sua opinião sobre o assunto. O autor passou a admitir que o contato físico com o bem permite ter

---

64 Maria Eugênia Reis Finkelstein. *Aspectos jurídicos do comércio eletrônico*, p. 271-275.

65 Newton De Lucca. Prefácio do livro de Maria Eugênia Reis Finkelstein. *Aspectos jurídicos do comércio eletrônico*; Newton De Lucca. Direito de arrependimento no âmbito do comércio eletrônico. In:. Gilmar Ferreira Mendes, Ingo Wolfgang Sarlet, Alexandre Zavaglia P. Coelho (Coords.). *Direito, Inovação e Tecnologia*. São Paulo: Saraiva, 2015, v. 1, p. 275-276.

uma ideia melhor sobre ele, por mais fiéis que sejam a foto, os detalhes etc. no *site*. De acordo com o autor, não será aplicável quando o consumidor puder ter no ambiente virtual, rigorosamente, as mesmas informações sobre o produto ou o serviço que teria em ambiente físico, por exemplo, quando puder ouvir todas as faixas de um CD.[66]

Defendendo a aplicação do direito de arrependimento nos contratos de consumo celebrados pela internet, é importante a passagem da obra de Ricardo Luiz Lorenzetti:

> Esta regla genérica puede dar lugar a inconvenientes cuando se trata de bienes bajo forma digital, porque el consumidor puede ingresar en un sitio y, luego de usar las informaciones allí expuestas, puede copiar todo el contenido y, finalmente, ejercitar su derecho de receso. Por esta razón, en la ley italiana se prevé que no se aplica cuando se trata de: a) la provisión de servicios cuya ejecución ya esté iniciada con acuerdo del consumidor; b) la provisión de bienes o servicios ligados a la fluctuación del mercado financiero; c) bienes personalizados, o hechos a medida del consumidor; d) software abierto para el consumidor o productos audiovisuales; e) periódicos o revistas; f) lotería. Es un intento de limitar la aplicación en los casos en que sería antifuncional.[67]

A lei italiana parece ter caminhado bem, de sorte que evita atos não calçados pela boa-fé, notadamente no que diz respeito ao *software*, uma vez que, nos tempos atuais, a demanda por programas de computadores é grande, o que pode levar pessoas a se aproveitarem indevidamente do instituto do direito de arrependimento.

Cabe mencionar que, em Portugal, a lei também restringe o exercício do direito de arrependimento para os contratos que tenham por objeto: produtos personalizados ou que se deteriorem de forma rápida; revistas, jornais ou publicações periódicas; e valores mobiliários.[68]

No Brasil, a aplicação desmedida do direito de retratação do consumidor nas compras celebradas pela internet pode prejudicar a intenção trazida pelo

---

[66] Fábio Ulhoa Coelho. Direitos do consumidor no comércio eletrônico. *Revista do Advogado*. São Paulo: Associação dos Advogados de São Paulo, n. 89, dez. 2006, p. 34.

[67] Ricardo Luiz Lorenzetti. *Comercio electrónico*, p. 246.

[68] Maria Eugênia Reis Finkelstein. *Aspectos jurídicos do comércio eletrônico*, p. 276-277.

Código de Defesa do Consumidor brasileiro. Pode ser considerado um ato de má-fé, por exemplo, quando o consumidor que, ciente de que não seria cabível o direito de arrependimento na compra de *software* entregue via internet, opta pela entrega do programa em disco e, imediatamente, grava-o em seu computador para, posteriormente, dentro do prazo da lei, arrepender-se da compra.

Ricardo Luiz Lorenzetti considera que, na ausência de norma expressa, o direito de arrependimento no caso de compra de bens digitais pela internet deve ser considerado antifuncional, e sua invocação deve ser vista como abusiva.[69]

Ainda sobre este tema, Luciana Antonini Ribeiro pondera que, mesmo não havendo previsão legal no ordenamento jurídico pátrio, é possível uma interpretação compatível com as hipóteses trazidas com o comércio eletrônico, de forma a não aplicar o instituto na hipótese mencionada, sob pena de incentivo de condutas fraudulentas por consumidores de má-fé.[70]

Com o fim de minimizar o exercício indevido e abusivo do direito de arrependimento, algumas empresas que comercializam programas de computadores pela internet, os quais são entregues por *download*, disponibilizam o *software* para que o consumidor possa utilizá-lo pelo prazo experimental de sete dias. Após este período, o programa para de funcionar, o que leva o comprador à opção de externar sua satisfação com relação ao produto; então, a contratação é celebrada de forma definitiva, e o consumidor efetua o pagamento.

Desse modo, considerando que o comércio eletrônico é mais uma das modalidades de venda a distância, assim como a venda por telefone ou por catálogo, que permite a aquisição de bens e serviços, é aplicável a disciplina do direito de arrependimento prevista no CDC, mas devendo ser avaliado o caso concreto, sob pena de possibilitar a má-fé na invocação do instituto, o que pode refletir em prejuízos para os fornecedores, que, por sua vez, os repassam para os preços praticados aos consumidores. Como veremos adiante, o Decreto n. 7.962/2013, art. 5º, ao tratar do direito de arrependimento, não leva em conta esse fato, muito menos se o bem foi recebido via *download* ou fisicamente.

O prazo para o exercício desse direito começará a contar a partir da aceitação (por exemplo, pelo fornecimento do número do cartão de crédito para o pagamento) ou do recebimento do produto ou serviço.

Sobre a contagem do prazo, aplica-se a regra do Código Civil, art. 132, que exclui o dia do começo e inclui o do final. Se o contrato for firmado em

---

[69] Ricardo Luiz Lorenzetti. *Comercio electrónico*, p. 246.

[70] Luciana Antonini Ribeiro. *Contratos eletrônicos*, p. 196.

uma data e o produto for entregue, ou o serviço prestado, em data posterior, o prazo começa a ser contado desde essa última, pois não haveria sentido o contrário, ou seja, a contagem do prazo pela data da conclusão do contrato ou da postagem, tendo em vista que o acesso físico e o eventual descontentamento do consumidor só ocorrem com a entrega efetiva.[71]

Contudo, ao comércio eletrônico, em especial nos negócios entre fornecedor e consumidor, a mesma regra é aplicável, isto é, a data inicial do prazo para o exercício do direito de arrependimento começa a partir do dia da contratação, ou do dia em que receber o produto ou serviço, que pode ser no mesmo dia (por exemplo, no caso de *download* de *software*) ou não (por exemplo, para produtos corpóreos que são entregues no local físico indicado pelo comprador). Neste último caso, é a data do recebimento o marco para a contagem do prazo.[72]

13.3.3. Regulamentação do *e-commerce* – Decreto n. 7.962/2013

Em maio de 2013 passou a vigorar o Decreto n. 7.962, de 15 de março, cuja finalidade é regulamentar o Código de Defesa do Consumidor (Lei n. 8.078/90) quanto à contratação no comércio eletrônico. Sua intenção é promover a disponibilização pelos fornecedores de informações claras sobre si próprios, os produtos e os serviços; bem como que haja um atendimento facilitado ao consumidor, além do respeito ao direito de arrependimento.

Desde já cabe esclarecer que a falta de observância ao teor do decreto ensejará aplicação das sanções previstas no art. 56 do CDC[73] (Decreto n. 7.962/2013, art. 7º).

---

71 Nelson Nery Júnior. "Capítulo VI – Da proteção contratual". In: Ada Pellegrini Grinover [et. al.] *Código Brasileiro de Defesa do Consumidor*: comentado pelos autores do anteprojeto. 6. ed. rev., atual. e ampl. Rio de Janeiro: Forense Universitária, 2000, p. 480-481.

72 Sobre esse ponto, Maria Eugênia Reis Finkelstein lembra que a contagem do prazo deve se iniciar do ato do recebimento do produto ou serviço, pois antes desta situação o consumidor não teve chances de avaliar suas características e especificações. Até porque, entre uma compra feita na internet e sua efetiva entrega, pode levar mais de sete dias, considerando as circunstâncias da localidade do vendedor e do comprador. *Aspectos jurídicos do comércio eletrônico*, p. 273.

73 "Art. 56. As infrações das normas de defesa do consumidor ficam sujeitas, conforme o caso, às seguintes sanções administrativas, sem prejuízo das de natureza civil, penal e das definidas em normas específicas: I – multa; II – apreensão do produto; III – inutilização do produto; IV – cassação do registro do produto junto ao órgão competente; V – proibição de fabricação do produto; VI – suspensão de fornecimento de produtos ou serviço; VII – suspensão temporária de atividade;

No fundo este decreto vem reafirmar o que já é pacífico na doutrina e na jurisprudência sobre a admissibilidade da aplicação do Código de Defesa do Consumidor às relações estabelecidas na internet, desde que configurada uma relação de consumo. Pelo teor do decreto percebe-se que muitas de suas regras já estão, de alguma forma, disciplinadas pelo próprio Código, como o direito a informações claras. Além disso, o decreto ressalta a questão da vulnerabilidade (fática, técnica, jurídica ou informacional) do consumidor nas relações estabelecidas no mercado, ainda mais flagrantes no comércio eletrônico.

Cabe explicar que a vulnerabilidade fática ou socioeconômica ocorre quando há uma inferioridade do comprador em face da posição privilegiada ou superior do vendedor, tendo em vista seu porte econômico ou em razão da essencialidade do produto, como, por exemplo, se um médico compra um veículo pelo sistema de consórcio, cuja regulamentação se dá pelo Estado. Já a vulnerabilidade técnica está relacionada com o fato de o consumidor não possuir conhecimentos específicos sobre o produto ou serviço adquirido. Vulnerabilidade jurídica ou científica relaciona-se com a ausência de conhecimentos jurídicos, contábeis ou econômicos. Por sua vez, a vulnerabilidade informacional está relacionada com o déficit de informação do consumidor, inerente à relação de consumo, pois os fornecedores são praticamente os únicos detentores das informações. Claudia Lima Marques reconhece que esta categoria (informacional) estaria englobada na vulnerabilidade técnica.[74]

Todavia, o Decreto traz algumas regras inovadoras que impõem obrigações aos fornecedores com o fim de assegurar a proteção dos consumidores, como veremos adiante. A propósito, parece-nos que tal norma (Decreto n. 7.962/2013) foi além de regulamentar o Código de Defesa do Consumidor, criando efetivamente regras jurídicas, especialmente quanto a obrigações. Assim, o seu teor, no todo ou em parte, pode ser discutido no plano de sua inconstitucionalidade, haja vista que um decreto tem função de regulamentar e não de normatizar, pois o decreto pode ter acabado extrapolando seus limites ao criar obrigações

---

VIII – revogação de concessão ou permissão de uso; IX – cassação de licença do estabelecimento ou de atividade; X – interdição, total ou parcial, de estabelecimento, de obra ou de atividade; XI – intervenção administrativa; XII – imposição de contrapropaganda. Parágrafo único. As sanções previstas neste artigo serão aplicadas pela autoridade administrativa, no âmbito de sua atribuição, podendo ser aplicadas cumulativamente, inclusive por medida cautelar, antecedente ou incidente de procedimento administrativo."

74 Claudia Lima Marques. Campo de aplicação do CDC. In: BENJAMIN, Antônio Herman V.; MARQUES, Claudia Lima; BESSA, Leonardo Roscoe. *Manual de direito do consumidor*. 2. ed. São Paulo: RT, 2009, p. 72-76.

e consequências. A função regulamentadora pertence ao Poder Executivo, a normatizadora ao Legislativo, sob pena de infração ao equilíbrio dos Poderes previsto na Constituição Federal.

À luz do art. 2º, para realizar oferta ou conclusão de contrato – cuja relação seja de consumo – os *sites* (sítios eletrônicos), ou demais meios eletrônicos empregados, devem disponibilizar em local de destaque e de fácil visualização: o nome empresarial e número de inscrição do fornecedor, quando houver, no CPF – Cadastro Nacional de Pessoas Físicas – ou no CNPJ – Cadastro Nacional de Pessoas Jurídicas; o endereço físico e eletrônico, entre outras informações pertinentes para sua localização e contato; as características essenciais do produto ou do serviço, devendo ser incluídas as informações sobre os riscos à saúde e à segurança dos consumidores; a discriminação, no preço, de quaisquer despesas adicionais ou acessórias, como as de entrega ou seguros; todas as condições da oferta, incluídas as formas de pagamento, disponibilidade, modo e prazo da execução do serviço ou da entrega ou disponibilização do produto; as informações claras e ostensivas a respeito de quaisquer restrições à fruição (uso) da oferta.

Visando garantir o atendimento facilitado ao consumidor no comércio eletrônico, o fornecedor deverá: apresentar um resumo do teor do contrato antes da efetiva contratação, com as informações necessárias ao pleno exercício do direito de escolha do consumidor, devendo enfatizar as cláusulas que limitem direitos; fornecer ferramentas eficazes ao consumidor para identificação e correção imediata de erros ocorridos nas etapas anteriores à finalização da contratação; confirmar imediatamente o recebimento da aceitação da oferta; disponibilizar o contrato ao consumidor em meio que permita sua conservação e reprodução imediatamente após a contratação; manter serviço adequado e eficaz de atendimento em meio eletrônico que possibilite ao consumidor a resolução de demandas referentes a informação, dúvida, reclamação, suspensão ou cancelamento do contrato; confirmar imediatamente o recebimento das demandas do consumidor pelo mesmo meio utilizado pelo consumidor; utilizar mecanismos de segurança eficazes para pagamento e para tratamento de dados do consumidor (art. 4º, *caput* e incisos).

Nos contratos entre ausentes, a regra geral fixada pelo Código Civil, art. 434, quando à aceitação do comprador é aquela em que o contrato torna-se perfeito desde que a aceitação é expedida (teoria da expedição). Isso pode ter complicações para os contratos celebrados com o uso da informática, mas que não haja interação instantânea (como no caso do *e-mail*), em razão das inúmeras questões que podem impedir o seu recebimento (por exemplo, problemas no provedor, filtros etc.). Assim, o mais adequado seria a adoção do momento do recebimento da mensagem (teoria da recepção). Desse modo, o inc. III do art. 4º do Decreto n. 7.962/2013 (visando o atendimento facilitado do consumidor) ao determinar que o fornecedor confirme imediatamente o recebimento da aceitação da oferta, acaba promovendo certa alteração na regra geral válida para os contratos entre ausentes.

O Decreto n. 7.962/2013 estabeleceu o prazo máximo de cinco dias para o fornecedor manifestar-se (apresentar resposta) junto ao consumidor quanto às dúvidas, às reclamações, às suspensões ou ao cancelamento do contrato (art. 4º, parágrafo único).

O decreto também trouxe regras para os fornecedores de *sites* de **compras coletivas**. Conforme o seu art. 3º, os *sites* dessa categoria de comércio (compras coletivas) ou assemelhados deverão conter, sem prejuízo do exigido pelo art. 2º: quando for o caso, quantidade mínima de consumidores para a efetivação do contrato; prazo para utilização da oferta pelo consumidor; identificação do fornecedor responsável pelo *site* e do fornecedor do produto ou serviço ofertado. A compra coletiva é objeto de regulamentação pelo Projeto de Lei n. 1.232/2011, o qual visa disciplinar a venda eletrônica coletiva de produtos e serviços por meio de *sites*, estabelecendo critérios para o funcionamento das empresas que operam nesse setor.

Especificamente sobre o direito de arrependimento previsto no art. 49 do CDC, que como vimos pode ser exercido nas compras pela internet, o art. 5º dispõe que o fornecedor deve informar, de forma clara e ostensiva, os meios adequados e eficazes para o consumidor exercer o direito de arrepender-se. Seria muito salutar se o Decreto n. 7.962/2013 tivesse estabelecido critérios distintivos quanto às aquisições cujos bens são entregues via *download* ou fisicamente. Isso haja vista a possibilidade de má-fé de certas pessoas que se aproveitam do recebimento virtual do bem para se arrepender após usufruir do produto ou do serviço; ou mesmo continuar usando-o após o exercício do direito de arrependimento (alguns fornecedores estão trabalhando para minimizar essas atitudes).

O fornecedor deve enviar ao consumidor confirmação imediata do recebimento da manifestação de arrependimento, sendo que o exercício do direito de arrependimento implica a rescisão dos contratos acessórios, sem qualquer ônus para o consumidor.

Vale esclarecer que o exercício do **direito de arrependimento** será comunicado imediatamente pelo fornecedor à instituição financeira ou à administradora do cartão de crédito (ou similar), para que a operação não seja lançada na fatura do consumidor; caso já tenha sido efetivada, que se realize o estorno do valor. E ainda, o consumidor poderá exercer seu direito de arrependimento pela mesma ferramenta utilizada para a contratação, sem prejuízo de outros meios disponibilizados.

Por fim, é preciso ater-se ao fato de que o Decreto n. 7.962/2013 não exige que os titulares de *sites* de *e-commerce* mantenham centrais de atendimento telefônico para o consumidor para suas demandas, sejam reclamações, pedidos de cancelamentos etc. A regulamentação do serviço de atendimento ao consumidor via telefone é o próximo assunto do livro.

13.3.3.1. Nova legislação sobre preços ao consumidor

Inicialmente é preciso esclarecer ao leitor que por "nova legislação" devem-se compreender as atualizações promovidas pelas **Leis ns. 13.543/2017** e **13.455/2017** à Lei n. 10.962/2004, a qual regula as condições de oferta e as formas de afixação de preços de produtos e serviços para o consumidor.

Mesmo antes do advento das Leis ns. 13.543/2017 e 13.455/2017, a **Lei n. 10.962/2004** já previa uma série de regras sobre afixação de preços no comércio em geral (e especificamente em autosserviços, supermercados, hipermercados, mercearias ou estabelecimentos comerciais). Muitas dessas regras, desde a vigência legal, são aplicáveis às compras pela internet, como a que determina que na venda a varejo de produtos fracionados em pequenas quantidades, o comerciante deverá informar além do preço do produto à vista, o preço correspondente a uma das seguintes unidades fundamentais de medida: capacidade, massa, volume, comprimento ou área, de acordo com a forma habitual de comercialização de cada tipo de produto. (Lei n. 10.962/2004, art. 2º-A). A norma assevera que a fixação do preço deve ser feita na etiqueta, o que em plataformas eletrônicas analogicamente podem ser consideradas equivalentes as tarjetas em que em são informados os preços.

Entretanto, de forma expressa a com o advento da **Lei n. 13.543/2017** acrescentou o inc. III ao art. 2º da Lei n. 10.962/2004, para que assim no comércio eletrônico a afixação de preços em vendas para o consumidor deve se dar pela divulgação ostensiva (evidente) do preço à vista, junto à imagem do produto ou descrição do serviço, em caracteres facilmente legíveis com tamanho de fonte não inferior a doze.

Também é cabível às compras pela internet o disposto no art. 5º, o qual expressa que o consumidor pagará o menor valor quando houver divergência de preços, para o mesmo bem, entre os sistemas de informação do estabelecimento. Não há dúvida de que isso é aplicável aos estabelecimentos digitais e a toda sorte de plataformas eletrônicas pelas quais se pratica venda ao consumidor.

Especificamente sobre a **Lei n. 13.455/2017**, ela autoriza a diferenciação de preços de bens e serviços oferecidos ao público em função do prazo ou do instrumento de pagamento utilizado; sendo nula qualquer cláusula contratual que proíba ou restrinja tal diferenciação de preços (art. 1º). Desse modo, o comerciante passou a ser autorizado expressamente a cobrar valores distintos para o mesmo bem, a depender se o pagamento realizado pelo consumidor for à vista, a prazo, por cartão de débito ou crédito ou outras formas de pagamentos. Tal determinação se deu após a compreensão de que as taxas cobradas por instituições financeiras e administradoras de cartão de crédito são relevantes na formação de preço; bem como que tal diferenciação no preço não fere direitos de consumidores, sobretudo porque a igualdade deve ser dada aos (consumidores) que estão em condições iguais, devendo os desiguais serem tratados de forma desigual. Desse modo, a Lei n. 13.455/2017 corrigiu a posição equivocada do **STJ**, o qual não admitia diferenciação de preço, pois considerava prática abusiva o desconto no preço pelo pagamento em dinheiro ou com cheque em relação ao pagamento com cartão de crédito (STJ, REsp 1.479.039-MG, *DJe* 16-10-2015).

O regramento da diferenciação de preço da Lei n. 13.455/2017 também se deu por meio de alteração à Lei n. 10.962/2004, ao acrescentar-lhe o art. 5º-A, o qual prevê que possíveis descontos oferecidos pelo fornecedor ao consumidor, seja em razão do prazo ou do meio de pagamento, devem ser informados em local e formato visíveis ao comprador. Se tal regra for infringida, aplicar-se-á as sanções previstas no Código de Defesa do Consumidor, sobretudo as elencadas em seu art. 56.

Frise-se que, desde o ano de 2006, o **Decreto n. 5.903/2006** regulamentou a Lei n. 10.962/2004 e o Código de Defesa do Consumidor para fins de práticas infracionais que atentam contra o direito básico do consumidor de obter informação adequada e clara sobre produtos e serviços.

De acordo com o parágrafo único do art. 10 do Decreto n. 5.903/2006 (acrescido pelo Decreto n. 7.962/2013) as regras dos seus arts. 2º, 3º e 9º são aplicáveis às compras realizadas via *e-commerce*.

Assim, os preços dos bens devem ser informados adequadamente, a ponto de garantir ao consumidor que as informações prestadas sejam corretas, claras, precisas, ostensivas e legíveis. Além disso, o preço deve ser informado, explicitando o total à vista. No caso de preço a prazo com outorga de crédito, deverá ser discriminado o valor total do financiamento; número, periodicidade e valor das parcelas; taxa de juros; e outros acréscimos e encargos financeiros inerentes (Decreto n. 5.903/2006, arts. 2º, *caput*, e 3º).

Em complemento, à luz do art. 9º do Decreto n. 5.903/2006, infringe o direito básico do consumidor à informação adequada e clara sobre os diferentes produtos e serviços quem: a) utiliza letras cujo tamanho não seja uniforme ou dificulte a percepção da informação, considerada a distância normal de visualização do consumidor; b) expõe preços com as cores das letras e do fundo idêntico ou semelhante; c) utiliza caracteres apagados, rasurados ou borrados; d) informa preços apenas em parcelas, obrigando o consumidor ao cálculo do total; e) informa preços em moeda estrangeira, desacompanhados de sua conversão em moeda corrente nacional, em caracteres de igual ou superior destaque; f) utiliza referência que deixa dúvida quanto à identificação do item ao qual se refere; g) atribui preços distintos para o mesmo item; h) expõe informação redigida na vertical ou outro ângulo que dificulte a percepção.

13.3.4. Lei do SAC – Decreto n. 6.523/2008

Será que o Decreto n. 6.523, de 31 de julho de 2008, tem aplicação às compras celebradas pela internet? O Decreto n. 6.523/2008 (conhecido como Lei do SAC), ao regulamentar o Código de Defesa do Consumidor, fixa normas gerais sobre o SAC – Serviço de Atendimento ao Consumidor via telefone.

É preciso esclarecer que as regras do decreto destinam-se somente ao SAC via telefone. Além disso, seu alcance limita-se aos fornecedores de serviços regulados pelo Poder Público em âmbito federal, ou seja, os serviços suscetíveis à regulamentação das agências reguladoras, por exemplo, a Agência Nacional de Telecomunicações (ANATEL), a Agência Nacional de Energia Elétrica (ANEEL), a Agência Nacional de Saúde Suplementar (ANS) etc.; ou órgãos equiparados às agências, como o Banco Central do Brasil (BACEN) e a Superintendência de Seguros Privados (SUSEP).

Buscando responder a questão inicial, sim, o Decreto n. 6.523/2008 tem aplicação aos negócios contratados pela internet desde que envolvam serviços regulamentados pelo Poder Público federal, por exemplo, a aquisição de um plano de saúde, um pacote de acesso à internet ou de telefonia móvel. São casos em que o fornecedor precisará manter um SAC por telefone nos termos do decreto. Entretanto, fornecedor que venda produto ou serviço que não esteja neste âmbito, como o de um eletrodoméstico, não está obrigado a manter o SAC via telefone.

O Decreto n. 6.523, de 31 de julho de 2008, entrou em vigor em 1º de dezembro de 2008, sendo que, para os seus fins, SAC é o serviço de atendimento telefônico das prestadoras de serviços regulados que visa solucionar as demandas dos consumidores sobre informação, dúvida, reclamação, suspensão ou cancelamento de contratos e de serviços. A oferta e a contratação de produtos e serviços feitas por telefone não estão compreendidos pelo decreto (art. 2º).

A finalidade do decreto é a observância dos direitos básicos do consumidor em obter informação adequada e clara sobre os serviços que contratar, bem como de manter-se protegido contra práticas abusivas ou ilegais impostas no fornecimento de tais serviços (art. 1º).

Nos termos do art. 3º, o decreto impõe que as ligações do consumidor para o SAC serão gratuitas e o atendimento das solicitações não deverá resultar em qualquer ônus para o consumidor (exceto se o consumidor contratar algum acréscimo no serviço).

Entre as várias regras do decreto, destacamos algumas das mais relevantes, com a que expressa que: o SAC estará disponível, ininterruptamente, durante vinte e quatro horas por dia e sete dias por semana (ressalvadas normas específicas); o número do SAC constará de forma clara e objetiva em todos os documentos e materiais impressos entregues ao consumidor no momento da contratação do serviço e durante o seu fornecimento, bem como na página eletrônica da empresa na rede mundial de computadores; o consumidor não terá a sua ligação finalizada pelo fornecedor antes da conclusão do atendimento; o SAC atenderá aos princípios da dignidade, boa-fé, transparência, eficiência, eficácia, celeridade e cordialidade (arts. 5º, 7º, 4º, §§ 2º, 8º, respectivamente).

Quando se tratar de reclamação e cancelamento do serviço, não será admitida a transferência da ligação, pois todos os atendentes deverão possuir atribuições para executar essas funções. O pedido de cancelamento do serviço pelo consumidor será recebido e processado pelo SAC. Entretanto, o pedido de cancelamento será permitido e assegurado ao consumidor por todos os meios disponíveis para a contratação do serviço. Será expedido por correspondência ou por meio eletrônico, a critério do consumidor, o comprovante do pedido de cancelamento. É importante salientar que o cancelamento produz efeitos imediatos, mesmo que o seu processamento técnico necessite de prazo. Isso vale ainda que o consumidor esteja inadimplente (art. 9º, § 2º, c/c o art. 18).

Quanto ao sigilo, os dados pessoais do consumidor serão preservados, mantidos em segredo, podendo ser utilizados apenas para os efeitos do atendimento. Também, fica proibido solicitar a repetição da queixa do consumidor depois do seu registro pelo primeiro atendente (arts. 11 e 12).

As empresas sujeitas ao Decreto n. 6.523/2008 são obrigadas a manter a gravação das chamadas efetuadas para o SAC, pelo prazo mínimo de noventa dias, durante o qual o consumidor poderá requerer acesso ao seu conteúdo. E as empresas prestarão imediatamente as informações solicitadas pelo consumidor, sendo que as reclamações destes serão solucionadas em até cinco dias úteis a contar do registro (arts. 15, § 3º, e 17, *caput*).

De acordo com o art. 19 do Decreto n. 6.523/2008, o desrespeito às regras por este imposta implicará, sem prejuízo de outras previstas na legislação, nas penas previstas no art. 56 do CDC (por exemplo, multa, cassação do registro do produto junto ao órgão competente, suspensão temporária de atividade, intervenção administrativa, imposição de contrapropaganda etc.).

Contudo, as empresas prestadoras de serviços regulados pelo Poder Público Federal precisam atender aos preceitos do Decreto n. 6.523/2008; e, se for o caso de comercializar serviços pela internet, cumulativamente as regras do Decreto n. 7.962/2013.

13.3.5. Lei da Entrega Agendada

Sem prejuízo de outras normas estaduais e municipais de teor semelhante, o Estado de São Paulo possui a conhecida Lei da Entrega Agendada, Lei n. 13.747, de 7-10-2009, que obriga os fornecedores de bens e serviços a fixar data e turno para realização de serviços ou entrega de produtos aos consumidores. Essa norma foi reformada pela Lei n. 14.951, de 6-2-2013, a qual promoveu a alteração de alguns dispositivos na Lei n. 13.747/2009, passando assim a prever expressamente os negócios realizados à distância ou não presenciais, entre os quais se incluem as compras pela internet.

Apesar de ser uma lei estadual, sua implicação é nacional, já que o Estado de São Paulo é o maior Estado em volume de negócios do país (em compras e em vendas), pois, entre outras razões, tem a maior população estadual dos entes federados, bem como a renda média da população é relativamente mais elevada, permitindo um volume maior de compras, pela internet ou não.

Em suma, o texto normativo estabelece que bens entregues no âmbito do Estado de São Paulo, independentemente do Estado de origem da mercadoria, deverão ser entregues com horário agendado. Além disso, a lei proíbe a cobrança de adicionais para a entrega agendada. Algumas empresas estão oferecendo desconto para quem opta por receber o bem sem prévio agendamento. Esse desconto pode ser considerado uma afronta à lei, pois não deixa de ser uma cobrança inversa.

A Lei da Entrega Agendada tem aplicação às compras realizadas em *sites* da internet, sendo que independentemente do Estado em que estiver sediado o vendedor ele precisará respeitar a norma do Estado de São Paulo, sob pena de sanção conforme previsão legal.

Sem dúvida a lei tem uma finalidade muito boa, que é permitir que o consumidor possa melhor se organizar e otimizar quando é preciso dispor de tempo para receber um bem (por exemplo, ao receber uma geladeira em seu futuro domicílio ainda inabitável); no entanto, haverá aumento de preço dos bens e dos fretes, na medida em que o agendamento implicará custos adicionais para vendedores e transportadores (ainda mais nas cidades que possuem restrições para a circulação de veículos, como é o caso da capital paulista).

Conforme a legislação, os fornecedores de bens e serviços que atuam no mercado de consumo, no âmbito do Estado de São Paulo, passam a ser obrigados a fixar data e turno para a realização dos serviços ou entrega dos produtos, não podendo haver qualquer ônus adicional aos consumidores (Lei n. 13.747/2009, art. 1º).

A norma fixa os horários dos turnos para entrega em: turno da manhã – compreende o período entre 7 e 11 horas; turno da tarde – entre 12 e 18 horas; turno da noite – das 19 às 23 horas (Lei n. 13.747/2009, art. 2º, *caput* e incisos).

Vale destacar que, na conclusão do contrato de fornecimento de bens ou prestação de serviços, caberá ao fornecedor a entrega para o consumidor de documento por escrito contendo as seguintes informações: identificação do estabelecimento, com nome empresarial, nome fantasia, número do CNPJ/MF, endereço e número do telefone para contato; descrição do produto a ser entregue ou do serviço a ser prestado; data e turno em que o produto deverá ser entregue ou realizado o serviço; endereço onde deverá ser entregue o produto ou prestado o serviço (Lei n. 13.747/2009, art. 2º, § 1º).

Nas compras realizadas pela internet, incluídas entre aquelas que a lei menciona como a distância ou não presencial, o documento a ser entregue ao consumidor deverá ser enviado a ele previamente, ou seja, antes da entrega do produto ou prestação do serviço, por meio de mensagem eletrônica, fac-símile, correio ou outro meio apropriado (Lei n. 13.747/2009, art. 2º, § 2º).

Contudo, à luz do art. 7º da Lei n. 13.747/2009, a falta de observância a esses preceitos legais sujeitará o infrator às sanções estabelecidas pelo Código de Defesa e Proteção ao Consumidor.

Por fim, não podemos deixar de observar que tal lei estadual poderá ser declarada inconstitucional, pois, além de afetar vendedores de outros Estados, pode ter invadido a competência privativa da União para legislar sobre direito civil e comercial, informática e comércio interestadual, nos termos da Constituição Federal, art. 22, I, IV e VIII. O STF, no Recurso Extraordinário n. 313.060, declarou inconstitucionais as Leis n. 10.927/91 e n. 11.262/93, ambas da Cidade de São Paulo, que obrigavam *shopping centers*, lojas de departamento, supermercados e empresas com estacionamento com mais de cinquenta vagas a manter seguro obrigatório contra furto e roubo. Conforme o acórdão, houve invasão da competência para legislar sobre seguros, que é privativa da União, conforme o art. 22, VII, da Constituição Federal.

14

Estabelecimento Virtual

No Brasil, a teoria do estabelecimento comercial foi introduzida por Oscar Barreto Filho, que o definiu como o "complexo de meios materiais e imateriais, pelos quais o comerciante explora determinada espécie de comércio".[1]

O Código Civil de 2002, no art. 1.142, expressa que "considera-se estabelecimento todo complexo de bens organizado, para exercício da empresa, por empresário, ou por sociedade empresária".

Haroldo Malheiros Duclerc Verçosa lembra que o estudo do estabelecimento deve passar pelos tipos de universalidade – de fato e de direito –, noção de patrimônio, tutela jurídica dos bens, sua estrutura e funcionamento, elementos que o compõem e demais negócios a ele relativos.[2] No entanto, iremos nos deter na questão dos bens corpóreos e incorpóreos, considerando que a internet opera em um sistema digitalizado.

---

1 Oscar Barreto Filho. *Teoria do estabelecimento comercial*, p. 73.
Ainda sobre o estabelecimento comercial: Rubens Requião. *Curso de direito comercial*, p. 197 e s.; Haroldo Malheiros Duclerc Verçosa. *Curso de direito comercial*, p. 227 e s. Este último analisa a fundo as várias teorias, clássicas e modernas, sobre o tema.

2 Haroldo Malheiros Duclerc Verçosa. *Curso de direito comercial*, p. 228-229.
Silvio Marcondes Machado também estuda a noção de patrimônio, depois de percorrer a classificação dos bens e a distinção entre universalidade de fato e de direito. *Problemas de direito mercantil*. São Paulo: Max Limonad, 1970, p. 67-99.

Os bens corpóreos são aqueles que se caracterizam por ocupar espaço no mundo exterior, por exemplo, as mercadorias, as instalações, as máquinas etc. Os bens incorpóreos são coisas imateriais, que não ocupam lugar no mundo exterior, sendo resultado da elaboração abstrata humana, como os títulos dos estabelecimentos, as marcas, as patentes, os desenhos industriais etc.[3]

Um dos temas mais relevantes quanto ao estabelecimento empresarial é a questão do ponto comercial, que é a localização física ou lugar do comércio (por sua vez, protegido pela ação renovatória do contrato de locação, de acordo com a Lei n. 8.245/91, art. 51, que será visto a seguir).

Na internet, a localização virtual é dada por um nome de domínio, que, muitas vezes, expressa-se pela mesma nomenclatura do título do estabelecimento (físico) ou pela nomenclatura da marca.

Ao falar do título do estabelecimento, Haroldo Malheiros Duclerc Verçosa considera: "O título do estabelecimento corresponde ao nome ou à expressão utilizados pelo empresário para identificar o local onde está instalado".[4] A marca, por seu turno, identifica o produto ou o serviço do empresário, diferenciando-os de outros da mesma natureza.[5] Logo, é pelo *site* que a atividade do empresário – atuante no comércio eletrônico – passa a ser difundida e desenvolvida, pois é ali que seus clientes podem fazer as compras.

Sem prejuízo do que já foi exposto sobre o conceito de *site*, no mundo empresarial ele pode ser visto como o estabelecimento virtual, cuja origem é o estabelecimento empresarial. Até alguns anos atrás, o estabelecimento era físico, em um local a que os clientes do empresário se dirigiam para realizar negócios. Mais recentemente, surgiu o estabelecimento virtual, que é um local não físico para onde os clientes também "vão" (não por deslocamento físico) em busca de negócios. O estabelecimento virtual é identificado pelo nome de domínio.

Assim, o *site* empresarial, ou estabelecimento virtual, passa a ter aptidão de produzir lucros para o empreendedor.

Esse fato é chamado "aviamento", que é a aptidão de produzir lucros conferida ao estabelecimento a partir do resultado de variados fatores pessoais,

---

3 Rubens Requião. *Curso de direito comercial*, p. 207-213.

4 Haroldo Malheiros Duclerc Verçosa. *Curso de direito comercial*, p. 244.

5 Newton Silveira. *A propriedade intelectual e a nova lei de propriedade industrial*. São Paulo: Saraiva, 1996, p. 16.

materiais e imateriais. É um atributo do estabelecimento, sendo a clientela um dos fatores do aviamento.[6]

Haroldo Malheiros Duclerc Verçosa faz a distinção de aviamento objetivo e subjetivo. O primeiro decorre da localização do estabelecimento (*local goodwill*); o segundo, da competente atuação do empresário à frente de seu negócio (*personal goodwill*).[7]

Já a clientela é definida por Haroldo Malheiros Duclerc Verçosa como "o conjunto de pessoas que, de fato, mantém com o estabelecimento relações continuadas de procura de bens e de serviços".[8]

Percebe-se que os conceitos expostos até aqui (estabelecimento, título do estabelecimento, marca, aviamento e clientela) são aplicáveis ao fato de o *site* poder ser considerado um estabelecimento virtual. Dessa forma, o nome de domínio (que espelha o endereço virtual do estabelecimento) goza de proteção jurídica, sendo regulamentado pelo Comitê Gestor da Internet no Brasil (CGI.br),[9] que, por sua vez, delegou ao Núcleo de Informação e Coordenação do Ponto BR (NIC.br) a execução do registro de nomes de domínio, como já assinalado.

A respeito do estabelecimento virtual, são relevantes as considerações de Haroldo Malheiros Duclerc Verçosa:

> No mundo moderno são também encontrados "estabelecimentos virtuais", integrantes de empresas que desenvolvem sua atividade na WEB (*World Wide Web*), acessados pelos clientes por meio de rede mundial de computadores (Internet). Tais estabelecimentos são formados por bens imateriais, em sua quase totalidade, devendo estar fixados em algum lugar geográfico os empregados que a eles prestam serviços, seus armazéns etc.[10]

Considerando-se que os bens que compõem o estabelecimento empresarial podem ser corpóreos e incorpóreos,[11] parece que seria bastante razoável

---

6 Oscar Barreto Filho. *Teoria do estabelecimento comercial*, p. 169 e 179-180.

7 Haroldo Malheiros Duclerc Verçosa. *Curso de direito comercial*, p. 248.

8 Haroldo Malheiros Duclerc Verçosa. *Curso de direito comercial*, p. 250.

9 Resolução n. 008/2008 do Comitê Gestor da Internet no Brasil, sobre os critérios estabelecidos para os nomes de domínios.

10 Haroldo Malheiros Duclerc Verçosa. *Curso de direito comercial*, p. 246.

11 Haroldo Malheiros Duclerc Verçosa, quando trata da questão, classifica os elementos corpóreos e incorpóreos como elementos do estabelecimento. *Curso de direito comercial*, p. 244-246.

situar o estabelecimento virtual como um bem incorpóreo, por não ocupar lugar no espaço físico. Assim sendo, poderia ser considerado extensão do estabelecimento, uma vez que possibilita a comercialização de produtos e a prestação de serviços.

Sobre considerar o estabelecimento virtual "auxiliar" ou "extensão" do estabelecimento empresarial, Aldemário Araújo Castro defende que os *sites* não podem ser qualificados como estabelecimentos virtuais, devendo apenas ser considerados meras extensões dos estabelecimentos físicos.[12]

Para Fábio Ulhoa Coelho, é a acessibilidade que define se o estabelecimento empresarial é físico ou virtual; se para o acesso houver deslocamento no espaço, é físico; se houver transmissão e recepção eletrônica de dados, é virtual; porém, há elemento comum aos dois, a formação do fundo de comércio, por guardarem a mesma natureza jurídica.[13]

No que diz respeito à natureza jurídica do estabelecimento, seja físico ou virtual, Maria Eugênia Reis Finkelstein considera não haver diferenças entre ambos. A peculiaridade de cada um é basicamente a maneira como se tem acesso aos produtos ou serviços.[14]

Ainda sobre a natureza do *site* como estabelecimento, é importante trazer o que escreve Elidie Palma Bifano:

> O *web site*, conquanto não possa ser tido como estabelecimento, integra o conjunto dos bens de que um comerciante se utiliza no desempenho de suas atividades, portanto integra o fundo de comércio e pode ser negociado com o conjunto formador do estabelecimento ou separadamente. O valor de mercado de um *web site* está diretamente vinculado ao número de visitas (*clicks*) que ele recebe.[15]

Nesse ponto, se o estabelecimento virtual for considerado aviamento objetivo (dada a localização virtual na internet), em especial pelo nome de domínio, tal opinião esbarra na questão tratada por Oscar Barreto Filho, segundo o qual o aviamento não existe como elemento separado do estabelecimento, não

---

[12] Aldemário Araújo Castro. Os meios eletrônicos e a tributação. In: Demócrito Reinaldo Filho (Coord.). *Direito da informática* – temas polêmicos, p. 259.

[13] Fábio Ulhoa Coelho. *Curso de direito comercial*, p. 34-35.

[14] Maria Eugênia Reis Finkelstein. *Aspectos jurídicos do comércio eletrônico*, p. 57.

[15] Elidie Palma Bifano. *O negócio eletrônico e o sistema tributário brasileiro*. São Paulo: Quartier Latin, 2004, p. 177.

podendo ser objeto autônomo de direitos, por si só, suscetível de ser alienado ou dado em garantia.[16]

Mas, levando-se em conta que o aviamento agrega valor ao estabelecimento empresarial, podemos até dizer que há um fundo de comércio no estabelecimento virtual, na medida em que o *site* seja altamente conhecido pelo grande volume de negócios, o que acrescentaria valor ao seu trespasse.

Aqui, nesse momento, é importante resgatar o que escreveu Marco Aurélio Greco, como já visto, sobre os tipos de *sites*: meramente passivos; canalizadores de mensagens; e inteligentes.

Basicamente, segundo os apontamentos do autor, os meramente passivos são os que apenas mostram imagens, informações de alguém ou de produtos e serviços (parecidos com outros veículos de divulgação). Os canalizadores de mensagens são aqueles que possibilitam receber solicitações pelos interessados na compra de produtos ou serviços (semelhantes a uma caixa de correspondência que recebe pedidos), podendo ter as atribuições anteriores. Os inteligentes são aqueles que não só recebem as solicitações, mas têm condições técnicas de realizar operações mais complexas, de interagir com o usuário; podem responder sobre a confirmação das solicitações e confirmar a disponibilidade no estoque; informar o prazo de entrega e receber o pagamento por meio de cartão de crédito ou emissão de boleto para pagamento em banco. Se for o caso de compra de bens não corpóreos, por exemplo, acesso a informações ou venda de *software*, o *site* permite a execução do *download*.[17]

Considerando o que foi exposto até aqui, especialmente quanto aos elementos que compõem o estabelecimento, parece que as duas primeiras categorias não se enquadrariam no conceito de estabelecimento empresarial, pois se poderia dizer que são mais uma das ferramentas do empresário para o exercício de sua atividade. Diferentemente, a terceira espécie de *site* pode se enquadrar, porque guarda semelhança com as funções do estabelecimento físico,[18] o que permite o desenvolvimento da atividade empresarial, em especial vender seus produtos e serviços à clientela.

---

[16] Oscar Barreto Filho. *Teoria do estabelecimento comercial*, p. 171.

[17] Marco Aurélio Greco. Estabelecimento tributário e *sites* na internet. In: Newton De Lucca e Adalberto Simão Filho (Coords.). *Direito e internet* – aspectos jurídicos relevantes. 2. ed. São Paulo: Quartier Latin, 2005, p. 341-342.

[18] Luciana Antonini Ribeiro, analisando a classificação proposta por Marco Aurélio Greco, inclina-se no mesmo sentido. *Contratos eletrônicos*. Dissertação (Mestrado

É pertinente também a distinção apresentada por José Olinto de Toledo Ridolfo, no que ele chama de "estabelecimento empresarial digital", que pode ser "originário" ou "derivado". O primeiro é aquele em que a criação, o desenvolvimento e a realização não estão vinculados a uma atividade empresarial formal e organizada que o preexiste. O segundo é a expressão digital de uma atividade econômica formal e organizada que o preceda, cuja utilização da internet é complementar ao desenvolvimento da atividade, o que o configura como uma extensão do estabelecimento empresarial convencional.[19]

A internet possibilitou o desenvolvimento de algumas atividades não conhecidas anteriormente, pelo menos não no mesmo formato, por exemplo, a possibilidade de compra e/ou entrega virtual, com uma interação total com um programa de computador. São bons exemplos a Amazon e o Submarino. Trata-se de empresas que exploram o ramo de livraria (a segunda vende também outros utensílios) e operam, exclusivamente, na internet, cujo interessado acessa o *site* (www.amazon.com ou www.submarino.com.br), seleciona o produto desejado, o *software* verifica a disponibilidade, dá o preço e aí se realiza a compra, com a posterior entrega via postal. Esta situação enquadra-se na espécie de estabelecimento empresarial digital originário.[20]

De forma diferente, com o avanço da informática, ao empresário, dependendo de sua atividade, o uso da internet é ferramenta importantíssima no desenvolvimento de sua atividade mercantil, sendo uma ferramenta que auxilia na busca do lucro. É o caso das lojas de departamento. Por exemplo, as Lojas Americanas, nos últimos anos, mantêm um *site* (www.americanas.com) no qual os clientes podem adquirir os mesmos produtos que são vendidos nas lojas físicas e receber no endereço indicado, posteriormente. Nesse caso, há o enquadramento na espécie de estabelecimento empresarial digital derivado.[21]

---

em Direito) – Faculdade de Direito da Universidade de São Paulo, São Paulo, 2003, p. 32-33.

19 José Olinto de Toledo Ridolfo. Aspectos da valoração do estabelecimento comercial de empresas da nova economia. In: Newton De Lucca e Adalberto Simão Filho (Coords.). *Direito e internet* – aspectos jurídicos relevantes. 2. ed. São Paulo: Quartier Latin, 2005, p. 296-297.

20 Ressalta-se que nunca haverá um estabelecimento puramente virtual, pois ele sempre terá uma sede física, na qual ficam os seus servidores, administradores etc.

21 Mais recentemente, alguns empresários que operavam exclusivamente na internet, com estabelecimentos virtuais (por exemplo, o www.polishop.com.br), têm aberto lojas físicas a fim de que seus clientes possam ter acesso físico aos

14.1. TRESPASSE

Na atual circunstância, a questão central é saber se o estabelecimento virtual pode ser considerado estabelecimento empresarial ou mera extensão deste para efeitos jurídicos. Parece, todavia, que as duas situações são admissíveis; porém, o tema ganha relevo quanto ao trespasse do estabelecimento. Trata-se da alienação de estabelecimento empresarial, prevista no Código Civil, arts. 1.144 e seguintes, em que são estabelecidas algumas regras para sua concretização, como a averbação no registro competente, a responsabilidade solidária do alienante e adquirente, a não concorrência posterior do alienante com o adquirente, os respectivos prazos, entre outras que escapam do objeto deste livro.

O estabelecimento empresarial digital originário, por si só, pode constituir o fundo de comércio. Já o estabelecimento empresarial digital derivado agrega valor ao fundo de comércio do estabelecimento físico. Então, como fica a questão da possibilidade de alienação do estabelecimento virtual?

Na primeira situação, quando o empresário usar exclusivamente o *site* como forma de colocar seus produtos ou serviços no mercado, o estabelecimento virtual poderia ser objeto de trespasse, por exemplo, no caso da Amazon. Se fosse o caso, poderia vender apenas o nome de domínio – endereço virtual –, juntamente com a marca (o que provavelmente tem de mais valioso), sem, necessariamente, vender os equipamentos que lhe dão suporte.

Na segunda situação, quando o empresário mantém estabelecimento empresarial físico, por exemplo, no caso das Lojas Americanas, sendo o *site* mais uma ferramenta para colocar seus produtos e serviços à disposição da sua clientela, a alienação do estabelecimento virtual (separada do estabelecimento físico) torna-se preocupante. Vender o nome de domínio sem vender o estabelecimento físico, conjuntamente, poderia induzir a clientela a erro, uma vez que a notoriedade daquele endereço virtual e a confiabilidade dos consumidores, provavelmente, estão associadas a determinado título do estabelecimento físico (com todo o seu complexo estrutural físico: várias unidades, estoques

---

bens que eram inicialmente vendidos apenas pela rede mundial de computadores. Nestes estabelecimentos físicos, o cliente também pode efetuar suas compras. No caso, pode-se dizer que o estabelecimento empresarial físico é decorrente do estabelecimento virtual, pois, em primeiro lugar, surgiu este e depois aquele.

etc.) ou marca de produto ou de serviço renomados, o que dá credibilidade às compras efetuadas naquele *site*.[22]

Parece que, mesmo não havendo um regramento expresso quanto ao estabelecimento virtual, é razoavelmente suficiente a disciplina do Código Civil de 2002 para o estabelecimento empresarial, a fim de tutelar juridicamente os empresários que desenvolvem sua atividade exclusivamente na internet ou não, tendo um estabelecimento virtual (originário) ou fazendo do seu *site* uma extensão do estabelecimento físico (derivado).[23]

No entanto, é claro que isso poderia melhorar no plano legal, do ponto de vista do trespasse, para evitar insegurança jurídica na alienação do estabelecimento virtual que é complemento do estabelecimento físico.

14.2. PROTEÇÃO DO PONTO VIRTUAL

Podemos ainda questionar sobre a proteção do ponto comercial na esfera virtual. Essa proteção, a princípio, pode dar-se pelo direito contratual ou pelas regras de proteção de marca, nome empresarial, título de estabelecimento etc. Mas nossa intenção é verificar a possibilidade de se aplicar a ação renovatória, para locação mercantil por meio da Lei n. 8.245/91, art. 51,[24] aos casos de locação de nome de domínio.[25]

---

22 Tratando de trespasse, poderíamos ainda questionar sobre a necessidade de consentimento dos credores para a venda do estabelecimento virtual, se ao alienante não restarem bens suficientes para solver o passivo, conforme o disposto no art. 1.145 do Código Civil.

23 Nesse sentido, Maria Eugênia Reis Finkelstein. *Aspectos jurídicos do comércio eletrônico*, p. 67.

24 "Art. 51. Nas locações de imóveis destinados ao comércio, o locatário terá direito à renovação do contrato, por igual prazo, desde que, cumulativamente:

I – o contrato a renovar tenha sido celebrado por escrito e com prazo determinado;

II – o prazo mínimo do contrato a renovar ou a soma dos prazos ininterruptos dos contratos escritos seja de cinco anos;

III – o locatário esteja explorando seu comércio, no mesmo ramo, pelo prazo mínimo e ininterrupto de três anos."

25 Neste campo, as questões se multiplicam. Apesar de não ser objeto da presente obra, poder-se-ia questionar a possibilidade de lacração do estabelecimento virtual em caso de falência (o *site* seria "tirado do ar", colocando-se uma tarja de "lacrado"?).

A referida norma, chamada de lei de locação, protege o ponto comercial do empresário, a fim de que ele tenha direito à renovação compulsória do contrato de locação do imóvel em que exerce sua atividade empresarial, tendo em vista o aviamento objetivo (localização física em que os clientes se deslocam para realizarem suas compras).

Ao tratar do estabelecimento físico e do estabelecimento virtual, Fábio Ulhoa Coelho afirma que possuem idêntica natureza jurídica e que há elementos comuns entre eles, como a formação do fundo de comércio, mas os diferencia com relação à forma de acesso, fisicamente no caso do primeiro, e virtualmente (por transmissão e recepção eletrônica de dados) no caso do segundo, bem como pelo fato do direito à renovação compulsória da locação, cabível ao estabelecimento físico, e não ao virtual.[26]

Maria Eugênia Reis Finkelstein coaduna com esta opinião, externando não ser possível a renovação compulsória pelo empresário titular de estabelecimento virtual, mesmo quando presentes todos os requisitos do art. 51 da Lei n. 8.245/91.[27]

Ousamos discordar dessas opiniões, especialmente quanto ao fato de "mesmo estando presentes todos os requisitos elencados pela lei de locação". Seria mesmo impossível estar diante de todos os requisitos da lei, uma vez que, no *caput* do art. 51, há a expressão "nas locações de *imóveis* destinados ao comércio" (grifo nosso).

Por si só a palavra imóvel já impede que se preencham todos os requisitos da lei, até porque a localização do estabelecimento, nesses casos, é virtual. No entanto, entendemos que, preenchidos os demais requisitos da lei, por meio de uma aplicação analógica, no caso de locação de nome de domínio, seria aceitável e possível a renovação compulsória a esse contrato.

Até porque, mesmo sendo uma norma que regula a locação de imóvel urbano, o sentido da proteção legal (estampada no art. 51 e seguintes) é defender o ponto comercial, endereço físico do estabelecimento, a que os clientes se dirigem para adquirir os produtos ou a prestação de serviços, depois de um grande esforço do empresário em conquistar a clientela, que passa pela questão do aviamento anteriormente mencionada.

---

26 Fábio Ulhoa Coelho. *Curso de direito comercial*, p. 34-35.

27 Maria Eugênia Reis Finkelstein. *Aspectos jurídicos do comércio eletrônico*, p. 66-67.

Estender esta proteção ao estabelecimento virtual parece coerente, pois, nos casos de *sites* empresariais já bem difundidos junto aos internautas, seria proteger o endereço virtual (o que poderia ser considerado "ponto virtual"), o qual os usuários da internet habitualmente acessam para efetuar suas compras, sendo clientes daquele estabelecimento virtual.

Como o próprio Fábio Ulhoa Coelho afirma, todo estabelecimento virtual é identificado pelo nome de domínio, cuja função equivale à do título do estabelecimento em relação ao estabelecimento físico (identifica o lugar a que o consumidor se dirige para comprar), além de viabilizar a conexão do internauta com os computadores do empresário.[28]

De acordo com a pesquisa realizada pela *Web Shoppers* sobre o comportamento dos consumidores brasileiros na internet, em 2005, 21% das pessoas que fizeram compras acessaram o *site* digitando o nome da loja; 19% chegaram à loja virtual por meio de buscadores e comparações de preços; 16% acessaram o *site* por meio de *e-mails* promocionais.[29] Isso justifica, em grande medida, a necessidade da proteção do ponto virtual.

Negar proteção jurídica, de renovação compulsória, a possíveis contratos de locação de estabelecimentos virtuais e, consequentemente, seu nome de domínio é "fechar os olhos" para uma realidade presente, o desenvolvimento do comércio eletrônico, o que, de certo, inibirá iminentes contratações nesse sentido.

Diante do exposto, a lei do inquilinato (ou, se fosse o caso, o Código Civil no capítulo que trata de locação) poderia ser aperfeiçoada com o objetivo de dar clara proteção às locações de estabelecimento virtuais e suas possíveis renovações compulsórias, a fim de estender a proteção do ponto comercial ao ponto virtual. O tema fica ainda mais complexo se for o caso de uma cessão de uso do endereço eletrônico, tendo em vista que, por esse tipo contratual, a princípio, não haveria amparo na lei de locação, quanto à intenção de proteção do ponto.

---

28 Fábio Ulhoa Coelho. *Curso de direito comercial*, p. 36.

29 *Comércio* on-line *movimenta R$ 3,9 bi em 2006*. Disponível em: <http://idgnow.uol.com.br/AdPortalv5/InternetInterna.aspx?GUID=CFEE7411-A2F8-4>. Acesso em: 20 fev. 2006. (Novo acesso em: 10 ago. 2017).

15

Comércio Eletrônico Internacional. UNCITRAL, Convenção de Viena, LINDB (LICC), CC e CDC

Como é notório, a internet tem revolucionado a sociedade mundial, chegando, em boa medida, "a todo canto, a toda gente". A rede mundial dos computadores tem influenciado a cultura, a economia, enfim, as pessoas e a sociedade em que estão inseridas. Aquelas barreiras e limites geográficos tradicionais têm sido diminuídos em razão da difusão de informações e negociações realizadas virtualmente, mas com efeitos reais.

Especificamente em sede de comércio, os meios eletrônicos de comunicação acabaram por dinamizar e ampliar ainda mais as relações econômicas internacionais, pois facilitaram o relacionamento (i) entre empresas e (ii) entre empresas e consumidores, independentemente da sua localização no mundo. Por isso, uma discussão presente é a questão da necessidade ou não de uma normatização internacional para os contratos eletrônicos celebrados entre agentes sediados em países distintos.

15.1. DESENVOLVIMENTO DO COMÉRCIO INTERNACIONAL

Sem prejuízo do que retratamos em outra passagem, na história do comércio pode-se perceber que o comerciante sempre buscou superar as barreiras geográficas com o fim de ampliar seus negócios. Esse fato foi notório com a expansão das caravanas terrestres e marítimas, em que os comerciantes saíam de suas localidades para realizarem negócios nos mais longínquos lugares. Ou seja, o comércio desde seus primórdios sempre teve a característica de ser internacional, até porque no passado não havia controles rigorosos quanto à entrada e à saída dos territórios, em geral.

Essa expansão das relações comerciais ficou ainda mais latente e facilitada com a chegada da informática e a criação da rede mundial dos computadores, haja vista a ausência de limites territoriais e a possibilidade de transmissão de dados, remessa de dinheiro e crédito, entrega de bens imateriais etc. que se dão virtualmente e em tempo real.

Leciona Inez Lopes Matos C. de Farias:

> Os avanços tecnológicos nos meios de transporte, de informática e de comunicação permitiram uma diminuição das barreiras geográficas, e a distância deixa de ser obstáculo para o desenvolvimento da indústria e do comércio em nível global.
>
> A tecnologia digital impulsiona o surgimento da economia digital, em face do uso de meios eletrônicos nas transações comerciais, econômicas e financeiras transfronteiriças. Estabelece uma economia sem fronteiras em razão dos dinâmicos processos de negociação à distância e pela sua instantaneidade e, também, devido à inércia dos Estados em controlar as informações transmitidas eletronicamente.[1]

Consequência desse fato: o Direito precisará se posicionar a respeito dos problemas jurídicos advindos das relações internacionais firmadas por meio da internet.

15.2. REGULAMENTAÇÃO INTERNACIONAL DO COMÉRCIO ELETRÔNICO. UNCITRAL E CONVENÇÃO DE VIENA

José Caldas Góis Jr. defende a necessidade de uma regulamentação da internet mediante leis específicas,[2] diferentemente de outros doutrinadores, os quais sustentam que a legislação geral poderia ser interpretada e adequada aos casos concretos.

Se a discussão se desse apenas em âmbito nacional, parece haver uma tendência de produção legislativa. No Brasil, apenas entre 1993 e 2001 havia pelo menos 24 projetos de lei tramitando no Congresso Nacional envolvendo

---

1 Inez Lopes Matos C. de Farias. *Direito do comércio internacional*. São Paulo: Juarez de Oliveira, 2002, p. 190.

2 José Caldas Góis Jr. Regulamentação na internet: legislar ou reciclar? In: Omar Kaminski (Org.). *Internet legal* – o direito na Tecnologia da Informação – doutrina e jurisprudência. Curitiba: Juruá, 2003, p. 183.

questões relativas ao mundo virtual. Mas nenhum assunto ligado diretamente ao comércio internacional, aparentando uma preocupação inicial do Estado em tratar de assuntos como: crimes pela internet, violação da privacidade, arquivamento e uso de documentos eletrônicos, assinatura digital etc.

Em âmbito internacional, organizações têm se dedicado à questão, por meio de conferências, convenções e tratados sobre problemas jurídicos advindos do comércio eletrônico internacional.

Órgão de destaque é a UNCITRAL – *United Nations Comission for International Trade Law* (Comissão das Nações Unidas para o Direito Comercial Internacional). Esta comissão foi criada com o objetivo de harmonizar o uso dos meios eletrônicos diante de diversos sistemas jurídicos, sociais, econômicos e culturais. Em 1996, a UNCITRAL elaborou um modelo de lei sobre Comércio Eletrônico, a chamada Lei Modelo da UNCITRAL. Esta traz em seus artigos relevantes princípios, destacando-se: a equivalência dos contratos eletrônicos aos contratos escritos; a equivalência da informação de dados em relação à informação escrita; e o reconhecimento legal da assinatura digital. Ressalta-se, porém, que se trata de um modelo de norma, cuja finalidade é servir de base para a produção da legislação interna dos países, mas que não deixar de ser um relevante marco para a questão.

Alguns países, em grande parte na Europa, já aprovaram leis sobre comércio eletrônico internacional, seguindo os ditames do modelo sugerido pela UNCITRAL. No entanto, muitos Estados continuam inertes nesta matéria, como é o caso do Brasil.

Objetivamente, a OMC – Organização Mundial do Comércio –, cujo objetivo é desenvolver a fluidez, liberdade e equidade nas relações comerciais, tem se voltado ao estudo e debate sobre temas como comércio eletrônico, violação da propriedade intelectual, acesso à rede mundial dos computadores etc. Nesse diapasão, a OMC realizou a Declaração de Genebra sobre o Comércio Eletrônico Global, e a Conferência Ministerial de Seattle, visando lançar diretrizes para o comércio eletrônico internacional, dando alguns passos para uma regulamentação.

Mesmo não tratando expressamente sobre comércio eletrônico, é aplicável às compras realizadas virtualmente a Convenção de Viena de 1980 (Tratado sobre Contratos de Compra e Venda Internacional de Mercadorias, no âmbito da Comissão das Nações Unidas para o Direito Mercantil Internacional). Em 19 de outubro de 2012 o Congresso Nacional brasileiro ratificou o texto da Convenção por meio do Decreto Legislativo n. 538/2012. Após, a Convenção passou a integrar o ordenamento jurídico brasileiro em 16 de outubro de 2014, com a promulgação do Decreto Presidencial n. 8.327/2014. A *Convention on*

Contracts for the Internacional Sale of Goods (CISG) visa regular contratos internacionais de compra e venda, ou seja, quando as partes estiverem sediadas em países diversos, buscando estabelecer maior previsibilidade e segurança jurídica pela uniformidade em material contratual, como, por exemplo, quanto às regras a respeito da formação e interpretação dos contratos, do local de celebração, entre outras.

Pela regra geral da Convenção de Viena, seu objeto é disciplinar sobretudo as relações entre empresas; não visa, portanto, tutelar o destinatário final (consumidor). Mas, sem prejuízo do que será estudado adiante, bem como no item sobre aplicação o Código de Defesa do Consumidor, em razão da interpretação dada pela doutrina e jurisprudência brasileiras, acerca da vulnerabilidade (fática, técnica, jurídica ou informacional) do consumidor, isso pode ser entendido de forma diversa com o fim de tutelar o consumidor brasileiro.

15.3. CONTRATOS INTERNACIONAIS À LUZ DA LEGISLAÇÃO BRASILEIRA. CDC, CC E LINDB (LICC)

Haja vista o que foi tratado anteriormente acerca da aplicação do CDC – Código de Defesa do Consumidor – às relações estabelecidas em âmbito virtual, vale salientar que tal norma é de ordem pública, ou seja, não pode ser afastada pelas partes, sendo aplicável obrigatoriamente a todas as relações tidas como de consumo.

Por relação de consumo tem-se um fornecedor de produtos ou serviços que vende produto ou presta serviço a um destinatário final, o que é perfeitamente possível de acontecer na internet. Sendo que, neste ambiente virtual, as relações de consumo tomaram uma proporção ainda maior, tanto em volume de negócios como em problemas jurídicos.

A aplicação do CDC às relações firmadas na internet entre consumidor residente no Brasil e fornecedor também sediado em território brasileiro é inquestionável.

Contribui com esta posição o manuscrito de Antonio Carlos Rodrigues do Amaral:

> Ainda que não esteja aprovado o Projeto de Lei n. 4.906/2001, que estabelece condições especiais para o consumo via ambiente digital, o Código de Defesa do Consumidor (CDC) é, por excelência, o diploma obrigatório a ser aplicado nas relações de consumo efetuadas na WWW.[3]

---

[3] Antônio Carlos Rodrigues do Amaral (Coord.). *Direito do comércio internacional*. São Paulo: Aduaneiras/Lex Editora, 2004, p. 316.

O principal problema que se põe é saber se é aplicável o CDC quando o fornecedor estiver sediado no exterior, como ocorre, por exemplo, quando se compra em um *site* estrangeiro. Poderia o jurista adotar uma solução simplista consistente na defesa de que, haja vista o conceito previsto no art. 3º do CDC, é considerada fornecedor toda pessoa física ou jurídica, nacional ou estrangeira. Logo, o proprietário do *site* seria fornecedor para efeitos de aplicação da norma consumerista brasileira.

No entanto, a questão não é tão simples como possa parecer, pois conseguir dar efetividade a uma ação judicial nestes termos é muito difícil, ou seja, obter a citação, vencer a demanda e, o mais difícil, executá-la (para não ficar no "ganhou, mas não leva"). Mas vamos imaginar que seja ajuizada uma ação no Brasil, por entender o consumidor que o CDC lhe assegura um melhor tratamento jurídico, inclusive com fórum privilegiado, ou seja, o do domicílio do consumidor. Para se obter a citação no exterior do proprietário do *site* seria necessária uma carta rogatória, com toda a sua burocracia e demora processual, sem prejuízo das regras de convenções internacionais para rogatórias. Pensemos que a carta rogatória se cumpra no país do proprietário do *site* e a sua citação se efetive. Poderá acontecer de a legislação do país em que o *site* está sediado tenha uma norma que disponha da seguinte forma: "aplicar-se-ão a lei e a jurisdição do país do vendedor". Neste caso, o pseudorréu talvez sequer conteste a ação. E mesmo o consumidor obtendo êxito na demanda no Brasil, por revelia, não conseguirá executar a sentença no outro país em que estiver sediado o proprietário do *site*.

Possível solução para este problema pode encontrar seus fundamentos nas regras de Direito Internacional Privado, em especial nas disposições da LICC – Lei de Introdução ao Código Civil – cuja nomenclatura foi alterada para LINDB – Lei de Introdução às Normas do Direito Brasileiro.[4] O *caput* do seu art. 9º expressa que se aplicará a lei do país em que as obrigações (contratos) se constituíram. Bem, neste caso, como a internet é um ambiente virtual sem fronteiras, fica difícil afirmar em qual país um contrato eletrônico, firmado por pessoas sediadas em nações diversas, foi constituído (as partes até poderiam apontar no contrato um país, mas a validade desta cláusula seria discutível).

Mais concretamente, a resposta jurídica está prevista no § 2º do art. 9º da LINDB, ao dispor que na obrigação resultante de contrato considera-se este constituído no lugar em que residir o proponente. Quer dizer, partindo da

---

4 A Lei n. 12.376, de 30 de dezembro de 2010, altera a ementa do Decreto-lei n. 4.657, de 4 de setembro de 1942, que passa a vigorar com a seguinte redação: "Lei de Introdução às Normas do Direito Brasileiro".

lógica de que o proponente é o proprietário do *site* por apresentar propostas (e ofertas) em suas páginas eletrônicas, e sendo o consumidor apenas o aceitante de uma proposta (ou oferta), aplicar-se-ão as regras do país em que tiver sede o proponente (proprietário do *site*). Isso porque, na combinação dos dispositivos legais citados, a norma aplicável é a do local em que o contrato foi celebrado, e, por ser considerado constituído no país do proponente, será a regra deste país a aplicável.

Em outra visão, Carolina Dias Tavares Guerreiro Cruz defende a objeção do art. 9º da LINDB e aplicação do CDC às relações de consumo internacionais. A autora fundamenta que, modernamente, consagrou-se a "lei da residência do consumidor", conforme Protocolo de Santa Maria sobre Jurisdição Internacional em Matéria de Relações de Consumo, Convenção Interamericana sobre Normas Gerais de Direito Internacional Privado, de 08 de maio de 1979, Convenção Interamericana sobre Direito Aplicável aos Contratos Internacionais, de 17 de março de 1994, e Convenção de Roma, de 19 de junho de 1980.[5]

Além disso, a autora fortalece seu pensamento ressaltando que a chamada era digital impôs um modo diferente de formação de contratos, não acompanhado pela LINDB, sendo que, havendo conflito entre esta lei e o CDC (que atende a disposição constitucional de defender o consumidor), prevalecerá o regramento consumerista.

Vale aqui ponderar que, ainda que haja uma série de tratados e convenções internacionais a respeito do comércio eletrônico e da aplicação das regras mais favoráveis ao consumidor, incluindo o direito ao fórum privilegiado do seu domicílio, se os países cujas partes envolvidas (fornecedor e consumidor) estejam sediadas não forem signatários pouca efetividade se obterá; principalmente quanto à efetividade no cumprimento de uma sentença.

Como se pode perceber, há uma grande dificuldade quanto aos problemas jurídicos do espaço virtual, em especial no campo comercial. Duas alternativas seriam a arbitragem e a autorregulamentação como formas de resolução de conflitos decorrentes da internet.[6] Acrescentamos a estas, a mediação virtual. Estes assuntos serão tratados em outros itens do livro.

---

5 Carolina Dias Tavares Guerreiro Cruz. *Contratos internacionais de consumo*: lei aplicável. Rio de Janeiro: Forense, 2006, p. 99 e s.

6 Nesse sentido, Inez Lopes Matos C. de Farias. *Direito do comércio internacional*, p. 204-205.

16

Responsabilidade Civil na Internet

16.1. RESPONSABILIDADE CIVIL

O estudo da responsabilidade civil, nas palavras de Serpa Lopes, é um dos mais árduos e complexos problemas jurídicos.[1] Um exame mais apurado sobre os fundamentos da responsabilidade civil, já tão bem tratado pela doutrina,[2]

1 Miguel Maria de Serpa Lopes. *Curso de direito civil*. Rio de Janeiro: Freitas Bastos, 1962, v. 5, p. 186.

2 Para citar apenas alguns, na doutrina estrangeira: G. Marton. *Fondements de la responsabilité civile:* revision de la doctrine, essai d'un système unitaire. Paris: Recueil Sirey, 1938; Geneviève Viney. Les obligations – la responsabilité: conditions. *Traité de droit civil,* sour la direction de Jacques Ghestin. Paris: LGDJ, 1982. t. IV apud Haroldo Malheiros Duclerc Verçosa. *Responsabilidade civil especial nas instituições financeiras e nos consórcios em liquidação extrajudicial.* São Paulo: RT, 1993, p. 47 e s.; André Tunc. *La responsabilité civile.* 2. ed. Paris: Economica, 1989. Este último autor relata a responsabilidade civil em França, na Alemanha, na Suíça, na Nova Zelândia, na Inglaterra e nos Estados Unidos, entre outros países.
No trato da evolução da responsabilidade objetiva como alternativa à responsabilidade subjetiva, foram também memoráveis as obras de: Raymond Saleilles. *Les accidents de travail et la responsabilité civile* – essai d'une théorie objectif de la responsabilité delictuelle. Paris, 1897; e Louis Josserand. *Cours de droit positif français.* Paris: Sirey, 1930 apud José de Aguiar Dias. *Da responsabilidade civil.* 6. ed. Rio de Janeiro: Forense, 1979, v. I, p. 58 e s.

torna-se desnecessário, a fim de não se perder o objetivo deste livro. No entanto, será feita uma breve análise do tema, com fim meramente introdutório à matéria da responsabilidade civil na internet.

G. Marton define a responsabilidade como a situação de quem viola qualquer norma e, por isso, fica exposto às consequências deste ato. Estas são traduzidas em medidas impostas pela autoridade competente de velar pelo preceito desrespeitado.[3]

Já Caio Mário da Silva Pereira, após discorrer sobre a dificuldade de se estabelecer um conceito para o instituto e enumerar as posições de diversos juristas nacionais e estrangeiros, escreve que responsabilidade civil é a efetividade da reparação abstrata do dano quanto ao sujeito passivo de uma relação jurídica que se forma.[4]

Mais recentemente, Rui Stoco, em seu *Tratado de responsabilidade civil*, ao introduzir um aprofundado estudo acerca do tema, relembra que a própria noção de responsabilidade vem do latim *respondere*, que significa responder a alguma coisa, isto é, a necessidade de alguém ser responsabilizado por seus atos que causaram algum tipo de dano. É uma imposição da sociedade pela qual seus integrantes têm o dever de responder por seus atos.[5]

Geneviève Viney pondera que a responsabilidade civil tem sido considerada uma forma de realizar a sanção de atos praticados com culpa que resulta dano à vítima. Ela tem a função de assegurar o respeito aos direitos de terceiros.[6]

Por seu turno, na doutrina pátria por José de Aguiar Dias. *Da responsabilidade civil*, v. I e II; Caio Mário da Silva Pereira. *Responsabilidade civil*. 2. ed. Rio de Janeiro: Forense, 1991; Rui Stoco. *Tratado de responsabilidade civil*. 6. ed. São Paulo: RT, 2004. Especificamente sobre o desenvolvimento da responsabilidade pelo fato do produto, em razão de uma culpa presumida, é a obra de Luiz Gastão Paes de Barros Leães. *A responsabilidade do produtor pelo fato do produto*. São Paulo: Saraiva, 1987.

3 G. Marton. *Fondements de la responsabilité civile*: revision de la doctrine, essai d'un systeme unitaire, p. 304.

4 Caio Mário da Silva Pereira. *Responsabilidade civil*, p. 12-16.

5 Rui Stoco. *Tratado de responsabilidade civil*, p. 118.

6 Geneviève Viney. Les obligations – la responsabilité: conditions. *Traité de droit civil*, sour la direction de Jacques Ghestin. Paris: LGDJ, 1982. t. IV, p. 50-55 apud Haroldo Malheiros Duclerc Verçosa. *Responsabilidade civil especial nas instituições financeiras e nos consórcios em liquidação extrajudicial*, p. 97.

A responsabilidade civil é um instituto jurídico cuja finalidade é aplicar medidas que obriguem alguém a reparar dano patrimonial ou moral causado a outrem.[7] O estudo da responsabilidade civil pode ser visto, basicamente, em duas situações. A primeira, pela questão do inadimplemento contratual, em que está presente a responsabilidade contratual; a segunda, pela questão da prática de ato ilícito que acarreta a responsabilidade extracontratual.

A internet vista como um "mundo virtual" é suscetível à ocorrência de fatos que gerem a necessidade de reparação de danos, uma vez que se pode estabelecer uma infinidade de relações, contratuais ou não, possibilitando a comunicação escrita, verbal, visual etc. (no futuro, quem sabe até os sentidos do tato, olfato e paladar não possam também ser incluídos).

No que diz respeito à responsabilidade civil na internet, não haveria, em tese, maiores problemas em enquadrá-la na legislação brasileira, especialmente no Código Civil e Código de Defesa do Consumidor. Isso vale tanto para as hipóteses de contratação eletrônica, na esfera da responsabilidade contratual; quanto aos casos de práticas de atos ilícitos, no campo da responsabilidade extracontratual.

À margem da discussão sobre a necessidade de se criarem normas específicas para a internet ou a aplicação ou não de certos preceitos normativos, na questão da responsabilidade civil, parece não haver nenhum óbice à sua aplicação nas relações dadas na internet.[8]

O problema surge a partir da dificuldade que os meios eletrônicos trazem no que se refere à busca da responsabilização do agente causador dos danos. Tal dificuldade se dá em razão da árdua e difícil tarefa de localizá-lo, processá-lo, enfim, conseguir a efetiva reparação dos danos (apesar de toda a tecnologia disponível sobre rastreamento e localização do computador utilizado pelo inadimplente ou infrator; sem mencionar a questão da territorialidade, pois a internet possibilita relação entre partes de países diversos). Assim sendo, vejamos, a seguir, cada uma das hipóteses.

---

7 Maria Helena Diniz. *Curso de direito civil brasileiro*. Responsabilidade civil. 19. ed. São Paulo: Saraiva, 2005, v. 7, p. 40.

8 Nesse sentido, Erica Brandini Barbagalo. Aspectos da responsabilidade civil dos provedores de serviços na internet. In: Ronaldo Lemos e Ivo Waisberg (Org.). *Conflitos sobre nomes de domínio*. São Paulo: RT/Fundação Getúlio Vargas, 2003, p. 344.

16.2. RESPONSABILIDADE CONTRATUAL

A responsabilidade[9] contratual decorre do inadimplemento da prestação prevista no contrato. É uma violação da norma contratual fixada pelas partes.

Ela passa pela formação do contrato e sua obrigatoriedade, em que cada um é livre para contratar ou não. A responsabilidade do contratante está assentada no fato de não ser executado o contrato.[10]

O Código Civil de 2002 trata do tema na sua Parte Especial, Livro I – Do Direito das Obrigações, Título IV – Do Inadimplemento das Obrigações, art. 389 e seguintes.

O inadimplemento contratual compromete o funcionamento da relação existente entre as partes, pois viola o dever de adimplir a obrigação assumida no negócio jurídico estabelecido. É o descumprimento da prestação devida, em que a indenização correspondente deve ser sempre proporcional ao prejuízo experimentado, não podendo haver enriquecimento de uma parte em detrimento da outra.

Pela não realização de obrigações espontaneamente firmadas, responderá o devedor da obrigação por perdas e danos (com acréscimo de juros e correção monetária), em razão do inadimplemento contratual, conforme prevê o art. 389 do Código Civil de 2002.

16.2.1. Perdas e danos

As perdas e danos envolvem a reparação do prejuízo efetivo (danos emergentes) e o que o prejudicado deixou de ganhar (lucros cessantes). É o dever de indenizar que está previsto nos arts. 402 e 403 do Código Civil.

Na Roma antiga, pelo inadimplemento de obrigação, o devedor pagava até mesmo com o seu próprio corpo; podia, inclusive, tornar-se escravo do seu credor. No entanto, no decorrer da história, percebeu-se que esse método era ineficaz.

---

9 Sobre responsabilidade, é memorável o que escreveu Silvio Marcondes Machado, apoiado em Francesco Carnelutti: "Enquanto a responsabilidade consiste num estado de sujeição a que o devedor não pode esquivar-se, pois se realiza mesmo contra a sua vontade, a obrigação pressupõe a livre manifestação da vontade. O devedor satisfaz espontaneamente a obrigação, ao passo que suporta a responsabilidade, sem poder afastá-la. A responsabilidade exclui a liberdade, enquanto a obrigação a supõe". *Limitação da responsabilidade de comerciante individual*. São Paulo: RT, 1956, p. 258.

10 Caio Mário da Silva Pereira. *Responsabilidade civil*, p. 265-267.

A solução encontrada pelos ordenamentos passou então a ser que, pelo não cumprimento das obrigações, o devedor deveria pagar uma quantia em dinheiro, alternativa que, na perspectiva do direito comercial, nem sempre se revela satisfatória. Às vezes, por hipótese, uma das partes contratantes é exclusiva detentora de determinado insumo, por isso, ainda que a outra parte receba a indenização, ela não conseguirá obter no mercado, pelo menos em curto prazo, o insumo necessário à sua atividade. No entanto, a indenização é o sucedâneo – ou seja, uma substituição em dinheiro – que mais se aproxima da coisa pretendida pelo credor.

O empresário, notadamente, com o advento do Código Civil de 2002 e suas cláusulas gerais, sempre busca certeza e segurança nas suas relações obrigacionais. Estas, não sendo cumpridas, serão submetidas ao crivo do ordenamento jurídico. Em alguns casos, é perceptível que ao empresário a indenização nem sempre se apresenta de forma salutar.

Nos tempos atuais, o empresário é um profissional que não poderia errar diante de sua *expertise*, fazendo tudo de "caso pensado", além do fato de que o mercado é dinâmico e exigente. Assim, a mora (configuração da inadimplência) na vida dos negócios é muito mais desastrosa do que na vida comum (os contratos são para a empresa o que o ar é para o ser humano; por exemplo, no caso das montadoras de veículos automotores).

Na vida comum, poder-se-ia dizer que o prejuízo é de um só; na vida dos negócios, as perdas são inúmeras e vêm em efeito cascata muitas vezes (essa é uma das razões do surgimento do instituto da falência na intenção de inibir a impontualidade/inadimplemento). Então, o fornecedor não poderia dar-se ao luxo de ser constituído em mora (uma vez que estará assumindo implicitamente que não é profissional competente para celebrar contratos empresariais). Com efeito, se assim acontecer, as penalidades provavelmente serão muito mais rigorosas do que as que seriam aplicadas ao civil inadimplente, notadamente as do mercado.

A questão das perdas e danos é muito importante para a estabilidade das relações socioeconômicas. Quando houver um dano – prejuízo/diminuição patrimonial – pelo descumprimento da obrigação, total ou parcial, ele poderá ser reparado por uma indenização. Aqui é pertinente a consideração de que todos têm liberdade para contratar, porém, uma vez contratado, têm a responsabilidade de cumprir o avençado – *pacta sunt servanda* –, não podendo escapar da obrigação, via de regra (exceção é, por exemplo, a aplicação da teoria da imprevisão, prevista no art. 478 do Código Civil), sob pena de serem condenados a pagar indenização.

16.2.1.1. Dano emergente

Especificamente sobre os danos emergentes, serão cabíveis quando houver uma diminuição patrimonial do credor, ou seja, um prejuízo de ordem econômica.

A demonstração do dano emergente cabe ao credor, isto é, o credor deverá apontar qual foi o prejuízo causado pelo descumprimento da obrigação, no caso, a não conclusão do contrato definitivo.[11] Na hipótese de prestação em dinheiro, serão acrescidos atualização monetária, conforme índices oficiais, juros, custas e honorários advocatícios, além de multa, se houver previsão contratual, sendo esse o sentido do disposto no *caput* do art. 404 do Código Civil.

16.2.1.2. Lucro cessante

Por sua vez, os lucros cessantes são cabíveis ao credor no que razoavelmente deixou de lucrar pelo não cumprimento da obrigação por parte do devedor.

Um tema sempre presente nos lucros cessantes é quanto à prova de fato futuro, ou seja, quanto ganharia se a obrigação fosse devidamente cumprida. No entanto, o legislador foi feliz ao manter a expressão razoavelmente,[12] tendo em vista que, a partir daí, consegue-se trilhar na busca dos prováveis lucros que seriam auferidos.

Os lucros cessantes são muito relevantes, notadamente no mundo dos negócios; uma vez considerado que a atividade empresarial tem por escopo o

---

[11] Tratamos desse tema de forma mais aprofundada em nosso: Tarcisio Teixeira. *Manual da compra e venda:* doutrina, jurisprudência e prática. 3. ed. São Paulo: Saraiva, 2018, p. 129 e s.

[12] Agostinho Alvim entende que o uso pelo legislador da locução "o que razoavelmente deixou de lucrar" significa o que o credor lucraria de acordo com o bom-senso, pois há uma presunção de que os fatos se desenrolariam dentro da normalidade, considerando os antecedentes. *Da inexecução das obrigações e suas consequências.* 5. ed. São Paulo: Saraiva, 1980, p. 189.
Arriscamos dizer que o "razoavelmente" quer dizer que seja um meio-termo, algo racional e aceitável.

lucro, e sendo este impedido pelo inadimplemento de outrem, é questão de plena justiça a sua reposição por meio desse instituto.

No campo empresarial, muitas das vezes será necessária uma perícia especializada para a apuração de quanto se lucraria, diante da complexidade das atividades.

Também será necessário verificar como se deu a aferição da atividade empresarial pelo inadimplemento da obrigação, pois poderá haver uma completa ou parcial paralisação do negócio, e os lucros cessantes serão indenizados na medida do lucro líquido que se apuraria.[13]

Só será indenizável o que efetivamente se perdeu, e o que se deixou de ganhar por reflexo direto e imediato do inadimplemento da obrigação, não podendo o credor-prejudicado ter "aumento de patrimônio com a indenização". Tudo isso mesmo que seja resultado de dolo do devedor.[14] Poder-se-ia também pensar na possibilidade de indenização por dano moral pelo não cumprimento contratual.

16.2.1.3. Dano moral

O dano moral é algo diferente de patrimônio, pois não o afeta (pelo menos diretamente), mas, sim, o psíquico e/ou a reputação. Muitas vezes, são omissas as posições quanto ao cabimento do dano moral em sede de indenização por inadimplemento obrigacional. No entanto, entendemos que, se pelo não cumprimento de um contrato isso causar prejuízos à reputação/imagem de uma

---

[13] Nesse sentido foi a tese de concurso à livre-docência em direito comercial, na Faculdade de Direito do Ceará, de Lincoln Mourão Mattos. *Das perdas e damnos no direito commercial.* Tese (Livre-docência em Direito Comercial) – Faculdade de Direito do Ceará, Ceará, 1930, p. 85-86.

[14] Art. 403. Ainda que a inexecução resulte de dolo do devedor, as perdas e danos só incluem os prejuízos efetivos e os lucros cessantes por efeito dela direto e imediato, sem prejuízo do disposto na lei processual.

O art. 403, de certa forma, repete o art. 402 quanto a prever os "prejuízos efetivos", pois já estava previsto neste o que "efetivamente perdeu".

Também quanto ao art. 403, na sua parte final, utiliza-se da locução "sem prejuízo do disposto na lei processual", do que se compreende que, por exemplo, no caso de litigância de má-fé (processual) a sua condenação em nada se confunde com a de perdas e danos. Nesse sentido, Judith Martins-Costa. *Comentários ao novo Código Civil* – do inadimplemento das obrigações. In: Sálvio de Figueiredo Teixeira (Coord.). Rio de Janeiro: Forense, 2003, v. V, t. II, p. 363-364.

pessoa, inclusive a uma sociedade empresária,[15] seja com clientes, colaboradores etc., tem ela, em tese, o direito de pleitear dano moral ao devedor.

Agostinho Alvim considera que a indenização por dano moral pode se dar pela violação do contrato ou pela culpa aquiliana.[16]

Tem-se multiplicado o número de ações pleiteando indenização, principalmente por dano moral, em razão de atos praticados na internet, especialmente em *sites* de relacionamento.

16.2.2. Responsabilidade contratual e internet

Apesar de a legislação brasileira não fazer menção expressa quanto à responsabilidade contratual nas questões que envolvem a internet, não existem, a princípio, óbices para sua aplicação. Então, a partir da celebração de contratos na internet, por exemplo, compra e venda de produtos ou serviços que são entregues ou que são prestados diretamente por via eletrônica ou não, pode-se estabelecer tal responsabilidade.

A título ilustrativo, é cabível a responsabilidade contratual no caso de inadimplemento do contrato de licença e uso de *software* (que pode ser entregue eletronicamente por meio de *download* ou ser entregue no endereço do comprador). Há outros contratos, por exemplo, para acesso à internet, gerenciamento de *e-mails*, locação de espaço para hospedagem de *site* etc., vislumbrando-se não haver maiores dificuldades em enquadrá-los diante das disposições pátrias do Código Civil, quanto à responsabilidade contratual.

Sobre a aplicação das regras de inadimplemento contratual estabelecidas no Código Civil para as obrigações firmadas na internet, vale a mesma consideração para o regramento do Código de Defesa do Consumidor, por exemplo, quanto à disciplina das cláusulas abusivas, ao contrato de adesão etc. Para tanto, deverá estar configurada a relação de consumo "típica" (em razão da aquisição de bens ou serviços pelo consumidor do fornecedor) ou a hipótese de consumidor "por equiparação" no campo da internet.

No que diz respeito ao provedor de acesso à internet, ele pode ser responsabilizado pelo fato (defeito) ou pelo vício do produto ou serviço de que trata

---

15 O Superior Tribunal de Justiça já apreciou a questão da possibilidade de a pessoa jurídica ser suscetível de dano moral. Súmula 227 do STJ: "A pessoa jurídica pode sofrer dano moral".

16 Agostinho Alvim. *Da inexecução das obrigações e suas consequências*, p. 240.

o CDC (arts. 12 a 20). De acordo com a lei, responderá diretamente pelos defeitos ou vícios dos produtos ou serviços por ele disponibilizados ou prestados, decorrentes do objeto contratual (celebrado entre provedor e usuário), como a lentidão nos acessos, problemas no gerenciamento de caixa postal eletrônica etc.[17]

Desse modo, no que tange à responsabilidade contratual, em razão do inadimplemento de obrigações firmadas na internet, parece não haver maiores dificuldades diante da legislação brasileira que trata do tema, isto é, o Código Civil e o Código de Defesa do Consumidor, se não fossem os eventuais empecilhos de localização física do inadimplente para se efetivar a responsabilização.

16.3. RESPONSABILIDADE EXTRACONTRATUAL

A responsabilidade extracontratual, também chamada de aquiliana,[18] é a violação de uma norma legal que enseja, ao seu infrator, o dever de reparar o dano. Ela difere da responsabilidade contratual, que decorre do não cumprimento do pacto firmado entre as partes.

Caio Mário da Silva Pereira, ao tratar da responsabilidade civil, afirma que, na verdade, não há distinção ontológica entre culpa aquiliana e culpa contratual, embora se confundam, inclusive, nos seus efeitos. Em ambas, o contraventor está sujeito a responder civilmente pelos prejuízos causados. A distinção estaria nas exigências probatórias. Na extracontratual (aquiliana), o "reclamante" deve demonstrar todos os elementos da responsabilidade: o dano, a infração da norma e o nexo de causalidade entre eles. Por sua vez, na contratual, inverte-se o ônus da prova. Outra distinção estaria nos deveres, pois enquanto na primeira é necessário invocar o dever negativo ou a obrigação de não prejudicar, na segunda há um dever positivo de adimplir o objeto da avença.[19]

O Código Civil brasileiro cuida da responsabilidade extracontratual na sua Parte Especial, Livro I – Do Direito das Obrigações –, Título IX – Da Responsabilidade Civil, art. 927 e seguintes.

---

17 Nesse sentido, Bernardo Rücker. *Responsabilidade do provedor de internet frente ao Código do Consumidor.* Disponível em: <http://www.direitonaweb.com.br/dweb.asp?ccd=3&ctd =347>. Acesso em: 21 ago. 2017.

18 A expressão aquiliana é decorrente da *Lex Aquilia*, como bem lembrado por Caio Mário da Silva Pereira. *Responsabilidade civil*, p. 264.

19 Caio Mário da Silva Pereira. *Responsabilidade civil*, p. 264-265.

Ela está embasada em um dever de não causar dano a ninguém, ou, se se preferir, na obrigação de reparar o dano causado a outrem por ter-se cometido ato ilícito. A prática de ato ilícito se dá quando alguém viola direito, por ação ou omissão voluntária, negligência ou imprudência, e causa dano a outrem (ainda que exclusivamente moral), conforme prevê o art. 186 do mesmo código.

Pontes de Miranda considera que são elementos do ato ilícito o ato humano e a contrariedade a direito. O ato ilícito acontece quando há a violação de uma regra jurídica. Está presente uma contrariedade a um direito; ou então se está ferindo um bem da vida que o ordenamento jurídico protege, independentemente do vínculo entre o ofensor e o ofendido.[20]

No entanto, a abrangência do ato ilícito é ampliada, tendo em vista que o titular de um direito que, ao exercê-lo, excede manifestamente os limites impostos, por seu fim econômico ou social, pela boa-fé ou pelos bons costumes, também comete ato ilícito (configurando-se em abuso de direito), de acordo com o art. 187 do referido Código Civil.

Há, contudo, duas correntes que permeiam o estudo do fundamento da responsabilidade civil: a doutrina subjetiva ou teoria da culpa e a doutrina objetiva ou teoria do risco.

Na internet, em termos de responsabilidade extracontratual, também é possível ocorrer ofensa de natureza não patrimonial, o que dá ensejo à indenização por dano moral.[21] O dano moral é algo diferente de patrimônio, pois não o afeta (pelo menos diretamente), mas, sim, o psíquico e/ou a reputação, como já visto.

16.3.1. Responsabilidade subjetiva

A regra estabelecida pelo art. 927, *caput*, é a da responsabilidade subjetiva, decorrente da teoria da culpa, na qual deve ser comprovada a culpa do infrator (aquele que cometeu o ato ilícito), a fim de perseguir a reparação do dano.

Von Ihering, lembrado por José de Aguiar Dias, menciona que sem culpa não há reparação.[22] É desnecessário, neste ponto do livro, voltar ao que bem

---

20 Francisco Cavalcanti Pontes de Miranda. *Tratado de direito privado*. Parte geral. Rio de Janeiro: Borsoi, 1954, t. II, p. 213.

21 Apesar de não ser o foco desta obra, o tema foi detalhadamente tratado por Antonio Jeová Santos. *Dano moral na internet*. São Paulo: Método, 2001.

22 José de Aguiar Dias. *Da responsabilidade civil*, v. I, p. 42.

fez o referido autor brasileiro ao estudar detidamente a questão da culpa e sua definição na doutrina estrangeira.

A noção de culpa parte da concepção de um fato violador de uma obrigação ou dever preexistente. Culpa, de modo geral, é a base do ato ilícito ou conduta reprovável. Sobre isso há duas projeções: o dolo, vontade direta do agente de prejudicar, o que configura culpa no sentido amplo; e culpa, negligência ou imprudência, o que configura a culpa no sentido restrito.[23]

A concepção genérica de culpa se desdobra, então, em dolo e culpa propriamente dita. No dolo, há um elemento interno, que reveste o ato da intenção de causar o resultado, ao passo que a culpa, no sentido estrito, é a vontade dirigida ao fato causador da lesão, mas o resultado não é desejado pelo agente, havendo uma falta de diligência na observância da norma de conduta.[24]

No Brasil, a classificação dos atos ilícitos em dolosos ou culposos não apresenta maior importância (talvez para efeitos da reparação de dano), tendo em vista que nosso ordenamento veda o gênero do ato ilícito.[25] No entanto, no texto do art. 186 do Código Civil de 2002, podem-se vislumbrar as duas espécies: dolo (ação ou omissão voluntária) e culpa (negligência ou imprudência).

Quanto à distinção entre dolo e culpa no direito romano, ela era feita entre delito e quase delito. O delito como violação intencional da norma de conduta; o quase delito como fato pelo qual o agente, com capacidade de ofender, operando sem malícia, mas com negligência inescusável, comete infração prejudicial ao direito de outrem.[26]

A culpa, uma vez configurada, pode produzir resultado danoso ou não. Entretanto, deverá ser reparada quando houver consequência no plano patrimonial ou moral.

---

[23] G. P. Chironi. *La colpa nel diritto civile odierno*. Colpa extracontrattuale. 2. ed. Turim, 1903, n. 11, v. I, p. 38 apud José de Aguiar Dias. *Da responsabilidade civil*, v. I, p. 121-122.

[24] José de Aguiar Dias. *Da responsabilidade civil*, v. I, p. 136.

[25] Nesse sentido, Manuel Inácio Carvalho de Mendonça. *Doutrina e prática das obrigações*. 4. ed. aumentada e atualizada por José de Aguiar Dias. Rio de Janeiro: Forense, 1956, t. II, p. 441.

[26] José de Aguiar Dias. *Da responsabilidade civil*, v. I, p. 122.
Por sua vez, Manuel Inácio Carvalho de Mendonça diz que a distinção entre delito e quase delito não tem nenhum critério seguro, sendo difícil estabelecer uma linha de separação, o que resulta em infindáveis discussões, sem valor diante da ciência positiva. Modernamente, para alguém pleitear uma reparação, não precisa mais se socorrer a tal distinção. *Doutrina e prática das obrigações*, p. 439-440.

A base da responsabilidade subjetiva está no fato de saber o quanto a prática do ato contribuiu para o prejuízo sofrido pela vítima. A teoria que fundamenta essa responsabilidade considera o comportamento culposo (culpa *stricto sensu* ou dolo) do agente como pressuposto da indenização.[27]

16.3.2. Responsabilidade objetiva

Por seu turno, a responsabilidade objetiva se dá em razão da teoria do risco. Nela é abstraída a culpa; é uma responsabilidade sem culpa. Ou seja, haverá a obrigação de reparar o dano "independentemente de culpa".

José de Aguiar Dias aceita a primazia da doutrina alemã defendida por G. Marton no que diz respeito à teoria do risco, porém afirma que foram os franceses, especialmente a partir de Raymond Saleilles e Louis Josserand, os principais sistematizadores e divulgadores da teoria.[28]

A teoria objetiva enfrentou árduo combate para a sua adoção, mas vingou em algumas áreas, como nos acidentes do trabalho e nos transportes ferroviários;[29] nas quais surgiram os primeiros preceitos legais sobre a responsabilidade objetiva, estendendo-se para outros campos no decorrer do século XX, associados ao desenvolvimento de outras atividades consideradas de risco.

Caio Mário, ao tratar do tema do desenvolvimento e da aplicação da teoria do risco, narra que isso se deu em razão da expansão da solidariedade humana, pois a vítima do evento, muitas vezes, não consegue superar as barreiras processuais, não convencendo o juiz da imputabilidade do agente causador do dano,[30] o que a faz não obter a efetiva reparação do dano.

Mais adiante, Caio Mário defende sua posição de que a regra geral deve ser a da responsabilidade civil fundamentada na culpa, mas, sendo essa insuficiente em razão do progresso, cabe ao legislador fixar as hipóteses em que é cabível a responsabilidade independente de culpa (responsabilidade objetiva), como acontece com outros ordenamentos jurídicos, a exemplo do italiano. Atualmente, no Brasil se caminha para uma inversão, pois se a responsabilida-

---

27 Caio Mário da Silva Pereira. *Responsabilidade civil*, p. 35.

28 José de Aguiar Dias. *Da responsabilidade civil*, v. I, p. 57. Nesta obra clássica sobre responsabilidade civil, o autor brasileiro estuda com detalhes as ideias dos dois franceses citados no desenvolvimento da referida teoria.

29 José de Aguiar Dias. *Da responsabilidade civil*, v. I, p. 82.

30 Caio Mário da Silva Pereira. *Instituições de direito civil* – contratos. 12. ed. Rio de Janeiro: Forense, 2006, v. III, p. 560.

de com culpa era a regra, hoje se pode afirmar que está se tornando exceção, sendo a regra a responsabilidade sem culpa. Isso ao se referir ao Código Civil e ao Código de Defesa do Consumidor.[31]

Alvino Lima, apesar de externar-se durante a vigência do Código Civil de 1916, mas ainda aplicável ao tempo atual, afirma que o legislador brasileiro consagrou a teoria da culpa, mas não deixou de abrir exceções para casos de responsabilidade sem culpa.[32]

Essa teoria reconhece uma presunção de culpa. Surgiu por uma razão de ordem prática e de ordem social, tendo em vista o risco exacerbado desenvolvido por algumas atividades (teoria do risco do empreendimento), além da dificuldade encontrada muitas vezes pela vítima em demonstrar a antijuridicidade da conduta do agente.[33]

Nesse sentido, o Código de Defesa do Consumidor, especialmente nos arts. 12 e 14 (que a seguir serão explorados), disciplinou a responsabilidade pelo fato do produto e do serviço. O fabricante, o produtor, o construtor, entre outros, respondem, independentemente de culpa, pela reparação de danos causados aos consumidores pelos defeitos de seus produtos. Igualmente sucede com os prestadores de serviços, que respondem, também, independentemente de haver culpa, pelos defeitos relativos aos serviços prestados.

A responsabilidade objetiva tem lugar nos casos específicos em lei, ou quando a atividade normalmente desenvolvida pelo autor do dano implicar, por sua natureza, risco para os direitos de outrem, o que o torna obrigado à reparação. Nesse sentido é o disposto pelo parágrafo único do art. 927 do Código Civil.

Trata-se de uma cláusula geral[34] de responsabilidade objetiva, e caberá à jurisprudência, com colaboração da doutrina, firmar o que significa atividade

---

[31] Caio Mário da Silva Pereira. *Instituições de direito civil* – contratos, p. 562-563.

[32] Alvino Lima. *Da culpa ao risco*. São Paulo, 1938, p. 215, apud José de Aguiar Dias. *Da responsabilidade civil*, v. I, p. 48.

[33] Caio Mário da Silva Pereira. *Responsabilidade civil*, p. 24 e 283. Tal autor dedica alguns capítulos dessa obra descrevendo os principais doutrinadores nacionais e estrangeiros que tratam do tema.

[34] Cláusulas gerais são princípios gerais do direito que guardam certa flexibilidade. Elas estão previstas na lei e têm a função de dar um direcionamento na aplicação

que implique, por sua natureza, risco para os direitos alheios, tendo em vista que, a princípio, grande parte da atividade humana pode gerar algum risco para outrem.

Sobre essa questão, especificamente a interpretação jurisprudencial do termo atividade, Caio Mário opina na direção de que a lei não restringiu as hipóteses à atividade econômica, pois expressamente utilizou apenas a expressão "atividade". Isso significa que dirigir automóvel pode constituir atividade que põe em risco os direitos de outras pessoas, levando à responsabilidade objetiva.[35]

16.3.3. Reparação do dano

A reparação do dano decorrente de ato ilícito se dá em razão da ação ou omissão do agente. Se a ofensa tiver mais de um autor, todos serão solidariamente responsáveis pela reparação do dano causado.[36]

Os bens do agente responsável pelo ilícito ficam sujeitos à reparação do dano causado à vítima. Nesse ponto, se o ofensor for pessoa jurídica com responsabilidade limitada, a empresa será responsável até o valor de seu patrimônio social, não alcançando os bens dos sócios, salvo nos casos autorizados pela lei de desconsideração da personalidade jurídica.

A personalidade jurídica da sociedade acarreta a separação patrimonial da sociedade com relação a seus sócios, para efeitos de responsabilidade. No entanto, muitas vezes a sociedade é utilizada de forma abusiva, pelo desvio de finalidade (com fraudes e ilícitos, frustração de credores etc.) ou pela confusão patrimonial, sendo, nesses casos, desconsiderada a personalidade jurídica para assim alcançar os bens dos sócios, conforme determina o art. 50 do Código Civil.[37]

---

legal. Estes princípios necessitam de uma posição jurisprudencial para serem definidos no tempo e no espaço.

35 Caio Mário da Silva Pereira. *Instituições de direito civil* – contratos, p. 563.

36 Manuel Inácio Carvalho de Mendonça. *Doutrina e prática das obrigações*, p. 443-444.

37 A desconsideração da personalidade jurídica também está prevista na Lei n. 8.078/90 – Código de Defesa do Consumidor, art. 28; na Lei n. 8.884/94 – Lei de infrações à ordem econômica, art. 18; na Lei n. 9.605/98 – Lei de proteção ambiental, art. 4º; entre outras.

Manuel Inácio Carvalho de Mendonça pondera que a reparação dos danos causados por atos ilícitos deve ser a mais completa possível. Deve compreender danos emergentes e lucros cessantes.[38] Danos emergentes configurados no efetivo prejuízo experimentado pela vítima, e lucros cessantes referindo-se ao que ela deixou de ganhar, conforme já visto anteriormente.

Mais adiante, Manuel Inácio Carvalho de Mendonça considera que a diferença entre a reparação civil e as perdas e danos se dá pelo fato de aquela ser decorrente de atos ilícitos e esta decorrente de inadimplemento contratual. A reparação civil deve ser a mais extensa e completa possível; já as perdas e danos têm um limite natural em razão da cláusula contratual não cumprida e nos prejuízos calculados pela inexecução.[39]

A questão crucial da reparação de danos decorrentes de atos ilícitos praticados na internet se dá quanto à sua efetivação. A dificuldade trazida nos meios eletrônicos se refere à busca da responsabilização do agente causador dos danos, em razão da árdua missão em processá-lo, bem como localizar o infrator ou os seus bens para conseguir a efetiva reparação dos danos, como já apontado anteriormente.

16.3.4. O problema da responsabilidade extracontratual na internet

Quanto à responsabilidade extracontratual dada pelas inúmeras questões que envolvem a internet, não haveria, a princípio, maiores dificuldades em sua aplicação. A título ilustrativo, nos casos de: calúnia, injúria, difamação, concorrência desleal (por exemplo, na imitação do nome de domínio capaz de gerar confusão do usuário), publicidade enganosa ou abusiva etc. Enfim, situações em que, comprovada a ilicitude, seria cabível a reparação do dano.

Tratando dos ilícitos civis na internet, Pedro A. de Miguel Asensio escreveu:

> De acuerdo con los criterios generales, la existencia de responsabilidad civil aparece subordinada también respecto de las actividades en la Red a la presencia de los elementos típicos: comportamiento (acción u omisión) dañoso, daño cierto (patrimonial o moral, presente o futuro), nexo causal entre el comportamiento y el daño, y criterio de imputación de la responsabilidad.[40]

---

[38] Manuel Inácio Carvalho de Mendonça. *Doutrina e prática das obrigações*, p. 444.

[39] Manuel Inácio Carvalho de Mendonça. *Doutrina e prática das obrigações*, p. 445.

[40] Pedro A. de Miguel Asensio. *Derecho privado de internet*. 2. ed. Madrid: Civitas, 2001, p. 464.

Por exemplo, a violação da privacidade gera o direito de a vítima buscar a reparação junto ao agente causador do dano, que responderá patrimonialmente pelos danos causados. De acordo com o art. 5º, inc. X, da Constituição Federal, é assegurado o direito à indenização pelo dano material e moral decorrente da violação da privacidade.

Celso Ribeiro Bastos e Ives Gandra da Silva Martins consideram que caminhou bem o legislador constitucional ao incluir tal previsão, da responsabilização civil, pois dá uma força intimidatória que outras formas de responsabilidade não possuem.[41]

No entanto, a questão da responsabilidade civil no campo da internet fica mais complexa, por hipótese, na violação da privacidade em razão dos *cookies* e na quebra do sigilo dos dados pela formação e comercialização de *mailing list*; ou pela responsabilidade do *spammer* por enviar mensagens indesejadas.[42]

Essas práticas podem ser vistas como abuso de direito, porque, ao realizá-las, mesmo sendo titular desse direito, este é exercido ultrapassando-se os limites impostos pela finalidade socioeconômica ou pela boa-fé e os bons costumes. Configura-se, assim, um ato ilícito, pois o direito deve ser exercido de forma comedida, sob pena de se poder cometer uma injustiça à luz do art. 187 do Código Civil.

Soma-se a isso a dificuldade de localização física de quem cometeu o ato ilícito na internet, que não é tão simples, considerando que esse meio eletrônico favorece o anonimato, apesar de toda a tecnologia existente para localizar o computador emissor mediante o número do IP, por exemplo, no caso de difundir mensagens ou armazenar informações tidas como ilícitas.

Acontece que, muitas vezes, os infratores utilizam computadores variados por meio de locação em estabelecimento que explora esse segmento de acesso à internet, o chamado *cybercafé*. Se não fosse a dificuldade da localização para proceder à citação e à execução processual, não haveria maiores problemas na questão da responsabilidade extracontratual.

---

41 Celso Ribeiro Bastos e Ives Gandra da Silva Martins. *Comentários à Constituição do Brasil*: promulgada em 5 de outubro de 1988. São Paulo: Saraiva: 1988-1989, v. 2, p. 65.

42 Maria Eugênia Reis Finkelstein entende que comete ato ilícito quem causa danos em razão do *spam*. *Aspectos jurídicos do comércio eletrônico*. São Paulo/Porto Alegre: Síntese, 2004, p. 151.

Nesse ponto, são valiosas, mais uma vez, as ponderações de Pedro A. de Miguel Asensio:

> No obstante, la transformación que Internet representa de la realidad social en la que se llevan a cabo ilícitos civiles plantea nuevas exigencias a la aplicación de la normativa general sobre responsabilidad civil.
>
> Las categorías tradicionales de la responsabilidad civil no fueron ideadas para un entorno caracterizado por la participación de múltiples personas y organizaciones heterogéneas con frecuencia amparadas en el anonimato. Internet, por su carácter interactivo, global y abierto, da lugar a ilícitos con múltiples implicados cuya identidad puede resultar difícil de determinar, por lo que representa un nuevo paso en la evolución de la realidad social determinante del abandono del planteamiento individualista propio de la construcción tradicional de la responsabilidad extracontractual, basada en la presencia de una concreta víctima y de una responsable identificables.[43]

Existe, ainda, o fato da responsabilidade civil do provedor de internet em razão de atos daqueles que se servem de seus serviços. É uma questão muito complexa; envolve a possibilidade ou não de o provedor responder pelos negócios realizados ou pelos conteúdos ofertados por terceiros que se utilizam de seus serviços. Por exemplo, no primeiro caso, para acesso à internet ou, no segundo, para hospedagem de *site*.

Aqui não se pode deixar passar despercebido este trecho de Pedro A. de Miguel Asensio:

> (...) además, diferencia de lo que sucede en otros medios como la prensa escrita o la radiodifusión, la descentralización característica de Internet dificulta la atribución de responsabilidad por los contenidos difundidos por este medio, generando incertidumbre, en particular, respecto a la posición de los proveedores de acceso y de servicios de Internet.[44]

Algo é certo, no caso da internet: sempre que houver prejuízo em razão da violação de direito por ato ilícito, é cabível a reparação do dano, seja material, seja moral, decorrente da responsabilidade extracontratual. Entretanto, em razão das peculiaridades dessa rede eletrônica, a questão da possibilidade

---

43 Pedro A. de Miguel Asensio. *Derecho privado de internet*, p. 464-465.

44 Pedro A. de Miguel Asensio. *Derecho privado de internet*, p. 466.

de o provedor ser responsabilizado, por suas próprias práticas ou de terceiros, merece uma análise mais aprofundada, o que será feito a seguir.

16.4. RESPONSABILIDADE DOS PROVEDORES

A questão da responsabilidade dos provedores ganha maior importância no que se refere à sua função de transmitir mensagens e/ou de armazenar informações. Isso porque seu conhecimento é limitado quanto aos conteúdos e informações que por ele são transmitidos (pelo envio e recebimento de *e-mails*) ou armazenados (*blogs*, redes sociais etc.). É delicada a posição do provedor; sendo latente a complexidade de saber qual responsabilidade estabelecer a ele, associada à dificuldade de localização de quem difundiu mensagens ou armazenou informações tidas como ilícitas. O que pode levá-lo à tentação de exercer um "papel de censura".

Particularmente quanto à responsabilidade do provedor pelo fato de terceiro, Amaro Moraes e Silva Neto pondera que os empresários que desenvolvem a atividade de provedores de acesso à internet poderão ser responsabilizados pelos atos dos *spammers* que utilizem seus serviços.[45]

O fato deve passar por algumas questões: 1) saber se o provedor é considerado um mero transmissor de mensagens ou se exerce cumulativamente a função de *spammer* (quando for solidário ao envio de mensagens não desejadas); 2) se o provedor deve exercer um papel editorial nas mensagens que circulam por seus servidores ou na confecção de *sites* por ele hospedados; 3) se foi o provedor quem captou e divulgou dados; entre outras.

Neste contexto, especialmente no tocante à responsabilidade do provedor de acesso, torna-se necessário analisar a possibilidade de ele responder objetiva ou subjetivamente, ou até de não responder, pelos atos daqueles que utilizam os seus serviços, por exemplo, na prática do *spam*, por fazer chegar ao destinatário mensagens não solicitadas. E também se o provedor deve exercer a função de controlador e fiscalizador[46] das mensagens que por ele trafegam, de modo

---

[45] Amaro Moraes e Silva Neto. E-mails *indesejados à luz do direito*. São Paulo: Quartier Latin, 2002, p. 176.

[46] Quanto à fiscalização dos dados que circulam pelo provedor, foi editada nos Estados Unidos, em 1996, uma lei que responsabilizava o provedor em razão de material inescrupuloso que viesse a circular. No entanto, tal lei foi declarada inconstitucional pela Suprema Corte americana. Na decisão, o tribunal

especial, pela quantidade de destinatários (e talvez pelos conteúdos). Além disso, se esse fato poderia configurar uma espécie de censura, confrontando com a Constituição Federal, quando prevê direito à liberdade de expressão e o sigilo das correspondências.

Ao celebrar contrato de acesso à internet com a possibilidade de envio de *e-mail* (ou de armazenamento de *blog* ou rede social), o provedor pode até estipular cláusulas que definam as responsabilidades no caso de ocorrer algum dano a terceiro pelo contratante. No entanto, esse tipo de cláusula só tem valor entre os contratantes, não podendo ser oposta a terceiros.[47]

Sobre as cláusulas que restringem a responsabilidade na internet, são pertinentes as considerações de Renan Lotufo:

> Questão que se põe nesse âmbito contratual é a da cláusula de exclusão da responsabilidade, que vem sendo veiculada principalmente com relação a *softwares* passíveis de *download*. Nosso direito em princípio inadmite, como por todos demonstra Aguiar Dias. (...) O que tem sido mais comum em nível de Internet tem sido a inclusão da cláusula de restrição da responsabilidade, isto é, da limitação prévia. Essa é uma outra situação que tem prevalecido em praticamente todo o mundo, inclusive por exemplo *on line*, mas, no nosso entendimento, equivale à garantia de um mínimo sem discussão quanto à culpa, que, portanto, não implica em renúncia ao direito de ser indenizado devidamente quando sofrer o dano.[48]

---

considerou que a liberdade de expressão na internet deveria prevalecer sobre a proteção das crianças, quanto aos produtos divulgados que são impróprios a elas, uma vez que é o usuário quem busca as informações na internet, sendo esse um veículo autônomo, não podendo ser objeto de censura, assim como os livros e as conversas telefônicas (isso, de certa forma, é uma razão das dificuldades de uma eventual regulamentação para a internet). A partir disso, começou-se a desenvolver *softwares* que restringem o acesso a determinados tipos de *sites*. Cf. Walter Douglas Stuber, Manoel Ignácio Torres Monteiro e Lionel Pimentel Nobre. Questões jurídicas relacionadas à internet. *Revista de Direito Mercantil, Industrial, Econômico e Financeiro*. São Paulo: Malheiros, n. 120, out./dez. 2000, p. 158-160.

47 Nesse sentido, Ricardo Luis Lorenzetti. Informática, *cyberlaw, e-commerce*. In: Newton De Lucca e Adalberto Simão Filho (Coords.). *Direito e internet* – aspectos jurídicos relevantes. 2. ed. São Paulo: Quartier Latin, 2005, p. 492.

48 Renan Lotufo. Responsabilidade civil na internet. In: Marco Aurélio Greco e Ives Gandra da Silva Martins (Coords.). *Direito e internet* – relações jurídicas na sociedade informatizada. São Paulo: RT, 2001, p. 233.

A partir desse ponto, estaremos tratando, primeiro, do provedor de conteúdo que cede espaço na internet para armazenamento de *blogs*, redes sociais, entre outros, e, posteriormente, do provedor de acesso que possibilita a conexão à internet e envio e recebimento de *e-mails*. Pode acontecer de o fundamento para a responsabilidade civil ser o mesmo em ambas as situações, tendo em vista suas similaridades.

16.4.1. Responsabilidade do provedor de conteúdo/aplicações de internet (*sites*, *blogs*, redes sociais) pelo armazenamento de informações (fotos, vídeos e mensagens). Google e Facebook

A responsabilidade daquele que coloca na internet conteúdo ilícito é inquestionável, mas a questão mais delicada é o caso daquele que, apesar de não pôr na rede a ilegalidade, contribui para que o ilícito seja mais facilmente difundido, no caso, o provedor de conteúdo.[49]

O provedor de conteúdo, que cede espaço para armazenamento de informações (fotos, vídeos, mensagens), ao ceder o uso de um espaço virtual, independentemente de ser remunerado ou não, em tese, não teria responsabilidade pelo conteúdo que o locatário resolveu disponibilizar na sua página eletrônica; até porque, se for controlar tal conteúdo, poderá estar praticando censura.

Assemelha-se à situação do locador que, ao celebrar contrato com o inquilino, não precisaria manter constante vigilância sobre as ações deste. Se, por exemplo, o inquilino manusear artefatos explosivos dentro da casa, em regra, não caberia nenhuma responsabilidade para o locador.

Demócrito Reinaldo Filho, ao tratar da responsabilidade do provedor de conteúdo, também menciona a hipótese do proprietário que não é necessariamente responsável pelas faltas cometidas por seu locatário, nem mesmo em caráter subsidiário. Ele, citando Timothy C. May, compara os provedores aos proprietários de hotéis, que, ao alugarem os quartos, não têm obrigação de supervisionarem as atividades desenvolvidas em seu interior. No lugar de quartos, eles alugam espaços virtuais em seus sistemas de informática, não tendo a obrigação nem o direito de supervisionar o conteúdo dos espaços locados.[50]

---

49 Essa preocupação também foi externada em Portugal por Sofia de Vasconcelos Casimiro. *A responsabilidade civil pelo conteúdo da informação transmitida pela internet*. Coimbra: Almedina, 2000, p. 53.

50 Demócrito Reinaldo Filho. *Responsabilidade por publicações na internet*. Rio de Janeiro: Forense, 2005, p. 198-199.

Em contrapartida, poder-se-ia defender uma responsabilidade extracontratual do provedor pelo fato de terceiro – que possui relação jurídica direta com o provedor –, quando, por exemplo, este terceiro (i) loca espaço em seu servidor para hospedar um *site* ou (ii) veicula anúncio publicitário em suas páginas eletrônicas com o objetivo de vender produtos e serviços. Nesses casos, poder-se-ia até dizer que há uma participação indireta do provedor por facilitar o contato com o consumidor.

Esse tipo de responsabilização ocorre em situações em que o ordenamento jurídico atribui a responsabilidade civil a alguém por dano não diretamente causado por ele, mas por outrem; por um terceiro com quem mantém algum tipo de relação jurídica. Nessas hipóteses, trata-se de uma responsabilidade civil indireta, em que o elemento culpa não é desprezado, mas, sim, presumido, em função do dever geral de vigilância a que o agente está obrigado.[51]

Nesse caso, poderíamos pensar em aplicar a regra da solidariedade passiva, prevista no parágrafo único do art. 7º do CDC. Tal norma reza que, se a ofensa tiver mais de um autor, todos responderão solidariamente pela reparação do dano. Logo, o provedor poderia ser responsabilizado pelo conteúdo de páginas eletrônicas que utilizam seus serviços, pois a ele são vinculados. É a responsabilidade do provedor por fato de terceiro com sua atividade relacionada, desde que tenha algum controle sobre a atividade exercida por esse terceiro, como, por exemplo, no conteúdo do *site* ou no anúncio publicitário.

A posição de Antonio Jeová Santos[52] e de Carlos Roberto Gonçalves[53] é a de que o provedor, ao hospedar página ou *site*, passa a ter sua responsabilidade objetiva, dispensando a indagação sobre a culpa, uma vez que aloja a informação transmitida pelo *site* ou página, pois assume o risco de eventual ataque a direito de terceiro.

Rui Stoco se insurge contra essa posição, afirmando que, se houver ofensa por textos ou imagens divulgados no *site* por meio do provedor, acessíveis a qualquer pessoa, estar-se-á diante da responsabilidade aquiliana ou extracontratual que só se caracteriza mediante a culpa, saindo do campo do Código de Defesa do Consumidor para ingressar no âmbito do Código Civil.[54]

---

[51] Pablo Stolze Gagliano e Rodolfo Pamplona Filho. *Novo curso de direito civil*: responsabilidade civil. 2. ed. rev., ampl. e atual. São Paulo: Saraiva, 2004, v. III, p. 15.

[52] Antonio Jeová Santos. *Dano moral na internet*, p. 118.

[53] Carlos Roberto Gonçalves. *Responsabilidade civil*. 8. ed. São Paulo: Saraiva, 2003, p. 119.

[54] Rui Stoco. *Tratado de responsabilidade civil*, p. 901-902.

Fábio Ulhoa Coelho, ao tratar do estabelecimento virtual, considera que o seu titular não responde pela veracidade e regularidade da publicidade de terceiros, uma vez que, neste caso, é um mero veículo. Entretanto, responderá se o anúncio for de seus próprios produtos ou serviços.[55]

Demócrito Reinaldo Filho considera que a responsabilidade está no controle editorial, manifestada no poder sobre a informação, na decisão de publicá-la ou não, de alterar o seu conteúdo etc. Se o provedor mantém página de notícias ou informações editando-as, ele será responsável por elas, mas se simplesmente permite que as mensagens sejam colocadas na internet, sem qualquer poder de controle editorial, não terá responsabilidade pelo conteúdo delas.[56]

Mais adiante, Demócrito Reinaldo Filho alerta para o fato de que, entretanto, se o provedor tiver conhecimento de que as informações são danosas, ou que o espaço locado está sendo utilizado para fins ilícitos, e não empregar qualquer meio para inibir tal prática, será responsável pelos danos que isso possa causar, assim como seria o hoteleiro. Porém, o autor chama a atenção para o problema que isso pode representar, quanto à obrigação de impedir e fazer cessão à publicação danosa. Deve-se exigir que o provedor tenha certa diligência para atuar, confirmando a ilegalidade da informação com fontes seguras.[57]

O autor também traz outro exemplo da possibilidade de responsabilização do provedor, quando ele tiver algum acordo com o proprietário do *site* hospedado, em razão da locação de espaço virtual, no sentido de participar dos lucros pela atividade desenvolvida pelo locador. Alguns provedores adotam essa prática para aumentar suas fontes de renda. Neste caso, o provedor será responsável solidário pela relação que mantém com o *site* hospedado.[58]

Para Gustavo Testa Corrêa, a responsabilidade pelo material colocado na internet é exclusivamente do seu autor, não havendo qualquer relação entre o provedor contratado para a hospedagem e o conteúdo.[59]

---

55 Fábio Ulhoa Coelho. *Curso de direito comercial*. 4. ed. São Paulo: Saraiva, 2003, v. 3, p. 45.

56 Demócrito Reinaldo Filho. *Responsabilidade por publicações na internet*, p. 197-198.

57 Demócrito Reinaldo Filho. *Responsabilidade por publicações na internet*, p. 211-212.

58 Demócrito Reinaldo Filho. *Responsabilidade por publicações na internet*, p. 209-210.

59 Gustavo Testa Corrêa. *Aspectos jurídicos da internet*. 2. ed. São Paulo: Saraiva, 2002, p. 102.

Por sua vez, Ricardo Luis Lorenzetti também considera que a posição do provedor de conteúdo é semelhante à do locador, por conceder o uso de um espaço virtual mediante pagamento, não tendo, então, nenhuma responsabilidade por terceiros. No entanto, entende ser razoável a aplicação do que ele chama de teoria intermediária, cuja regra é não ter responsabilidade, mas que isso pode ser imputado se o provedor teve condições de avaliar a ilegalidade do conteúdo da informação ou a sua danosidade para terceiros.[60]

Marcel Leonardi inclina-se nesse mesmo sentido. Para ele, essa teoria intermediária é a mais justa na distribuição de responsabilidade por ato ilícito praticado por terceiro, em que o provedor somente será responsabilizado se for noticiado da existência de ilegalidade e permanecer inerte.[61]

Assim, se ao provedor não é assegurado o direito de fiscalizar e controlar as informações que são dispostas ou hospedadas nas páginas eletrônicas alocadas em seu servidor, funcionando ele como mero suporte, com total passividade quanto a qualquer ação referente ao conteúdo, parece que não há falar em responsabilização em razão de sua inércia.

No âmbito brasileiro, o **Marco Civil da Internet**, ao definir provedor de conteúdo como provedor de aplicações de internet, estabeleceu que não cabe a ele fiscalizar o teor das mensagens (fotos, vídeos, mensagens) dos usuários por ser a estes assegurada a liberdade de expressão. De acordo com o art. 9º do Marco Civil, o provedor de conteúdo somente será responsabilizado por danos decorrentes de teor gerado por terceiros se descumprir ordem judicial para tornar indisponível o conteúdo considerado danoso. O STJ, nos últimos anos, já vinha entendendo que ao provedor de conteúdo não deve ser atribuída responsabilidade objetiva, mas sim responsabilidade subjetiva mediante a verificação de culpa. Nesse sentido, Recursos Especiais n. 1.193.764-SP, 1.186.616-MG e 1.308.830-RS.

No geral, os processos tratam da seguinte questão: um usuário, ao sentir-se ofendido pelo conteúdo de páginas em rede social da internet, propõe ação contra o Google (titular do já extinto Orkut, que hoje seria equivalente ao Facebook), visando a retirada da página do ar cumulada com indenização por danos morais. Apesar do encerramento das operações do Orkut, a orientação

---

60 Ricardo Luis Lorenzetti. Informática, *cyberlaw, e-commerce*. In: Newton De Lucca e Adalberto Simão Filho (Coords.). *Direito e internet* – aspectos jurídicos relevantes, 2. ed., p. 492.

61 Marcel Leonardi. *Responsabilidade civil dos provedores de serviços de internet*. São Paulo: Juarez de Oliveira, 2005, p. 160.

jurisprudencial é extremamente importante, pois são várias as atividades desenvolvidas na *web* que conceitualmente se enquadram como de provedor de conteúdo (suscetíveis, portanto, à posição do STJ), como no caso do Facebook, em que aproximadamente um terço dos habitantes do planeta possui conta, além das inúmeras instituições governamentais e empresariais que se utilizam deste ambiente virtual.

O STJ vem afirmando a aplicação do CDC às relações firmadas entre o titular da comunidade (*site*) e o usuário, entendendo que se trata de exploração comercial da internet, independentemente de haver remuneração, pois o fornecedor ganha indiretamente, tendo em vista os anúncios publicitários ali realizados, sem prejuízo de outras fontes de renda. Além disso, o Tribunal afirma que não é atividade intrínseca do provedor de conteúdo a fiscalização prévia do teor das informações e imagens postadas na comunidade virtual por cada usuário, sendo que isso não pode ser considerado serviço defeituoso, de acordo com o art. 14 do CDC. Tendo em vista a subjetividade do que pode ou não ser ofensivo, a fiscalização pelo provedor seria como delegar juízo de discricionariedade sobre o conteúdo das informações aos provedores.

Também, conforme a posição do Tribunal, o dano moral experimentado pelas mensagens ofensivas inseridas no *site* pelo usuário não constitui risco inerente à atividade dos provedores de conteúdo, o que tem por consequência a não aplicação da responsabilidade objetiva estabelecida no parágrafo único do art. 927 do Código Civil. Mas, se comunicado, o provedor não tomar medidas enérgicas retirando o material ofensivo do ar imediatamente, responderá solidariamente com o autor do dano pela omissão praticada. O provedor, ao disponibilizar espaço para a livre opinião dos usuários, deve ter o cuidado de adotar meios que possam identificar cada um deles, coibindo o anonimato e atribuindo a cada manifestação uma autoria determinada. Dessa forma, considerando a "diligência média", espera-se que o provedor de conteúdo adote as medidas que estiverem ao seu alcance, conforme o caso e as circunstâncias específicas para a identificação dos usuários da comunidade virtual (*site*), sob pena de responsabilidade subjetiva (teoria da culpa) pela omissão. A diligência média, no caso de rede/comunidade social, consiste em o provedor registrar o número de protocolo na internet (IP – *internet protocol*) dos computadores utilizados para o cadastramento das contas de cada usuário (não sendo necessário que se exijam dados pessoais [o que seria facilmente burlado por usuários]). Isso é um meio razoavelmente eficiente de rastreamento dos usuários, sendo uma medida de segurança que corresponde à diligência média esperada, nos tempos atuais, para essa modalidade de operação na internet.

Nos votos sob a relatoria de Fátima Nancy Andrighi, a ministra, fundamentada na doutrina nacional e legislação estrangeira, tem afirmado que a atividade dos provedores de serviço de internet não é de risco por sua própria natureza, pois não implica riscos maiores para terceiros do que os riscos de qualquer atividade empresarial. Além disso, impor ao provedor o dever de verificar o conteúdo de todas as mensagens inscridas no *site*/comunidade seria como eliminar a transmissão de dados em tempo real, o grande atrativo da internet; o que resultaria em grande retrocesso ao mundo virtual, pois inviabilizaria serviços que atualmente fazem parte do cotidiano das pessoas. O provedor deve adotar medidas para a identificação dos usuários, sob pena de responsabilidade subjetiva (teoria da culpa) *in omittendo*; essa responsabilidade é subsidiária pelos danos causados por terceiros, em razão de não efetuar um controle mínimo esperado. A relatora lembra as posições americana e europeia, já citadas neste livro, sobre a não responsabilidade do provedor de internet pela inclusão em seu *site* de informações por terceiros, não havendo a obrigação de vigilância.

Vale chamar a atenção de que tais decisões do STJ acompanham as posições americana e europeia sobre a não responsabilização dos provedores,[62] além disso, dizem respeito a fatos anteriores à vigência do Marco Civil da Internet (Lei n. 12.965/2014). Conforme o art. 19 da nova lei, não cabe ao provedor a retirada de conteúdo, exceto por determinação judicial, até porque, se isso coubesse ao provedor, discricionária e subjetivamente, ele poderia ser acusado de censura quanto à liberdade de expressão alheia. Apesar da previsão do art. 19, tal orientação já vinha sendo adotada independentemente do Marco Civil, como pode ser conferido no Recurso Especial n. 1.337.990/SP, cuja decisão foi proferida após a vigência da Lei n. 12.965/2014, porém não a aplicando em razão dos acontecimentos terem ocorrido anteriormente.[63]

---

62 Para mais detalhes sobre a posição dos Estados Unidos e dos países europeus sobre a matéria, veja: Tarcisio Teixeira. *Comércio eletrônico*: conforme o Marco Civil da Internet e a regulamentação do "e-commerce". São Paulo: Saraiva, 2015, p. 220 e s.

63 "RECURSO ESPECIAL. CIVIL E PROCESSUAL CIVIL. RESPONSABILIDADE CIVIL. INTERNET. DANO MORAL. CRIAÇÃO DE PERFIS FALSOS E COMUNIDADES INJURIOSAS EM SÍTIO ELETRÔNICO MANTIDO POR PROVEDOR DE INTERNET. RELAÇÃO DE CONSUMO. AUSÊNCIA DE CENSURA. NOTIFICADO O PROVEDOR, TEM O PRAZO DE 24 HORAS PARA EXCLUIR O CONTEÚDO DIFAMADOR. DESRESPEITADO O PRAZO, O PROVEDOR RESPONDE PELOS DANOS ADVIN-

Assim, somente a Justiça, mediante provocação do interessado, é que poderá avaliar se determinado conteúdo (produzido em razão do exercício da liberdade de expressão) é prejudicial ou não a outrem. Uma exceção está prevista no art. 21 do Marco Civil, ao prever que em caso de cenas de nudez ou de atos sexuais de caráter privado o provedor, que disponibiliza conteúdo gerado por terceiros, será responsabilizado subsidiariamente pela violação da intimidade decorrente da divulgação, sem autorização de seus participantes quando, após o recebimento de notificação pelo participante ou seu representante legal, deixar de promover, de forma diligente, no âmbito e nos limites técnicos do seu serviço, a indisponibilização desse conteúdo. Aqui não se trata de ordem judicial, mas sim de mera notificação do interessado ao provedor.

16.4.2. Responsabilidade do provedor de acesso/conexão

Entre as responsabilidades que poderiam ser atribuídas a um provedor de acesso pelo defeito ou vício do serviço prestado acentuamos que ele pode ser utilizado como um mero canal para a prática de ilícitos em geral e de trans-

---

DOS DE SUA OMISSÃO. PRECEDENTES ESPECÍFICOS DO STJ. 1. Pretensão indenizatória e cominatória veiculada por piloto profissional de Fórmula 1 que, após tomar conhecimento da existência de 'perfis' falsos, utilizando o seu nome e suas fotos com informações injuriosas, além de 'comunidades' destinadas unicamente a atacar sua imagem e sua vida pessoal, notificou extrajudicialmente o provedor para a sua retirada da internet. 2. Recusa da empresa provedora dos serviços de internet em solucionar o problema. 3. Polêmica em torno da responsabilidade civil por omissão do provedor de internet, que não responde objetivamente pela inserção no *site*, por terceiros, de dados ilícitos. 4. Impossibilidade de se impor ao provedor a obrigação de exercer um controle prévio acerca do conteúdo das informações postadas no *site* por seus usuários, pois constituiria uma modalidade de censura prévia, o que não é admissível em nosso sistema jurídico. 5. Ao tomar conhecimento, porém, da existência de dados ilícitos em *site* por ele administrado, o provedor de internet tem o prazo de 24 horas para removê-los, sob pena de responder pelos danos causados por sua omissão. 6. *Quantum* indenizatório arbitrado com razoabilidade, levando em consideração as peculiaridades especiais do caso concreto, cuja revisão exigiria a revaloração do conjunto fático-probatório para sua modificação, o que é vedado a esta Corte Superior, nos termos da Súmula 7/STJ. 7. Precedentes específicos do STJ acerca do tema. 8. Recurso especial do autor desprovido e recurso especial da parte ré parcialmente provido para afastar a condenação relativa à criação de bloqueios e filtros em nome do autor" (REsp 1.337.990/SP, STJ, 3ª Turma, rel. Paulo de Tarso Sanseverino, *DJe* 30-9-2014).

missão de *spam*; nesse caso, resta saber se é cabível a possibilidade de responder pelos atos de outrem, sobretudo do *spammer.*

Uma hipótese é a de que o provedor mantém uma relação jurídica com o *spammer*, qual seja, o acesso à internet, possibilitando o envio de mensagens. Outra hipótese é a de que o provedor não mantém nenhuma relação com o *spammer*, mas, de qualquer forma, possibilita que o *spam* chegue ao computador do seu cliente. No primeiro caso, o provedor não tem relação jurídica com o receptor (a relação é entre provedor e *spammer*); mas no segundo o provedor está vinculado juridicamente com o destinatário da mensagem, por ser o seu provedor de acesso (a relação é entre provedor e receptor).

Acontece que o provedor, pelo menos na teoria,[64] não tem controle sobre as informações e os conteúdos que circulam na rede, mais diretamente nos seus servidores.[65]

---

[64] Como expressa o ditado popular, "deve-se pisar em ovos" na questão de que não há como controlar os *spams*. A exemplo da responsabilidade objetiva dos hoteleiros, por atos de seus hóspedes, ou dos estabelecimentos de ensino, pelos atos dos educandos, à luz do art. 932, inc. IV, do Código Civil, imagina-se uma danceteria alegar que não poderá ser responsável pelo acidente ocasionado em sua sede em razão do comportamento de um determinado cliente (por exemplo, portando uma arma de fogo), pois não tem como controlar o comportamento humano. Os que ali frequentam esperam que haja segurança por parte do estabelecimento. A princípio, um estabelecimento dessa categoria deve contar com pessoal e equipamentos de segurança apropriados para o bom funcionamento. E aí se poderia falar que, se um provedor não tem condições de monitorar mensagens com características de *spam* (principalmente pelo grande número de destinatários, não necessariamente pelo conteúdo), não deveria ele ter aptidão (ou até mesmo autorização, se fosse o caso) para funcionar. Aqui cabe uma ressalva, por exemplo, para os *newsletters* – *e-mails* de noticiários diários – com inúmeros destinatários; o emissor poderia fazer um cadastro prévio no provedor para evitar o bloqueio de suas mensagens. Assim como na entrada de uma danceteria se fazem revistas pessoais (anteriormente pelo contato físico do segurança; recentemente, por meio de aparelhos detectores), por que não permitir uma espécie de vistoria nas mensagens eletrônicas que tenham indícios de ser *spams*? É o que já tem sido feito por alguns provedores mediante o uso de filtros. No entanto, por serem estes de eficácia parcial, continua em aberto o problema da possibilidade de o provedor ser responsabilizado pelo receptor de *spam* que ultrapassou o filtro. Para não dizer do emissor da mensagem, que também pode querer reclamar algum direito por ter sua mensagem bloqueada pelo filtro.

[65] Aqui no Brasil, um provedor do Mato Grosso do Sul, de nome Portal Planeta, ganhou em primeiro e segundo graus a ação movida por um assinante que se

Tratando do tema, Ricardo Alcântara Pereira alerta para a situação na qual a mensagem eletrônica não solicitada deve ser analisada sob a ótica da responsabilidade por fato de outrem, com a finalidade de alcançar outras pessoas, às quais os agentes estejam vinculados por uma relação jurídica.[66]

Mais detidamente, a situação do provedor que funciona como instrumento de acesso à internet é muito complicada no que se refere ao *spam*, pois seria a responsabilidade por fato de terceiro com o qual mantém ou não relação jurídica.

A primeira situação é o caso de o provedor de acesso ter de responder perante o receptor do *spam* (receptor que não mantém relação jurídica com o provedor a ser demandado), por ter este recebido a mensagem enviada por terceiro – *spammer*.

---

dizia prejudicado pelo recebimento de *spam*. "Na verdade, não ficou comprovado que ele sofreu prejuízos com o recebimento do *spam* nem que o seu endereço eletrônico tivesse sido divulgado pelo provedor (o próprio assinante mantinha essa informação publicada em sua página na internet), pontos importantes para comprovar a responsabilidade do provedor", pondera Renato M. S. Opice Blum. Cf. Kelli Gonçalves. *Justiça brasileira se posiciona em relação ao uso de* e-mail. Disponível em: <http://idgnow.terra.com.br/idgnow/Internet/2002/07/0002>. Acesso em: 19 ago. 2017.

Em 17 de junho de 2002, no Rio Grande do Sul, o Juiz Martin Schulze absolveu o provedor Procergs – Cia. de Processamento de Dados do Estado do Rio Grande do Sul – em ação judicial em que era réu. O autor da ação, que editava e enviava diariamente um jornal eletrônico a onze mil pessoas, teve seu acesso cortado pelo provedor que alegou a prática de *spam*. A ação pretendia: a declaração de que as mensagens não fossem consideradas *spams*; a condenação do réu para prestar o serviço de acesso até o término do contrato; um desagravo na *home page* do réu; além de uma indenização por dano moral. A sentença, além de não acatar nenhum dos pedidos do autor, ainda considerou que as mensagens eram *spams* e que não houve censura por parte do provedor. Processos n. 00108764144 e n. 00108450553. Ação Declaratória e Cautelar Inominada. Comarca de Porto Alegre. Terceira Vara da Fazenda Pública – Primeiro Juizado.

Nos Estados Unidos, a Corte de Apelações de Nova York decidiu que, na transmissão de mensagens eletrônicas, o provedor comercial não exercita controle editorial e, portanto, não pode vir a ser responsabilizado como se fosse editor de potenciais mensagens difamatórias. Demócrito Reinaldo Filho. *Responsabilidade do provedor (de acesso à internet) por mensagens difamatórias transmitidas pelos usuários*. Disponível em: <http://www.infojus.com.br/webnews/noticia.php?id_noticia=213&>. Acesso em: 22 ago. 2017.

[66] Ricardo Alcântara Pereira. Ligeiras considerações sobre responsabilidade civil na internet. In: Renato Opice Blum (Coord.). *Direito eletrônico* – a internet e os tribunais. Bauru, SP: Edipro, 2001, p. 400.

Este terceiro – *spammer* – tem o acesso à internet por meio de contrato com o provedor. Isto é, aqui, poder-se-ia pensar na responsabilidade do provedor que gera o acesso ao *spammer* (provedor este que possibilitou o envio do *spam*).

Resta saber se é aplicável ou não uma solidariedade passiva para alcançar o provedor de acesso, e assim o prejudicado poder demandá-lo também. Isso confrontando com a questão do dever de se verificar o conteúdo das mensagens a fim de examinar se é o caso de *spam*, e aí estar sendo praticada uma eventual censura, que fere o direito à liberdade de expressão e ao sigilo da correspondência.

Na segunda situação, o provedor é o responsável pelo gerenciamento das mensagens do receptor (está presente uma relação jurídica contratual). Logo, é o provedor quem possibilita o recebimento do *spam* enviado por um terceiro que ele, provedor, desconhece e com o qual não mantém qualquer relação jurídica.

Miguel Dehon afirma que, no âmbito obrigacional, responde o provedor pelos danos causados pela má prestação de serviços, havendo uma relação de consumo entre usuário e provedor, o que dá ensejo à aplicação do Código de Defesa do Consumidor.[67]

Renato M. S. Opice Blum faz algumas considerações acerca do tema:

> Até onde vai o direito dos provedores de barrar um cliente que faça uso de *spam* e até onde vai o direito de um assinante de processar seu provedor pelo recebimento de um *spam*? (...) Na verdade a questão envolve três possibilidades. O provedor pode processar um assinante por ele ter feito uso de *spam*, gerando prejuízos para ele, provedor, e para os demais assinantes. Um assinante pode processar o provedor pelo recebimento de *spam* que lhe tenha causado danos financeiros ou prejudicado suas tarefas de alguma forma. A terceira possibilidade, que já rendeu dois ganhos de causa à AOL nos Estados Unidos, é o provedor capaz de processar um usuário de outro provedor que tenha enviado *spam* para sua lista de assinantes.[68]

Muitos consideram o provedor de acesso um simples condutor do tráfego de informações, semelhante a uma empresa telefônica quanto à transmissão de mensagens.

---

[67] Miguel Dehon. A responsabilidade civil e o provedor de internet. In: Roberto Roland Rodrigues da Silva Júnior (Org.). *Internet e direito*: reflexões doutrinárias. Rio de Janeiro: Lumen Juris, 2001, p. 201.

[68] Cf. Kelli Gonçalves. *Justiça brasileira se posiciona em relação ao uso de* e-mail.

Para Marco Aurélio Greco, o provedor, na atividade de puro provimento de acesso, assemelha-se à situação jurídica da operadora de telefonia. Esta não pode verificar os conteúdos das conversas realizadas por telefone. Assim, o provedor pode controlar o fluxo de mensagens, mas não tem poder para verificar os seus conteúdos.[69]

Mas, se, por um lado, é defendida a ideia de o provedor gerenciar e fiscalizar os *spams*, inicialmente pelo grande número de destinatários e, secundariamente, pelos conteúdos; por outro lado, advoga-se no sentido de que ele não tem como monitorar centenas de milhões de mensagens que trafegam instantaneamente[70-71] (e, mesmo que tivesse, com certeza a forma instantânea – que é pedra basilar da internet – seria prejudicada). Para não dizer das eventuais infrações de ordem constitucional, já referidas, no que se refere às mensagens eletrônicas.

Fica claro que, apesar de o *spam* aparentar ser apenas mais uma forma de publicidade,[72] ele pode causar grandes prejuízos, ensejando, assim, o direito

---

69 Marco Aurélio Greco. Poderes da fiscalização tributária no âmbito da internet. In: Marco Aurélio Greco e Ives Gandra da Silva Martins (Coords.). *Direito e internet:* relações jurídicas na sociedade informatizada. São Paulo: RT, 2001, p. 183.

70 Sobre prejudicar a "instantaneidade" na internet, principalmente quanto às mensagens eletrônicas, é uma questão para se refletir. Talvez seja melhor perder um pouco da rapidez, ensejando a possibilidade de verificar que se trata de *spam* (não necessariamente pelo conteúdo, mas principalmente pelo número de destinatários), com o intuito de manter o interesse coletivo do pleno funcionamento e da segurança do espaço virtual (como já acontece na esfera de intranet e também em grandes empresas, cujos servidores levam algum tempo para fazer o envio e o recebimento das mensagens dos funcionários para verificação, especialmente de vírus). Isso seria melhor do que manter da forma como está, considerando-se todo o transtorno provocado pelo *spam*.

71 Assim como para saque bancário de grande valor existe uma regra para que seja feito um aviso prévio à agência bancária, o mesmo poderia ocorrer quanto à mensagem eletrônica com inúmeros destinatários ou de grande tamanho, ou seja, o ideal é que o provedor de acesso fosse avisado com certa antecedência para que, já ciente, permitisse a sua transmissão sem problemas e sem a possibilidade de impedi-la, imaginando se tratar de *spam*.

72 Rodrigo Benevides de Carvalho defende a aplicação do CDC para os casos de publicidade por meio de *spam*, tanto do prisma da oferta como também da violação da privacidade do consumidor (no entanto, tal análise passa à margem da responsabilidade do provedor de acesso). A internet e as relações de consumo. In: Luís Eduardo Schoueri (Org.). *Internet* – o direito na era virtual. 2. ed. Rio de Janeiro: Forense, 2001, p. 107.

do usuário de demandar os responsáveis, pleiteando a reparação dos danos causados. No entanto, é preciso ter cautela ao analisar a questão de quem deva ser responsabilizado por esse dano.

A exemplo do que aconteceu com o vírus *I love you*, que, em questão de horas, espalhou-se pelo mundo e causou incalculáveis perdas financeiras, o *spam* também provoca inúmeros prejuízos. Logo, quanto à questão do envio de mensagens não solicitadas, resta saber se elas podem ou não ser encaradas de acordo com a responsabilidade pelo fato de terceiro, quando se alcançariam os atos de outras pessoas com as quais o provedor mantenha ou não relação jurídica, no caso os *spammers*.

Diante das questões até aqui levantadas, verificam-se três correntes que, em tese, podem ser aplicáveis, ainda que por analogia, ao provedor que possibilita o acesso à internet e o envio e recebimento de mensagens indesejadas. São elas: a da não responsabilização, a da responsabilização objetiva e a da responsabilização subjetiva.

16.4.2.1. Não responsabilização

A primeira corrente é pela não responsabilização do provedor por sua passividade em relação à transmissão de mensagens, não podendo ser obrigado a fiscalizar e a controlar algo que não lhe pertence. Nessa situação, o provedor está somente funcionando como mero instrumento de transmissão de *e-mail*.

Já existem manifestações da doutrina sobre essa posição. A título de exemplo, podemos citar Humberto Carrasco Blanc, Presidente da Associação de Direito e Informática do Chile, *in verbis*: "(...) a fines de delimitar la responsabilidad, los proveedores de red no tienen responsabilidad alguna pues actúan como meros conductores de información. Así se ha establecido en Europa como en Estados Unidos".[73]

No que se refere ao conteúdo das mensagens que circulam pela internet, a Corte de Apelações de Nova York tem decidido no sentido de considerar o

---

[73] Humberto Carrasco Blanc. Algunos aspectos de la responsabilidad de los proveedores de servicios y contenidos de internet. El caso Entel. In: Daniel Ricardo Altmark e Ramón Gerónimo Brenna (Coords.). *Informática y derecho* – aportes de doctrina internacional. Buenos Aires: Depalma, 2001, v. 7 – Comercio electrónico, p. 247.

provedor de acesso um mero condutor do tráfego de informação, semelhante às companhias de telefonia.[74]

Fernando Antônio Vasconcelos considera a impossibilidade de o provedor controlar os milhares de *e-mails* que por ele circulam diariamente. Todavia, levando-se em conta a situação do provedor como prestador de serviços, à luz do CDC, a situação mereceria uma análise mais acurada. Em outra passagem, o autor pondera que, se o provedor deixasse claro (na contratação inicial) que não iria prestar determinados serviços por não fazerem parte do objeto contratual, ele poderia eximir-se de responsabilidade.[75] Nesses serviços que não seriam prestados (por não serem objeto do contrato), poder-se-ia considerar a não verificação do número de destinatários ou do conteúdo de mensagens, por ser ela *spam* ou não.

Já Rui Stoco pondera que o provedor – agindo como simples fornecedor de meios físicos –, funciona apenas como intermediário, repassando mensagens e imagens transmitidas por outras pessoas, logo, não as produzindo nem exercendo fiscalização ou juízo de valor – não podendo ser responsabilizado.[76]

Patricia Peck Pinheiro, tratando de mensagens difamatórias (não necessariamente de *spam*), externa sua opinião no sentido de que o provedor que atua como simples condutor de informações é equiparado às companhias de telefone, o que leva à impossibilidade de ser responsabilizado, pois não pode ser obrigado a vistoriar os conteúdos das mensagens. A exceção estaria no caso de haver algum controle editorial, hipótese em que acarretaria responsabilização semelhante à do editor de mídia convencional.[77]

Tratando simultaneamente da responsabilidade dos provedores de acesso e dos provedores de conteúdo, Walter Douglas Stuber, Manoel Ignácio Torres Monteiro e Lionel Pimentel Nobre são da opinião de que eles suportam mui-

---

[74] Demócrito Reinaldo Filho. *Responsabilidade por publicações na internet*, p. 192-193; e Fernando Antônio Vasconcelos. O CDC e a responsabilidade das empresas virtuais. In: Demócrito Reinaldo Filho (Coord.). *Direito da informática* – temas polêmicos. Bauru, SP: Edipro, 2002, p. 283.

[75] Fernando Antônio Vasconcelos. O CDC e a responsabilidade das empresas virtuais. In: Demócrito Reinaldo Filho (Coord.). *Direito da informática* – temas polêmicos, p. 283-284.

[76] Rui Stoco. *Tratado de responsabilidade civil*, p. 901.

[77] Patricia Peck Pinheiro. Direito digital. 5. ed. rev. atual. e ampl. São Paulo: Saraiva, 2013, p. 110.

tas demandas (pois são localizados mais facilmente que os reais infratores) por sua atuação. No primeiro caso, por fazer circular o *e-mail*; no segundo, por fazer veicular informações. Além disso, o Poder Judiciário tende a não considerá-los responsáveis pela impossibilidade de se manter uma estrutura que impeça a divulgação de informações impróprias.[78]

O Marco Civil da Internet, art. 18, ao definir o provedor de acesso como provedor de conexão, expressa que ele não será responsabilizado por danos provocados por terceiros. Dessa forma, o provedor de acesso é considerado mero condutor, a exemplo das companhias telefônicas, que não são responsabilizadas pelo uso do telefone para a prática de ilícitos; por isso, compreendemos que haverá a exclusão da responsabilidade do provedor quanto ao envio de *spam* por terceiro.

16.4.2.2. Responsabilização objetiva

A segunda corrente é pela responsabilidade objetiva do provedor. Como já visto em outra passagem, a responsabilidade objetiva se dá pela adoção da teoria do risco, na qual a culpa é presumida, tendo surgido para contrabalançar o risco exacerbado de determinadas atividades e o aumento da possibilidade de danos.

Tal responsabilidade fundamenta-se na Lei n. 8.078/90 – Código de Defesa do Consumidor –, em especial pelo disposto nos arts. 12 e 14 (e, a partir de 2002, também pelo art. 927, parágrafo único, e art. 931 do Código Civil), sendo aplicável quando estiver configurada uma relação de consumo, à luz do que já foi analisado.

Esse tipo de responsabilidade foi estabelecido em razão do desenvolvimento da atividade como fornecedor de bens ou serviços, que responde, independentemente de culpa, pelos defeitos e vícios destes. Essa responsabilidade se dá pelo simples fato de se produzir ou comercializar bens ou se prestar serviços.

O CDC, no seu art. 12 e seguintes, trata da responsabilidade pelo fato do produto e do serviço, na qual o fornecedor é responsável pelos defeitos que comprometam a segurança que se espera deles. A partir do art. 18 do mesmo Código, está disciplinada a responsabilidade por vício do produto e do serviço.

---

[78] Walter Douglas Stuber, Manoel Ignácio Torres Monteiro e Lionel Pimentel Nobre. Questões jurídicas relacionadas à internet. *Revista de Direito Mercantil, Industrial, Econômico e Financeiro*, p. 159.

Aqui o fornecedor é responsável pelos vícios de qualidade e quantidade do produto que o tornem impróprio para o consumo ou lhe diminuam o valor; e pela qualidade do serviço que também o torne impróprio para o consumo ou lhe diminua o valor.

A expressão "independentemente da existência de culpa" (prevista nos arts. 12 e 14 do CDC) refere-se à desnecessidade de se caracterizar a culpa, pois, como já foi assinalado, ela é presumida; deve-se demonstrar apenas o nexo causal entre o dano e a conduta do agente responsável para que surja o dever de indenizar.

A responsabilidade objetiva do provedor decorre do risco da atividade por ele desenvolvida, ou seja, dá-se pelo simples fato de ele colocar no mercado seu produto ou sua prestação de serviço, não precisando que o consumidor prove se houve culpa dele enquanto fornecedor.

Quanto à sua aplicação ao provedor, ele deve zelar pela qualidade dos serviços prestados. Por exemplo, no acesso à internet, tem a obrigação de prestar um bom serviço de acesso ao consumidor. No caso do gerenciamento de *e-mail*, o provedor é quem faz a sua "distribuição", o que, de acordo com o art. 3º, *caput*, do CDC, configura-o como fornecedor. Logo, é quem faz a mensagem indesejada chegar ao consumidor, estando, por isso, obrigado a reparar-lhe o dano, independentemente de culpa.

Essa responsabilidade é solidária a todos os que compõem a cadeia produtiva,[79] isto é, o elo da circulação e da distribuição de produtos ou serviços, neste caso, aplicável ao *spam*. Quer dizer, o consumidor pode escolher quem vai acionar, ou melhor, se vai demandar o provedor e/ou *spammer* (no caso de hospedagem de *site*: se vai acionar o provedor que locou o espaço ou *site* que veiculou o conteúdo ilícito).

Se o consumidor tivesse que demandar única e exclusivamente o *spammer*, correr-se-ia o risco de nem sequer conseguir citá-lo,[80] uma vez

---

[79] Nesse sentido, Fábio Henrique Podestá, tratando da responsabilidade do provedor de acesso e alertando sobre as possíveis perplexidades decorrentes de tal posição, assevera que "todos aqueles que de alguma forma interferiram na cadeia de consumo, aí se incluindo bancos, companhias telefônicas, *sites* etc., também poderão ser responsabilizados a teor do que dispõe o art. 7º, parágrafo único, do CDC". Direito à intimidade em ambiente da internet. In: Newton De Lucca e Adalberto Simão Filho (Coords.). *Direito e internet* – aspectos jurídicos relevantes. 2. ed. São Paulo: Quartier Latin, 2005, p. 194.

[80] A questão da citação poderia, no futuro, ser minimizada se fosse criado um cadastro, com dados inclusive de localização física, em que cada um receberia

que, hoje em dia, qualquer pessoa abre uma conta de *e-mail* com informações que não são verificadas. Aqui certamente fica resguardado o direito de regresso do provedor contra o *spammer* (ou proprietário do *site* com conteúdo ilícito).[81]

Especificamente sobre o contrato celebrado entre consumidor e provedor de acesso à internet, trata-se de uma relação de consumo, passível, portanto, de aplicação das normas do CDC. Na Argentina, Ricardo Luiz Lorenzetti externa a mesma opinião: "El contrato que celebra el proveedor de acceso a Internet con un consumidor, es decir, con alguien que le da un uso final (...) es un contrato de consumo al que resulta aplicable la ley especial de defensa de los consumidores".[82]

Em caso de verossimilhança ou hipossuficiência, poderá ser invocado o instituto da inversão do ônus da prova em favor do consumidor (prevista no art. 6º, inc. VIII, do CDC). Quer dizer, se o consumidor recebeu o *spam* em razão do acesso fornecido pelo provedor, caberá a este último produzir prova em contrário para eximir-se da culpa. Deverá provar que: 1) não houve transmissão de *spam*; ou 2) que adotou todas as medidas possíveis de bloqueio, e que o *spam* somente foi recebido porque superou todas as ferramentas preventivas. Neste último caso, ainda assim, poderá não escapar da responsabilização, considerando as excludentes do art. 14, § 3º, incs. I e II, do CDC – inexistência de defeito ou culpa exclusiva do consumidor ou de terceiro, o que ainda será verificado.

Pedro A. de Miguel Asensio, tratando da responsabilidade civil na internet acerca do Código Civil espanhol e da respectiva evolução jurisprudencial, pondera que há uma tendência à responsabilidade objetiva no que ele chama

---

uma senha, pessoal e intransferível, para uso da internet. Assim, para qualquer ação na internet seria necessário o uso da senha, o que facilitaria a identificação e a localização do usuário. Ou, então, que a pessoa que usa a internet fosse obrigada a manter um endereço eletrônico para eventual necessidade de "citação virtual"; guardadas as devidas peculiaridades, algo no mesmo sentido do que acontece com as sociedades estrangeiras, que são obrigadas a manter um representante no Brasil com poderes para receber citação judicial, conforme o art. 1.138 do Código Civil.

81 Para efetivar a ação regressiva, o provedor deve ser diligente no cadastro de seus clientes; isso vale, igualmente, para os casos de solicitações judiciais destes dados.

82 Ricardo Luiz Lorenzetti. *Comercio electrónico*. Buenos Aires: Abeledo-Perrot, 2001, p. 236.

de sociedade da informação, utilizando-se do expediente da inversão do ônus da prova, cabendo à vítima o dever de provar a realidade e a extensão do dano.[83]

Apesar de não aderirmos a essa corrente, não parece ser um total absurdo a responsabilização objetiva para a prestação de serviço de acesso à internet, quando houver defeito ou vício, na qual o provedor deverá reparar o dano ao consumidor por ter recebido mensagem não solicitada.[84] Os adeptos dessa linha de pensamento defendem que o provedor tem não só o direito, mas o dever de fiscalizar e obstruir os *spams*.[85]

---

83 Pedro A. de Miguel Asensio. *Derecho privado de internet*, p. 465.

84 O provedor ainda poderá ser responsabilizado no caso de invasão de seus servidores por *hackers* ou *crackers* com a captação de dados dos seus usuários, o que configura violação de privacidade. Ou, então, responsabilizado pelo dano causado a um *site* que o provedor porventura hospede, pois a violação de direito ou o prejuízo se deu em razão de falha no sistema de segurança do provedor.

Sobre esse tema, tratando da questão de invasão do *site* ou da rede, é referência o texto de Adalberto Simão Filho, em que este defende a não aplicação das excludentes de caso fortuito e força maior para estes casos. Dano ao consumidor por invasão do *site* ou da rede – inaplicabilidade das excludentes de caso fortuito ou força maior. In: Newton De Lucca e Adalberto Simão Filho (Coords.). *Direito e internet* – aspectos jurídicos relevantes. 2. ed. São Paulo: Quartier Latin, 2005, p. 139.

Newton De Lucca, tratando do tema sob a perspectiva da responsabilidade do provedor de acesso por danos eventualmente causados aos consumidores, defende a responsabilidade objetiva do prestador de serviços, considerando também a inafastabilidade das referidas excludentes. Alguns aspectos da responsabilidade civil no âmbito da internet. In: Maria Helena Diniz e Roberto Senise Lisboa (Coords.). *O direito civil no século XXI*. São Paulo: Saraiva, 2003, p. 446 e 450.

85 Aqui se incide na questão de o provedor estar exercendo a censura. E, especialmente quanto à violação de *e-mail* por parte do provedor, que considera a mensagem um *spam*, pode ele ser demandado pelo seu emissor em razão da violação da correspondência eletrônica. Sobre violação de *e-mail*, Roberto Senise Lisboa escreveu: "A responsabilidade daquele que viola o direito à intimidade é objetiva, isto é, torna-se desnecessária a demonstração da culpa do violador da correspondência via Internet". A inviolabilidade de correspondência na internet. In: Newton De Lucca e Adalberto Simão Filho (Coords.). *Direito e internet* – aspectos jurídicos relevantes, 2. ed., p. 531.

Essa questão é muito delicada, quando se trata, por exemplo, do caso de provedor de acesso e a responsabilidade pelo envio de *spam*, pois ele, a princípio, é o mero encarregado da transmissão de mensagem eletrônica. Pode-se fazer um paralelo com a operadora de telefonia, imaginá-la controlando as ligações feitas ou recebidas (seria como pensar em um controle da operadora de telefonia com a intenção

16.4.2.3. Responsabilização subjetiva

A terceira corrente é a da responsabilidade subjetiva do provedor por sua negligência ou imprudência, ou seja, quando não adota medidas preventivas para inibir o *spam*. Pode-se considerar que é uma teoria intermediária, pela qual temos uma predileção.

Essas medidas podem ser, por exemplo, usar filtros e manter seu sistema *antispam* atualizado, para tentar bloquear ao máximo a difusão de mensagens não solicitadas; ter, no seu quadro funcional, pessoas com capacidade técnica; não ser complacente com a prática do *spam*; solicitar e manter atualizados os dados dos seus usuários para o caso de requerimento judicial de cadastro de um eventual *spammer* que utiliza o domínio do provedor; colocar no seu contrato o que é *spam* e que sua prática é vedada, sendo que em sua ocorrência poderá haver sanções; entre outras.

De acordo com essa linha de pensamento, estaremos tratando de uma responsabilidade subjetiva (já vista anteriormente) do provedor. Assim, para que se busque a reparação do dano, o usuário terá de comprovar: a existência de culpa do provedor; que o ato é ilícito; o nexo causal; e a efetiva ocorrência do dano.

Desse modo, hipoteticamente, seria responsável aquele provedor que tivesse ou devesse ter ciência[86] de que determinada mensagem era *spam*, ou que determinada identificação de endereço eletrônico era de um *spammer*, e que não tivesse realizado todos os atos razoáveis disponíveis para inibir a prática.

Também seria responsável no caso de haver várias denúncias sobre determinado domínio, ou endereço eletrônico, que é praticamente de *spam* e o provedor de acesso não tomasse providência; seja porque recebe pelo acesso que fornece, seja porque não tem à sua disposição instrumentos de contenção ao recebimento de mensagens (originadas de determinado domínio ou endereço eletrônico) como os filtros. No entanto, de qualquer forma, o mais prudente é analisar cada caso, uma vez que, em matéria jurídica, especialmente nas questões do espaço virtual, não se deve adotar uma solução de forma radical.

---

de evitar ligações de *telemarketing* ou ligações que possam difamar ou aborrecer seus usuários, sob pena de responsabilidade civil).

86 A exemplo da Inglaterra, em que se tem entendido que os provedores serão responsabilizados se forem notificados judicialmente da existência em seu servidor de mensagens com conteúdo difamatório, e assim nenhuma providência adotarem, pode-se normatizar nesse sentido para o *spam*, seja de caráter comercial ou não.

Acontece que os critérios de contenção de *spam* podem ficar muito subjetivos; então, poderiam ser fixadas por norma as medidas a serem adotadas, as quais o provedor devesse cumprir para evitar a transmissão de mensagens indesejadas. Assim, o provedor, ciente de que uma pessoa física ou jurídica (aí envolvendo um determinado endereço eletrônico ou nome de domínio) é um *spammer* e não toma providências, como bloquear as mensagens originadas dele, seria responsabilizado por essa omissão. No entanto, no caso de *spam* originado de pessoa que não está nas listas das entidades de repressão ao *spam*, e tendo o provedor adotado todas as medidas obstrutivas, o provedor não seria responsável.

Parece ser razoável a adoção da responsabilidade subjetiva para o provedor no caso de negligência na repressão do *spam*. Essa posição é adotada pelo professor argentino Waldo Augusto Roberto Sobrinho, no seu artigo "Nuevas responsabilidades legales derivadas de internet", quanto à responsabilidade sobre o conteúdo. O autor considera que os provedores não podem ter responsabilidade objetiva pelo conteúdo de páginas eletrônicas ou *sites*; mas, sim, subjetiva, quando for o caso de falta de diligência do provedor.[87] Por analogia, então, poderíamos aplicar essa responsabilidade aos provedores quando forem negligentes com relação ao *spam*.

Na medida em que se defende a responsabilidade dos provedores pelos atos dos *spammers*, por proporcionar o acesso à internet e o envio de mensagens indesejadas; ou por fazer chegar ao receptor mensagens que este não solicitou, passará ele – provedor – a ter o direito de exercer controle sobre o conteúdo das mensagens que por seus servidores são transmitidas. Tal ocorrência pode dar ensejo à busca de reparação de danos pelos *spammers* em razão da violação de correspondência e censura à liberdade de expressão.

Sobre essa questão, a liberdade de expressão pode conflitar com o direito à privacidade. Todas as vezes que ocorre esse conflito (potencializado na in-

---

[87] Waldo Augusto Roberto Sobrinho. Nuevas responsabilidades legales derivadas de internet. In: Daniel Ricardo Altmark e Ramón Gerónimo Brenna (Coords.). *Informática y derecho* – aportes de doctrina internacional. Buenos Aires: Depalma, 2001, v. 7 – Comercio electrónico, p. 278 e 283, respectivamente.

Como já visto em outra passagem, Ricardo Luis Lorenzetti, igualmente tratando da responsabilidade do provedor de conteúdo, entende ser razoável a aplicação dessa tese intermediária. Informática, *cyberlaw, e-commerce*. In: Newton De Lucca e Adalberto Simão Filho (Coords.). *Direito e internet* – aspectos jurídicos relevantes, 2. ed., p. 492.

ternet), que pode ser visto como uma colisão de direitos, é preciso solucioná-lo mediante a aplicação da proporcionalidade, que é o princípio do moderno direito constitucional, com o qual se busca fixar qual deverá ser preservado.[88]

Quando o assunto é internet, parece que o conflito de direitos ganha força, em especial o direito à privacidade do receptor de mensagens *versus* a liberdade de expressão e o sigilo da correspondência de quem as envia. Caberá ao jurista ponderar sobre a questão. De modo particular, caberá à jurisprudência, eventualmente, assentar a responsabilidade subjetiva do provedor nos casos aqui tratados.

Apresenta-se de forma bastante pertinente a ponderação de Pedro A. de Miguel Asensio quanto ao cuidado que se deve ter no que diz respeito à responsabilidade do provedor: "(...) el desarrollo mundial de las redes digitales reclama moderación al atribuir responsabilidad extracontractual, en especial respecto a los proveedores de servicios de Internet por actividades en línea de terceros".[89]

Percebe-se que, apesar de a internet já ter sido considerada "um mundo de ninguém", em que prevalecia a total liberdade no seu uso, mister se fazem a conscientização e a importância da sociedade em clamar e pleitear indenizações, especialmente pelos danos causados pela violação da privacidade que se vê invadida por inúmeras mensagens indesejadas.

Por último, destaca-se que, ocorrendo violação de direito na internet, por exemplo, quanto a conteúdos ilícitos em *sites*, ou pela invasão de privacidade por causa de *cookies*, de comercialização de dados ou pelo envio de *spam*, além da responsabilização por dano material, poderá haver, ainda, a responsabilização por dano moral, se for o caso.

16.4.2.4. Possíveis excludentes de responsabilidade

A responsabilidade pode ser excluída em vista de algumas previsões legislativas. O CDC no seu art. 14, § 3º, incs. I e II, refere-se à não responsabilização do fornecedor quando: inexistir o defeito da prestação de serviço; ou houver culpa exclusiva do consumidor ou de terceiro. Por sua vez, o Código Civil no art. 393 prevê a força maior e o caso fortuito como formas de exclusão da responsabilidade.

---

88 Renan Lotufo. Responsabilidade civil na internet. In: Marco Aurélio Greco e Ives Gandra da Silva Martins (Coords.). *Direito e internet* – relações jurídicas na sociedade informatizada, p. 240.

89 Pedro A. de Miguel Asensio. *Derecho privado de internet*, p. 465.

Assim, ocorrendo caso fortuito ou força maior, inexistência de defeito na prestação de serviço, culpa exclusiva do consumidor ou de terceiro, o provedor, em tese, estaria eximido da reparação do dano pelos prejuízos causados.

A partir da previsão do art. 14, § 3º, inc. I, do CDC, em razão da prestação de serviço de acesso, o provedor pode tentar eximir-se da responsabilidade de reparação de danos se provar que o defeito inexiste. Entretanto, esse ditame parece não se encaixar nas hipóteses até aqui tratadas, notadamente quanto ao recebimento de mensagens eletrônicas não desejadas.

Quanto à avocação da excludente prevista no art. 14, § 3º, inc. II, do CDC, a hipótese é remota no que se refere à culpa exclusiva do consumidor.[90] Isso porque o consumidor só tem acesso às mensagens pela prestação de serviço, de gerenciamento de *e-mails*, realizada pelo provedor. Notadamente, quanto à culpa exclusiva de terceiro, a palavra "exclusiva" faz o fornecedor não se eximir da responsabilidade, pois o *spam* só chegou ao destinatário, ora consumidor, pelo fato de que o provedor não adotou as técnicas necessárias de obstrução de *spam*. Consequentemente, não foi por culpa exclusiva do terceiro, havendo a culpa concorrente do provedor.[91-92]

Sobre a avocação dos institutos previstos na legislação civil, ou seja, o caso fortuito e a força maior, são necessárias algumas considerações.

Apesar da falta de consenso sobre a distinção ou não quanto aos conceitos de caso fortuito e força maior, consideramos que: o caso fortuito decorre de fato ou ato alheio à vontade das partes envolvidas, por exemplo, greve ou guer-

---

90 Em alguns casos, ocorridos na esfera da internet, essa excludente é plenamente aplicável, tendo em vista que o consumidor pode agir com culpa exclusiva, por hipótese, quando não adota os devidos cuidados com seus dados bancários.

91 Muitas vezes, os *spammers* não têm ciência da prática que estão cometendo, principalmente no caso de *e-mails* em que os conteúdos sejam de boatos. Isso pela própria falta de informação do provedor por ocasião da disponibilização da conta de *e-mail* a ele. Apesar de poderem ser considerados *spammers*, não estão agindo de má-fé, ou seja, difundem mensagens não imaginando que possam estar infringindo direitos de outrem; ao contrário, pensam estar fazendo um grande feito ao divulgar tal informação à sociedade.

92 Respeitando sempre a normativa da excludente de responsabilidade, não parece muito razoável imaginar eximir por culpa de terceiro a montadora que alega que um estranho ao corpo funcional sabota determinadas peças, devendo o consumidor, vulnerável e hipossuficiente, ter de procurar a reparação do dano junto a este terceiro. O mesmo poderia valer para o provedor ao alegar que um *spammer* é o único responsável pelos transtornos ao consumidor.

ra; já a força maior deriva de fenômenos naturais, como terremoto ou a queda de um raio. Para a configuração dessas excludentes é preciso haver as seguintes características: 1 – o fato deve ser necessário, não determinado por culpa do devedor; 2 – o fato deve ser superveniente e inevitável; 3 – o fato deve ser irresistível, fora do alcance do poder humano.[93]

No campo da informática, os provedores estão cientes dos problemas mais constantes, por exemplo, na questão do *spam* e invasão de servidores. Portanto, não podem manter atitudes passivas perante essa situação; devem tomar todos os cuidados necessários à proteção e à segurança dos seus servidores e dos usuários.

Logo, os provedores precisam estar constantemente fazendo uso de tecnologia de ponta, isto é, o que há de melhor no mundo informático para evitar o problema, seja por meio de programas de computadores, seja por medidas equivalentes. Pode-se até dizer que deve ter profissionais com expressiva notoriedade na área, a fim de evitar problemas já conhecidos, como a invasão de *crackers*, difusão de *spams* etc.

Adalberto Simão Filho, ao tratar da responsabilidade por dano causado ao consumidor por invasão do *site* ou da rede, pondera que, para a aplicação do caso fortuito ou da força maior, o evento deve estar revestido dos aspectos da inevitabilidade, imprevisibilidade e extraordinariedade. Em seguida, em razão das características da internet, considera que esses elementos não podem ser acatados, em especial porque uma invasão de *site* é algo previsível, e não extraordinário, o que levaria a uma possibilidade de ser evitada. Para ele, a invocação do caso fortuito ou da força maior para fins de não responsabilização de fornecedor na internet não se adapta à natureza jurídica dos institutos.[94]

Newton De Lucca, ao tratar da responsabilidade dos provedores de acesso por danos causados aos consumidores por invasão do *site* ou da rede, pondera que as meras alegações de caso fortuito ou de força maior nao excluem a responsabilidade objetiva estabelecida no CDC. Isso mesmo na hipótese de

---

93 Carlos Roberto Gonçalves. *Direito civil brasileiro*: responsabilidade civil. 5. ed. São Paulo: Saraiva, 2010, v. 4, p. 473.

94 Adalberto Simão Filho. Dano ao consumidor por invasão do *site* ou da rede – inaplicabilidade das excludentes de caso fortuito ou força maior. In: Newton De Lucca e Adalberto Simão Filho (Coords.). *Direito e internet* – aspectos jurídicos relevantes, 2. ed., p. 135-136 e 139.

esforço do provedor em aumentar seu sistema de segurança, pois, em favor do consumidor, pesa a teoria do risco pertencente à atividade empresarial.[95]

Em nosso livro *Comércio eletrônico*, tivemos a oportunidade de realizar um detalhado estudo sobre a divisão que há na doutrina brasileira acerca da admissão ou não do caso fortuito e da força maior como excludentes de responsabilidade nas relações de consumo.[96] Particularmente, entendemos que o caso fortuito e a força maior são princípios do Direito, independentemente de previsão no Código Civil, art. 393, ou em outras normas jurídicas, por isso são aplicáveis a todos os tipos de relações jurídicas, incluindo as estabelecidas pela internet, sejam de consumo ou não. Não seriam aplicáveis somente em situações excepcionadas por lei de forma clara e expressa. Assim, aplicando-se o diálogo das fontes entre o Código de Defesa do Consumidor e o Código Civil, o caso fortuito e a força maior são cabíveis como excludente de responsabilidade para as relações de consumo também. Ambos os institutos são excludentes por afetarem o nexo de causalidade entre conduta e dano ocasionado à vítima.

Agostinho Alvim classifica essas excludentes de responsabilidade em fortuito interno e fortuito externo. O fortuito interno estaria ligado à ação da pessoa, da coisa ou da empresa do agente; já o fortuito externo, ligado à força maior (como os fenômenos da natureza). Para o autor, no regime da responsabilidade objetiva, somente o fortuito externo, como causa ligada a fenômenos naturais (bem como a culpa da vítima, o fato do príncipe e outras situações invencíveis que não possam ser evitadas, por exemplo, guerra e revolução), excluiria a responsabilidade.[97]

Considerando tal classificação, Sergio Cavalieri Filho pondera que admitir ou não o caso fortuito e a força maior como excludentes de responsabilidade nas relações de consumo, seja porque o CDC não as previu ou em razão da aplicação do Direito clássico, é uma forma muito simplista. Por isso, compreende que a distinção entre fortuito interno e externo é muito pertinente quanto aos acidentes de consumo. Fortuito interno é fato imprevisível e inevi-

---

[95] Newton De Lucca. Alguns aspectos da responsabilidade civil no âmbito da internet. In: Maria Helena Diniz e Roberto Senise Lisboa (Coords.). *O direito civil no século XXI*, p. 450.

[96] Tarcisio Teixeira. *Comércio eletrônico*: conforme o Marco Civil da Internet e a regulamentação do "e-commerce". São Paulo: Saraiva, 2015, p. 198 e s.

[97] Agostinho Alvim. *Da inexecução das obrigações e suas consequências*, p. 329-330.

tável, mas que ocorre no momento da fabricação do produto [ou da realização do serviço]; em razão disso não exclui a responsabilidade do fornecedor porque faz parte de sua atividade, vinculando aos riscos do negócio, submetendo-se a noção geral de defeito de concepção do produto ou de formulação do serviço. Ou seja, se o defeito se deu antes da introdução do produto no mercado de consumo [ou durante a prestação do serviço], não importa saber o motivo que determinou o defeito; o fornecedor será sempre responsável pelas suas consequências, mesmo que derivadas de um fato imprevisível e inevitável. Isso já não ocorre com o fortuito externo, sendo este compreendido como o fato que não guarda nenhuma relação com a atividade do fornecedor, ou seja, é totalmente estranho ao produto ou serviço. Esse fato ocorre, via de regra, posteriormente à fabricação ou formulação do produto ou prestação de serviço. Por isso, neste caso, não se pode pensar em defeito do produto [ou do serviço], logo, já estaria abrangido pela excludente da inexistência de defeito. Contudo, o fortuito externo corresponde a uma efetiva força maior que não guarda relação com o produto ou serviço, sendo necessário admiti-lo como excludente de responsabilidade do fornecedor, sob pena de lhe impor uma responsabilidade fundada no risco integral a qual o CDC não adotou.[98]

Em muitas decisões o STJ tem se pautado por essa diferenciação entre caso fortuito interno e externo, conforme, por exemplo, no Recurso Especial n. 1.199.782-PR, em que ficou estabelecido que a responsabilidade decorrente do risco do empreendimento não admite excludentes consideradas fortuito interno.[99] Este Tribunal também editou a Súmula 479: "As instituições

---

98 Sergio Cavalieri Filho. *Programa de responsabilidade civil*. 9. ed. São Paulo: Atlas, 2010, p. 185-186 e 502-503.

99 "RECURSO ESPECIAL REPRESENTATIVO DE CONTROVÉRSIA. JULGAMENTO PELA SISTEMÁTICA DO ART. 543-C DO CPC [DE 1973]. RESPONSABILIDADE CIVIL. INSTITUIÇÕES BANCÁRIAS. DANOS CAUSADOS POR FRAUDES E DELITOS PRATICADOS POR TERCEIROS. RESPONSABILIDADE OBJETIVA. FORTUITO INTERNO. RISCO DO EMPREENDIMENTO. 1. Para efeitos do art. 543-C do CPC, as instituições bancárias respondem objetivamente pelos danos causados por fraudes ou delitos praticados por terceiros – como, por exemplo, abertura de conta corrente ou recebimento de empréstimos mediante fraude ou utilização de documentos falsos –, porquanto tal responsabilidade decorre do risco do empreendimento, caracterizando-se como fortuito interno. 2. Recurso especial provido" (REsp 1.199.782-PR, STJ, 2ª Seção, rel. Min. Luis Felipe Salomão, *DJe* 12-9-2011).

financeiras respondem objetivamente pelos danos gerados por fortuito interno relativo a fraudes e delitos praticados por terceiros no âmbito de operações bancárias".

O fortuito interno não rompe o nexo de causalidade por ser um fato que se liga à organização da empresa, relacionando-se com os riscos da própria atividade desenvolvida, por isso não afasta a responsabilidade. Não basta que o fato de terceiro seja inevitável para a exclusão de responsabilidade do fornecedor, é preciso que seja indispensavelmente imprevisível.[100]

Dessa forma, compreendemos que o fortuito interno está relacionado a algo que integra o processo produtivo ou de prestação de serviço, não excluindo a responsabilidade do agente; já o fortuito externo é derivado de um fato alheio ou extrínseco à produção do bem ou à execução do serviço, por isso é uma excludente de responsabilidade.

No âmbito contratual das relações de consumo firmadas na internet, percebe-se uma tendência de os provedores tentar eximir-se da responsabilidade nos contratos – que geralmente são de adesão –, estipulando cláusulas que limitam ou excluem suas responsabilidades. No entanto, à luz do Código de Defesa do Consumidor, tais cláusulas são consideradas abusivas e nulas.

Diante do exposto, tendo em vista o risco da atividade desenvolvida pelo provedor, ele pode ser responsabilizado pelos danos experimentados por seus clientes; exceto se comprovar ter tomado todas as medidas preventivas (possíveis e disponíveis no mercado) para evitar aquele tipo de ocorrência que causou o dano, como o recebimento de *spams* por seus usuários.

---

[100] No mesmo sentido: "Direito processual civil e do consumidor. Recurso especial. Roubo de talonário de cheques durante transporte. Empresa terceirizada. Uso indevido dos cheques por terceiros posteriormente. Inscrição do correntista nos registros de proteção ao crédito. Responsabilidade do banco. Teoria do risco profissional. Excludentes da responsabilidade do fornecedor de serviços. art. 14, § 3º, do CDC. Ônus da prova. Segundo a doutrina e a jurisprudência do STJ, o fato de terceiro só atua como excludente da responsabilidade quando tal fato for inevitável e imprevisível. O roubo do talonário de cheques durante o transporte por empresa contratada pelo banco não constituiu causa excludente da sua responsabilidade, pois trata-se de caso fortuito interno. Se o banco envia talões de cheques para seus clientes, por intermédio de empresa terceirizada, deve assumir todos os riscos com tal atividade. O ônus da prova das excludentes da responsabilidade do fornecedor de serviços, previstas no art. 14, § 3º, do CDC, é do fornecedor, por força do art. 12, § 3º, também do CDC. Recurso especial provido" (REsp 685.662-RJ, STJ, 3ª Turma, rel. Min. Fátima Nancy Andrighi, *DJ* 5-12-2005).

De toda sorte, se o provedor for condenado a reparar o dano, a ele cabe o direito de regresso contra o real infrator, seja no caso de informações consideradas ilícitas dispostas em *sites*, redes sociais, *blogs*, seja pelo envio de mensagens não solicitadas, entre outras hipóteses.

16.5. (IR)RESPONSABILIDADE PELO COMPARTILHAMENTO DE *WI-FI*

Cada vez mais é comum o acesso à internet sem o uso de fio (*Wi-Fi*). ***Wi-Fi*** trata-se de uma abreviação de ***wireless fidelity***, que pode ser traduzido como "fidelidade sem fio". O *Wi-Fi*, também conhecido por *wireless*, é uma tecnologia de comunicação sem o uso de cabos, que pode ser feita por frequência de rádio, por exemplo. Assim, o usuário pode se conectar à rede mundial de computadores sem a necessidade de usar cabeamento.

Esse sistema de acesso à internet pode ser usado de forma restrita, por exemplo, no ambiente doméstico; ou de forma ampla, como no caso de empresas que fornecem esse serviço não só aos colaboradores como aos seus clientes. Para muitas empresas, o fornecimento de *Wi-Fi* tem sido considerado indispensável pelos seus clientes, no caso de hotéis, academias, escolas, companhias de transporte rodoviário etc. Esse fornecimento geralmente é dado como cortesia.

O serviço de acesso sem fio pode ser utilizado de forma aberta ou fechada. No sistema aberto, o usuário não precisa de prévio cadastro ou mesmo de chave/senha para usar o serviço *Wi-Fi* que está sendo oferecido. Já no sistema fechado, o usuário precisa obter a chave/senha, que pode ser fornecida livremente a qualquer um que esteja naquele ambiente (sendo muitas vezes ostentadas em painéis de aviso); ou a senha é entregue mediante prévio cadastro junto à instituição que está oferecendo o serviço (o que seria mais adequado).

Para tratarmos da responsabilidade daquele que fornece acesso à internet a terceiros por meio de ***Wi-Fi*** é indispensável analisarmos o que dispõe o Marco Civil, que, em seu art. 13, inaugura o tratamento jurídico a respeito da guarda de *logs*, sem prejuízo do cotejamento com outros dispositivos legais e questões técnicas relacionadas.

Log é uma expressão empregada para descrever os rastros (histórico) em um sistema eletrônico. Os *logs* são importantes meios de prova computacional, pois permitem a identificação de quem praticou certo ato em ambiente eletrônico, incluindo ilícitos de cunho civil e penal. O *log* também é conhecido como *log* de dados.

Vejamos a redação do art. 13 do Marco Civil da Internet:

> Art. 13. Na provisão de conexão à internet, cabe ao administrador de sistema autônomo respectivo o dever de manter os registros de conexão, sob sigilo, em ambiente controlado e de segurança, pelo prazo de 1 (um) ano, nos termos do regulamento.
>
> § 1º A responsabilidade pela manutenção dos registros de conexão não poderá ser transferida a terceiros.
>
> § 2º A autoridade policial ou administrativa ou o Ministério Público poderá requerer cautelarmente que os registros de conexão sejam guardados por prazo superior ao previsto no *caput*.
>
> § 3º Na hipótese do § 2º, a autoridade requerente terá o prazo de 60 (sessenta) dias, contados a partir do requerimento, para ingressar com o pedido de autorização judicial de acesso aos registros previstos no *caput*.
>
> § 4º O provedor responsável pela guarda dos registros deverá manter sigilo em relação ao requerimento previsto no § 2º, que perderá sua eficácia caso o pedido de autorização judicial seja indeferido ou não tenha sido protocolado no prazo previsto no § 3º.
>
> § 5º Em qualquer hipótese, a disponibilização ao requerente dos registros de que trata este artigo deverá ser precedida de autorização judicial, conforme disposto na Seção IV deste Capítulo.
>
> § 6º Na aplicação de sanções pelo descumprimento ao disposto neste artigo, serão considerados a natureza e a gravidade da infração, os danos dela resultantes, eventual vantagem auferida pelo infrator, as circunstâncias agravantes, os antecedentes do infrator e a reincidência.

Sem prejuízo do que foi tratado anteriormente, no item “provedores – espécies”, **provedor de conexão** (ou de acesso) é aquele que oferece ao usuário o serviço de conexão à internet. Nos termos do art. 5º, inciso II c/c o inciso V, do Marco Civil da Internet, conexão à internet é a habilitação de um terminal (computador ou qualquer dispositivo que se conecte à internet) para envio e recebimento de pacotes de dados pela internet, mediante a atribuição ou autenticação de um endereço IP – *Internet Protocol* (número de identificação do computador para fins de registro de conexão).

Conceitualmente, **administrador de sistema autônomo** é "a pessoa física ou jurídica que administra blocos de endereço IP específicos e o respectivo sistema autônomo de roteamento, devidamente cadastrada no ente nacional responsável pelo registro e distribuição de endereços IP geograficamente referentes ao País [CGI.br]" (Lei n. 12.965/2014, art. 5º, IV).

Esse conceito, a princípio, diz respeito ao provedor de conexão (acesso) que tem a finalidade de conectar o usuário por meio do roteamento (encaminhamento)[101] de IP's, cujo bloco ele administra por delegação do CGI.br, entidade na qual deve estar devidamente cadastrado. Assim, os provedores de acesso são os responsáveis pela conexão, devendo manter condições de privacidade e que permitam a identificação dos seus clientes.

"Sistema autônomo" significa a rede capaz de divulgar seus blocos de endereços IP para os seus usuários que visam acessar a internet. Ou seja, o sistema autônomo deve possuir os seus próprios endereços IP registrados junto à autoridade competente para assim distribuí-los via roteamento.[102]

Não é uma regra universal, mas normalmente pequenos usuários (como para fins residenciais ou empresas de menor porte) utilizam-se das redes de provedores de acesso (que detém endereços de IP), que por sua vez são considerados "sistemas autônomos". Dessa forma, o computador ou a pequena rede local do usuário faz parte do sistema autônomo de um provedor.

Entretanto, também não sendo uma regra absoluta, muitas instituições (normalmente de grande porte) podem ser um sistema autônomo, como, por exemplo, bancos, seguradoras, universidades, órgãos públicos etc. São casos de "grandes usuários" que podem se cadastrar no CGI.br para receber e administrar blocos de IP's específicos e assim roteá-los como melhor lhe convir (por exemplo, entre colaboradores, clientes etc.). O CGI.br usa a expressão "usuários

---

101 Roteador é o dispositivo que encaminha pacotes de dados entre redes de computadores.

102 Sistema autônomo é uma coleção de prefixos de roteamento conectados por IP's sob o controle de um ou mais operadores de rede que apresenta uma política comum e claramente definida de roteamento para a internet. Não é mais exigido que o controle seja feito por uma única entidade, normalmente um provedor ou uma grande organização com ligações a várias redes independentes, que façam parte de uma política única e claramente definida de roteamento. In: Sistema autônomo (internet). Wikipédia. Disponível em: <http://pt.wikipedia.org/wiki/Sistema_aut%C3%B4nomo_%28Internet%29>. Acesso em: 27 ago. 2017.

finais" para as organizações que utilizam os endereços IP exclusivamente em suas próprias infraestruturas. Nesta situação há uma equiparação destes usuários aos provedores de acesso em sentido amplo.

Assim, o art. 5º, IV, contempla duas possibilidades de sistema autônomo: provedor de acesso (conexão) em sentido estrito e o provedor de acesso em sentido amplo, que contempla qualquer instituição que detenha bloco de IP's para administrá-lo e roteá-lo. É por isso que na definição do referido dispositivo não se emprega expressamente a expressão provedor, valendo o mesmo comentário em relação ao *caput* do art. 13.

Mas o que acontece quando o provedor de acesso fornece um endereço IP ao modem de um usuário? Neste momento, tal provedor deve fazer o registro da conexão e, para ele, qualquer acesso à internet que advenha daquele usuário será registrado com o número de IP que foi atribuído naquela conexão, independentemente dos endereços IP atribuídos aos dispositivos na rede local daquele usuário. A partir desse momento, o provedor tem condições de monitorar os acessos que aquele usuário faz, porém não o pode fazê-lo por vedação do art. 14 do Marco Civil. Isso seria considerado invasão de privacidade, uma vez que o provedor de acesso centralizaria todo o histórico de navegação dos seus usuários. Entretanto, o art. 13 determina a guarda dos registros de conexão por um ano.[103]

Tendo em vista que hoje é muito normal se compartilhar o acesso à internet, por *Wi-Fi* em empresas, escolas, lojas de varejo, academias e até mesmo nas residências, pode-se questionar: aquele que é proprietário de um estabelecimento ou residência que fornece a **chave/senha** do *Wi-Fi* pode ser considerado sistema autônomo para fins de aplicação das regras do Marco Civil? Vale lembrar que alguns sequer se utilizam de chave, o acesso é simplesmente livre. A resposta vai depender se há o enquadramento no conceito de sistema autônomo. Normalmente estabelecimentos empresariais e residências não o são,

---

[103] Igual prazo já estava previsto no art. 53 da Resolução n. 614, de 28 de maio de 2013, que aprovou o Regulamento do Serviço de Comunicação Multimídia e alterou os Anexos I e III do Regulamento de Cobrança de Preço Público pelo Direito de Exploração de Serviços de Telecomunicações e pelo Direito de Exploração de Satélite.

"ANEXO I À RESOLUÇÃO N. 614, DE 28 DE MAIO DE 2013

REGULAMENTO DO SERVIÇO DE COMUNICAÇÃO MULTIMÍDIA

Art. 53. A Prestadora deve manter os dados cadastrais e os Registros de Conexão de seus Assinantes pelo prazo mínimo de um ano."

portanto, num primeiro olhar não poderiam ser responsabilizados como tal. Mas, para uma resposta mais precisa, precisaremos de uma análise mais apurada das questões que envolvem o tema.

Para lançar uma luz à questão, entendemos ser válida uma breve explicação de como o acesso à internet chega até o usuário residencial ou empresarial, bem como a definição de quem exerce qual função no processo de conexão com a internet, além das formas de conexão, via cabo ou sem fio, dentro do ambiente local do usuário.

A ICANN – *Internet Corporation for Assigned Names and Numbers* (em português, Corporação da Internet para Atribuição de Nomes e Números) é a entidade americana responsável, a nível mundial, por zelar pela estabilidade operacional da internet, pela alocação do espaço de endereços IP, pela atribuição de identificadores de protocolo e a administração do sistema de nomes de domínio. A ICANN, por meio de entidades regionais (como o Comitê Gestor da Internet no Brasil – CGI.br), atribui endereços IP aos provedores de acesso (muitas vezes ligados ao setor de telecomunicações) ou aos "usuários finais" (grandes instituições que administração blocos de IP exclusivamente). Utilizando-se dos provedores de *backbones* (detentores da estrutura de cabeamento de altíssima velocidade capazes de interligar redes de cidades, nações e continentes entre si), os provedores de acesso podem conectar-se aos servidores gerenciados pela ICANN.

Entre o usuário (residencial, empresarial, governamental ou não) e o provedor de acesso pode haver a figura de outro provedor que denominamos como provedor intermediário (ou provedor de serviço[104]), que identifica o usuário (por exemplo, via um *e-mail* e senha de conexão) e assim conecta-o à rede do provedor de acesso, para aí alcançar a internet. O provedor intermediário não desenvolve necessariamente a mesma atividade do provedor de acesso, pois é um autenticador que não é indispensável para a conexão do usuário à internet (como determina a Resolução Anatel n. 614/2013, art. 6º c/c os arts. 10 e 3º, *caput*, do Regulamento do **Serviço de Comunicação Multimídia** – Anexo I da referida Resolução.[105] Essa temática já era objeto de decisão

---

[104] Preferimos a expressão provedor intermediário em detrimento de provedor de serviço, pois esta terminologia pode levar à confusão com o provedor de serviços de internet, que é um gênero da espécie.

[105] Resolução n. 614, de 28 de maio de 2013: "Art. 6º Determinar que as empresas que prestam a conexão à internet com base na Resolução n. 190, de 29 de novembro

judicial). Isso ocorre, por exemplo, no caso de operadoras que oferecem conexão de banda larga à internet via cabo a qual dispensa o serviço do provedor intermediário.

Para deixar um pouco mais claro a diferença entre o provedor de acesso e o provedor intermediário, vamos fazer uma analogia. José foi convidado para ir à festa de um amigo, que colocou seu nome em uma lista de convidados. Quando José chega à festa, há um recepcionista a quem ele diz o seu nome. O recepcionista confere se o nome do José está na lista. Se não estiver, ele não entrará na festa; estando na lista, o recepcionista diz para o coordenador da festa que José é um convidado legítimo e que pode entrar. O coordenador da festa entrega para José uma credencial daquele lugar e libera sua entrada na festa.

Em nosso contexto: o provedor intermediário é o "recepcionista da festa", que confere se o usuário pode utilizar aquele serviço. O "coordenador da festa" é o provedor de acesso a quem o usuário precisa ser conectado para acessar a internet. "José" representa o *modem* do usuário. Assim, a atitude do recepcionista em informar ao coordenador da festa que José é um autêntico convidado é a efetivação da conexão com a internet. A "credencial" é o endereço IP e a "festa" a rede mundial de computadores.

Por isso é que a internet é conhecida como a "rede das redes de computadores" ou "rede mundial de computadores". Isso pois a rede de computadores

---

de 1999, obtenham outorga para a prestação do Serviço de Comunicação Multimídia no prazo de seis meses a contar da aprovação do Regulamento de que trata o art. 1º".

ANEXO I À RESOLUÇÃO N. 614, DE 28 DE MAIO DE 2013

REGULAMENTO DO SERVIÇO DE COMUNICAÇÃO MULTIMÍDIA

Art. 10. A prestação do **SCM** [serviço de comunicação multimídia] depende de prévia autorização da Anatel, devendo basear-se nos princípios constitucionais da atividade econômica.

Art. 3º, *caput*. O **SCM** é um serviço fixo de telecomunicações de interesse coletivo, prestado em âmbito nacional e internacional, no regime privado, que possibilita a oferta de capacidade de transmissão, emissão e recepção de informações multimídia, permitindo inclusive o provimento de conexão à internet, utilizando quaisquer meios, a Assinantes dentro de uma Área de Prestação de Serviço.

Art. 4º Para os fins deste Regulamento, aplicam-se as seguintes definições:

(...)

VII – **Informação Multimídia:** sinais de áudio, vídeo, dados, voz e outros sons, imagens, textos e outras informações de qualquer natureza.

do usuário (ou mesmo que seja apenas um terminal) se conecta à rede do provedor de acesso (podendo haver a autenticação de um provedor intermediário), que, por sua vez, se conecta via *backbone* à rede dos servidores gerenciados pela ICANN.

A tarefa de conectar uma rede à outra ao longo deste processo é feito por um aparelho chamado roteador (dispositivo que encaminha pacotes de dados entre redes de computadores), cujo porte adequado varia conforme o seu ambiente. O roteador utilizado na residência ou empresa do usuário é muito mais simples do que aquele utilizado para interligar um provedor de acesso à rede administrada pela ICANN, mas todos possuem a mesma função essencial: permitir a comunicação bidirecional (ou interoperabilidade) entre diferentes redes computacionais.

Até aqui procuramos explicar o que acontece com o *modem* do usuário para fora. Dentro da residência ou do estabelecimento do usuário ocorre um processo similar: conecta-se um aparelho roteador ao *modem* de internet, sendo o roteador configurado (de fábrica ou pelo usuário) para formar uma rede local com e/ou sem fio (conforme o modelo do roteador) capaz de acessar a internet por meio do *modem* a ele conectado. O roteador atribuirá um endereço IP (interno) para cada dispositivo a ele conectado. Neste caso estará formada a rede local do usuário, que permitirá o acesso tanto entre os dispositivos e recursos locais (como, por exemplo, um computador acessando o conteúdo de outro ou impressoras etc.) quanto à internet.

Para todos os efeitos, independentemente do número de internautas que estejam acessando a internet pelo roteador *Wi-Fi* de um usuário, para o provedor de acesso será considerada uma única conexão identificada pelo mesmo IP. Assim, a identificação no provedor será unicamente a do número do IP atribuído àquele roteador. Por isso, compartilhar o acesso à web por *Wi-Fi* nada mais é do que fazer o compartilhamento do IP atribuído pelo provedor de acesso.[106] Entretanto, o roteador *Wi-Fi* atribui "IP's" internos que podem ser utilizados pelo usuário titular do *modem* para individualização dos internautas.

---

[106] Nesse sentido, Adriano Marteleto Godinho e Wilson Furtado Roberto. A guarda de registros de conexão: o marco civil da internet entre a segurança na rede e os riscos à privacidade. In: LEITE, George Salomão; LEMOS, Ronaldo (Coords.). *Marco Civil da Internet*. São Paulo: Atlas, 2014, p. 743-744.

Os autores afirmam que, em razão do compartilhamento de acesso por *Wi-Fi*, a pessoa titular do *modem* roteador do sinal para conexão à internet se equipararia,

Dessa forma, quando quaisquer destes dispositivos desejarem acessar a internet, o roteador entende qual dispositivo pediu o acesso e o que ele deseja, e assim guarda seu endereço IP. Em seguida, transmite o pedido ao *modem* que, por já estar conectado ao provedor de acesso, tem condições de acessar os servidores da ICANN para descobrir em qual computador do mundo (desde que conectado à rede) está a informação desejada. Assim, o *modem* "vai" até aquele computador e "traz" de volta a resposta solicitada, repassando essa resposta ao roteador que a entregará para aquele dispositivo que a solicitou. De forma sintética, esse fenômeno é o que acontece quando um internauta se conecta à internet. Tudo isso pode acontecer em milésimos de segundos.

Dito isto, percebemos que o usuário empresarial ou doméstico não é responsável pela conexão à internet em si, pois ele depende de um provedor que forneça a ele um endereço IP que permita seu *modem* acessar à rede mundial de computadores. Lembrando que o "recepcionista", ou seja, o provedor intermediário, não é necessariamente obrigatório.

Tão importante é o fato de que, quando o internauta utiliza em seu ambiente um dispositivo que se conecta a uma rede, usando fios ou não, ele não está se conectando diretamente à internet. Isso porque o roteador, de acordo com as configurações de segurança que foram realizadas, pode exigir uma senha para conectar aquele dispositivo à rede local sem fio por ele formada para atribuir a ele um endereço IP válido naquela rede específica. Contudo, a conexão aqui não é feita à internet, mas apenas à rede local, sendo que os endereços IP disponibilizados pelo roteador do usuário para os dispositivos (com ou sem fio) não permitem "por si só" o acesso à internet.

Essas considerações nos levam a concluir que "administradores de sistemas autônomos" são os provedores de acesso e as grandes instituições cadastradas no CGI.br para administrar blocos de IP; não contemplando, a princípio, os provedores de *backbones* ou intermediários, nem os meros usuários (residenciais, empresariais, governamentais ou não) que se conectam à internet via provedor

---

em tese, ao provedor de acesso. E, como tal, poderia ser responsabilizada pelo ato do ilícito do internauta que se conectou pelo seu *modem* de *Wi-Fi*. Eles citam um caso ocorrido nos Estados Unidos em que uma senhora de 70 anos teria sido processada por supostamente baixar filmes pornográficos protegidos por direitos autorais, sendo que mais tarde veiculou-se a informação de que o *Wi-Fi* da mulher não era protegido por senha e que os *download's* dos filmes teriam sido feitos por vizinhos.

de acesso. Isso porque são os provedores de acesso (e as grandes instituições) que "administram blocos de endereço IP específicos e o respectivo sistema autônomo de roteamento, devidamente cadastrados no ente nacional responsável pelo registro e distribuição de endereços IP geograficamente referentes ao País [CGI.br]", conforme o art. 5º, IV e V, e art. 13, *caput*, do Marco Civil da Internet. Consequentemente, como tratam da "provisão de conexão à internet", a estes provedores de acesso (e grandes instituições) cabe o dever de manter os registros de conexão efetuados por seu intermédio.

Importante ressaltar que o usuário, a princípio, não pode ser caracterizado como administrador de sistema autônomo, uma vez que ele, por si mesmo, não é responsável por prover conexões à internet, pois depende de um provedor de acesso e/ou um provedor intermediário para ter sua conexão estabelecida. Isso vale tanto à pessoa física que cede o acesso de sua conexão sem fio (*Wi-Fi*) a seus amigos como à pessoa jurídica que oferece o benefício de conexão sem fio à internet por meio de sua rede local aos seus clientes e colaboradores.

Além disso, poderíamos colocar a questão sob o prisma de não ser a "atividade-fim" do usuário, o que o diferencia do provedor cuja finalidade é a provisão de acesso à internet. Assim, se alguém tiver isto como atividade-fim ele poderá ser caracterizado como provedor de acesso, devendo neste caso ser registrado "no ente nacional responsável pelo registro e distribuição de endereços IP geograficamente referentes ao País". Essa seria uma hipótese em que tal usuário poderia ser equiparado a administrador de sistema autônomo. Contudo, uma pessoa física ou jurídica que, tendo contratado o serviço de conexão junto a um provedor para seus propósitos particulares (doméstico ou empresarial), querendo compartilhar o acesso à internet, não tem a obrigação de se sujeitar ao crivo do CGI.br e/ou da ANATEL, seja para utilizar a internet seja para criar uma infraestrutura local de acesso com ou sem fio (*Wi-Fi*), ainda que esta infraestrutura local permita acessar a internet.

Outro ponto é a questão da atribuição de responsabilidade quando alguém utiliza o acesso à internet via *Wi-Fi* disponibilizado pelo usuário (doméstico ou empresarial) e acaba cometendo um ilícito. Haveria alguma implicação o fato de a chave/senha do *Wi-Fi* ter sido compartilhada ou obtida por invasão ou outros meios não cordiais? Para o provedor de acesso o endereço IP que ficará registrado em seus controles é o atribuído ao *modem* daquele usuário titular da rede local.

De toda sorte, o fato de o usuário não ser caracterizado como administrador de sistema autônomo não deveria eximi-lo da observância dos procedimentos de segurança adequados ao uso de rede com ou sem fio. Isso porque evita problemas relacionados à segurança de informações em sua própria rede local (como invasão de sistemas, roubo de senhas, acesso indevido a arquivos e informações confidenciais etc.), bem como evita o uso indevido de sua conexão à internet por pessoas estranhas ao seu conhecimento e/ou interesse. Para todos os usuários é recomendado recorrer ao auxílio de um especialista para configurar corretamente o acesso à rede sem fio. Sobretudo no caso de usuários que sejam empresas, e demais organizações, também é sugerido solicitar os serviços periódicos de uma consultoria em segurança de informações a fim de verificar os meios mais adequados para minimizar os riscos de incidentes desagradáveis.

Contudo, aqueles que compartilham para terceiros o acesso à internet por *Wi-Fi* até poderiam ser equiparados a provedores de acesso em sentido amplo, mas não o são (assim como *Lan Houses* também não o são), sobretudo porque não podem ser tidos como "sistema autônomo". Dessa forma, as regras do art. 13 do Marco Civil são direcionadas àqueles provedores que se enquadrem como sistema autônomo, ou seja, os provedores de conexão em sentido estrito e as grandes instituições que administram blocos de IP e são cadastradas no CGI.br (provedor em sentido amplo).

Assim, aqueles que compartilham a senha/chave do *Wi-Fi*, via de regra, não são responsáveis se a lei e/ou o contrato não o obrigam. Do contrário, haveria um grande ônus para efeitos de cadastramento de todos aqueles que pretendam utilizar-se do *Wi-Fi* daquele fornecedor, ou mesmo do proprietário de uma residência. E, sendo isso inviável, o compartilhamento de *Wi-Fi* gratuito simplesmente tornar-se-ia escasso devido ao risco que isso possa representar.

Tal como no caso de uma empresa que empresta a linha telefônica para um cliente fazer uma ligação, e este acaba utilizando esse canal telefônico para prática de um crime, a empresa não pode ser responsabilizada por isso, salvo conivência. Em caso de eventual responsabilização pelo fornecimento de *Wi-Fi*, isso deve ser apurada mediante a teoria da culpa (responsabilidade subjetiva) e não pela teoria do risco (responsabilidade objetiva).

Como visto em outras passagens deste livro, os provedores de conexão à internet não são responsáveis pelos atos danosos de seus usuários, cujo raciocínio aplica-se plenamente ao usuário (residencial, empresarial, governamental ou não) que compartilha *Wi-Fi* (desde que não seja um sistema autônomo).

Caso fosse atribuída responsabilidade a quem compartilha *Wi-Fi* pelos atos daqueles que se utilizam do acesso sem fio para praticar algum ilícito, a este deveria ser dado o direito de vigiar o conteúdo do que está sendo acessado, postado, enviado, recebido etc. pelo usuário. Isso seria inconcebível na relação fornecedor-cliente, exemplificativamente, além da violação da privacidade.

Em outro ponto desta obra, discorremos sobre a possibilidade de o **empregador** monitorar o conteúdo do que é acessado pelo seu **colaborador** ao utilizar-se dos equipamentos da empresa, sendo que neste caso não haveria privacidade a ser preservada. Nos casos em que o empregado utiliza-se dos equipamentos e ferramentas da empresa (como o *e-mail* corporativo), ele acaba por abrir mão de sua privacidade, na medida em que a empresa tem o direito de vigiar o seu funcionário para preservar o seu negócio, bem como sua responsabilidade. Isso porque, conforme o Código Civil, art. 932, III, o empregador é responsável pelos atos de seus colaboradores.

Entretanto, uma empresa que compartilha *Wi-Fi*, que pode ser usado inclusive pelos seus colaboradores, não poderá monitorar os internautas (sejam empregados, clientes etc.) se estes estiverem utilizando seus equipamentos particulares, como *smartphones* ou *tablets*. Nesse caso, estas empresas que compartilham o *Wi-Fi* estão livres de responsabilidade pelos atos daqueles que utilizam a internet para a prática de ilícitos (da mesma forma que os provedores de acesso não são responsáveis pelos atos de seus usuários e vendedores de *chips* de celular não podem ser responsabilizados pelos atos dos compradores). Essa isenção de responsabilidade se dá tanto na esfera civil como na penal. De toda sorte, nunca se deverá perder de vista a teoria geral da responsabilidade civil, sobretudo a questão do nexo de causalidade entre a ação/omissão e o dano.

Afirmamos isso porque criar regras muito rígidas, desprendidas da teoria geral, pode implicar rápida obsolescência ou injustiça. Se não vejamos duas hipóteses praticadas por um funcionário durante sua jornada de trabalho na empresa. Na primeira, ele pratica um ilícito por meio do seu *e-mail* corporativo denegrindo a imagem de alguém. Já na segunda, ele posta na sua página do Facebook uma foto que ofende moralmente outra pessoa. Ambas as situações foram praticadas no ambiente de trabalho utilizando os computadores das empresas. Se, por um lado, a empresa é responsável na primeira hipótese, por outro, não o será na segunda. Isso porque, nos termos do art. 932, III, do Código Civil, a responsabilidade do empregador pelos atos de seus prepostos se dá quando estes estão "no exercício do trabalho que lhe compete ou razão dele". Assim, no primeiro caso, o funcionário utiliza o *e-mail* corporativo "em razão do seu trabalho", por isso a empresa poderá responder pelo uso inadequado da ferramenta fornecida (até porque carrega o seu nome de domínio da empresa na descrição do *e-mail*). Já no segundo caso, a foto poderia ser postada de qualquer equipamento com acesso à internet, da casa do usuário, do local onde estuda etc., o que implica a falta de nexo causal e, consequentemente, a irresponsabilidade do empregador.

Feitas essas considerações, cabe ao administrador de sistema autônomo (normalmente um provedor de conexão) o dever de manter os registros de conexão por um ano. Frise-se que registro de conexão é o conjunto de informações referentes à data e hora de início e término de uma conexão à internet, sua duração e o endereço IP utilizado pelo terminal para o envio e recebimento de pacotes de dados. Os registros devem se mantidos em sigilo, em ambiente seguro e sob o controle do administrador, conforme regulamento a ser editado.

Juridicamente falando, "administrador" não foi a melhor expressão empregada pelo Marco Civil, isso porque administrador significa o responsável técnico pela empresa, aquele que organiza e dirige a atividade. A depender do tipo associativo (sociedade, associação etc.) o administrador pode ser sócio ou não, cabendo a ele a representação da pessoa jurídica, pois é por meio do administrador que uma pessoa jurídica assume seus direitos e obrigações.

De qualquer forma, o desrespeito à regra do art. 13 do Marco Civil, conforme sua própria redação, implica responsabilidade para o "administrador" de sistema autônomo, ou seja, a pessoa física ou jurídica que administra blocos de endereços IP específicos, cadastrada no CGI.br. É importante destacar que a responsabilidade pela guarda dos registros de conexão não pode ser cedida a terceiros, sendo essa uma regra imperativa e qualquer disposição contratual diversa não tem efeitos jurídicos.

A guarda por prazo superior a um ano pode ser requerida pelo Ministério Público, Delegado de Polícia ou autoridade administrativa (por exemplo, da Receita Federal), os quais deverão ingressar dentro do prazo de sessenta dias com pedido de autorização judicial para poder ter acesso aos registros requeridos. O responsável pela guarda dos registros deve manter de forma sigilosa o requerimento, que, por sua vez, perderá o efeito se for indeferido o pedido judicial ou protocolado fora do prazo de sessenta dias. De qualquer forma, o responsável pelos registros somente pode fornecê-los ao requerente (Ministério Público ou autoridade policial) após receber a ordem judicial autorizadora.

Caso ocorra infração às regras do art. 13, que acabamos de apontar, deverá o aplicador da sanção considerar a natureza e a gravidade da falta, os danos provocados por ela, vantagem auferida pelo infrator e seus antecedentes, circunstâncias agravantes e reincidência (repetição da mesma infração). Acontece que o art. 13 não prevê sanção específica para o seu descumprimento. De acordo com o referido dispositivo, ao administrador de sistema autônomo respectivo o dever de manter os registros de conexão, sob sigilo, em ambiente controlado e de segurança, pelo prazo de um ano, nos termos do regulamento. Ou seja, não há pena expressa prevista para o caso de infração ao art. 13, dependendo, portanto, da regulamentação do dispositivo, que ora encontra-se em consulta pública promovida pelo Ministério da Justiça com o fim de regulamentar o Marco Civil da Internet. Entretanto, isso a princípio não impede a aplicação de multa judicial.

Por fim, quem compartilha *Wi-Fi* não pode ser responsabilizado pelos atos daqueles que utilizam o acesso à internet ora disponibilizado; porém, é prudente que guarde os registros de conexão pelo prazo de um ano (nos termos do art. 13 do Marco Civil). Isso porque não será difícil haver entendimentos de que aquele que compartilha o acesso via *Wi-Fi* deve agir com diligência em relação aos dados daqueles que se utilizam do acesso, tendo em vista eventual necessidade de identificação de quem praticou um ilícito a partir daquele meio de conexão.

Em julgamentos que envolvem responsabilidade de provedores de conteúdo por postagens em suas redes sociais na internet, o STJ tem aplicado o critério da "diligência média", como nos Recursos Especiais n. 1.193.764-SP, 1.186.616-MG e 1.308.830-RS. A diligência média é um dever de conduta relacionado a um padrão de comportamento esperado pela sociedade, ou seja, um grau de diligência comum. Nos casos julgados pelo STJ tem-se decidido que, sob a ótica da diligência média que se espera do provedor, deve este adotar as providências que, conforme as circunstâncias específicas de cada caso, estiverem ao seu alcance para a individualização dos usuários do *site*, sob pena de responsabilização subjetiva por culpa omissiva. Mesmo que não exija os dados pessoais dos seus usuários, o provedor de conteúdo, que registra o IP dos computadores utilizados para o cadastramento de cada conta, mantém um meio razoavelmente eficiente de rastreamento dos seus usuários, medida de segurança que corresponde à diligência média esperada dessa modalidade de provedor de serviço de internet.[107]

Assim, aquele que compartilha o acesso à internet via *Wi-Fi*, a princípio, não se sujeita à regra do art. 13. Todavia não nos surpreenderemos ao receber notícias de decisões (sob o mesmo raciocínio do STJ quanto à diligência média) que sejam favoráveis às vítimas de ilícitos e responsabilizando às pessoas físicas ou jurídicas que compartilharam acesso via *Wi-Fi* com alguém que praticou a infração. Seria uma responsabilidade indireta por ato de outrem. A fundamentação da decisão poderá estar no fato de o usuário que compartilhou o *Wi-Fi* não ter guardado por certo período (por exemplo, um ano) os registros de conexão que permitissem identificar o infrator, realizando assim numa aplicação analógica do art. 13. Este dispositivo se aplicaria no que couber a essa situação, não somente ao *caput*, mas também aos seus parágrafos referentes à não terceirização da guarda, ao atendimento das ordens judiciais para prolongamento do período de guarda etc.

Para afastar qualquer chance de ser responsabilizado pelo ato de outrem que se utilizou do acesso à internet via *Wi-Fi*, é prudente manter os registros de conexão que permitam identificar o usuário da rede interna que a utilizou para se conectar e assim praticar o ilícito.[108]

Se pensarmos em uma possível responsabilidade a quem fornece acesso via *Wi-Fi*, estaremos pensando em equipar tal pessoa, via analogia, com um provedor de conexão, pois não deixa de ser um conector para uma rede interna (local), que a partir daí seu usuário possa alcançar a internet. Essa responsabilidade ficaria restrita à falta de guarda dos dados de conexão, pois atribuir responsabilidade pelo fato de outrem contrariaria o que prevê o art. 18 do Marco Civil: "O provedor de conexão à internet não será responsabilizado civilmente por danos decorrentes de conteúdo gerado por terceiros". Um entendimento diverso deste, que pretenda atribuir responsabilidade a quem compartilha *Wi-Fi* pelos atos de outrem, acabaria impondo uma responsabilidade maior do que a dos próprios provedores de conexão, o que sem dúvida é descabido.

---

[107] Discorremos aprofundadamente sobre esse tema em nosso: Tarcisio Teixeira. *Comércio eletrônico*: conforme o Marco Civil da Internet e a regulamentação do "e-commerce". São Paulo: Saraiva, 2015, p. 285 e s.

[108] No mesmo sentido, Victor Auilo Haikal. Da significação jurídica dos conceitos do art. 5º. In: LEITE, George Salomão; LEMOS, Ronaldo (Coords.). *Marco Civil da Internet*. São Paulo: Atlas, 2014, p. 322.

Contudo, os registros de conexão devem incluir informações sobre dia e horário de início e término de uma conexão à internet, bem como outros dados que permitam identificar o computador utilizado e, de preferência, a pessoa (internauta). Por isso, o oferecimento de *Wi-Fi* deve ser muito bem pensado, quanto ao seu custo-benefício, pois se em alguns tipos de atividades já não se admite o não fornecimento de *Wi-Fi* visando o conforto dos clientes, como hotéis, academias, escolas etc., em outros, o fornecimento não é tão relevante para a atração e manutenção de clientes, a exemplo de consultórios médicos e fisioterapêuticos.

16.6. RESPONSABILIDADE DE BANCOS, ADMINISTRADORAS DE CARTÕES DE CRÉDITO E GESTORAS DE PAGAMENTO

Grande parte das operações de compras e de prestações de serviços na internet é paga utilizando-se dos meios bancários, de cartão de crédito e do serviço de gestão de pagamento; consideramos ser muito pertinente e útil tecermos ponderações sobre qual a responsabilidade dos bancos, das administradoras de cartão de crédito e das empresas gestoras de pagamento em compras realizadas pela internet. No entanto, não examinaremos questões de *home-banking*, no sentido de movimentações de contas bancárias à distância via internet (*internet-banking*) ou por telefone pelos correntistas, como investimentos, transferências etc., sob pena de nos distanciarmos muito da proposta desta obra.

Por isso, é indispensável saber qual o nível de responsabilidade dos bancos e das administradoras de cartão de crédito nas compras realizadas pela internet, quando realizadas por meio de pagamento bancário (débito em conta ou até mesmo boleto bancário) ou com o uso do número do cartão de crédito. Isso porque podem surgir inúmeros problemas, como, por exemplo, a denominada "clonagem" de números de cartão bancário e de crédito, a subtração de quantias de contas bancárias, entre outras questões que precisam ser tuteladas do ponto de vista da responsabilidade civil (no campo penal, algumas condutas vêm sendo tipificadas criminalmente, como, por exemplo, a falsificação de cartão, conforme o parágrafo único do art. 298 do Código Penal, incluído pela Lei n. 12.737/2012). Vale lembrar que esses fatos implicam a desconfiança dos potenciais consumidores de bens no âmbito do comércio eletrônico; não fosse isso, certamente o crescimento do *e-commerce* seria ainda maior.

Conforme o CDC, art. 3º, § 2º, a atividade bancária, financeira, de crédito ou securitária é considerada serviço, enquanto atividade prestada no mercado de consumo, para fins de aplicação da Lei n. 8.078/90 – Código de Defesa do Consumidor. Após longa discussão acerca da aplicabilidade ou não do CDC enquanto lei ordinária à atividade bancária, pois havia quem sustentasse que seria necessária lei complementar para submeter os bancos à norma de proteção ao consumidor, a questão restou pacificada pela aplicação do CDC à atividade bancária pelo STF e STJ. No STF, a tese firmou-se por meio da decisão proferida na Ação Direta de Inconstitucionalidade n. 2.591/DF.[109] Já o STJ editou a Súmula 297: "O Código de Defesa do Consumidor é aplicável às instituições financeiras".

Ainda quanto à atividade bancária, vale lembrar o teor da Súmula 479 do STJ: "As instituições financeiras respondem objetivamente pelos danos gerados por fortuito interno relativo a fraudes e delitos praticados por terceiros no âmbito de operações bancárias".

No que se refere ao contrato bancário de abertura de crédito, há a Súmula 233 do STJ: "O contrato de abertura de crédito, ainda que acompanhado de

---

[109] Trecho da ementa: "CÓDIGO DE DEFESA DO CONSUMIDOR. ART. 5º, XXXII, DA CF/88. ART. 170, V, DA CF/88. INSTITUIÇÕES FINANCEIRAS. SUJEIÇÃO DELAS AO CÓDIGO DE DEFESA DO CONSUMIDOR, EXCLUÍDAS DE SUA ABRANGÊNCIA A DEFINIÇÃO DO CUSTO DAS OPERAÇÕES ATIVAS E A REMUNERAÇÃO DAS OPERAÇÕES PASSIVAS PRATICADAS NA EXPLORAÇÃO DA INTERMEDIAÇÃO DE DINHEIRO NA ECONOMIA [ART. 3º, § 2º, DO CDC]. MOEDA E TAXA DE JUROS. DEVER-PODER DO BANCO CENTRAL DO BRASIL. SUJEIÇÃO AO CÓDIGO CIVIL. 1. As instituições financeiras estão, todas elas, alcançadas pela incidência das normas veiculadas pelo Código de Defesa do Consumidor. 2. 'Consumidor', para os efeitos do Código de Defesa do Consumidor, é toda pessoa física ou jurídica que utiliza, como destinatário final, atividade bancária, financeira e de crédito. 3. O preceito veiculado pelo art. 3º, § 2º, do Código de Defesa do Consumidor deve ser interpretado em coerência com a Constituição, o que importa em que o custo das operações ativas e a remuneração das operações passivas praticadas por instituições financeiras na exploração da intermediação de dinheiro na economia estejam excluídas da sua abrangência. 4. Ao Conselho Monetário Nacional incumbe a fixação, desde a perspectiva macroeconômica, da taxa base de juros praticável no mercado financeiro. (...)" (ADI 2.591/DF, STF, Tribunal Pleno, rel. Min. Carlos Velloso, Relator p/ acórdão Min. Eros Grau, *DJ* 29-6-2006).

extrato de conta corrente, não é título executivo", cabendo, assim, ação monitória para a cobrança do débito junto ao cliente correntista. Especificamente sobre a nota promissória atrelada ao contrato de abertura de crédito, é a Súmula 258 do STJ: "A nota promissória vinculada a contrato de abertura de crédito não goza de autonomia em razão da iliquidez do título que a originou".

Claudia Lima Marques afirma que a responsabilidade dos bancos é pacífica quanto aos deveres contratuais de cuidado e segurança quanto às retiradas, às assinaturas falsas e aos problemas em cofres. Já a falha externa do serviço bancário, como a abertura de conta-fantasma com dados da vítima, bem como possível inscrição em órgão de proteção ao crédito (como Serasa), impõe responsabilidade objetiva aos bancos, pois a vítima é equiparada à consumidora tendo direito à reparação por dano material e/ou moral. Pode-se, ainda, mencionar os problemas com assaltos em agências bancárias e a descoberta de senhas em caixas eletrônicos como acidentes de consumo, como hipóteses sujeitas à aplicação do art. 14 do CDC.[110]

Sergio Cavalieri Filho sintetiza o assunto ao lecionar que quanto a vícios e defeitos decorrentes da atividade desenvolvida pelos bancos, sua responsabilidade é contratual em relação aos seus clientes e extracontratual em relação a terceiros.[111]

Na esfera das compras pela internet, os bancos – enquanto prestadores de serviços – respondem pelos vícios e defeitos decorrentes do seu serviço prestado efetivamente, especialmente pelos vícios e defeitos de seus instrumentos de pagamento. Assim, havendo problemas decorrentes da operação bancária, como débito em conta não autorizado; débito em duplicidade; não realização da ordem de pagamento feita pelo consumidor, mesmo havendo saldo positivo na conta bancária, o que implica não concretização do negócio etc., a responsabilidade dos bancos fica limitada ao serviço que se comprometem a realizar, não podendo, por exemplo, ser cobrados pelo vício ou defeito do produto, objeto da compra e venda entre o consumidor e o titular do *site* de estabelecimento virtual, por faltar nexo de causalidade entre o dano e a conduta do banco.

---

110 Claudia Lima Marques. Da responsabilidade pelo fato do produto e do serviço. In: MARQUES, Claudia Lima; BENJAMIN, Antônio Herman V.; MIRAGEM, Bruno. *Comentários ao Código de Defesa do Consumidor*. 2. ed. São Paulo: RT, 2006, p. 291.

111 Sergio Cavalieri Filho. *Programa de responsabilidade civil*, cit., p. 417.

Quanto à extensão da responsabilidade civil dos bancos, perante o consumidor que compra um produto ou toma um serviço pela internet, aplica-se o CDC acerca das regras de responsabilidade por defeito e por vício do serviço, conforme os arts. 14 a 25. Perante o fornecedor do bem, os bancos também são responsáveis pelos vícios e defeitos decorrentes da sua prestação de serviço; mas quanto à aplicação do CDC deve-se atentar e verificar se o fornecedor pode ser considerado consumidor, ou seja, destinatário final do serviço bancário. Vale explicitar que serviço significa um fazer, ou melhor, qualquer atividade humana prestada licitamente, de forma material ou imaterial, sendo que o Código Civil possui um regramento jurídico para o contrato de prestação de serviços, conforme os arts. 593 a 609.

Particularmente, compreendemos que o serviço prestado pelo banco a um profissional trata-se de insumo para sua atividade de venda, prestação de serviço etc. pela internet; por isso não poderá ser considerado consumidor por lhe faltar o caráter de destinatário final (isso, se for um vendedor eventual – não profissional –, será tido um consumidor destinatário final). Mas, como visto anteriormente, há quem possa entender que, se houver vulnerabilidade, aplicar-se-á o CDC em favor do profissional (ora vendedor), considerando-o um consumidor, portanto.

No que se refere às administradoras de cartão de crédito, elas desempenham atividades financeira e de crédito, conforme o art. 3º, § 2º, do CDC, ao prever que estas atividades são consideradas serviço, enquanto atividade prestada no mercado de consumo. A propósito, vale a transcrição da Súmula 283 do STJ: "As empresas de administração de cartão de crédito são instituições financeiras e, por isso, os juros remuneratórios por elas cobrados não sofrem as limitações da Lei de Usura".

Como já apontado anteriormente, o cartão de crédito é uma das formas de cumprir uma obrigação; tratando-se de um contrato inominado derivado da mistura de abertura de crédito e de prestação de serviços.

Sobre a responsabilidade civil da administradora de cartão de crédito, esta decorre da prestação de serviço que a instituição se compromete a prestar, ou seja, fornecer um cartão de crédito ao seu cliente para que este possa usar a linha de crédito junto à rede de fornecedores credenciados pela operadora. Existindo problemas derivados desta prestação de serviço, seja por vício seja por defeito, haverá a responsabilidade da administradora do cartão nos termos do CDC, arts. 20 e 14, respectivamente. Resultando de defeito, a responsabilidade da administradora do cartão é objetiva, como no caso de não realização de compras pelo cliente, havendo o indevido lançamento na fatura de pagamento e inclusão imprópria do nome do cliente em lista de proteção ao crédito, como Serasa, uma vez que implica dano de ordem moral e/ou patrimonial. Caberá à administradora para eximir-se de culpa demonstrar, por exemplo, que a compra foi concretizada em decorrência da culpa exclusiva da vítima por ter fornecido os dados do cartão de crédito a terceiro.

Mas, frise-se que a responsabilidade da administradora do cartão limita-se ao serviço financeiro e de crédito que ela se presta a realizar, não podendo ser responsabilizada, por hipótese, pelo vício ou pelo defeito de um produto adquirido via internet pelo consumidor junto ao vendedor, por faltar nexo causal à espécie.

Nos negócios realizados pela internet (e também nos concretizados fora deste âmbito virtual), a extensão da responsabilidade civil das administradoras de cartões é fundamentada no CDC em relação ao consumidor que compra um produto ou toma um serviço. Já diante do profissional que vende o produto ou presta o serviço, a administradora também é responsável pelos vícios e defeitos decorrentes da sua prestação de serviço; porém, entendemos que o serviço prestado pela administradora de cartão de crédito junto ao profissional cuida de insumo para sua atividade realizada via internet. Logo, não pode ser considerado consumidor destinatário final do serviço prestado pela administradora do cartão (exceção seria o caso do vendedor não habitual, esporádico, tido por destinatário final).

Newton De Lucca leciona que, se houver falha nos equipamentos de segurança ou nos *softwares* quanto ao processamento de dados, haverá a responsabilidade civil do banco, quer derive do risco empresarial, quer decorra do regime do CDC, quer resulte da teoria do risco do desenvolvimento. Na opinião do autor, o caso fortuito e a força maior não afastam a responsabilidade estabelecida pelo CDC, mas sim a culpa do cliente, que agiu de forma negligente com relação aos seus dados bancários.[112]

Assim, compreendemos que havendo débitos indevidos em conta bancária do titular em razão de negócios não realizados por ele na internet ou fora dela, o banco responderá pelas consequências do dano provocado, devendo ressarcir

---

112 Newton De Lucca. Aspectos atuais da proteção aos consumidores no âmbito dos contratos informáticos e telemáticos. In: DE LUCCA, Newton; SIMÃO FILHO, Adalberto (Coords.). *Direito e internet* – aspectos jurídicos relevantes. São Paulo: Quartier Latin, 2008, v. 2, p. 61, 70 e 72.

o correntista. O mesmo se dá quanto ao lançamento em faturas de pagamento por compras não realizadas pelo cliente da administradora de cartão, seja na internet ou não. Em ambos os casos, caberá ao fornecedor de serviço (banco ou administradora de cartão) comprovar a culpa exclusiva da vítima para livrar-se da responsabilidade. Especificamente sobre as compras pela internet, as clonagens, as invasões de servidores etc., que causam prejuízos a correntistas e clientes de administradoras, têm sido consideradas como fortuitos internos, não sendo admitidas como culpa exclusiva de terceiro, na medida em que ao se violar o sistema de segurança o fornecedor é corresponsável por isso.[113]

Quanto à gestão de pagamento (ou pagamento caucionado), trata-se de um serviço oferecido por empresas especializadas ou por *sites* intermediários ao disponibilizar uma forma mais segura para a concretização do negócio pela internet. O serviço de gestão de pagamento pode ser oferecido exclusivamente por empresas especializadas em tão somente efetuar a gestão de pagamentos, como o PayPal e o PagSeguro. Eles podem ser denominados como gestoras ou caucionadoras; isso porque as gestoras de pagamento são prestadoras de serviço apenas quanto à forma de pagamento, mas não intermediárias enquanto facilitadoras de compras e vendas. Mas, existem alguns *sites* intermediários que realizam a aproximação entre vendedores e compradores que oferecem complementarmente o serviço adicional de gestão de pagamento, como o www.mercadopago.com.br (pertencente ao grupo MercadoLivre) e o www.bcash.com.br (do grupo Buscapé).

Na gestão de pagamento o consumidor efetua o pagamento à gestora (caucionadora), que, por sua vez, retém o valor por certo período até que o consumidor confirme que recebeu a mercadoria adequadamente, para aí sim liberar a quantia ao vendedor. Nessa hipótese, além de vendedor, comprador e intermediário há a figura da gestora de pagamento. A remuneração pela gestão do pagamento segue um padrão estabelecido contratualmente pelo fornecedor desse serviço, com preço mínimo e máximo e variações de acordo com o valor negociado, não se confundindo com a remuneração do intermediário.

Ao se utilizar o serviço de gestão de pagamento do próprio intermediário (por exemplo, o MercadoLivre oferecendo o serviço do MercadoPago), o adimplemento da obrigação é feito pelo comprador à empresa gestora – via boleto

---

[113] Para um estudo mais aprofundado sobre o tema, veja o nosso: Tarcisio Teixeira. *Comércio eletrônico:* conforme o Marco Civil da Internet e a regulamentação do *e-commerce*. São Paulo: Saraiva, 2015, p. 43 e s.

bancário, débito em conta ou cartão de crédito –, a qual retém o valor até que se confirme a entrega do bem ao consumidor (que se dá pelo silêncio deste), para ao final liberar a quantia ao vendedor, havendo assim uma relação jurídica que envolve comprador, vendedor e gestor. No entanto, é comum o comprador optar por concretizar o negócio diretamente com o vendedor, efetuando o pagamento diretamente a ele. Neste caso, a relação jurídica decorrente da compra e venda fica restrita apenas a comprador e vendedor. Em ambos os casos, o intermediário será remunerado por comissão, mas, no primeiro caso, com o acréscimo pelo serviço de gestão de pagamento.

A atividade em si realizada pelas empresas gestoras de pagamento não se enquadra como atividade comercial em sentido estrito, pois não desenvolvem elas atividade de circulação (intermediação) de bens ou de serviços. São empresas efetivas prestadoras de serviços que se comprometem a gerir (obrigação de fazer) o pagamento feito pelo comprador ao vendedor, respondendo pelos problemas decorrentes da má prestação do seu serviço (gestão de pagamento), conforme a responsabilidade pelo fato ou vício do serviço, fundamentada no CDC, arts. 14 e 20, respectivamente. Não pode ser atribuída à gestora de pagamento responsabilidade pelo fato ou vício do produto ou serviço comercializado por terceiro, se o serviço pelo qual se comprometeu foi realizado adequadamente, ou seja, a gestão do pagamento.

Estamos diante de duas relações jurídicas, do comprador com o vendedor e do comprador com a gestora de pagamento. Apesar de a empresa gestora ser considerada fornecedora e o comprador consumidor, de acordo com o CDC, a gestora responde apenas pelos problemas decorrentes dos seus serviços efetivamente prestados, não podendo ser responsabilizado no que tange ao bem adquirido e às prestações obrigacionais do vendedor. Do ponto de vista jurídico a responsabilidade do agente fiduciário se equipara à do banco no financiamento de um bem, pois são dois contratos: mútuo e compra e venda, os quais diferem entre si pela divergência entre o objeto e as partes envolvidas. Por isso, a gestora deverá estabelecer sua posição de forma clara e objetiva, esclarecendo que não está relacionado com a compra e venda em si, firmada entre comprador e vendedor do bem.[114]

---

[114] Haroldo Malheiros Duclerc Verçosa. Agente fiduciário do consumidor em compras pela internet: um novo negócio nascido da criatividade mercantil. *Revista de Direito Mercantil, Industrial, Econômico e Financeiro*, n. 118, cit., p. 91-92.

Compreendemos que a gestão de pagamentos é uma prestação de serviços que implica ao seu prestador as responsabilidades daí derivadas, ou seja, pelo fato (defeito) ou vício do serviço, conforme os arts. 14 e 20 do CDC se houver relação de consumo (sem prejuízo da aplicação subsidiária do regime do Código Civil, arts. 593 a 609, sobre o contrato de prestação de serviço). Mas essa responsabilidade está relacionada tão somente ao serviço prestado de gestão de pagamento, não devendo ser estendida aos defeitos e vícios dos produtos e dos serviços comercializados por fornecedores e adquiridos por interessados via *site* de intermediação.

E como fica a responsabilidade da gestora de pagamento perante o vendedor do produto ou o prestador do serviço, haja vista ser uma relação entre fornecedores? Como visto anteriormente, na operação de gestão de pagamentos o consumidor compra, por exemplo, usando seu cartão de crédito; assim, a gestora de pagamento avalia o negócio e pode antecipar o repasse do pagamento ao fornecedor antes mesmo de tê-lo recebido da administradora de cartão de crédito. Este repasse é feito normalmente após quatorze dias, pois, se neste prazo o consumidor não se manifestar, ficará entendido que ele recebeu o bem adquirido e que nenhum vício o afeta, tendo então o fornecedor atendido às especificações da contratação. Neste caso, a empresa de pagamento caucionado recebe o valor da compra junto à administradora de cartão de crédito (conforme o prazo contratual, normalmente data fixa ou após trinta dias), mas pode liberar antecipadamente o recurso ao vendedor do produto, mediante cobrança de uma porcentagem que se adiciona a sua remuneração pela gestão do pagamento (algo semelhante ao que acontece no *conventional factoring*[115]). Esse acordo de antecipação dos recursos entre vendedor e gestora

---

[115] *Conventional factoring* é a operação em que créditos são transferidos (normalmente por endosso, mas pode ser por cessão de crédito) pela empresa faturizada à faturizadora, a qual adianta o valor desses créditos à faturizada, mediante taxa de deságio, sendo a cobrança realizada pela faturizadora junto aos devedores nos respectivos vencimentos. Dessa forma, a faturizada tem uma antecipação dos créditos, não precisando aguardar os vencimentos para recebê-los. Diferentemente, no *maturity factoring* há a negociação dos créditos em que a faturizada transfere-os à faturizadora, que, por sua vez, se encarrega de cobrá-los nos respectivos vencimentos para então repassá-los (pagá-los) à faturizada (endossante ou cedente), mediante comissão. Nesse caso, a faturizadora exerce apenas uma função de cobrança e administração de crédito, podendo-se dizer que essa é uma forma de o credor terceirizar seu departamento de contas a receber.

de pagamento não pode afetar em nada o consumidor que eventualmente tiver direito à devolução do valor, como, por exemplo, por vício não sanado em um produto ou pelo seu não recebimento.

Ocorre que, às vezes, esses pagamentos são liberados mesmo com o aviso do consumidor que o bem não foi entregue; ou que chegou com algum vício. Além disso, o consumidor pode exercer seu direito de arrependimento e assim desfazer o negócio, devendo ser ressarcido integralmente da quantia paga, conforme determina o art. 49 do CDC.

Sobre a questão de o vendedor enviar a mercadoria ao comprador sem confirmar a realização do pagamento, há decisão proferida pelo Tribunal de Justiça do Estado do Rio de Janeiro cujo entendimento foi o de que a fraude não teria ocorrido se o usuário tivesse atuado conforme as regras fixadas pelo fornecedor (MercadoLivre e MercadoPago). Isso porque tendo o usuário optado pela negociação via comércio eletrônico cabe-lhe o dever de se familiarizar com seus meandros, dentre os quais a confirmação das operações por meio de consulta em sua conta exclusiva de usuário. Por isso, houve falta de diligência do usuário ao desprezar a ferramenta disponibilizada pelo *site* de aproximação comercial, provocando o rompimento do nexo causal entre a atividade da intermediária e o dano sofrido.[116]

Para maiores informações sobre contrato de *factoring*, veja nosso: Tarcisio Teixeira. *Direito empresarial sistematizado*: doutrina, jurisprudência e prática. 8. ed. São Paulo: Saraiva, 2019, p. 490 e s.

116 "INDENIZATÓRIA. DANOS MATERIAIS. *SITE* DE APROXIMAÇÃO COMERCIAL. MERCADO LIVRE E MERCADO PAGO. USUÁRIO QUE ENVIOU O PRODUTO SEM CONFIRMAR O PAGAMENTO JUNTO À FERRAMENTA DE SEGURANÇA DISPONIBILIZADA PELO *SITE*. Sentença que constatou que o autor não seguiu as instruções para verificar sua conta no 'MercadoPago', antes de enviar a mercadoria, a eximir o Mercado Livre de qualquer responsabilidade. Improcedência da pretensão de ressarcimento do valor do produto. Cerne da questão que consiste na existência ou não de responsabilidade civil de fornecedor de serviços – aproximação comercial pela internet – pela entrega de produto pelo consumidor-ofertante que não respeitou as devidas cautelas e não usou as ferramentas de segurança disponibilizadas no *site*, em especial a verificação do pagamento na conta do 'Mercado Pago'. Atuação do consumidor que se mostra a causa exclusiva do dano, eis que se tivesse observado as regras de segurança fixadas pelo fornecedor, a fraude não teria se perpetrado. Consumidor que opta pela negociação via comércio eletrônico tem o dever de se familiarizar com os seus meandros, dentre os quais a confirmação das transações através de

O STJ, ao julgar o Recurso Especial n. 1.107.024-DF, considerou que o MercadoLivre é responsável por fraude perpetrada no âmbito de uma compra e venda realizada com o seu serviço de gestão de pagamento denominado MercadoPago. Na hipótese, o vendedor enviou a mercadoria ao comprador após receber uma mensagem falsa do comprador, mas intitulada como sendo do MercadoPago, afirmando que o pagamento estava confirmado podendo a mercadoria ser enviada. O ajuizamento da ação pelo vendedor contra o MercadoLivre (titular do MercadoPago) pleiteava o ressarcimento do valor do produto enviado por engano. O vendedor, pessoa física, foi considerado consumidor, e o fato de ele ter descumprido uma providência (a de conferir autenticidade da mensagem supostamente gerada pelo sistema eletrônico antes do envio do produto), mencionada no *site*, mas não no contrato, não era suficiente para eximir o prestador do serviço da responsabilidade pela segurança do serviço por ele implementado, sob pena de transferência ilegal de um ônus que é próprio da atividade empresarial explorada. Neste caso aplicou-se o CDC, asseverando que qualquer estipulação pelo fornecedor de cláusula exoneratória ou atenuante fere a proibição do seu art. 25.[117]

---

consulta em sua conta exclusiva de usuário. Prova dos autos a confirmar que a falta de diligência do usuário, que desprezou a ferramenta disponibilizada pelo *site* de aproximação comercial para a confirmação do pagamento, foi a causa única e adequada do evento, a romper o nexo de causalidade entre a atividade do apelado e o dano sofrido pelo apelante. Precedentes do TJRJ. Subsunção do fato na norma do artigo 14, § 3º, inciso II, do Código de Proteção e Defesa do Consumidor. Recurso em confronto com jurisprudência dominante do TJRJ. Art. 557, *caput*, do CPC [de 1973]. NEGATIVA DE SEGUIMENTO" (ApCv n. 2009.001.69489, TJRJ, 18ª Câmara Cível, rel. Des. Célia Maria Vidal Meliga Pessoa, j. em 23-12-2009).

117 "DIREITO DO CONSUMIDOR. RECURSO ESPECIAL. SISTEMA ELETRÔNICO DE MEDIAÇÃO DE NEGÓCIOS. MERCADO LIVRE. OMISSÃO INEXISTENTE. FRAUDE. FALHA DO SERVIÇO. RESPONSABILIDADE OBJETIVA DO PRESTADOR DO SERVIÇO. 1. Tendo o acórdão recorrido analisado todas as questões necessárias ao deslinde da controvérsia não se configura violação ao art. 535, II, do CPC [de 1973]. 2. O prestador de serviços responde objetivamente pela falha de segurança do serviço de intermediação de negócios e pagamentos oferecido ao consumidor. 3. O descumprimento, pelo consumidor (pessoa física vendedora do produto), de providência não constante do contrato de adesão, mas mencionada no *site*, no sentido de conferir a autenticidade de mensagem supostamente gerada pelo sistema eletrônico antes do envio do produto ao comprador, não é suficiente para eximir o prestador do serviço de

Conforme a decisão judicial, a responsabilidade da gestora de pagamento é objetiva, sendo que o sistema de intermediação não ofereceu a segurança que dele legitimamente se esperava, dando margem à fraude, que consistiu em um *e-mail* falso do comprador utilizando o nome do MercadoPago, havendo assim nexo de causalidade entre o dano e a falha de segurança do serviço oferecido. Além do mais, os dados cadastrais do comprador eram falsos, não tendo assim a gestora o cuidado de identificar adequadamente o suposto fraudador (o que seria um dever de conduta).

A gestão de pagamento realizada pela gestora ao fornecedor do bem, efetivamente, é um contrato de prestação de serviço em que a gestora é tida como fornecedora. Entretanto, aquele vendedor de produtos ou prestador de serviços que se utiliza deste tipo de serviço de gestão de pagamento não pode ser considerado consumidor quando for um vendedor ou prestador habitual e profissional, em que a gestão é um insumo para o desenvolvimento de sua atividade. Neste caso aplicam-se as regras contratuais e legais do direito privado. Por exemplo, havendo o direito de arrependimento do consumidor, no prazo de sete dias, da entrega do bem, as partes podem convencionar que nada será devido à gestora de pagamento; ou o contrário, que sua remuneração será devida mesmo nesses casos. Isso porque se estará diante da autonomia privada exercida no campo negocial.

Dessa forma, o direito de arrependimento nas compras pela internet pode ser exercido, conforme o art. 49 do CDC, independentemente de justificativa, devendo a gestora de pagamento estabelecer de forma clara diante das partes, comprador e vendedor, que não se responsabiliza pelos efeitos derivados da desistência, não lhe cabendo qualquer participação em tal situação.[118]

Contudo, entendemos que a gestora de pagamento responde pelos defeitos e vícios referentes aos serviços que efetivamente presta aos seus usuários (vendedores e compradores de produtos e prestadores e tomadores de serviço),

---

intermediação da responsabilidade pela segurança do serviço por ele implementado, sob pena de transferência ilegal de um ônus próprio da atividade empresarial explorada. 4. A estipulação pelo fornecedor de cláusula exoneratória ou atenuante de sua responsabilidade é vedada pelo art. 25 do Código de Defesa do Consumidor. 5. Recurso provido." (REsp 1.107.024-DF, STJ, 4ª Turma, rel. Min. Maria Isabel Gallotti, *DJe* 14-12-2011).

118 Haroldo Malheiros Duclerc Verçosa. Agente fiduciário do consumidor em compras pela internet: um novo negócio nascido da criatividade mercantil, *Revista de Direito Mercantil, Industrial, Econômico e Financeiro*, n. 118, cit., p. 92-93.

sendo que se estes forem fornecedores profissionais e habituais, não haverá relação de consumo suscetível de aplicação do CDC, devendo, neste caso, ser aplicadas as regras contratuais e as normas ordinárias do direito privado.

16.7. RESPONSABILIDADE DOS INTERMEDIÁRIOS (COMPARADORES, BUSCADORES, CLASSIFICADOS, COMPRA COLETIVA, VENDEDORES ETC.)

Cabe inicialmente tecermos algumas considerações sobre aqueles que operam como intermediários no comércio eletrônico e os contornos da sua responsabilidade civil diante dos consumidores. Para tanto é necessário ponderar que o CDC, ao definir quem pode ser considerado fornecedor, o fez de maneira extensa, visando abranger todos os participantes do ciclo extrativo-produtivo-distributivo, conforme o art. 3º. Todavia, quanto à responsabilidade pelo fato do produto, o art. 12 do CDC responsabiliza tão somente o fabricante, o produtor, o construtor e o importador, ficando excluído o comerciante/intermediário em via principal de responsabilidade.

A justificativa para a exclusão do intermediário da responsabilidade direta pelo fato do produto se dá pela seguinte razão: o comerciante não tem controle sobre a segurança e qualidade dos produtos, pois recebe as mercadorias fechadas, lacradas, embaladas, enlatadas etc. e dessa forma são entregues aos consumidores, a exemplo dos supermercados, das farmácias e das lojas de departamentos. Ou seja, o comerciante não tem poder para controlar, muito menos alterar as técnicas empregadas na produção das mercadorias. Por isso, no fornecimento de produtos, o fabricante (produtor, construtor ou importador) perante o consumidor é o sujeito mais importante na relação de consumo, pois domina o processo de produção e introduz no mercado bens que podem ser perigosos. É por meio deste fornecedor (fabricante, produtor, construtor ou importador) que o produto chega aos comerciantes – distribuidores ou varejistas – já preparados ou embalados, cabendo-lhe, portanto, os riscos de todo o processo de produção e do ciclo de consumo.[119]

Nos termos do art. 13, *caput* e incisos I a III, do CDC, o comerciante é responsável pelos defeitos dos produtos, independentemente de culpa, quando: o fabricante, o construtor, o produtor ou o importador não puderem ser iden-

---

119 Sergio Cavalieri Filho. *Programa de responsabilidade civil*, cit., p. 184 e 495.

tificados; o produto for fornecido sem identificação clara do seu fabricante, produtor, construtor ou importador; não conservar adequadamente os produtos perecíveis. Assim, o comerciante apenas será responsável secundariamente, como na hipótese de não identificação do produtor, construtor, fabricante ou importador; o que pode acontecer, por exemplo, com produtos alimentícios que são vendidos sem identificação.

De acordo com o referido preceito legal (art. 13), a responsabilidade do comerciante/intermediário é objetiva, mas em caráter subsidiário. Pode-se exemplificar tal situação, por exemplo, em razão de uma concessionária de veículos (intermediário-comerciante) que não pode ser responsabilizada pelo defeito do veículo quando se tem um fabricante plenamente identificável, isso porque o defeito no veículo é decorrente da fabricação e não da comercialização. Ademais, mesmo na responsabilidade objetiva adotada pelo CDC, não se dispensa o nexo de causalidade para ensejar a responsabilidade solidária, pois, conforme o art. 25, § 1º, haverá solidariedade quando houver mais de um responsável pela ocorrência do dano.[120]

Frise-se que o intermediário teve sua responsabilidade excluída em via principal, sendo sua responsabilidade secundária, conforme as hipóteses já avençadas do art. 13 do CDC. Cabe esclarecer que a inclusão da responsabilidade subsidiária do comerciante foi para fortalecer a posição do consumidor, não para enfraquecê-la. Isso porque a inclusão do comerciante não exclui a dos demais fornecedores (produtor, fabricante etc.), aumentando a cadeia de corresponsáveis e não diminuindo-a. Por isso, salvo as hipóteses do art. 13, o comerciante não pode ser responsabilizado pelo fato do produto. Já o fabricante (produtor, construtor ou importador) é responsável por defeitos decorrentes da produção, bem como responde por defeitos decorrentes da comercialização.

Compreendemos que a justificativa para o comerciante não fazer parte da cadeia de fornecedores responsáveis pelo acidente de consumo de produtos está no fato de que ele não tem poder para alterar as técnicas de fabricação e produção, via de regra. A inclusão do comerciante como responsável subsidiário é uma complementação em favor do consumidor. Dessa forma, nas hipóteses do art. 13, o comerciante, acionado subsidiariamente, é responsável solidário com os demais fornecedores, isso porque o art. 13, *caput*, expressa "é

---

120 Nesse sentido, ApCv 9.437/2000, TJRJ, 2ª Câmara Cível, rel. Sergio Cavalieri Filho.

igualmente responsável" e não "é o responsável". Ao optar pela expressão "é igualmente responsável" quer dizer responsável solidário, cabendo o direito de regresso contra o verdadeiro causador do dano. Por hipótese, ao acionar um comerciante em razão de produto que não tenha a identificação do produtor, o consumidor terá a opção de acionar o fabricante solidariamente tão logo conheça sua identidade. O contrário não é verdadeiro, o comerciante não pode, para esquivar-se do processo, apontar a identidade do produtor. O anonimato do produtor é considerado no momento da propositura da ação. No que se refere à má conservação dos produtos, o consumidor, ao adquirir um produto impróprio (malconservado), poderá acionar tanto o fabricante (produtor, construtor ou importador) como o comerciante pelo vínculo de solidariedade entre eles. Caso o consumidor opte por acionar apenas o fabricante, e no trâmite do processo fique comprovado que a má conservação se deu por culpa exclusiva do comerciante, ainda assim o fabricante arcará com a indenização, cabendo ação regressiva contra o comerciante, sendo impedida a denunciação da lide (CDC, art. 88), até porque o fabricante tem o dever de bem escolher e fiscalizar os seus distribuidores. Assim, à luz do art. 13, são três as hipóteses de responsabilidade civil subsidiária (e solidária) do comerciante.[121]

Assim, compreendemos que se o CDC não criou um regime privilegiado para o comerciante, ao menos permitiu a manutenção do regime ordinário, ficando dessa forma um regime diferenciado. Isso porque, em razão de seu silêncio quanto à responsabilidade pelo fato do produto (salvo as hipóteses do art. 13), a obrigação do intermediário de indenizar vai acontecer apenas quando se verificar conduta culposa. Ou seja, a responsabilidade do comerciante pelo fato (defeito) do produto é subjetiva, não objetiva; salvo nos casos previstos no art. 13 em que, em caráter subsidiário, pesa sobre ele a responsabilidade objetiva.

16.7.1. Os modelos de negócio e a jurisprudência

Na internet são encontrados vários tipos de negócios que podem ser tidos como de intermediação, sendo que aqueles que operam no comércio eletrônico têm uma criatividade imensa, inovam em todo momento desenvolvendo

---

[121] No mesmo sentido, Antônio Herman V. Benjamin. Fato do produto e do serviço. In: BENJAMIN, Antônio Herman V.; MARQUES, Claudia Lima; BESSA, Leonardo Roscoe. *Manual de direito do consumidor.* 2. ed. São Paulo: Revista dos Tribunais, 2009, p. 133-137.

novos produtos e serviços como é o caso da infinidade de *softwares* disponibilizados, além de criar novas ferramentas e métodos de se comercializar, notadamente pela internet. Para que seja possível utilizar a internet são necessários vários serviços, que, por sua vez, são prestados pelos denominados provedores de serviços de internet, ou simplesmente provedores de internet. Estes provedores são classificados conforme o papel que desempenham, sendo que nosso objetivo é verificar se a intermediação de compras pela internet pode ser enquadrada em uma das espécies de provedores, bem como saber qual é o nível de responsabilidade que este intermediário deve ter.

O provedor de serviços de internet realiza uma atividade de prestação de serviços relacionados ao funcionamento da rede mundial de computadores, havendo muita confusão entre as espécies de provedores. Provedor de serviços de internet é um gênero do qual são espécies: provedor de *backbone*, provedor de acesso, provedor de correio eletrônico, provedor de hospedagem e provedor de conteúdo.

Dessa forma, o provedor de serviços de internet, enquanto gênero, é uma entidade que fornece serviços relacionados ao funcionamento da internet. Quanto às espécies, embora cada uma delas preste um serviço diferente (como visto em outra passagem), é muito comum que alguns dos serviços sejam oferecidos conjuntamente por um mesmo provedor. Ilustrativamente, um provedor pode prover acesso, fornecer correio eletrônico e hospedagem, e assim por diante. Mas as diferenças conceituais permanecem e são fundamentais, devendo ser identificadas a fim de se verificar qual a responsabilidade de acordo com a atividade desenvolvida.[122] Prova disso está estampada no Marco Civil da Internet, Lei n. 12.965, de 23 de abril de 2014, cujo art. 3º, VI, aponta que a responsabilidade dos agentes deve se dar à medida de suas atividades.

Apenas no que tange ao provedor de conteúdo, vale a pena relembrarmos que se trata daquele que disponibiliza informações na internet obtidas por meios próprios ou de terceiros, ou seja, explora os meios de informações ou de divulgação. Este provedor de conteúdo utiliza-se dos serviços de um provedor de hospedagem para armazenar as informações (mas podendo ter um serviço próprio de hospedagem).

---

[122] Marcel Leonardi. Internet: elementos fundamentais. In: SILVA, Regina Beatriz Tavares da; SANTOS, Manoel J. Pereira dos (Coords.). *Responsabilidade civil na internet e nos demais meios de comunicação*. São Paulo: Saraiva, 2012 (Série GV*law*), p. 82.

Poderia haver alguma confusão entre o provedor de hospedagem e o provedor de conteúdo, entretanto, uma distinção fundamental está no fato de que neste o usuário navega em sua plataforma que leva o seu próprio nome de domínio, como, por exemplo, no caso do Facebook; outrora do YouTube. É válido ponderar que o Marco Civil da Internet denomina o provedor de conteúdo de "provedor de aplicações de internet", sendo que as "aplicações de internet" consistem no conjunto de funcionalidades que podem ser acessadas por meio de um terminal conectado à internet (art. 21 c/c o art. 5º, II e VII).

Diante do exposto, entendemos que os *sites* que realizam intermediação no comércio eletrônico (que serão analisados adiante) enquadram-se no conceito de provedor de conteúdo. Recentemente, sobretudo desde 2013, encontramos decisões judiciais que confirmam isso, como, por exemplo, o Recurso Especial n. 1.383.354-SP: "(...) O serviço de intermediação virtual de venda e compra de produtos caracteriza uma espécie do gênero provedoria de conteúdo, pois não há edição, organização ou qualquer outra forma de gerenciamento das informações relativas às mercadorias inseridas pelos usuários".[123]

Nossa opinião é reforçada por Marcel Leonardi, que considera que são tidos como provedores de conteúdo os *sites* da rede mundial de computadores realizadores de atividades de intermediação de negócios comerciais, não podendo ser equiparados às empresas jornalísticas, pois, enquanto estas recebem apenas uma quantia pelo anúncio publicitário, os intermediários também recebem uma comissão sobre as vendas.[124]

Compreendemos que, de fato, os *sites* da internet, que fazem intermediação de compras de produtos ou de prestação de serviços, podem ser enquadrados como provedores de conteúdo. No entanto, em sede de responsabilidade civil, colocar todas as hipóteses de intermediação pela internet no mesmo regime jurídico nos parece insuficiente e até injusto, haja vista as características de cada tipo de intermediação, como adiante. É nítido que há uma grande dificuldade em classificar e estabelecer a extensão da responsabilidade civil dos intermediários da internet. Assim, tendo em vista que no comércio eletrônico há muitas atividades empresariais envolvidas, especialmente quanto à comercialização de produtos e serviços, propomos uma

---

[123] REsp 1.383.354-SP, STJ, 3ª T., rel. Fátima Nancy Andrighi, *DJe* 26-9-2013.

[124] Marcel Leonardi. *Responsabilidade civil dos provedores de serviços de internet*, cit., p. 185.

classificação com o fim de encontrar o nível adequado de responsabilidade para os intermediários. Frise-se que qualquer classificação de atividades desenvolvidas na internet (e/ou que se utilizam do uso maciço da Tecnologia da Informação, em geral) poderá sofrer alterações constantemente, na medida em que a todo momento são desenvolvidos novos mecanismos de fazer negócios neste ambiente digital. Nossa proposta de classificação contempla: estabelecimentos virtuais (lojas de produtores ou comerciantes); compras coletivas; classificados; comparadores de preços; intermediários (facilitadores). As gestoras de pagamento até poderiam ser classificadas aqui, mas tendo em vista serem prestadoras de um serviço bem específico, o de pagamento caucionado (e não de efetiva intermediação entre vendedores e compradores), optamos por não estudar tal operação.

A primeira categoria é a dos estabelecimentos virtuais, que consistem em *sites* de *e-commerce*, cujos titulares comercializam produtos ou serviços por meio da internet. Muitas vezes o estabelecimento virtual é de propriedade de um intermediário-comerciante; um revendedor que tem sua própria organização empresarial (com ou sem estoque). Trata-se, portanto, de uma loja virtual. Mas existem estabelecimentos virtuais cujos titulares são os próprios fabricantes/produtores visando a venda direta aos clientes sem intermediação; ou empresas que prestam serviço diretamente aos seus usuários, como os bancos.

Parece-nos que os estabelecimentos virtuais podem ser tidos como lojas convencionais, mas no formato eletrônico, ou seja, os titulares desses *sites* exercem efetivamente um ofício de comerciante ao vender os produtos de sua propriedade, independentemente de serem *sites* dos próprios fabricantes ou revendedores (distribuidores, atacadistas ou varejistas), respondendo pelas obrigações daí decorrentes, ou seja, como fabricante ou como comerciante; ou, se for o caso, como prestador de serviço.

Quanto à segunda categoria, a das compras coletivas, trata-se de *sites* que anunciam promoções de fornecedores de produtos e serviços, os quais são ofertados com preços bastante reduzidos a fim de atrair clientes para o estabelecimento (normalmente físico) do fornecedor. Por meio do *site* de compra coletiva se adquirem cupons que são trocados por produtos ou serviços junto ao fornecedor anunciante. Exemplos: www.peixeurbano.com.br e www.grupon.com.br. A operação de compra coletiva se assemelha com o contrato de agência,[125] quando o agente tem poderes para concluir o negócio, mas que será executado pelo preponente.

Neste caso, via de regra, o agente e o preponente não são solidariamente responsáveis. A responsabilidade civil, sobretudo por defeito, é do preponente perante o contratante prejudicado, uma vez que o agente é um "tirador" de pedidos. Ainda que o agente tenha poderes para concluir o negócio, sua natureza jurídica será de representante do preponente, não descaracterizando sua figura de comerciante-intermediário. Entretanto, pode ser aplicável o regime jurídico da promessa de fato de terceiro, em que, à luz do art. 439 do Código Civil, aquele que tiver prometido fato de terceiro responderá por perdas e danos caso este terceiro não cumpra a promessa. Assim, a empresa de compra coletiva pode ser responsabilizada por não ter o fornecedor do produto ou do serviço cumprido o que foi comercializado no *site*.

No que se refere à terceira categoria, a dos classificados, consiste em *sites* que listam ofertas realizadas por terceiros mediante cadastro prévio. Os anúncios são feitos por usuários (particulares ou profissionais), podendo ser concretizados de forma gratuita ou onerosa, sendo classificados e apresentados no *site* por categorias, como: veículos, imóveis, eletrodomésticos etc. Os *sites* de classificados não chegam a comparar preço, apenas enumeram os anúncios de acordo com a categoria escolhida pelo internauta. Exemplos: www.estantevirtual.com.br e www.bomnegocio.com. Sua remuneração se dá mediante anúncios publicitários em suas páginas ou pelas ofertas onerosas, não recebendo comissão pelos negócios concretizados. Assemelham-se aos classificados de jornais e revistas impressas, televisão e rádio, pois os negócios são concretizados sem a sua intermediação (fora de sua plataforma), uma vez que fornece os dados do vendedor para o comprador entrar em contato diretamente com o fim de negociarem e concluírem a compra e venda, ou mesmo a troca de bens. Por isso, os *sites* de classificados são meros veiculadores de anúncios. Existem classificados especializados por seguimento, como, por exemplo, no ramo de veículos o www.webmotors.com.br.

Assim, compreendemos que, por exercerem função semelhante à de jornais, revistas, rádios e emissoras de televisão, os *sites* de classificados têm a

---

125 Agência é o acordo em que uma pessoa (agente) assume, de forma permanente, mas sem vínculo de dependência, a obrigação de promover negócios em uma região determinada, à conta da parte contrária (preponente), mediante remuneração, conforme prevê o art. 710, *caput*, primeira parte, do Código Civil.

mesma natureza jurídica desses meios de comunicação, portanto, não podendo ser considerados intermediários/comerciantes, na medida em que não têm qualquer controle sobre os anunciantes. Logo, aos titulares dos classificados não poderá haver imputação de responsabilidade pelo comprador, via de regra.

A quarta categoria seria a dos comparadores de preço. Trata-se de *sites* cuja finalidade é buscar na rede mundial de computadores as ofertas que estão sendo realizadas em outros *sites* de *e-commerce* para assim apresentar ao internauta de forma comparativa. Estes anúncios que são encontrados pelo *software* do *site* comparador de preços não precisam necessariamente estar previamente cadastrados em sua plataforma, ainda que isso ocorra em grande parte dos casos. Ele encontra produtos ofertados em outros *sites* de *e-commerce* e/ou *sites* cadastrados em sua base de dados. O comparador de preços lista as ofertas que estão sendo realizadas na internet permitindo que o usuário, por meio de *link*, vá para o estabelecimento virtual do vendedor, por isso o negócio é concretizado fora da plataforma do comparador de preços. Sua remuneração pode ser por anúncios publicitários ou mesmo por quantidade de *click's* no *link* referente ao anúncio e/ou *site* do vendedor, não recebendo comissão sobre os negócios efetivados.

A atividade do comparador de preço, quando busca ofertas que estão sendo realizadas em *sites* que não constam de sua base de dados, acaba por assemelhar-se a outros tipos de buscadores; como, por exemplo, o www.google.com.br, o qual, a princípio, não tem a finalidade de comparar, mas sim de buscar na internet qual tipo de informação, notícia, produto, serviço etc.

Para o consumidor, além de o serviço de busca/pesquisa e comparação de preços ser gratuito, facilita o processo de compra abrindo a oportunidade de saber quais os melhores preços praticados usando um só instrumento, não precisando visitar vários estabelecimentos virtuais ou físicos. Exemplos: www.buscape.com.br e www.shopfacil.com.br. Esta categoria de busca aproxima o comprador do vendedor, podendo ser tido como um intermediário-aproximador.

A princípio, os comparadores não são lojas virtuais, pois não vendem seus próprios produtos, mas sim oferecem informações sobre produtos e lojas com o fim de ajudar o comprador sobre o que comprar e onde comprar. A atividade de aproximação, realizada pelo comparador, assemelha-se ao trabalho do corretor quando ele se propõe a encontrar um bem para a pessoa que lhe procura e utiliza seu serviço (corretagem atípica).[126] A princípio, a ausência de remuneração sobre o valor da venda poderia desqualificar esse serviço de comparação de preço *on-line* como de corretagem; entretanto, esta ausência é de remuneração direta, pois sua remuneração se dá indiretamente em razão dos anúncios publicitários que são realizados em suas páginas eletrônicas.

Dessa forma, os comparadores de preço poderiam ser equiparados a corretores atípicos, sendo que o corretor é um intermediário-aproximador, não sendo um elo da cadeia distributiva como os revendedores. Dessa forma, a eles (corretores) não poderiam ser atribuídas à responsabilidade de comerciante-revendedor, pois sua responsabilidade ficaria restrita ao trabalho que realizar, no caso o de busca e comparação.

Embora a atividade do corretor pudesse ser considerada como de circulação de bens ou de serviços, essa atividade de busca e comparação – perante o consumidor – é uma prestação de serviços. Isso porque essa atividade de busca e comparação se aproxima mais do prestador de serviço do que do corretor, que tem o dever de prestar ao cliente todos os esclarecimentos sobre a segurança e o risco do negócio, bem como alterações de valores (sob a ótica do art. 723 do CC). Esse fato não é compatível com o serviço de busca e comparação de preços na internet. Além disso, o corretor realiza uma mediação ativa, que vai das tratativas até a conclusão do contrato; o comparador não, apenas realiza o serviço de busca. Contudo, ao exercerem um serviço de busca/pesquisa, estes *sites* comparadores são considerados prestadores de serviço, à luz dos arts. 593 e 594 do Código Civil, os quais preveem

---

[126] Corretagem ou mediação é o acordo pelo qual o corretor se compromete a conseguir negócio(s) em favor da parte contrária, mediante remuneração. Este contrato se dá sem que haja ligação entre o corretor e a parte contrária por mandato, prestação de serviços ou qualquer relação de dependência (como no caso do vínculo trabalhista), conforme a disposição do art. 722 do Código Civil. A corretagem pode ser classificada como típica e atípica. A típica é aquela que requer corretor legalmente autorizado para realizar a intermediação, sendo regidas por lei especial e aplicação supletiva do Código Civil (arts. 722 a 729), como, por exemplo, no caso do corretor de seguros (Lei n. 4.594/64 e no Decreto-Lei n. 73/66, arts. 122 e s.) e do corretor de imóvel (Lei n. 6.530/78). Já a corretagem atípica é aquela em que não se exige norma específica, sendo aplicável o regime do Código Civil, arts. 722 a 729, como a corretagem exercida na venda de produtos rurais, cujo corretor recebe amostras dos produtores com o fim de levá-las a possíveis compradores, normalmente indústrias de transformação.

que toda a espécie de serviço ou trabalho lícito, material ou imaterial, que não esteja disciplinado por lei trabalhista ou lei especial, pode ser objeto de contrato de prestação de serviço. Para fins de relação de consumo, dispõe o CDC, art. 3º, § 2º, que serviço é qualquer atividade fornecida no mercado de consumo, mediante remuneração. Dessa forma, presente uma relação de consumo, aplicam-se as regras de responsabilidade pelo defeito ou vício do serviço (arts. 14 e s. do CDC).

Por fim, a quinta categoria, a dos intermediários (facilitadores), consiste em *sites* cuja sua atividade é permitir a intermediação entre vendedores (fabricantes, produtores, importadores e principalmente varejistas) e compradores, ligando-os. Trata-se de uma atividade tipicamente comercial-empresarial, a de "circular bens ou serviços" (à luz parte final do art. 966, *caput*, do CC). Nestes *sites* os vendedores/prestadores cadastram-se e anunciam seus produtos e serviços a serem adquiridos pelos clientes, sendo que a negociação pode se dar na própria plataforma do intermediário ou não. Isso vai depender do formato do *site* de intermediação ou dependerá da opção do comprador em finalizar a negociação diretamente com o vendedor quanto à forma de pagamento, de entrega etc.

Nesta categoria de facilitadores, a remuneração consiste em uma comissão sobre o valor anunciado para o produto ou serviço (não o valor efetivamente negociado); pode ser também por anúncios realizados ou por quantidade de *click's* no anúncio do vendedor. Como exemplos, temos o www.mercadolivre.com.br, www.decolar.com e www.tanlup.com. Neste último exemplo, a negociação é feita totalmente na plataforma eletrônica da Tanlup, a qual fornece espaço virtual para que os vendedores criem suas lojas virtuais dentro da plataforma Tanlup para assim comercializar seus produtos. No caso do modelo adotado pela Decolar, pode-se dizer que é um *site* equiparado a uma agência de viagens, a qual realiza busca de destinos solicitados pelo internauta listando as opções disponibilizadas pelas companhias aéreas, sendo a compra realizada na sua própria plataforma. Diferencia-se do modelo anterior (como da Tanlup) por não haver disponibilização de espaço para lojas virtuais de seus fornecedores. Atua como um agente com poderes para concretização do negócio. Já no caso do MercadoLivre, a negociação inicia-se em sua plataforma, sem que as partes, comprador e vendedor, tenham os contatos um do outro. Somente após o consumidor ter manifestado sua opção de compra é que as partes recebem mutuamente os contatos um do outro, tendo assim a faculdade de efetuar contato e finalizar o negócio diretamente com o vendedor.

Diferentemente dos *sites* buscadores, os *sites* intermediários interferem diretamente na negociação entre comprador e vendedor. Isso acontece de forma parcial, se o negócio começa na sua plataforma eletrônica de negócio e termina fora dela, ou total, quando realizado exclusivamente em sua plataforma. Estes *sites* intermediários ou facilitadores são também conhecidos como *shoppings* virtuais por disponibilizarem grande variedade de produtos e serviços.

Pensamos que a categoria dos intermediários (facilitadores) são efetivos comerciantes, pois comercializam bens alheios ("circulação e bens ou de serviços"), os quais são previamente cadastrados pelos fornecedores (dos produtos e dos serviços) em sua base de dados, sendo que os negócios podem ser realizados totalmente em sua plataforma ou não. Independentemente de o negócio ser concretizado na plataforma do intermediário ou não, este não tem a posse e/ou propriedade sobre os bens. Além disso, teoricamente, intervém apenas na negociação, não na entrega do produto ou na execução do serviço. Sua remuneração se dá por comissão sobre o valor do bem. Estes intermediários, tidos por comerciantes, não são meros aproximadores (como os buscadores), mas também não são revendedores, pois não vendem os bens próprios após tê-los comprado visando a revenda. Quando o negócio for concluído totalmente na plataforma do intermediário, este será tido como agente com poderes para concluir o negócio. Se ocorrer fora de sua plataforma, será considerado um mandatário mercantil[127] ao cumprir os poderes outorgados pelo vendedor para aproximá-lo de compradores.

---

[127] Mandato é contrato pelo qual o mandatário recebe poderes do mandante para em nome deste praticar atos ou administrar interesses (CC, art. 653). O mandato será mercantil quando o mandante for empresário individual, empresa individual de responsabilidade limitada ou sociedade empresária (à luz do art. 966, *caput*, do CC), outorgando poderes ao mandatário para praticar atos negociais em nome e por conta do mandante. No que tange aos aspectos da responsabilidade no contrato de mandato, os negócios realizados pelo mandatário que estipular expressamente o nome do mandante acarretarão responsabilidade tão somente a este. O mandatário apenas se obrigará com quem tenha realizado o negócio se agir em nome próprio, conforme assevera o art. 663 do Código Civil. Vale ter em conta que, quanto às obrigações do mandatário, caberá a ele atuar com total diligência no cumprimento do mandato, sob pena de ter de indenizar os prejuízos causados por sua culpa – ou daquele a quem substabeleceu poderes sem autorização.

Contudo, entendemos que é possível classificar a atividade de intermediação de compras pela internet como de provedor de conteúdo, mas isso não encerra o problema dadas as peculiaridades apontadas que implicarão a responsabilidade civil dos intermediários, como veremos adiante. Insistimos na dificuldade em estabelecer o nível de responsabilidade para estes operadores (intermediários) do comércio eletrônico, sendo que para efeito deste trabalho é extremamente relevante demonstrar quais as atividades de intermediação que podem ser classificadas como efetivas atividades comerciais, haja vista a aplicação dos arts. 927, parágrafo único, e 931 do Código Civil, e sobretudo dos arts. 12 e 13 do CDC.

E qual tem sido a visão dos **tribunais brasileiros** sobre a responsabilidade dos intermediários de compra pela internet? Conforme o Tribunal de Justiça do Estado do Rio Grande do Sul, não há dúvida quanto à responsabilidade do vendedor que anunciou o produto e não o entregou ao consumidor, após o pagamento realizado por este. Porém, também há responsabilidade da empresa intermediária (MercadoLivre) de indenizar, pois sua prestação de serviço foi falha por não garantir ao usuário comprador a segurança necessária, permitindo a concretização de cadastro em seu *site* de usuário vendedor que descumpriu a negociação firmada, sendo esse fato tido como ato ilícito. Por isso, efetuado o pagamento ao vendedor cadastrado pelo *site* da intermediária, e não sendo enviado o produto ao comprador, configura-se ato ilícito e defeito do serviço em desfavor da intermediária que responde objetivamente.[128]

Algumas decisões judiciais, que impõem responsabilidade aos intermediários de compras pela internet, fundamentam-se no fato de o consumidor ser atraído pelo *site* intermediário em razão da confiança nele depositada. Nesse sentido, o Tribunal de Justiça do Estado do Mato Grosso do Sul decidiu que não havendo a entrega do bem pelo vendedor, após o pagamento, a intermediária é responsável pela violação à confiança depositada pelo consumidor, por isso o dever de indenizar.[129]

Ainda que não se faça menção expressa sobre a dinâmica diferenciada entre os regimes dos arts. 12 e 13 do CDC, há algumas decisões judiciais afastando a

---

128 Ap. Cív. 70042195354, TJRS, 9ª Câmara Cível, rel. Des. Leonel Pires Olhweiler, *DJ* 10-8-2011. No mesmo sentido, Ap. Cív. 70035772300, TJRS, 6ª Câmara Cível, rel. Léo Romi Pilau Júnior, *DJ* 26-5-2011.

129 Ap. Cív. 2012.012149-7/0000-00, TJMS, 3ª Câmara Cível, rel. Des. Marco André Nogueira Hanson, *DJe* 22-5-2012.

responsabilidade das empresas intermediárias de compras pela internet, como, no caso do acórdão prolatado pelo Tribunal de Justiça do Estado do Rio de Janeiro, que asseverou que houve falta de diligência do comprador ao desprezar as ferramentas de segurança oferecidas pela ré (Ebazar), ou seja, o sistema de gestão de pagamentos; tal fato que teve o condão de romper o nexo causal entre a atividade de intermediação e o dano apontado pelo autor.[130]

Em outro exemplo do mesmo Tribunal de Justiça ficou decidido que não houve defeito no serviço de segurança do *site* de aproximação comercial (MercadoLivre), sendo que o comprador desprezou a ferramenta de segurança (gestão de pagamento) e da política de segurança da ré, realizando o negócio diretamente com o vendedor e feito o pagamento por depósito bancário. Trata-se de fortuito externo, não imputável à ré, pois se o consumidor, ao utilizar do serviço no comércio eletrônico, não observa regras de segurança constantes do *site* de vendas, não poderá responsabilizá-lo por sua própria negligência, sob pena de transformar a responsabilidade objetiva pelo fornecimento de serviço em responsabilidade integral. O CDC não pode ser invocado como anteparo paternalista a ponto de respaldar condutas negligentes e de manifesto despreparo ao cuidar de seu patrimônio.[131]

Também não expressando a lógica dos arts. 12 e 13 do CDC, o Tribunal de Justiça do Estado de São Paulo entendeu que na compra e venda pela internet, havendo inadimplemento do anunciante quanto à não entrega do produto, não há responsabilidade objetiva e solidária da empresa que hospeda os anúncios (Buscapé). O *site* eletrônico não possui legitimidade para responder a ação indenizatória pelo inadimplemento da obrigação originária de compra e venda de loja virtual (vendedor anunciante), pois o fato de o intermediário apresentar as lojas, os bens, os preços e as condições não retira do interessado a obrigação de contratar diretamente com o vendedor a compra e o pagamento do preço. Logo, não realizando a intermediação, não existe a caracterização da responsabilidade objetiva prevista no art. 14 do CDC para responder de forma solidária pelos danos alegados pelo comprador. Assim, o serviço realizado pelo prestador consiste em capturar e divulgar anúncios/

---

130 Agravo Interno em Ap. Cív. 0008220-96.2011.8.19.0001, TJRJ, 16ª Câmara Cível, rel. Des. Carlos José Martins Gomes, j. em 9-10-2012.

131 Ap. Cív. 2009.001.36090, TJRJ, 8ª Câmara Cível, rel. Des. Orlando Secco, j. em 8-9-2009.

ofertas originados de vários anunciantes, não configurando como prestador de serviço ou mesmo como intermediário ou participante em negócio jurídico entre o comprador e o vendedor, sendo o contrato realizado diretamente entre estes. Isso se diferencia do que ocorre com os *sites* que operam como o MercadoLivre, que pela natureza jurídica do serviço prestado efetua a intermediação, informa, apresenta e/ou recomenda a confiabilidade do vendedor, contribuindo para que o comprador concretize o negócio, o que implicará responsabilidade objetiva à luz do CDC, art. 14. Esta distinção é fundamental para analisar a existência da culpa e do nexo causal pelo inadimplemento do vendedor anunciante.[132] No presente caso, o Buscapé é apenas uma ferramenta de busca personalizada, por isso não é solidariamente responsável perante o consumidor pela não entrega da mercadoria adquirida junto ao anunciante, nem por defeito do produto.

O Tribunal de Justiça do Estado de São Paulo entendeu que não há responsabilidade (moral e material) da intermediadora de compras pela internet pelo fato de o vendedor não ter entregado ao comprador o produto, não havendo problema na prestação de serviço de intermediação, logo, não sendo aplicável o art. 14 do CDC. Isso porque o negócio foi realizado diretamente com o terceiro (anunciante), sendo esse tipo de intermediação virtual caracterizada como espécie de provedor de conteúdo, por não haver edição ou gestão sobre as informações relativas aos bens anunciados.[133]

Por conta dessa divergência apontada entre os tribunais, com o fim de estabelecer a extensão da responsabilidade civil dos intermediários de compras pela internet, entendemos que é preciso ficar bem claro, conforme apontamos anteriormente, quais são as espécies de intermediação e suas naturezas jurídicas, bem como as respectivas responsabilidades, sob pena de decisões judiciais contraditórias e injustas.

Tratando da responsabilidade por publicações de vídeos e textos na internet, no campo extracontratual – ato ilícito –, Demócrito Ramos Reinaldo Filho pondera que a apreciação da responsabilidade do veículo que opera na internet pela transmissão das informações deve ser vista à luz de como ela foi estabelecida em outros cenários de comunicação, sendo essa a melhor alternativa para

---

132 Ap. 9000510-50.2007.8.26.0506, TJSP, 35ª Câmara de Direito Privado, rel. Des. Clóvis Castelo, *DJe* 15-4-2013.

133 Ap. 9141866-96.2007.8.26.0000, TJSP, 3ª Câmara Extraordinária de Direito Privado, rel. Kioitsi Chicuta, j. em 13-2-2014.

se definir direitos e obrigações para as partes que operam na rede mundial de computadores. Não dispondo de lei específica sobre o assunto, temos que nos socorrer de outras fontes do Direito (analogia, costumes e princípios gerais do direito) para solucionar os conflitos quanto à transmissão de informações na internet. Alguns serviços prestados por provedores aproximam-se claramente da atuação de radiodifusores e emissoras de televisão. Por isso, no estágio atual, a comparação entre fenômenos distintos, porém que guardam pontos de contato e semelhança, é o método que fornece melhores respostas para os desafios que a internet proporciona ao jurista. A construção da teoria da responsabilidade no ambiente eletrônico resume a identificar em quais situações os diversos participantes podem ser responsabilizados.[134] Esse raciocínio coaduna-se com o nosso.

Contudo, compreendemos que o instituto da responsabilidade civil aplicado aos intermediários de compras pela internet deve levar em conta como a responsabilidade é atribuída em outros cenários. Como visto, ainda que os arts. 12 e 13 do CDC não tratem especificamente de agentes econômicos que operam na internet, a lógica destes dispositivos, ao estabelecer responsabilidade subsidiária ao comerciante, deve ser aplicada analogicamente, a depender da natureza jurídica, aos intermediários de compras pela rede mundial de computadores. Assim, a regra geral para a responsabilidade civil destes intermediários é da teoria da culpa (responsabilidade subjetiva), sendo residuais as hipóteses de responsabilidade objetiva, pois são cabíveis tão somente para o caso de não identificação adequada do fornecedor vendedor de produto ou prestador de serviço ou má conservação do produto, se for o caso. Fora das hipóteses especificadas pelo art. 13 do CDC, a responsabilidade do comerciante é subjetiva, devendo haver prova de sua culpa (dolo, negligência, imprudência). Isso porque o CDC atribui a responsabilidade objetiva aos produtores, fabricantes, construtores e importadores, não aos comerciantes, pois não são eles que detêm o controle sobre o processo produtivo, nem podem averiguar todas as unidades que são comercializadas; do contrário estes vendedores teriam uma responsabilidade objetiva fundada no risco integral, o que não é a linha do CDC. De qualquer forma, se o consumidor demandar o fabricante em

---

[134] Demócrito Ramos Reinaldo Filho. *Responsabilidade por publicações na internet*. Rio de Janeiro: Forense, 2005, p. 167 e 171.

razão de sua responsabilidade objetiva por um erro do comerciante, ele poderá demandar em regresso contra este vendedor.[135]

16.8. RESPONSABILIDADE DA EMPRESA POR ATO DO EMPREGADO

A regra da responsabilidade civil é a responsabilização pessoal de quem causou o dano, de modo que este é quem responde pelo dano a que deu causa; é a responsabilidade pelo fato próprio, decorrente do nexo de causalidade entre a conduta do agente e o dano à pessoa. A responsabilidade pelo fato de outrem é uma exceção, pois faz surgir a obrigação de outra pessoa não causadora do dano diretamente a repará-lo.

Caio Mário da Silva Pereira situa a responsabilidade pelo fato de outrem como responsabilidade indireta, e a responsabilidade por fato próprio de responsabilidade direta.[136]

Já Rui Stoco pondera que a exacerbação dos casos de responsabilidade pelo fato de outrem se dá em razão de fatores econômicos, técnicos e materiais que envolvem e dominam as atividades humanas no momento atual. É uma forma de resolver questões cotidianas angustiantes e de fazer justiça, buscando a reparação do dano junto a uma pessoa que mantém relação jurídica com o agente causador do dano.[137]

O Código Civil traz algumas hipóteses de responsabilidade pelo fato de outrem (pais, tutores, hoteleiros etc.). Aqui verificaremos a responsabilidade do empregador pelos atos de seus empregados ou prepostos, no exercício do trabalho que lhes compete ou em razão dele, prevista no art. 932, inc. III.[138] Por sua vez, o art. 933 deixa claro que há responsabilidade do empregador – mesmo que não exista culpa de sua parte – pelos atos dos seus empregados. Essa responsabilidade do empregador, de acordo com o parágrafo único do art. 942, é solidária.

---

135 Para um estudo mais profundo, veja Tarcisio Teixeira. *Comércio eletrônico*: conforme o Marco Civil da Internet e a regulamentação do "e-commerce". São Paulo: Saraiva, 2015, p. 19 e s.

136 Caio Mário da Silva Pereira. *Responsabilidade civil*, p. 85.

137 Rui Stoco. *Tratado de responsabilidade civil*, p. 919.

138 O Código Civil espanhol no art. 1.903, § 4º, prevê semelhantemente que "lo son igualmente los dueños o directores de un establecimiento o empresa respecto de los perjuicios causados por sus dependientes en el servicio de los ramos en que los tuvieran empleados, o con ocasión de sus funciones".

A responsabilidade civil do empregador pelo ato de seu empregado (*lato sensu*) é justificada por seu poder diretivo em relação a ele (no caso, o autor do dano). A responsabilidade só ocorrerá se houver: culpa do empregado, vínculo de trabalho e que o ato tenha sido cometido durante o exercício das funções do empregado ou em razão delas.[139]

Estamos diante de hipótese da responsabilidade objetiva,[140-141] que reflete a teoria do risco, segundo a qual o empregador responderá não apenas pela mera falta de vigilância sobre o empregado, mas, principalmente, pelo risco assumido de que esse fato lesivo possa ocorrer.

Nessa hipótese, pouco importa o regime do vínculo entre eles, bastando a existência de relação hierárquica de subordinação, em que o serviço é realizado por conta e sob direção de outrem.[142] De acordo com o art. 934 do Código Civil, é assegurado o direito de regresso do empregador contra o empregado.[143]

A intenção da lei, quanto à responsabilidade objetiva e solidária do empregador por atos do empregado, está no dever daquele de vigiar e instruir este; e, também, na obrigação de selecionar bem ao contratar o funcionário. Assim, o empregador não poderá exonerar-se da responsabilidade, alegando que não houve culpa na escolha do empregado – culpa *in eligendo* – ou na vigilância – culpa *in vigilando*. Logo, se houver erro por parte do empregado, ele e o empregador responderão solidariamente.[144]

Desse modo, a responsabilidade do empregador somente poderá ser excluída quando ele puder provar que o dano causado pelo empregado não se

---

139 Silvio Rodrigues. *Direito civil*: responsabilidade civil. 20. ed. São Paulo: Saraiva, 2003, v. 4, p. 75.

140 Sobre o tema é a Súmula 341 do STF: "É presumida a culpa do patrão ou comitente pelo ato culposo do empregado ou preposto".

141 Nesse sentido, Caio Mário da Silva Pereira. *Responsabilidade civil*, p. 96; Silvio Rodrigues. *Direito civil*: responsabilidade civil, p. 72.

142 Maria Helena Diniz. *Curso de direito civil brasileiro*. Responsabilidade civil, p. 526 e 534.

143 À luz do art. 462, § 1º, da CLT, o empregador só poderá descontar do empregado os valores correspondentes a atos dolosos; no caso de atos culposos, é necessária uma pactuação prévia prevendo tal possibilidade.

144 Maria Helena Diniz. *Curso de direito civil brasileiro*. Responsabilidade civil, p. 537-538.

deu no exercício de seu trabalho nem em razão dele, ou que não houve culpa do empregado.

Rui Stoco, ao analisar a questão, afirma que, apesar da evolução da legislação para a superação da culpa a fim de impor a responsabilidade objetiva ao empregador pelas ações dos empregados, não está dispensada a caracterização da culpa destes últimos quanto à prática ilícita. O dever de reparar do empregador fica condicionado à comprovação da culpa no ato do empregado.[145]

Essa questão trazida para o campo da internet é potencializada, pois, atualmente, é muito comum um empresário desenvolver sua atividade também na rede mundial de computadores (quando não exclusivamente), seja do ponto de vista institucional com a apresentação da empresa no seu *site*, seja pelo uso deste como verdadeiro recurso para obtenção de lucros pelas operações que lá são realizadas, como a venda de seus produtos ou a oferta de seus serviços. Mais comum ainda são as empresas que usam a internet como ferramenta de trabalho para pesquisa, comunicação por *e-mail* etc.

A internet tem sido palco e instrumento para a prática de crimes e de atos ilícitos, sendo que, dentro das empresas, os funcionários que a ela têm acesso podem cometer infrações. No caso de infrações por mensagem eletrônica, a situação torna-se mais complexa, porque o *e-mail* corporativo carrega o nome de domínio da empresa para a qual trabalha, o que pode trazer prejuízos à imagem institucional da empresa, à sua marca etc.

Ou seja, há um conflito de interesses, entre empresas e empregados. Neste caso deve-se ter em conta o que prevê o CPC de 2015, em seu art. 489, § 2º: "No caso de colisão entre normas, o juiz deve justificar o objeto e os critérios gerais da ponderação efetuada, enunciando as razões que autorizam a interferência na norma afastada e as premissas fáticas que fundamentam a conclusão".

A análise da responsabilidade do empregador na esfera da internet passa, necessariamente, pelo exercício das funções do empregado, pois o empregado pode causar um dano a partir do acesso à internet disponibilizado pelo empregador, por meio do uso do *e-mail* corporativo etc.

Sem prejuízo do que foi examinado no item sobre monitoramento de *e-mail* e acesso à internet, o envio de uma mensagem eletrônica difamatória

---

[145] Rui Stoco. *Tratado de responsabilidade civil*, p. 920.

pelo empregado não geraria, a princípio, responsabilidade para o empregador. No entanto, na medida em que esse *e-mail* carrega o nome de domínio da empresa em sua extensão, caberá à empresa provar que o funcionário não estava no exercício de suas funções ou que não agiu em razão delas.[146]

Ao analisar a questão da responsabilidade do empregador à luz do art. 1.903, § 6º, do Código Civil espanhol,[147] Pedro A. de Miguel Asensio considera que o empregador pode eximir-se da responsabilidade se provar que foi diligente na prevenção do dano, o que se poderia dar pela implantação de políticas firmadas pelas empresas quanto ao uso da internet.[148]

O estabelecimento de uma política de conscientização e de utilização da internet e de equipamentos eletrônicos – reflexo do poder diretivo do empregador – poderá minimizar as chances de lesão por parte dos empregados. Essa política deverá: 1) estabelecer regras para a utilização dos equipamentos eletrônicos, incluindo monitoramento do acesso a *sites*, uso de *e-mail* corporativo etc.; 2) prever o que é proibido (por exemplo, acesso a *sites* de pornografia), o que é permitido (por exemplo, acesso a *sites* relacionados com a atividade desenvolvida pelo empregador) e ações que podem configurar-se como atos ilícitos, ou até mesmo como crimes; 3) fixar as punições em caso de descumprimento (advertência, demissão etc.), de acordo com a gravidade da falta cometida pelo empregado à luz da CLT.

Mas é necessário esclarecer que o não cumprimento das regras estabelecidas nessa política não será suficiente para eximir a empresa da responsabilidade objetiva prevista no Código Civil brasileiro. Contudo, a responsabilidade do empregador pelos atos do empregado não é um tema novo em nosso direito, pois já era prevista no Código Civil de 1916, no art. 1.521, inc. III.

---

146 O Tribunal Regional do Trabalho de São Paulo, no início de 2006, decidiu que a empresa é responsável pelo *e-mail* de seu funcionário que denegriu a imagem de um ex-funcionário, que, no caso, estava sendo acusado de furto no texto da mensagem. A empresa foi condenada a pagar uma indenização por danos morais ao ofendido. O acórdão considerou que o *e-mail* enviado era um ato ilícito, que, por sua vez, causou prejuízos à imagem e à moral do ex-empregado. Processo n. TRT-SP-01034.2003.332.02.00-0, decisão de 02 de fevereiro de 2006, publicado no *DJ* em 14 de fevereiro de 2006.

147 Art. 1.903, § 6º: "La responsabilidad de que trata este artículo cesará cuando las personas en él mencionadas prueben que emplearon toda la diligencia de un buen padre de familia para prevenir el daño".

148 Pedro A. de Miguel Asensio. *Derecho privado de internet*, p. 501.

Todavia, com o advento da internet, essa responsabilidade talvez se torne um peso demasiado para o empregador, uma vez que a rede mundial de computadores é uma ferramenta potente para as mais variadas práticas ilícitas, o que pode causar elevados custos à empresa que for demandada para o ressarcimento do dano praticado por seu funcionário na internet.[149] Em complemento a esta temática, indicamos ao leitor a leitura do item deste livro acerca da conciliação de interesses entre empresas e empregados.

---

[149] Partindo do princípio de que o *site* possa ser considerado estabelecimento empresarial ou sua extensão, como já visto, pode-se pensar também na responsabilidade do preponente pelos atos do preposto, quando aquele responderá por quaisquer atos deste, praticados no estabelecimento (no caso, nas páginas do *site* da empresa, por exemplo, com alteração de alguma informação/condição) e relativos à atividade empresarial, mesmo que não autorizados por escrito, conforme o *caput* do art. 1.178 do Código Civil de 2002. Por sua vez, o parágrafo único do mesmo artigo refere-se aos atos praticados fora do estabelecimento, que somente obrigarão o preponente nos limites dos poderes dados por escrito ao preposto.

17

Nomes de Domínio – Os Conflitos

17.1. NOME DE DOMÍNIO

Nome de domínio (ou simplesmente domínio) é uma designação/expressão que serve para localizar e identificar conjuntos de computadores e serviços na internet, a fim de se evitar ter de localizá-los por meio de seus números identificadores.

O tema do conflito entre nomes de domínio é de extrema relevância para o Direito, diante dos eventuais conflitos que surgem daí. Acontece que um nome de domínio registrado pode coincidir com a expressão de uma marca, nome empresarial, título de estabelecimento etc., cuja titularidade seja de outra pessoa que não o registrador do nome de domínio.

Para melhor situarmos a temática, vale esclarecer que, por nome de domínio, tem-se o endereço eletrônico de um *site* (sítio eletrônico). Como já visto em outra passagem, *site* é o conjunto de informações e imagens alocadas em um servidor e disponibilizadas de forma virtual na internet. Nele constam as informações de seu proprietário, ou de terceiros, além de outras que sejam necessárias, tendo em vista sua finalidade.

Vale frisar que o acesso virtual ao *site* é feito por meio do endereço eletrônico (o nome de domínio). Ou seja, o que identifica o endereço eletrônico do *site* na internet é o seu nome de domínio.

O nome de domínio está diretamente relacionado com o endereço IP (número de identificação) de um computador, ou seja, quando se está procurando por um nome de domínio, ou página na internet, na verdade está sendo buscado um endereço de um computador.[1] Assim, domínio nada mais é do que um nome que facilita a memorização e localização de *sites* na rede, não sendo, pois, necessário ter que guardar na mente o número IP.

As funções do nome de domínio são basicamente duas: a primeira de ser o endereço eletrônico, que possibilita a conexão do usuário com o conteúdo do *site*; e a segunda de estar relacionado a um nome que o identifica, que pode ser marca, título do estabelecimento, nome empresarial, órgão governamental, entidade não governamental etc.

17.2. REGISTRO DE NOME DE DOMÍNIO

Em âmbito brasileiro, os registros dos nomes de domínio são feitos no *site* **www.registro.br**, sendo que o Registro.br é ente responsável pelo registro e pela manutenção dos nomes de domínio com a extensão ".br". Trata-se de órgão do Núcleo de Informação e Coordenação do Ponto BR (**NIC.br**).

O NIC.br é responsável por várias atividades, entre as quais está: 1 – o registro e a manutenção dos nomes de domínio que usam o ".br" e a distribuição de números de Sistema Autônomo (ASN) e endereços IPv4 e IPv6 no País, por meio do departamento chamado Registro.br; 2 – o tratamento e a resposta a incidentes de segurança em computadores envolvendo redes conectadas à internet brasileira, que cabe ao órgão denominado Centro de Estudos, Resposta e Tratamento de Incidentes de Segurança no Brasil (CERT.br); 3 – os projetos que apoiem ou aperfeiçoem a infraestrutura de redes no País, como a interconexão direta entre redes (PTT.br) e a distribuição da Hora Legal brasileira (NTP.br). Esses projetos ficam sob a responsabilidade do Centro de Estudos e Pesquisas em Tecnologia de Redes e Operações (CEPTRO.br); 4 – a produção e divulgação de indicadores e estatísticas e informações estratégicas sobre o desenvolvimento da internet brasileira, a cargo do Centro de Estudos sobre as Tecnologias da Informação e da Comunicação (CETIC.br). O NIC.br é uma entidade sem fins lucrativos ligada ao Comitê Gestor da Internet no Brasil (**CGI.br**).[2]

---

1 Carlos Alberto Rohrmann. O governo da internet: uma análise sob a ótica do direito das telecomunicações. *Revista da Faculdade de Direito Milton Campos*, p. 45 e 51.

2 Anteriormente a nomenclatura do órgão era "Comitê Gestor Internet do Brasil", o qual foi criado pela Portaria Interministerial n. 147, de 31 de maio de 1995. Mais

Basicamente podemos dizer que o registro de nome de domínio é regido por três normas, sem prejuízo de outras, quais sejam:

- Portaria Interministerial n. 147/95, do Ministério das Comunicações e do Ministério de Ciência e Tecnologia, que criou o Comitê Gestor da Internet no Brasil;
- Decreto n. 4.829/2003, da Presidência da República, que dispõe sobre o CGI.br e o modelo de governança da internet no Brasil;
- Resolução n. 001/2005 do Comitê Gestor da Internet no Brasil, que delega ao Núcleo de Informação e Coordenação do Ponto BR – NIC.br a execução do registro de nomes de domínio, a distribuição de endereços IPs (*Internet Protocol*) e sua manutenção na internet;
- Resolução n. 008/2008, do Comitê Gestor da Internet no Brasil, que estabelece as regras para o registro de domínio.

Vale retransmitir a redação do art. 1º da Resolução n. 008/2008 do Comitê Gestor da Internet no Brasil:

> Art. 1º Um nome de domínio disponível para registro será concedido ao **primeiro requerente** que satisfizer, quando do requerimento, as exigências para o registro do mesmo, conforme as condições descritas nesta Resolução.
>
> Parágrafo único. Constitui-se em obrigação e responsabilidade exclusivas do requerente a escolha adequada do nome do domínio a que ele se candidata. O requerente declarar-se-á ciente de que **não poderá ser escolhido nome que desrespeite a legislação em vigor**, que induza terceiros a erro, que **viole direitos de terceiros**, que represente conceitos predefinidos na rede Internet, que represente palavras de baixo calão ou abusivas, que simbolize siglas de Estados, Ministérios, ou que incida em outras vedações que porventura venham a ser definidas pelo CGI.br (grifos nossos).

Dessa forma, o interessado, ao registrar um nome de domínio na internet eventualmente, independentemente da intenção, poderá registrar um nome

---

tarde, o nome do ente foi alterado pelo Decreto Presidencial n. 4.829, de 3 de setembro de 2003, passando para "Comitê Gestor da Internet no Brasil (CGI.br)". O Comitê Gestor da Internet no Brasil inicialmente havia delegado a competência do registro de nomes de domínio à Fundação de Amparo à Pesquisa do Estado de São Paulo (Fapesp), por meio da Resolução n. 2/98. Atualmente, essa competência é atribuída ao NIC.BR, por meio da Resolução n. 1/2005.

que represente uma marca, nome empresarial etc., cuja titularidade não possua. Para avançarmos o estudo vale ponderarmos a respeito dos conceitos de marca, nome empresarial e título de estabelecimento.

17.3. MARCA

Marca é o sinal colocado em um produto ou serviço para que este seja identificado e distinguido, não sendo assim confundido pelo público com outros produtos (ou serviços) semelhantes.

Dessa forma, a marca é um meio das pessoas identificarem um produto (ou serviço) diferenciando-o de outros. Ela é representação gráfica, que pode ser uma palavra, uma expressão, um símbolo ou um emblema que é estampado no produto (ou serviço) para sua identificação.

17.3.1. Conflito entre marca e domínio

A legislação estabelecida pelo Comitê Gestor não exige a apresentação de qualquer comprovante de titularidade da marca para o seu registro como nome de domínio. Também, este órgão não faz consulta ao INPI. Basta o nome estar livre no servidor do órgão registrador, para que sua titularidade e uso na rede sejam autorizados. Desse modo, passa a existir uma nova forma de pirataria de marcas, uma vez que um terceiro, não detentor da marca, pode vir a registrar um nome de domínio do qual não detém a marca, impossibilitando o legítimo detentor da marca de registrar o domínio e consequentemente criar um *site* para sua marca.

Jacques Labrunie ilustra a situação com as seguintes palavras:

> A situação é extremamente constrangedora e prejudicial. Por vezes, o titular da marca fica impedido de criar um *site* com sua marca, dificultando a comercialização ou publicidade de seus produtos ou serviços através da rede, e, por vezes, o pirata pode estar utilizando o nome de domínio para desviar clientes do titular da marca ou aproveitar-se de seu renome.[3]

É necessário ponderar que a disciplina jurídica das marcas se dá especialmente pelas disposições da Lei da Propriedade Industrial – Lei n. 9.279/96, sendo seu

---

3 Jacques Labrunie. Conflitos entre nomes de domínio e outros sinais distintivos. In: Newton De Lucca e Adalberto Simão Filho (Coords.). *Direito e internet* – aspectos jurídicos relevantes. 2. ed. São Paulo: Quartier Latin, 2005, p. 270.

registro efetuado perante o INPI – Instituto Nacional da Propriedade Industrial. Tal regramento jurídico não se aplica à internet quanto às marcas coincidentes.

Acontece que, no INPI, os registros são efetuados por classes, havendo, por exemplo, a possibilidade do registro do mesmo nome ou expressão em classes distintas, sem existência de colidência ou nulidade do registro. Por exemplo, pode haver o registro da marca "Continental" para a classe de pneus; e da marca "Continental" para a classe de eletrodomésticos, sendo que os registros foram efetuados por pessoas distintas, sem qualquer ligação, cada qual na sua área de atuação.

No entanto, em matéria de internet isso não é possível por não haver classes para um mesmo nome de domínio. Logo, havendo duas pessoas diversas que são titulares de marcas idênticas, mas em ramos distintos, será titular do nome de domínio aquele que fizer primeiro o requerimento no *site* www.registro.br, vinculado ao NIC.br, desde que atendidas as exigências legais correspondentes.

Além desse fato, podem ocorrer conflitos entre o detentor de um domínio e o titular de marca. Isso porque aquele detentor do domínio poderá utilizar-se de má-fé, visando, por exemplo, induzir terceiros a erro com o desvio de clientela, o que pode configurar crime de concorrência desleal.

17.4. NOME EMPRESARIAL

Nome empresarial tem a função de identificar o empresário. É como se fosse o nome civil de uma pessoa física. Ele faz a ligação do nome da empresa ao empresário. O nome empresarial é o que a pessoa (física ou jurídica) utiliza para individualizar a sua atividade. Trata-se de um gênero, do qual são espécies a firma e a denominação.

Quanto à proteção jurídica do nome empresarial, como regra geral ela é de nível estadual, dando-se pela inscrição do empresário individual ou arquivamento de contrato social (para sociedade empresária) no registro próprio; ou mesmo pelas alterações que mudam o nome, efetuadas posteriormente (CF, art. 5º, XXIX; CC, art. 1.166; e Lei n. 8.934/94, art. 33).

17.4.1. Conflito entre nome empresarial e de domínio

O tema do conflito envolvendo nomes de domínio é de extrema relevância para o Direito, diante dos eventuais conflitos que surgem daí. Acontece que um nome de domínio registrado pode coincidir com a expressão de uma marca, nome empresarial, título de estabelecimento etc., cuja titularidade seja de outra pessoa que não o registrador do nome de domínio.

No Brasil, a entidade encarregada dos registros dos nomes de domínio é o Núcleo de Informação e Coordenação do Ponto BR – NIC.br. Podemos dizer que o registro de nome de domínio é regido basicamente por três normas, sem prejuízo de outras, quais sejam: Portaria Interministerial n. 147/95, do Ministério das Comunicações e do Ministério de Ciência e Tecnologia, que criou o Comitê Gestor [da] Internet no Brasil; Resolução n. 8/2008 do Comitê Gestor [da] Internet no Brasil, que estabelece as regras para o registro de domínio; e Resolução n. 1/2005 do Comitê Gestor da Internet no Brasil, que delega ao Núcleo de Informação e Coordenação do Ponto BR – NIC.br a execução do registro de nomes de domínio, a distribuição de endereços IPs (*Internet Protocol*) e sua manutenção na internet.

À luz do art. 1º da Resolução n. 1/2005 do Comitê Gestor da Internet no Brasil, um nome de domínio disponível para registro será concedido ao primeiro requerente que satisfizer, quando do requerimento, as exigências legais para o registro do mesmo. É dever do requerente declarar-se ciente de que não poderá ser escolhido nome que desrespeite a legislação em vigor, que induza terceiros em erro, que viole direitos de terceiros, que represente conceitos predefinidos na rede internet, que represente palavras de baixo calão ou abusivas, que simbolize siglas de Estados, Ministérios, ou que incida em outras vedações que porventura venham a ser definidas pelo Comitê Gestor.

Dessa forma, o interessado, ao registrar um nome de domínio na internet, independentemente da intenção, poderá eventualmente registrar um nome que represente uma marca, nome empresarial etc., cuja titularidade não possua.

A regra geral em matéria de nome de domínio é a de que quem primeiro o registra é o titular do direito de seu uso (*first come, first served*: o primeiro a solicitar é o primeiro a ser servido), sendo essa a posição dos tribunais brasileiros e do Comitê Gestor.[4] No entanto, pode haver conflito entre o titular de um nome empresarial que queira registrá-lo como nome de domínio e encontre

---

[4] Alberto Luís Camelier da Silva. *Concorrência desleal: atos de confusão*. Dissertação (Mestrado em Direito). Faculdade de Direito da Universidade de São Paulo, São Paulo, 2007, p. 147.

obstáculo no fato de que alguém já tenha registrado um nome de domínio que equivale ao seu nome empresarial.

Nesse caso, se aquele que primeiro registrar for legitimado para a exploração daquela expressão do nome de domínio, por ser titular de nome empresarial, título de estabelecimento, insígnia, marca, nome civil etc. que corresponde ao nome de domínio, será o titular e legitimado para explorar o endereço eletrônico. Por exemplo, a expressão "Continental" é parte de vários nomes empresariais, sendo que o primeiro empresário que registrar o nome de domínio www.continental.com.br será o legitimado a explorá-lo.

Todavia, se a pessoa que registrou o nome de domínio não tiver legitimidade para explorar aquela expressão que conste no domínio, e ficando clara a intenção de aproveitar-se indevidamente (usurpar-se), terá o titular do nome empresarial direito de requerer adjudicação compulsória do domínio, sem prejuízo de indenização por perdas e danos contra o usurpador, que eventualmente pode ter contra si a caracterização de ato de concorrência desleal ou parasitária.[5] Isso porque aquele detentor do domínio poderá utilizar-se de má-fé, visando, por exemplo, induzir terceiros em erro com o desvio de clientela, o que pode configurar crime de concorrência desleal. E nao raro, esse tipo de registro oportunístico e fraudulento visa obter vantagem indevida pela comercialização do nome de domínio de quem seria o legitimado, buscando assim obter ganhos significativos com a venda.

Daniel Adensohn de Souza pondera que, havendo conflito entre nome empresarial e nome de domínio, deve-se verificar no caso concreto: a anterioridade do uso do sinal distintivo, a legitimidade para o uso e registro do nome de domínio e os ramos de atividade envolvidos.[6]

Aqui a situação é bem semelhante à das marcas, isto porque o regime jurídico do Comitê Gestor não exige qualquer comprovação de titularidade da expressão do nome empresarial a ser registrado como nome de domínio, tampouco procede a qualquer consulta às Juntas Comerciais estaduais.[7]

---

5 Alberto Luís Camelier da Silva. *Concorrência desleal: atos de confusão*, p. 150.

6 Daniel Adensohn de Souza. *A proteção jurídica do nome de empresa no Brasil*. Dissertação (Mestrado em Direito). Faculdade de Direito da Universidade de São Paulo, São Paulo, 2009, p. 131.

7 Jacques Labrunie. Conflitos entre nomes de domínio e outros sinais distintivos. In: Newton De Lucca e Adalberto Simão Filho (Coords.). *Direito e internet* – aspectos jurídicos relevantes, p. 271.

Diante do exposto, com muita facilidade pode vir a ocorrer um conflito, pois um terceiro pode registrar, indevidamente, um nome empresarial de outrem como seu domínio. Resultado, esse terceiro aproveita-se desse domínio para poder, mais tarde, vendê-lo ao legítimo detentor do nome empresarial. Por isso, tem-se concedido tutelas àqueles que seriam os verdadeiros titulares para a exploração do nome de domínio.

17.5. TÍTULO DE ESTABELECIMENTO E NOME FANTASIA

Título de estabelecimento é o nome ou a expressão utilizada pelo empresário para identificar o local onde ele está instalado.[8]

Dessa forma, é o título do estabelecimento que identifica o ponto em que o empresário está estabelecido.[9] Há uma distinção a ser ponderada: título de estabelecimento não é necessariamente o próprio nome empresarial. Muitas vezes é um **nome fantasia** (nome que se atribui a uma empresa, mas que não é o seu nome real).

17.5.1. Conflito entre título de estabelecimento e domínio

Como discorrido nos itens sobre conflito de domínio com marca e nome empresarial, poderá haver conflito entre o legitimado de um título de estabelecimento e aquele que registrou a expressão equivalente a este título de estabelecimento como nome de domínio.

17.6. SOLUÇÃO DOS CONFLITOS POR DOMÍNIO

Havendo conflito entre o requerendo de um nome de domínio e o titular de uma marca, nome empresarial ou título de estabelecimento, e não tendo composição amigável entre as partes, caberá ao Poder Judiciário apreciar o caso e decidir quem deverá ter o direito sobre o domínio registrado.

Vale lembrar que, à luz do art. 1º da Resolução n. 008/2008 do Comitê Gestor da Internet no Brasil: um nome de domínio disponível para registro será concedido ao primeiro requerente que satisfizer as exigências para o registro do mesmo.

---

8 Haroldo Malheiros Duclerc Verçosa. *Curso de direito comercial*, v. 1, p. 245.

9 Sérgio Campinho. *O direito de empresa à luz do novo Código Civil*. Rio de Janeiro: Renovar, 2006, p. 328.

Mas não se deve perder de vista que o parágrafo único do art. 1º, da mesma resolução, dispõe que se constitui em obrigação e responsabilidade exclusivas do requerente a escolha adequada do nome de domínio a que ele se candidata. E que o requerente deverá declarar-se ciente de que não poderá escolher nome que desrespeite a legislação em vigor, que induza terceiros a erro, que viole direitos de terceiros etc.

Conforme esclarece o próprio Comitê Gestor da Internet do Brasil em seu *site*:

> Para o registro de nomes de domínio, no Brasil, adotou-se o princípio *First Come, First Served*, ou seja, é concedido o domínio ao primeiro requerente que satisfizer as exigências para o registro.
>
> O Comitê Gestor da Internet no Brasil não detém competência para resolver conflitos de interesses advindos do registro do nome de domínio escolhido pelo requerente. E, além disso, não há, até o presente momento, no ordenamento jurídico do CGI.br, qualquer vínculo entre o registro de marcas e o de nomes de domínio.
>
> Por inexistir meios administrativos para a solução dessa questão, sugerimos encaminhar a questão à apreciação do Poder Judiciário.
>
> Não há em nosso ordenamento jurídico qualquer vínculo entre o registro de marcas junto ao Instituto Nacional de Propriedade Industrial (INPI) e os nomes de domínio perante o NIC.br, que é o órgão responsável pela disponibilização de registros de nomes de domínio no Brasil. Isso não impede que, havendo conflito de interesses relacionado a um nome de domínio registrado, seja levado à apreciação do Poder Judiciário.[10]

Assim, o nome de domínio, como a identificação de um *site*, possui um valor, sendo possível haver conflitos entre nomes de domínio, nomes empresariais, títulos de estabelecimentos e marcas.

Por isso, quem não possui a legitimidade da marca, do nome empresarial ou do título de estabelecimento até pode registrar um domínio e prejudicar o verdadeiro legitimado a requerê-lo, mas isso terá consequências jurídicas. Além desse fato, deve-se ter em conta, nos conflitos entre domínios, se há induzimento de terceiro a erro, concorrência desleal e má-fé, pois a jurisprudência

---

[10] Disponível em: <http://www.cgi.br/faq/problemas.htm#04>. Acesso em: 20 ago. 2017.

vem se consolidando no sentido de evitar estes abusos que causam prejuízos. Além disso, pode haver um conflito entre dois detentores de marcas idênticas. Neste caso terá direito ao domínio aquele que o primeiro registrar.

Contudo, aquele que requerer nome de domínio que desrespeite a legislação em vigor, que induza terceiros a erro, que seja inviável e viole direitos de terceiros causando enriquecimento ilícito ou prejudicando o consumidor, que represente conceitos predefinidos na internet, que possuam palavras de baixo calão ou abusivas ou que façam referência a siglas de Estados e ministérios é vedado pela norma vigente. É essa também a posição da doutrina e jurisprudência dominantes.

17.7. JURISPRUDÊNCIA

A fim de ilustrar como se posiciona a jurisprudência brasileira acerca dos conflitos entre nomes de domínio, trazemos algumas decisões a respeito:

> PROPRIEDADE INDUSTRIAL. Marca. Nome comercial. Domínio na Internet. Ação cominatória para abstenção de uso indevido de elemento distintivo de marca de alto renome. Art. 125 LPI (Lei 9.279/96). Sentença de improcedência reformada. Marca "Dell" que já era mundialmente reconhecida e registrada à data da constituição da agência de publicidade. Segmento de mercado que não pode alegar desconhecimento. Afinidade entre as atividades empresariais. Indução equivocada no eventual cliente de que a agência poderia compor grupo empresarial multinacional. Aproveitamento subliminar da publicidade alheia. Ausência, todavia, de prejuízo à empresa americana. Indenização. Descabimento. Prazo à agência para que adote as medidas administrativas necessárias à alteração de seu nome comercial, marca, título de estabelecimento e domínio na Internet. Pena de multa diária pelo descumprimento. Recurso provido em parte (TJSP, 4ª Câmara de Direito Privado, Ap. Cív. 324.341-4/3-00, rel. Des. Teixeira Leite, j. em 24-7-2008).

> APELAÇÃO – Ordinária – Abstenção do uso de nome empresarial como domínio na internet e indenização por perdas e danos – Sentença que julgou improcedente o pedido da autora, sob o fundamento de que esta ainda não havia obtido o registro da marca no INPI – Utilização do nome empresarial de concorrente do setor como domínio na internet que tem potencial de induzir terceiros a erro, sobretudo consumidores – Abstenção do uso do nome empresarial como domínio na internet determinada – Indenização

por perdas e danos devida – Apuração em sede de liquidação de sentença – Decisão reformada – Recurso Provido (TJSP, 8ª Vara Civil São Bernardo do Campo, Ap. 994.02.042084-0, rel. Egídio Giacoia).

AÇÃO ORDINÁRIA – ALEGADO ABUSO DE DIREITO PELO USO DO NOME DE DOMÍNIO "GEOCITIES" NA REDE DE INTERNET – DIREITOS AUTORAIS E PROPRIEDADE INTELECTUAL – PRINCÍPIO DA PRECEDÊNCIA QUE NÃO SERVE PARA ENCOBRIR EVENTUAIS REGISTROS QUE PREJUDIQUEM DIREITOS DE TERCEIROS PROTEGIDOS PELO ORDENAMENTO JURÍDICO – ABSTENÇÃO DO USO DO NOME DE DOMÍNIO – EXEGESE DO DISPOSTO NA RESOLUÇÃO N. 001/98 DO COMITÊ GESTOR INTERNET DO BRASIL – MANUTENÇÃO DA SENTENÇA – RECURSO DESPROVIDO. A vedação de registro de domínio, quando o nome possa induzir terceiros em erro por representar marca notoriamente conhecida, que não foi solicitada pelo respectivo titular, excepcionando a regra de que o direito ao registro compete àquele que primeiro o requerer, esculpida na Resolução n. 001/98, do Comitê Gestor Internet do Brasil, repercute também com o objetivo de impedir a "pirataria cibernética", coibindo a má utilização de nomes ou marcas famosas dentro da rede da internet, bem como a sua comercialização ilegal com o intuito de obtenção de lucro fácil, por meio da venda ou aluguel dos nomes de domínio, por preços altíssimos, às próprias titulares dos nomes ou marcas envolvidas, preservando com isso a sua boa reputação no mercado (TJSC, Ap. Cív. 2003.000549-8, rel. Juiz Paulo Roberto Camargo Costa, j. em 3-4-2009).

DOMÍNIO DE MARCA VIRTUAL – OBRIGAÇÃO DE FAZER – Procedência – Apelada que sempre ostentou em seu nome comercial a expressão SERVGAS, registrada perante o INPI – Adoção, por parte da apelante, da mesma expressão, junto à Internet (com registro de domínio da expressão www.servgas.com.br) – Possibilidade de gerar confusão aos consumidores – Evidenciada a prática de concorrência desleal, diante da amplitude de usuários da internet – Prevalência do registro da marca junto ao INPI sobre registros de domínio junto à internet – Precedentes (inclusive desta Câmara) Honorários advocatícios corretamente arbitrados de forma equitativa, consoante dispõe o art. 20, § 4º, do CPC [de 1973] – Descabida tal fixação com base no § 3º do mesmo dispositivo legal ou nos limites percentuais ali previstos (ante a ausência de condenação) – Sentença mantida – Recurso improvido (TJSP, 8ª Câmara de Direito Privado, Ap. 994.05.043361-5, rel. Desembargador Salles Rossi).

MARCA VIRTUAL – Pretensão à abstenção pela ré da expressão "einstein" em seu domínio da internet, bem como à condenação no pagamento de indenização por perdas e danos – Ré que providenciou junto à FAPESP registro para o nome de domínio www.einstein.com.br, enquanto a autora para www.einstein.br – Nome de domínio registrado pela ré que é capaz de induzir terceiros em erro, quanto à identidade do empresário titular do estabelecimento virtual, ainda mais considerando-se que a autora é detentora do nome de domínio www.einstein.br – Prejuízo verificado – Ato de concorrência desleal constatado – Hipótese em que é evidente a confusão quando se verifica que o nome de domínio registrado pela ré conduz aos serviços realizados pela autora há longo tempo – Indenização devida, cujo valor será apurado em liquidação por arbitramento – Abstenção pela ré do uso da expressão "einstein" em seu domínio da internet determinada, sob pena de multa diária – Ônus da sucumbência carreados à ré – Ação procedente – Recurso provido (TJSP, 1ª Câmara de Direito Privado, Ap. 379.494.4/8, rel. Luiz Antônio de Godoy).

AÇÃO PARA CUMPRIMENTO DE OBRIGAÇÃO DE FAZER, COM PRECEITO COMINATÓRIO C/C RESSARCIMENTO DE DANOS MATERIAIS E MORAIS - CONFLITO ENTRE MARCA REGISTRADA NO INPI E DOMÍNIO NA INTERNET - EXTINÇÃO DO FEITO POR PERDA SUPERVENIENTE DO OBJETO DA CAUSA - SENTENÇA REFORMADA - RECURSO DE AMBAS AS PARTES. APELAÇÃO DA AUTORA PROVIDA PARCIALMENTE: INSCRIÇÃO DE MARCA REGISTRADA NO INPI COMO *DOMAIN NAME* NA INTERNET POR EMPRESA CONCORRENTE - REGISTRO NA AUTARQUIA FEDERAL QUE CONFERE AO TITULAR EXCLUSIVIDADE DE USO DA MARCA - ATO ILÍCITO CONFIGURADO. O registro de marca no INPI confere ao titular o uso exclusivo do designativo no seu ramo de atividade empresarial, vedado à concorrência o emprego do termo em produto idêntico ou parecido, consoante dispõe o art. 129 da Lei n. 9.279/96. **Como consequência, reputa-se ilícita a prática de empresa que inscreve em seu favor domínio na internet com nome de marca pertencente à rival** (TJSC, Ap. Cív. 2004.032153-5, rel. Desembargador Sérgio Roberto Baasch Luz, j. em 14-4-2005 – destaque nosso).

18

Tributação na Internet

18.1. INTRODUÇÃO

Com o advento e a pulverização da internet, surgiu uma nova forma de se comercializar, o chamado comércio eletrônico. E, sendo o Direito Tributário encarregado de cuidar da arrecadação do Estado e de limitar o poder estatal de tributar, surgem, então, alguns desafios.

Cada vez mais se elimina grande parte dos meios físicos, que até então serviam de suporte para a atuação das autoridades fazendárias na fiscalização de ocorrências tributáveis. Com a internet há a necessidade de se repensar conceitos, como, por exemplo, mercadoria, estabelecimento, local da prestação de serviço etc., face ao Sistema Tributário Nacional vigente.

O comércio eletrônico possibilita as mais variadas e imagináveis negociações, além das convencionais prestação de serviço e comércio de mercadorias, que se utilizam da rede como mero suporte/instrumento às suas negociações.

Então, até que ponto se poderá tributar a partir da legislação vigente? Como fica a tributação, por exemplo, dos bens digitalizados (programas de computador – *softwares*, músicas, livros etc.)?

Além disso, a internet traz situações novas, por exemplo, a figura do provedor de acesso, que faz a conexão dos usuários da rede. Assim, qual será o limite do poder de tributar do Estado diante da internet? Ou, até que ponto o Sistema Tributário Nacional alcança as novas figuras trazidas pela internet?

A princípio o ordenamento jurídico tributário alcançaria todas as negociações em que a internet funcione apenas como mero suporte, um dos instrumentos para se negociar, sendo que abstraindo esse instrumento eletrônico a legislação tributária é aplicável.

No entanto, as respostas não são tão simples, isso porque com o advento da internet surgiram novas figuras, que por sua vez desenvolvem atividades que podem ou não estar sujeitas à tributação, associado ao fato da rigidez e descentralização do Sistema Tributário Nacional.

As negociações na internet crescem ano a ano, como visto em outra passagem, apenas o comércio varejista em 2014 foi responsável pelo movimento de R$ 35,8 bilhões (sendo que, para 2015, a estimativa é de 43 bilhões). Sendo assim, o mais adequado é uma revisão no Sistema Tributário Nacional, a fim de redefinir o poder do Estado na instituição, arrecadação e fiscalização de tributos, para que não haja perda para os cofres públicos, mas também não haja incertezas para os contribuintes diante de eventuais arbitrariedades das autoridades públicas.

18.2. COMÉRCIO ELETRÔNICO PRÓPRIO E IMPRÓPRIO

Cabe aqui, ainda que sucintamente, revermos que comércio eletrônico significa o conjunto de operações de compra e venda de mercadorias e prestação de serviços realizados por intermédio de meios digitais.

Nos contratos celebrados pela internet, pode-se negociar, concluir a negociação e até mesmo executar a prestação *on-line*. Em alguns casos, a entrega dos bens pode ser feita digitalmente; em outros, fisicamente.

A negociação em que todas as etapas se perfazem na internet convencionou-se chamar de comércio eletrônico próprio ou direto. Nesta modalidade o vendedor não tem contato físico nenhum com o comprador. Nas palavras de Aldemário Araújo Castro, "é o comércio de bens intangíveis".[1] Essa modalidade de comércio eletrônico é a que pode trazer a maior problemática na tributação, uma vez que é nova e não necessariamente se encaixa nos conceitos atuais utilizados para delimitar o alcance da tributação.

Para as operações comerciais que apenas se utilizam da internet como plataforma de negócios, convencionou-se chamar de comércio eletrônico impróprio ou indireto. Aqui a internet é utilizada como mero suporte/plataforma de negócios.

---

1 Aldemário Araújo Castro. Os meios eletrônicos e a tributação. In: Demócrito Reinaldo Filho (Coord.). *Direito da informática* – temas polêmicos. Bauru, SP: Edipro, 2002, p. 254.

A autora Daniela de Andrade Braghetta esclarece a diferença entre as modalidades ao afirmar que ela se dá exclusivamente em relação ao meio de entrega do produto.[2] A compra e o pagamento da mercadoria são realizados pelo meio eletrônico, porém a entrega deve ser física, uma vez que o produto é tangível.

O problema aqui não é a inadequação da legislação tributária, mas, sim, a sonegação fiscal. Com a facilidade trazida pela internet, surgiram inúmeros comerciantes informais, que realizam as suas vendas sem o devido recolhimento dos impostos.

18.3. ANÁLISE DOS TRIBUTOS NO COMÉRCIO ELETRÔNICO. INCIDÊNCIA DO ICMS

Em relação à tributação do comércio eletrônico, tanto próprio como impróprio, apesar de não haver uma lei específica para a atividade, entende-se pela incidência da tributação. Nesse sentido, assevera Daniela de Andrade Braghetta:

> Não há nenhuma menção explicita, na Lei Maior, à tributação de comércio que se dê pela forma eletrônica, mas isso, *per se*, não motiva nem impede a arrecadação de receitas das operações oriundas desta novel relação mercantil.[3]

Para que possamos entender como se dá a incidência tributária sobre as operações realizadas por suporte eletrônico, em especial as realizadas na internet, faremos uma análise separadamente.

Em razão disso, para a análise da incidência do ICMS ao comércio eletrônico, é importante transcrever um trecho da LC – Lei Complementar n. 87/96, que dispõe acerca do Imposto sobre Circulação de Mercadorias e Serviços de Transporte e Comunicação:

> Art. 1º Compete aos Estados e ao Distrito Federal instituir o imposto sobre operações relativas *à circulação de mercadorias* e sobre prestações de serviços

---

2 Daniela de Andrade Braghetta. *Tributação no comércio eletrônico* – à luz da teoria comunicacional do direito. São Paulo: Quartier Latin, 2003, p. 112.

3 Daniela de Andrade Braghetta. *Tributação no comércio eletrônico* – à luz da teoria comunicacional do direito, p. 194.

> de transporte interestadual e intermunicipal e de comunicação, ainda que as operações e as prestações se iniciem no exterior.
>
> (...)
>
> Art. 4º Contribuinte é qualquer pessoa, **física ou jurídica**, que realize, com **habitualidade** ou em **volume que caracterize intuito comercial**, operações de circulação de mercadoria ou prestações de serviços de transporte interestadual e intermunicipal e de comunicação, ainda que as operações e as prestações se iniciem no exterior.

Referidos dispositivos acima são de suma importância para a análise do ICMS e da sua incidência no comércio eletrônico. Para tal estudo, examinaremos alguns conceitos-chave presentes na letra da lei, tais quais "circulação", "mercadoria", "habitualidade" e "volume que caracterize intuito comercial", podendo assim entender melhor o alcance da norma jurídica analisada.

Iniciaremos pelo conceito de "circulação" que, para Paulo de Barros Carvalho, representa "a passagem das mercadorias de uma pessoa para outra, sob o manto de um título jurídico...".[4] A partir desse conceito surge então uma questão importante para a tributação eletrônica – sobretudo para o comércio eletrônico próprio – se a referida "passagem das mercadorias" incluiria o meio digital ou não. A passagem de uma mercadoria via transmissão de dados pela internet pode ser considerada um meio tributável de circulação de mercadorias?

Daniela de Andrade Braghetta entende que, se levarmos em conta que a simples transferência de posse, a título negocial, sem a efetiva transmissão da propriedade, é considerada circulação, então podemos concluir que a saída física da mercadoria é irrelevante e que não há necessidade de condicionarmos sua circulação física para os efeitos tributários.[5] O importante é percebermos que, independente do comércio se dar por meio físico ou digital, a simples mudança de titularidade da mercadoria com o intuito de lucro (mesmo que este lucro não se concretize) já importa no conceito de circulação previsto na LC n. 87/96.

Seguimos então para o conceito de "mercadoria", o qual também exige atenção especial. A mercadoria comum é conceituada por Maria Helena Diniz

---

4 Paulo de Barros Carvalho. *A regra matriz do ICM*, p. 402 apud Daniela de Andrade Braghetta. *Tributação no comércio eletrônico* – à luz da teoria comunicacional do direito, p. 112.

5 Daniela de Andrade Braghetta. *Tributação no comércio eletrônico* – à luz da teoria comunicacional do direito, p. 112.

como "coisa que serve de objeto à compra e venda mercantil".[6] Essa definição já não se sustenta, uma vez que o vocábulo "coisa" imprime na mercadoria a ideia de que esta deve ser palpável. O conceito de mercadoria deve ser ampliado para que possa corresponder à realidade de nosso tempo.

É seguindo essa linha de raciocínio que Aldemário Araújo Castro assevera que devemos retirar o traço de tangibilidade do conceito de mercadoria. A palpabilidade já não deve ser mais considerada um requisito essencial, tanto da mercadoria como dos bens e coisas, pois os motivos históricos e tecnológicos que deram ensejo a tal necessidade já não se sustentam. Transcrevemos abaixo um trecho de sua posição:

> São duas, portanto, as ordens de considerações que "retiram" de mercadorias (e produtos) os traços de tangibilidade: a) mercadorias (e produtos) são espécies de um gênero que não exige materialidade como elemento essencial e b) o avanço tecnológico, as novas formas de produção de riqueza, viabilizou a existência de mercadorias (e produtos) desprovidos da marca de tangibilidade.[7]

Resta claro que a mercadoria virtual se encaixa também no conceito de mercadoria utilizado pela LC n. 87/96 e, portanto, sobre a circulação dela incide o ICMS.

Vamos então ao conceito de "habitualidade". Para fins da tributação do ICMS, uma pessoa natural que vende objetos pessoais esporadicamente a outros, que tenham interesse neles, não é considerado contribuinte, no entanto, se o fizer com habitualidade, suas operações estarão sujeitas à incidência do Imposto Estadual.

Esse é um conceito do Direito Empresarial. Até a revogação do Código Comercial de 1850 vigia a teoria dos atos de comércio. A caracterização dos atos de comércio se dava justamente na habitualidade de quem realizava o ato (de comprar para revender, essencialmente).

De acordo com a clássica doutrina comercialista, para serem considerados comerciantes, os atos de comércio deviam ser realizados habitualmente. Isto

---

6 Maria Helena Diniz, *Dicionário jurídico*, v. 3, p. 256, apud Daniela de Andrade Braghetta, *Tributação no comércio eletrônico* – à luz da teoria comunicacional do direito, p. 112.

7 Aldemário Araújo Castro. *Mercadoria virtual* – aspectos tributários relevantes. Disponível em: <http://www.aldemario.adv.br/mv.pdf>. Acesso em: 22 ago. 2017.

é, ser uma atividade frequente, contínua; uma prática reiterada, com o objetivo de perpetuidade no negócio.

Com a vigência do Código Civil de 2002, adotou-se a teoria da empresa (já era uma evolução da doutrina, jurisprudência e outras leis, como o CDC) que modificou substancialmente o conceito de comerciante, transformando-o em empresário.

Empresário é aquele que exerce profissionalmente atividade econômica organizada para a produção ou a circulação de bens ou de serviços. Este conceito está de acordo com o art. 966 do Código Civil de 2002.

Para melhor entender o conceito de empresário, bem como analisar os elementos que o compõem, seguir-se-á um estudo dividido em cinco grupos, a saber:

1) o exercício de uma **atividade**;

2) a natureza **econômica** da atividade;

3) a **organização** da atividade;

4) a **profissionalidade** do exercício de tal atividade;

5) e a finalidade da **produção ou circulação de bens ou de serviços**.

Atividade – para sabermos o que é uma atividade, é necessário se fazer a distinção entre ato e atividade.

Ato é cada parte de uma peça; significa algo que se exaure, é completo e alcança o resultado pretendido. Ele atinge a finalidade para a qual foi praticado sem a necessidade de outro ato.

Já a atividade é o conjunto de atos coordenados para alcançar um fim comum. Não é uma mera sequência de atos; é necessária uma coordenação, como, por exemplo, ocorre com as linhas de produção de automóveis.

Por sua vez, a atividade pode envolver atos jurídicos e atos materiais. Os atos jurídicos são aqueles que têm efeito na esfera do Direito, por exemplo, a venda de mercadorias gera uma obrigação de pagar tributo. Os atos materiais são aqueles que não geram efeitos jurídicos, por exemplo, o deslocamento de mercadorias dentro da empresa de um almoxarifado para outro.

Atividade pressupõe uma habilidade do sujeito que a exerce ou a organiza, assumindo o risco econômico dela.

É o empresário (às vezes, com ajuda de auxiliares) quem exerce a empresa, ou seja, quem exerce a atividade. No âmbito dos negócios, atividade é sinônimo de empresa. Ele coordena os atos que formam a atividade, por exemplo, em uma confecção.

Econômica – É a atividade que cria riqueza por meio da produção ou circulação de bens e de serviços.

A atividade econômica tem como "fim" o lucro. Quem explora a atividade objetiva o lucro, ainda que às vezes experimente prejuízos.

Se o lucro for "meio", por exemplo, no caso de uma associação ou fundação na qual o lucro é todo destinado a programas assistenciais, não é atividade econômica. Um bazar realizado por igreja visa arrecadar fundos, mas estes recursos serão empregados na obra da igreja, logo, não há lucro, pois a igreja não tem a finalidade de obter lucro na sua atividade principal que é religiosa.

"Econômica" é uma expressão que aqui está relacionada ao fato de a atividade ter "risco". A atividade é exercida por conta e risco do empresário, pois há o risco de perder o capital ali empregado, o que justifica então o proveito que ele tem em retirar o lucro decorrente da atividade.

Organização – O empresário é quem organiza a atividade. Ele combina os fatores de produção.

Os fatores de produção são: natureza (matéria-prima); capital (recursos); trabalho (mão de obra); e tecnologia (técnicas para desenvolver uma atividade).

O empresário, ao combinar os fatores de produção, cria riquezas e atende às necessidades do mercado.

Pode o empresário contar com auxiliares, mas não há necessidade do concurso do trabalho de pessoas além do empresário, pois é possível ele ter uma firma individual ou mesmo uma sociedade em que somente os sócios são quem trabalha, por exemplo, em uma lavanderia.

A organização da atividade pressupõe um estabelecimento. Mais adiante será estudado o estabelecimento (CC art. 1.142), que é o complexo de bens para o exercício da atividade e que, na maioria das vezes, inclui um ponto físico, mas não necessariamente. Por exemplo, um carrinho de pipoca pode ser considerado o estabelecimento de um empresário.

Profissionalidade – Significa que o empresário é um profissional naquele ofício. A profissionalidade do empresário pressupõe:

1) habitualidade (continuidade; atuação contínua do empresário no negócio);
2) pessoalidade (o empresário é quem está à frente do negócio, diretamente ou por contratados que o representam);
3) especialidade (o empresário é quem detém as informações a respeito do negócio; o conhecimento técnico, por exemplo, de como produzir linguiças aromatizadas).

Toda atividade negocial é de risco; então, poder-se-ia dizer que o empresário é um profissional em correr riscos.

Produção ou circulação de bens ou de serviços – para melhor compreender este ponto, será dividido em quatro possibilidades:

1) **Produzir bens** é sinônimo de fabricar mercadorias. É agregar valor a elas por meio de processo de transformação, como ocorre com as fábricas de sapatos, padarias, metalúrgicas, montadoras de veículos etc.
2) **Produzir serviços** é prestar serviços, como acontece com bancos, seguradoras, locadoras, lavanderias, encadernadoras etc.
3) **Circular bens** é a aquisição de bens para revendê-los (em regra, sem transformá-los). É apenas uma intermediação. É a típica atividade do comerciante, por exemplo, lojas de sapatos, farmácias, loja de roupas etc.
4) **Circular serviços** é fazer a intermediação entre o cliente e o fornecedor do serviço a ser prestado, como, por exemplo, o corretor de seguros e o agente de viagens.

Assim, a partir da produção e da circulação, seja de bens ou de serviços, por meios físicos ou digitais, estão se gerando riquezas, submetidas assim à referida tributação.

Por fim, temos a ideia de "volume que caracterize intuito comercial", a qual também é um conceito básico do Direito Empresarial. Tal expressão é muito subjetiva, o que dá margem a variadas interpretações, prejudicando a principiologia do Direito Tributário, em especial quanto aos princípios da Legalidade e da Tipicidade.

O **Princípio da Legalidade**[8] reflete a impossibilidade da cobrança de tributo sem previsão legal, conforme o disposto no art. 150, I, da Carta Magna.[9]

Por sua vez, o **Princípio da Tipicidade**[10] reflete o fato de que a legislação deve trazer na sua disposição todas as características do tipo legal. Esse princípio tem a função de dar maior segurança jurídica aos contribuintes, fazendo com que o tipo tributário, assim como o tipo penal, seja fechado.

---

[8] O nascimento da obrigação tributária não depende da vontade da autoridade fiscal, nem do desejo do administrador em ditar o que deve ser tributado.

[9] Art. 150. Sem prejuízo de outras garantias asseguradas ao contribuinte, é vedado à União, aos Estados, ao Distrito Federal e aos Municípios:

I – exigir ou aumentar tributo sem lei que o estabeleça; (...).

[10] Dirigida ao **legislador**, que ao formular a lei deve definir de modo taxativo as situações (tipos) tributáveis, e ao **aplicador**, que veda a interpretação extensiva e analógica (CTN, art. 108, § 1º), incompatíveis com a taxatividade dos tipos.

O "intuito comercial" pode ser entendido como o objetivo de lucro. Ou seja, comprar para revender, ganhando na diferença de valor entre as operações, assim como também pode significar especulação, ou seja, ganhar com uma determinada operação, se não for o caso de habitualidade.

Esse é um problema parecido com o do tráfico de drogas: qual é a quantia a ser considerada a fim de ser o portador enquadrado como usuário ou traficante?

Quanto ao "volume", um pequeno volume de mercadorias pode não trazer lucro a ponto de ser considerada aquela operação como de finalidade comercial. No entanto, mesmo sem a habitualidade, uma grande quantidade de determinada mercadoria pode trazer uma rentabilidade razoável para o agente.

De qualquer forma, é um conceito muito subjetivo, que dá margem a dúvida, quando não a arbitrariedade das autoridades fazendárias.

18.4. TRIBUTAÇÃO DE *SITES* BUSCADORES, INTERMEDIADORES, CAUCIONADORES E VENDEDORES INFORMAIS NA INTERNET (ICMS E ISS)

Outra questão é a tributação do comércio informal pela internet e dos seus intermediadores e/ou caucionadores de pagamento.

Parece que o desafio maior se dá quanto à fiscalização em se apurar se realmente está se recolhendo os tributos decorrentes dos produtos vendidos e dos serviços prestados.

Pois, como ficam as vendas e compras realizadas por *sites* buscadores, que fazem a intermediação/aproximação entre vendedor e comprador na internet? Academicamente citaremos o caso do MercadoLivre, mas que é de tantos outros. Nestes *sites* de aproximação se pode vender ou comprar por preço fixo ou por leilão.

Estes *sites* funcionam como uma feira, vinte e quatro horas por dia. Só para comparar, observe-se que, quando surgiram as feiras, na idade média, elas aconteciam trimestralmente; era um grande acontecimento, esperado por todos, ocasião essencial para poder trocar, vender e comprar. Na era digital, as feiras acontecem a todo instante, ao mesmo tempo.

Ainda, como fica a responsabilidade da empresa de intermediação, que, muitas vezes instiga o internauta a começar a vender (com ícones, *banners*)? Será que ele deveria orientar seus parceiros vendedores sobre tributação?

E a tributação no sistema caucionado? Pelo sistema de compra caucionado, o comprador faz o pagamento ao intermediário, que por sua vez repassa a quantia ao vendedor quando o comprador avisar que recebeu a mercadoria.

Este contrato de caução é um contrato de depósito? É uma prestação de serviços? Sujeito à tributação? ISS? Sobre qual valor? Sobre a comissão recebida?

O comprador no sistema de caução adere a um "termo e condições gerais do contrato de gestão de pagamento". O objeto deste é a gestão do pagamento (mantendo a guarda da quantia) e outorga de mandato (para efetuar o pagamento). Para isso, o intermediário recebe uma comissão.

Será a operação de mera intermediação e a operação de intermediação com caução são prestações de serviços enquadráveis aos itens da lista do ISS, conforme abaixo?

> **Lista de serviços anexa à Lei Complementar n. 116, de 31 de julho de 2003:**
>
> (...)
>
> 2 – Serviços de pesquisas e desenvolvimento de qualquer natureza.
>
> 2.01 – **Serviços de pesquisas** e desenvolvimento **de qualquer natureza**. (...)
>
> 10 – Serviços de intermediação e congêneres. (...)
>
> 10.03 – Agenciamento, corretagem ou **intermediação de direitos de propriedade industrial, artística ou literária**. (...)
>
> 10.05 – Agenciamento, corretagem ou **intermediação de bens móveis** ou imóveis, não abrangidos em outros itens ou subitens, inclusive aqueles realizados no âmbito de Bolsas de Mercadorias e Futuros, **por quaisquer meios**. (...)
>
> 10.10 – **Distribuição de bens de terceiros**.
>
> 11 – Serviços de guarda, estacionamento, armazenamento, vigilância e congêneres. (...)
>
> 11.04 – Armazenamento, **depósito**, carga, descarga, arrumação e guarda de **bens de qualquer espécie**. (...)
>
> 15 – Serviços relacionados ao setor bancário ou financeiro, *inclusive* aqueles prestados por instituições financeiras autorizadas a funcionar pela União ou por quem de direito. (...)
>
> 15.12 – **Custódia em geral, inclusive** de títulos e valores mobiliários (destaques nossos).

Exemplificativamente, usaremos o caso do MercadoLivre.com, a partir de dados colhidos em seu próprio *site*: www.mercadolivre.com.br. Tido como a maior plataforma de negócios de internet na América Latina, foi fundado em agosto de 1999. Está em 12 países da América Latina. É líder de mercado em comércio eletrônico no Brasil, Argentina, Chile, Colômbia, Equador, México, Peru, Uruguai e Venezuela.

Até 31 de dezembro de 2008, o MercadoLivre contava com um total de **33,7 milhões de usuários registrados confirmados**. O mesmo ano fechou com 21,1 milhões de **itens vendidos**.

O **volume de negócios** (excluindo as categorias de serviços, veículos, embarcações, aeronaves e imóveis) foi de **US$ 2,1 bilhões em 2008**.

Os artigos mais populares anunciados nos diferentes países em que o MercadoLivre opera são os relativos à informática e aos eletrônicos.

Dado interessante, com exceção das negociações relacionadas com automóveis, náutica, aviação, imóveis e serviços, aproximadamente 79,1% das negociações realizadas via MercadoLivre são de **produtos novos** e, aproximadamente, 88% acontecem a preço fixo.[11]

Assim, o MercadoLivre é um excelente canal de vendas nacional e internacional, ideal para indivíduos, pequenos comércios, importadores e grandes marcas. As plataformas de comércio eletrônico representam para muitos usuários a possibilidade de comercializar eficientemente seus produtos. O *site* do MercadoLivre é utilizado por alguns dos usuários como **canal principal de vendas**; para outros é um canal alternativo para chegar a milhões de usuários que mensalmente acessam o *site*.[12] Este grande mercado, com ofertas disponíveis a todo momento, é ideal para aqueles compradores que vivem longe das grandes cidades e centros de comércio.

Dessa forma, o *site* MercadoLivre é um gerador e multiplicador de empregos. Estima-se que mais de **25 mil pessoas obtenham toda ou a maior parte da renda** graças às vendas pelo *site*.

Aí se lançam as questões: Como fica a tributação do Imposto de Renda? O MercadoLivre deveria reter na fonte a alíquota de 1,5%? E quanto à tributação dos produtos que as pessoas vendem por intermédio deste *site* incide ICMS?

---

11 Informações extraídas do *site* do MercadoLivre. Disponível em: <http://www.mercadolivre.com.br/brasil/ml/p_loadhtml?as_menu=MPRESS&as_html_code=SML_05>. Acesso em: 20 out. 2011. (Novo acesso em: 10 ago. 2017).

12 Disponível em: <http://www.mercadolivre.com.br/brasil/ml/p_loadhtml?as_menu=MPRESS&as_html_code=SML_02>. Acesso em: 20 out. 2011. (Novo acesso em: 10 ago. 2017).

Especificamente sobre o ICMS, havendo "habitualidade" ou "volume que caracterize intuito comercial", conforme visto anteriormente, incide o referido tributo, conforme o art. 4º da LC n. 87/96.

Por exemplo, uma pessoa natural que vende objetos pessoais esporadicamente a outros, que tenham interesse neles, não é considerado contribuinte, para fins da tributação do ICMS. No entanto, se o fizer com habitualidade, suas operações estarão sujeitas à incidência do Imposto Estadual.

Muito provavelmente as pessoas que vivem da venda de produtos em *sites* de aproximação não sabem disso.

Estes *sites* de aproximação deveriam informá-los sob o ponto de vista jurídico. Mas será que comercialmente há interesse em dizer ao seu cliente sobre a incidência tributária?

Em algum momento o Fisco poderá fiscalizar e começar a fazer autuações. Então, o vendedor, que se utiliza de *site* de intermediação, tendo presente o elemento da habitualidade ou o do volume com intuito comercial, será enquadrado na tributação do ICMS.

Vale destacar que, independentemente de habitualidade ou intuito comercial, a legislação dispõe que haverá contribuinte do ICMS, nos casos de importação de produtos ou aquisição por licitação, conforme a LC n. 87/96:

> Art. 4º (...)
>
> Parágrafo único: É também contribuinte a pessoa física ou jurídica que, **mesmo sem habitualidade ou intuito comercial**:
>
> I – **importe mercadorias** ou **bens** do **exterior**, qualquer que seja a sua finalidade;
>
> (...)
>
> III – **adquira em licitação** mercadorias ou bens apreendidos ou abandonados;
>
> (...) (destaques nossos).

Cabe ponderar que a distinção entre mercadoria e bem se dá nos seguintes termos: **mercadoria** é qualquer produto que possa ser comercializado (compra para revenda; insumo); já **bem** é uma coisa de que se tem a propriedade com caráter definitivo (destinatário final).

Nos *sites* de intermediação com sede no Brasil, pode-se comprar mercadorias originadas de fornecedores sediados no exterior. Neste caso, independentemente de habitualidade ou intuito comercial, haverá a incidência tributária.

Outro ponto é que, tendo o *site* de intermediação a forma de venda por leilão, isso pode ser enquadrado na legislação como licitação. Licitação é uma disputa em leilão; é uma escolha por concorrência de participantes; vence a melhor proposta. Poderá ser esse o entendimento do Fisco.

Além desses pontos, há outros na legislação do ICMS que permeiam o comércio eletrônico, como o que prevê o art. 5º:

> Art. 5º Lei poderá **atribuir a terceiros a responsabilidade** pelo pagamento do imposto e acréscimos devidos pelo contribuinte ou responsável, quando os **atos ou omissões daqueles concorrerem para o não recolhimento do tributo**.

Será que a posição dos *sites* de intermediação pode ser considerada como um ato ou omissão, que concorre para o não recolhimento do ICMS?

Em caso positivo, a ele pode ser atribuída a responsabilidade pelo pagamento do tributo.

E mais, vejamos a situação do *site* de intermediação quando ele se propõe a receber o pagamento do comprador, para posteriormente entregar ao vendedor, no sistema caucionado:[13]

> Art. 6º Lei estadual poderá atribuir a contribuinte do imposto ou a **depositário a qualquer título** a responsabilidade pelo **seu pagamento**, hipótese em que assumirá a condição de substituto tributário.

Quanto à expressão "depositário a qualquer título", se o "termo e condições gerais do contrato de gestão de pagamento" for considerado um contrato de depósito, o *site* de aproximação na forma de compra caucionada (exemplificativamente, o MercadoPago) pode ser considerado depositário.

Isso porque de qualquer forma este *site* caucionador fica com a quantia em depósito para posteriormente entregar ao vendedor. Com isso, pode ser tido por **substituto tributário** e, como tal, responsável pelo pagamento dos tributos referentes aos negócios realizados por seu intermédio.

---

13 Como é o caso do MercadoPago. São dados dispostos pelo próprio *site* do MercadoPago quanto ao ano de 2008: (i) 1,9 milhão de operações; (ii) US$ 255,9 milhões negociados. Disponível em: <http://www.mercadolivre.com.br/brasil/ml/p_loadhtml?as_menu=MPRESS&as_html_code=SML_05>. Acesso em: 20 out. 2011. (Novo acesso em: 10 ago. 2017).

18.5. EMENDA CONSTITUCIONAL N. 87/2015: ICMS E COMÉRCIO ELETRÔNICO INTERESTADUAL. PROTOCOLO 21 E POSIÇÃO DO STF

A Emenda Constitucional n. 87, de 16 de abril de 2015, tem grande efeito sobre o comércio eletrônico brasileiro, pois apesar de sua amplitude estender-se ao regime tributário de arrecadação do ICMS (imposto sobre circulação de mercadorias e prestações de serviços de transporte interestadual e intermunicipal e de comunicação), grande parte dos negócios realizados pela internet envolve operações entre partes sediadas em Estados-membros da Federação brasileira diversos; suscetíveis, portanto, à incidência do ICMS.

A referida EC n. 87/2015 alterou o § 2º do art. 155 da Constituição Federal, bem como incluiu o art. 99 ao Ato das Disposições Constitucionais Transitórias, para tratar da sistemática de cobrança do ICMS incidente sobre as operações e prestações que destinem bens e serviços a consumidor final, contribuinte ou não do imposto, localizado em outro Estado (ou seja, um Estado-membro diverso daquele Estado-membro onde está sediado o vendedor do produto ou o prestador do serviço).

De acordo com a reforma promovida pela EC 87/2015 (art. 1º), os incs. VII e VIII do § 2º do art. 155 da Constituição Federal passam a vigorar com as seguintes redações:

> VII – nas operações e prestações que destinem bens e serviços a consumidor final, contribuinte ou não do imposto, localizado em outro Estado, adotar-se-á a alíquota interestadual e caberá ao Estado de localização do destinatário o imposto correspondente à diferença entre a alíquota interna do Estado destinatário e a alíquota interestadual;
>
> *a*) (revogada);
>
> *b*) (revogada);
>
> VIII – a responsabilidade pelo recolhimento do imposto correspondente à diferença entre a alíquota interna e a interestadual de que trata o inciso VII será atribuída:
>
> *a*) ao destinatário, quando este for contribuinte do imposto;
>
> *b*) ao remetente, quando o destinatário não for contribuinte do imposto;

Conforme a Resolução do Senado Federal n. 22/89, art. 1º, a alíquota do ICMS nas operações e prestações interestaduais será de 12%. Nas operações e prestações realizadas nas Regiões Sul e Sudeste, destinadas às Regiões Norte,

Nordeste e Centro-Oeste e ao Estado do Espírito Santo, as alíquotas serão, a partir de 1990, de 7%. Veja abaixo a tabela que resume as alíquotas do ICMS de Estado da Federação brasileira:[14]

Alíquota Interna do ICMS	DESTINO																										
ORIGEM –	AC	AL	AM	AP	BA	CE	DF	ES	GO	MA	MT	MS	MG	PA	PB	PR	PE	PI	RN	RS	RJ	RO	RR	SC	SP	SE	TO
AC	17	12	12	12	12	12	12	12	12	12	12	12	12	12	12	12	12	12	12	12	12	12	12	12	12	12	12
AL	12	17	12	12	12	12	12	12	12	12	12	12	12	12	12	12	12	12	12	12	12	12	12	12	12	12	12
AM	12	12	17	12	12	12	12	12	12	12	12	12	12	12	12	12	12	12	12	12	12	12	12	12	12	12	12
AP	12	12	12	17	12	12	12	12	12	12	12	12	12	12	12	12	12	12	12	12	12	12	12	12	12	12	12
BA	12	12	12	12	17	12	12	12	12	12	12	12	12	12	12	12	12	12	12	12	12	12	12	12	12	12	12
CE	12	12	12	12	12	17	12	12	12	12	12	12	12	12	12	12	12	12	12	12	12	12	12	12	12	12	12
DF	12	12	12	12	12	12	17	12	12	12	12	12	12	12	12	12	12	12	12	12	12	12	12	12	12	12	12
ES	12	12	12	12	12	12	12	17	12	12	12	12	12	12	12	12	12	12	12	12	12	12	12	12	12	12	12
GO	12	12	12	12	12	12	12	12	17	12	12	12	12	12	12	12	12	12	12	12	12	12	12	12	12	12	12
MA	12	12	12	12	12	12	12	12	12	17	12	12	12	12	12	12	12	12	12	12	12	12	12	12	12	12	12
MT	12	12	12	12	12	12	12	12	12	12	17	12	12	12	12	12	12	12	12	12	12	12	12	12	12	12	12
MS	12	12	12	12	12	12	12	12	12	12	12	17	12	12	12	12	12	12	12	12	12	12	12	12	12	12	12
MG	7	7	7	7	7	7	7	7	7	7	7	7	18	7	7	12	7	7	7	12	12	7	7	12	12	7	7
PA	12	12	12	12	12	12	12	12	12	12	12	12	12	17	12	12	12	12	12	12	12	12	12	12	12	12	12
PB	12	12	12	12	12	12	12	12	12	12	12	12	12	12	17	12	12	12	12	12	12	12	12	12	12	12	12
PR	7	7	7	7	7	7	7	7	7	7	7	7	12	7	7	18	7	7	7	12	12	7	7	12	12	7	7
PE	12	12	12	12	12	12	12	12	12	12	12	12	12	12	12	12	17	12	12	12	12	12	12	12	12	12	12
PI	12	12	12	12	12	12	12	12	12	12	12	12	12	12	12	12	12	17	12	12	12	12	12	12	12	12	12
RN	12	12	12	12	12	12	12	12	12	12	12	12	12	12	12	12	12	12	17	12	12	12	12	12	12	12	12
RS	7	7	7	7	7	7	7	7	7	7	7	7	12	7	7	12	7	7	7	17	12	7	7	12	12	7	7
RJ	7	7	7	7	7	7	7	7	7	7	7	7	12	7	7	12	7	7	7	12	19	7	7	12	12	7	7
RO	12	12	12	12	12	12	12	12	12	12	12	12	12	12	12	12	12	12	12	12	12	17	12	12	12	12	12
RR	12	12	12	12	12	12	12	12	12	12	12	12	12	12	12	12	12	12	12	12	12	12	17	12	12	12	12
SC	7	7	7	7	7	7	7	7	7	7	7	7	12	7	7	12	7	7	7	12	12	7	7	17	12	7	7
SP	7	7	7	7	7	7	7	7	7	7	7	7	12	7	7	12	7	7	7	12	12	7	7	12	18	7	7
SE	12	12	12	12	12	12	12	12	12	12	12	12	12	12	12	12	12	12	12	12	12	12	12	12	12	17	12
TO	12	12	12	12	12	12	12	12	12	12	12	12	12	12	12	12	12	12	12	12	12	12	12	12	12	12	17

Tendo em vista a importante mudança na sistemática da cobrança do ICMS em operações interestaduais, bem como a necessidade em atender aos princípios constitucionais de caráter tributário, sobretudo o da **anterioridade**, a EC n. 87/2015 (art. 3º) prevê que a sua entrada em vigor se dá na data de sua publicação (17-4-2015), mas seus efeitos somente serão produzidos a partir de 2016. Esse lapso temporal permitirá que contribuintes e fazendas estaduais tenham tempo para se adequar ao novo regime tributário de arrecadação do ICMS em operações interestaduais.

Além disso, a fim de minimizar os efeitos com a alteração na forma de arrecadação do ICMS, bem como estabelecer uma transição programada quanto às mudanças nas alíquotas devidas aos Estados de origem e de destino

---

14 Disponível em: <http://www.fiscontex.com.br/legislacao/ICMS/aliquotainternaicms.htm>. Acesso em: 20 ago 2017.

da mercadoria ou do serviço, a EC n. 87/2015 (art. 2º) procurou diluir ao longo de cinco anos a diminuição para alguns Estados, e o aumento para outros, quanto à arrecadação tributária. Para tanto, a EC fixou um escalonamento na divisão da arrecadação tributária entre os Estados de origem e de destino, promovendo assim a inclusão do art. 99 ao Ato das Disposições Constitucionais Transitórias, *in verbis*:

> Art. 99. Para efeito do disposto no inciso VII do § 2º do art. 155, no caso de operações e prestações que destinem bens e serviços a consumidor final não contribuinte localizado em outro Estado, o imposto correspondente à diferença entre a alíquota interna e a interestadual será partilhado entre os Estados de origem e de destino, na seguinte proporção:
>
> I – para o ano de 2015: 20% (vinte por cento) para o Estado de destino e 80% (oitenta por cento) para o Estado de origem;
>
> II – para o ano de 2016: 40% (quarenta por cento) para o Estado de destino e 60% (sessenta por cento) para o Estado de origem;
>
> III – para o ano de 2017: 60% (sessenta por cento) para o Estado de destino e 40% (quarenta por cento) para o Estado de origem;
>
> IV – para o ano de 2018: 80% (oitenta por cento) para o Estado de destino e 20% (vinte por cento) para o Estado de origem;
>
> V – a partir do ano de 2019: 100% (cem por cento) para o Estado de destino.

Vale destacar que a EC n. 87/2015 vem atender ao anseio de um "melhor equilíbrio" entre os Estados "ricos" e "pobres" quanto à arrecadação do ICMS na chamada "guerra fiscal" brasileira. Por isso, para melhor contextualizar o assunto, devemos voltar no tempo para examinar o assunto do Protocolo 21 e julgamento de sua inconstitucionalidade pelo STF. Antes, porém, não podemos nos furtar de mencionar que, tendo em vista o direito do consumidor de se arrepender das compras pela internet, à luz do art. 49 do CDC (tema amplamente analisado em outro item desta obra), deverá haver uma regulamentação sobre a devolução e/ou a compensação do tributo nesta hipótese.

O Protocolo ICMS n. 21, de 1º de abril 2011 (julgado como inconstitucional pelo STF na ADI 4.628, conforme veremos adiante), regulava a exigência do ICMS nas operações interestaduais que destinem mercadoria ou bem a consumidor final, cuja aquisição ocorrer de forma não presencial no estabelecimento remetente (internet, *telemarketing* e *showroom*). Tratava-se de um acordo que visa partilhar a arrecadação com as vendas a distância, especialmente aquelas realizadas pela internet (comércio eletrônico).

A finalidade de tal Protocolo foi a de garantir a distribuição entre Estados da receita tributária derivada do ICMS, especialmente das vendas feitas por meio da rede mundial de computadores. Isso porque neste caso o imposto seria devido apenas para o Estado de origem, ou seja, aquele onde está sediado o estabelecimento vendedor, nada cabendo ao Estado de destino (onde está domiciliado o comprador).

Vale esclarecer que esses Protocolos são frutos da atuação do CONFAZ – Conselho Nacional de Política Fazendária, o qual teve seu Regimento Interno aprovado pelo Convênio ICMS n. 133/97, fruto da Lei Complementar n. 24/75 (que dispõe sobre os convênios para a concessão de isenções do imposto sobre operações relativas à circulação de mercadorias).

Conforme os arts. 1º e 2º do seu Regimento Interno, o CONFAZ é constituído por representantes de cada Estado e Distrito Federal e um representante do Governo Federal. O CONFAZ tem por objetivo promover ações necessárias à elaboração de políticas e harmonização de procedimentos e normas inerentes ao exercício da competência tributária dos Estados e do Distrito Federal, bem como colaborar com o Conselho Monetário Nacional – CMN – na fixação da política de Dívida Pública Interna e Externa dos Estados e do Distrito Federal e na orientação às instituições financeiras públicas estaduais.

É importante estabelecer a distinção entre Convênio e Protocolo neste âmbito tributário. Convênio é um acordo entre todos os Estados-membros brasileiros (e também o Distrito Federal), sendo concretizado pela homologação unânime de todos. Já o protocolo é o acordo de dois ou mais Estados-membros, não de todos.

O Protocolo 21 foi acordado pelos seguintes Estados: Acre, Alagoas, Amapá, Bahia, Ceará, Espírito Santo, Goiás, Maranhão, Mato Grosso, Pará, Paraíba, Pernambuco, Piauí, Rio Grande do Norte, Roraima, Rondônia, Sergipe e Distrito Federal. Como se pode perceber, vários Estados não assinaram o Protocolo, como São Paulo, Rio de Janeiro, Minas Gerais, Rio Grande do Sul etc.

Nas considerações preliminares do Protocolo 21 foram expressas algumas questões, tais como: o fato de que a sistemática atual do comércio cujas aquisições, em grande medida, são feitas a distância, não corresponde mais ao regramento constitucional de 1988; o ICMS é um imposto sobre o consumo, e a tributação apenas no Estado de origem pelas compras a distância não coaduna com a essência principal desse tributo, não permitindo a repartição da arrecadação.

Pelo teor do Protocolo, as unidades federadas signatárias deveriam exigir a favor da unidade federada de destino da mercadoria ou bem a parcela do ICMS devida na operação interestadual em que o consumidor final adquire mercadoria ou bem de forma não presencial por meio de internet, *telemarketing* ou *showroom* (Protocolo 21, cláusula primeira).

Ainda, conforme o seu texto, nas operações interestaduais entre as unidades federadas signatárias do Protocolo, o estabelecimento remetente, na condição de substituto tributário, seria responsável pela retenção e recolhimento do ICMS, em favor da unidade federada de destino, relativo à parcela de que trata a cláusula primeira (Protocolo 21, cláusula segunda).

Por isso, o estabelecimento vendedor, antes da saída da mercadoria ou bem, efetuaria o pagamento da parcela do imposto por meio de Documento de Arrecadação Estadual (DAE) ou Guia Nacional de Recolhimento de Tributos Estaduais (GNRE). O remetente poderia se credenciar na unidade federada de destino para que o recolhimento possa ser feito até o dia 9 do mês seguinte à ocorrência do fato gerador (Protocolo 21, cláusula quarta).

Frise-se, o recolhimento do tributo caberia à empresa, a qual ficaria encarregada do recolhimento em favor do Estado de Origem e do Estado de Destino.

A cláusula terceira do Protocolo 21 é que estabelecia a divisão do ICMS, *in verbis*:

> A parcela do imposto devido à unidade federada destinatária será obtida pela aplicação da sua alíquota interna, sobre o valor da respectiva operação, deduzindo-se o valor equivalente aos seguintes percentuais aplicados sobre a base de cálculo utilizada para cobrança do imposto devido na origem:
> I – 7% (sete por cento) para as mercadorias ou bens oriundos das Regiões Sul e Sudeste, exceto do Estado do Espírito Santo;
> II – 12% (doze por cento) para as mercadorias ou bens procedentes das Regiões Norte, Nordeste e Centro-Oeste e do Estado do Espírito Santo.
> Parágrafo único. O ICMS devido à unidade federada de origem da mercadoria ou bem, relativo à obrigação própria do remetente, é calculado com a utilização da alíquota interestadual.

O Protocolo visava a divisão da arrecadação do ICMS, sendo que, conforme sua cláusula terceira, se considerarmos dois Estados signatários e um consumidor final não contribuinte do ICMS, o vendedor deveria recolher a alíquota de 12% ao Estado de origem em que estiver sediado (alíquota interestadual), cabendo ao Estado em que se destine a mercadoria a diferença entre a sua alíquota interna e a interestadual, recolhida a favor do Estado de origem. Assim, se a alíquota do Estado de destino for de 18%, a ele será devido 6% (18% menos 12% igual 6%).

Mas, o ponto mais problemático do Protocolo 21 era o parágrafo único da cláusula primeira. Tal dispositivo previa que a exigência do imposto pela unidade federada destinatária da mercadoria ou bem aplicava-se, inclusive, nas operações procedentes de unidades da Federação não signatárias deste protocolo.

Significa dizer que o Protocolo pretendia atribuir efeitos para além dos seus signatários. Vale ter presente que, se o Protocolo tem natureza contratual, deve atentar-se aos princípios do direito dos contratos. Entre eles está o princípio da relatividade, o qual consiste em expressar que, via de regra, os efeitos do contrato relacionam-se tão somente àqueles que por ele estão vinculados (contratantes). Além disso, não podemos esquecer da função social do contrato, em que o contrato não pode produzir efeitos negativos a terceiros.

Além disso, é plenamente aplicável o Princípio da Reserva Legal, em que ninguém é obrigado a fazer ou deixar de fazer algo senão em virtude de lei (CF, art. 5º, II), bem como o princípio da liberdade das convenções, o qual prevê que ninguém é obrigado a contratar nem permanecer contratado (CF, art. 5º, XX). São princípios aplicáveis também aos entes públicos.

Não estávamos tratando de um Convênio, que vincula todos os Estados, mas sim de um Protocolo, que vincula apenas os Estados signatários. Além disso, conforme o art. 38 do Regimento Interno do CONFAZ, os Protocolos não se prestarão ao estabelecimento de normas que aumentem, reduzam ou revoguem benefícios fiscais. Os Estados signatários poderão celebrar entre si Protocolos, estabelecendo procedimentos comuns com o fim de implementar políticas fiscais; permutar informações e fiscalização conjunta; fixar critérios para elaboração de pautas fiscais; outros assuntos de interesse dos Estados e do Distrito Federal.

Também, é importante ressaltar que a Constituição Federal, ao tratar do ICMS, nas alíneas *a* e *b* do inc. VII do § 2º do art. 155 [cujas disposições foram alteradas pela EC 87/2015], previa que, em relação às operações e serviços destinados a consumidor final localizado em outro Estado, é adotada a alíquota interestadual quando o destinatário for contribuinte deste tributo; e a alíquota interna, quando o destinatário não for contribuinte dele.

Neste caso, se os Estados de origem (sede dos vendedores) não signatários do Protocolo 21 ao não abrirem mão de parte da sua arrecadação, em favor dos Estados signatários e destinatários dos bens, haveria um aumento da carga tributária; ou melhor, a duplicidade de incidência (bitributação). Exemplificativamente, se um Estado de origem, não tendo assinado e não reconhecendo tal Protocolo, cobra 18% de ICMS (alíquota interna); e, se o Estado de destino, signatário do protocolo, cobra a diferença entre a sua alíquota interna (18%) e a interestadual (12%), ou seja, 6%, isso representaria uma tributação total de ICMS de 24% (18% no Estado de origem e 6% no Estado de destino).

Como reflexo desse aumento tributário, via Protocolo, havia uma elevação no custo dos produtos, que em última análise implica o preço final a ser pago pelo consumidor, talvez até mesmo no desestímulo de empresas a vender para destinatários de certos Estados brasileiros.

Desde o primeiro momento defendemos que o Protocolo 21 era inconstitucional, pois pretendia fixar alíquota interestadual às operações destinadas a todos os consumidores finais, independentemente de eles serem contribuintes ou não do ICMS. Isso contraria o que prevê o art. 155, § 2º, da Constituição Federal, pois conforme sua alínea *b* deve ser adotada a alíquota interna quando o destinatário não for contribuinte do ICMS, mesmo que o consumidor final esteja em outro Estado. Tão somente na hipótese da alínea *a* é que se adota a alíquota interestadual, ou seja, quando o destinatário de outro Estado for contribuinte do ICMS.

A propósito, visando a **inconstitucionalidade do Protocolo 21**, tramitou no STF a ADI 4.628, ajuizada pela Confederação Nacional do Comércio de Bens, Serviços e Turismo. Esta ação foi julgada procedente com respectiva declaração de inconstitucionalidade do Protocolo 21,[15] sendo que antes do julgamento pelo plenário da Corte o Ministro Luiz Fux já havia concedido liminar, suspendendo a eficácia do Protocolo, conforme trechos da decisão:

> (...) No caso *sub examine*, o que se discute é exatamente saber se podem os Estados-membros, diante de um cenário que lhes seja desfavorável, instituir

---

[15] *DJe* 2-10-2014.

> novas regras de cobrança de ICMS, a despeito da repartição estabelecida anteriormente pelo texto constitucional.
>
> A resposta é, a meu juízo, desenganadamente negativa. (...)
>
> Além disso, há relatos de que os Estados subscritores do Protocolo ICMS n. 21/2011 procedem à apreensão das mercadorias, quando do ingresso em seu território, das empresas que não recolherem o tributo de acordo com esta nova sistemática. Eis o objetivo precípuo desta prática: compelir o contribuinte, pela via transversa, ao recolhimento do ICMS. Trata-se, à evidência, de um mecanismo coercitivo de pagamento do tributo repudiado pelo nosso ordenamento constitucional.
>
> Por evidente, tal medida vulnera, a um só tempo, os incisos IV e V do art. 150 da Lei Fundamental de 1988, que vedam, respectivamente, a cobrança de tributos com efeitos confiscatórios e o estabelecimento de restrições, por meio da cobrança de tributos, ao livre tráfego de pessoas ou bens entre os entes da Federação. Nesse sentido, a Suprema Corte já se manifestou contrariamente a tais práticas, placitando o entendimento no sentido de ser "inadmissível a apreensão de mercadorias como meio coercitivo para pagamento de tributos" (Enunciado da Súmula n. 323/STF). Assim, a retenção das mercadorias equivale, *ipso facto*, ao confisco. (...)
>
> Concedo a medida cautelar pleiteada, *ad referendum* do Plenário desta Suprema Corte, para suspender *ex tunc* a aplicação do Protocolo ICMS n. 21/2011 (...).[16]

Em situação semelhante, o STF, na ADI 4.705, concedeu medida cautelar (referendada posteriormente em plenário) para suspender *ex tunc* (efeito retroativo) a aplicação da Lei n. 9.582/2011, do Estado da Paraíba.[17]

Também, em situação parecida, o STF concedeu liminar (referendada pelo Plenário) na ADI 4.565[18] para suspender a eficácia da Lei n. 6.041/2010 do Estado do Piauí. Em seu texto a lei permitia ao Estado do Piauí cobrar ICMS nas entradas de bens oriundas de outros Estados destinados a pessoas não contribuintes do ICMS no Estado piauiense. Trata-se de uma situação equivalente à dos Estados signatários do Protocolo 21 ao quererem cobrar a diferença do ICMS quando o consumidor final, mesmo não sendo contribuinte, compra de empresas sediadas em Estados não signatários.

---

16 ADI 4.628. Liminar, 19-2-2014.

17 ADI 4.705. Plenário, 23-2-2012.

18 ADI 4.565. *DJe* 27-6-2011.

Contudo, esta temática está relacionada com a "guerra fiscal" entre os Estados brasileiros, na qual eles vêm se digladiando na questão tributária, especialmente em relação ao ICMS. No entanto, compreendemos que, se, de um lado, há algumas distorções do sistema tributário que precisam ser corrigidas, a fim de minimizar os problemas derivados da arrecadação e da distribuição tributária, buscando assim uma harmonia entre os Estados, de outro lado, isso não pode ser feito por via de Protocolos ou outros atos normativos, sendo preciso reforma constitucional para tanto, sob pena de quaisquer atos, protocolos, normas etc. contrários ao texto da Carta Magna serem declarados inconstitucionais. Foi neste cenário, minimizando os problemas apontados, que veio à baila a EC 87/2015.

A título ilustrativo, em reunião do CONFAZ, realizada no dia 21 de março de 2014 (portanto, após a liminar concedida pelo STF que suspendeu os efeitos do Protocolo 21, mas antes do julgamento que o declarou inconstitucional e da EC n. 87/2015), ficou acordado entre os Estados a partilha do ICMS decorrente das compras realizadas pela internet. Pelo teor do acordo, o ICMS será dividido entre Estado de origem e Estado de destino, como já ocorre com o ICMS interestadual de compras realizadas em ambiente físico (não pelo comércio eletrônico). O varejista que opera virtualmente se encarregará de recolher o tributo na origem e no destino. A ideia era que o acordo fosse implementado gradualmente, em cinco anos, pretendendo o CONFAZ propor que o tema fosse incluído na Proposta de Ementa Constitucional 137.

Posteriormente, em 2015, foi editado pelo CONFAZ o Convênio ICMS n. 93/2015, que dispõe sobre os procedimentos a serem observados nas operações e prestações que destinem bens e serviços a consumidor final não contribuinte do ICMS. Contra este convênio a OAB ajuizou ação direta de inconstitucionalidade (ADI 5.464).

Conforme a petição inicial, tal convênio teria estabelecido diretrizes gerais para o novo regime de recolhimento de ICMS em operações e prestações interestaduais destinadas a consumidores finais não contribuintes do imposto, decorrentes da Emenda Constitucional n. 87/2015. Explicita que, no regime tributário da LC n. 123/2006, criado para dar tratamento diferenciado e favorecido às micro e pequenas empresas (em razão do SIMPLES NACIONAL), os tributos são calculados mediante aplicação de uma alíquota única incidente sobre a receita bruta mensal e, posteriormente, o produto da arrecadação é partilhado entre os entes tributantes. Também, não haveria a incidência de

ICMS em cada operação de venda realizada, mas sim um fato gerador único verificado no final de cada mês-calendário. Desse modo, o CONFAZ teria alterado de forma profunda a sistemática de recolhimento do ICMS, inclusive para os pequenos negócios do SIMPLES NACIONAL.

Assim, nos autos da ADI 5.464, o Ministro Relator Dias Toffoli deferiu liminar (*DJe* 18-2-2016) para suspender os efeitos da cláusula nona do Convênio ICMS n. 93/2015, cabendo ao Plenário do STF referendar a liminar e apreciar o restante do objeto da ação. Contudo, a norma *sub judice* pretende aplicar as disposições do Convênio às Microempresas e Empresas de Pequeno Porte optantes pelo regime do Simples Nacional, o que caracterizaria, segundo o Ministro, uma oneração prejudicial ao seu funcionamento, sobretudo no cenário do comércio eletrônico.

18.6. TRIBUTAÇÃO DE *SOFTWARE*

Para continuar se tendo dimensão do problema que é a tributação eletrônica, no passado foi comum a confusão em saber se o *software* se tratava de um produto ou um serviço; e aí saber qual é a hipótese de incidência, ICMS ou ISS.

Após grandes debates jurídicos, o STF apreciou a questão da tributação do *software*. Na ocasião, o tribunal entendeu que o programa de computador pode ser tributado pelo ICMS ou não, a depender do caso concreto.[19]

De acordo com a decisão do STF, se o *software* é comercializado indistintamente no mercado a qualquer interessado, é considerado um produto (*software* de prateleira), tributável pelo ICMS.

No entanto, se o *software* foi desenvolvido especialmente para um cliente sob encomenda, trata-se de uma prestação de serviços. E, sendo uma prestação de serviços, fica sujeita ao regime tributário do ISS.

18.7. LIVROS ELETRÔNICOS – *E-BOOKS*: IMUNIDADE TRIBUTÁRIA E A COMUNICAÇÃO JORNALÍSTICA E DE NATUREZA EDITORIAL VIA INTERNET. POSIÇÃO DO STF

Para iniciarmos o exame dessa temática, vale transcrevermos a disposição do art. 150, inc. VI, *d*, da Constituição Federal de 1988:

> Art. 150. Sem prejuízo de outras garantias asseguradas ao contribuinte, é vedado à União, aos Estados, ao Distrito Federal e aos Municípios:

---

[19] RE 176.626-3, rel. Min. Sepúlveda Pertence, *DJ* 11-12-1998.

> (...)
> VI – instituir impostos sobre:
> (...)
> *d)* **livros, jornais, periódicos e o papel destinado a sua impressão** (destaque nosso).

Seguindo a tendência global de digitalização dos meios de comunicação, os livros vêm se transformando gradativamente nos chamados *e-books*, ou seja, livros eletrônicos (livros disponibilizados eletronicamente). Além dos livros, jornais e periódicos também estão se modernizando e a sua versão digital também é denominada *e-book*, portanto, quando da utilização desse vocábulo, subentendem-se tanto os livros como a imprensa digitalizada.

Tendo em vista o artigo 150, inciso VI, *d*, da Constituição Federal, pretende-se fazer um paralelo entre as imunidades constitucionais jornalísticas e de natureza editorial e o seu alcance nos *e-books*.

A doutrina, de um modo geral, entende que a diferenciação do meio físico em relação ao digital desconsidera a função teleológica das imunidades. Entende Celso Ribeiro Bastos que, pela função teleológica das imunidades tributárias, não existe razão para que os meios modernos de comunicação sejam tributados. A finalidade educacional é exatamente a mesma, seja qual for o suporte físico em que o livro se apresente.[20]

Com a mesma ideia, Ives Gandra da Silva Martins entende pela não tributação dos meios escritos de comunicação e cultura, independente do formato em que são apresentados, pois seguem preceitos constitucionais, como, por exemplo, o art. 205 da CF, que preceitua que a educação é um direito de todos e um dever do Estado e da família, que deverão incentivá-la de várias formas.[21]

Embora tenha mudado de posição em 2017, como veremos adiante, nossa Suprema Corte não partilhava desse entendimento e adotava uma interpretação restritiva da imunidade tributária em questão. Prezando por um tecnicismo jurídico que em nada combinava com o espírito constitucional, o STF deixava claro, por meio de decisões reiteradas, que a imunidade tributária se restringia ao papel ou coisa que se assemelha a este. Veja decisão abaixo:

---

[20] Celso Ribeiro Bastos. *Pesquisas tributárias* – Nova Série 4, p. 24 apud Ives Gandra da Silva Martins. Tributação na internet. In: Ives Gandra da Silva Martins (Coord.). *Tributação na internet*. São Paulo: RT, 2001, p. 66.

[21] Ives Gandra da Silva Martins. Tributação na internet. In: Ives Gandra da Silva Martins (Coord.). *Tributação na internet*, p. 67.

> AGRAVO REGIMENTAL NO RECURSO EXTRAORDINÁRIO. IMUNIDADE. IMPOSTOS. LIVROS, JORNAIS E PERIÓDICOS. ART. 150, VI, "D", DA CONSTITUIÇÃO DO BRASIL. INSUMOS. O Supremo Tribunal Federal fixou entendimento no sentido de que a garantia constitucional da imunidade tributária inserta no art. 150, VI, "d", da Constituição do Brasil, estende-se, exclusivamente – tratando-se de insumos destinados à impressão de livros, jornais e periódicos – a materiais que se mostrem assimiláveis ao papel, abrangendo, em consequência, para esse efeito, os filmes e papéis fotográficos. Precedentes. Agravo regimental a que se nega provimento.[22]

O entendimento do STF era claro. A imunidade tributária se restringia ao papel e assimiláveis destinados à publicação editorial. Excluía-se, portanto, as novas mídias e até mesmo o *software*.

Essa posição jurisprudencial era muito criticada pela maioria da doutrina. Ao contrário do STF que entendia que o vocábulo "papel" deveria servir para restringir, Ives Gandra Martins justifica a inserção do referido vocábulo, analisando a letra da lei da seguinte maneira:

> Todo o livro, veiculado na forma que o for, é imune.
>
> A vírgula dá início à previsão de outra imunidade: a dos jornais. Qualquer jornal veiculado, da forma que for, é imune.
>
> Nova vírgula dá início à terceira imunidade. Qualquer periódico, veiculado da forma que for, é imune.
>
> A conjunção "e" dá início à última imunidade. Não é qualquer papel que é imune. Apenas aqueles papéis destinados à impressão dos jornais de papel, das revistas de papel, dos periódicos de papel. Não condiciona, o legislador supremo, a quarta imunidade aos tipos definidos nos incisos anteriores, mas apenas esclarece que somente o papel de imprensa pode ser imune e nenhum outro papel.[23]

A justificativa para a inserção do vocábulo "papel" dentre as imunidades expressas no art. 150, inciso VI, letra *d*, da CF, é de que o legislador originário quis deixar claro que, além dos itens "jornal", "livro" e "periódicos", o papel destinado a impressões destes também receberia imunidade tributária.

---

22 RE 495.385 – AgRg/SP, rel. Min. Eros Grau, *DJe*-200, 23-10-2009.

23 Ives Gandra da Silva Martins. Tributação na internet. In: Ives Gandra da Silva Martins (Coord.). *Tributação na internet*, p. 69.

Vale dizer que, apesar da então posição do STF, existia entendimentos em sentido contrário em algumas decisões de primeiro grau. Como exemplo, temos a sentença dada pelo juiz federal José Henrique Prescendo, que, de forma inédita, liberou o *Kindle*[24] do seu respectivo imposto de importação. Separamos um trecho emblemático da decisão que sabiamente assevera:

> Livros, periódicos e jornais são imunes a tributos, independentemente do respectivo suporte de exteriorização. Seja em papel, seja em plástico, seja em pele de carneiro.[25]

Contudo, as imunidades tributárias devem ser interpretadas extensivamente, e foi desse modo que, em 2017, o Plenário do STF, ao apreciar o Recursos Extraordinários n. 330.817 e 595.676, julgando o tema como sendo de repercussão geral, decidiu que "a imunidade tributária constante do art. 150, VI, d, da CF/88 aplica-se ao livro eletrônico (e-book), inclusive aos suportes exclusivamente utilizados para fixá-lo".[26]

18.8. TRIBUTAÇÃO DOS PROVEDORES DE INTERNET

Sem prejuízo do que já foi tratado a respeito da tributação nos meios eletrônicos, um tema que nos parece de maior relevância é a questão do provedor de acesso e o regime jurídico tributário a ele aplicável, tendo em vista a possibilidade de os serviços prestados serem ou não passíveis de tributação pela legislação brasileira.

Na Europa há um sistema tributário por meio de um imposto único sobre valor agregado (VAT – *value added tax*), que simplifica a tributação do comércio eletrônico, notadamente do provedor de acesso e de conteúdo.[27]

---

[24] O *Kindle* é um aparelho que permite a leitura de *e-books*. O *Gadget* (dispositivo eletrônico portátil) é produzido pela Amazon, empresa que é líder no setor de vendas de *e-books* nos EUA.

[25] Extraído de matéria jornalística da *Revista Info*. Editora Abril: Justiça livra Kindle de impostos. Disponível em <http://info.abril.com.br/noticias/tecnologia-pessoal/justica-livra-kindle-de-impostos-24072010-9.shl>. Acesso em: 24 ago. 2017.

[26] RE 330.817 - Rel. Min. Dias Toffoli, *DJe* 13-3-2017; e RE 595.676/RJ – Rel. Min. Marco Aurélio, *DJe* 13-3-2017.

[27] Ivan Luiz Sobral Campos e João Agripino Maia. Tributação dos serviços prestados pelos provedores de conteúdo e de acesso à internet. In: Valdir de Oliveira Rocha Filho (Coord.). *O direito e a internet*. Rio de Janeiro: Forense Universitária, 2002, p. 122.

Por sua vez, no Brasil, diante da divisão constitucional das competências tributárias entre Estados e Municípios, notadamente quanto ao ICMS e ao ISS, surgem conflitos sobre qual tributo incide na atividade do provedor de acesso à internet.

O ICMS, imposto estadual, abrange a circulação de mercadorias e os serviços de comunicação, sendo que os Estados-membros têm aplicado a legislação do referido tributo à atividade dos provedores de acesso a sua maneira, não fazendo a devida consideração dos conceitos trazidos pela legislação federal, especialmente a Lei n. 9.472/97, que regula a atividade aqui tratada, o que traz insegurança e desconforto para os contribuintes, que ficam sujeitos a decisões possivelmente arbitrárias das autoridades públicas.

Quanto ao ISS, sendo a atividade desenvolvida pelo provedor de acesso uma prestação de serviço, necessário será verificar se ela estaria abrangida pela previsão legal do imposto municipal, que trata da tributação de prestação de serviços de qualquer natureza.

É nesse cenário, à luz dos conceitos de Direito Privado diante do Direito Tributário, que passaremos a analisar a atividade desenvolvida pelo provedor de acesso e sua implicação para o Direito Tributário Nacional. Assim, será necessário analisar os conceitos trazidos pela legislação que trata da matéria, a fim de verificar se as autoridades administrativas não estão extrapolando no seu poder de tributar, ao desconsiderar ou desfigurar esses conceitos, o que causa dúvidas e incertezas para os contribuintes.

Contudo, ao se fazer uma análise da hipótese de incidência de um tributo, deve-se buscar sempre seu fundamento legal, a começar pela Constituição Federal. Logo, no que toca à atividade de provimento de acesso à rede mundial de computadores, isso não pode ser diferente.

18.8.1. Conceito de provedor de acesso e provedor de conteúdo

Apesar de concentrarmos nossas forças no estudo da atividade do provedor de acesso e seu regime jurídico tributário, mister se faz voltarmos à distinção entre provedor de acesso e provedor de conteúdo, tendo em vista que às vezes tais figuras se confundem em uma única.

Provedor de acesso é aquele que coloca à disposição do usuário o acesso à internet, mediante o uso de um programa que faz conexão telefônica (sistema de cabo – discado ou banda larga –, satélite, rádio etc.), quer dizer, é o canal de contato que cria a conexão do usuário com a internet.[28]

Enquanto provedor de conteúdo, ou provedor de produtos e serviços, é aquele que na internet coloca à disposição do usuário a possibilidade de adquirir diversos serviços (por exemplo, acesso a informações) e produtos (físicos ou digitalizados). A respeito de serviços, são comuns os provedores que disponibilizam, por exemplo, armazenamento de *home page*.

Pode ocorrer, e com muita frequência ocorre, do provedor de produtos e serviços ser o mesmo que fornece o acesso, isto é, um único provedor exerce a função de provedor de acesso e de provedor de produtos e serviços, sendo que a forma mais utilizada para referir-se a esse modelo é provedor de internet.

Acontece que, quanto aos provedores de conteúdo (de produtos e serviços) e às negociações por eles realizadas, não há grandes dificuldades da aplicação da legislação tributária vigente, tendo em vista que a internet é apenas uma das formas de comercialização, sendo que, ao se abstrair o suporte da rede mundial de computadores, a legislação vigente é, em regra, plenamente aplicável. Ou seja, se houver circulação de mercadoria há incidência de ICMS, se houver prestação de serviço há incidência de ISS.

Então, começamos o século XXI no Brasil com um relevante debate sobre o regime jurídico do provedor de acesso à internet, no qual a doutrina e a jurisprudência têm discordado. De um lado, no sentido da tributação da atividade desses provedores pelo ICMS (por ser considerada uma atividade de prestação de serviços de comunicação). De outro lado, pela tributação pelo ISS (por considerar-se uma prestação de serviço não comunicacional). Há, ainda, outra posição no sentido de que tal atividade não é hoje tributável diante da legislação vigente.

Assim, percebe-se que no que tange ao provedor de acesso a aplicação da legislação tributária não se revela tão simples como no caso do provedor de conteúdo, pois, a princípio, haveria as três possibilidades apontadas acima. Logo, mister será uma profunda análise das hipóteses possíveis pelo ordenamento jurídico tributário brasileiro à luz da Constituição Federal.

---

[28] A Portaria n. 148/95 do Ministério das Comunicações, que aprovou a Norma n. 004/95, no item 3, *c*, define o serviço de conexão à internet como "Serviço de Valor Adicionado, que possibilita o acesso à Internet a Usuários e Provedores de Serviços de Informações".

18.8.2. O ICMS e o serviço de comunicação

As competências tributárias dos entes políticos (União, Estados e Distrito Federal e Municípios) foram repartidas pela Constituição Federal, estando no Título VI – Da Tributação e do Orçamento, Capítulo I – Do Sistema Tributário Nacional, artigos 153 a 156.

Dessa forma, a competência dos Estados para tributação do ICMS quanto às operações de prestação de serviços de comunicação está prevista na Constituição Federal no art. 155, II,[29] que por sua vez está regulamentado pela Lei Complementar n. 87/96.[30] Ambas as normas tratam de forma exaustiva dos elementos que definem o ICMS, cabendo às leis estaduais instituírem o tributo.[31]

Em contraponto à competência estadual para instituir o ICMS, a Constituição Federal, no art. 21, XI,[32] traz a competência da União para explorar serviços de telecomunicações, de forma direta ou mediante autorização, concessão ou permissão, que obedecerá a lei que irá dispor sobre a organização dos serviços, criação de um órgão regulador e outras questões institucionais.

Cumprindo o referido dispositivo constitucional, os serviços de telecomunicações atualmente são regulamentados pela Lei n. 9.472/97 – Lei Geral das

---

29 "Art. 155. Compete aos Estados e ao Distrito Federal instituir impostos sobre: (...) II – operações relativas à circulação de mercadorias e sobre prestações de serviços de transporte interestadual e intermunicipal e de comunicação, ainda que as operações e as prestações se iniciem no exterior; (...)."

30 "Art. 1º Compete aos Estados e ao Distrito Federal instituir o imposto sobre operações relativas à circulação de mercadorias e sobre prestações de serviços de transporte interestadual e intermunicipal e de comunicação, ainda que as operações e as prestações se iniciem no exterior."

31 Nesse sentido é a posição de Hugo de Brito Machado: "A Constituição Federal não institui tributo, apenas atribui competência às pessoas de Direito Público interno a fazê-lo. Também a Lei Complementar não cria tributo, a não ser nos casos em que a Constituição determina. Em regra, a instituição do tributo é, em princípio, objeto da lei ordinária, na qual se encontra definida a hipótese de incidência tributária, cuja concretização é conhecida como fato gerador do tributo porque faz nascer a obrigação tributária" (*Aspectos fundamentais do ICMS*. São Paulo: Dialética, 1997, p. 22).

32 "Art. 21. Compete à União: (...) XI – explorar, diretamente ou mediante autorização, concessão ou permissão, os serviços de telecomunicações, nos termos da lei, que disporá sobre a organização dos serviços, a criação de um órgão regulador e outros aspectos institucionais; (...)."

Telecomunicações, que dispõe sobre a organização dos serviços de telecomunicações, a criação e funcionamento de um órgão regulador e outros aspectos institucionais. Prevê a lei:

> Art. 60. Serviço de telecomunicações é o conjunto de atividades que possibilita a oferta de telecomunicação.
>
> § 1º Telecomunicação é a transmissão, emissão ou recepção, por fio, radioeletricidade, meios ópticos ou qualquer outro processo eletromagnético, de símbolos, caracteres, sinais, escritos, imagens, sons ou informações de qualquer natureza.
>
> (...)
>
> Art. 61. Serviço de valor adicionado é a atividade que acrescenta, a um serviço de telecomunicações que lhe dá suporte e com o qual não se confunde, novas utilidades relacionadas ao acesso, armazenamento, apresentação, movimentação ou recuperação de informações.
>
> § 1º Serviço de valor adicionado não constitui serviço de telecomunicações, classificando-se seu provedor como usuário do serviço de telecomunicações que lhe dá suporte, com os direitos e deveres inerentes a essa condição.
>
> § 2º É assegurado aos interessados o uso das redes de serviços de telecomunicações para prestação de serviços de valor adicionado, cabendo à Agência, para assegurar esse direito, regular os condicionamentos, assim como o relacionamento entre aqueles e as prestadoras de serviço de telecomunicações.

Por sua vez, ao tratar do imposto estadual – ICMS –, a Lei Complementar n. 87/96 prevê:

> Art. 2º O imposto incide sobre:
>
> (...)
>
> III – prestações onerosas de serviços de comunicação, por qualquer meio, inclusive a geração, a emissão, a recepção, a transmissão, a retransmissão, a repetição e a ampliação de comunicação de qualquer natureza; (...).

Diante dos dispositivos legais acima, cabe a análise da possibilidade ou não da atividade desenvolvida pelo provedor de acesso, que é fazer a conexão do usuário à rede, enquadrar-se na hipótese de incidência do ICMS, como veremos adiante.

18.8.2.1. Conceito de serviço de comunicação e de telecomunicação

Atílio Dengo, em sua dissertação de mestrado, *A tributação do comércio eletrônico*, pondera no sentido de que a telecomunicação e a publicidade são espécies do gênero comunicação.[33]

Acontece que o legislador constitucional utilizou-se das expressões "comunicação" e "telecomunicação", o que poderia trazer algum equívoco de interpretação. No entanto, essa questão foi por José Carlos Moreira Alves, então Ministro do STF, bem ponderada:

> Trata-se de matéria tipicamente constitucional, pelo fato de a Constituição ter usado expressões diversas, no art. 21 da CF, quando estabelece que a competência legislativa é exclusiva da União, em se tratando de serviços de telecomunicação, e no art. 155, II, ao estabelecer que o ICMS alcança os serviços de comunicação. A Constituição teria usado expressões diversas no sentido de que telecomunicação é comunicação à distância, e comunicação, à primeira vista, seria qualquer tipo de comunicação. Mas, obviamente, como há necessidade de uma prestação de serviço de comunicação, o primeiro problema que se põe ao leigo é saber o seguinte: em matéria de internet, haverá alguma comunicação que não seja telecomunicação, para efeito de prestação de serviço? Porque só se pode prestar serviço quando há necessidade de uma atividade para telecomunicar-se. Obviamente, se eu estiver diante de outra pessoa me comunicando com ela, evidentemente não haverá prestação de serviço. Salvo se se tratar de alguém que seja surdo e precise de um aparelhinho de surdez. Então, se poderia dizer que talvez houvesse uma prestação de serviços por parte de quem fosse utilizado para efeito de possibilitar essa comunicação. Mas isso é obviamente uma blague. O problema aqui é saber justamente se se trata de telecomunicação em sentido jurídico ou não. Se for telecomunicação, nós teremos que aplicar a lei que disciplina as telecomunicações e que, inclusive, estabelece as definições utilizadas no âmbito desses serviços, para efeito, inclusive, da competência legislativa, privativa da União. Ou, se entendermos que não se trata, propriamente, de telecomunicações, aí estará a razão pela qual a Constituição se utilizou, no art. 155, II, de uma outra nomenclatura: serviços de comunicação.[34]

---

[33] Atílio Dengo. *A tributação do comércio eletrônico*. Dissertação de mestrado apresentada à Faculdade de Direito da Universidade Federal do Rio Grande do Sul, 2001.

[34] José Carlos Moreira Alves. Conferência inaugural – XXVI Simpósio Nacional de Direito Tributário. *Contribuições de intervenção no domínio econômico*. Centro de Extensão Universitária. São Paulo: RT, 2002, p. 18-19.

Partindo do princípio de que a expressão "comunicação" é gênero da qual é espécie "telecomunicação", então os serviços de telecomunicações estariam sujeitos à incidência tributária do ICMS. Nesse sentido, é a abstração do disposto na Constituição Federal, art. 155, § 3º,[35] que se refere expressamente a serviços de telecomunicações. Então, poderíamos até admitir que estes serviços sejam atividades que se compreendem no conceito de comunicação previsto no inciso II do art. 155 da Constituição Federal.

Já quanto à expressão "prestação de serviço de comunicação" trazida no arcabouço legal que trata do ICMS (Constituição Federal e Lei Complementar n. 87/96), necessário será a sua análise para verificar se a atividade do provedor de acesso à internet enquadra-se na hipótese de incidência do imposto estadual.

Paulo de Barros Carvalho, consultando especialistas em linguística e comunicação, faz um estudo sobre o conteúdo semântico do vocábulo "comunicação" no seu artigo: "Não incidência do ICMS na atividade dos provedores de acesso à internet". O autor, em síntese, conclui que comunicação expressa o sentido de um processo comunicativo que consiste na transmissão de uma pessoa para outra de uma informação codificada (remetente, mensagem e destinatário), formando um ciclo de emissão, transmissão e recepção de mensagens.[36]

No que se refere à expressão "prestação de serviço", para Aires Barreto, "... é o esforço de pessoas desenvolvido em favor de outrem, com conteúdo econômico...", devendo estar presentes três elementos: prestador, tomador e preço.[37]

---

[35] Art. 155, § 3º: "À exceção dos impostos de que tratam o inciso II do *caput* deste artigo e o art. 153, I e II, nenhum outro imposto poderá incidir sobre operações relativas a energia elétrica, serviços de telecomunicações, derivados de petróleo, combustíveis e minerais do País".

[36] Paulo de Barros Carvalho. *Direito tributário das telecomunicações*. Heleno Taveira Tôrres (Coord.). São Paulo: IOB Thomson: ABETEL, 2004, p. 489-491.

[37] Aires Barreto. Imposto sobre serviço de qualquer natureza. *Revista de Direito Tributário*, v. 29/30, p. 188. Apud Paulo de Barros Carvalho. Não incidência do ICMS na atividade dos provedores de acesso à internet. In: Heleno Taveira Tôrres (Coord.). *Direito tributário das telecomunicações*. São Paulo: IOB Thomson: ABETEL, 2004, p. 492.

Logo, a prestação de serviço de comunicação só estará configurada quando houver a junção simultânea dos elementos constitutivos da prestação de serviço e dos elementos do processo comunicacional. Logo, só poderá haver a incidência do ICMS quando o prestador de serviço for intermediário da comunicação entre um emissor e um receptor.[38]

Então, a atividade desenvolvida pelo provedor de acesso, ou seja, o serviço de acesso/conexão do usuário à rede, por si só, não possibilita a emissão, transmissão ou recepção de informações, não estando amoldado ao conceito de serviço de comunicação. Este, sim, que é um sistema prestado pela operadora de serviços telefônicos, em que por um sistema de telefonia o usuário se conecta à internet.

Assim, é o serviço da concessionária telefônica que está sujeito ao ICMS, e não o serviço do provedor de acesso, pois este é também usuário daquela, conforme se abstrai do art. 61, *caput*, § 1º e § 2º, da Lei n. 9.472/97, em que tais dispositivos (i) consideram a atividade do provedor de acesso serviço de valor adicionado, como veremos adiante (art. 61, *caput*); (ii) sendo que quem presta esse serviço (de valor adicionado) é considerado como usuário do serviço de telecomunicação (art. 61, § 1º); (iii) que inclusive haverá um órgão competente para regular o relacionamento entre prestador de serviço de telecomunicação e prestador de serviço de valor adicionado (art. 61, § 2º); (iv) não estando este último sob o enquadramento da hipótese de incidência do imposto estadual.

18.8.2.2. Conceito de serviço de telecomunicação e de valor adicionado

Quanto ao serviço de telecomunicação, a Constituição Federal, conforme dispõe o art. 21, XI, declinou a matéria ao legislador infraconstitucional, conferindo-lhe a atribuição de regulamentá-lo, o que fez pela Lei n. 9.472/97.

Essa norma, a Lei n. 9.472/97, em seu art. 61, define o que é "serviço de valor adicionado", e posteriormente, no § 1º, diz que o serviço de valor adicionado não constitui serviço de telecomunicação.

A Norma n. 004/95, que dispõe sobre o uso de meios da rede pública de telecomunicações para acesso à internet (aprovada pela Portaria n. 148/95 do

---

38 Nesse sentido, Paulo de Barros Carvalho. Não incidência do ICMS na atividade dos provedores de acesso à internet. In: Heleno Taveira Tôrres (Coord.). *Direito tributário das telecomunicações*. São Paulo: IOB Thomson: ABETEL, 2004, p. 492-493.

Ministério das Comunicações), no item 3, alínea *b*, definiu como "serviço de valor adicionado" o "serviço que acrescenta a uma rede preexistente de um serviço de telecomunicações, meios ou recursos que criam novas utilidades específicas, ou novas atividades produtivas, relacionadas com o acesso, armazenamento, movimentação e recuperação de informações". Por sua vez na alínea *c*, define o "serviço de conexão" à internet como "Serviço de Valor Adicionado, que possibilita o acesso à Internet a Usuários e Provedores de Serviços de Informações". A norma, na alínea *d*, também define o que é provedor de conexão.[39]

Serviço de valor adicionado, conforme a definição da lei, é a atividade que acrescenta novas utilidades ao serviço de telecomunicação, dando-lhe suporte, mas não se confundindo com este, estando relacionado a acesso, armazenamento, apresentação, movimentação ou recuperação de informações.

Dessa forma, o serviço de acesso/conexão é considerado serviço de valor adicionado (que é sinônimo de agregado ou auxiliar); logo, o serviço prestado pelo provedor de acesso é de valor adicionado, e não de telecomunicação. O serviço de valor adicionado é o que dá suporte ao serviço de telecomunicação, mas com ele não se confunde, pois seu objeto não é a transmissão, emissão ou recepção de mensagens, o que, conforme a Lei n. 9.472/97, art. 61, § 1º, é serviço de telecomunicação.

Logo, a função do provedor de acesso é facilitar o serviço comunicacional, aproveitando da estrutura da rede para fazer a conexão do usuário à rede. O provedor não efetua a telecomunicação, esta é prestada pelas concessionárias de telefonia que transmitem informações dos usuários, sendo elas, sim, que efetuam a prestação de serviço de comunicação, o que configura hipótese de incidência do ICMS.

---

[39] "3. Definições:

(...)

b – Serviço de Valor Adicionado: serviço que acrescenta a uma rede preexistente de um serviço de telecomunicações, meios ou recursos que criam novas utilidades específicas, ou novas atividades produtivas, relacionadas com o acesso, armazenamento, movimentação e recuperação de informações;

c – Serviço de Conexão à Internet (SCI): nome genérico que designa Serviço de Valor Adicionado que possibilita o acesso à Internet a Usuários e Provedores de Serviços de Informações;

d – Provedor de Serviço de Conexão à Internet (PSCI): entidade que presta o Serviço de Conexão à Internet;

(...)."

Então, a atividade do provedor de acesso não se configura como prestação de serviço de telecomunicação, estando, sim, a atividade do provedor de acesso enquadrado como serviço de valor adicionado, por sua vez caracterizado como tomador/usuário do serviço de telecomunicação, estando fora, portanto, da hipótese de incidência do ICMS.

Paulo de Barros Carvalho propõe comparação com a prestação de transportes:

> Suponhamos que um indivíduo "A", pretendendo mudar-se, contrata duas empresas, sendo uma com a finalidade de organizar os bens a serem transportados e colocá-los no caminhão de mudanças, e outra com a função de levar esses bens até outro Município. Pergunta-se: ambas as empresas contratadas sujeitam-se à incidência do ICMS, em decorrência da prestação de serviço de transporte intermunicipal? Resposta: obviamente que não. Apenas quem foi contratado para transportar efetivamente os bens é que se sujeitará a esse tributo. A outra empresa, responsável pela organização dos objetos, tornando mais rápida a mudança, não presta qualquer espécie de serviço de transporte.
>
> Analogicamente, é isso que ocorre com o serviço de acesso prestado pelo provedor: restringe-se a criar condições mais objetivas, facilitando, com isso, a instalação do liame comunicacional. Porém, não presta, efetivamente, serviço de comunicação, sendo este praticado por terceiro, geralmente, uma empresa de telefonia.[40]

Então, são dois serviços diferentes. O primeiro é realizado pelas concessionárias telefônicas e é o de transporte de sinais. O segundo é realizado pelos provedores de acesso e é a conexão do usuário à internet (não realizam o transporte de sinais de comunicação, apenas utilizam um sistema já existente).[41]

Assim, o provedor firma contrato com a concessionária de telefonia, no qual está localizada uma porta de entrada na rede. O provedor firma contrato

---

40 Paulo de Barros Carvalho. Não incidência do ICMS na atividade dos provedores de acesso à internet. In: Heleno Taveira Tôrres (Coord.). *Direito tributário das telecomunicações*, p. 495.

41 Clélio Chiesa. A tributação dos serviços de internet prestados pelos provedores: ICMS ou ISS. *Revista de Direito Tributário*. São Paulo: Malheiros, n. 74, 1998, p. 202.

com os usuários que possibilita o acesso destes à rede, sendo que os usuários emitem sinais ao provedor e este, por sua vez, encaminha-os à internet.

Também poderia se levantar a questão da necessidade de autorização para funcionar, sendo que, conforme está disposto no art. 21, XI, da Constituição Federal, compete à União explorar diretamente os serviços de telecomunicação, podendo declinar dessa exploração para terceiros por meio de autorização, concessão ou permissão.[42]

Acontece que, para desenvolver sua atividade, a de provimento de acesso à internet, o provedor de acesso não necessita de autorização para funcionar e explorar tal atividade. Tal atividade é manifestação da livre iniciativa prevista no art. 170 da Constituição Federal, que no seu parágrafo único expressa o livre exercício de qualquer atividade, independente de autorização estatal, salvo nos casos previstos em lei.[43]

Logo, não havendo previsão expressa da lei no sentido de que a atividade de provimento de acesso à internet, desenvolvida pelos provedores de acesso, necessita de autorização do Estado, tal atividade poderá ser desenvolvida livremente, diferentemente do que ocorre com as companhias de telefonia, que necessitam de autorização para exploração do serviço de comunicação.

Contudo, a atividade do provedor de acesso, ou seja, a de promover a conexão do usuário à internet, é uma prestação de serviço, mas não de serviço de telecomunicação, podendo se concluir que provimento de acesso à internet é considerado serviço de valor adicionado (Portaria n. 148/95, item 3, alíneas *b* e *c*, e Lei n. 9.472/97, art. 61, *caput* e § 1º). Logo, não sendo o provedor de acesso prestador de serviço de telecomunicação (espécie do gênero comunicação, por sua vez tributada pela Lei Complementar n. 87/96), não estará sujeito à hipótese de incidência do ICMS.

---

42 "Art. 21. Compete à União: (...) XI – explorar, diretamente ou mediante autorização, concessão ou permissão, os serviços de telecomunicações, nos termos da lei, que disporá sobre a organização dos serviços, a criação de um órgão regulador e outros aspectos institucionais; (...)".

43 "Art. 170. A ordem econômica, fundada na valorização do trabalho humano e na livre-iniciativa, tem por fim assegurar a todos existência digna, conforme os ditames da justiça social, observados os seguintes princípios:

(...)

Parágrafo único. É assegurado a todos o livre exercício de qualquer atividade econômica, independentemente de autorização de órgãos públicos, salvo nos casos previstos em lei."

18.8.2.3. Posição doutrinária

Como vimos acima, a natureza da prestação de serviços do provedor não é a de prestar serviço de telecomunicação; ao contrário, o provedor é legalmente considerado tomador deste serviço junto às empresas que exploram os serviços de telecomunicação. Os provedores, então, não se amoldam na hipótese de incidência do ICMS, pois apenas utilizam o serviço de telecomunicação que já existe.

Então, o provedor é um tomador do serviço de telecomunicação; assim como ocorre com o consumidor final que paga o ICMS na sua conta de telefone, ele se utiliza dos serviços prestados pela concessionária de serviço público de telecomunicação. Logo, percebe-se que a atividade realizada pelo provedor de acesso é considerada uma categoria autônoma de serviços, qual seja "serviço de valor adicionado", que por sua vez é diferente de serviço de telecomunicação.

> Serviço de valor adicionado (serviço prestado para possibilitar o acesso à rede) não transmite, emite ou recepciona sinais de telecomunicações, mas apenas utiliza-se do sistema para atingir o seu fim, qual seja, viabilizar o acesso do usuário à "Internet", via um canal aberto, através de uma linha telefônica.[44]
>
> Na verdade, as atividades exercidas pelos provedores de serviços *Internet* qualificam-se como serviços de valor adicionado, que se definem exatamente pela adição de uma série de facilidades a uma infraestrutura de telecomunicações preexistente. Não se confundem com os serviços de telecomunicações, ao revés trata-se de espécie do gênero serviços de informática.[45]

Assim, o serviço de telecomunicação é prestado pela concessionária de serviço público como serviço de comunicação de qualquer natureza, conforme a Lei Complementar n. 87/96, sendo que os serviços prestados pelo provedor

---

44 Márcia de Freitas Castro Neme e Amal Ibrahim Nasrallah. A tributação das operadoras envolvendo "TV a cabo" e "*direct to home*", "Internet" e "*paging*" – ICMS *x* ISS. *Revista dos Tribunais*, São Paulo, n. 26. jan./mar. de 1999, p. 49.

45 João Vicente Lavieri. Internet: incidência do ICMS ou ISS? *Revista Consulex*, 1999. Apud Bruno Suassuna Carvalho Monteiro. Da tributação dos provedores de acesso à internet. In: Demócrito Reinaldo Filho (Coord.). *Direito da informática* – temas polêmicos. Bauru, SP: Edipro, 2002, p. 267.

estão excluídos desta categoria em razão da Lei n. 9.472/97, art. 61, § 1º (não sendo enquadrados na hipótese de incidência do ICMS). Nesse sentido, é a corrente majoritária da doutrina, da qual são seguidores Paulo de Barros Carvalho,[46] Roque Antonio Carraza,[47] Hugo de Brito Machado,[48] Ives Gandra da Silva Martins,[49] Júlio Maria de Oliveira,[50] Newton De Lucca,[51] entre outros.

Em oposição aos que defendem a não tributação, há uma outra corrente que considera a atividade do provedor de acesso como parte integrante do ato de comunicação, sendo uma prestação onerosa, e que sua atividade estaria enquadrada na hipótese de incidência do ICMS. E é nesse sentido que vem atuando algumas Fazendas Estaduais, como veremos mais adiante.

Para Mário Celso Santiago Menezes, o argumento de que a legislação específica distingue o "serviço de valor adicionado" do "serviço de telecomunicação" propriamente dito não pode prosperar, já que o ICMS não tem restrita sua incidência apenas às telecomunicações, sendo o imposto extremamente abrangente a todas as prestações de serviço de comunicação de qualquer natureza, qualquer que seja o meio de transmissão.[52]

A essa corrente, da tributação do provedor pelo ICMS, associam-se Celso Ribeiro Bastos,[53] Marco Aurélio Greco,[54] Carlos Henrique Abrão[55] e Luciana

---

[46] Paulo de Barros Carvalho. Não incidência do ICMS na atividade dos provedores de acesso à internet. In: Heleno Taveira Tôrres (Coord.). *Direito tributário das telecomunicações*, p. 496.

[47] Roque Antonio Carraza. *ICMS*. 6. ed. rev. e ampl. São Paulo: Malheiros, 2000, p. 115-116.

[48] Hugo de Brito Machado. Tributação na internet. In: Ives Gandra da Silva Martins (Coord.). *Tributação na internet*. São Paulo: RT, 2001, p. 91.

[49] Ives Gandra da Silva Martins. Tributação na internet. In: Ives Gandra da Silva Martins (Coord.). *Tributação na internet*, p. 50.

[50] Júlio Maria de Oliveira. *Internet e competência tributária*. São Paulo: Dialética, 2001, p. 123.

[51] Newton De Lucca. Tributação na internet. In: Ives Gandra da Silva Martins (Coord.). *Tributação na internet*, p. 138.

[52] Mário Celso Santiago Menezes. Incidência de ICMS sobre os serviços de valor agregado. In: Heleno Taveira Tôrres (Coord.). *Direito tributário das telecomunicações*, p. 684.

[53] Celso Ribeiro Bastos. Tributação na internet. In: Ives Gandra da Silva Martins (Coord.). *Tributação na internet*, p. 74.

[54] Marco Aurélio Greco. *Internet e direito*. 2. ed. São Paulo: Dialética, 2000, p. 137, e Provedores de acesso e o ICMS. *Revista do Advogado*. São Paulo: Associação dos Advogados de São Paulo, n. 69, maio de 2003, p. 55.

Angeiras.[56] Esta última também considera que o provedor de acesso faz parte do processo comunicacional e, como tal, sujeita-se à incidência do ICMS.

18.8.2.4. Posição da jurisprudência

Sobre a discussão do enquadramento da atividade de provimento de conexao a internet desenvolvida pelos provedores de acesso e a questão da sua tributação pelo ICMS, no STJ a matéria era controvertida. Por exemplo, no REsp n. 323.358 ficou decidido pela incidência do ICMS; já no REsp n. 456.650, pela não incidência.

Em 2007, este tema foi sumulado pelo STJ – Súmula 334: "O ICMS não incide no serviço dos provedores de acesso à Internet".

Mesmo com a súmula do STJ, foi interposto recurso extraordinário pela Procuradoria do Paraná perante o STF,[57] não tendo sido conhecido e já transitado em julgado:

> DECISÃO: A parte ora recorrente, ao deduzir o presente recurso extraordinário, sustentou que o Tribunal *"a quo"* teria transgredido preceito inscrito na Constituição da República.
> Cumpre ressaltar que a suposta ofensa ao texto constitucional, caso existente, apresentar-se-ia por via reflexa, eis que a sua constatação reclamaria – para que se configurasse – a formulação de juízo prévio de legalidade fundado na vulneração e infringência de dispositivos de ordem meramente legal. Não se tratando de conflito direto e frontal com o texto da Constituição, como exigido pela jurisprudência da Corte (*RTJ* 120/912, Rel. Min. Sydney Sanches – *RTJ* 132/455, Rel. Min. Celso de Mello), torna-se inviável o acesso à via recursal extraordinária.
> Sendo assim, e pelas razões expostas, não conheço do presente recurso extraordinário.
> Publique-se.
> Brasília, 29 de junho de 2011.
> Ministro Celso de Mello, relator.

---

[55] Carlos Henrique Abrão. Tributação na internet. In: Ives Gandra da Silva Martins (Coord.). *Tributação na internet*, p. 200.

[56] Luciana Angeiras. Tributação dos provedores de acesso à internet. In: Luis Eduardo Schoueri (Org.). *Internet*: o direito na era virtual. São Paulo: Lacaz Martins, Halembeck, Pereira Neto, Gurevich & Schoueri Advogados, 2000, p. 249.

[57] RE 497.248.

18.8.3. O ISS e a prestação de serviços de acesso à internet

Uma vez analisados os conceitos de serviço de telecomunicação e de serviço de valor adicionado, pudemos verificar que a atividade de provimento de conexão à internet, que é desenvolvida pelo provedor de acesso, não se enquadra como prestação de serviço de telecomunicação, mas, sim, como de prestação de serviço de valor adicionado, que por sua vez é excluída da tributação do ICMS.

Então, passamos agora a analisar a possibilidade da atividade desenvolvida pelo provedor de acesso estar ou não sujeita ao regime jurídico tributário do imposto municipal – ISS.

A competência municipal para instituir o ISS no que se refere à prestação de serviços de qualquer natureza está prevista na Constituição Federal no art. 156, III,[58] que por sua vez está regulamentado pela LC – Lei Complementar – n. 116/2003:

> Art. 1º O Imposto Sobre Serviços de Qualquer Natureza, de competência dos Municípios e do Distrito Federal, tem como fato gerador a prestação de serviços constantes da lista anexa, ainda que esses não se constituam como atividade preponderante do prestador.

A LC n. 116/2003 possui uma lista anexa, conforme prevê o seu art. 1º, com as atividades sujeitas à incidência deste tributo. Assim, a legislação faz a devida tipificação dos serviços tributáveis.

Acontece que a atividade desenvolvida pelo provedor de acesso é a prestação do serviço de conexão do usuário à rede mundial de computadores. Tal atividade, como já vimos, é enquadrada como serviço de valor adicionado.

A Lei n. 9.472/97 é quem faz a definição de serviço de valor adicionado, sendo uma atividade que acrescenta novas utilidades ao serviço de telecomunicação dando-lhe suporte, mas não se confundindo com este, estando relacionado ao acesso, armazenamento, apresentação, movimentação ou recuperação de informações.

Ao examinarmos a lista anexa à LC n. 116/2003 (conforme veremos adiante), não encontramos a previsão da prestação de serviço desenvolvida pelo

---

58 "Art. 156. Compete aos Municípios instituir impostos sobre: (...) III – serviços de qualquer natureza, não compreendidos no art. 155, II, definidos em lei complementar; (...)."

provedor de acesso. Logo, resta indagar se a prestação de serviço de acesso à internet pode ou não ser enquadrada como prestação de serviço sujeita à tributação do imposto municipal.

18.8.3.1. Princípios do Direito Tributário

O Direito Tributário é pautado por princípios que não podem deixar de ser observados, sendo que o Princípio da Legalidade reflete a impossibilidade da cobrança de tributo sem previsão legal, conforme o disposto no art. 150, I, da Carta Magna.[59]

Paulo de Barros Carvalho faz a seguinte consideração sobre este princípio:

> Por este princípio, qualquer das pessoas políticas de direito constitucional interno somente poderá instituir tributos, isto é, descrever a regra matriz de incidência, ou aumentar os existentes, majorando a base de cálculo ou a alíquota, mediante a expedição de lei. Porém, o princípio da estrita legalidade diz mais do que isso, estabelecendo a necessidade de que a lei adventícia traga no seu bojo os elementos descritores do fato jurídico e os dados prescritores da relação obrigacional.[60]

Mas poderia até se cogitar do enquadramento da atividade desenvolvida pelos provedores em um dos serviços elencados no item 1 da lista anexa à LC n. 116/2003, considerando que este item trata de serviços de informática, conforme abaixo:

> Lista de Serviços anexa à Lei Complementar n. 116, de 31 de julho de 2003:
> 1 – Serviços de informática e congêneres.
> 1.01 – Análise e desenvolvimento de sistemas.
> 1.02 – Programação.
> 1.03 – Processamento de dados e congêneres.
> 1.04 – Elaboração de programas de computadores, inclusive de jogos eletrônicos.

---

[59] "Art. 150. Sem prejuízo de outras garantias asseguradas ao contribuinte, é vedado à União, aos Estados, ao Distrito Federal e aos Municípios:
I – exigir ou aumentar tributo sem lei que o estabeleça."

[60] Paulo de Barros Carvalho. *Curso de direito tributário.* 10. ed. São Paulo: Saraiva, 1998, p. 98.

> 1.05 – Licenciamento ou cessão de direito de uso de programas de computação.
> 1.06 – Assessoria e consultoria em informática.
> 1.07 – Suporte técnico em informática, inclusive instalação, configuração e manutenção de programas de computação e bancos de dados.
> 1.08 – Planejamento, confecção, manutenção e atualização de páginas eletrônicas.

Esse enquadramento consideraria que a lista não é taxativa,[61] mas, sim, exemplificativa, fazendo uso de uma interpretação extensiva ou analógica.

A propósito, por ocasião do trâmite do projeto de lei que resultou na LC n. 116/2003, alguns parlamentares apresentaram propostas e substitutivos na intenção de incluir a atividade dos provedores na lista de serviços prestados sujeitos a tributação do imposto municipal, no entanto isso acabou por não ser aprovado.

Porém, também faz parte do Direito Tributário o Princípio da Tipicidade, pelo qual a legislação deve trazer na sua disposição todas as características do tipo legal. Esse princípio tem a função de dar maior segurança jurídica aos contribuintes, fazendo com que o tipo tributário, assim como o tipo penal, seja fechado.

Assim, diante das peculiaridades do Direito Tributário e seus princípios, as interpretações analógicas ou extensivas podem ser feitas, mas com muito cuidado, a fim de não trazer para a sociedade incerteza e insegurança jurídicas, que devem ser afastadas, para não causar instabilidades nas relações obrigacionais tributárias.

Para dar suporte a nossa análise, é pertinente a consideração de Hugo de Brito Machado sobre a incidência do imposto estadual, ainda que suas considerações tenham sido feitas na vigência da legislação anterior, qual seja, a Lei Complementar n. 56/87 e o Decreto-lei n. 406/68 que tratavam da matéria:

> Portanto, também não incide o ISS sobre a atividade dos denominados provedores da internet, pois estes não realizam atividades descritas em nenhum dos itens da citada lista. Não constituem coleta nem processamento de dados,

---

61 O STJ já se pronunciou sobre a taxatividade da lista do ISS, ainda que na vigência da legislação anterior, mas que se aplica também à atual:
"Tributário – ISS: DL 406/68 – serviço de transferência de tecnologia. A jurisprudência do STF, e desta corte, desenvolveu-se no sentido de entender ser taxativa a lista de serviços do Decreto-lei n. 406/68. Inadmissibilidade de interpretação extensiva ou analógica" (REsp 351.167/RJ – Min. Eliana Calmon).

mas mera viabilização da entrada dos usuários nas linhas da internet, sendo que o serviço de comunicação já é tributado nas faturas de telefone.[62]

18.8.3.2. Posição doutrinária

Não podendo afastar o Princípio da Legalidade e da Tipicidade do nosso ordenamento jurídico, e não estando a atividade desenvolvida pelo prestador de acesso à internet na lista anexa à LC n. 116/2003, depreende-se que tal prestação de serviço não pode ser tributada pelo imposto municipal, sob pena de infringir os referidos princípios, o que causaria grande insegurança jurídica.

Essa posição, da não incidência do ISS na atividade de prestação de serviço de conexão desenvolvida pelo provedor de acesso, condiz com as opiniões de Ives Gandra da Silva Martins[63] e Júlio Maria de Oliveira.[64]

Mas para Geraldo Ataliba e Aires Brito "a definição, por lei complementar, de serviços tributáveis pelos Municípios agride frontalmente a autonomia Municipal porque, se a lei complementar pudesse definir serviços tributáveis, ela seria necessária e, pois, intermediária entre a outorga constitucional e o exercício atual da competência, por parte do legislador ordinário".[65]

Considerando os referidos autores, Luciana Angeiras externa sua opinião, ainda que na vigência da lei anterior, mas com pertinência para a lei em vigor, diante da semelhança da previsão legal:

> Entendemos, portanto, ser esta a interpretação que se deve fazer do artigo 156, III, em consonância com os princípios constitucionais, de sorte que os Municípios têm competência para tributar serviços não contemplados pela Lei Complementar n. 56/87, com exceção daqueles previstos no art. 155, II da Carta Constitucional. A lista de serviços constante em lei complementar

---

62 Hugo de Brito Machado. *Curso de direito tributário.* São Paulo: Malheiros, 1998, p. 310.

63 Ives Gandra da Silva Martins. Tributação na internet. In: Ives Gandra da Silva Martins (Coord.). *Tributação na internet*, p. 49.

64 Júlio Maria de Oliveira. *Internet e competência tributária.* São Paulo: Dialética, 2001, p. 160.

65 Geraldo Ataliba e Aires Brito. ISS na Constituição: pressupostos positivos – arquétipo do ISS. *Revista de Direito Tributário*, n. 37, 1986, p. 38. Apud Luciana Angeiras. Tributação dos provedores de acesso à internet. In: Luis Eduardo Schoueri (Org.). *Internet*: o direito na era virtual. São Paulo: Lacaz Martins, Halembeck, Pereira Neto, Gurevich & Schoueri Advogados, 2000, p. 234.

> é meramente exemplificativa, e tem a função de definir o que é serviço, quando dúvida houver, sendo certo que os Municípios têm competência para eleger quais os serviços que irão compor o antecedente da norma jurídica tributária e que, ocorridos no mundo fenomênico e relatados em linguagem competente (norma individual e concreta), farão surgir, infalivelmente, uma obrigação tributária.[66]

Vislumbramos que a opção feita pelo legislador constitucional ao prever que o imposto municipal deveria ser definido por lei complementar tem o sentido de se dar uniformidade à legislação dos mais de 5.000 municípios brasileiros, pois, se cada um tivesse a discricionariedade para considerar ou não determinada atividade como tributável pelo ISS, isso poderia causar uma, ainda maior, guerra fiscal.

É claro que o serviço de conexão prestado pelo provedor de acesso poderá eventualmente vir adicionado de outros serviços, por exemplo, suporte ou assistência técnica. No entanto, são serviços diversos que podem ou não ser prestados conjuntamente. Sendo que o provimento de acesso, por si só, não é tributado, o serviço de suporte ou assistência técnica, sim, é tributado pelo imposto sobre serviços.

Apesar das divergências apontadas acima, parece ser acertada a posição pela não incidência do ISS na atividade desenvolvida pelos provedores de acesso, prestação de conexão do usuário à internet, por não estar tal atividade na lista anexa à LC n. 116/2003.

18.8.4. A integração do Direito Tributário com o Direito Privado

A relação do Direito Tributário com o Direito Privado se dá notadamente quando aquele se utiliza dos conceitos deste, o que é perfeitamente admissível e recorrente. Nesta relação o Direito Tributário acolhe a conceituação do Direito Privado, mas pode trazer a esses conceitos consequências específicas tributárias, que não necessariamente condizem com as consequências originais do conceito.

O Direito Tributário pode socorrer-se dos conceitos, institutos e formas de Direito Privado, incorporando-os expressamente, aceitando-os tacitamente ou até mesmo alterando-os também expressamente, dando-lhes seus efeitos tributários. Quanto à possibilidade de alteração, é uma espécie de redefinição,

---

66 Luciana Angeiras. In: SCHOUERI, Luis Eduardo (Org.). *Internet*: o direito na era virtual, p. 234.

que não é absoluta, pois não pode haver abusos a ponto de distorcê-los, devendo ser a alteração expressa em lei, dentro dos limites estabelecidos na Constituição Federal.

Nessa linha, os princípios do Direito Privado se aplicam ao Direito Tributário, e este deles se socorre, salvo se a lei tributária expressamente os excluir. Nesse sentido, é o disposto no art. 109 do CTN:

> Art. 109. Os princípios gerais de direito privado utilizam-se para pesquisa da definição, do conteúdo e do alcance de seus institutos, conceitos e formas, mas não para definição dos respectivos efeitos tributários.

Assim, são importantes as considerações de Ricardo Lobo Torres:

> Quando o legislador fiscal vai buscar os conceitos no Direito Civil, conservam estes o seu sentido primitivo, limitado pela sua possibilidade expressiva, além da qual começa a distorção ou o abuso da forma jurídica.[67]

Então, pode-se entender que, quando a norma tributária apenas se referir a institutos, conceitos e formas de Direito Privado (não os tendo alterado), o jurista tributário deve entender a fundo o instituto, pois ele continuará mantendo a sua identidade, dada pelo Direito Privado, sendo que o Direito Tributário apenas o incorporará, não podendo escapar do que foi estatuído pelo Direito Privado.

Essa linha de raciocínio e interpretação condiz com o que prevê o art. 110 do CTN:

> Art. 110. A lei tributária não pode alterar a definição, o conteúdo e o alcance de institutos, conceitos e formas de direito privado, utilizados, expressa ou implicitamente, pela Constituição Federal, pelas Constituições dos Estados, ou pelas Leis Orgânicas do Distrito Federal ou dos Municípios, para definir ou limitar competências tributárias.

Nesse contexto, são as palavras de Heleno Taveira Tôrres:

> Comparando o teor desse art. 110 com o art. 109 do CTN, temos que "a lei tributária" (não a autoridade administrativa, mediante ato de lançamento)

---

67 Ricardo Lobo Torres. *Normas de interpretação e integração do direito tributário*. Rio de Janeiro: Renovar, 2000, p. 214.

> somente poderá alterar a definição, o conteúdo e o alcance de institutos, conceitos e formas de direito privado quando estes não forem tipos constitucionalmente considerados como critérios para repartição de competências em matéria tributária.[68]

Como se depreende, a definição, o conteúdo e o alcance de institutos, conceitos e formas do Direito Privado não podem ser alterados pela lei tributária, seja federal, estadual ou municipal, a fim de definir sua competência tributária.

A competência para legislar dos entes políticos deve estar restrita ao campo delimitado pela Constituição Federal, devendo respeitar os conceitos de Direito Privado, não podendo restringi-los ou modificá-los, sob pena de desrespeito ao estatuído na Carta Magna, podendo inclusive haver dupla tributação para um mesmo fato gerador.

Aqui são muito apropriadas duas passagens, de muito equilíbrio para o tema, da obra de Heleno Taveira Tôrres: "(...) não se pode deixar de reconhecer ao legislador tributário autonomia de qualificação, nos limites do quanto o ordenamento lhe autorize"; e "(...) nada impede que a lei, mas nunca o intérprete em atos de aplicação, possa dar qualificações mais amplas ou mais restritas a conceitos, institutos e formas já regulados em outros ramos do direito".[69]

Cabe salientar que não poderão as leis tributárias dos Estados ou Municípios pretenderem modificar os conceitos trazidos pela lei federal (Lei n. 9.472/97), em cumprimento à Constituição, pois, se o fizerem, extrapolarão seus poderes legislativo-tributantes. Logo, é a Lei n. 9.472/97 – Lei Geral das Telecomunicações – (legitimada pelo art. 21, XI, da Carta Magna) que pode definir o sentido preciso e o alcance de serviço de telecomunicação e de serviço de valor adicionado, conceitos estes recepcionados pela Constituição.

Na esteira do que estamos defendendo, escreveu João Vicente Lavieri:

> Tem-se por forçoso entender, por expressa definição legal, que os serviços de valor adicionado, gênero no qual se enquadram os Serviços *Internet*, não são serviços de telecomunicações e, portanto, não estão sujeitos à incidência do ICMS. O intérprete da lei não pode ater-se única e exclusivamente

---

68 Heleno Taveira Tôrres. *Direito tributário e direito privado*. São Paulo: RT, 2003, p. 81.

69 Heleno Taveira Tôrres. *Direito tributário e direito privado*, p. 74.

à legislação fiscal, fazendo tábula rasa de todo o restante do ordenamento jurídico, mas, ao contrário, precisa conciliar as disposições do ICMS com toda a legislação nacional, em especial àquela de regência do setor de telecomunicações.[70]

A questão ainda pode ser vista do prisma do Princípio da Capacidade Econômica, que deve ser um limite para o legislador tributário. Esse princípio não significa necessariamente que, se há capacidade de contribuir, haverá tributação; pois, na verdade, deve-se afirmar que, se houver a capacidade de contribuir, haverá tributo desde que haja previsão na Constituição e na lei. Associado a isso, a lei não poderá alterar os conceitos utilizados pela Constituição Federal para definir ou limitar competências tributárias.[71]

Diante de tudo já exposto, parece estar claro que a definição do que é exploração dos serviços de telecomunicações e serviço de valor adicionado é atualmente de competência da Lei n. 9.472/97, conforme determina a Constituição Federal, no art. 21, XI, e não da Lei Complementar n. 87/96. A Lei Complementar n. 87/96 se refere aos aspectos do ICMS, dentre os quais estão a prestação de serviços de telecomunicações como umas das hipóteses de incidência, mas a definição legal do que é telecomunicação é objeto da Lei n. 9.472/97.

Não é demais lembrar que não há hierarquia entre lei ordinária e lei complementar, estando ambas no mesmo patamar, pois o que as faz diferentes são apenas os aspectos formais, procedimentos e quóruns de votação. Assim, não há hierarquia entre a Lei Complementar n. 87/96 e a Lei Geral das Telecomunicações – Lei n. 9.472/97.

Contudo, parece bastante pertinente o que escreveu Hugo de Brito Machado:

> Ocorre que para fins de tributação, não se pode considerar o conceito amplo de comunicação, mas apenas aquela comunicação como tal designada pela Constituição Federal, pois a norma atributiva de competência tributária

---

[70] João Vicente Lavieri. Internet: incidência do ICMS ou ISS? *Revista Consulex*, 1999. Apud Bruno Suassuna Carvalho Monteiro. Da tributação dos provedores de acesso à internet. In: Demócrito Reinaldo Filho (Coord.). *Direito da informática* – temas polêmicos. Bauru, SP: Edipro, 2002, p. 266.

[71] Hugo de Brito Machado. Tributação na internet. In: Ives Gandra da Silva Martins (Coord.). *Tributação na internet*. São Paulo: RT, 2001, p. 90-91.

> deve ser interpretada tendo-se em vista o elemento sistêmico, vale dizer, tendo-se em vista as outras normas da Constituição Federal que se reportam ao serviço de comunicação.[72]

Assim, podemos dizer que o Direito Tributário existe para limitar o poder de tributar do Estado, devendo proteger o contribuinte, podendo alterar os conceitos do Direito Privado sem prejuízo para as relações, desde que de forma explícita em lei. Mas para tanto há uma limitação, de acordo com a Constituição, a fim de não trazer incertezas e inseguranças do ponto de vista jurídico.

18.8.5. Posição do fisco

Mesmo com a matéria em controvérsia pela doutrina, e ainda em apreciação pelo Poder Judiciário, no que se refere à possibilidade ou não da tributação da atividade de acesso à internet, promovida pelos provedores de acesso, as Fazendas têm se pronunciado pela incidência do ICMS. Nesse sentido, é a resposta à consulta n. 82/97 da Coordenação da Administração Tributária do Estado de São Paulo:

> Assunto: Provimento de Acesso à Internet – Serviço de Comunicação Tributado pelo ICMS.
>
> (...) é entendimento desta Consultoria Tributária que a prestação onerosa de serviço de provimento de acesso à Internet, a menos que exportado para o exterior, configura hipótese de incidência do ICMS.

No Estado do Paraná a orientação se dá no mesmo sentido, conforme se abstrai da resposta à consulta n. 168/96:

> O provedor de informações não se sujeitará ao ICMS no tocante aos serviços consistentes no planejamento da *home page* ou serviço publicitário, consistentes na criação, preparação e programação de campanha de divulgação (atividade típica de prestador de serviço). Entretanto a divulgação da mensagem, da distribuição, da informação, e da sua comunicação ao público fazem parte do campo tributável pelo ICMS.

---

[72] Hugo de Brito Machado. *Aspectos fundamentais do ICMS*. São Paulo: Dialética, 1997, p. 37.

O fisco federal, por sua vez, também mantém o mesmo entendimento, já tendo se pronunciado no sentido da tributação do provedor de acesso pelo ICMS, o que se pode perceber pelo parecer da Procuradoria da Fazenda Nacional PGFN/CT n. 2.042/97:

> ICMS e Internet. Incidência do Imposto sobre Operações relativas à Circulação de Mercadorias e sobre Prestação de Serviços de Transporte Interestadual e Intermunicipal e de Comunicação – ICMS sobre o serviço de comunicação prestado pelo provedor de acesso/informações em rede Internet.

Não obstante os argumentos até aqui expostos, fundamentados inclusive em corrente majoritária da doutrina, sobre a não incidência do ICMS na atividade exercida pelos provedores de acesso à internet, notadamente, as Fazendas Públicas Estaduais vêm mantendo entendimento no sentido contrário, ficando isso muito claro, também e inclusive, por meio dos convênios firmados pelo CONFAZ – Conselho Nacional de Política Fazendária (n. 78/01, 79/09, 116/03 e 139/03).

Vale lembrar que o CONFAZ é formado pelos secretários das Fazendas Estaduais dos Estados brasileiros, que por sua vez têm muitas razões para aumentar a arrecadação do ICMS.

Esses convênios autorizam os Estados a conceder redução de base de cálculo do ICMS nas prestações de serviço de acesso à internet, visando à arrecadação dos Estados referente às atividades desenvolvidas pelos provedores de acesso.

O Estado de Minas Gerais, por exemplo, insere no seu regulamento do ICMS – Decreto n. 43.762/2004 – a alíquota mensal de 0,05% para a prestação onerosa de serviço de comunicação, na modalidade de acesso à internet.

No entanto, muitos provedores vêm resistindo à posição das Fazendas Estaduais, alegando inclusive estarem suas atividades de provimento de acesso à internet sob a incidência do ISS. Associado a isso, apesar da questão já ter chegado ao STJ, este ainda aprecia a matéria em sede de Embargos de Divergência.

Neste ponto, trazemos a colação o que escreveu Heleno Taveira Tôrres:

> Pudessem a União, Distrito Federal, Estados ou Municípios manipular os conceitos que servem à repartição de competências, mediante leis suas,

> modificando os tipos prescritos, restaria prejudicada a hierarquia normativa (da Constituição em face das leis) e os princípios garantísticos de certeza e segurança jurídica. (...) É a mais lídima afirmação das funções de norma geral em matéria de legislação tributária, prescrita pelo art. 146, I da CF, em favor da eliminação de eventuais conflitos de competência, em matéria tributária.[73]

Assim, não podem as autoridades públicas usar de uma norma tributária para especificar o que é serviço de comunicação ou telecomunicação e serviço de acesso à internet, em prejuízo da lei especial que trata da matéria, a Lei n. 9.472/97 – Lei Geral das Telecomunicações. Esta lei, por sua vez, que define o que é serviço de telecomunicação, sujeito à tributação, e serviço de valor adicionado (estando a atividade de provimento de acesso aqui enquadrada), que não está sujeito à tributação do ICMS.

Se a Lei n. 9.472/97 ao tratar da matéria considerou o serviço de valor adicionado não tributável pelo ICMS, logo, não podem as autoridades públicas, a seu arbítrio, desconsiderar essa opção do legislador federal. A legislação tributária não pode contrariar uma norma ordinária, a fim de definir os serviços de comunicação, e ainda classificar o acesso à internet como uma espécie desta, sob pena de infração ao disposto no art. 110 do CTN. Logo, devem ser respeitados os conceitos trazidos pela Lei n. 9.472/97, até porque a legislação tributária é bastante extensiva, a fim de não dar margem a atitudes arbitrárias das autoridades administrativas.

18.8.6. Tributação do provedor de acesso não remunerado (gratuito)

No aguardo de uma posição do Poder Judiciário quanto à tributação dos provedores de acesso, parece-nos claro e evidente, independente da tendência dos tribunais sobre a incidência ou não de ICMS ou ISS no serviço prestado pelo provedor de acesso, que não deve haver imposição tributária sobre os serviços de provimento gratuito.[74]

---

[73] Heleno Taveira Tôrres. *Direito tributário e direito privado*, p. 81.

[74] Nesse sentido, Ivan Luiz Sobral Campos e João Agripino Maia. Tributação dos serviços prestados pelos provedores de conteúdo e de acesso à internet. In: Valdir de Oliveira Rocha Filho (Coord.). *O direito e a internet*. Rio de Janeiro: Forense Universitária, 2002, p. 139.

Até porque a legislação que traz as regras gerais para a cobrança do ICMS determina que o imposto será devido sobre o valor da operação (o que valeria também para o ISS). Logo, sendo a operação gratuita, não há base de cálculo para incidir o tributo.

Nesse sentido pondera Mário Celso Santiago Menezes: "(...) o ICMS não incide sobre a comunicação propriamente dita (fluxo de informações entre o remetente e destinatário). O imposto estadual incide sim, como é de ver do seu próprio *nomen iuris*, sobre a prestação (onerosa) de serviços de comunicação (conceito de fato que pode englobar alguns conceitos jurídicos, como telecomunicações, radiodifusão e serviços postais)".[75]

Logo, independente do que foi tratado nos capítulos anteriores, ao prestar mediante remuneração o serviço de comunicação estará o sujeito passível a tributação pelo ICMS. Sendo que a incidência se dará quando houver negócio oneroso entre o prestador e o usuário, o que não é o caso do provedor de acesso gratuito.

18.8.7. Apontamentos finais

A atividade desenvolvida pelo provedor de acesso à internet, que é a prestação do serviço de conexão do usuário à rede, atualmente não se enquadra como fato gerador de tributo, de acordo com a legislação brasileira, não configurando hipótese de incidência do ICMS nem do ISS.

Quanto ao ICMS, a Lei n. 9.472/97 diz que o serviço de acesso é considerado serviço de valor adicionado, o que por sua vez exclui esse serviço da tributação do imposto estadual, sendo que o sujeito passivo deste imposto é a companhia telefônica, não o provedor. Não se pode considerar a atividade dos provedores de acesso hipótese de incidência do ICMS, tendo em vista que a atividade desenvolvida por este não se enquadra no conceito dado pela lei para serviço de telecomunicação.

Já no regime jurídico do ISS, a atividade do provedor de acesso não está prevista e nem se enquadra em nenhuma das atividades elencadas na lista anexa à LC n. 116/2003, não sendo possível também a sua tributação pelo imposto municipal.

---

75 Mário Celso Santiago Menezes. Incidência de ICMS sobre os serviços de valor agregado. In: Heleno Taveira Tôrres (Coord.). *Direito tributário das telecomunicações.* São Paulo: IOB Thomson: ABETEL, 2004, p. 684.

A prestação de serviço do provedor não se encaixa na tributação estadual, mas se encaixaria na tributação municipal, desde que estivesse incluída na lista anexa à LC n. 116/2003, o que necessitaria de alteração legislativa. Logo, não se verifica a ocorrência do fato gerador de obrigação tributária.

Então, no ordenamento jurídico brasileiro vigente, não há incidência tributária na atividade de provimento de acesso à internet, nem de ICMS nem de ISS, pois as autoridades públicas não podem efetuar qualquer cobrança referente a este serviço, o que na prática tem se tentado. Não têm competências as Fazendas Estaduais ou Municipais para tributar tal atividade. Não podem elas, arbitrariamente, tentar alargar conceitos e fazer enquadramentos descabíveis a fim de aumentar sua arrecadação, sob pena de infração à ordem constitucional.

As secretarias fazendárias se interessam pelas receitas dos provedores de acesso em razão da proliferação desse segmento empresarial nas últimas décadas, o que pode propiciar uma considerável elevação na arrecadação. É uma fome de arrecadação diante de uma nova figura que promete ser, ainda mais, grandemente pulverizada.

Assim, estamos diante de um impasse que causa insegurança jurídica face às diferentes posições sobre a aplicação do ICMS ou ISS na atividade de provimento de acesso à internet, que não pode ser resolvida tendo em vista puramente os interesses arrecadatórios das Fazendas Estaduais e Municipais, que se debatem na busca de uma maior fatia da carga tributária nacional.

É necessário o exame da questão considerando os conceitos legais estabelecidos, não podendo os entes públicos destoá-los em seu favorecimento próprio quanto à arrecadação em detrimento do contribuinte. Fazer interpretações extensivas das leis e seus conceitos em favor do aumento da arrecadação traz prejuízos à sociedade do ponto de vista da segurança jurídica.

Por isso, aos operadores do Direito cabe o dever da boa e devida interpretação da norma, a fim de evitar a incerteza e a insegurança jurídica nas relações obrigacionais tributárias.

Considerando tudo já exposto até aqui, pensamos que, se o Estado representa a coletividade, uma das formas de se atender às demandas dessa coletividade é a arrecadação do Estado por meio dos tributos.

A tributação se dá pela aferição de renda, negociações comerciais etc., sendo que o sistema tributário procura alcançar todas as atividades mercantis.

Nos últimos anos, surgiu uma atividade – provimento de acesso à internet – (que tende a crescer ainda mais em razão do real, e potencial, crescimento da internet) que não é alcançada pelas normas jurídicas, assim mister se faz a revisão do ordenamento jurídico, a fim de que o legislador tribute tal atividade.

Aqui não está se pregando que a lei é engessada a ponto de que a todo momento deva ser alterada para alcançar novas figuras, pois a lei tem "certa" flexibilidade para não se tornar obsoleta de maneira muito rápida.

Acontece que a atividade de provimento de acesso poderia estar sob a hipótese de incidência do ICMS ou do ISS, mas não está. Não podendo isso perpetuar, até porque é uma atividade empresarial como outra qualquer, logo, deve ser tributada. Sem dizer que tal situação, da forma como se encontra atualmente, tem gerado incertezas, que por sua vez dão margem para aquelas discussões judiciais que acarretam a expedição de inúmeras liminares pelo Poder Judiciário, a fim de se deixar de recolher tributos.

Logo, deve haver uma mudança da legislação a ponto de alcançar tal atividade, seja alterando a Lei n. 9.472/97 para que o provimento de serviço possa ser tributado pelo imposto estadual – ICMS –, seja incluindo na lista anexa à LC n. 116/2003 a atividade de provimento de acesso para ser tributada pelo imposto municipal – ISS.

19

SPED – Sistema Público de Escrituração Digital (Contabilidade Eletrônica)

19.1. INTRODUÇÃO

SPED é uma sigla que significa Sistema Público de Escrituração Digital. Ele foi criado pelo Decreto n. 6.022, de 22 de janeiro de 2007.

Pode-se afirmar que o objetivo principal do SPED é: substituir livros e documentos contábeis e fiscais por documentos eletrônicos. Ou seja, toda a escrituração será feita diretamente na internet, no sistema do Fisco.

Além disso, o SPED utilizará de assinatura e certificado digital (conforme dispõe a MP – Medida Provisória n. 2.200-2/2001) para garantir a autoria, integridade e validade jurídica; promoverá a atuação integrada dos Fiscos com o compartilhamento e cruzamento de informações.

É importante ressaltar que, a princípio, o SPED não altera a legislação tributária material. O que está mudando são apenas as formalidades. Está saindo do papel para o formato digital. Ou seja, prazos prescricionais, alíquotas etc. não mudam.

Dessa forma, a intenção inicial do projeto foi a de implantar o SPED paulatinamente, começando por alguns ramos de atividade, para que com o passar do tempo todos os empresários pudessem estar no sistema. Ele surge no momento em que se busca reduzir a burocracia e o tempo no cumprimento das obrigações tributárias e contábeis.

Vale destacar que o SPED vai reduzir fortemente a necessidade de gasto com papel, usado na emissão de livros e documentos contábeis. "Essa é uma redução efetiva do custo Brasil", afirmou o ex-secretário da Receita Federal Jorge Rachid.[1]

O SPED está sendo implantado pela Receita Federal e os Fiscos Estaduais a fim de unificar as atividades contábeis e fiscais das empresas, conforme prevê o *caput* do art. 2º do Decreto n. 6.022/2007 (redação dada pelo Decreto n. 7.979/2013):

> Art. 2º, *caput*. O Sped é instrumento que unifica as atividades de recepção, validação, armazenamento e autenticação de livros e documentos que integram a escrituração comercial e fiscal dos empresários e das sociedades empresárias, mediante fluxo único, computadorizado, de informações.

Isso atende ao previsto no art. 37, inc. XXII, da Constituição Federal, decorrente da Emenda Constitucional n. 42/2003, em que os Fiscos (União, Estados e Municípios) devem atuar de forma integrada, compartilhando cadastros e informações fiscais.

Em entrevista fornecida ao Jornal *O Estado de S. Paulo*, em 06-12-2010, o ex-secretário da Receita Federal Everaldo Maciel, acerca da matéria elencada, faz uma comparação da eficácia dos meios eletrônicos de controle fiscal no Brasil com o sistema adotado nos Estados Unidos, de que vale aqui retransmitir um trecho:

> Para que se possa ilustrar o patamar alcançado pela administração fiscal brasileira, façamos um confronto com sua congênere dos EUA. Somente este ano o Fisco daquele país conseguiu recepcionar, por meio eletrônico, 70% das declarações de Imposto de Renda das pessoas físicas. No Brasil, há 10 anos mais de 95% das pessoas físicas transmitem suas declarações de Imposto de Renda pela internet. No campo das pessoas jurídicas, essa meta se encontra totalmente universalizada.
>
> A modernização da administração fiscal, por sua vez, estimulou a instituição de um elevado número de declarações com o objetivo de propiciar confrontos de informações para fins de fiscalização, o que de certo modo é compreensível no contexto de um trabalho voltado para reduzir a evasão fiscal. Uma saída para enfrentar esse problema, sem debilitar a fiscalização, seria estabelecer, no âmbito de cada entidade federativa, a declaração única anual

---

1 *Receita recomenda aos contribuintes a certificação digital.* Disponível em: <http://www.estadao.com.br/arquivo/economia/2006/not20061116p39791.htm>. Acesso em: 21 ago. 2017.

do contribuinte para todos os tributos de índole declaratória, o que seria facilitado com a implantação do Sped. De igual forma, o recolhimento mensal de cada tributo dar-se-ia por documento único, inclusive em relação às retenções na fonte.[2]

Logo, o funcionamento do SPED permitirá: a atuação integrada dos Fiscos e de outros órgaos participantes entre si; o compartilhamento de informações; o acesso a informações de forma facilitada; a uniformização das obrigações acessórias; a identificação de ilícitos tributários de forma mais eficiente e célere; o cruzamento de informações em geral, como, por exemplo, na comparação de quanto se comprou e de quanto se revendeu em uma empresa. Mas deve ficar claro que as restrições constitucionais relacionadas a sigilo deverão ser mantidas.

A implantação do SPED, desde 2006, foi aos poucos. Iniciou-se por meio de projetos pilotos com grandes empresas, como: AMBEV, FIAT, VARIG, Banco do Brasil, entre outras.

Em nível mundial, outros países têm desenvolvido mecanismos de controle eletrônico como o SPED. Exemplificativamente, Argentina, Chile, México, Austrália e Espanha.[3]

No Brasil, inicialmente, o SPED era um projeto composto de três subprojetos: ECD – Escrituração Contábil Digital; EFD – Escrituração Fiscal Digital; e NF-E – Nota Fiscal Eletrônica.

Com o passar do tempo, outros subprojetos vêm se somando ao SPED. Sem prejuízo da inclusão de outros, atualmente são eles:

- ECD – Escrituração Contábil Digital.
- ECF – Escrituração Contábil Fiscal.
- EFD ou EFD ICMS IPI – Escrituração Fiscal Digital do ICMS e IPI.
- EFD-Contribuições – Escrituração Fiscal Digital do PIS/PASEP e da COFINS.

---

[2] *Reflexões sobre a desburocratização fiscal.* Disponível em: <http://www.estadao.com.br/estadaodehoje/20101206/not_imp649954,0.php>. Acesso em: 21 ago. 2017.

[3] Ana Cristina de Faria, João Ricardo Finatelli, Cecília Moraes Santostaso Geron e Maria do Carmo Romeiro. *SPED – Sistema Público de Escrituração Digital*: percepção dos contribuintes em relação os impactos da adoção do SPED. Universidade Municipal de São Caetano do Sul. Sem data. Disponível em: <http://www.congressousp.fipecafi.org/artigos102010/248.pdf>. Acesso em: 15 fev. 2011. (Novo acesso em: 10 ago. 2017).

- EFD-Reinf – Escrituração Fiscal Digital das Retenções e Informações da Contribuição Previdenciária Substituída.
- E-social – Sistema de Escrituração Digital das Obrigações Fiscais, Previdenciárias e Trabalhistas.
- NFe – Nota Fiscal Eletrônica (ambiente nacional).
- NFS-e – Nota Fiscal de Serviços Eletrônica.
- NFC-e – Nota Fiscal de Consumidor Eletrônica.
- CT-e – Conhecimento de Transporte Eletrônico.
- E-Financeira.
- MDF-e – Manifesto Eletrônico de Documentos Fiscais.

19.2. ECD – ESCRITURAÇÃO CONTÁBIL DIGITAL

Conhecida por SPED Contábil, a ECD – Escrituração Contábil Digital – visa substituir a escrituração contábil em papel pela escrituração digital – ECD. Trata-se da obrigação de transmitir em versão digital os seguintes livros: I – livro Diário e seus auxiliares, se houver; II – livro Razão e seus auxiliares, se houver; III – livro Balancetes Diários, Balanços e fichas de lançamento comprobatórias dos assentamentos neles transcritos.

De acordo com a Instrução Normativa RFB (Receita Federal do Brasil) n. 1.774/2017,[4] art. 3º, *caput*, estão obrigadas a adotar a ECD as pessoas jurídicas e equiparadas obrigadas a manter escrituração contábil nos termos da legislação comercial, inclusive entidades imunes e isentas.

Pelo menos por enquanto, não estão obrigadas a apresentar a ECD: a) pessoas jurídicas optantes pelo Simples Nacional (Regime Especial Unificado de Arrecadação de Tributos e Contribuições devidos pelas Microempresas e Empresas de Pequeno Porte); b) órgãos públicos, autarquias e fundações públicas; c) pessoas jurídicas inativas (isto é, aquelas que não tenham realizado, durante o ano-calendário, atividade operacional, não operacional, patrimonial ou financeira, inclusive aplicação no mercado financeiro ou de capitais as quais devem cumprir as obrigações acessórias previstas na legislação específica); d) pessoas jurídicas imunes e isentas que auferiram, no ano-calendário, receitas,

---

4 A Instrução Normativa RFB n. 1.774/2017 revogou a Instrução Normativa n. 1.420/2013. Esta, por sua vez, foi alterada inúmeras vezes pelas Instruções Normativas RFB n. 1.486/2014, 1.510/2014, 1.594/2015, 1.660/2016 e 1.679/2016.

doações, incentivos, subvenções, contribuições, auxílios, convênios e ingressos assemelhados cuja soma seja inferior a R$ 1.200.000,00 ou ao valor proporcional ao período a que se refere a escrituração contábil; e) pessoas jurídicas tributadas com base no lucro presumido que não distribuíram, a título de lucro, sem incidência do Imposto sobre a Renda Retido na Fonte, parcela de lucros ou dividendos superior ao valor da base de cálculo do imposto sobre a renda, diminuída dos impostos e contribuições a que estiver sujeita (§ 1º do art. 3º da IN-RFB n. 1.774/2017).

19.3. ECF – ESCRITURAÇÃO CONTÁBIL FISCAL

A ECF – Escrituração Contábil Fiscal – foi instituída pela Instrução Normativa RFB n. 1.422/2013 (alterada pelas Instruções Normativas RFB ns. 1.489/2014, 1.524/2014, 1.574/2015, 1.595/2015, 1.633/2016, 1.659/2016, 1.770/2017 e 1.821/2018). Vale ter em conta que a ECF substituiu a DIPJ (Declaração de Informações Econômico-Fiscais da Pessoa Jurídica) a partir do ano-calendário 2014, e a EFD-IRPJ – Escrituração Fiscal Digital do Imposto sobre a Renda e da Contribuição Social sobre o Lucro Líquido da Pessoa Jurídica.

De acordo com o art. 1º da Instrução Normativa n. 1.422/2013, são obrigadas ao preenchimento da ECF todas as pessoas jurídicas, inclusive imunes e isentas, sejam elas tributadas pelo lucro real, lucro arbitrado ou lucro presumido, salvo (ou seja, não se aplica): I – As pessoas jurídicas optantes pelo Regime Especial Unificado de Arrecadação de Tributos e Contribuições devidos pelas Microempresas e Empresas de Pequeno Porte (Simples Nacional); II – Os órgãos públicos, as autarquias e as fundações públicas; e, III – As pessoas jurídicas inativas (ou seja, aquelas que não tenham efetuado qualquer atividade operacional, não operacional, patrimonial ou financeira, mesmo aplicação no mercado financeiro ou de capitais, durante todo o ano-calendário, as quais deverão cumprir as obrigações acessórias previstas na legislação específica).

No que tange ao prazo, sua entrega de ser no último dia útil do mês de junho do ano posterior ao do período da escrituração no ambiente do SPED (Sistema Público de Escrituração Digital). Portanto, a DIPJ está extinta a partir do ano-calendário 2014. Frise-se que a ECF deverá ser assinada digitalmente mediante utilização de certificado digital, respeitando as regras da ICP-Brasil (Infraestrutura de Chaves Públicas Brasileira), para garantir a autoria, a autenticidade, a integridade e a validade jurídica do documento digital. Vale lembrar que o sistema da ICP-Brasil é disciplinado pela Medida Provisória n. 2.200-2/2001.[5]

Para as empresas obrigadas a entrega da ECD (Escrituração Contábil Digital), é possível a utilização dos saldos e contas da ECD para preenchimento inicial da ECF. Além disso, a ECF recuperará os saldos finais das ECF anterior, a partir do ano-calendário 2015. Na ECF haverá o preenchimento e controle, por meio de validações, das partes A e B do E-Lalur (Livro Eletrônico de Apuração do Lucro Real) e do E-Lacs (Livro Eletrônico de Apuração da Base de Cálculo da CSLL). De acordo com o projeto, todos os saldos informados nesses livros serão controlados; e, no caso da parte B, haverá o batimento de saldos de um ano para o outro.

19.4. EFD OU EFD ICMS IPI – ESCRITURAÇÃO FISCAL DIGITAL DO ICMS E IPI

Denominada SPED Fiscal, a EFD – Escrituração Fiscal Digital (ou EFD ICMS IPI – Escrituração Fiscal Digital do ICMS e IPI) é um arquivo digital, que se constitui de um conjunto de escriturações de documentos fiscais e de outras informações de interesse dos fiscos das unidades federadas e da Secretaria da Receita Federal do Brasil, bem como de registros de apuração de impostos referentes às operações e prestações praticadas pelo contribuinte. São dois os impostos, ambos de competência estadual: o ICMS – Imposto sobre Operações Relativas à Circulação de Mercadorias e sobre Prestações de Serviços de Transporte Interestadual, Intermunicipal e de Comunicação – e o IPI – Imposto sobre Produtos Industrializados.

Vale destacar que este arquivo deverá ser assinado digitalmente (por assinatura digital, conforme a MP 2.220-2/2001) e transmitido via internet ao ambiente SPED. Frise-se que o prazo de entrega da EFD-ICMS/IPI é definido pelas Administrações Tributárias Estaduais por meio da expedição de norma próprias.

---

5 É sempre bom lembrar que a Medida Provisória n. 2.200-2/2001 está em sua segunda edição, e em vigor, tendo em vista que foi publicada em 24 de agosto de 2001, portanto anteriormente à Emenda Constitucional n. 32, de 11-9-2001, a qual alterou alguns artigos da Constituição Federal, especialmente o art. 62, quanto ao regime jurídico das medidas provisórias.

Quanto às normas aplicáveis ao EFD, temos: o Ato COTEPE (Comissão Técnica Permanente, vinculada ao Ministério da Fazenda) ICMS n. 9/2008 (que dispõe sobre as especificações técnicas para a geração de arquivos da EFD); o Convênio ICMS n. 143/2006 (que instituiu a EFD); o Protocolo ICMS n. 77/2008 (que dispõe sobre a obrigatoriedade da EFD); as Instruções Normativas RFB n. 1.371/2013, 1.652/2016, 1.672/2016 e 1.685/2017 (que dispõem sobre o uso da EFD); além do Decreto n. 7.212/2010 (que regulamenta o IPI).

19.5. EFD-CONTRIBUIÇÕES – ESCRITURAÇÃO FISCAL DIGITAL DO PIS/PASEP E DA COFINS

Ainda no campo fiscal, encontra-se a EFD-Escrituração Fiscal Digital do PIS/PASEP e da COFINS. Trata-se de um arquivo digital instituído no SPED, a ser utilizado pelas pessoas jurídicas de direito privado na escrituração da Contribuição para o PIS/PASEP e da COFINS, nos regimes de apuração não cumulativo e/ou cumulativo, com base no conjunto de documentos e operações representativos das receitas auferidas, bem como dos custos, despesas, encargos e aquisições geradores de créditos da não cumulatividade. Sua disciplina está prevista na Instrução Normativa RFB n. 1.252/2012.

Cabe ponderar que, em razão da Lei n. 12.546/2011, arts. 7º e 8º, a EFD-Contribuições passou a abranger também a escrituração digital da Contribuição Previdenciária sobre a Receita Bruta, incidente nos setores de serviços e indústrias, no auferimento de receitas referentes aos serviços e produtos nela relacionados. Deve-se mencionar que os documentos e as operações das escriturações representativos de receitas auferidas e de aquisições, custos, despesas e encargos incorridos serão relacionados no arquivo da EFD-Contribuições em relação a cada estabelecimento da pessoa jurídica. A escrituração das contribuições sociais e dos créditos, bem como da Contribuição Previdenciária sobre a Receita Bruta, será efetuada de forma centralizada, pelo estabelecimento matriz da pessoa jurídica.

19.6. EFD-REINF – ESCRITURAÇÃO FISCAL DIGITAL DAS RETENÇÕES E INFORMAÇÕES DA CONTRIBUIÇÃO PREVIDENCIÁRIA SUBSTITUÍDA

A EFD-Reinf – Escrituração Fiscal Digital das Retenções e Informações da Contribuição Previdenciária Substituída – é um módulo novo dentro do

SPED, sendo construída em complemento ao E-Social – Sistema de Escrituração Digital das Obrigações Fiscais, Previdenciárias e Trabalhistas. Foi a Instrução Normativa RFB n. 1.701/2017 que instituiu a EFD-Reinf.

A EFD-Reinf contempla todas as retenções do contribuinte sem relação com o trabalho, bem como as informações sobre a receita bruta para a apuração das contribuições previdenciárias substituídas. A nova escrituração substituirá as informações contidas em outras obrigações acessórias, tais como o módulo da EFD-Contribuições que apura a Contribuição Previdenciária sobre a Receita Bruta. A EFD-Reinf é uma escrituração modulada por eventos de informações, contemplando a possibilidade de múltiplas transmissões em períodos distintos, de acordo com a obrigatoriedade legal.

19.7. E-SOCIAL – SISTEMA DE ESCRITURAÇÃO DIGITAL DAS OBRIGAÇÕES FISCAIS, PREVIDENCIÁRIAS E TRABALHISTAS

O Sistema de Escrituração Digital das Obrigações Fiscais, Previdenciárias e Trabalhistas – E-Social – consiste na escrituração digital das obrigações trabalhistas, previdenciárias e fiscais relativas a todo e qualquer vínculo trabalhista contratado no Brasil. Trata-se de uma parte no âmbito do SPED e se constitui em mais um avanço na informatização da relação entre o fisco e os contribuintes.

Cabe esclarecer que a E-Social, criado pelo Decreto n. 8.373/2014, é um projeto que atende às necessidades da Secretaria da Receita Federal do Brasil, do Ministério do Trabalho e Emprego, do Instituto Nacional do Seguro Social, da Caixa Econômica Federal e do Conselho Curador do Fundo de Garantia do Tempo de Serviço, bem como da Justiça do Trabalho, em especial no módulo relativo ao tratamento das Ações Reclamatórias Trabalhistas.

O uso obrigatório do e-Social foi fixado com o seguinte cronograma: a partir de janeiro de 2018 para grandes empresas, consideradas as que faturarem anualmente mais de R$ 78 milhões; a partir de julho/2018 para pequenas empresas; e a partir de janeiro de 2019 para órgãos públicos.

As informações que farão parte da E-Social são: eventos trabalhistas (informações resultantes da relação jurídica entre o empregado e o empregador, tais como admissões, afastamentos temporários, comunicações de aviso prévio, comunicações de acidente de trabalho etc.); folha de pagamento; ações judiciais trabalhistas; retenções de contribuição previdenciária; algumas contribuições previdenciárias substituídas como as incidentes sobre a comercialização da produção rural, espetáculos desportivos, cooperativas de trabalho, prestação de serviços com cessão de mão de obra, patrocínios a associações desportivas que mantenham equipes de futebol profissional etc.

A instituição da E-Social tem como objetivos, entre outros: racionalizar e uniformizar as obrigações acessórias para os contribuintes, com o estabelecimento de transmissão única para informações atualmente exigidas por meio de distintas obrigações acessórias de diferentes órgãos fiscalizadores; reduzir as fraudes na concessão de benefícios previdenciários e no seguro-desemprego por métodos seguros de transmissão e cruzamento de informações.

19.8. NF-E – NOTA FISCAL ELETRÔNICA (AMBIENTE NACIONAL)

A NF-e – Nota Fiscal Eletrônica – objetiva substituir a nota fiscal impressa em papel, referente às operações de circulação de mercadoria, buscando assim uma padronização entre os diversos modelos de notas fiscais adotados pelos Estados da federação brasileira.

O Projeto NF-e – Nota Fiscal eletrônica está sendo desenvolvido, de forma integrada, pelas Secretarias de Fazenda dos Estados e Receita Federal do Brasil, a partir da assinatura do Protocolo ENAT (Encontro dos Administradores Tributários) n. 3/2005, que atribui ao Encontro Nacional de Coordenadores e Administradores Tributários Estaduais – ENCAT – a coordenação e a responsabilidade pelo desenvolvimento e implantação da NF-e.

Quanto à sua emissão e armazenamento, a NF-e é um documento digital. Sua validade jurídica é garantida pela assinatura digital e Autorização de Uso fornecida pelo Fisco estadual do domicílio do contribuinte. Para se obter a assinatura digital, é necessário aderir ao e-CNPJ (sistema da ICP-Brasil, MP n. 2.200-2/2001) e credenciar-se no Fisco estadual.

Vale explicitar que a emissão da NF-e cria um arquivo eletrônico que é transmitido à fazenda estadual. Esta faz uma pré-avaliação e devolve um protocolo (Autorização de Uso, sem esta não é possível o trânsito da mercadoria).

É válido apontar que a informação também chegará à Receita Federal, que manterá os dados de todas as NF-e emitidas no Brasil. Se for o caso de operação interestadual, deverá ser transmitida também à Receita Estadual de destino.

Destaca-se que a integração e a cooperação entre Administrações Fazendárias têm aumentado, justificadas inclusive pelas grandes quantias despendidas para o controle fiscal em nível estadual e federal, somadas ao aumento do fluxo de informações transmitidas pelos contribuintes.

Contudo, a NF-e possibilitará: eliminar, em grande medida, o uso do papel; reduzir os custos e a burocracia, facilitando o cumprimento das obrigações tributárias e o pagamento de impostos e contribuições; fortalecer o controle e a fiscalização; diminuição da sonegação e aumento da arrecadação; servir de suporte aos projetos de escrituração eletrônica contábil e fiscal; rapidez no acesso às informações; aumentar a produtividade da auditoria quanto à coleta dos arquivos; o cruzamento eletrônico de informações, melhorando o intercâmbio e o compartilhamento de informações entre os fiscos.

19.8.1. DANFE – Documento Auxiliar da Nota Fiscal Eletrônica

O trânsito ou a circulação de mercadoria não será mais feito com a nota fiscal, mas, sim, com uma representação gráfica chamada **DANFE** – Documento Auxiliar da Nota Fiscal Eletrônica.

DANFE trata-se de um documento impresso em papel (tamanho A4), em via única, impresso com a "chave de acesso" para consulta da NF-e no *site* da Receita Federal, que permite verificar a existência e validade da nota.

Também, é preciso ter em conta que o DANFE não é uma nota fiscal nem um substituto, mas apenas um instrumento auxiliar para consulta das informações da NF-e. O DANFE não tem todos os dados da NF-e.

19.9. NFS-e – NOTA FISCAL DE SERVIÇOS ELETRÔNICA (AMBIENTE NACIONAL)

A NFS-e – Nota Fiscal de Serviços Eletrônica – é um documento de existência digital, gerado e armazenado eletronicamente em nível nacional pela Receita Federal, por prefeituras ou por outra entidade conveniada, para documentar as operações de prestação de serviços.

Este projeto da NFS-e está sendo desenvolvido de forma integrada, pela Receita Federal do Brasil e Associação Brasileira das Secretarias de Finanças das Capitais (Abrasf), atendendo o Protocolo de Cooperação ENAT n. 02, de 7 de dezembro de 2007, que atribuiu a coordenação e a responsabilidade pelo desenvolvimento e implantação do Projeto da NFS-e.

Diante disso, o projeto visa beneficiar as administrações tributárias, padronizando e melhorando a qualidade das informações, racionalizando os custos e gerando maior eficácia, bem como aumentar a competitividade das empresas brasileiras pela racionalização das obrigações acessórias (redução do "custo-Brasil"), em especial a dispensa da emissão e guarda de documentos em papel.

19.10. NFC-E – NOTA FISCAL DE CONSUMIDOR ELETRÔNICA (AMBIENTE NACIONAL)

A NFC-e – Nota Fiscal de Consumidor Eletrônica – é um arquivo de existência apenas digital, emitido e armazenado eletronicamente, com o intuito de documentar as operações comerciais de venda presencial ou venda para entrega em domicílio a consumidor final (nos termos da legislação poderá ser pessoa física ou jurídica) em operação interna e sem geração de crédito de ICMS ao adquirente.

Vale ter em conta que a NFC-e substitui a nota fiscal de venda a consumidor, modelo 2, e o cupom fiscal emitido por ECF. Ou seja, deverá ser utilizada nas vendas a destinatários finais; ou seja, nas operações de varejo em geral. A NFC-e visa oferecer uma alternativa totalmente eletrônica para os atuais documentos fiscais utilizados no varejo cuja emissão seja em papel. Desse modo, haverá redução de custos com obrigações acessórias aos contribuintes, além de possibilitar o aprimoramento do controle fiscal pelas Fazendas Federal, Estaduais e Municipais.

Contudo, a NFC-e permite ao consumidor a checagem da validade e autenticidade do documento fiscal recebido, como também estabelece um padrão nacional de documento fiscal eletrônico, baseado nos padrões técnicos de sucesso da Nota Fiscal Eletrônica, modelo 55.

No que tange às normas aplicáveis, podemos citar: Ajuste SINIEF (Sistema Nacional de Informações Econômicas e Fiscais) n. 7/2005, que institui a NFC-e e o DANFE NFC-e (Documento Auxiliar da Nota Fiscal de Consumidor Eletrônica); Portaria SEFAZ (Secretaria de Estado da Fazenda, órgão vinculado ao Ministério da Fazenda) n. 312/2014, que dispõe sobre a emissão modelo 65 da NFC-e nas operações comerciais de venda presencial ou venda para entrega em domicílio a consumidor final.

19.11. CT-e – CONHECIMENTO DE TRANSPORTE ELETRÔNICO (AMBIENTE NACIONAL)

O CT-e – Conhecimento de Transporte Eletrônico – é o novo modelo de documento fiscal eletrônico. Trata-se de um documento de existência exclusivamente digital, emitido e armazenado eletronicamente, com o intuito de documentar uma prestação de serviços de transportes, cuja validade jurídica é garantida pela assinatura digital do emitente e a Autorização de Uso fornecida pela administração tributária do domicílio do contribuinte.

Assim, o CT-e está sendo desenvolvido, de forma integrada, pelas Secretarias de Fazenda dos Estados e Receita Federal do Brasil, a partir da assinatura do Protocolo **ENAT** (Encontro Nacional de Administradores Tributários) n. 3/2006, que atribui ao **ENCAT** (Encontro Nacional de Coordenadores e Administradores Tributários Estaduais) a coordenação e a responsabilidade pelo desenvolvimento e implantação do Projeto CT-e.

Este projeto está previsto no Ajuste SINIEF 09/2007, podendo ser utilizado para substituir um dos seguintes documentos fiscais:

- Conhecimento de Transporte Rodoviário de Cargas, modelo 8.
- Conhecimento de Transporte Aquaviário de Cargas, modelo 9.
- Conhecimento Aéreo, modelo 10.
- Conhecimento de Transporte Ferroviário de Cargas, modelo 11.
- Nota Fiscal de Serviço de Transporte Ferroviário de Cargas, modelo 27.
- Nota Fiscal de Serviço de Transporte, modelo 7, quando utilizada em transporte de cargas.

É bom expressar que o CT-e também poderá ser utilizado como documento fiscal eletrônico no transporte dutoviário (é uma forma de transporte por meio de tubulação, como o gasoduto e o oleoduto) e, futuramente, nos transportes multimodais (quando envolvem mais de um tipo de transporte para a mesma carga, por exemplo, trem e caminhão).

19.12. E-FINANCEIRA

A E-Financeira é um conjunto de arquivos digitais referentes a cadastro, abertura, fechamento e auxiliares, e pelo módulo de operações financeiras. Ela foi instituída pela Instrução Normativa RFB n. 1.571/2015, a qual disciplina a obrigatoriedade de prestação de informações relativas às operações financeiras de interesse da Secretaria da Receita Federal do Brasil.

São obrigados a adotar e transmitir a E-Financeira: I – as pessoas jurídicas: a) autorizadas a estruturar e comercializar planos de benefícios de previdência complementar; b) autorizadas a instituir e administrar FAPI – Fundos de Aposentadoria Programada Individual; ou c) que tenham como atividade principal ou acessória a captação, intermediação ou aplicação de recursos financeiros próprios ou de terceiros, incluídas as operações de consórcio, em moeda nacional ou estrangeira, ou a custódia de valor de propriedade de terceiros; e II – as sociedades seguradoras autorizadas a estruturar e comercializar planos de seguros de pessoas.

19.13. MDF-E – MANIFESTO ELETRÔNICO DE DOCUMENTOS FISCAIS

O MDF-e – Manifesto Eletrônico de Documentos Fiscais é um arquivo emitido e armazenado eletronicamente, de existência apenas digital, para vincular os documentos fiscais transportados na unidade de carga utilizada, cuja validade jurídica é garantida pela assinatura digital do emitente e autorização de uso pelo Ambiente Autorizador.

Quanto à legislação aplicável, devemos citar: o Ajuste SINIEF n. 09/2007 (que instituiu o Conhecimento de Transporte Eletrônico e o Documento Auxiliar do Conhecimento de Transporte Eletrônico); o Ato Cotepe n. 38/2012 (que dispõe sobre as especificações técnicas do MDF-e – Manifesto Eletrônico de Documentos Fiscais –, do DAMDFE – Documento Auxiliar do MDF-e –, dos Pedidos de Concessão de Uso e Registro de Eventos, via WebServices, conforme disposto no Ajuste SINIEF 21/10); Convênio ICMS n. 92/2012 (que dispõe sobre a disponibilização dos serviços do sistema SEFAZ AUTORIZADORA, destinado ao processamento da autorização do MDF-e.

19.14. APONTAMENTOS FINAIS

Outros projetos já fizeram parte do SPED, como o FCONT – Controle Fiscal Contábil de Transição. Era uma escrituração das contas patrimoniais e de resultado, em partidas dobradas, conforme disciplina a Instrução Normativa RFB n. 949/2009. Deveriam ser informados os lançamentos que: efetuados na escrituração comercial, não devam ser considerados para fins de apuração do resultado com base na legislação vigente em 31-12-2007; não efetuados na escrituração comercial, mas que devam ser incluídos para fins de apuração do resultado com base na legislação vigente em 31-12-2007. O ano de 2015 foi o último ano de entrega do Fcont, referente ao ano-calendário 2014, o qual era destinado às empresas tributadas pelo lucro real que não optaram pela extinção do RTT – Regime Tributário de Transição em 2014, de acordo com a Normativa RFB n. 1.492/2014. Assim, não há mais Fcont a partir de 2016 (ano-calendário 2015 em diante).

Há também projetos que poderão vir a compor o SPED, como a CB – Central de Balanços brasileira, que ainda em desenvolvimento tem por fim reunir demonstrativos contábeis e uma série de informações econômico-financeiras públicas das empresas envolvidas no projeto.

Muitos benefícios advirão da implantação do SPED: diminuição do consumo de papel e custos de impressão (bom para o meio ambiente); combate à sonegação (e à corrupção dos fiscais); aumento da arrecadação; compartilhamento de informações entre Fiscos; diminuição da concorrência desleal; redução com envio e armazenagem do papel; simplificações de obrigações acessórias; a integração entre vendedores e compradores; eliminação de digitação de notas fiscais na recepção de mercadorias; automatização do processo de entrega; entre outros.

Para ilustrar, em 2000, no Brasil, o índice de sonegação fiscal era de 32%, tendo diminuído para 25%. Existe a expectativa de queda para os próximos anos para algo em torno de 15% (como no Chile); e, em dez anos, 7% (como nos países desenvolvidos).[6]

Contudo, a presença da Tecnologia da Informação na iniciativa privada e nos órgãos públicos é um movimento que não tem retrocesso. Logo, a informatização dos controles contábeis e fiscais, enfim, da escrituração empresarial, tornar-se-á algo tão normal como a Declaração do Imposto de Renda da Pessoa Física, feita, quase que totalmente, pela internet.

---

6 *SPED – Sistema Público de Escrituração Digital. NFe – EFD – ECD.* Disponível em: <http://www.iobsolucoes.com.br/pdf/IOB_SPED_Uninove_VMA.pdf>. Acesso em: 19 ago. 2017.

20

Notas Fiscais Eletrônicas Estaduais e Municipais

20.1. INTRODUÇÃO

Vários Estados e Prefeituras do Brasil já implantaram (ou estão implantando) a denominada Nota Fiscal Eletrônica, Estadual e Municipal. Apesar de ter a mesma nomenclatura da "Nota Fiscal Eletrônica" que é parte do projeto SPED, desenvolvido pela Receita Federal e pelas Receitas Estaduais, como visto anteriormente, trata-se de programas distintos.

Mas, assim como no SPED, as notas eletrônicas estaduais e municipais também visam diminuir a sonegação, agilizar a atuação dos fiscais etc. Tais objetivos são atingidos quando os estabelecimentos emitem a nota fiscal eletronicamente, fornecendo aos governos municipais e estaduais melhores meios para a sua apuração e fiscalização.

20.2. NOTAS FISCAIS ESTADUAIS

As notas eletrônicas **estaduais** estão relacionadas substancialmente com a venda de produtos tributáveis pelo ICMS – Imposto sobre Circulação de Mercadorias e de Serviços.

A título exemplificativo, o Estado de São Paulo já implantou sua Nota Fiscal Eletrônica Paulista, que não está relacionada à Nota Fiscal Eletrônica (de âmbito nacional) idealizada pela Receita Federal. No Estado de São Paulo, a intenção é que as lojas do varejo (começou por restaurantes) emitam a nota eletrônica, incentivando as pessoas a solicitarem-na. Isso foi instituído pela Lei Estadual n. 12.685/2007.

Em especial quanto ao programa da nota paulista, do ICMS recolhido na operação, 30% do tributo servirá para obter (no prazo de **cinco anos**): desconto no valor do IPVA – Imposto sobre a Propriedade de Veículos Automotores – no pagamento do ano seguinte; ou, se se preferir, será feito crédito em conta corrente, poupança ou cartão de crédito; também se podem transferir para terceiros os créditos.

Para a efetiva obtenção do crédito, o contribuinte ao solicitar a nota fiscal paulista deve fornecer o número do CPF ou CNPJ (este número será fornecido à Receita Estadual *on-line*, ou posteriormente). O crédito ao consumidor fica condicionado ao recolhimento do tributo pelo vendedor.

Pode-se pontuar que o diferencial entre a nota fiscal eletrônica paulista e a nota fiscal convencional (física) são esses benefícios adicionais.

Não é necessário residir no Estado de São Paulo para conseguir o benefício da nota fiscal paulista. Basta efetuar uma compra dentro dos limites do estado fazendo a inclusão do CPF. Tendo em vista os benefícios oferecidos e o grande número de pessoas exigindo a inclusão do CPF nas notas, atualmente, boa parte dos estabelecimentos já oferece a nota ao cliente, sem este precisar fazer qualquer requerimento.

Vale mencionar que, como forma de incentivar ainda mais a utilização da nota fiscal, aqueles que incluíram seu CPF nas notas fiscais paulistas também podem fazer um cadastro no *site* do Governo do Estado São Paulo para concorrer a prêmios. Após o cadastro, a cada R$ 100 em compras com notas fiscais eletrônicas, concorre-se em sorteios, cujos prêmios são mais créditos, que variam entre o valor de R$ 10 e de R$ 50.000,00.

A nota fiscal eletrônica paulista é emitida por determinados ramos do comércio:[1]

1) Alimento.

2) Artigos esportivos e recreativos.

3) Artigos para uso doméstico.

4) Postos de combustíveis.

5) Informática, comunicação, eletroeletrônicos e eletrodomésticos.

6) Livrarias e revistarias.

7) Lojas de variedades.

---

1 Disponível em: <http://www.notafiscal-paulista.com/>. Acesso em: 24 ago. 2017.

8) Materiais de construção.
9) Supermercados e afins.
10) Lojas de moda e acessórios.
11) Óticas.
12) Papelarias, bazar e material de escritório.
13) *Petshop*.
14) Saúde e beleza.
15) Lojas de vendas de automóveis, motos, lubrificantes, peças e afins.

Outros Estados também têm implantado notas fiscais estaduais, como: Bahia, Pernambuco, Alagoas e Ceará, por exemplo, com trocas dos créditos por ingresso de cinema.

20.3. NOTAS FISCAIS MUNICIPAIS

Já quanto à nota fiscal eletrônica **municipal**, sua emissão está relacionada à prestação de serviços e sua tributação pelo ISS – Imposto sobre Serviços de qualquer natureza. Vale afirmar que ela não está relacionada com a Nota Fiscal Eletrônica do projeto SPED da Receita Federal.

Especificamente na cidade de São Paulo, a Prefeitura implantou a nota eletrônica paulistana visando conceder desconto no IPTU – Imposto sobre a Propriedade Predial e Territorial Urbana – do imóvel ao consumidor que a solicitar junto aos prestadores de serviços que recolhem ISS.

Cabe esclarecer que é a Lei Municipal n. 14.097/2005 a norma que institui a Nota Fiscal Eletrônica de Serviços na capital paulistana, dispondo sobre a geração e a utilização de créditos tributários para tomadores de serviços.

Lá, o valor do ISS referente à operação realizada, que deu origem à emissão da Nota Fiscal Eletrônica, reverte-se em um desconto de até 50% no valor do IPTU do tomador do serviço. Vale destacar que o crédito se dará no ano seguinte ao da operação.

Quanto à emissão dessa nota no município de São Paulo, ela é obrigatória para os prestadores que faturam acima de R$ 240.000,00 por ano.

Assim como a nota fiscal paulistana, na cidade do Rio de Janeiro foi implantada a nota fiscal eletrônica carioca, cujo objetivo é facilitar o recolhimento do ISS, bem como combater a sonegação fiscal. Foi instituída pela Lei Municipal n. 5.098/2009.

De acordo com o sistema implantado pela Prefeitura do Rio, o acesso à nota fiscal é exclusivamente eletrônico, pela internet. O ISS é calculado rapidamente e já consta na nota emitida; além disso, facilita o recolhimento do tributo (que deve ser feito até o dia 10 do mês subsequente). Os consumidores tomadores dos serviços concorrem a prêmios em dinheiro, no valor de até R$ 20.000,00; bem como a descontos no IPTU, conforme o valor do ISS recolhido.[2]

[2] Disponível em: <http://www.tudoemfoco.com.br/nota-fiscal-carioca.html>. Acesso em: 24 ago. 2017.

21

Urna Eletrônica e Propaganda Eleitoral pela Internet

21.1. URNA ELETRÔNICA

21.1.1. Legislação aplicável

O início do uso da Tecnologia da Informação em matéria eleitoral se deu com o cadastramento eletrônico ocorrido em 1985. Assim, se pudesse conhecer com maior exatidão o número do eleitorado brasileiro, que até aquele momento corria-se o risco de pluralidade de cadastros.[1]

No plano da legislação, o Código Eleitoral (Lei n. 4.737/65) começou a prever expressamente o cadastro eletrônico do eleitor apenas em 1988, depois da inclusão do § 3º ao seu art. 7º, por meio da Lei n. 7.663/88.

Quanto à apuração de votos nas eleições, desde 1982 o Código Eleitoral já prevê a possibilidade do uso de sistema eletrônico, a depender da opção do Tribunal Superior Eleitoral, desde que respeite a forma por ele estabelecida. Isso se deu em razão da inclusão, pela Lei n. 6.978/82, do parágrafo único ao art. 173 do Código Eleitoral.

Foi em 1994 que se pensou em uma votação de forma eletrônica como mecanismo para coibir as falhas ocorridas ao longo da história pela votação em cédulas. Foi então implantado o sistema de totalização de votos eletrônicos

---

1 F. Ribeiro. *Direito eleitoral*. Rio de Janeiro: Forense, 2000, p. 4. Apud ALMEIDA, Roberto Moreira. *Curso de direito eleitoral*. 5. ed. Salvador: JusPodivm, 2011, p. 35.

e, assim sendo, apurou-se manualmente, mas a totalização se deu por meio computacional, utilizando da Tecnologia da Informação disponível.

Já em 1995, o Ministro do STF Carlos Velloso designou uma comissão de juristas e técnicos de informática para se discutir o sistema de votação eletrônica, até que se alcançasse o protótipo da urna eletrônica – "trabalho de brasileiros de boa vontade", e essa foi, por isso, denominada pelo Ministro de "urna tupiniquim".[2] O voto passou a ser eletrônico, utilizando-se de sequências numéricas para facilitar para o eleitor, em especial aos que possuíam deficiência física, os com baixo grau de escolaridade e idosos, cujo ato de votar pode ser mais oneroso. Atualmente, as zonas eleitorais dispõem de seções especiais, para que o voto seja mais acessível.

Houve tentativa no Brasil de uso de ambos os procedimentos, ou seja, o voto eletrônico acrescido do impresso, cuja apuração seria por meio computacional e manual, e no qual o eleitor faria conferência instantânea da operação eletrônica em voto impresso. A Lei n. 10.740/2003 revogou a norma que determinava a impressão do voto, instituindo a sua gravação digital. A partir de então os votos passaram a ser armazenados como são hoje, digitalmente. Isso não impediu a recontagem dos votos e, principalmente, não quebrou o sigilo.

Dificultou-se a ação dolosa de tentar a multiplicidade de cadastros para um único eleitor, com inscrições eleitorais diversas. A mais recente conquista do direito eleitoral é o cadastro biométrico – a identificação do indivíduo por sua impressão digital, fotografia e assinatura – o que permite maior segurança no processo. Como as demais alterações no processo, essa se faz gradualmente, até que se atinja a totalidade do eleitorado nacional.

Quanto ao regime jurídico da urna eletrônica, o sistema eletrônico de votação e de soma dos votos é disciplinado pela Lei n. 9.504/97 (Lei das Eleições), arts. 59 a 62. Visando à manutenção do sigilo do voto dos eleitores, assegurado constitucionalmente, cada voto será contabilizado pela urna eletrônica, garantindo o sigilo e inviolabilidade, sendo admitida ampla fiscalização pelos candidatos, partidos políticos e coligações partidárias (Lei n. 9.504/97, art. 61).

---

2 Carlos Mário Silva Velloso. *Temas de direito público*. Belo Horizonte: Del Rey, 1994. apud CERQUEIRA, Thales Tácito; CERQUEIRA, Camila Albuquerque. *Direito eleitoral esquematizado*. São Paulo: Saraiva, 2011, p. 229.

21.1.2. A segurança do sistema

Vale destacar que a urna eletrônica deverá dispor de recursos que, mediante assinatura digital, permitam o registro digital de cada voto e a identificação da urna em que foi registrado. É a Justiça Eleitoral que tem competência para definir a chave de segurança e a identificação da urna eletrônica (Lei n. 9.504/97, art. 59, §§ 1º e 5º).

Acerca da assinatura digital e da certificação eletrônica, no Brasil, em 2001, por meio da MedProv 2.200-2/2001, criou-se a Infraestrutura de Chaves Públicas Brasileira – ICPBrasil, a fim de garantir autenticidade, integralidade e validade jurídica de documentos eletrônicos. De acordo com a referida Medida Provisória (não convertida em Lei até a presente data, mas válida até então), a ICPBrasil é composta de uma autoridade estatal, gestora da política e das normas técnicas de certificação (Comitê Gestor), e de uma rede de autoridades certificadoras (subordinadas àquela), que, entre outras atribuições, mantêm os registros dos usuários e atestam a ligação entre as chaves privadas e públicas utilizadas nas assinaturas dos documentos e as pessoas que nelas apontam como emitentes das mensagens, garantindo a inalterabilidade dos seus conteúdos.

A legislação eleitoral visa fixar parâmetros que minimizem ao máximo a chance de fraude quanto ao uso da urna eletrônica. Para tanto, terminada a eleição, a urna eletrônica procederá à assinatura digital do arquivo de votos, registrando horário e arquivo do boletim de urna, com o fim de impedir a substituição de votos e a alteração dos registros dos termos de início e término da votação (Lei n. 9.504/97, art. 59, § 6º).

As hipóteses de falha na urna eletrônica que prejudiquem o regular processo de votação dependem de disciplinamento pelo TSE. Não é unânime a credibilidade ao sistema eletrônico de votação, apontando-se, portanto, seus aspectos negativos. A maior crítica dirigida às urnas é a de vulnerabilidade de sistemas computacionais e a incerteza do destino do voto.

Deve-se considerar o estudo que mais se repercutiu na mídia nacional, feito por um grupo de pesquisadores da Universidade Estadual de Brasília (UnB) sobre a quebra de segurança do sigilo do voto. Explica Giuseppe Janino, secretário da Tecnologia de Informação do TSE, à época: "O que a UnB fez foi desvendar o algoritmo matemático que embaralha a ordem da votação. O sucesso seu deu em parte pela alta competência da equipe, mas também em razão das informações prévias oferecidas pelo TSE para os testes". A finalidade dos testes realizados pelo TSE é garantir a plena segurança no processo eleitoral brasileiro. Por isso afirma Diego Aranha, coordenador do grupo de pesquisadores da UnB: "O que conseguimos não representa um risco para as eleições, porque está dentro do objetivo dos testes, que é corrigir antecipadamente as fragilidades do sistema". E reforça Rafael Azevedo, do Tribunal Superior Eleitoral: "A vantagem dos testes é justamente prevenir que uma fraude ocorra".[3]

A urna é um meio computacional, moderno, que visa minimizar fraudes, sobretudo aquelas praticadas em eleições cujas votações no Brasil ocorriam em cédulas impressas; além disso, permite uma rápida apuração dos votos. Entretanto, por ser um meio computacional, possui as vulnerabilidades desse meio.

Kelvin Coleman e Eric Fischer explanam sobre a diversidade de urnas eletrônicas, suas peculiaridades, pontos positivos e negativos, de modo a propor uma reflexão sobre o tema.[4] O fato da captura e gravação de votos serem feitas em uma única máquina facilita a alguém inserir um código malicioso, ou malware, que poderia adicionar, subtrair ou alterar o voto.

Um meio que parece eficaz é a utilização de dois sistemas passíveis de falhas, no entanto numa atuação conjunta e independente entre si. Isso ocorre da seguinte forma: o voto é gravado e armazenado em mídias de resultado, mas impresso na hora da votação para que o eleitor possa confirmar por meio da cédula, podendo depois ser feita conferência da totalização. Havendo divergência, no momento da votação, a cédula e o voto em mídia são cancelados para se iniciar novamente, sem violação do sigilo do voto. "Infelizmente, nenhum desses métodos, incluindo cédulas, foi o suficientemente desenvolvido para comparar eficácia, praticidade, e custo de maneira significativa."[5] (tradução nossa).

Deve-se enfatizar que, independentemente do método utilizado, o sigilo do voto deve ser prioritariamente resguardado, como também a transparência do processo eleitoral. No Brasil, os preparos são públicos, objetos de pesquisas,

---

[3] Unb Agência. UnB Quebra Sigilo de Urna Eletrônica em Testes Organizados pelo TSE. Brasília, 22 mar. 2012. Disponível em: <http://www.unb.br/noticias/unbagencia/unbagencia.php?id=6375>. Acesso em: 28 ago. 2017.

[4] Kelvin J. Coleman; Eric A. Fischer. The Recording Electronic Voting Machine (DRE) – Controversy: FAQs and Misperceptins. Congressional Research Service. EUA, 14 dez. 2014. Disponível em: <http://fpc.state.gov/documents/organization/60725.pdf>. Acesso em: 22 ago. 2017.

[5] Kelvin J. Coleman; Eric A. Fischer. The Recording Electronic Voting Machine (DRE) – Controversy.

testes, simulações e audiências com cidadãos; são acompanhados pelos fiscais dos partidos políticos e coligações, Ministério Público e Ordem dos Advogados do Brasil. Os trabalhos de recepção de votos e justificativas são realizados por cidadãos voluntários e designados pela Justiça Eleitoral. A urna emite uma espécie de boletim comprovando não haver votos na urna antes de iniciada a eleição – a zerésima. A apuração é feita por um Juiz de Direito e dois ou quatro cidadãos de notória idoneidade. Todo o trabalho é fiscalizado e sistematizado para garantir a transparência, sendo aplicáveis as normas jurídicas pertinentes, como o Código Eleitoral, a Lei das Eleições e as Resoluções do Tribunal Superior Eleitoral (por exemplo, a de n. 23.399/2013).

Ainda sob o prisma da segurança, bem como do sigilo do voto, vale externar que a Lei n. 9.504/97, art. 91-A, parágrafo único (incluído pela Lei n. 12.034/2009) proíbe portar aparelho de telefonia celular, máquinas fotográficas e filmadoras, dentro da cabina de votação.

21.1.3. Impressão do registro do voto

O Brasil passou por mais uma "reforma" em seu regime jurídico eleitoral, sendo que, entre outros assuntos, criou-se a necessidade de impressão do registro do voto realizado em urna eletrônica, que começará nas eleições gerais de 2018. Isso é uma exigência decorrente do art. 59-A na Lei n. 9.504/97, incluído pelo art. 2º Lei n. 13.165/2015, bem como pelo art. 12 desta última norma. É bem verdade que as inclusões do art. 59-A à Lei n. 9.504/97 e do art. 12 da Lei n. 13.165/2015 foram vetadas pela Presidência da República em 29-9-2015, com as seguintes razões: "O Tribunal Superior Eleitoral – TSE manifestou-se contrariamente à sanção dos dispositivos, apontando para os altos custos para sua implementação. A medida geraria um impacto aproximado de R$ 1.800.000.000,00 (um bilhão e oitocentos milhões de reais) entre o investimento necessário para a aquisição de equipamentos e as despesas de custeio das eleições. Além disso, esse aumento significativo de despesas não veio acompanhado da estimativa do impacto orçamentário-financeiro, nem da comprovação de adequação orçamentária, em descumprimento do que dispõem os arts. 16 e 17 da Lei de Responsabilidade Fiscal, assim como o art. 108 da Lei de Diretrizes Orçamentárias de 2015".

Entretanto, esses vetos foram rejeitados ao serem apreciados em sessão conjunta pelo Congresso Nacional, em 18-11-2015. Dessa forma, por determinação do Parlamento, passou a vigorar o art. 59-A da Lei n. 9.504/97, o qual prevê que a urna eletrônica deverá imprimir o registro de cada voto. O impresso será depositado em local previamente lacrado de modo automático e sem contato manual do eleitor. O processo de votação somente será concluído se o eleitor confirmar a equivalência entre o teor do seu voto e o registro impresso e exibido pela urna eletrônica.

Contudo, o uso da urna eletrônica trouxe benefícios, mas todo sistema (eletrônico ou em papel) é vulnerável; porém, deve-se buscar aprimorá-lo devendo os operadores do Direito e os da Tecnologia da Informação atuar com a máxima lisura. A margem da questão da celeridade e do custo envolvido, a impressão do registro do voto não deixa de ser uma tentativa de aprimoramento.

21.2. PROPAGANDA ELEITORAL PELA INTERNET

21.2.1. Legislação aplicável e reformada

Não há questionamento quanto à expansão do meio de comunicação pelo uso da internet, tomando esta uma considerável parte do espaço que pertencia ao rádio e à televisão. Do mesmo modo, a rede mundial de computadores tem produzido efeitos nos diversos ramos do Direito: novos métodos de comercialização, novos crimes específicos desse meio são tipificados, novos instrumentos computacionais são criados para auxiliar a Justiça, dentre outras necessidades que tornam inevitáveis as modificações legislativas. Dentre os ramos de Direito Público, o Direito Eleitoral sofre grande influência devido às exigências pelo eleitorado e partidos políticos em acompanhar as mudanças sociais e políticas, bem como de tornar as eleições mais seguras e céleres.

As Leis ns. 12.034/2009, 12.891/2013, 13.165/2015 e 13.488/2017 promoveram uma série de ajustes na legislação eleitoral, sobretudo no Código Eleitoral (Lei n. 4.737/65) e na Lei das Eleições (Lei n. 9.504/97), visando algumas reformas, entre outras, para tratar expressamente sobre a propaganda eleitoral pela internet. De acordo com o novo art. 57-A da Lei n. 9.504/97 a propaganda na internet poderá ser realizada também, como as demais propagandas eleitorais, somente após o dia 15 de agosto do ano da eleição, ou seja, do dia 16 de agosto em diante.

Arthur Rollo explica que, objetivando restringir os gastos com campanha eleitoral, restringiu-se o tempo de propaganda; entretanto, foram ampliadas as formas de expressão que não configuram propaganda eleitoral antecipada. Assim, passou-se a admitir a divulgação da pré-candidatura, com pedido de apoio político, das atuações passadas e futuras, podendo ser em entrevistas e internet. A restrição permanece quanto ao pedido de voto, o qual continua proibido; entretanto, a possibilidade de se pedir apoio político carrega implicitamente um pedido de voto, na medida em que se procura destacar que o postulante é o mais qualificado para o exercício do cargo visado.[6]

Em momento anterior à nova Lei n. (Lei n. 13.165/2015), quando a propaganda eleitoral era ainda permitida após o dia 05 de julho do ano de eleição e não após o dia 15 de agosto, o TSE demonstrara um entendimento equivalente: "propaganda eleitoral é aquela em que os candidatos e partidos políticos expõem as metas e os projetos de trabalho com a intenção de conseguir a simpatia e o voto dos eleitores".[7] Destarte, o pedido de voto não é permitido quando expresso (art. 36-A), embora seja intrínseco à propaganda eleitoral.

Antes do dia fixado para o início da campanha, a internet (por meio de *sites*, redes sociais, blogs etc.) pode ser utilizada para divulgar pré-candidatos e solicitar apoio político desde que não haja pedido explícito de voto; não sendo isso, portanto, algo configurado como propaganda eleição irregular e atemporal.

De acordo com o art. 57-B da Lei n. 9.504/97, a propaganda eleitoral veiculada pela rede mundial de computadores (internet) poderá ser realizada nas seguintes formas:

> I – em sítio do candidato, com endereço eletrônico comunicado à Justiça Eleitoral e hospedado, direta ou indiretamente, em provedor de serviço de internet estabelecido no País;
>
> II – em sítio do partido ou da coligação,[8] com endereço eletrônico comunicado à Justiça Eleitoral e hospedado, direta ou indiretamente, em provedor de serviço de internet estabelecido no País;
>
> III – por meio de mensagem eletrônica para endereços cadastrados gratuitamente pelo candidato, partido ou coligação;
>
> IV – por meio de blogs, redes sociais, sítios de mensagens instantâneas e aplicações de internet assemelhadas cujo conteúdo seja gerado ou editado por: a) candidatos, partidos ou coligações; ou b) qualquer pessoa natural, desde que não contrate impulsionamento de conteúdos.

---

[6] Arthur Rollo. "Mudanças na legislação eleitoral para 2016". *Carta Forense*. São Paulo, nov. 2015, p. A18.

[7] BRASIL. Tribunal Superior Eleitoral. Propaganda Eleitoral. 2015. Disponível em: <www.tse.jus.br/eleicoes/processo-eleitoral-brasileiro/registro-de-candidaturas/propaganda-eleitoral>. Acesso em: 21 ago. 2017.

[8] Coligação de partidos políticos ou coligação partidária consiste na aliança de dois ou mais partidos com a mesma finalidade e/ou identidade de programa político.

A cada um desses itens acima foi dada uma atenção especial pelo legislador, buscando expressar pormenores para que não haja abuso de tais direitos, nem impertinência para com o eleitorado.

Contudo, a lei acabou, por assim dizer, institucionalizando a figura do "pré-candidato" na internet, o qual apenas não pode pedir voto ao eleitorado. Isso passa a ser extremamente significativo para partidos e candidatos, tendo em vista o baixo custo para se operar na internet e sua alta capilaridade; bem como pelas restrições quanto ao financiamento de campanha por empresas e a redução do tempo de propaganda eleitoral na televisão e rádio.

Com as alterações promovidas pela Lei n. 13.488/2017 à Lei n. 9.504/97, esta norma passou a disciplinar a responsabilidade dos provedores de aplicações de internet de modo semelhante ao Marco Civil da Internet, art. 19. Assim, nos termos do art. 57-B, § 4º, o provedor de aplicação de internet que realize o impulso **remunerado (pago)** de conteúdos deverá contar com canal de comunicação com seus usuários, sendo que **apenas poderá ser responsabilizado** por danos decorrentes do conteúdo impulsionado se, após ordem judicial específica, não tomar as providências para (no âmbito e nos limites técnicos do seu serviço e dentro do prazo assinalado) tornar indisponível o conteúdo apontado como infringente pela Justiça Eleitoral.

Impulsionamento (ou impulso) consiste em um tipo de anúncio que, ao destacar o conteúdo, chama mais atenção para ele. Destaque-se que a Lei n. 9.504/97, por força do seu novo § 3º do art. 57-B, proíbe taxativamente o uso de impulsionamento de conteúdos e ferramentas digitais não disponibilizadas pelo provedor da aplicação de internet, mesmo que **gratuitamente**, para alterar o conteúdo ou a repercussão de propaganda eleitoral, sejam próprios ou de terceiros.

Destaca-se que a violação ao que dispõe o art. 57-B no pagamento de multa no valor de R$ 5.000,00 (cinco mil reais) a R$ 30.000,00 (trinta mil reais) ou em valor equivalente ao dobro da quantia despendida, se esse cálculo superar o limite máximo da multa.

21.2.2. Procedimentos e sanções

Na internet não é admitida qualquer propaganda de caráter eleitoral de forma remunerada; salvo se realizada por impulso de conteúdos, desde que identificado de forma inequívoca como tal (ou seja, como propaganda eleitoral) e contratado exclusivamente por partidos, coligações e candidatos e seus representantes. O impulso (impulsionamento) de conteúdo deve ser contratado apenas com o fim de promover ou beneficiar candidatos ou seus partidos; bem como deve ser contratado diretamente junto ao provedor da aplicação de internet o qual deve estar sediado no Brasil, ou ao menos de sua filial, sucursal, escritório, estabelecimento ou representante legalmente estabelecido em território pátrio. E, independentemente de ser gratuita ou não, é proibido qualquer tipo de propaganda de cunho eleitoral em *sites* de pessoas jurídicas, com ou sem fins lucrativos. Também é vedado em *sites* oficiais ou hospedados por órgãos ou entidades da administração pública direta ou indireta da União, dos Estados, do Distrito Federal e dos Municípios. Caso ocorra infração a essa regra, o responsável pela divulgação da propaganda e, se comprovado o seu prévio conhecimento, o beneficiário fica sujeito ao pagamento de multa de R$ 5.000,00 a R$ 30.000,00 ou em valor equivalente ao dobro da quantia despendida, se esse cálculo superar o limite máximo da multa (Lei n. 9.504/97, art. 57-C, § 2º).

A Lei das Eleições reforça a proteção constitucional da liberdade de expressão (art. 5º, IX, da CF/88), a qual está relacionada com a liberdade de manifestação do pensamento do ponto de vista intelectual, artístico, científico e de comunicação, sendo proibido censura ou necessidade de autorização.

O art. 57-D, *caput*, da Lei n. 9.504/97, prevê expressamente que, durante a campanha eleitoral, na internet é livre a manifestação do pensamento acerca das eleições, sendo apenas vedado o anonimato e assegurado o direito de resposta (como veremos adiante). Também que é possível expressar-se por outros meios de comunicação interpessoal mediante mensagem eletrônica. Em complemento, o § 2º do art. 57-B da mesma norma, incluído pela Lei n. 13.488/2017, expressa a proibição de falsear identidade na veiculação de conteúdos eleitorais.

Sem prejuízo das sanções civis e criminais aplicáveis ao responsável infrator desta regra, a Justiça Eleitoral poderá determinar, por solicitação do ofendido, a retirada de publicações que contenham agressões ou ataques a candidatos em *sites* e redes sociais da rede mundial de computadores (art. 57-D, § 3º, da Lei n. 9.504/97).

Quanto ao uso de banco de dados (*mailing list*) visando ao envio de mala direta com conteúdo eleitoral e político, é proibida a venda de cadastro de endereços eletrônicos. Bem como é vedada a utilização, doação ou cessão de cadastro eletrônico de seus clientes, em favor de candidatos, partidos ou coligações. Essa vedação vale para: entidade ou governo estrangeiro; órgão da administração pública direta e indireta ou fundação mantida com recursos provenientes do Poder Público; concessionário ou permissionário de serviço público; entidade de direito privado que receba, na condição de beneficiária, contribuição compulsória em virtude de disposição legal; entidade de utilidade pública; entidade de classe ou sindical; pessoa jurídica sem fins lucrativos que receba recursos do exterior; entidades beneficentes e religiosas; entidades esportivas; organizações não governamentais que recebam recursos públicos; organizações da sociedade civil de interesse público (art. 57-E, *caput* e § 1º c.c. art. 24, ambos da Lei n. 9.504/97).

Se houver violação a esta regra, o responsável pela divulgação da propaganda e, quando comprovado seu prévio conhecimento, o beneficiário ficará sujeito à multa no valor de R$ 5.000,00 a R$ 30.000,00 (art. 57-E, § 2º, da Lei n. 9.504/97).

Os provedores de internet também estão sujeitos à Lei das Eleições. Sem prejuízo da classificação e conceitos já apresentados sobre provedores, o art. 57-F da Lei n. 9.504/97, expressa que os provedores de conteúdo e de serviços que hospedam a divulgação da propaganda eleitoral de candidato (partido ou coligação) ficam sujeitos às mesmas penalidades previstas pela Lei n. 9.504/97, desde que, uma vez determinado prazo pela Justiça Eleitoral, não tomarem providências para a cessação da divulgação da propaganda irregular. Entretanto, somente é possível se atribuir responsabilidade ao provedor se ficar comprovado o seu prévio conhecimento da publicação do material.

Fica facultado ao destinatário de mensagens eletrônicas, derivadas de quaisquer recursos tecnológicos (por exemplo, e-mail, SMS etc.) solicitar o descadastramento com o fim de não recebê-las. Assim, as mensagens eletrônicas enviadas por candidato, partido ou coligação deverão dispor de mecanismo que permita ao destinatário se descadastrar. O descadastramento deverá ser realizado no prazo de quarenta e oito horas, sob pena de se houver envio de mensagens após este prazo os responsáveis ficam sujeitos ao pagamento de multa no valor de R$ 100,00 por mensagem (art. 57-G, parágrafo único, da Lei n. 9.504/97).

Aquele que realizar propaganda eleitoral na internet, atribuindo indevidamente sua autoria a terceiro (independentemente de ser candidato, partido ou coligação), fica sujeito ao pagamento de multa de R$ 5.000,00 a R$ 30.000,00, sem prejuízo de outras penalidades (art. 57-H, *caput*, da Lei n. 9.504/97).

Como se sabe, o direito penal é a *ultima ratio*, ou seja, o último recurso a ser empregado pelo Estado como forma de punição. Assim, uma conduta é positivada como crime quando se concebe que as sanções civis, administrativas etc. são insuficientes para inibi-la e puni-la.

Assim, a partir da inclusão, pela Lei n. 12.891/2013, dos §§ 1º e 2º ao art. 57-H da Lei n. 9.504/97, configura crime a contratação direta ou indireta de grupo de pessoas com a finalidade específica de emitir mensagens ou comentários na internet para ofender a honra ou denegrir a imagem de candidato, partido ou coligação. A pena é detenção de 2 a 4 anos e multa de R$ 15.000,00 a R$ 50.000,00.

As pessoas contratadas para emitir mensagens ou comentários na internet para ofender a honra ou denegrir a imagem de candidato, incorrem igualmente nesta prática criminal. Entretanto, a punição é menor, detenção de 6 meses a 1 ano, com alternativa de prestação de serviços à comunidade pelo mesmo período, e multa de R$ 5.000,00 a R$ 30.000,00.

O candidato, partido ou coligação poderá, por meio reclamação ou representação perante o Juízo ou Tribunal competente (art. 96 da Lei n. 9.504/97), requerer, no âmbito e limites técnicos relativos ao meio virtual, a suspensão do acesso a todo o conteúdo que tenha sido veiculado em dissonância ao disposto na Lei n. 9.504/97, sendo o prazo de suspensão proporcional à gravidade da infração cometida, respeitando-se o limite máximo de vinte e quatro horas, a teor do art. 57-I da lei em comento. O legislador não alterou as disposições de 2009 dos parágrafos que o sucedem, de modo que permanece a progressão do prazo prescricional quando houver reiteração da conduta ilegal, sendo que para cada reiteração será duplicado o prazo, bem como a obrigatoriedade de a empresa informar aos usuários que tentarem utilizar seus serviços que estes se encontram inoperantes e que a razão disso consiste na violação da legislação eleitoral.

Por fim, o art. 57-J ratifica o que afirmamos introdutoriamente, que o Direito Eleitoral, dentre os ramos do Direito Público, deixa-se influenciar pelas mudanças sociais e políticas; desse modo, o Poder Legislativo outorga ao Tribunal Superior Eleitoral a regulamentação do disposto nos arts. 57-A a 57-I, "de acordo com o cenário e as ferramentas tecnológicas existentes em cada momento eleitoral", bem como a promoção, para os veículos, partidos e demais interessados, "[d]a formulação e [d]a ampla divulgação de regras de boas práticas relativas a campanhas eleitorais na internet", nos termos da Lei.

21.2.3. Direito de resposta

No que diz respeito ao direito de resposta, o candidato, partido ou coligação atingidos, de forma direta ou indireta, por conceito, imagem ou afirmação caluniosa, difamatória, injuriosa ou sabidamente inverídica, difundidos por qualquer veículo de comunicação social, poderá solicitar o exercício de tal prerrogativa à Justiça Eleitoral. Isso vale desde que tenha havido a escolha de candidatos em convenção e respeitados os seguintes prazos, contados a partir da veiculação da ofensa: 24 horas, quando se tratar do horário eleitoral gratuito; 48 horas, quando se tratar da programação normal das emissoras de rádio e televisão; 72 horas, quando se tratar de órgão da imprensa escrita; a qualquer tempo, quando se tratar de conteúdo que esteja sendo divulgado na internet, ou em 72 (setenta e duas) horas, após a sua retirada. Está última regra sobre internet foi incluída pela Lei n. 13.165/2015, a qual acrescentou o inc. IV ao § 1º do art. 58 da Lei n. 9.504/97.

Em caso de propaganda eleitoral irregular em rádio, televisão e internet, os pedidos para o exercício de direito de resposta e as representações tramitarão preferencialmente em relação aos demais processos em curso na Justiça Eleitoral (art. 58-A, da Lei n. 9.504/97).

A Justiça Eleitoral notificará imediatamente o ofensor para que se defenda em 24 horas, devendo a decisão ser prolatada no prazo máximo de 72 horas da data da formulação do pedido. No caso de propaganda eleitoral na internet serão observadas as seguintes regras: deferido o pedido, a divulgação da resposta dar-se-á no mesmo veículo, espaço, local, horário, página eletrônica, tamanho, caracteres e outros elementos de realce usados na ofensa, em até quarenta e oito horas após a entrega da mídia física com a resposta do ofendido; a resposta ficará disponível para acesso pelos usuários do serviço de internet por tempo não inferior ao dobro em que esteve disponível a mensagem considerada ofensiva; os custos de veiculação da resposta correrão por conta do responsável pela propaganda original (art. 58, §§ 2º e 3º, IV, da Lei n. 9.504/97).

Ainda nesta temática, foi promulgada a Lei n. 13.188/2015 (Lei do Direito de Resposta), a qual trata justamente do direito de resposta ou retificação do ofendido em matéria divulgada, publicada ou transmitida por veículo de comunicação social. A Lei n. 13.188/2015 é aplicável, no que for compatível, às questões eleitorais.

Nos termos desta lei, é assegurado ao ofendido em matéria divulgada, publicada ou transmitida por veículo de comunicação social o direito de resposta ou retificação, gratuito e proporcional à ofensa (agravo). Para os fins da Lei do Direito de Resposta, considera-se matéria qualquer reportagem, nota ou notícia divulgada por veículo de comunicação social, não sendo relevante o meio ou a plataforma de distribuição, publicação ou transmissão que lhe de suporte, cujo conteúdo viole (mesmo que com informação equivocada) a honra, a intimidade, a reputação, o conceito, o nome, a marca ou a imagem de pessoa física ou jurídica identificada ou passível de identificação.

Os comentários realizados por usuários da internet nas páginas eletrônicas dos veículos de comunicação social não estão contemplados por esta lei. Mesmo ocorrendo retratação ou retificação espontânea (mesmo com equivalentes destaque, publicidade, periodicidade e dimensão da ofensa), é possível ao ofendido exercer o direito de resposta, bem como demandar reparação por dano moral na via judicial (art. 2º da Lei n. 13.188/2015).

Um ponto muito controverso da Lei do Direito de Resposta está no fato de atribuir a órgão colegiado a competência para conceder efeito suspensivo a recurso contra decisão que assegura o direito de resposta. Isso está previsto no seu art. 10:

> Art. 10. Das decisões proferidas nos processos submetidos ao rito especial estabelecido nesta Lei, poderá ser concedido efeito suspensivo pelo tribunal competente, desde que constatadas, em juízo colegiado prévio, a plausibilidade do direito invocado e a urgência na concessão da medida.

Assim, visando à declaração da inconstitucionalidade deste dispositivo, foi ajuizada pela OAB a ADI 5.415, sob a alegação de que a exigência de manifestação de "juízo colegiado prévio" para suspender o direito de resposta implica em evidente desequilíbrio entre as partes e compromete o princípio da igualdade. Isso porque, enquanto o pedido de resposta da pessoa é analisado por um único juiz, o recurso do veículo de comunicação exige análise por juízo colegiado.

No STF, o relator da ADI, Ministro Dias Toffoli, concedeu liminar (a ser referenda pelo Plenário da Corte) a fim de suspender a vigência literal do art. 10 da Lei 13.188/2015, para assim garantir ao magistrado integrante de tribunal a prerrogativa de suspender, em sede de recurso, o direito de resposta sem manifestação prévia de colegiado.

Em sua decisão, o relator asseverou que "admitir que um juiz integrante de um tribunal não possa, ao menos, conceder efeito suspensivo a recurso dirigido contra decisão de juiz de 1º grau é subverter a lógica hierárquica estabelecida pela Constituição, pois é o mesmo que atribuir ao juízo de primeira instância mais poderes que ao magistrado de segundo grau de jurisdição". E, que uma lei especial deve seguir as disposições constitucionais, entre elas, "à organicidade do Judiciário e à hierarquia que inspira toda a estrutura desse Poder ao longo do texto constitucional e que resta expressa no artigo 92 da Constituição Federal".

Reconheceu "a possibilidade de proceder à análise dos efeitos do recurso interposto, sem, contudo, retirar do relator do feito a mesma prerrogativa".

21.2.4. Propaganda antecipada

Sob o prisma das campanhas eleitorais, uma das questões mais problemáticas é a propaganda eleitoral antecipada, ou seja, aquela realizada antes do período estabelecido na legislação eleitoral. Neste aspecto, a Lei n. 13.165/2015 trouxe uma nova redação ao art. 36-A da Lei n. 9.504/97, o qual assevera que não configura propaganda eleitoral antecipada, desde que não envolva pedido explícito de voto, a menção à pretensa candidatura, bem como a exaltação das qualidades pessoais dos pré-candidatos.

Mesmo tendo cobertura dos meios de comunicação social, inclusive por meio da rede mundial de computadores, também não são consideradas propagandas antecipadas a participação de filiados de partidos políticos ou de pré-candidatos em entrevistas, programas, encontros ou debates no rádio, na televisão e na internet, inclusive com a exposição de plataformas e projetos políticos, observado pelas emissoras de rádio e de televisão o dever de conferir tratamento isonômico.

Isso se soma à disposição do art. 43, *caput*, da Lei n. 9.504/97, ao expressar que são permitidas, até a antevéspera das eleições, a divulgação paga, na imprensa escrita, e a reprodução na internet do jornal impresso, de até dez anúncios de propaganda eleitoral, por veículo, em datas diversas, para cada candidato, no espaço máximo, por edição, de um oitavo de página de jornal padrão e de um quarto de página de revista ou tabloide (jornal impresso em folha quadrada, com metade do tamanho padrão dos jornais).

Faz-se relevante uma consideração. De acordo com o inc. I do art. 36-A Lei n. 9.504/97 os veículos de comunicação de rádio e televisão, estando sob concessão ou permissão, devem conferir tratamento isonômico a todos. Já dos veículos da internet, jornais, revistas e meios de comunicação não se exigem mesma observância da isonomia. Para melhor visualizar segue o teor do dispositivo:

> "Art. 36-A. Não configuram propaganda eleitoral antecipada, desde que não envolvam pedido explícito de voto, a menção à pretensa candidatura, a exaltação das qualidades pessoais dos pré-candidatos e os seguintes atos, que poderão ter cobertura dos meios de comunicação social, inclusive via internet:

I – a participação de filiados a partidos políticos ou de pré-candidatos em entrevistas, programas, encontros ou debates **no rádio, na televisão e na internet, inclusive com a exposição de plataformas e projetos políticos, observado pelas emissoras de rádio e de televisão o dever de conferir tratamento isonômico**; (grifos nossos)".

Não obstante, ainda que a internet não seja concessão pública, deve-se garantir o equilíbrio eleitoral, por isso o impedimento de entrevista, programas, encontros ou debates pagos pelo candidato.[9]

Contudo, serão consideradas irregulares as propagandas eleitorais antecipadas caso haja pedido explícito de voto, menção à pretensa candidatura ou exaltação pessoais do sujeito a se candidatar.

21.2.5. Apontamentos finais

A rede mundial de computadores (internet), conforme se observou, tem influído de modo significativo no Direito, tais como as criações de: métodos de comercialização, crimes específicos desse meio, instrumentos computacionais para auxiliar a Justiça etc.

Para averiguar a introdução da internet também no Direito Eleitoral, em um de seus aspectos, foi preciso compreender o sentido da *propaganda eleitoral* e sua relevância para a ciência jurídica nesse ramo do Direito. Observou-se que a ideia de propagar ou multiplicar o conteúdo aos eleitores se dá de modo mais célere e eficaz pela internet. Salientou-se, sobretudo, a necessidade de modernização do Direito Público, de modo especial o Eleitoral, para corresponder ao progresso social e científico.

Diante desse cenário de desenvolvimento virtual na contemporaneidade, compreendeu-se a necessidade de readaptação das normas legislativas vigentes no país, sendo assim estudadas as alterações que as Leis n. 12.034/2009, 12.891/2013, 13.165/2015 e 13.488/2017 promoveram no Código Eleitoral (Lei n. 4.737/65) e, primordialmente, na Lei das Eleições (Lei n. 9.504/97), dentre as quais se deve atentar aos prazos, procedimentos, sanções, bem como aos princípios constitucionais, tais como isonomia (art. 5º, *caput*, da CF) e liberdade de expressão (art. 5º, IV, da CF).

---

9 Esse entendimento quanto ao tratamento isonômico pode ser encontrado em: CERQUEIRA, Thales Tácito; CERQUEIRA, Camila Albuquerque. *Direito eleitoral esquematizado*, cit., p. 525.

Conquanto a internet consista em uma ferramenta que aprimora a educação cidadã e torna a eleição mais célere e eficaz, é um meio que exige uma regulamentação rigorosa e novas sanções, em razão da dificuldade de intervenção estatal. A título de exemplo, o pedido expresso de voto é permitido somente após o dia 15 de agosto do ano da eleição, permanecendo a possibilidade de pedir apoio. Desse modo, é inescusável ao Estado exigir o respeito ao prazo para garantia da isonomia entre os partidos e coligações.

Dessa maneira, no Direito Eleitoral, foram ampliadas e regulamentadas as novas formas de expressão e o novo campo para educação cidadã e para divulgação de ideias políticas, possibilitando maior profundidade e seriedade no exercício dos direitos políticos de eleitores, candidatos, partidos e coligações.

22

Crimes de Informática

22.1. HISTÓRICO

Como já apontado, são inegáveis os benefícios trazidos pela internet, mas com eles também vieram os malefícios, especialmente no que se refere aos criminosos que passaram a utilizar-se dela como ferramenta para a prática delitiva, e, se não bastasse, surgiram novas modalidades de crimes, que aqui vou denominar crimes de informática.

O avanço e a popularização da internet, ao passo em que simultaneamente ela fornece inúmeras facilidades aos usuários, torna-se a rede um grande atrativo aos criminosos. E, também, a partir da pulverização do comércio eletrônico, grandes quantias de dinheiro e informações circulam conjuntamente; criou-se assim um ambiente muito visado pelos delinquentes virtuais.

Bem ponderou a professora Ivette Senise Ferreira que: "a informatização crescente das várias atividades desenvolvidas individual ou coletivamente na sociedade veio colocar novos instrumentos nas mãos dos criminosos, cujo alcance ainda não foi corretamente avaliado, pois surgem a cada dia novas modalidades de lesões aos mais variados bens e interesses que incumbe ao Estado tutelar, propiciando a formação de uma criminalidade específica da informática, cuja tendência é aumentar quantitativamente e, qualitativamente, aperfeiçoar os seus métodos de execução".[1]

---

1 Ivette Senise Ferreira. A criminalidade informática. In: Newton De Lucca; Adalberto Simão Filho (Coord.). *Direito e internet* – aspectos jurídicos relevantes. 2. ed. São Paulo: Quartier Latin, 2005, p. 207.

Atualmente, algumas condutas praticadas pela internet são penalmente tidas por típicas, mas outras como atípicas. Ou seja, estas não seriam consideradas como crime, em face da rara legislação sobre condutas utilizando a informática, juntamente com o Princípio da Reserva Legal, que é um pilar do Direito Penal, em que não há crime nem pena se não houver prévia cominação legal.

Esses crimes vêm sendo praticados de variadas formas, por exemplo, transações nos caixas de bancos, redes de telecomunicações, entre outras inúmeras peripécias realizadas por criminosos que atuam na rede, demonstrando assim a vulnerabilidade do sistema informático.

O professor Ulrich Sieber, da Universidade de Wurzburg, afirma que essa espécie de criminalidade surgiu na década de 1960, quando se iniciaram na imprensa e na literatura científica os primeiros casos do uso do computador para a prática de delitos; constituída, sobretudo, por manipulações, sabotagens, espionagem e uso abusivo de computadores e sistemas. Mas somente na década seguinte iriam iniciar-se os estudos sistemáticos e científicos sobre o tema.[2]

A partir da década de 1980, com a evolução das técnicas e a expansão da informática, os crimes se diversificaram, passando a incidir em pirataria de programas, manipulações da rede bancária, entre outros. Isso demonstrou a fragilidade que os criadores desses processos não haviam previsto; e que seria necessária uma proteção com formas de controle de segurança eficientes, bem como de previsões criminais para as condutas delitivas.

Um estudo da Norton divulgado no dia 20 de setembro de 2011 mostrou que 80% dos adultos no Brasil já foram vítimas de crimes na internet, sendo que 77.000 pessoas são vítimas de crimes cibernéticos por dia no país. No mundo, são 1 milhão de pessoas vitimadas por dia, em 24 países pesquisados, cujos prejuízos chegaram a US$ 388 bilhões em 2010.[3]

---

2 Ulrich Sieber. “Delitos informáticos e outros delitos contra a Tecnologia da Informação”, Comentário e questionário preparatório para o Colóquio da Association Internationale de Droit Pénal, Wurzburg, 1992 apud Ivette Senise Ferreira. A criminalidade informática. In: Newton De Lucca; Adalberto Simão Filho (Coord.). *Direito e internet* – aspectos jurídicos relevantes, p. 207.

3 *Brasil tem quase 77 mil vítimas de crime cibernético por dia, diz estudo.* Disponível em: <http://g1.globo.com/tecnologia/noticia/2011/09/brasil-tem-quase-77-mil-vitimas-de-crime-cibernetico-por-dia-diz-estudo.html>. Acesso em: 26 ago. 2017.

Com um prejuízo financeiro total para o país de US$ 10,3 bilhões, 42,4 milhões de brasileiros foram vítimas de crimes virtuais no ano de 2016. Um acréscimo de 10% em relação a 2015.[4] Desse modo, em matéria de crimes cibernéticos, o Brasil é o 5º no ranking entre os países. Crimes como subtração de dados pessoais e fraudes de cartão de crédito são os principais delitos praticados por aqui.[5] De acordo com Safernet Brasil, em 11 anos ela recebeu 3,6 milhões de denúncias anônimas envolvendo a prática delitiva no Brasil.[6]

22.2. AS VÁRIAS DENOMINAÇÕES

A doutrina elenca várias nomenclaturas que são utilizadas nos trabalhos sobre o crime de informática, dentre as quais citaremos algumas: crime de computador, crime via internet, crime informático, crime praticado por meio da internet, crime praticado por meio da informática, crime tecnológico, crime da internet, crime digital, *cybercrimes*, infocrimes etc.

Mas preferimos adotar e denominá-lo "crime de informática", até mesmo "crime eletrônico", pois engloba todo o sistema de informática, e não apenas a internet, sendo o crime praticado por meio da internet espécie do crime de informática, tendo este último uma área de abrangência maior. Foi inclusive a denominação adotada pelo Deputado Luiz Piauhylino no antigo Projeto de Lei n. 84/99, que foi incorporado ao Projeto de Substitutivo do Senador Eduardo Azeredo sobre *cybercrimes*.

22.3. CONCEITO

Quanto a definição, a doutrina conceitua o crime de informática das mais variadas formas, como poderemos observar adiante. No entanto, preferimos formular e adotar o seguinte conceito: "crime de informática é aquele que, quando praticado, utiliza-se de meios informáticos como instrumento de al-

---

4 *Crimes virtuais afetam 42 milhões de brasileiros*. Disponível em: <http://economia.estadao.com.br/noticias/releases-ae,crimes-virtuais-afetam-42-milhoes-de-brasileiros,70001644185>. Acesso em: 25 ago. 2017.

5 *Crimes cibernéticos. Brasil é o 5° do mundo em fraudes digitais*. Disponível em: <http://www20.opovo.com.br/app/opovo/dom/2016/01/23/noticiasjornaldom,3565860/crimes-ciberneticos-brasil-e-o-5-do-mundo-em-fraudes-digitais.shtml>. Acesso em: 25 ago. 2017.

6 Disponível em: <http://indicadores.safernet.org.br/>. Acesso em: 25 ago. 2017.

cance ao resultado pretendido, e também aquele praticado contra os sistemas e meios informáticos". Por meios informáticos devemos compreender os *hardwares* e *softwares* de computadores, *tablets*, *smartphones*, entre outros dispositivos que possam ser utilizados para a prática delitiva.

Para Carla Rodrigues Araújo de Castro, crime de informática é aquele praticado contra o sistema de informática ou mediante o uso deste, compreendendo assim os crimes praticados contra o computador e seus acessórios e os perpetrados por meio do computador. Incluem-se neste conceito os delitos praticados pela internet, pois pressuposto para acessar a rede é a utilização de um computador.[7]

Por sua vez, Ivette Senise Ferreira diz que o crime de informática é toda ação típica, antijurídica e culpável contra ou pela utilização de processamento automático e/ou eletrônico de dados ou sua transmissão.[8]

João Marcello de Araújo Junior conceitua como sendo uma conduta lesiva, dolosa, a qual não precisa, necessariamente, corresponder à obtenção de uma vantagem ilícita, porém praticada, sempre, com a utilização de dispositivos habitualmente empregados nas atividades de informática.[9]

Já para Marco Aurélio Rodrigues da Costa, é todo aquele procedimento que atenta contra os dados armazenados, compilados, transmissíveis ou em transmissão. Assim, pressupõe dois elementos: contra os dados e por meio do computador, utilizando-se *software* e *hardware* para perpetrá-lo.[10]

Segundo a concepção do então Secretário Executivo da Associação de Direito e Informática do Chile, Claudio Líbano Manzur, os referidos crimes são

> *todas aquellas acciones o omisiones típicas, antijurídicas y dolosas, trátese de hechos aislados o de una série de ellos, cometidos contra personas naturales*

---

7 Carla Rodrigues Araújo de Castro. *Crimes de informática e seus aspectos processuais*. Rio de Janeiro: Lumen Juris, 2001, p. 3.

8 Ivette Senise Ferreira. Os crimes da informática. In: *Estudos em Homenagem a Manoel Pedro Pimentel*. São Paulo: RT, 1992, p. 141-142.

9 João Marcello de Araújo Junior. Computer-crime. In: *Anais da Conferência Internacional de Direito Penal*. Rio de Janeiro: PGDF, 1988, p. 461.

10 Marco Aurélio Rodrigues da Costa. Monografia apresentada na PUC-RS em outubro de 1995: "Crimes de Informática" apud Carla Rodrigues Araújo de Castro. *Crimes de informática e seus aspectos processuais*, p. 10-11.

o jurídicas, realizadas en uso de un sistema de tratamiento de la información y destinadas a producir un perjuicio en la victima a través de atentados a la sana técnica informática, lo cual, generalmente, producirá de manera colateral lesiones a distintos valores jurídicos, repontándose, muchas veces, un beneficio ilícito en el agente, sea o no se caracter patrimonial, actúe con o sin ánimo de lucro.[11]

Conceitua Gustavo Testa Corrêa como sendo os crimes relacionados às informações arquivadas ou em trânsito por computador, sendo esses dados acessados ilicitamente, usados para ameaçar ou fraudar; para tal prática é indispensável a utilização de um meio eletrônico.[12]

E, por fim, Angela Bittencourt Brasil não vê diferença no conceito de crime comum e crime de informática; salienta, todavia, que a fronteira que os separa é a utilização do computador para alcançar e manipular o seu sistema em proveito próprio ou para lesionar outrem.[13]

22.4. CLASSIFICAÇÃO

A classificação utilizada por muitos, sendo a propósito a que será adotada neste texto, é a que fazem Hervé Croze e Yves Bismuth,[14] dividindo os crimes de informática em duas modalidades.

Quanto à primeira modalidade, diz respeito aos atos dirigidos contra o sistema de informática, subdivididos em: atos contra o computador (ou seja, contra o próprio material informático, o computador propriamente dito e seus

---

11 Claudio Líbano Manzur. Chile: los delictos de hacking en sus diversas manifestaciones. *Revista Electrónica de Derecho Informático*, n. 21, Abril del 2000 apud Os *cybercrimes* na esfera jurídica brasileira. *Jus Navigandi*, Teresina, ano 5, n. 44, 1 ago. 2000. Disponível em: <http://jus.com.br/revista/texto/1830>. Acesso em: 21 ago. 2017.

12 Gustavo Testa Corrêa. *Aspectos jurídicos da internet*. 2. ed. São Paulo: Saraiva, 2002, p. 43.

13 Angela Bittencourt Brasil. *Informática jurídica – O ciber direito*, p. 133-134 apud Carla Rodrigues Araújo de Castro. *Crimes de informática e seus aspectos processuais*, p. 4.

14 Hervé Croze e Yves Bismuth, *Droilt de l'element de droit à l'usage des informaticiens*. Paris: Economica, 1986, p. 207 apud Ivette Senise Ferreira. A criminalidade informática. In: Newton De Lucca; Adalberto Simão Filho (Coords.). *Direito e internet* – aspectos jurídicos relevantes, p. 214-215.

componentes e suportes como os disquetes e fitas magnéticas); e atos contra os dados ou programas de computador (contra as informações do computador, pela cópia não autorizada das informações, alteração ou destruição de dados dos suportes).

Esta modalidade que é a pura criminalidade informática. São também conhecidos como crimes de informática próprios, praticados por meio da informática; sem ela são impossíveis a execução e a consumação do delito. São tipos penais relativamente novos, pois surgiram a partir do desenvolvimento e expansão da informática, sendo a informática o bem penalmente tutelado.

Já a segunda modalidade aborda as infrações já previstas penalmente, que não são propriamente crimes de informática. São os atos cometidos por intermédio do sistema de informática, ou seja, todos e quaisquer crimes que utilizarem a informática como instrumento para a sua execução.

São também conhecidos como crimes de informática impróprios, praticados de várias formas, inclusive mediante o uso da informática. Logo, o computador é um meio, ou o instrumento, utilizado para a execução do crime. São crimes que já têm proteção por nossa legislação penal, como, por exemplo: contra o patrimônio, o estelionato; contra a honra, a calúnia; contra a liberdade individual, a violação da intimidade, da correspondência e da liberdade de comunicação; contra a propriedade imaterial, a violação de marcas, patentes e direitos autorais (inclusive o *software*, que, por determinação legal, Lei n. 9.609/98, é considerado como criação intelectual).

Marco Aurélio Rodrigues da Costa divide os delitos da seguinte forma: crime de informática puro, crime de informática misto e crime de informática comum. Os primeiros são aqueles em que o sujeito visa especialmente o sistema de informática; as ações se materializam, por exemplo, por atos de vandalismo contra a integridade do sistema ou pelo acesso desautorizado ao computador. Crime de informática misto se consubstancia nas ações em que o agente visa bem juridicamente protegido diverso da informática, porém o sistema de informática é ferramenta imprescindível. E os crimes de informática comum são as condutas em que o agente utiliza o sistema de informática como mera ferramenta, não essencial à consumação do delito.[15]

---

[15] Monografia apresentada na PUC-RS em outubro de 1995: "Crimes de Informática" apud Carla Rodrigues Araújo de Castro. *Crimes de informática e seus aspectos processuais*, p. 5.

22.5. CRIMES QUE PODEM SER PRATICADOS NA INTERNET

Podemos dizer que muitos dos crimes já existentes podem ser cometidos pela internet, por exemplo, furto, estelionato, calúnia, pornografia, entre muitos outros, utilizando a rede mundial de computadores como instrumento de execução. Isso porque, via de regra, as características do tipo penal se referem à conduta, ação ou omissão, não necessariamente à maneira como se deu a conduta. Às vezes, a maneira pela qual se pratica o crime pode ser uma qualificadora que aumenta a pena, assim como quando se usa fogo ou veneno para a prática do homicídio. São, então, os denominados crimes de informática impróprios (crimes já existentes, mas que são praticados usando o ferramental da informática), dentre os quais discorreremos sobre os que consideramos de maior relevância. Devemos alertar o leitor que, do exame que se segue, algumas tipificações penais sofreram ajustes em suas redações originais, a fim de prever determinadas condutas praticadas com o uso da informática ou contra sistema de informática (alguns podendo ser tidos como crimes de informática próprios), minimizando possíveis atipicidades criminais para certas ações humanas.

22.5.1. Crimes contra o patrimônio em geral

A modalidade que talvez seja a de maior preocupação é a dos que lesam o patrimônio, das pessoas físicas ou jurídicas; dentre muitos, podemos destacar o furto, o estelionato, o dano, a extorsão etc.

Um dos crimes contra o patrimônio de maior alcance é aquele em que, pela internet, os criminosos transferem quantia em dinheiro de contas de terceiros para suas próprias contas; ou de terceiros (ou mesmo contas fantasmas) e depois se apoderam das quantias. No sistema bancário, um dos golpes mais aplicados consiste basicamente nesse tipo de ação, que e é chamado *salami slicing* (fatias de salame), pois o criminoso transfere pequenas quantias de milhares de contas para a sua própria. Estes casos, no passado, muitas vezes, gozavam de algum fator interno da instituição financeira que colaborava para a execução do crime, geralmente envolvendo funcionários que subtraíam as senhas de correntistas e as compartilhavam com os criminosos.[16] Também

---

[16] Sobre esse tema, foi o voto da Desembargadora Isabel de Borba Lucas: "APELAÇÃO-CRIME. CRIMES CONTRA O PATRIMÔNIO. FURTO QUALIFICADO POR ABUSO DE CONFIANÇA E MEDIANTE **FRAUDE. PROVA**. CONDENAÇÃO MANTIDA. A materialidade e a autoria restaram suficien-

podemos citar a facilidade com que se abre uma conta bancária no Brasil, com documentos de identificação e declarações de rendimentos falsos.

Destruir, inutilizar ou deteriorar coisa alheia é o crime de dano, no entanto existem divergências em saber se, por exemplo, um *bit* pode ser considerado tangível e sofrer um dano visível. Se fosse aprovado o Projeto de Lei n. 84/99, que busca incriminar, entre outros crimes informáticos, a criação e disseminação de vírus de computadores, a problemática estaria solucionada, pois a criação e disseminação de vírus seriam caracterizadas como crime de dano. Isso está embasado em parecer do professor de Física da USP Edson Rodrigues, o qual afirma que um *bit* é um bem material, tangível, pois representa o estado de magnetização de um anel na memória, isto é, um transistor.

22.5.2. Fraudes em geral

As fraudes de maior frequência na internet ocorrem em leilões, compra e venda de mercadorias, pirâmides, trabalhos em casa com promessa de altos ganhos, utilização de senhas falsas ou alheias na conexão com provedores de acesso ou na utilização de serviços *on-line*, que originalmente sejam pagos, entre outras tantas.

---

temente comprovadas pela prova produzida nos autos. A prova aferida restou inconteste que o réu efetuou a abertura de uma conta corrente na agência em que trabalhava, na qual seriam transferidos por TED montantes para aplicação, e não para movimentação corriqueira. De posse do número da conta e da senha, cadastrou uma senha de **Internet** e operou quarenta movimentações (transferências e pagamentos) com a conta das vítimas, zerando o saldo do montante de R$ 50.000,00, quantia que não foi restituída àquelas. PENA. DOSIMETRIA. É de ser mantida a pena-base em dois anos acima do mínimo legal, diante dos vetores do artigo 59 do CP. Ausentes outras causas de aumento ou diminuição. À vista das quarenta condenações idênticas, considerada a continuidade delitiva, a pena do primeiro fato restou aumentada em 2/3. O fracionamento decorre de critério quantitativo. PENA DE MULTA. Utilizadas somente as circunstâncias judiciais constantes do art. 59 do CP, sem outras causas de aumento ou de diminuição, assim como a situação econômica do réu, razão pela qual a pena pecuniária resta reduzida a 50 (cinquenta) dias-multa, no valor unitário mínimo legal. REPARAÇÃO DO DANO. Evidenciado o conteúdo de direito material da nova redação do art. 387, IV, do CPP, por força da Lei n. 11.719/2008, sua aplicação é relativa aos delitos posteriores à data da sua vigência, o que não é o caso dos autos. Indenização fixada na sentença afastada. Apelo da defesa parcialmente provido por maioria" (Apelação-Crime n. 70033583824, 8ª Câmara Criminal, TJRS, rel. Isabel de Borba Lucas, j. em 15-9-2010).

Existem também aquelas vinculadas ao *spam*, grupo de mensagens distribuídas a uma grande quantidade de destinatários de forma indiscriminada. Esta mesma mensagem pode ser utilizada para pulverizar vírus, ou para a prática de publicidade enganosa ou abusiva, configurando crime contra o consumidor.

Como já apontado em outra passagem, um caso de grande repercussão foi o do empresário brasileiro que, utilizando nome falso, enviou *e-mails* de um *cybercafé* em Londres para outros empresários, informando que um conhecido banco paulista estaria com capital negativo. Rastrearam-no e o localizaram no momento em que tentou verificar se havia resposta para suas mensagens por meio dos computadores de sua empresa na Inglaterra. Foi posteriormente condenado criminalmente pela prática.

22.5.3. Crimes contra a honra. Calúnia, injúria e difamação

São atos que denigrem a integridade moral das pessoas via calúnia, injúria ou difamação, utilizando-se da internet como instrumento de pulverizar as ofensas morais, podendo ser mediante dizeres, fotos, imagens, desenhos etc.

O Código Penal brasileiro prevê os crimes contra a honra nos arts. 138 e s.: calúnia (atribuir falsamente a prática de um crime a alguém inocente), injúria (ofender a dignidade de outra pessoa) e difamação (atribuir fato ofensivo à reputação de outrem), que por sua vez são facilmente praticados pela internet.

Crimes contra a honra, quando são praticados em ambiente virtual, como é a internet, podem provocar às vítimas danos em extensão bem maior do que se praticados nas vias ordinárias da vida real. Isso porque uma informação circulando na rede e/ou colocada em comunidades virtuais (redes sociais) alcança um número ilimitado de pessoas, uma vez que houve uma ampliação do espaço "público" por onde os efeitos do crime poderiam percorrer.

22.5.4. Racismo

O racismo é a divulgação da aversão a determinados grupos de pessoas, muitas vezes incitando à violência, seja pela etnia, pela religião, pela nacionalidade. Pode se dar por meio de *sites*, redes sociais, *e-mails* etc.

Estes crimes de racismo muitas vezes são praticados por membros de grupos racistas organizados, mas que nunca pronunciam o verdadeiro nome da pessoa que os realizou, já que o racismo é crime em quase todos os países do mundo.

No Brasil há uma lei específica sobre o assunto, Lei n. 7.716/89, que define os crimes resultantes de discriminação ou preconceito de raça, cor, etnia, religião ou procedência nacional. Tal lei já foi reformada várias vezes, com destaque para as alterações promovidas pela **Lei n. 12.288/2010** (Estatuto da Igualdade Racial) e pela Lei n. **12.935/2012**.

De acordo com o art. 20 da Lei 7.716/89, é crime apenado com reclusão de um a três anos e multa: "praticar, induzir ou incitar a discriminação ou preconceito de raça, cor, etnia, religião ou procedência nacional".

Acontece que se o crime for praticado por intermédio dos meios de comunicação social ou publicação de qualquer natureza, o juiz poderá determinar: a cessação das respectivas transmissões radiofônicas, televisivas, **eletrônicas** ou da publicação por qualquer meio (inciso II do § 3º do art. 20, cuja redação foi alterada pela Lei n. 12.735/2012); a interdição das respectivas mensagens ou páginas de informação na **rede mundial de computadores** (inciso III do § 3º do art. 20, sendo uma inclusão por força da Lei n. 12.288/2010 – Estatuto da Igualdade Racial).

22.5.5. Interceptação de correspondência

É a direta afronta a preceito constitucional do sigilo à correspondência, sendo o ato de interceptar uma correspondência dirigida a certa pessoa.

Nosso Código Penal prevê no art. 151 que "devassar indevidamente o conteúdo de correspondência fechada, dirigida a outrem" é crime.

Na internet, a interceptação de correspondência pode se dar pela violação de *e-mail* ou outro tipo de comunicação em que somente o destinatário deveria receber a mensagem com exclusividade. A violação pode se dar pela leitura, pela modificação e pelo uso dos dados contidos na mensagem.

22.5.6. Violação de direitos autorais

A violação de direitos autorais na internet se dá em especial quanto às pulverizações de obras literárias, científicas e artísticas (principalmente músicas e livros), por meio da disseminação dos respectivos arquivos com o áudio, vídeo, texto, fotos (especificamente sobre a ilicitude da pirataria de *software*, discorreremos adiante).

A proteção legal dos direitos do autor e dos titulares de criação intelectual é tutelada pela Lei n. 9.610/98. Seu art. 7º, *caput*, dispõe que "são obras intelectuais protegidas as criações do espírito, expressas por qualquer meio ou fixadas em qualquer suporte, tangível ou intangível, conhecido ou que se invente no futuro (...)".

O que fica muito claro é que os direitos autorais são muito mais suscetíveis de violação com emprego dos meios eletrônicos, em especial a internet. Mas sem dúvida que a legislação mencionada é aplicável quando a violação do direito de autor se der em ambiente virtual,[17] inclusive as regras penais.

A respeito da violação de direito autoral, em 22 de junho de 2016 o Superior Tribunal de Justiça editou a Súmula n. 574:

> Para a configuração do delito de violação de direito autoral e a comprovação de sua materialidade, é suficiente a perícia realizada por amostragem do produto apreendido, nos aspectos externos do material, e é desnecessária a identificação dos titulares dos direitos autorais violados ou daqueles que os representem.

22.5.7. Crimes de maior repercussão. Lei Carolina Dieckmann

22.5.7.1. Pornografia infantil. Estatuto da Criança e do Adolescente

Pornografia infantil talvez seja o crime que mais provoque a repulsa da sociedade. Não há qualquer forma de se aceitarem as situações constrangedoras a que crianças e adolescentes são submetidas para saciar as fantasias de pessoas desequilibradas.

A propósito, criança é a pessoa até doze anos de idade incompletos, já adolescente, a pessoa entre doze e dezoito anos de idade.

Não se pode confundir pornografia infantil com pedofilia. A pornografia infantil é crime previsto no ECA – Estatuto da Criança e do Adolescente, Lei n. 8.069/90; já a pedofilia é uma anomalia (doença), cujo portador sente-se atraído por crianças. A pedofilia implica inimputabilidade ou semi-imputabilidade do criminoso, pois a pedofilia é uma doença, um fenômeno fora dos padrões comuns toleráveis pela sociedade, encontrando na internet um veículo para satisfazer virtualmente os portadores dessa anomalia.

Esta modalidade aparece na internet, em geral, em *sites*, redes sociais ou por mensagem eletrônica. Na primeira opção, os gerenciadores das páginas

---

[17] Nesse sentido, Renato Ópice Blum e Marcos Gomes da S. Bruno. A internet e os direitos autorais. In: Omar Kaminski (Org.). *Internet legal*: o direito na Tecnologia da Informação – doutrina e jurisprudência. Curitiba: Juruá, 2003, p. 23.

recebem uma quantia dos usuários (via depósito ou cartão de crédito), que dispõem de um acervo de fotos e vídeos. Já na segunda, as redes sociais são mantidas e visitadas pelos pedófilos. Por sua vez, na última, o material é distribuído de um usuário a outro, diretamente, via transmissão de *e-mails*, torpedos etc.

Vale destacar que, na alteração do Estatuto da Criança e do Adolescente, promovida pela Lei n. 11.829/2008, foi incluído o art. 241-A, que assim dispõe:

> Art. 241-A. Oferecer, trocar, disponibilizar, transmitir, distribuir, publicar ou divulgar por qualquer meio, inclusive por meio de **sistema de informática ou telemático**, fotografia, vídeo ou outro registro que contenha cena de sexo explícito ou pornográfica envolvendo criança ou adolescente.
>
> Pena – reclusão, de 3 (três) a 6 (seis) anos, e multa.
>
> § 1º Nas mesmas penas incorre quem:
>
> I – assegura os meios ou serviços para o armazenamento das fotografias, cenas ou imagens de que trata o *caput* deste artigo;
>
> II – assegura, por qualquer meio, o acesso por **rede de computadores** às fotografias, cenas ou imagens de que trata o *caput* deste artigo.
>
> § 2º As condutas tipificadas nos incisos I e II do § 1º deste artigo são puníveis quando o responsável legal pela prestação do serviço, oficialmente notificado, deixa de desabilitar o acesso ao conteúdo ilícito de que trata o *caput* deste artigo (destaques nossos).

É pertinente ponderar que a competência para julgar crimes de pornografia infantil na internet é da Justiça Federal, pois o Congresso Nacional, por meio do Decreto Legislativo n. 28, de 14 de setembro de 1990, e o Poder Executivo, pelo Decreto n. 99.710, de 21 de novembro de 1990, respectivamente, aprovaram e promulgaram o texto da Convenção sobre os Direitos da Criança, adotada pela Assembleia Geral das Nações Unidas, o que implica a incidência do inciso V do art. 109 da Constituição Federal.[18]

---

18 Nesse sentido: "PENAL E PROCESSUAL PENAL. PEDOFILIA. DIVULGAÇÃO DE MATERIAL PORNOGRÁFICO NA INTERNET. ARTIGO 241 DO ESTATUTO DA CRIANÇA E DO ADOLESCENTE. COMPETÊNCIA. JUSTIÇA FEDERAL. É competente a Justiça Federal para o processo e julgamento da divulgação de imagens pornográficas de crianças e adolescentes na internet, pois o Congresso Nacional, por meio do Decreto Legislativo n. 28, de 14 de setembro de 1990, e o Poder Executivo, pelo Decreto n. 99.710, de 21 de novembro

Existem campanhas mundiais no sentido de combater a pornografia infantil, especialmente na internet, e justamente nesse sentido há a Declaração da UNESCO, de novembro de 1999.

22.5.7.1.1. Investigação por policial infiltrado na internet com perfil "falso"

A essa altura não é segredo a ninguém que a rede mundial de computadores tendo sido palco para a prática dos mais variados crimes. E, os menores de idade estão suscetíveis a serem vítimas de crimes perpetrados pela internet, pois, afinal, boa parte deles utiliza as ferramentas tecnológicas diariamente. Pensando em facilitar a ação policial quanto à investigação de crimes contra menores, foi editada a Lei n. 13.441/2017, a qual altera o ECA – Estatuto da Criança e do Adolescente, ao incluir os arts. 190-A a 190-E, com o fim de prever a infiltração de agentes de polícia na internet para investigar crimes contra a dignidade sexual de criança e de adolescente.

É preciso, desde já, destacar que a Lei n. 13.441/2017 assevera quais são os crimes em que os agentes policiais poderão se infiltrar na internet (criando perfis "falsos" para si) visando realizar investigações. São apenas nas hipóteses de crimes sexuais, ou melhor, crimes contra a dignidade sexual de criança e adolescente. Estes delitos estão previstos no próprio ECA, em seus arts. 240, 241, 241-A, 241-B, 241-C e 241-D, e no Código Penal, nos arts. 154-A, 217-A, 218, 218-A e 218-B.

Embora a pedofilia (distúrbio) e a pornografia (delito) infantis e os crimes sexuais contra crianças e adolescentes sejam algo extremamente grave, compreendemos que o legislador poderia ter estendido a possibilidade do agente policial se infiltrar na internet para a apuração de todos os crimes possíveis de serem praticados pela internet, independentemente de ser a vítima menor ou não, ter cunho sexual ou não. Isso porque, a prática delitiva mediante o emprego da Tecnologia da Informação em geral é muito ampla.

A infiltração dos agentes policiais na internet para realizar a devida investigação poderá se dar de várias formas, mas sem dúvida que a criação de perfis

---

de 1990, respectivamente, aprovaram e promulgaram o texto da Convenção sobre os Direitos da Criança, adotada pela Assembleia Geral das Nações Unidas, o que implica a incidência do inciso V do artigo 109 da Constituição Federal" (TRF, 4ª R., RCrSE 0000017-66.2010.404.7201/SC, 8ª T., rel. Juiz Federal Sebastião Ogê Muniz, *DJ* 16-7-2010).

"falsos" em redes sociais na rede, simulando tratar-se de uma criança ou adolescente, sem dúvida é um dos grandes trunfos da polícia contra os criminosos.

Por isso que, nos termos do novo art. 190-C do ECA, não comete crime o agente da polícia que oculta a sua identidade para, por meio da internet, colher indícios de autoria e materialidade dos crimes ora mencionados, ou seja, crimes contra a dignidade sexual da criança e adolescente. Entretanto, o policial infiltrado responderá pelos excessos praticados se deixar de observar o exato objetivo da investigação.

Além disso, é preciso ater-se ao fato de a infiltração dos agentes policiais na internet tem um caráter secundário, pois nos termos do novo art. 190-A, § 3º, do ECA, tal infiltração não será admitida se a prova puder ser conseguida por outros meios (ou seja, por outras maneiras que não pela internet).

A Lei n. 13.441/2017 fixou alguns conceitos para a sua aplicação, como o de dados de conexão e cadastrais. De acordo com o § 2º do art. 190-A do ECA, **dados de conexão** são as informações referentes a hora, data, início, término, duração, endereço de Protocolo de Internet (IP) utilizado e terminal de origem da conexão. Já os **dados cadastrais** são informações referentes a nome e endereço de assinante ou de usuário registrado ou autenticado para a conexão a quem endereço de IP, identificação de usuário ou código de acesso tenha sido atribuído no momento da conexão.

Quanto aos parâmetros legais para a realização deste tipo de investigação, a lei prevê a necessidade de a investigação ser precedida de autorização judicial. Além disso, após ouvir o Ministério Público, o juiz concederá a autorização que deve ser adequadamente detalhada e fundamentada, estabelecendo assim os limites da infiltração para obtenção de prova (ECA, art. 190-A, inc. I).

A investigação pela internet deverá ser requerida pelo Ministério Público ou Delegado de Polícia, devendo demonstrar a sua necessidade, o alcance das tarefas dos policiais, os nomes ou apelidos das pessoas investigadas e, sendo possível, os dados de conexão ou cadastrais que permitam a identificação dessas pessoas. A apuração policial não poderá exceder o prazo de 90 dias. Entretanto, demonstrada a sua necessidade, o juiz poderá conceder extensões a este prazo, não podendo exceder o total de 720 dias (ECA, art. 190-A, II e III).

Com o fim de preservar a integridade das vítimas (crianças e adolescentes), essas estratégias de investigação policial pela internet deverão manter-se sob sigilo absoluto. Caberá ao juiz zelar por este sigilo, o qual receberá as informações derivadas da investigação, sendo que durante o seu curso, o acesso aos autos ficará restrito ao Ministério Público e ao Delegado de Polícia responsável pela operação (ECA, art. 190-B).

Uma vez concluída o procedimento investigatório, todos os atos eletrônicos praticados durante a operação deverão ser registrados, gravados, armazenados e encaminhados, juntamente com relatório detalhado, ao juiz e ao Ministério Público. Tudo isso ficará reunido em autos separados e anexos ao processo criminal em conjunto com o inquérito policial. Invariavelmente será preciso preservar a identidade do policial infiltrado e a intimidade das crianças e dos adolescentes envolvidos (ECA, art. 190-E).

22.5.7.2. Pirataria de "software"

Como já visto em outra passagem, tratando de questões financeiras relacionadas ao tema, o *software* é um programa de computador protegido pela Lei n. 9.609/98, sendo que seu art. 12 protege os direitos dos seus proprietários ao considerar a sua violação como crime.

"Pirataria de *software*" é a forma como a violação dos direitos de programa de computador é conhecida. Na internet, a violação do direito de *software* é muito facilitada, sendo este ambiente virtual um suporte para usar, copiar, divulgar e distribuir o programa de computador pirateado. Além disso, na internet, muitas vezes, consegue-se encobrir a autoria da ação, pois, mesmo com os desenvolvidos sistemas de rastreamento, o anonimato é facilitado, como acontece, por exemplo, pelo uso de computadores em *cybercafés*, que não fazem os devidos registros de seus usuários.

Acrescente-se, ainda, o fato de que a difusão de programas de computador pela internet é feita sem a autorização dos respectivos detentores desses direitos. É rotineira a prática de *download* de arquivos por meio de *sites*, que os oferecem aos seus visitantes. Conforme apontamos em outra passagem desta obra, tudo isso tem acarretado inúmeras perdas para as empresas do setor de desenvolvimento de programas de computação (para não dizer do Erário Público quanto à tributação, ou seja, para a sociedade como um todo). Dessa forma, se medidas mais efetivas não forem tomadas, esse fato pode até levar à desmotivação do setor.

22.5.7.3. Clonagem/falsificação de cartão de crédito e débito

Sem prejuízo do que discorremos anteriormente, acerca dos aspectos econômicos deste assunto, uma prática ilícita que tem ocorrido, ainda, com frequência é a denominada "clonagem de cartão de crédito". Por meio dela, o número de um cartão de crédito, ou mesmo de débito, é apropriado indevidamente pelo agente delinquente, visando a sua utilização ou sua comercialização para alguém que possa utilizá-lo.

A tipificação penal desta prática poderia dar-se no campo dos crimes contra o patrimônio, previstos no Código Penal, a partir do art. 155, a depender das características do caso concreto, como, por exemplo, estelionato, furto, apropriação indébita etc. No entanto, o legislador preferiu tipificar a conduta entre os "crimes de falsidade documental", que por sua vez estão capitulados entre os "crimes contra a fé pública". Isso se deu pela inclusão de um parágrafo único ao art. 298 do Código Penal, decorrente da Lei n. 12.737/2012 (apelidada de Lei Carolina Dieckmann, em razão da repercussão do vazamento de fotos íntimas da atriz). O *caput* do referido dispositivo prevê que constitui crime a falsificação, total ou parcial, de documento particular ou a alteração de documento particular verdadeiro. Em complemento, o parágrafo único assevera que o cartão de crédito e débito fica equiparado a documento particular. Assim, a clonagem dos cartões financeiros/bancários de crédito e débito passa a ser considerada crime expressamente. Trata-se do tipo penal "falsificação de cartão".

Especificamente, a prática da clonagem do número do cartão de crédito faz com que inúmeras pessoas se recusem a utilizar a internet como forma de efetuar compras, pelo menos quando há a necessidade de fornecer o número do cartão para o pagamento, mesmo sendo o *site* seguro, com sistemas de segurança e criptografia de dados.[19]

Ainda se tem conhecimento de *sites* que são atacados, tendo os números de cartões de crédito dos clientes subtraídos. Os *crackers*, em geral, atacam servidores de empresas que mantêm os números de cartões de crédito de seus clientes em servidores *on-line* – conectados à internet. Isso porque o problema está no armazenamento dos números dos cartões, e não, necessariamente, na transmissão de dados por meio da linha telefônica por ocasião da compra. Esse tipo de ataque, que visa capturar números de cartões de crédito, não necessariamente costuma ser no banco de dados de administradoras de cartões de

---

[19] Arthur José Concerino. Internet e segurança são compatíveis? In: Newton De Lucca; Adalberto Simão Filho (Coords.). *Direito e internet* – aspectos jurídicos relevantes, p. 171.

crédito ou instituições financeiras, em razão da grande segurança imposta por essas empresas.

Uma solução que pode ser adotada por empresas que operam no comércio eletrônico é manter os dados dos cartões em computadores *off-line* – não conectados à internet –, tentando, assim, minimizar os riscos e o receio dos potenciais compradores pela internet.

22.5.7.4. Invasão de dispositivo informático (servidores, computadores, celulares)

São frequentes as notícias de invasões de computadores e servidores por *hackers* e *crackers* pelos mais variados fins. Essa ação passou a ser expressamente considerada crime em razão do acréscimo do art. 154-A ao Código Penal, por meio da Lei n. 12.737/2012. Trata-se do crime de invasão de dispositivo informático, que, juntamente com os demais "crimes contra a inviolabilidade dos segredos", compõe o acervo dos "crimes contra a liberdade individual".

O delito previsto no art. 154-A, *caput*, do Código Penal consiste em invadir dispositivo informático alheio, conectado ou não a rede de computadores, por meio da violação indevida de mecanismo de segurança e com o objetivo de obter, adulterar ou destruir dados ou informações sem autorização expressa ou tácita do titular do dispositivo ou instalar vulnerabilidade para obter vantagem ilícita.

Cabe esclarecer que o elemento subjetivo do crime é o dolo, pois se trata da vontade consciente de obter, adulterar ou destruir dados ou informações ou instalar vulnerabilidade para auferir vantagem indevida. Por vulnerabilidade, deve-se entender: vírus, trojans e outros programas que visam fragilizar ou danificar o dispositivo informático. Além disso, o crime pode ser praticado independentemente de o dispositivo informático estar *on-line*, isto é, conectado ou não a uma "rede de computadores". A lei emprega a expressão "rede de computadores", e não "rede mundial de computadores", o que corresponderia à internet. Logo, por "rede de computadores" deve ser entendida a internet ou qualquer outro tipo de rede, como é o caso de uma rede intranet (computadores que funcionam conectados entre si, mas fora da internet).

Não se configura crime a invasão de computador próprio ou de terceiros que tenham consentido. São duas situações que são relativamente comuns entre os *hackers* que treinam suas habilidades em ambiente doméstico ou corporativo. A lei não especificou o que venha a ser "dispositivo informático", mas pode ser compreendido como: computadores em geral, servidores, celulares, entre outros equipamentos equivalentes.

Aquele que oferece, distribui, vende ou difunde programa de computador ou dispositivo objetivando permitir a prática criminal estabelecida no *caput* do art. 154-A do Código Penal também comete o crime sob comento, à luz do § 1º do mesmo artigo. Havendo prejuízo de ordem econômica à vítima, a pena será aumentada de um sexto a um terço, conforme o § 2º.

Se em razão da invasão ocorrer o controle remoto não autorizado do dispositivo invadido – ou mesmo a obtenção de conteúdo de comunicações eletrônicas privadas (como os *e-mails*), informações sigilosas, segredos comerciais ou industriais –, a pena passa a ser de reclusão, e não de detenção. Nestas hipóteses, aumenta-se a pena se houver divulgação, comercialização ou transmissão a terceiro, de forma gratuita ou não, dos dados ou informações obtidos, nos termos dos §§ 3º e 4º do art. 154-A do Código Penal.

22.5.7.5. Interrupção de serviço informático/telemático

De acordo com os ajustes promovidos pela Lei n. 12.737/2012 ao Código Penal, o art. 266 deste diploma jurídico, que anteriormente tratava apenas do crime de "interrupção ou perturbação de serviço telegráfico, radiotelegráfico ou telefônico", passou a ter nova redação.

Assim, quem interrompe serviço telemático ou de informação de utilidade pública, ou mesmo impede ou dificulta-lhe o restabelecimento, pratica o tipo penal nomeado como "interrupção ou perturbação de serviço telegráfico, telefônico, informático, telemático ou de informação de utilidade pública", conforme o § 1º do art. 266 do Código Penal.

Este crime está no capítulo dos "crimes contra a segurança dos meios de comunicação e transporte e outros serviços públicos", que por sua vez pertencem ao título dos "crimes contra a incolumidade pública". Por isso, abrange tão somente o atentado a serviços de utilidade pública, não estando contemplados os serviços de natureza essencialmente privada.

Cabe esclarecer que o legislador, ao dispor sobre a interrupção, o impedimento ou a dificultação do restabelecimento de serviço telemático ou de serviço de informação de utilidade pública, não empregou na redação do § 1º o termo "informático", como prevê o nome do crime. No entanto, a partir desta previsão legal, aquele que interromper serviço telemático de utilidade pública atenta expressamente contra a norma penal, sendo que a internet deve ser considerada como um serviço telemático de utilidade pública, haja vista a extrema relevância prestada às pessoas físicas e jurídicas, de direito público e privado. E mais, "telemático" significa a conjunção da telecomunicação com a informática, sendo esse o caso da internet.

No mais, a retirada de um *site* de funcionamento poderá ser considerada crime se ele for um serviço de utilidade pública, como é o caso de inúmeros *sites* da administração pública, direta e indireta. Estes *sites* são ao mesmo tempo um serviço telemático e um serviço de informação de utilidade pública, uma vez que por meio deles são prestados vários serviços junto à população, às empresas, às organizações não governamentais etc. O mesmo vale para aquele que impedir ou dificultar o restabelecimento destes *sites*.

22.6. CRIMINOSOS (SUJEITOS ATIVOS)

Quando se menciona "criminoso", estamos referindo-nos ao sujeito ativo do crime. Assim, em tese, qualquer pessoa pode ser um agente de crime de informática. Vale destacar que a maior parte desses crimes é comum em relação ao sujeito, não necessitando de uma qualidade especial do agente delinquente. Mas o que se percebe é que, a depender do crime praticado, o infrator tem profundos conhecimentos em Tecnologia da Informação.

Além desse fato, existem crimes que são praticados pelos representantes legais das pessoas jurídicas que atuam com informática e/ou internet, como, por exemplo, quando o provedor, após uma ordem judicial, nega-se a fornecer o endereço de um usuário, respondendo o representante por crime de desobediência; ou, se o representante informar o endereço errado do usuário ao juízo, responderá por falso testemunho.

Também é prudente salientar que muitos desses crimes são praticados por funcionários ou ex-funcionários contra as empresas em que trabalham ou trabalharam, por possuírem facilidades, como senhas de acesso, conteúdo de arquivos, entre outras; e que, por uma série de razões, podem estar querendo prejudicar a empresa: má remuneração, demissão etc.

Muitas vezes, a internet será apenas mais uma prova para caracterizar o crime e identificar o criminoso. Por exemplo, quando ocorreu a morte, por acidente automobilístico, do cantor Cristiano Araújo, muitas foram as pessoas que retransmitiram fotos das partes do corpo do *de cujus*. À luz do direito penal, isso pode ser tido como vilipêndio a cadáver, por ter sido compartilhado, curtido, comentado, enfim. Assim, sem prejuízo da responsabilização civil (indenizatória em favor da família), pode ser o caso de possível responsabilização penal, embora de difícil concretização.

No geral, os criminosos da internet, também denominados piratas cibernéticos, diferem-se dos demais, pois não há emprego de instrumentos e armas tradicionais, nem contato direto pessoal com a vítima. O perfil deste criminoso, baseado em pesquisa empírica, indica jovens, com idades entre 16 e 32 anos, do sexo masculino, educados, audaciosos, com inteligência bem acima da média e movidos pelo desafio.[20] Ele utiliza essencialmente seu conhecimento técnico e sua capacidade intelectual, atrelados a um *hardware* e um *software* para a prática do crime. Podem ser classificados da seguinte forma:

22.6.1. *Hackers e crackers*

Buscamos nos apoiar na distinção feita por Newton De Lucca, da qual é trazido à colação o trecho em que, com muita propriedade, distingue *hackers* de *crackers*:

> Os *hackers* são especialistas em informática, capazes de invadir computadores alheios, mas, também, de impedir invasões dos outros. Não existe, necessariamente, uma conotação pejorativa para os *hackers* que podem prestar serviço de extrema valia. Já os *crackers*, ao revés, atuam de forma claramente dolosa, isto é, com a intenção de prejudicar alguém ou de tirar proveito ou partido para si da informação obtida.[21]

É imprescindível a distinção entre *hackers* e *crackers*; no entanto, nem sempre esta diferenciação é feita no meio acadêmico, ou mesmo por articulistas, jornalistas, profissionais da área etc. Dessa forma, nesta obra vamos empregar a palavra *hacker* como um gênero, o qual comporta as espécies *hacker* em sentido estrito e *cracker.* Mas vale deixar claro que ambos causam transtornos e efeitos jurídicos.

---

[20] Mauro Marcelo de Lima e Silva. Política revela o perfil do criminoso na internet. In: Omar Kaminski (Org.). *Internet legal*: o direito na Tecnologia da Informação – doutrina e jurisprudência. Curitiba: Juruá, 2003, p. 31.

[21] Newton De Lucca. Títulos e contratos eletrônicos – O advento da informática e seu impacto no mundo jurídico. In: Newton De Lucca; Adalberto Simão Filho (Coords.). *Direito e internet* – aspectos jurídicos relevantes. Bauru, SP: Edipro, 2001, p. 48.

22.6.2. *Insiders*

Os *insiders* são os *hackers* internos de uma empresa, ou seja, são os empregados ou colaboradores que atuam contra a empresa ou algum membro da empresa.[22] São eles os causadores de muitos problemas.

Relata Arthur José Concerino duas pesquisas. Uma apontou que 80% das origens de problemas são internas, em que, a partir da insatisfação com o emprego e com a possibilidade de ganhar dinheiro com a venda de informação privilegiada à concorrência, um funcionário é levado a lesar a própria empresa. O outro levantamento, esse realizado no Brasil, mostra que: 35% dos problemas eram causados propositadamente por funcionários; 17% por *hackers*; e 25% por causas desconhecidas.[23]

Os fatos apontados por estas pesquisas deixam claro que mister se faz o investimento, além de em sistemas de segurança externa, em sistemas de segurança interna, que permitam a inviolabilidade de determinados dados e informações por membros *intracorpus*.

22.6.3. *Lammers*

Os *lammers* são aqueles que fazem o uso antissocial da internet, isto é, sua conduta se dá somente para perturbar.

22.6.4. *Phreakers*

São aqueles que se utilizam de meios de comunicação mediante o emprego de artifícios fraudulentos, sem ter nenhum custo pelos serviços.

22.6.5. *Spammers*

São aqueles que enviam *spam* (correspondência eletrônica comercial não solicitada), que pode ser considerado como um lixo eletrônico, utilizado prin-

---

22 Alexandre Jean Daoun e Renato M. S. Opice Blum. Cybercrimes. In: Newton De Lucca; Adalberto Simão Filho (Coords.). *Direito e internet* – aspectos jurídicos relevantes, p. 123.

23 Arthur José Concerino. Internet e segurança são compatíveis? In: Newton De Lucca; Adalberto Simão Filho (Coords.). *Direito e internet* – aspectos jurídicos relevantes, p. 135.

cipalmente para fazer publicidades e propagandas; porém, em alguns casos mais graves, enviam vírus e roubam informações.[24]

Há o famoso caso do jovem *hacker* russo Oleg Nikolaenko, preso pelo FBI de Las Vegas no início do mês de novembro de 2010. Ele é acusado de criar a poderosa rede de computadores Mega-D, que dominou o negócio sujo de envio de *spams* durante boa parte dos últimos anos.

Segundo a investigação, no auge da operação, em 2007, a Mega-D chegou a ser responsável pelo envio de 32% de todos os *e-mails* indesejados em um único dia. O jovem russo, para atingir esses objetivos, dominou a estratégia de invadir computadores caseiros e neles instalar robôs capazes de transformá-los em verdadeiras metralhadoras de *spams*. Esses computadores escravizados são chamados de "zumbis" e estima-se que cerca de meio milhão trabalharam em benefício da organização de Oleg, sem que seus donos percebessem.

Um dos clientes do russo, um golpista americano, foi preso pelo FBI depois de vender relógios Rolex falsos via internet. Preso, forneceu às autoridades a lista de *spammers* a quem costumava recorrer para fazer publicidade. As pistas levaram a um neozelandês, que por fim delatou o russo. Calcula-se que o faturamento apenas com o caso dos relógios chegou a US$ 500 mil. Com a ajuda do *Google*, a polícia americana passou a rastrear *e-mails* e descobriu que uma das ações de Mega-D feriu a legislação federal, que prevê regras rigorosas para o envio de mensagens comerciais.

Oleg acabou preso durante o último salão do automóvel de Las Vegas. Seu advogado alegou inocência e fez um pedido de liberdade mediante o pagamento de fiança. A promotoria convenceu a juíza responsável a negar o requerimento e a manter Nikolaenko preso até o julgamento do caso, previsto para 2011. Se for condenado, o russo poderá pagar uma multa, de valor a ser determinado, e ficar até três anos na prisão.[25]

22.6.6. *Hackers* famosos e consultores em segurança

Somente os que foram presos e responderam a penosos processos ficaram conhecidos pelos meios de comunicação, pelas empresas e pelos usuários.

---

[24] Amaro Moraes e Silva Neto. A erosão da privacidade. In: Demócrito Reinaldo Filho (Coord.). *Direito da informática*. Bauru, SP: Edipro, 2002, p. 94.

[25] Hélio Gomes. O rei do *spam*. *Revista IstoÉ*. Edição n. 2.145, 22 dez. 2010, p. 94.

Abaixo, alguns dos casos mais polêmicos e famosos da história desses invasores do ciberespaço, sem prejuízo de outros:

Considerado o mais famoso dos *hackers* (houve até um filme contando sua história), o americano Kevin Mitnick chegou a roubar 20 mil números de cartões de crédito. Graças a seus crimes grandiosos, Mitnick foi o primeiro dos *hackers* a entrar para a lista dos dez criminosos mais procurados do FBI. Quando encontrado, ele passou quatro anos na prisão e hoje está em liberdade.

Vladimir Levin também é um dos criminosos digitais mais famosos na história da informática. Ficou famoso após invadir os computadores do Citibank e desviar US$ 10 milhões de contas de clientes do banco. Procurado ao redor do mundo, Levin foi encontrado na Inglaterra quando tentava fugir daquele país.

O jovem *hacker* Mark Abene ficou famoso pelo apelido *Phiber Optik* (fibra ótica) e pelo grande número de invasões que realizou entre 1989 e 1992. Abene era um dos integrantes do grupo de *hackers Masters of Deception*, que disputava pelas melhores invasões com os membros do *Legion of Doom*. Pelo seu carisma, *Phiber Optik* conseguiu a simpatia de centenas de pessoas, que chegaram a fazer uma festa em sua homenagem em Nova York. Por ironia do destino, hoje Mark Abene é consultor em segurança.

Conhecido pelo apelido que usava em seus ataques *Watchman*, Kevin Poulsen era especialista em linhas telefônicas. O maior de seus casos ficou famoso no mundo da informática quando, em 1990, ele ganhou um carro *Porsche* em um concurso criado por uma emissora de rádio da Califórnia, nos Estados Unidos. Pelas normas do concurso, o 102º ouvinte a telefonar para a emissora ganharia o prêmio. *Watchman* invadiu a central telefônica, interceptou ligações e fez-se vencedor do concurso. Depois do fato, ele passou quatro anos preso. Mais tarde, Kevin Poulsen, a exemplo de Mark Abene, tornou-se o diretor do *site Security Focus*.

Em 1998, o israelense Ehud Tenebaum, famoso no mundo digital pelo codinome Analyser, foi preso depois de ter participado de um dos maiores ataques contra os computadores do Pentágono, sede da segurança norte-americana. Como companheiros de invasão, Tenebaum contou com dois jovens de Israel e mais dois dos Estados Unidos.[26]

---

26 Alguns *hackers* que ficaram famosos. Disponível em: <www.terra.com.br/informática>. Acesso em: 24 ago. 2017.

Gary McKinnon, escocês que usava o apelido "Solo", foi considerado pela justiça americana como "o maior *hacker* de todos os tempos": invadiu o sistema militar de defesa dos EUA. Além disso, nos anos de 2001 e 2002, ele também subtraiu informações de segurança da NASA e do Pentágono. Foi julgado em seu país e extraditado para os EUA.

Jonathan James ganhou notoriedade por ter se tornado o primeiro adolescente a ser mandado para a prisão por realizar uma atividade de *hacker*. Ele foi sentenciado, estando então com 16 anos. Numa entrevista, ele confessou: "eu estava apenas procurando algo para me divertir, desafios que testassem os meus limites".

As façanhas de James se concentraram em agências governamentais. Ele instalou um *backdoor*[27] no servidor do Departamento de Combate às Ameaças. Este órgão trata-se de uma agência do Departamento de Defesa responsável pelo tratamento de ameaças nucleares, biológicas, químicas e armas convencionais no território dos USA. O *backdoor* instalado nos computadores do governo permitiu ao *hacker* o acesso a *e-mails* confidenciais e a nomes de usuários e senhas de altos funcionários.

James invadiu também os computadores da NASA e roubou o código fonte de um *software* de US$ 1,7 milhão. De acordo com o Departamento de Justiça, o *software* dava suporte à estação espacial internacional, controle de temperatura e umidade e suporte de vida no espaço. A NASA foi forçada a desligar seus computadores, ao custo de US$ 41 mil. James esclareceu que ele baixou o código para complementar seus estudos em programação C, porém desdenhou: "o código era completamente horroroso... e certamente não valia US$ 1,7 milhão alegado pela NASA".

Se James fosse um adulto, teria pegado 10 anos de prisão. Ao invés disto, ele foi condenado ao banimento dos computadores, porém cumpriu posteriormente 6 meses de prisão por violação aos termos da liberdade condicional. Mais tarde, James se disse arrependido, desejando encontrar um emprego numa empresa de segurança.[28]

---

27 *Backdoor* é um programa de computador enviado a um sistema anfitrião, permitindo a conexão do computador infectado com o computador do invasor, sem necessidade de qualquer autorização.

28 *Top 10 Most Famous Hackers of All Time*. Disponível em: <http://www.itsecurity.com/features/top-10-famous-hackers-042407/>. Acesso em: 19 ago. 2017.

22.6.7. Caso WikiLeaks

Julian Assange, criador do *site* WikiLeaks, é um australiano de 39 anos que ficou conhecido em 1987 pelo apelido *hacker* de "Mendax". Foi programador e cursou matemática e física na *University of Melbourne*, entre 2003 e 2006.[29]

Assange fundou em dezembro de 2006, com sede na Suécia, o *site* WikiLeaks, uma organização transnacional sem fins lucrativos, que publica em seu *site*, anonimamente, documentos, fotos e informações confidenciais, vazadas de governos ou empresas (na maioria, com conteúdos polêmicos). Em menos de um ano o *site* já continha 1,2 milhão de documentos. Nas páginas deste *site* existe a informação de que ele teria sido fundado por dissidentes, jornalistas, matemáticos e tecnólogos de diversos países, tendo Julian como diretor.

No ano de 2010, houve duas publicações de grande repercussão pelo *site*. A primeira é a publicação de um vídeo, na época da ocupação do Iraque, mostrando um helicóptero Apache dos Estados Unidos, matando pelo menos 12 pessoas – dentre as quais dois jornalistas da agência de notícias Reuters – e ferindo duas crianças durante um ataque a Bagdá, em 2007. O vídeo do ataque aéreo em Bagdá é uma das mais notáveis publicações do *site*. A segunda foi o polêmico documento que foi mostrado pelo *site*: a cópia de um manual de instruções para tratamento de prisioneiros na prisão militar norte-americana de Guantánamo, em Cuba.

A equipe do *site* WikiLeaks é constituída por menos de dez pessoas, que trabalham em regime de horário integral, mas se especula que o WikiLeaks conte com algo entre mil e dois mil voluntários, que trabalham ocasionalmente – a maioria sem qualquer contrapartida financeira. O *site* basicamente depende de doações, que são realizadas pela internet, em grande medida por cartão de crédito.[30]

Em dezembro de 2010, o diretor e fundador do WikiLeaks, Julian Assange, foi detido pela polícia britânica por acusações de supostos crimes sexuais. Nesse tempo, o banco suíço Post Finance foi acusado de bloquear os bens do

---

29 *Julian Assange*. Disponível em: <http://pt.wikipedia.org/wiki/Julian_Assange>. Acesso em: 19 ago. 2017.

30 *WikiLeaks*. Disponível em: <http://pt.wikipedia.org/wiki/WikiLeaks>. Acesso em: 19 ago. 2017.

WikiLeaks, e o provedor de serviços EveryDNS derrubou o *site* com a justificativa de que o tráfego era intenso demais.

22.6.7.1. "Hacktivistas" – "Anonymous"

Devido a essas ações descritas acima contra o WikiLeaks, um grupo de "hacktivistas" – neologismo que mistura os termos *hacker* e ativista – que se denominam os *Anonymous*,[31] declarou o início da ofensiva batizada como "Operation Payback" que visa atacar quem prejudicar o fundador do WikiLeaks.

Os *Anonymous*, que se encontram no mundo todo, comunicaram-se por redes sociais e planejaram o ataque chamado DDOS – *Distributed Denial of Service* – ("Ataque Distribuído de Negação de Serviço"). Os DDOS funcionam da seguinte maneira: é dado um comando a uma série de computadores chamados mestres, que têm ao seu comando uma rede de computadores "zumbis" (a maioria computadores caseiros contaminados por vírus), e todos acessam um *site* simultaneamente. Como cada servidor *web* pode atender apenas um número limitado de usuários, com o grande número de acessos sobrecarrega-se o *site* e sai do ar, apesar de não ser invadido.

No dia seguinte à declaração de ofensiva dos *Anonymous*, a Visa e a Mastercard suspenderam todas as transações comerciais do WikiLeaks, e horas depois seus *sites* foram atacados e ficaram fora do ar. Os *hackers* também derrubaram *sites* do governo sueco, responsável pelo pedido de prisão de Assange, e o *site* do serviço de pagamento americano Paypal (um dos mais seguros da *web*) também foi vítima dos *Anonymous*, após anunciar o congelamento das contas do WikiLeaks.

Há uma notícia de que, atendendo a um pedido do Comitê de Segurança dos Estados Unidos, a loja virtual Amazon deixou de realizar negócios com o WikiLeaks, removendo documentos de seus servidores, passando a vendê-los apenas como arquivos para *e-books* Kindle. Os *Anonymous* atacaram a loja virtual, porém não conseguiram tirá-la do ar.

---

31 Os *Anonymous* surgiram em salas de bate-papo de um fórum sobre tecnologia em 2003. Eles viraram manchete em 2008 por atacarem *sites* como os da Igreja, da Cientologia e de grandes gravadoras, que à época tentavam deter a pirataria digital. O grupo é contra a interferência de corporações e governos na internet.

Estima-se que milhares de *hackers* participaram do ataque, sendo que muitos internautas simpáticos ao WikiLeaks disponibilizaram seus computadores voluntariamente para colaborar com a ofensiva. Os *downloads* do programa usado na ofensiva chegaram à ordem de 1.000 por hora, sendo que 85% deles foram feitos a partir de endereços dos EUA.[32]

Na cidade de Haia Holanda , um garoto de 16 anos foi preso suspeito de envolvimento nos ataques digitais. Em uma declaração, a promotoria disse que se acredita que o adolescente participou nos ciberataques lançados por ativistas do WikiLeaks, porém o seu nome não foi divulgado. Não ficou claro se o suspeito teve uma participação significante nos ataques do grupo *Anonymous*.[33]

Julian Assange foi liberado sob fiança das acusações de crimes sexuais pela Justiça britânica, após a negação do recurso da promotoria sueca contra sua liberdade condicional. Porém, a liberação não encerrou o processo, pois, além do pagamento da fiança, algumas condições foram estabelecidas pela Corte, como: entregar o seu passaporte à Justiça; obedecer a um toque de recolher; e usar uma etiqueta eletrônica para facilitar a sua localização.[34] Em 24 de fevereiro de 2011, o juiz britânico Howard Riddle determinou a extradição de Assange à Suécia. Advogados de Julian Assange, fundador do WikiLeaks, pediram no dia 12 de julho de 2011, pela segunda vez depois de ter sido derrotado num primeiro recurso contra a extradição em fevereiro, que a Justiça britânica arquive o processo de extradição dele para a Suécia, onde é acusado de crimes sexuais. O Tribunal Superior de Londres adiou a decisão sobre o recurso apresentado. Contudo, a corte não definiu uma data para anunciar a sentença.[35]

---

32 Hélio Gomes. A primeira guerra digital. *Revista IstoÉ*, p. 134-138.

33 *Holanda prende suspeito de 16 anos por ciberataques pró-WikiLeaks*. Disponível em: <http://ultimosegundo.ig.com.br/mundo/holanda+prende+suspeito+de+16+anos+por+ciberataques+prowikileaks/n1237859202799.html>. Acesso em: 22 ago. 2017.

34 *Julian Assange, fundador do WikiLeaks, é liberado sob fiança por corte britânica*. Disponível em: <http://www.plox.com.br/caderno/aconteceu/julian-assange-fundador-do-wikileaks-%C3%A9-liberado-sob-fian%C3%A7-por-corte-brit%C3%A2nica>. Acesso em: 24 ago. 2017.

35 *Decisão sobre recurso de extradição de Assange é adiada*. Disponível em: <http://veja.abril.com.br/noticia/internacional/decisao-sobre-recurso-de-extradicao-de-assange-e-adiada>. Acesso em: 20 ago. 2017.

Sua defesa argumenta que ele ainda não foi formalmente acusado de nada na Suécia, e que o mandado de prisão europeu expedido contra ele é inválido por não apresentar uma descrição "justa, precisa e adequada" dos supostos crimes cometidos.[36]

O Departamento de Justiça dos EUA pretende processar o fundador do WikiLeaks por conspiração e busca provar que Assange encorajou ou ajudou o soldado Bradley Manning a extrair do sistema de computadores do governo material militar reservado e arquivos do Departamento de Estado.[37] Em agosto de 2013 Bradley Manning foi condenado a 35 anos de prisão pelo vazamento das informações.

O diretor do Departamento de Segurança da Informação e das Comunicações (DSIC), órgão ligado a órgãos federais e à Presidência da República do Brasil, Raphael Mandarino Junior,[38] diz que as ações dos *Anonymous* podem ter uma distorção de conduta, pois as mesmas pessoas que defendem uma internet livre e criticam o que chamam de invasão de privacidade comprometem a ordem da rede, o que é uma contradição.

A equipe de Mandarino é formada por profissionais que somam conhecimento técnico à formação em áreas de combate ao crime. Eles contam com membros das Forças Armadas, das agências de inteligência e da polícia, que são treinados quando chegam ao departamento. Mandarino afirma que as barreiras e os sistemas de criptografia (que codificam a informação antes de ir para a rede) desenvolvidos no DSIC foram responsáveis por manter o Brasil imune a ataques. Dessa forma, ao analisar o WikiLeaks, Raphael relata que os dados vazados pelo WikiLeaks não foram obtidos por meio de invasões de redes, mas pela ajuda de funcionários dos governos, especialmente o americano, o que precisará ser investigado.

---

36 *Fundador do WikiLeaks pede ao Reino Unido que barre extradição.* Disponível em: <http://noticias.r7.com/internacional/noticias/fundador-do-wikileaks-pede-ao-reino-unido-que-barre-extradicao-20110712.html>. Acesso em: 20 ago. 2017.

37 *Assange é libertado em Londres.* Disponível em: <http://www.estadao.com.br/noticias/internacional,assange-e-libertado-em-londres,654501,0.htm>. Acesso em: 20 ago. 2017.

38 Raphael Mandarino Junior atuou por mais de três décadas na Agência Brasileira de Informação (ABIN). Atualmente, é diretor do Departamento de Segurança da Informação e das Comunicações do governo federal (DSIC). É autor do livro *Segurança e defesa do espaço cibernético brasileiro.*

22.7. VÍTIMAS (SUJEITOS PASSIVOS)

Deve-se entender por vítima o sujeito passivo do crime de informática. Qualquer pessoa poderá ser o sujeito passivo deste tipo de crime. No geral, bastaria ter um computador para estar suscetível a estes delitos realizados com suporte da Tecnologia da Informação, mas não necessariamente, uma vez que se pode ser vitimado por meio de *pen-drives* ou CDs contaminados; pelo recebimento de um *e-mail* com vírus que destrua um programa ou apague informações; ter suas informações captadas de servidores e utilizadas indevidamente; entre outras formas.

As vítimas podem ser pessoas físicas ou jurídicas, públicas ou privadas. Mas as empresas são as principais lesadas neste tipo de crime, sendo que no passado era comum se calarem, não o levando a conhecimento da autoridade policial e judiciária, arcando com os prejuízos, evitando assim se prejudicarem ainda mais, uma vez que poderia ocorrer a perda em massa de clientes. Principalmente no campo das instituições financeiras, *sites* de compras etc., uma vez tornada pública a fragilidade de um sistema informático de uma empresa, poderia haver prejuízos incalculáveis.

Por exemplo, a notícia que num determinado banco alguns clientes foram prejudicados por terem importâncias desaparecidas de suas contas, com certeza, causaria uma insegurança generalizada nos demais correntistas dessa instituição, que a deixariam para serem correntistas de outra. É principalmente por essa razão que algumas empresas preferiam silenciar e assumir o prejuízo. No entanto, nos tempos atuais, este tipo de notícia se tornou comum, acabando o receito das empresas de perder clientela por veiculação dessas ocorrências.

Já os usuários domésticos, em tese, poderiam ficar menos preocupados, pois mesmo que seus computadores provavelmente sejam vulneráveis a todo tipo de ataque de *hackers*, estes preferem atacar empresas. De acordo com especialistas, exceto em casos específicos e muito raros, os usuários domésticos estão muito menos sujeitos a serem alvos, diretos ou indiretos, do que as empresas. Exceto por um vírus recebido por *e-mail*, a maioria dos usuários domésticos provavelmente não será afetada pelas grandes ameaças e ataques realizados contra instituições públicas e privadas, sendo imensas as perdas financeiras experimentadas por várias empresas nos últimos anos.

No entanto, os especialistas também alertam que a maioria dos computadores pessoais está totalmente aberta para o recebimento de vírus e ataques;

e que em circunstâncias raras eles podem vir a ser invadidos e até mesmo serem usados como computadores "zumbis", como visto anteriormente.

22.8. FORMAS DE ATAQUE E CONTAMINAÇÃO

A internet, por ser um ambiente virtual de dimensões talvez incalculáveis, proporciona várias formas de cometer o crime de informática. A seguir, discorremos, sucintamente, sobre os meios mais utilizados e desenvolvidos de ataque e contaminação na rede mundial de computadores, sem prejuízos de outros.

22.8.1. Vírus

É um programa escrito em linguagem de programação, que faz a contaminação de outros programas do computador por meio de sua modificação, de forma a incluir uma cópia de si mesmo. Pode ser transmitido por um simples *e-mail* ou *pen-drive*; é recomendável a utilização de antivírus, muito embora estes não sejam absolutamente capazes de impedir a contaminação, uma vez que sua atualização é feita posteriormente à invenção de um novo vírus, que certamente já causou problemas.

Nenhum usuário de computador está livre de vírus, pois mesmo que este não use a internet, ele pode ser contaminado por um disquete infectado, por exemplo. Assim, recomenda-se fazer *backup* de arquivos e documentos rotineiramente.

22.8.2. *Trojans*

Os *trojans* são os denominados cavalos de troia ou *backdoors*, que consistem em programas enviados a um sistema anfitrião, permitindo a conexão do computador infectado com o computador do invasor, sem a necessidade de qualquer autorização; assim, o remetente controla e monitora grande parte das atividades do usuário hospedeiro.

Recebem o nome de cavalo de troia, pois geralmente são enviados em um arquivo bonito, por exemplo, a foto de um belo cavalo. Ele é facilmente instalado pela mera recepção de um *e-mail*, quando este vier com um programa anexado a ele.

Muitas vezes, os *trojans* não são virais, e consequentemente não são descobertos pelos antivírus.

22.8.3. *Worms*

Os *worms* subdividem-se em *worms* de internet e *worms* de IRC. Estes são os que se propagam por meio de internet *Relay Chat* – IRC, entenda-se: canais de bate-papo. Aqueles são programas que se propagam de um sistema para outro, automaticamente, por meio de autorreprodução, sem interferência do usuário infectado.

22.9. LOCAL DO CRIME E JURISDIÇÃO PARA JULGÁ-LO

O Código Penal brasileiro adota, como regra geral, o princípio da territorialidade, em que se aplica a lei do Estado aos fatos ocorridos dentro do território nacional (art. 5º). E considera-se praticado o crime no lugar em que ocorreu a ação ou omissão, total ou parcialmente, bem como onde se produziu ou deveria produzir-se o resultado (art. 6º).

Por sua vez, o art. 7º do Código Penal traz algumas possibilidades de aplicação da lei brasileira a crimes cometidos no estrangeiro, ou a partir do estrangeiro, inclusos os delitos que, por tratado ou convenção, o Brasil se obrigou a reprimir, por exemplo, a pornografia infantil prevista no ECA – Estatuto da Criança e do Adolescente. Mas o § 2º do mesmo artigo elenca cinco condições para a aplicação da lei nacional a estes casos:

a) entrar o agente no território nacional;

b) ser o fato punível também no país em que foi praticado;

c) estar o crime incluído entre aqueles pelos quais a lei brasileira autoriza a extradição;

d) não ter sido o agente absolvido no estrangeiro ou não ter aí cumprido a pena;

e) não ter sido o agente perdoado no estrangeiro ou, por outro motivo, não estar extinta a punibilidade, segundo a lei mais favorável.

Percebe-se assim que, diante de todas estas condições, torna-se difícil efetivar a prisão de um infrator digital. Então, talvez o melhor fosse adequar a legislação penal, especialmente no que se refere aos crimes de informática, pois isso facilitaria a persecução e a condenação penal dos criminosos virtuais.

Os conceitos tradicionais e princípios do Direito Penal, em parte, não se ajustam mais à nova realidade mundial a partir da expansão da internet. Especificamente acerca do princípio da territorialidade, precisará ajustar-se ao ambiente virtual. A tendência é que o conceito de soberania sofra mudanças para se ajustar a essa realidade.

Entretanto, em âmbito nacional, o local do crime pode ser considerado aquele onde estiver sediado o provedor que hospedou a ofensa. Por exemplo, o Tribunal Regional Federal da 3ª Região[39] entendeu que crime racial praticado na internet deve ser julgado pelo órgão judicial do local onde estiver sediado o provedor do *site* em que a ofensa foi publicada. O caso envolvia ofensa a uma comunidade indígena, sendo que o Tribunal entendeu ser crime de mera conduta e não de resultado (hipótese em que a competência seria do órgão judicial do local em que o crime produziu efeitos).

De acordo com o STF, a Justiça Federal é competente para processar e julgar prática de crime de publicação de imagens com conteúdo pornográfico envolvendo criança ou adolescente (arts. 241, 241-A e 241-B da Lei n. 8.069/90 – Estatuto da Criança e do Adolescente) quando praticados por meio da rede mundial de computadores (internet). Tal entendimento foi exarado pelo do tribunal, por maioria de votos, nos autos do RE 628.624 (*DJe* 6-4-2016), o qual teve repercussão geral reconhecida, atingindo assim outros processos com o mesmo tema.

22.10. RESPONSABILIDADE DO PROVEDOR

No que tange à possibilidade de responsabilidade penal do provedor por atos dos usuários-internautas, por se tratar de uma pessoa jurídica (o que demandaria previsão legal específica da conduta criminosa), ela não é cabível; pois, em tese, o provedor é apenas um instrumento para a prática do delito, ou seja, é o meio de acesso à rede, não tendo o provedor controle sobre o conteúdo.

Já quanto à responsabilidade civil do provedor, como visto em outro item desta obra, ela é possível em alguns casos, como vem decidindo o Poder Judiciário, bem como pela disciplina fixada pelo Marco Civil da Internet (Lei n. 12.965/2014). Isso pode ser ilustrado com a posição da Desembargadora Marilene Bonzanini Bernardi, do Tribunal de Justiça do Rio Grande do Sul, em decisão de 2009 que avaliava a responsabilidade civil do provedor:[40]

---

39 TRF-3, Processo 0001358-60.2013.4.03.6002/MS.

40 "APELAÇÃO CÍVEL. **RESPONSABILIDADE CIVIL**. *E-MAILS* RELACIONADOS COM PORNOGRAFIA, PEDOFILIA E CRIMES EM SÉRIE QUE

(...) Os provedores não podem ser responsabilizados pelo conteúdo das mensagens armazenadas ou enviadas pelos usuários, na medida em que tal controle importaria, ao fim e ao cabo, violação da privacidade, que está protegida no rol do art. 5º, mais precisamente, no inciso X da CF/88, e violação do sigilo das correspondências, também direito fundamental previsto no referido artigo, inciso XII.

Ou seja, não é lícito aos provedores violarem o conteúdo das comunicações de modo geral e irrestrito, a fim de interceptar determinadas espécies de comunicação, o que, por conseguinte, afasta sua responsabilidade pelo teor dos *e-mails* veiculados. Assim como não pode a Empresa Brasileira de Correios e Telégrafos ser responsabilizada pelo conteúdo das cartas que remete, também não se pode imputar aos provedores responsabilidade pelas mensagens que viabiliza o envio.

ABARROTARAM O ENDEREÇO ELETRÔNICO DE USUÁRIO DA INTERNET. MENSAGENS REDIRECIONADAS POR OUTRO **PROVEDOR**, EM FACE DE ATO DE TERCEIRO. NEXO CAUSAL NÃO CONFIGURADO. DEVER DE INDENIZAR DO PROVEDOR QUE OFERECE SERVIÇOS 'E-GRUPOS' AFASTADO. 1. Segundo a teoria da asserção, a análise das condições da ação deve ser feita à luz das afirmações do autor em sua petição inicial. Ou seja, deve-se partir do pressuposto de que as afirmações do demandante em juízo são verdadeiras a fim de se verificar se as condições da ação estão presentes. Caso, no curso da demanda, se demonstre que as assertivas do autor não correspondem à realidade, há que se julgar improcedente o pedido, e não extinta a ação por ilegitimidade passiva. Caso concreto em que, pela narração da inicial, poderia haver responsabilidade do provedor Yahoo em relação a Maria e Matheus. Se esta versão dos fatos não corresponde à realidade, este é um aspecto que se compreende no mérito da demanda. Alegação de ilegitimidade ativa rejeitada. 2. Tendo o condão de interromper o curso do prazo prescricional a citação havida no processo cautelar, considerando que seu desfecho seria essencial para a propositura da ação de conhecimento, é de se afastar a alegação de prescrição da pretensão indenizatória. Ademais, contra o autor menor não correu prazo prescricional algum. 3. Restando comprovado nos autos que o endereço de *e-mail* do autor não foi incluído em qualquer dos grupos de discussão dos quais partiram as mensagens sobre pornografia, pedofilia e crimes em série que teriam lotado a sua caixa postal, já que quem estava cadastrado no grupo era a conta de terceiro e, por meio de um mecanismo de redirecionamento disponibilizado pelo provedor MAILBR.COM.BR, foram automaticamente encaminhados ao endereço eletrônico do autor, não há responsabilidade do provedor Yahoo Brasil no evento danoso. Agravo retido desprovido. Apelo da ré provido. Apelo dos autores prejudicado" (Ap. Cív. 70030395107, 9ª Câmara Cível, j. em 28-10-2009, DJ 6-11-2009; *RJTJRS* 276/298).

Primeiro, não podemos esquecer-nos da proteção constitucional quanto à inviolabilidade de correspondências, especialmente no que se refere ao *e-mail* para execução do crime. Segundo, que no Direito Penal brasileiro impera a responsabilidade subjetiva, como regra geral. E, por último, a ausência de legislação sobre a matéria. Dessa forma, os provedores devem alertar e fixar, por via contratual, a responsabilidade de seus usuários acerca das condutas delituosas que venham a ferir o ordenamento jurídico brasileiro, tornando claro o seu posicionamento na hipótese de sua consumação.[41]

Em razão da colaboração dos provedores, a polícia tem conseguido reprimir alguns crimes de informática se utilizando dos chamados *IP – Internet Protocol*, que permite identificar o computador utilizado e a localização do lugar de onde se praticou o delito (e muitas vezes do efetivo criminoso) pelo respectivo número. Logo, uma vez solicitado pela autoridade competente, o provedor é obrigado a fornecer as referidas informações para a formação da prova.

Contudo, o Marco Civil da Internet prevê que os provedores de conexão (acesso) devem guardar por pelo menos 1 ano os registros das conexões de seus usuários (art. 13); já os provedores de aplicações de internet deverão manter os respectivos registros de acesso a aplicações de internet por 6 meses (art. 15).

22.11. LEGISLAÇÃO E PROJETOS DE LEI

Há uma enorme expectativa e ansiedade para uma adequada normatização que trate da informática, especialmente no campo criminal, pois diante da ausência de legislação específica têm-se aplicado o Código Penal (que recentemente foi alterado para abrigar alguns poucos crimes relacionados à informática) e leis especiais. Isso porque alguns fatos delitivos enquadram-se perfeitamente nestas normas. Porém, outros delitos eventualmente podem não se enquadrar nos tipos penais estabelecidos até então, surgindo a denominada atipicidade do ato, com a consequente impunidade do agente criminoso.

Há vários projetos de lei no Congresso Nacional que visam disciplinar as práticas ilícitas com o uso da Tecnologia da Informação. Alguns criam tipos penais novos, outros ajustam os tipos penais já estabelecidos pela norma penal.

Até então, o que esteve mais próximo de aprovação no Congresso foi o Projeto de Lei Substitutivo do Senador Eduardo Azeredo (PSDB-MG), que

---

[41] Gustavo Testa Corrêa. Quem responde por crimes na internet? In: Omar Kaminski (Org.). *Internet legal*: o direito na Tecnologia da Informação – doutrina e jurisprudência. Curitiba: Juruá, 2003, p. 23.

consolidou o Projeto de Lei da Câmara n. 89, de 2003, e Projetos de Lei do Senado n. 137, de 2000, e n. 76, de 2000, todos referentes a crimes na área de informática. Este substitutivo em grande medida segue as diretrizes da Convenção Internacional de Budapeste sobre *cybercrimes*.

Em face das fortes discussões acerca do seu conteúdo, atualmente o substitutivo encontra-se em sua oitava versão. Fundamentalmente, o substitutivo promove uma série de acréscimos e alterações no Código Penal, a fim de ajustar muitos dos seus tipos penais às condutas que são praticadas com o uso da Tecnologia da Informação.

22.12. AÇÕES DE COMBATE AOS CRIMES DE INFORMÁTICA

É mundial a extrema preocupação em buscar soluções para combater a criminalidade informática. Já na reunião de ministros da justiça e procuradores dos países integrantes da OEA – Organização dos Estados Americanos – realizada em março de 2000, na qual um dos principais temas foi a criação de mecanismos para coibir as ações de *hackers* na internet, afirmou-se que todos deveriam cuidar da segurança dos *sites*, sob pena de se facilitar a ação dos *cybercriminosos*.[42]

A União Europeia também desde o início da década de 2000 já vem apresentando propostas para aumentar as punições a quem espalhar vírus pela *web* ou invadir *sites*. Algumas autoridades europeias veem uma clara ligação entre o crime organizado e as atividades de *hackers*.

Com a preocupação global sobre o crescimento da ameaça de crimes na internet, o G8 – grupo que reúne as lideranças dos países mais industrializados do mundo e a Rússia – decidiu aumentar os esforços para enfrentar os crimes de informática. O grupo também apoiou a sugestão da França de expandir os poderes da *Europol* para combater não somente as ações ilegais com a ajuda de novas tecnologias, mas também ataques pela internet contra os seus próprios sistemas, de acordo com nota do Ministério do Exterior da França.

Vale destacar que, já em 2000, os EUA, por meio do FBI, criaram o "Centro de Fraude de internet", para a luta contra crimes virtuais cujas vítimas podem, a partir da própria internet, fazer as denúncias. No início dos trabalhos,

---

[42] Reginaldo César Pinheiro. Os *cybercrimes* na esfera jurídica brasileira. *Jus Navigandi*, Teresina, ano 5, n. 44, 1 ago. 2000. Disponível em: <http://jus.com.br/revista/texto/1830>. Acesso em: 21 ago. 2017.

o centro já dispunha de 161 funcionários fazendo as investigações, em que polícia federal e polícias estaduais trabalham em conjunto.[43]

No mesmo ano, o ex-presidente Bill Clinton anunciou, frente à necessidade da comunicação das empresas da *web* na troca de informações sobre segurança na rede, a criação de um centro de segurança cibernética. Paralelamente, a secretária de justiça da época, Janet Reno, anunciou um reforço de 37 milhões de dólares para o programa federal contra o *cybercrime*.

Em abril de 2001, o ex-ministro do Interior britânico Jack Straw presidiu o lançamento de uma Unidade Nacional para Crimes de Alta Tecnologia, com verba de US$ 35 milhões, com 40 funcionários de alto escalão, baseados em local secreto, para enfrentar as fraudes, extorsões e lavagem de dinheiro.

Foi realizado em 2007 o Fórum Mundial de Governança na Internet – IGF 2007, apoiado pela Organização das Nações Unidas e sediado na cidade do Rio de Janeiro. Os especialistas em segurança que participaram do fórum argumentaram que "os *e-mails* indesejados (*spams*), os cavalos de troia (*trojans*) e os falsos *sites* que roubam senhas (*phishings*) ultrapassam fronteiras, o que faz com que nenhuma ação de combate a crimes virtuais ou a ameaças que circulam na internet seja efetiva sem que haja uma cooperação internacional".

Jean-Charles de Cordes, que foi colaborador da Convenção dos *Cybercrimes*, diz que, justamente porque não respeita fronteiras, a internet é muito mais ágil na disseminação de ameaças e no desrespeito às leis nacionais do que os governos em suas tentativas de ampliar aos crimes praticados pela internet as mesmas leis impostas aos cidadãos no mundo real; e que se entende como crime cibernético desde a distribuição de *e-mails* não desejados e criação de vírus até a promoção do tráfico de pessoas, crime organizado, corrupção, pedofilia, racismo etc.

22.12.1. Convenção de Budapeste sobre *cybercrimes*

Em 2001, o Conselho da Europa criou a Convenção de Budapeste para combate do *Cybercrime*. Ela entrou em vigor em 2004, após a ratificação de cinco países. A Convenção tipifica os principais crimes cometidos na internet

---

[43] *Revista Internet.br*, ano 4, n. 48, maio de 2000, Ediouro, p. 47-48 apud Arthur José Concerino. Internet e segurança são compatíveis? In: Newton De Lucca; Adalberto Simão Filho (Coords.). *Direito e internet* – aspectos jurídicos relevantes, p. 144.

e prioriza, conforme o seu preâmbulo, uma política criminal comum, com o objetivo de proteger a sociedade contra a criminalidade no ciberespaço, pela adoção de legislação adequada e pela melhoria da cooperação internacional neste campo; reconhecendo, portanto, a necessidade de uma cooperação entre os Estados e com a participação da iniciativa privada.

A Convenção dos *Cybercrimes* tem uma participação maciça dos países europeus, reunindo pela internet especialistas, policiais, investigadores, promotores e juristas de mais de 40 países do continente, além de EUA, Japão, Coreia do Sul e Canadá. É uma espécie de força internacional de combate ao crime cibernético. Os cerca de 1.400 integrantes desta rede – que inclui ainda empresas como a Microsoft e entidades do porte da APEC – compartilham, 24 horas por dia, uma imensa base de dados, alimentada simultaneamente por todos os integrantes, e que inclui desde decisões judiciais tomadas em julgamentos contra usuários de internet na Europa até a mobilização de forças-tarefa no treinamento de polícias nacionais na repressão a ilegalidades *on-line*.

Marco Gercke, advogado e perito em crimes digitais do Conselho da Europa, destacou que a convenção não viola a privacidade dos usuários nem obriga provedores a armazenar dados, mas compartilha um mínimo de padrões jurídicos para ajudar países a caracterizar, por exemplo, o que é roubo de informação ou como deve ser o acesso a um servidor de dados. Gercke diz também que muitos países não sabem como punir práticas criminosas que envolvem redes sociais como *Myspace* e *Second Life*, porém já existem leis de nações europeias que se adequaram para incluir esses meios.

O Brasil, que aprovou pequenos ajustes no Código Penal e no Estatuto da Criança e do Adolescente, como já visto, está na lista de países que poderiam integrar a convenção, afirmou Gercke. Entre as ações destacadas pelo especialista estão os esforços da Ong SaferNet Brasil e do Ministério Público Federal de São Paulo, que, junto ao *Google*, acompanham as ações suspeitas na rede social *Orkut* [esta agora já fora de operação].

A Índia, que está entre as nações convidadas a integrar a convenção europeia, já possui uma lei nacional contra crimes cibernéticos, o "IT Act", considerada a primeira do mundo e implementada em outubro de 2000. Pavan Duggal, especialista em combate a crimes cibernéticos e advogado da Suprema Corte da Índia, afirmou que o país enfrenta menos problemas para penalizar suspeitos de comandar crimes cibernéticos, mas lembrou que a Índia e países como o Brasil ainda precisam treinar a força policial no combate a estas ações e investir em inteligência.

Muito tem sido feito na internet no combate a crimes que estão no Código Penal, como é o caso de pedofilia, e muito se discute, mas registramos poucas ações práticas. O papel de convenções como esta é importante quanto aos princípios mais básicos dos crimes internacionais, mas falta força policial e agilidade dos sistemas judiciais – constatou.[44]

22.12.2. Ações policiais

Internacionalmente, a colaboração entre as polícias de variadas nações tem conseguido punir algumas infrações. O FBI anunciou, no dia 19 de abril de 2002, a prisão de 27 pessoas, acusadas de pirataria de *software*. A maior parte dos presos atuava na Califórnia e as acusações incluem tráfico de bens falsificados, infração de direitos autorais, conspiração (equivalente ao crime de formação de quadrilha), lavagem de dinheiro e sonegação fiscal. A ação se deu por meio da infiltração da polícia federal americana nas quadrilhas, em uma operação que começou em 2000, passando-se por consumidores interessados em comprar *softwares* piratas. Assim como no Brasil, os programas mais vendidos pelos piratas eram cópias do *Windows*, *Microsoft Office*, *Adobe Photoshop* e *Norton Antivirus*, com preços entre US$ 7 e US$ 70.[45]

Agentes do FBI e da *Europol* têm aulas sobre *cybercrimes*, segurança em internet, redes e sistemas. A escola é uma divisão da *QinetiQ*, empresa que até julho de 2001 integrava o Ministério da Defesa britânico. Com *know-how* desenvolvido para a proteção de um dos mais importantes países da Europa, a *QinetiQ* ensina aos seus alunos como são as técnicas de *cybercrimes*, invasões, criação e o funcionamento de vírus de computadores. Além de conhecimento tecnológico, os alunos aprendem quais tipos de medidas legais podem ser tomadas em caso de crimes envolvendo alta tecnologia.[46]

---

44 Agnes Dantas. *Internet mais segura depende de cooperação internacional, defendem especialistas*. Disponível em: <http://oglobo.globo.com/tecnologia/mat/2007/11/14/327171371.asp>. Acesso em: 21 ago. 2017.

45 *EUA prendem 27 piratas de* software. Disponível em: <www.terra.com.br/informática/194>. Acesso em: 24 ago. 2017.

46 *Agentes do FBI e da Europol têm aulas sobre* cybercrimes. Disponível em: <www.terra.com.br/informática.199> Acesso em: 24 ago. 2017.

22.12.2.1. Delegacias de Polícia especializadas

Alguns Estados brasileiros atentos ao desenvolvimento dos crimes praticados com o uso da Tecnologia da Informação têm criado Delegacias de Polícia especializadas em crimes de informática.

Por exemplo, pode-se citar a Polícia Civil de São Paulo,[47] que já possui uma Delegacia especializada em crimes de informática desde 2001. Ela foi criada pelo Decreto n. 46.149, de 2 de outubro de 2001.[48]

A referida Delegacia paulistana investiga crimes de informática próprios e impróprios (sendo estes os preponderantes), atuando somente nos praticados na cidade de São Paulo, sendo que tal competência se estabelece pelo domicílio da vítima. Nos demais municípios do Estado, que não possuem delegacia especializada, os crimes de informática são investigados pelas Delegacias de Polícia locais. Tem-se a informação de que, quando da necessidade da realização de perícias, estas são feitas pelo Instituto de Criminalística, que possui um núcleo de informática.

Anteriormente à existência de tal Delegacia, os crimes de informática eram investigados, desde 1995, pelo DETEL – Setor de Investigações de Crimes de Alta Tecnologia, cuja responsabilidade ficava a cargo do delegado Mauro Marcelo de Lima e Silva, que foi colaborador da *Web-Police*, instituição que congrega policiais de todo o mundo no combate aos crimes de informática.

É um dos maiores especialistas brasileiros no combate aos crimes de informática, e, no início de abril de 2002, ajudou a identificar os integrantes do Inferno.BR – um grupo de *hackers* brasileiros responsável por centenas de ataques a *sites* governamentais no Brasil e no exterior. Eles chegaram a invadir os sistemas da NASA e do exército americano, trazendo um impacto negativo para o Brasil. Por conta do ataque dos *hackers*, a NASA bloqueou os acessos que partiam do Brasil ao seu *site*.

O delegado também participa de um grupo que está propondo ajustes à legislação brasileira para punir todo tipo de crime que ocorra na internet.

---

[47] Existem outras delegacias especializadas, como as de Curitiba/PR, Brasília, Rio de Janeiro, Belo Horizonte, Goiânia e Vitória.

[48] Publicado no Diário Oficial em 3 de outubro de 2001.

Em entrevista respondida por *e-mail* a Thereza Martins, jornalista e editora especial do *site* www.novaeconomia.inf.br,[49] ele falou sobre a criminalidade na internet. Afirmou que, de uma maneira geral, a maioria dos crimes denunciados é de páginas na *web*. São crimes que chocam, tais como pornografia infantil, pedofilia, preconceitos raciais, entre outros. A quantidade de crimes financeiros é pequena. Na realidade, a internet, nesses casos, é apenas um meio novo de praticar os crimes de sempre.

Quanto às denúncias, elas estão crescendo; por dia, recebem-se aproximadamente 80 *e-mails*, metade dos quais são denúncias. Desde 1995, já atuaram em cerca de 500 casos. Há em andamento 100 inquéritos e mais de 200 denúncias para apurar. No início, 95% eram esclarecidas, mas o número de denúncias tem aumentado consideravelmente e, portanto, esse índice está caindo, demonstrando a necessidade de maior número de pessoal e equipamentos.

O delegado afirma que os *hackers* são inteligentes, devendo-se utilizar essa inteligência para o bem. A mídia tem explorado muito a atuação dos *hackers*, mas eles não passam de um bando de pichadores eletrônicos. Comparativamente, seria como pichar o muro de uma casa e nada mais. Eles não pulam o muro e roubam a casa. Só picham o muro.

Informa também que são raríssimos os casos de espionagem industrial a partir de atuação completamente externa. Na maioria das vezes encontra-se o *inside factor*, ou seja, o fator humano interno, funcionário ou ex-funcionário, que passa informações para fora, e, a partir dessas informações, ocorrem as invasões.

Sobre os óbices, disse que a polícia brasileira ainda não está capacitada para combater esses criminosos virtuais. Falta legislação e também não existe integração entre as polícias para que as ações sejam mais eficientes. "São várias as dificuldades: cooperação de provedores, leis, agilidade, policiais experientes, recursos financeiros, entre outras. Mas, ao contrário do que se imagina, o interessante é que é muito mais fácil investigar crimes no ambiente virtual do que no ambiente real. Na internet sempre ficam rastros", declara o Delegado Marcelo.

Com relação ao crime organizado, o ideal é estar preparado e antecipar-se. A polícia que se antecipa ao crime não é surpreendida. Hoje, a Polícia Civil de São Paulo é referência no Brasil justamente por ter começado a trabalhar nessa área quando ainda pouco se falava em internet no País.

---

49 *Site*: <http://www.novaeconomia.inf.br>. Acesso em: 12 jun. 2005. (Novo acesso em: 10 ago. 2017).

"Sempre faço compras pela internet com cartão de crédito, e garanto que não existem riscos. Se amanhã receber uma fatura da administradora do meu cartão dizendo que gastei US$ 5.000 em Paris, vou rir. Apenas isso. Além de dar um telefonema à administradora pedindo o cancelamento do débito, pois não o reconheço. A administradora é que tem que provar que fui eu quem fez a compra e não eu provar que sou inocente. O problema do cartão de crédito não é a compra em si, nem nos momentos das transações. O problema é você ter essas informações no seu computador pessoal, bem mais vulnerável que os computadores das grandes empresas. É muito fácil, se você não tiver cuidado, que informações de seu PC caiam nas mãos de quem não devia", esclarece o delegado.

Traz felicidade saber que já existem especialistas investigando os crimes de informática, mas ainda é muito reduzido o número; por exemplo, na polícia federal brasileira existem apenas nove peritos especializados em investigar estes crimes realizados na internet, conforme relato do perito criminal federal André Machado Caricatti,[50] este que também informa que um crime que está tornando-se comum é a escuta telemática (grampo em rede de computadores).

Em 30 de novembro de 2012 foi promulgada no Brasil a **Lei n. 12.735**, cujo art. 4º dispõe que os órgãos da polícia judiciária estruturarão (conforme regulamentação) setores e equipes especializados no combate à ação delituosa em rede de computadores, dispositivo de comunicação ou sistema informatizado. Trata-se de um reconhecimento do legislador quanto à importância em se ter setores especializados para atuar junto aos criminosos informáticos. Rio de Janeiro, Curitiba, Belo Horizonte e outras cidades também já possuem delegacias especializadas em crimes de informática.

22.13. PRINCIPAIS PROBLEMAS DA CRIMINALIDADE INFORMÁTICA

O combate à criminalidade informática encontra vários entraves relacionados às lacunas legislativas, mas não somente; também aos reflexos que podem causar restrição à liberdade de expressão e ao acelerado desenvolvimento tecnológico.

Em boa medida, a internet permite o anonimato, o que dificulta a identificação do autor, haja vista a possibilidade de manipulação dos dados. O

[50] Andréia Maia. *Internet cria a democracia criminal*: a vítima pode ser você. Disponível em: <http://www.ae.com.br/institucional/internet_democracia_criminal_a.php>. Acesso em: 22 ago 2017.

flagrante também é um problema, uma vez que é quase impossível de acontecer, pois, muitas vezes, o resultado do crime vem muito depois do início da execução, até porque a vítima muitas das vezes só conhece o prejuízo após um lapso temporal razoável, não imediatamente à sua execução.

A popularização da internet cumulada com a falta de conscientização da importância de prevenção, com a adoção de medidas de segurança, reflete outra fragilidade da internet. Ou melhor, muitos se utilizam da internet sem a preocupação do perigo de invasão ao computador, por exemplo; sem utilizar antivírus; sem verificar a credibilidade de uma empresa que oferece serviços *on-line* por ocasião do pagamento de algo ou do fornecimento de dados pessoais, entre outras situações.

Podem ser citadas também como problemas as leis obsoletas, em especial no Brasil, que regulamentam o sistema normativo penal, o que acarreta atipicidade de vários atos, que não poderiam ser previstos no passado.

Ainda, há uma barreira por parte de alguns grupos que acreditam que uma repressão muito forte inibiria a liberdade de expressão e a democracia, características da grande rede. Entramos em um dos pontos mais polêmicos da internet, já que não se pode determinar o limite que separa a liberdade de expressão e o dano social.

A falta de limites estabelecidos na jurisdição pode gerar efeitos relacionados à soberania nacional, nos casos em que mais de um país estivesse envolvido. Aparece aqui o problema relacionado ao princípio da territorialidade, ou seja, definir se a jurisdição é: a do país de onde partiram os dados: de onde estes dados estão armazenados; ou do país em que o dano foi causado. A determinação dos lugares em que o crime foi executado e gerou resultados, assim como a definição da materialidade, da autoria e da culpabilidade, acaba por dificultar ainda mais os procedimentos de investigação.

Normalmente, o criminoso da informática é um estudioso e está sempre buscando novos horizontes para aplicar seus conhecimentos. Apesar de cada vez mais a tecnologia aumentar a segurança na rede, os criminosos ultrapassam essas barreiras de acordo com o desafio. Além disso, muitas vezes, o procedimento investigatório não se apresenta vestido de provas irrefutáveis e contundentes do crime cometido. Isto acaba por ser um sintoma decorrente da falta de preparo de alguns agentes de investigação e da estrutura disponível.

Em solidariedade às dificuldades anteriores, os documentos eletrônicos ou arquivos de computador são provas facilmente modificáveis, permitindo adulterações comprometedoras a seu conteúdo probatório. Portanto, há grandes dificuldades na comprovação da veracidade desses documentos, que podem ser no caso concreto as únicas provas do crime.

Vale salientar que não é complicado identificar a máquina utilizada para o crime, mas, sim, identificar a pessoa que a manuseou em determinado momento. Cada vez é mais fácil localizar o computador emitente das informações; o problema é saber quem estava no seu comando. Talvez para isso fosse o caso de regulamentar a responsabilidade do proprietário do equipamento emissor das informações, sendo que na impossibilidade de localizar o criminoso que utilizou o computador para a execução do crime, responsabilizar-se-ia o proprietário da máquina.

22.14. DIREITO ESTRANGEIRO

Algumas nações já possuem leis sobre a criminalidade informática, por exemplo: nos Estados Unidos já há leis federais e estaduais tratando da matéria; na Itália houve uma alteração do Código Penal, acrescentando preceitos sobre a criminalidade na informática; já em Portugal há uma lei que dispõe sobre este tema; Inglaterra e Alemanha também já possuem leis específicas, assim como outras nações, como veremos a seguir.

22.14.1. Estados Unidos

A Lei Federal 18 U.S.C. 1030 trata da fraude e atividades relacionadas a computadores, conceituando computador e outras expressões afins e tipificando algumas condutas, prevendo penas corporais e pecuniárias. E, apesar de a Corte de Apelações americana admitir a possibilidade de dano contra dados informáticos, solucionando assim a questão, o legislador por excesso de zelo preferiu editar leis específicas sobre o assunto.

É crime a conduta de quem acesse computador sem autorização ou excedendo autorização e com isso obtenha informação de registro financeiro, de instituição financeira, ou informações de departamentos e agências dos Estados Unidos; também por acessar computador do Governo (exclusivo ou não, mas usado por ele) sem autorização. A transmissão de programa, informação, código ou comando que provoque dano, e adicionalmente com a intenção da extorsão de valor, também é punível.

Existem outras leis tratando da questão: Lei 18 U.S.C. 1362 tutela as linhas de comunicação, estação e sistema; Lei 18 U.S.C. 2511 incrimina a conduta de quem intercepta ou revela comunicação, oral ou eletrônica, proibida; Lei 18 U.S.C. 2701 incrimina o acesso ilícito de comunicações armazenadas; Lei 18 U.S.C. 2702 trata sobre a revelação do conteúdo.

Também existem legislações estaduais que tratam da criminalidade informática, por exemplo, a *Computer Law*, do Estado de Wisconsin, define o crime de dano, incluindo a alteração ou destruição de dados. A pena é de até 20 anos de prisão, e a multa, de até US$ 10.000,00.

O Código Penal californiano, em sua seção 502, define da mesma forma, entretanto, a pena pode ser de até 16 meses e a multa, de até US$ 5.000,00. E, no caso de um menor cometer o delito, um dos pais ou representante legal deverá responder pelo ato do menor.

22.14.2. Itália

A partir da reforma do Código Penal italiano, pela Lei 547/93, passou-se a incriminar quinze tipos penais referentes aos crimes de informática, sendo seis destes essenciais: 1º sabotagem; 2º acesso ilegal; 3º violação de segredo informático e do sigilo; 4º falsificações; 5º fraude informática; 6º violação dos direitos do autor concernentes ao *software*.

O envio de vírus e a conduta do *hacker* são disciplinados pelo art. 615 do CP italiano. Especialmente sobre o *hacker*, é punida a conduta de quem difunde, ilegalmente, os códigos de acesso, palavras-chave ou outros meios idôneos de acessar um sistema de informática protegido por medida de segurança (nos crimes de acesso ilegal a um sistema informático ou telemático).

22.14.3. Portugal

A respeito da criminalidade informática, Portugal possui a Lei 109/91, que, além de definir alguns conceitos utilizados na informática, estabelece seis tipos penais: 1º falsidade informática; 2º danos relativos a dados ou programas informáticos; 3º sabotagem informática; 4º acesso ilegítimo; 5º interceptação ilegítima; 6º reprodução ilegítima de programa protegido.

Além disso, o Código Penal português de 1995 prevê dois crimes relacionados à informática: 1º, a devassa por meio da informática (no capítulo reservado aos crimes contra a reserva da vida privada); 2º, a burla informática e nas comunicações (no capítulo dos crimes contra o patrimônio em geral).

Em Portugal, as penas para os referidos crimes podem chegar a 8 anos de prisão, além de multa.

22.14.4. Inglaterra

Algumas condutas criminosas relacionadas à informática foram disciplinadas, a saber: a obtenção de acesso não autorizado a programa ou informação; a modificação de informações armazenadas em computadores; o acesso como meio de execução de outro crime.

22.14.5. Alemanha

A Lei Federal de 1997, *IuKDG (informations – und Kommunikationsdienste-Gesetzt)*, alterou várias leis existentes, inclusive o Código Penal e Lei de Contravenções Penais, protegendo assim os meios eletrônicos, definindo a responsabilidade por transmissão de material pornográfico e material ilegal, entre outras determinações legais.[51]

22.14.6. China

Em 1998, foram regulamentadas normas de controle do conteúdo da internet, sob a alegação de que a rede é utilizada para filtrar segredos de Estado e difundir informações danosas.

22.14.7. Canadá

A *RCMP – Royal Canadian Mounted Police* considera como principais tipos de crimes: acesso não autorizado; danos a dados; furto de telecomunicação; e violação de direito autoral de *software*.[52]

22.14.8. Argentina

Iniciou-se o programa de uso de assinaturas digitais no âmbito da Administração Pública, para atos internos que não produzam efeitos jurídicos, pelo Decreto n. 427/98. Com relação a *hackear sites*, não é delito; conforme deter-

---

[51] Carla Rodrigues Araújo de Castro. *Crimes de informática e seus aspectos processuais*, p. 140.

[52] Carla Rodrigues Araújo de Castro. *Crimes de informática e seus aspectos processuais*, p. 139.

minou um juiz argentino, apagar ou alterar o conteúdo de uma página na internet não é crime, ao considerar que somente "as pessoas, os animais e as coisas" estão protegidos pelo Código Penal.

O juiz federal Sergio Torres chegou a esta conclusão ao julgar um caso de sabotagem do *site* da Corte Suprema de Justiça, denunciado em 1998 pelos auditores do tribunal. O grupo de *hackers* foi absolvido. O magistrado estabeleceu em sua sentença, em março de 2002, que as páginas *Web* não são nem pessoas, nem animais, nem coisas, mas simplesmente "elementos imateriais", não protegidos pelas leis penais.

Este é o primeiro caso de invasão e alteração de um *site* que chega à justiça federal argentina. Ocorreu em janeiro de 1998, foi investigado pela Divisão de Informática Criminal da Polícia e teve como principal acusado o argentino Julio López, que encabeçava o grupo *hacker X-Team*. "Uma página *Web* não pode assimilar o significado de coisa. É assim em tanto e porquanto, por sua natureza, não é um objeto corpóreo nem pode ser detectado materialmente," disse o juiz Torres, que considerou haver na Argentina um "vazio legal" neste campo.

Mas o advogado Antonio Millé, da Microsoft, criticou a resolução do juiz, ao sustentar que "se atentou contra um bem material ou coisa, que é a memória onde está gravado o arquivo HTML, que quando executado produz o desenvolvimento do *site* ou página *Web*". "Os *hackers* alteraram os estados de tensão correspondentes às casas que suportam esse arquivo, alterando a combinação de uns e zeros que as formam", acrescentou.

Os *hackers* entraram em 25 de janeiro de 1998, quando fazia três anos do assassinato do repórter fotográfico José Luis Cabezas, na página do mais alto tribunal argentino, colocando um anúncio que exigia o esclarecimento do crime. A investigação do fato causou, durante cinco meses, "uma série de aproximações espetaculares, detenções bombásticas, perseguições telefônicas e finalmente a absolvição dos acusados". O caso também disparou uma competência ainda não resolvida entre a Polícia Federal, a Gendarmeria (polícia de fronteiras) e a Secretaria de Inteligência do Estado para liderar as investigações de delitos informáticos.[53]

---

[53] *Hackear* sites *não é delito na Argentina*. Disponível em: <www.terra.com.br/informática/180>. Acesso em: 22 ago. 2017.

23

WhatsApp e a Criptografia Ponto a Ponto

23.1. INTRODUÇÃO À CRIPTOGRAFIA

Criptografia consiste no desenvolvimento de técnicas para garantir o sigilo e/ou a autenticidade de informações.[1] A palavra criptografia é formada pelos termos gregos *kryptos*, que significa secreto, oculto, ininteligível, e *grapho*, que significa escrita, escrever. Trata-se da ciência/arte de se comunicar secretamente. O objetivo básico da criptografia é tornar uma mensagem ininteligível para um adversário que possa vir a interceptar a mensagem. Hoje a criptografia é um campo de estudos abrangente, incluindo diversos aspectos da segurança de dados em geral, razão pela qual se tornou alvo de extensas pesquisas científicas. Não só quem manda a mensagem, mas também quem a intercepta, deve possuir um considerável poder computacional.[2]

Assim, pode-se afirmar que a criptografia é um ramo da matemática combinado com a ciência da computação. Para Bruce Schneier, é uma tecnologia básica do ciberespaço, dado que a criptografia é que permite gerir a sua segurança. O uso da criptografia na internet é relativamente novo, cuja necessidade adveio do *e-commerce*. Protocolos criptográficos visualizados em várias

---

1 William Stallings. *Criptografia e segurança de redes*. 4. ed. São Paulo: Pearson Prentice Hall, 2008, p. 18.

2 Daniel Balparda de Carvalho. *Criptografia*: métodos e algoritmos. Rio de Janeiro: Book Express, 2000, p. VII.

áreas da internet é algo recente e os primeiros exemplos referem-se ao ano 2000, tais como a encriptação do *e-mail* e dos cartões de crédito.[3]

Vale ter em conta que o modelo mais simples de criptografia é denominado de cifra simétrica. Trata-se de uma chave secreta compartilhada entre o emissor e o receptor. O emissor cifra a mensagem com a chave secreta e gera uma nova mensagem cifrada, ao passo que o receptor, ao receber a mensagem cifrada e tendo em mãos a chave secreta para decodificá-la, recupera a mensagem original. Essa técnica é eficiente, porém apenas até o momento em que um terceiro descubra a chave secreta. Uma vez descoberta, ele pode interceptar as mensagens e decodificá-las em tempo real, além de poder se passar pelo emissor ao enviar mensagens cifradas. Essa técnica é amplamente utilizada por ser simples de ser aplicada. Para deixá-la mais eficiente, a chave secreta é substituída por uma nova após um curto período de tempo. Há exemplos do uso que vão desde a máquina alemã utilizada para criptografar e descriptografar mensagens durante a segunda grande guerra (denominada Enigma) até os mais recentes *tokens* para operações bancárias.

Por sua vez, o modelo mais seguro de troca de mensagens na rede atualmente utilizado é denominado criptografia de chave pública, ou de cifra assimétrica. De acordo com William Stallings, este modelo evoluiu para resolver dois problemas do modelo de cifra simétrica. O primeiro é o de como distribuir as chaves secretas com proteção; o segundo é o das assinaturas digitais, de modo a assegurar que não se trata de um terceiro passando-se pelo emissor durante a comunicação.[4]

Nesse modelo assimétrico todos os membros do sistema de comunicação possuem a sua chave pública, que é compartilhada com todos, e uma chave privada, mantida secretamente. Estas duas são complementares neste modelo. O texto cifrado com a chave pública só pode ser decifrado com a chave privada. Assim, ao enviar uma mensagem ao receptor, o emissor cifra a mensagem com a chave pública do receptor, e o receptor de posse da mensagem possui a sua chave privada para decifrar a mensagem. O inverso também é possível. O texto cifrado com a chave privada só pode ser decifrado com a chave pública, de forma que para o emissor ser autenticado, ele cifra a mensagem com sua

---

3 Bruce Schneier. *Segurança.com*: segredos e mentiras sobre a proteção na vida digital. Trad. de Daniel Vieira. Rio de Janeiro: Campus, 2001, p. 93 e 118-119.

4 William Stallings. *Criptografia e segurança de redes*. cit, p. 181.

chave privada, e o receptor de posse da mensagem faz uso da chave pública do emissor para decifrar a mensagem em um texto claro.

Cabe observar que nenhum modelo de criptografia é 100% seguro, pois se a chave secreta for descoberta por um terceiro, ele terá posse da mensagem.

23.2. *WHATSAPP* E CRIPTOGRAFIA PONTO A PONTO

WhatsApp é um aplicativo (programa de computador para *smartphone*) de troca de mensagens desenvolvido pela WhatsApp Inc., visando substituir de forma gratuita o serviço de SMS (*Short Message Service*) cobrado pelas operadoras de telefonia. Esse recurso tecnológico do *WhatsApp* (somados a outros, como, o Facebook e outras mídias digitais) tem provocado a diminuição do faturamento das operadoras de telefonia.

De acordo com a WhatsApp Inc., o conteúdo das mensagens entregues pelo aplicativo *WhatsApp* não é copiado, mantido ou arquivado pela empresa. Os usuários digitam as mensagens, que são enviadas por algum serviço de acesso à internet aos servidores da empresa titular do *WhatsApp*, e encaminhadas para o destinatário (que também deve ser um usuário do *WhatsApp*) se este estiver *on-line*. Se o destinatário estiver *offline*, a mensagem é armazenada no servidor até que possa ser entregue. Se o destinatário não acessar o aplicativo por 30 (trinta) dias, a mensagem não é entregue e também é excluída do servidor. Logo, sendo entregue uma mensagem, é imediatamente excluída do servidor.[5]

Desde abril de 2016, a WhatsApp Inc. disponibilizou uma nova versão do aplicativo, agora com criptografia **ponto a ponto**.[6] Criptografia ponto a ponto é um termo dado para descrever que mesmo que a mensagem passe por um terceiro ou gerenciador, ela só é decifrada no receptor, ao passo que os gerenciadores da troca de mensagens não possuem acesso às chaves para decifrá-las.

Para o desenvolvimento dessa nova versão do aplicativo, a WhatsApp Inc. em parceria com a Open Whisper Systems,[7] uma empresa de poucos progra-

---

5 Whatsapp. *Terms of Service*. Disponível em: <https://www.whatsapp.com/legal>. Acesso em: 26 jun. 2017.

6 Open Whisper Systems. *WhatsApp's Signal Protocol integration is now complete*, cit.

7 OPEN WHISPER SYSTEMS. Disponível em: <https://whispersystems.org>. Acesso em: 26 jun. 2017.

madores financiados por doações que mantém seus projetos abertos para que qualquer programador possa ingressar na comunidade e contribuir com o desenvolvimento, fez o uso da Biblioteca Signal Protocol,[8] uma biblioteca livre e de código aberto licenciada pela GPLv3,[9] específica para troca de mensagens de dados e áudio.

Esta biblioteca utiliza o modelo de chave pública para cifrar as mensagens. Um par de chaves pública e privada é definido para cada mensagem. Isso significa que durante uma conversa no aplicativo *WhatsApp* cada mensagem enviada ou recebida possui uma chave exclusiva, de modo que se um terceiro descobrir uma chave privada ele conseguirá ter acesso a uma única mensagem.

No que tange nível de segurança, o modelo utiliza chaves de 256 bits. Ou seja, é possível ter $\mathbf{2^{256}}$ [dois elevado a duzentos e cinquenta e seis] chaves diferentes, aproximadamente $\mathbf{1x10^{77}}$ [um multiplicado por dez elevado a setenta e sete]. Supondo que o invasor, ou um órgão investigador, possua um computador muito rápido para testar essas chaves, como, por exemplo, o supercomputador mais rápido do mundo, hoje o Sunway TaihuLight localizado no Centro Nacional de Supercomputação em Wuxi, China[10]; este computador possui mais de 10 milhões de núcleos e pode realizar $\mathbf{93014x10^{12}}$ [noventa e três mil e quatorze multiplicado por dez elevado a doze] operações por segundo, o que demoraria em média $\mathbf{1,9737x10^{53}}$ [três multiplicado por dez elevado a cinquenta e três] anos para testar todas as chaves possíveis para cada mensagem, tornando improvável que a chave seja descoberta.[11]

---

[8] Github. *Open Whisper Systems.* Disponível em: <https://github.com/whispersystems>. Acesso em: 26 jun. 2017.

[9] Free Software Foundation. *Welcome to GPLv3.* Disponível em: <http://gplv3.fsf.org>. Acesso em: 26 jun. 2017.

[10] Top500 Supercomputer Sites. *Sunway TaihuLight – Sunway MPP, Sunway SW26010 260C 1.45GHz, Sunway.* Disponível em: <https://www.top500.org/system/178764>. Acesso em: 26 jun. 2017.

[11] Para o cálculo do tempo de solução do problema foram considerados:

1) O número 1 na lista dos computadores mais rápidos do mundo, Sunway TaihuLight, localizado no Centro Nacional de Supercomputação em Wuxi, que possui 10649600 processadores de 1,45Ghz, 1310720 GB de memória RAM e é capaz de executar em média 93014.6×10^{12} instruções de cálculos de números reais por segundo;

2) Um ano tem 31536000 segundos;

A intercepção de mensagens acompanha o mesmo raciocínio. A mensagem adquirida por esse meio estará igualmente criptografa, sendo necessário o mesmo mecanismo de tentativas de descoberta das chaves para que o acesso ao seu conteúdo seja possível. O que será encontrado, de início, será apenas um "punhado de bits" sem sentido para quem não detém as chaves corretas. Portanto, o acesso às mensagens será viável apenas com a posse do aparelho móvel do usuário, de forma que a segurança da técnica criptográfica dependerá unicamente dele, sendo de sua responsabilidade mantê-lo em local seguro.

23.3. (IR)RESPONSABILIDADE DO *WHATSAPP* PELAS MENSAGENS CRIPTOGRAFADAS

Na era da internet e da digitalização da informação, marcada pela velocidade e pela grande quantidade de operações eletrônicas, a capacidade de coleta, o armazenamento e a divulgação de dados e informações atingem altos níveis de eficácia. É possível, em segundos, coletar e transferir para países ao redor do mundo milhões de informações pessoais, estabelecer perfis digitais das pessoas, que servem para realizar escolhas, decidir quem pode ter acesso ao crédito, quem é merecedor de confiança, ou até mesmo reconhecer um potencial terrorista.[12]

Conforme Marcel Leonardi grandes quantidades de informação sempre estiveram disponíveis de modo esparso, mas a possibilidade de análise e agregação de todos esses dados por qualquer pessoa, e não apenas por governos e empresas, é algo inédito. Na era da informação e das redes, marcada pelo

---

3) A chave possui 256 bits, por combinação isto gera 2^{256} chaves possíveis, que corresponde a aproximadamente $1,1579x10^{77}$ chaves diferentes.

Supondo que para testar cada chave diferente é necessário um algoritmo equivalente em tempo de 10 instruções de cálculo de números reais. Logo, anualmente este computador pode testar $31536000 \times 93014.6 \times 10^{12} / 10$ chaves que resulta em 2933308425600000000000000, que corresponde a aproximadamente $2,9333x10^{23}$.

A quantidade de anos para se testar todas as chaves é o total de chaves dividido por quantas chaves o computador pode testar por ano, que resulta em $3,9474x10^{53}$ anos.

O tempo médio para encontrar a chave correta é calculado na metade do tempo em que se testaria todas as chaves, que corresponde a $1,9737x10^{53}$ anos.

12 Leonardo Roscoe Bessa. *Cadastro positivo*: comentários à Lei n. 12.414, de 09 de junho de 2011. São Paulo: Revista dos Tribunais, 2011, p. 57.

anonimato dos agentes e pela complexidade e velocidade das relações comerciais, a troca de informações é instantânea e ocorre em uma escala sem precedentes. Isso porque os baixos custos de armazenamento de informações e a facilidade de sua manipulação provocaram o surgimento de bancos de dados e cadastros de toda espécie.[13]

Conforme Liliana Minardi Paesani, no Brasil, é possível notar que não é o governo que ameaça a privacidade, mas sim o comércio, por meio da internet. A web transformou-se em um mercado, e, nesse processo, a privacidade passa de um direito a uma *commodity*. A informática possibilita não só acumular informações em quantidade ilimitada sobre a vida de cada indivíduo (suas condições físicas, mentais, econômicas ou suas opiniões religiosas e políticas), como também confrontar, agregar, rejeitar e comunicar as informações obtidas.[14]

Para Demócrito Ramos Reinaldo Filho, o direito à privacidade da pessoa, previsto pela Constituição Federal em seu art. 5º, inc. X, também pode ser desrespeitado no ambiente eletrônico. A publicação de dados ou informações de caráter íntimo ou que diga respeito à vida particular de uma pessoa pode acarretar-lhe prejuízo de ordem extrapatrimonial e patrimonial. Logo, aquele que ofender esse direito constitucional, revelando dados pertencentes à esfera da privacidade alheia, poderá ser condenado a ressarcir o dano causado.[15]

De forma geral, a responsabilidade civil por danos ocasionados na internet abrange os fornecedores diretos, sejam na qualidade de empresas ou de pessoas físicas, nos termos dos arts. 12 a 20 do Código de Defesa do Consumidor. Pode atingir, ainda, na qualidade de intermediários, os certificadores, os provedores, e quaisquer agentes que, mesmo indiretamente, percebam alguma vantagem econômica com o manuseio dos aplicativos eletrônicos pelos consumidores.

Em relação aos certificadores,[16] Guilherme Magalhães Martins afirma que estes intervêm no contrato eletrônico de consumo apenas com o fim de

---

[13] Marcel Leonardi. *Tutela e privacidade na Internet*. São Paulo: Saraiva, 2011, p. 71-72.

[14] Liliana Minardi Paesani. *Direito e Internet* – liberdade de informação, privacidade e responsabilidade civil. 2. ed. São Paulo: Atlas, 2003, p. 52.

[15] Demócrito Ramos Reinaldo Filho. *Responsabilidade por publicações na Internet*. Rio de Janeiro: Forense, 2005, p. 84.

[16] Cf. "Uma Autoridade Certificadora (AC) é uma entidade, pública ou privada, subordinada à hierarquia da ICP-Brasil, responsável por emitir, distribuir, reno-

atestar a autenticidade e segurança das principais informações relacionadas ao negócio, dando-lhe maior confiabilidade, o que os fazem, outrossim, responsáveis pelos defeitos decorrentes da sua atividade específica.[17] A criptografia, por sua vez, é a ferramenta responsável por garantir tal finalidade.

Quanto aos provedores, Marcel Leonardi defende que a responsabilidade civil por seus próprios atos deve ser interpretada pelo sistema de responsabilidade previsto no Código de Defesa do Consumidor ou no Código Civil, conforme afetem diretamente os consumidores que os utilizam, ou terceiros. Já a responsabilidade civil por atos de usuários e terceiros, deve ser interpretada a par de um sistema que atribua responsabilidade solidária aos provedores em caso de dolo ou negligência, quando deixam de cumprir seus deveres (e tornam assim impossível a identificação do efetivo responsável pelo ato ilícito), quando colaboram para sua prática, ou quando deixam de bloquear o acesso à informação ilegal, após terem sido cientificados de sua existência.[18] Trata-se da responsabilidade civil fundada na culpa, na modalidade negligência, posição adotada pela Lei n. 12.965/2014 (Marco Civil da Internet), nos arts. 19 e 21 quanto aos provedores de aplicações.[19]

---

var, revogar e gerenciar certificados digitais. Tem a responsabilidade de verificar se o titular do certificado possui a chave privada que corresponde à chave pública que faz parte do certificado. Cria e assina digitalmente o certificado do assinante, onde o certificado emitido pela AC representa a declaração da identidade do titular, que possui um par único de chaves (pública/privada)". Disponível em: <http://www.iti.gov.br/certificacao-digital/autoridades-certificadoras>. Acesso em: 21 ago. 2017.

17 Guilherme Magalhães Martins. *Responsabilidade civil por acidente de consumo na Internet*. São Paulo: Revista dos Tribunais, 2008, p. 137.

18 Marcel Leonardi. *Responsabilidade civil dos provedores de serviços de Internet*. São Paulo: Juarez de Oliveira, 2005, p. 79-80.

19 Art. 19. Com o intuito de assegurar a liberdade de expressão e impedir a censura, o provedor de aplicações de Internet somente poderá ser responsabilizado civilmente por danos decorrentes de conteúdo gerado por terceiros se, após ordem judicial específica, não tomar as providências para, no âmbito e nos limites técnicos do seu serviço e dentro do prazo assinalado, tornar indisponível o conteúdo apontado como infringente, ressalvadas as disposições legais em contrário. (...)

Art. 21. O provedor de aplicações de Internet que **disponibilize** conteúdo gerado por terceiros será responsabilizado subsidiariamente pela violação da intimidade decorrente da divulgação, sem autorização de seus participantes, de imagens, de vídeos ou de outros materiais contendo cenas de nudez ou de atos sexuais de caráter privado quando, após o recebimento de notificação pelo participante ou seu

Para fins de aplicabilidade dos dispositivos descritos, entende-se que o provedor de aplicações é um gênero que abarca o provedor de correio eletrônico, de hospedagem, de conteúdo. O provedor de correio eletrônico é aquele que fornece serviço de envio, recebimento e armazenamento de mensagens eletrônicas. Já o provedor de hospedagem é aquele que permite o armazenamento de *sites*, *blogs*, redes sociais etc., com textos, imagens, sons e informações em geral. E o provedor de conteúdo por sua vez, coloca à disposição do usuário a possibilidade de adquirir diversos serviços (acesso e armazenamento de informações, como redes sociais, blogs etc.) e produtos (eletrodomésticos, programas de computador etc.) ao conectar-se à internet.

Por aplicações de internet, compreende-se o conjunto de funcionalidades que podem ser acessadas por meio de um terminal conectado à internet. Essas funcionalidades correspondem, por exemplo, a *sites* institucionais, governamentais, empresariais de *e-commerce*, blogs, redes sociais etc. Vale frisar que registros de acesso a aplicações de internet consistem no conteúdo de informações referentes a data e hora de uso de uma determinada aplicação de internet a partir de um determinado endereço IP.[20]

A par desse conceito, o Facebook, enquanto fornecedor de diversas funcionalidades sob o formato de rede social, inclusive abrangendo o serviço de troca de mensagens por meio do *WhatsApp*, pode ser compreendido como provedor de aplicações para efeitos do Marco Civil da Internet. Ao passo que o *WhatsApp*, por si só, pode ser entendido como uma aplicação de internet.

Antes do Marco Civil da Internet, Demócrito Ramos Reinaldo Filho já observava que as áreas do sistema informático de um provedor postas à disposição dos usuários podem ser vistas como regiões privadas em relação aos controladores do sistema, no sentido de que não podem intervir de modo desarrazoado no conteúdo produzido pelo usuário. Todavia, a liberdade editorial que o provedor desfruta não o previne contra indenizações ou ações

---

representante legal, deixar de promover, de forma diligente, no âmbito e nos limites técnicos do seu serviço, a indisponibilização desse conteúdo.

Parágrafo único. A notificação prevista no *caput* deverá conter, sob pena de nulidade, elementos que permitam a identificação específica do material apontado como violador da intimidade do participante e a verificação da legitimidade para apresentação do pedido (grifo nosso).

20 Tarcisio Teixeira. *Marco civil da Internet comentado*. São Paulo: Almedina, 2016, p. 93.

criminais em virtude da publicação de informações obscenas, difamatórias ou pornográficas, visto que esses "espaços privados" representam, na realidade, uma grande rede pública de comunicação. Para não ser responsabilizado solidariamente ou como coautor pela circulação desses conteúdos ilícitos, o operador do sistema deve tomar alguma iniciativa que exclua sua responsabilidade e que demonstre efetivamente que não agiu com negligência, assumindo ou transferindo passivamente o conteúdo das publicações realizadas pelo usuário nos "espaços privados". A comum atividade intermediária dos controladores de sistema, embora nem sempre exerça um controle real sobre o conjunto de informações que neles circulam, pode ser interpretada como um conhecimento presumido do caráter ilícito da informação que se encontra em seu sistema.[21]

O uso da criptografia ponto a ponto é uma excelente iniciativa nesse sentido, pois assegura, ao menos em tese, que a empresa não terá acesso ao conteúdo compartilhado entre os usuários, únicos detentores do conjunto das chaves para decifrar a mensagem. A ideia é aplaudida sob o ponto de vista da criatividade empresarial, visto que interpretando-se os arts. 19 e 20 do Marco Civil da Internet, ao lado da não retenção de mensagens pelo servidor da empresa titular do *WhatsApp*, depreende-se que a empresa sequer disponibiliza o conteúdo gerado por terceiros. Além disso, a criptografia ponto a ponto gerada instantaneamente quando da criação e do envio do texto pelo usuário faz com que a mensagem seja impossível de ser acessada desde o seu início. Logo, o conteúdo já nasce indisponível para o *WhatsApp*.

A partir do instante em que a empresa não disponibiliza o conteúdo (as mensagens não são arquivadas no servidor), o qual está em mãos apenas dos usuários, e ainda protegido por um sistema criptográfico eficiente, infere-se que a responsabilidade civil, da forma como é colocada na legislação, é excluída com o método de criptografia *E2E*, por tornar inviável e improvável o acesso do titular do *WhatsApp* às mensagens compartilhadas entre os usuários. Isso porque não é possível tornar indisponível aquilo que se origina indisponível.

Por oportuno, cabe observar que a posição tomada pela empresa, em uma interpretação literal da lei, não fere o previsto no art. 15 do Marco Civil da

---

21 Demócrito Ramos Reinaldo Filho. *Responsabilidade por publicações na Internet*. cit., p. 214-215.

Internet,[22] tendo em vista que o dispositivo menciona o dever de manutenção de "registros de acesso a aplicações de internet", e não de mensagens/comunicações particulares compartilhadas entre os usuários das aplicações de internet.[23]

23.4. CASO FBI *VS.* APPLE

A novidade será alvo de muitas críticas, em especial pela atual desconfiança de que a empresa proprietária do *WhatsApp* realmente não detém a guarda das chaves específicas geradas pelos usuários necessárias para decifrar a mensagem em uma única tentativa. No entanto, essa posição deverá ser enfrentada cautelosamente pelos operadores do Direito, pois consiste em uma tendência a ser praticada pelas demais empresas de Tecnologia da Informação, as quais, inclusive, já têm manifestado apoio às empresas Apple e *WhatsApp* frente às ordens judiciais "descumpridas" e aos bloqueios ocorridos.

No caso FBI *vs.* Apple, a empresa resistiu à investida do órgão investigativo americano em obter informações sobre a troca de mensagens por pessoas que organizaram o atentado em San Bernardino (EUA). Isso gerou um processo judicial entre ambas as instituições. Muitas empresas de Tecnologia anunciaram oficialmente apoio à Apple, tais como Amazon, Box, Cisco, Dropbox, Evernote, Facebook, Google, Microsoft, Mozilla, Nest, Pinterest, Slack, Snapchat, *WhatsApp* e Yahoo.[24] Posteriormente, o FBI conseguiu desbloquear os *IPhones* dos terroristas, assim, pondo fim ao processo contra a Apple.

---

22 Art. 15. O provedor de aplicações de Internet constituído na forma de pessoa jurídica e que exerça essa atividade de forma organizada, profissionalmente e com fins econômicos deverá manter os respectivos registros de acesso a aplicações de Internet, sob sigilo, em ambiente controlado e de segurança, pelo prazo de 6 (seis) meses, nos termos do regulamento.

23 Cabe expor também a distinção entre "dados" e "informações". Dados, por si só, é algo cru, bruto. Simplesmente existem e não possuem significado além de sua existência. Podem existir em qualquer forma, utilizáveis ou não. Em linguagem de computador, uma planilha geralmente começa pela exploração dos dados. Já informações são dados que possuem significado por meio de uma conexão relacional. Este "sentido" pode ser útil ou não. Em linguagem de computador, um banco de dados relacional torna as informações a partir dos dados armazenados no seu interior (In: Russell. L. Ackoff. From data to wisdom. *Journal of Applies Systems Analysis*, v. 16, 1989, p 3-9).

24 Apple Press Info. *Brief of amici curiae Amazon.com et. al.*, 3 mar. 2016. Disponível em: <https://www.apple.com/pr/pdf/Amazon_Cisco_Dropbox_Evernote_Face-

23.5. INTERESSE PÚBLICO DA INVESTIGAÇÃO, PRIVACIDADE DO USUÁRIO E SEGREDO DA EMPRESA

A questão da privacidade vem sendo erguida sob o patamar dos direitos da personalidade, porquanto fundamentais, tendo como base a dignidade da pessoa humana, regra principiológica constante no texto da Constituição Federal brasileira. A doutrina jurídica cada vez mais debate o tema, incorrendo em certa dificuldade em defini-la, tendo em vista o grande número de interesses que são tutelados em nome da privacidade. Muito embora as intermináveis discussões sobre o seu conceito, um dos seus principais focos é a proteção e segurança dos dados pessoais, por manter um nexo de causalidade direto com o tema da privacidade, da qual é uma espécie de herdeira, atualizando-a e impondo características próprias.[25]

Para a Ciência da Computação, o conceito de privacidade ultrapassa o conceito de segurança, pois a privacidade examina como o uso da informação pessoal, que um sistema adquire sobre um usuário, está de acordo com suposições explícitas ou implícitas relativas a esse uso. Para o usuário final, a privacidade pode ser considerada sob duas perspectivas diferentes: impedindo o armazenamento de informações pessoais; ou garantindo o uso apropriado dessas informações. Logo, a privacidade é a capacidade de os indivíduos controlarem os termos sob os quais sua informação pessoal é adquirida e usada. Enquanto a segurança envolve a tecnologia para garantir que a informação está devidamente protegida, a privacidade, por sua vez, envolve mecanismos para dar suporte à conformidade com alguns princípios básicos, como o dever de cientificar as pessoas sobre a coleta de informações, avisá-las com antecedência sobre o que será feito com elas, oportunizando-as de aprovar o uso das informações.[26]

A criptografia *E2E*, ao possibilitar a geração do conjunto de chaves pública e privada apenas entre os usuários do *WhatsApp*, atende esse objetivo quanto à privacidade do ponto de vista informático. A propósito, a criptografia

---

book_Google_Microsoft_Mozilla_Nest_Pinterest_Slack_Snapchat_WhatsApp_and_Yahoo.pdf>. Acesso em: ago. 2017.

25 Danilo Doneda. *Da privacidade à proteção de dados pessoais*. Rio de Janeiro: Renovar, 2006, p. 204.

26 Ramez Elmasri; Shamkant B. Navathe. *Sistemas de banco de dados*. 6. ed. São Paulo: Pearson Addison Wesley, 2011, p. 566-567.

é elevada como um padrão de segurança a ser observado pelos provedores de aplicações, sendo expressamente prevista pelo art. 13 do Decreto n. 8.771/2016,[27] que regulamenta o Marco Civil da Internet.

Entretanto, a tutela da privacidade da pessoa física e os segredos empresariais encontram algumas limitações, como a publicidade de informações para a busca judicial da verdade em uma determinada investigação. Em outras palavras, é possível que o direito à privacidade seja relativizado face ao interesse público.

De acordo com José Adércio Leite Sampaio, esse conflito de interesses é um dos tópicos mais complicados no trâmite processual por conjugar múltiplos aspectos de direito material e subjetivo, além de uma gama de diferentes situações e posições jurídicas que impossibilitam uma solução judicial imediata. No caso de necessidade de acesso judicial por meio da violação de comunicações em formato eletrônico, o fundamento é o mesmo da interceptação tele-

---

[27] Art. 13. Os provedores de conexão e de aplicações devem, na guarda, armazenamento e tratamento de dados pessoais e comunicações privadas, observar as seguintes diretrizes sobre padrões de segurança:

I – o estabelecimento de controle estrito sobre o acesso aos dados mediante a definição de responsabilidades das pessoas que terão possibilidade de acesso e de privilégios de acesso exclusivo para determinados usuários;

II – a previsão de mecanismos de autenticação de acesso aos registros, usando, por exemplo, sistemas de autenticação dupla para assegurar a individualização do responsável pelo tratamento dos registros;

III – a criação de inventário detalhado dos acessos aos registros de conexão e de acesso a aplicações, contendo o momento, a duração, a identidade do funcionário ou do responsável pelo acesso designado pela empresa e o arquivo acessado, inclusive para cumprimento do disposto no art. 11, § 3º, da Lei n. 12.965, de 2014; e

IV – **o uso de soluções de gestão dos registros por meio de técnicas que garantam a inviolabilidade dos dados, como encriptação ou medidas de proteção equivalentes**.

§ 1º Cabe ao CGIbr promover estudos e recomendar procedimentos, normas e padrões técnicos e operacionais para o disposto nesse artigo, de acordo com as especificidades e o porte dos provedores de conexão e de aplicação.

§ 2º Tendo em vista o disposto nos incisos VII a X do *caput* do art. 7º da Lei n. 12.965, de 2014, **os provedores de conexão e aplicações devem reter a menor quantidade possível de dados pessoais, comunicações privadas e registros de conexão e acesso a aplicações**, os quais deverão ser excluídos:

I – tão logo atingida a finalidade de seu uso; ou

II – se encerrado o prazo determinado por obrigação legal (grifo nosso).

fônica, conforme interpreta-se pelo art. 2º, da Lei n. 9.296/96. Por ser medida de extrema gravidade, devem-se preencher alguns requisitos: a) indícios razoáveis de autoria ou participação em infração penal; b) imprescindibilidade da medida; c) o fato investigado deve constituir crime punido com reclusão. O referido autor defende que a relativização do sigilo das comunicações telefônicas, previsto no art. 5º, inc. XII, da Constituição Federal, se estende às comunicações em sistema informático e telemático. E não há nenhuma arbitrariedade contra direito fundamental ou diminuição do índice democrático do Estado de Direito, mas sim uma exigência da vida em comunidade que supera o sentido individual da existência humana e de seus interesses, além de reduzir os riscos de ruptura e desequilíbrio sistêmico que um apego exagerado à forma pode patrocinar.[28]

Assim, em alguns casos é necessário contrapor o interesse coletivo ao interesse individual. Vale salientar que o direito à segurança tem sido invocado pela sociedade em detrimento da privacidade, sobretudo após os atentados terroristas de 11 setembro de 2011 nos Estados Unidos. Ilustra-se essa ideia com a vistoria de bagagens em aeroportos, situação regulamentada pelo Decreto n. 7.168/2010 com vistas a prevenir acidentes e interferências ilícitas.

Entretanto, indaga-se: a interceptação das mensagens compartilhadas via *WhatsApp* é imprescindível? Existem outras ferramentas que igualmente propiciam a comunicação para colaborar com a investigação policial e com o Poder Judiciário? Em que pese o *WhatsApp* ser um dos meios de comunicação mais utilizados nos dias atuais, não se descarta a utilização de outros instrumentos com a mesma finalidade, como o próprio telefone, cuja forma de interceptação encontra-se regulamentada. Logo, entende-se que a interceptação, a princípio, não seria imprescindível.

André Ramos Tavares observa sobre a necessidade de ater-se à perpetração de variadas afrontas a direitos fundamentais e, em especial, aos individuais, sob a justificativa do interesse público. Segundo o autor, não se pode desconhecer que a aproximação do público ao particular legitima governos totalitários e condutas impróprias. Afinal, a sociedade é composta por indivíduos. Ela não existe por si só, mas através da congregação daqueles, que deverão ter

---

[28] José Adércio Leite Sampaio. *Direito à intimidade e à vida privada*: uma visão jurídica da sexualidade, da família, da comunicação e informações pessoais, da vida e da morte. Belo Horizonte: Del Rey, 1998, p. 396, 410-411.

garantida a esfera de seus direitos para que o convívio social não seja impossibilitado pelo esfacelamento da necessária harmonia, segurança e confiança.[29]

Outro ponto conflituoso no que diz respeito à legislação atual sobre o tema é que ao mesmo tempo em que a encriptação é padrão de segurança exigido para garantir a inviolabilidade de dados e das comunicações privadas (art. 13, inc. IV, do Decreto n. 8.771/2016, grifo anterior), o art. 15 do mesmo regulamento determina que os dados cadastrais deverão ser guardados pelos provedores de forma que o eventual acesso judicial seja facilitado.[30]

Como exposto, a criptografia, seja qual for a técnica utilizada, ensejará certa dificuldade de acesso a quem não detém o conjunto de chaves. Cabe observar, também, que o dispositivo mencionado refere-se a "dados cadastrais", e não conteúdo relativo à comunicação privada, ou seja, mensagens compartilhadas entre os usuários, o que torna duvidosa a sua aplicabilidade ao *WhatsApp*. Ademais, ainda que a empresa detenha todo o conjunto de chaves criptográficas geradas por cada mensagem lançada por bilhões de usuários, a sua disponibilização acarretaria um certo enfraquecimento do sistema, gerando custos anormais e comprometendo a privacidade de diversos indivíduos, como também o segredo empresarial. Este último é preocupação do Decreto n. 8.771/2016, conforme redação do art. 16.[31]

A tutela da privacidade também recebe um reforço considerável com a proteção do sigilo profissional, assegurando-se de que as confidências feitas em razão da função, ministério, ofício ou profissão recebam uma proteção relevante. Da mesma forma que a interceptação telefônica, a ordem judicial em caso de eventual violação de segredo empresarial deverá ser fundamentada

---

29 André Ramos Tavares. Liberdade de expressão-comunicação em face do direito à privacidade. In: MARTINS FILHO, Ives Gandra; MONTEIRO JUNIOR, Antônio Jorge (Coord.). *Direito à privacidade*. Aparecida, SP: Idéias e Letras; São Paulo: Centro de Extensão Universitária, 2005, p. 236-237.

30 Art. 15. Os dados de que trata o art. 11 da Lei n. 12.965, de 2014, deverão ser mantidos em **formato interoperável e estruturado, para facilitar o acesso decorrente de decisão judicial ou determinação legal, respeitadas as diretrizes elencadas no art. 13 deste Decreto** (grifo nosso).

31 Art. 16. As informações sobre os padrões de segurança adotados pelos provedores de aplicação e provedores de conexão devem ser divulgadas de forma clara e acessível a qualquer interessado, preferencialmente por meio de seus sítios na Internet, **respeitado o direito de confidencialidade quanto aos segredos empresariais** (grifo nosso).

com a indispensabilidade da medida, diante da inexistência de outro meio menos gravoso a substituí-la, reservado à empresa o direito de corrigir possível excesso judicial.[32]

Sobre o assunto, vale expor a análise econômica de Richard Posner, ao defender que a informação empresarial deveria receber mais proteção legal que a própria informação na esfera pessoal. Para o autor, o sigilo é importante para os empresários, por ser um método pelo qual se apropriam dos benefícios sociais que criam. Na vida privada, porém, a função mais provável do sigilo é ocultar informações demeritórias. Ademais, as comunicações dentro das empresas e demais organizações privadas parecem merecer proteção, tanto quanto as comunicações entre indivíduos; pois, em ambos os casos, o efeito da divulgação seria o de obstruir e retardar a comunicação. Ainda assim, a tendência é que empresas e outras organizações privadas tenham sua confidencialidade cada vez menos protegida, no que depender da legislação. Enquanto os fatos sobre os indivíduos – ficha criminal, saúde, credibilidade, estado civil, inclinação sexual – são cada vez mais protegidos contra a divulgação desautorizada, as informações sobre grandes empresas são colocadas em domínio público pelas infindáveis exigências de divulgação impostas pelas leis federais que regulam os mercados de valores mobiliários (a ponto de algumas empresas estarem "fechando seu capital", para garantir a confidencialidade de seus projetos e de suas operações), pelas leis de direitos civis, pela obrigatoriedade de emissão de relatórios segmentados, entre outras regulamentações.[33]

Além disso, quanto à possibilidade de o titular do *WhatsApp* quebrar ou não a criptografia aplicada às mensagens dos usuários, permitindo acesso judicial ao seu conteúdo, algumas medidas judiciais foram expedidas pelo Brasil, a exemplo do Juízo da Vara Criminal de Lagarto (SE) e do Juízo da 2ª Vara Criminal da Comarca de Duque de Caxias (RJ) e supostamente descumprida pela empresa. Levada a matéria ao STF pelo Partido Popular Socialista (PPS), foi deferida liminar, em 19/07/2016, na Arguição de Descumprimento de Preceito Fundamental (ADPF) 403, pelo então presidente do STF, o Ministro Ricardo Lewandowski. O ministro ressaltou que se trata de tema da mais alta

---

32 José Adércio Leite Sampaio. *Direito à intimidade e à vida privada*: uma visão jurídica da sexualidade, da família, da comunicação e informações pessoais, da vida e da morte. cit., p. 413-415.

33 Richard A. Posner. *A economia da justiça*. Trad. de Evandro Ferreira e Silva e Aníbal Mari. São Paulo: WMF Martins Fontes, 2010, p. 293-294.

complexidade, não existindo dados e estudos concretos quanto à possibilidade de execução da medida determinada por juízo de primeira instância e que supostamente teria sido descumprida pela empresa Facebook, ora titular do aplicativo *WhatsApp*. Assim, em análise preliminar, o então presidente do STF concluiu que o poder geral de cautela do magistrado assegura a suspensão de ato aparentemente pouco razoável e proporcional, além de gerar insegurança jurídica, deixando milhões de brasileiros sem esse meio comunicação.

Nesse ponto, cabe destacar as palavras de Bruce Schneier a respeito da possibilidade de violar um sistema criptográfico, para posterior reflexão:

> A criptografia também é difícil. Ela combina vários ramos da matemática com ciência de computação. Ela requer anos de prática. Até mesmo pessoas inteligentes, conhecedoras e experientes inventam uma criptografia ruim. Na comunidade criptográfica, as pessoas nem sequer ficam tão embaraçadas quando seus algoritmos e protocolos são violados. É realmente difícil. O problema é esse: qualquer um, não importa suas habilidades, pode projetar um primitivo criptográfico que ele mesmo não possa violar. Esse é um ponto importante. **O que isso significa é que alguém pode se sentar e criar um primitivo criptográfico, tentar violá-lo e falhar, para depois anunciar: "Inventei um algoritmo/protocolo/etc. seguro". O que ele está realmente dizendo é: "Não consigo violar isso; portanto, é seguro"** (grifo nosso).[34]

Portanto, diante do estudo realizado, depreende-se que os bloqueios ocorridos por determinação judicial carecem do devido fundamento técnico e jurídico. Inexiste comprovação de que o *WhatsApp* detém a guarda de todas as chaves geradas a cada mensagem compartilhada por milhões de usuários. E, ainda assim, a divulgação seria uma possível afronta à confidencialidade empresarial, além dos custos incomuns que a tarefa geraria, colocando-se em risco a privacidade de diversos indivíduos que comunicam-se via *WhatsApp*.

Assim, a eventual necessidade de investigação policial e/ou acesso judicial, vindo a caracterizar, porquanto, um conflito entre o interesse público (segurança) e interesse privado (privacidade), demonstrou-se que a interceptação da comunicação via *WhatsApp* ou a determinação à empresa para fornecer as mensagens em texto claro, e consequente bloqueio justificado na "recusa" de seu cumprimento, podem constituir medidas desequilibradas e ineficazes.

---

34 Bruce Schneier. *Segurança.com*: segredos e mentiras sobre a proteção na vida digital, cit., p. 122.

Tais ações não violam somente o segredo empresarial, mas também prejudicam a privacidade dos demais usuários a partir da abertura e concessão para determinado caso, dando margem à admissão de ordens judiciais infundadas e à exorbitância estatal. Assim, um interesse privado que seja comum a bilhões de usuários ganha dimensão coletiva, e também pública, quando o assunto é um direito que após anos de luta social foi elevado como fundamental ao viver digno, e, por sua vez, ao convívio digno entre as pessoas: o direito à privacidade e o dever de tê-la respeitada, o mínimo que se pode assegurar à existência humana, física e psíquica.

Contudo, a criptografia ponto a ponto não é incompatível com o Marco Civil da Internet (Lei n. 12.965/2014), como também não contraria o ordenamento jurídico brasileiro, por ser um método que ratifica a segurança das comunicações. Ao contrário, as ordens judiciais é que não estão observando qual é a correta preocupação legal em se tratando de agentes que operam na internet (se o dever é de fornecer registros de acesso ou dados e informações privadas); ou ainda, se preenchem os requisitos legais para a interceptação. Por fim, constatou-se que o desconhecimento da complexidade técnica da matéria por parte do Poder Judiciário poderá acarretar consequências muito maiores à sociedade a favor da busca pela punição em situações apartadas.

2ª PARTE:

PROCESSO ELETRÔNICO

24

Processo Eletrônico – Informatização do Processo Judicial

24.1. INTRODUÇÃO

Para iniciar o estudo deste capítulo, convém esclarecer que se optou pela nomenclatura "processo eletrônico" tendo em vista ser esta a expressão utilizada pela Lei n. 11.419, de 19 de dezembro de 2006, capítulo III. Apesar disso, vale esclarecer que tal lei tem no preâmbulo o fato de dispor sobre a "informatização do processo judicial".

Esse tema da informatização do processo judicial (ou processo eletrônico) tem como consequência a modernização do Poder Judiciário. Embora o processo sem papel tenha surgido antes do advento da lei em questão, isso passou a ser tratado de forma mais enfática a partir da vigência da Lei n. 11.419/2006.

No fundo, a referida lei dispõe sobre a informatização do processo judicial; alterava o Código de Processo Civil [de 1973]; e dá outras providências.

A princípio, cuidar-se-á neste capítulo do livro dos aspectos relevantes da Lei n. 11.419/2006; posteriormente será tratada a questão da modernização do Poder Judiciário, bem como de temas correlatos.

24.2. PRECEDENTES LEGISLATIVOS SOBRE A INFORMATIZAÇÃO DO PROCESSO JUDICIAL

É evidente que a denominada informatização do processo judicial não se iniciou com a Lei n. 11.419/2006, e, embora esta lei figure como a que trouxe o maior avanço para a implementação do processo eletrônico, sabe-se que diversos diplomas legais pretéritos trataram sobre o tema.

A Lei n. 8.245/91, mais conhecida como Lei do Inquilinato, é considerada pioneira no que se refere à modernização do processo, tendo em vista que foi o primeiro diploma legal a autorizar a utilização de um meio eletrônico para a prática de ato processual. De acordo com o art. 58, IV, da referida lei, desde que autorizado no contrato, a citação, intimação ou notificação de pessoa jurídica ou firma individual pode ser realizada mediante *fac-símile*. Todavia, como bem lembra José Carlos de Araújo Almeida Filho, não se tem notícia de que tal procedimento tenha sido adotado.[1]

É bem verdade que a informatização do processo judicial (e do próprio Poder Judiciário), de certa forma, já poderia ter acontecido, ainda que parcialmente, em razão do advento da Lei n. 9.800/99 – a chamada Lei do Fax.

De acordo com a Lei n. 9.800/99, art. 1º, "é permitida às partes a utilização de sistema de transmissão de dados e imagens tipo fac-símile ou outro similar, para a prática de atos processuais que dependam de petição escrita".

Alexandre Atheniense, por sua vez, considera que com o advento da Lei n. 9.800/99 – Lei do Fax – é que se teve o "marco inicial da informatização processual brasileira".[2] A Lei do Fax certamente poderia ser um grande avanço no sentido de utilização de novas tecnologias no processo judicial, no entanto, não se pode afirmar que instituiu um verdadeiro processo eletrônico.

Isto porque, em que pese tenha disciplinado amplamente o envio de petições via *fac-símile*, nas palavras de Wesley Roberto de Paula, a lei não inovou, eis que exigiu "a apresentação do documento original assinado cinco dias após a transmissão eletrônica, sob pena de preclusão".[3]

Além disso, a Lei do Fax trouxe pouco avanço tecnológico ao processo judicial, especialmente em razão do entendimento jurisprudencial pacificado

---

1 José Carlos de Araújo Almeida Filho. *Processo eletrônico e teoria geral do processo eletrônico*: a informatização judicial no Brasil. 3. ed. Rio de Janeiro: Forense, 2010, p. 26.

2 Alexandre Atheniense. *Comentários à Lei 11.419/06 e as práticas processuais por meio eletrônico nos tribunais brasileiros*. Curitiba: Juruá, 2010, p. 48.

3 Wesley Roberto de Paula. A tramitação processual eletrônica. In: José Eduardo de Resende Chaves Júnior (Coord.). *Comentários à lei do processo eletrônico*. São Paulo: LTr, 2010, p. 79.

pelo Superior Tribunal de Justiça no sentido de que o *e-mail* não se trata de tecnologia similar ao *fac-símile*, sendo inadmissível o envio de petições por aquele meio eletrônico. Exemplo disso é o Recurso Especial n. 916.506: "O recurso de agravo regimental não pode ser apresentado por *e-mail*, pois não é semelhante ao *fac-símile*". Mesmo porque, ainda que a posição jurisprudencial fosse diferente, o Poder Judiciário até então não teria condições tecnológicas para viabilizar isso.

Já no ano de 2001, foi promulgada a Lei n. 10.259/2001, que disciplinou a criação dos Juizados Especiais Federais e impulsionou, de certa forma, a informatização no âmbito da Justiça Federal. O referido diploma legal permitiu a utilização de sistemas informáticos para a recepção de peças processuais, sem a exigência de envio dos originais, como na Lei do Fax.

Segundo Wesley Roberto de Paula, com o advento da Lei n. 10.259/2001, "surgia um primeiro modelo de processo judicial eletrônico, concebido para amoldar-se ao desiderato dos juizados especiais: celeridade".[4]

Na verdade, o que foi concebido pela Lei n. 10.259/2001 não foi um processo judicial eletrônico, mas sim um processo judicial digitalizado, em que as rotinas processuais continuariam sendo realizadas, somadas à tarefa da digitalização (escaneamento) dos documentos em papel.

No mesmo ano, foi vetada a inclusão de um parágrafo único ao art. 154 do então em vigor Código de Processo Civil [de 1973], pela Lei n. 10.358, que estabeleceria que "atendidos os requisitos de segurança e autenticidade, poderão os tribunais disciplinar, no âmbito de sua jurisdição, a prática de atos processuais e sua comunicação às partes, mediante a utilização de meios eletrônicos".

Assim, se por um lado ocorreu avanço com a Lei de Informatização dos Juizados Especiais Federais, por outro houve retrocesso com o veto parcial à Lei n. 10.358/2001, que pretendia incluir um parágrafo único ao art. 154 do Código de Processo Civil [de 1973], a época.

Também no ano de 2001, por meio da Medida Provisória n. 2.200-2/2001, criou-se a Infraestrutura de Chaves Públicas Brasileira – ICP-Brasil, a fim de garantir autenticidade, integralidade e validade jurídica de documentos eletrônicos. De acordo com a referida Medida Provisória (não convertida em lei até a presente data, mas válida até então), a ICP-Brasil é composta de uma

4 Wesley Roberto de Paula. A tramitação processual eletrônica, p. 79.

autoridade estatal, gestora da política e das normas técnicas de certificação (Comitê Gestor), e de uma rede de autoridades certificadoras (subordinadas àquela), que, entre outras atribuições, mantêm os registros dos usuários e atestam a ligação entre as chaves privadas e públicas utilizadas nas assinaturas dos documentos e as pessoas que nelas apontam como emitentes das mensagens, garantindo a inalterabilidade dos seus conteúdos.

Vale lembrar que a MP n. 2.200-2, em sua segunda edição, está em vigor, pois foi publicada em 24 de agosto de 2001, portanto, anteriormente à Emenda Constitucional n. 32, de 11 de setembro de 2001, a qual alterou alguns artigos da Constituição Federal, especialmente o art. 62 quanto ao regime jurídico das medidas provisórias.

Com o advento da ICP-Brasil e cinco anos após o controvertido veto, foi inserido ao art. 154 do Código de Processo Civil de 1973 um parágrafo único, com redação dada pela Lei n. 11.280/2006 [CPC de 2015, arts. 193 a 199], *in verbis*:

> Os tribunais, no âmbito da respectiva jurisdição, poderão disciplinar a prática e a comunicação oficial dos atos processuais por meios eletrônicos, atendidos os requisitos de autenticidade, integridade, validade jurídica e interoperabilidade da Infraestrutura de Chaves Públicas Brasileira – ICP-Brasil.

A harmonização do dispositivo legal supra e a realidade proposta pela Medida Provisória n. 2.200-2/2001 foi o que possibilitou a retomada do projeto de lei que culminou com a Lei n. 11.419/2006.[5]

Daqui por diante, feitas as observações necessárias quanto à evolução da informatização do processo judicial na legislação pátria, o tema do processo eletrônico e a consequente modernização do Poder Judiciário serão tratados a partir da análise de dispositivos da Lei n. 11.419/2006.

24.3. APONTAMENTOS SOBRE A LEI N. 11.419/2006

A Lei n. 11.419/2006 pode ser abreviada por LIPJ – Lei da Informatização do Processo Judicial. Vale acentuar que o seu art. 1º trata da: tramitação de processos judiciais; comunicação de atos; e transmissão de peças processuais.

---

[5] Nesse sentido, Wesley Roberto de Paula. A tramitação processual eletrônica, p. 79.

E, de acordo com o seu art. 8º, os órgãos do Poder Judiciário **poderão** desenvolver sistemas eletrônicos de processamento de ações judiciais por meio de autos **total** ou **parcialmente** digitais. Já o art. 193 do **CPC de 2015** prevê que "os atos processuais podem ser total ou parcialmente digitais, de forma a permitir que sejam produzidos, comunicados, armazenados e validados por meio eletrônico, na forma da lei".

Além disso, a Lei n. 11.419/2006 é aplicável aos processos: civis, penais, trabalhistas, aos juizados especiais (LIPJ, art. 1º, § 1º). Também às cartas precatórias e rogatórias (LIPJ, art. 7º) e às comunicações entre órgãos do Poder Judiciário (LIPJ, art. 7º).

Aqui, embora a lei seja omissa, parece evidente que a norma em questão também abrange os processos eleitoral, militar, marítimo, entre outros. A título de exemplo, podemos citar os processos no âmbito do CNJ – Conselho Nacional de Justiça –, que são processados eletronicamente, nos termos da lei de informatização do processo judicial, bem como as resoluções do referido órgão.

A efetiva informatização do processo judicial vai envolver vontade política de cada tribunal, como também destinação orçamentária para a aquisição de tecnologia e máquinas (a propósito, a lei tem muitos **poderão** no lugar de **deverão**, conforme se verá a seguir).

24.3.1. Fóruns digitais

Quanto à questão política e orçamentária, por exemplo, o Poder Judiciário paulista, em 2007, tinha a pretensão de estar totalmente informatizado em quatro anos,[6] ou seja, até o fim de 2011, todos os fóruns, varas e juizados do Estado estariam informatizados.

Dando início a isso, foi criado na cidade de São Paulo, em junho de 2007, um fórum totalmente digital: é o Fórum Nossa Senhora do Ó, onde não existe (ou pelo menos não deveria existir) papel, prateleiras etc. O processo é totalmente eletrônico, contando no seu formato original com três Varas Cíveis e uma Vara da Família e Sucessões.

Também no Estado de São Paulo, em outubro de 2007, foram inaugurados o Fórum Distrital Digital de Nazaré Paulista e o Fórum Digital de Ouroeste.

---

6 Fernanda Sal. O fim (ou o até logo) do papel. *Tribuna do Direito*, setembro de 2007, p. 11.

Segundo o Presidente do TJSP à época, Desembargador Celso Limongi, até o final de 2007 deveriam ser instalados 63 Juizados Especiais, totalmente digitais.[7]

Acontece que, se não houver câmara de segundo grau digital, quando os processos digitais destes fóruns subirem à segunda instância eles voltarão para o suporte em papel. Existia a expectativa de que até o final do ano de 2007 o TJ/SP já contaria com uma área digital no segundo grau.[8]

Ainda, segundo o que consta, Ceará e também Rio de Janeiro já dispõem de mecanismos de transmissão eletrônica de processos destinados ao Superior Tribunal de Justiça.[9]

Há notícias de que no Brasil já existem mais de 150 varas digitais, com cerca de 800.000 processos sem papel. Todavia, certamente tal número mostra-se inexpressivo perto dos 70.000.000 de processos no Brasil, conforme apontado recentemente pelo CNJ.[10]

24.3.2. Comunicação eletrônica dos atos processuais

A Lei n. 11.419/2006 trouxe, de certa forma, inovações no que se refere à comunicação dos atos processuais, sobretudo adaptando mecanismos eletrônicos de intimação e citação à nova realidade do processo virtual. Vejamos.

24.3.2.1. Citação, intimação e notificação eletrônicas

No processo eletrônico, todas as citações, intimações e notificações, inclusive da Fazenda Pública, serão feitas por meio eletrônico. Todavia, havendo problema técnico e sendo inviável o uso do meio eletrônico para a realização de citação, intimação ou notificação, esses atos poderão ser praticados conforme as regras ordinárias processuais, devendo neste caso o documento ser digitalizado e em seguida destruído (Lei n. 11.419/2006, art. 9º).

---

7 *Judiciário Paulista será digitalizado em 4 anos, diz presidente do TJ-SP*. Disponível em: <http://ultimainstancia.uol.com.br>. Acesso em: 19 ago. 2017.

8 Fernanda Sal. O fim (ou o até logo) do papel. *Tribuna do Direito*, p. 11.

9 Carlos Henrique Abrão. *Processo eletrônico:* Lei 11.419 de 19 de dezembro de 2006. 2. ed. rev., atual. e ampl. São Paulo: RT, 2009, p. 134.

10 Carlos Henrique Abrão. *Processo eletrônico:* Lei 11.419 de 19 de dezembro de 2006, p. 133.

Especificamente sobre as citações, elas precisarão de cadastro prévio (Lei n. 11.419/2006, art. 5º, *caput*), por exemplo, como fizeram voluntariamente algumas empresas no início da vigência da lei ao se cadastraram no pioneiro Fórum Virtual Nossa Senhora do Ó. Com essa atitude, empresas têm tentado dar um caráter de politicamente corretas.

Como veremos adiante, o CPC de 2015 (arts 246, 270, 1.050 e 1.051), em vigor desde março de 2016, prevê a obrigatoriedade de cadastramento de instituições públicas e privadas (empresas) junto ao Poder Judiciário para efeitos de receber citações e intimações; porém, sem estabelecer sanções para o descumprimento. Desse modo, além da modernização do Judiciário, poder-se-ia trabalhar nesse campo: da sensibilização, principalmente, das empresas e entes públicos para se cadastrarem e assim poderem ser citadas digitalmente. A iniciar pelas concessionárias de serviços públicos, como as companhias de telefonias; além de bancos, seguradoras, empresas de planos de saúde etc. Estas são responsáveis por uma grande porcentagem das demandas judiciais. É um tema que não depende necessariamente de modernização, mas de vontade política e sensibilização.

Sem dúvida que a citação digital facilitará a ciência do Estado, Fazendas, autarquias etc. Mas, na impossibilidade de citação digital, poderá ser feita pela via ordinária, digitalizando o documento e posteriormente destruindo-o.

A propósito, o Fórum Virtual Nossa Senhora do Ó tem enfrentado dificuldades quanto à citação, pois os poucos Oficiais de Justiça disponíveis não conseguem dar vazão ao grande volume de citações.

De certa forma, com os autos em papel, o trabalho dos Oficiais de Justiça ficava represado nos setores de distribuição, autuação etc. Com o processo eletrônico, eles recebem rapidamente os mandados de citação para o seu cumprimento.

24.3.2.1.1. Citação por meio eletrônico

O art. 246 do CPC de 2015 assevera que a citação pode ser feita por: correio, oficial de justiça, escrivão ou chefe de secretaria (se o citando comparecer em cartório), edital e meio eletrônico (de acordo com a regulamentação legal). A Lei n. 11.419/2006 prevê a citação por meio eletrônico, tendo o art. 6º o seguinte teor:

> Art. 6º Observadas as formas e as cautelas do art. 5º desta Lei, as citações, inclusive da Fazenda Pública, excetuadas as dos Direitos Processuais

Criminal e Infracional, poderão ser feitas por meio eletrônico, desde que a íntegra dos autos seja acessível ao citando.

Pela análise do dispositivo em questão, é possível se depreender que a citação, para ser eletrônica, deverá observar o disposto no art. 5º estudado anteriormente, ou seja, poderão ser citados eletronicamente aqueles que estiverem cadastrados nos respectivos sistemas dos tribunais.

A princípio, tal norma pode parecer de pouca valia, uma vez que o cadastramento e a concretização da citação por meio eletrônico parecem realidades distantes atualmente.[11] Todavia, muito embora seja difícil se vislumbrar a citação de pessoas físicas, por exemplo, esse mecanismo será extremamente eficaz no que se refere à Fazenda Pública e às concessionárias de serviços públicos, como apontado anteriormente.

Inclusive, é de ressaltar que na redação original do art. 17, *caput*,[12] da lei em questão houve a tentativa de se obrigar o cadastramento das pessoas jurídicas de direito público, no prazo de cento e oitenta dias da publicação da lei; todavia, tal redação foi vetada, sobretudo com fundamento na violação do princípio da independência e harmonia dos Poderes.[13]

---

[11] José Carlos de Araújo Almeida Filho, além de não acreditar na efetividade do mecanismo, não aconselha a citação por meio eletrônico, eis que esta modalidade prevista para o processo eletrônico não se compatibilizaria, na opinião do autor, com as normas de Direito Processual Civil. *Processo eletrônico e teoria geral do processo eletrônico*: a informatização judicial no Brasil, p. 194.

[12] O *caput* do art. 17 vetado estabelecia que "os órgãos e entes da administração pública direta e indireta, bem como suas respectivas representações judiciais, deverão cadastrar-se, na forma prevista no art. 2º desta Lei, em até 180 (cento e oitenta) dias após sua publicação, para acesso ao serviço de recebimento e envio de comunicações de atos judiciais e administrativos por meio eletrônico".

[13] Razões do veto ao *caput* do art. 17: "O dispositivo ao estipular o prazo de cento e oitenta dias para o cadastro dos órgãos e entes da administração pública direta e indireta invade a competência do Poder Executivo, o que contraria o princípio da independência e harmonia dos Poderes, nos termos do art. 2º da Carta Maior, assim como a competência privativa do Presidente da República para exercer a direção superior da administração e para dispor sobre a sua organização (art. 84, incisos II e VI, alínea *a*).

Da mesma forma, ao criar obrigação para os órgãos e entes da administração pública direta e indireta das três esferas da Federação fere o pacto federativo, previsto no art. 18 da Constituição, que assegura a autonomia dos Estados, do Distrito Federal e dos Municípios.

Assim, ante a ausência de obrigatoriedade legal, vislumbra-se a necessidade de se trabalhar no campo da conscientização, especialmente das mencionadas empresas, a fim de se concretizar a citação por meio eletrônico, que já é realidade em alguns tribunais pátrios, especialmente naqueles que adotaram o PROJUDI – Processo Judicial Digital (sistema desenvolvido pelo CNJ para a tramitação de processos judiciais eletrônicos).

Por fim, o art. 6º ressalva as citações referentes a Direitos Processuais Criminal e Infracional. Cabe o questionamento do porquê da exceção, pois se a legislação processual penal admite audiência por videoconferência (Lei n. 11.900/2009, que alterou dispositivos do Código de Processo Penal), por que não admitir citação por via eletrônica, quando, por exemplo, se tratar de crime praticado por pessoa (especialmente jurídica) previamente cadastrada junto ao Poder Judiciário? Será que a lei não confia no próprio mecanismo criado por ela?

24.3.2.1.2. Obrigatoriedade de cadastramento no Judiciário (empresas e entes públicos)

Tendo em vista a preferência do CPC de 2015 pela citação por meio eletrônico, este diploma jurídico caminhou de forma substancial no que se refere à **obrigatoriedade** de as instituições se cadastrarem nos sistemas de processo eletrônico (sobretudo os processos judiciais), visando ao recebimento de citações e intimações eletronicamente.

Aqui, por instituições entenda o Poder Público e a iniciativa privada, ou seja, a União, os Estados, o Distrito Federal, os Municípios, as entidades da administração indireta, o Ministério Público, a Defensoria Pública e Advocacia Pública, as empresas públicas e privadas (CPC de 2015, art. 246, §§ 1º e 2º, c.c. art. 270). Essa obrigatoriedade de cadastramento eletrônico não se aplica às microempresas (ME's) e às empresas de pequeno porte (EPP's), previstas na Lei Complementar n. 123/2006.

Visando ao cumprimento de tais preceitos para fins de citação e intimação, o art. 1.050 do CPC de 2015 prevê que no prazo de 30 dias – a partir da vigência desta lei a União, os Estados, o Distrito Federal, os Municípios, as suas

---

Ademais, pode ocorrer que órgãos e entidades de porte muito reduzido, ainda que situados em capitais, não consigam reunir as condições necessárias 'para acesso ao serviço de recebimento e envio de comunicações de atos judiciais e administrativos por meio eletrônico'".

respectivas entidades da administração indireta, o Ministério Público, a Defensoria Pública e a Advocacia Pública, deverão se cadastrar perante a administração do tribunal no qual atuem.

Quanto às empresas, públicas e privadas, elas devem efetuar o seu cadastramento – perante o juízo onde tenham sede (matriz) ou filial – no prazo de 30 dias, a contar da data de inscrição ou registro do ato constitutivo da pessoa jurídica. Essa exigência também não se aplica às ME's e EPP's (CPC de 2015, art. 1.051).

Embora tais dispositivos processuais sejam muito bem-vindos e possam implicar a diminuição temporal do trâmite processual; até porque os maiores "usuários" do Poder Judiciário são o Estado e as empresas (na condição de rés), o CPC de 2015 não impõe sanções às instituições que não efetuarem o cadastro perante os órgãos jurisdicionais. Desse modo, a norma passa a ter mais um caráter de recomendação, pois, afinal, "norma sem sanção é mero conselho".

24.3.2.2. Diário da Justiça eletrônico

A lei prevê que os tribunais **poderão** criar o Diário da Justiça eletrônico para as publicações (Lei n. 11.419/2006, art. 4º, *caput*). O detalhe é que a publicação eletrônica substitui a publicação convencional (Lei n. 11.419/2006, art. 4º, § 2º).

Isso aconteceu em vários tribunais. Exemplificativamente, em 1º de outubro de 2007, o STJ inaugurou o seu Diário da Justiça eletrônico, sendo que até 31 de dezembro de 2007 ele coexistiria com a publicação em papel, e que a partir de 2008 já seria apenas eletrônico.

Também, a Resolução n. 341, de 16-4-2007, do STF, instituiu o Diário da Justiça eletrônico do Supremo Tribunal Federal.

No Tribunal de Justiça paulista, a substituição do Diário impresso pelo eletrônico se deu a partir de 1º de outubro de 2007, não havendo mais a publicação em papel. No entanto, o sistema apresentou problemas técnicos, mesmo tendo funcionado em caráter experimental desde maio de 2007. Os problemas relacionam-se às dificuldades no acesso e nas consultas pelos advogados.[14]

---

[14] De acordo com Celso Limongi, à época presidente do TJSP, os gastos com assinatura do Diário Oficial chegavam a R$ 4,8 milhões. *Judiciário Paulista será digitalizado em 4 anos, diz presidente do TJ-SP.* Disponível em: <http://ultimainstancia.uol.com.br>. Acesso em: 19 ago. 2017.

Isso levou, à época, a Seccional da OAB/SP a requerer à Presidência do TJSP a suspensão dos prazos processuais desde a entrada em vigor do Diário eletrônico.

Assim, a informatização do processo judicial e a modernização do Judiciário têm como pano de fundo a celeridade processual, mas, se a parte da tecnologia não funcionar bem e os prazos tiverem que ser suspensos recorrentemente, isso passa a ser um grande problema.

Ademais, não podemos nos furtar de externar que o CPC de 2015 prevê em art. 205, § 3º, que "os despachos, as decisões interlocutórias, o dispositivo das sentenças e a ementa dos acórdãos serão publicados no Diário de Justiça Eletrônico".

24.3.2.3. Data de publicação e contagem de prazo

A princípio, na implantação do processo eletrônico, visando primordialmente a rapidez na prestação jurisdicional, não se está alterando as regras processuais, mas, sim, apenas mudando o meio de materialização do processo, saindo do papel e passando para o formato digital.

Uma exceção está no caso da contagem de prazo. Pois, conforme a lei, é considerado como data da publicação o dia seguinte ao da disponibilização da informação (Lei n. 11.419/2006, art. 4º, § 3º). Isso se dá tendo em vista a possibilidade de a disponibilização acontecer no meio ou no final do dia.

Os prazos começam a contar a partir do primeiro dia útil da data considerada como de publicação (Lei n. 11.419/2006, art. 4º, § 4º). Da mesma forma, o CPC de 2015, art. 224, §§ 2º e 3º, considera como data de publicação o primeiro dia útil seguinte ao da disponibilização da informação no Diário da Justiça eletrônico, sendo que a contagem do prazo terá início no primeiro dia útil após ao da publicação.

Nesse ponto, pode-se dizer que os prazos foram ampliados em pelo menos um dia (dependendo do dia da semana em que cair). O dia em que sair a publicação no Diário eletrônico não é mais o marco, pois é o dia útil seguinte que é considerado como data de publicação.

Anteriormente, quando uma publicação era feita na quinta-feira, o prazo começava na sexta. Agora, se sair no Diário eletrônico na quinta-feira, o dia da publicação será considerado a sexta-feira. Logo, o prazo só começará no dia útil seguinte (segunda-feira).

Nesse passo, como fica a situação de petição protocolada antes da data considerada como a da publicação? Isso é a chamada "intempestividade para menos" ou recurso prematuro. O Supremo Tribunal Federal tinha posição sobre isso: "De acordo com o entendimento predominante nesta Corte, o prazo para recorrer começa a fluir com a publicação do acórdão e não com mera notícia do julgamento".[15] Em 2015, o STF alterou sua posição: "(...) 1. A extemporaneidade não se verifica com a interposição de recurso antes do termo a *quo* e consequentemente não gera a ausência de preenchimento de requisito de admissibilidade da tempestividade. 2. O princípio da instrumentalidade do Direito Processual reclama a necessidade de interpretar os seus institutos sempre do modo mais favorável ao acesso à justiça (...)".[16]

Este último entendimento jurisprudencial está alinhado com o CPC de 2015, que no seu art. 218, *caput* e § 4º, dispõe que os atos processuais serão realizados nos prazos estabelecidos em lei, porém, será considerado **tempestivo** o ato praticado antes do termo inicial do prazo.

Outra novidade do CPC de 2015 é a respeito da fluência e contagem do prazo processual. De acordo com o art. 219, na contagem de prazo em dias serão computados apenas os dias úteis. Ou seja, não são computados os dias em que não há expediente forense, como feriados e finais de semana. Essa determinação legal é plenamente aplicável aos processos em autos eletrônicos. Importante ressaltar que tal regra difere do revogado CPC de 1973, quando o art. 178 expressava que o prazo era contínuo, não se interrompendo em feriados.

24.3.2.3.1. Contagem de prazo no caso de indisponibilidade do sistema

A questão da prorrogação do prazo processual nos casos de indisponibilidade técnica do sistema é tratada no art. 10, § 2º, da Lei n. 11.419/2006, que dispõe:

> § 2º No caso do § 1º[17] deste artigo, se o Sistema do Poder Judiciário se tornar indisponível por motivo técnico, o prazo fica automaticamente prorrogado para o primeiro dia útil seguinte à resolução do problema.

---

[15] RE 194.090/5, rel. Min. Ilmar Galvão. No mesmo sentido, ERE 195.859-6. Esse também foi o entendimento do STJ no AgI 242.107.

[16] Agravo de Instrumento – AI 703.267/MG, rel. Min. Luiz Fux, *DJe* 8-5-2015.

[17] "§ 1º Quando o ato processual tiver que ser praticado em determinado prazo, por meio de petição eletrônica, serão considerados tempestivos os efetivados até as 24 (vinte e quatro) horas do último dia."

Note-se que a redação do dispositivo legal acima pode gerar dúvidas na prática, uma vez que não esclarece de modo satisfatório como o advogado terá certeza de que há realmente um problema técnico com a plataforma eletrônica de transmissão de petições ou se trata de um problema apenas com o seu computador ou seu provedor de internet.

Parece evidente, aqui, que "por se tratarem de prazos processuais, questões eminentemente de ordem pública, com importantes repercussões no direito material pretendido, deveriam ser disponibilizados nesta norma os mecanismos a serem adotados para a comprovação da prorrogação do prazo perdido por inoperância do sistema de tramitação processual eletrônica".[18]

Muito embora o advogado, conforme nos lecionam J. E. Carreira Alvim e Silvério Nery Cabral Junior, no caso de dúvida quanto à prorrogação do prazo ou não, possa fazer a remessa da petição via *fac-símile* (autorizada pela redação do § 2º do art. 9º da lei), esta não parece a alternativa mais adequada ao desenvolvimento de um processo eletrônico.[19]

Outra alternativa (mais adequada à hipótese) seria aquela apontada por Wesley Roberto de Paula, que defende "a obrigatoriedade normativa do desenvolvimento de recursos de encaminhamento de conexões entre os sítios ou sistemas eletrônicos, fazendo com que o sistema principal, estando inacessível, encaminhe automaticamente a conexão para um segundo sistema encarregado de gerar uma certidão eletrônica certificadora da indisponibilidade do primeiro, validando a prática extemporânea do ato",[20] o que solucionaria de certa forma a controvérsia.

Além das questões citadas, em comentário ao dispositivo em tela, Alexandre Atheniense expressa que carecem de regulamentação outros pontos, assim como o período de tolerância da indisponibilidade do sistema que ocasione a suspensão do prazo processual, por exemplo. Portanto, espera-se que as resoluções e instruções a serem editadas pelos tribunais solucionem esses impasses

---

18 Wesley Roberto de Paula. A tramitação processual eletrônica. In: José Eduardo de Resende Chaves Júnior (Coord.). *Comentários à lei do processo eletrônico.* São Paulo: LTr, 2010, p. 116.

19 J. E. Carreira Alvim e Silvério Nery Cabral Junior. *Processo judicial eletrônico.* Curitiba: Juruá, 2008, p. 47.

20 Wesley Roberto de Paula. A tramitação processual eletrônica. In: José Eduardo de Resende Chaves Júnior (Coord.). *Comentários à lei do processo eletrônico.* São Paulo: LTr, 2010, p. 117.

(nos termos do art. 18 da lei), a fim de garantir certeza à questão relativa à prorrogação do prazo processual.[21]

Vale registrar que o CPC de 2015 prevê, em seu art. 224, § 1º, que os dias do começo e do vencimento do prazo serão prorrogados para o primeiro dia útil seguinte, se houver **indisponibilidade da comunicação eletrônica**[22] ou coincidirem com dia em que o expediente forense for encerrado antes ou iniciado depois da hora normal.

24.3.2.4. Intimação por consulta a "site" de tribunal. Portal próprio

A legislação em comento, além da previsão das duas formas de intimação, quais sejam, a publicação no Diário da Justiça eletrônico[23] (LIPJ, art. 4º, *caput*)[24] e a intimação ou vista pessoal (LIPJ, art. 4º, § 2º),[25] instituiu uma nova modalidade denominada intimação "em portal próprio"[26] (LIPJ, art. 5º).

---

21 Alexandre Atheniense. *Comentários à Lei 11.419/06 e as práticas processuais por meio eletrônico nos tribunais brasileiros*, p. 210.

22 RECURSO DE REVISTA DO RECLAMADO. RECURSO ORDINÁRIO. TEMPESTIVIDADE. PETICIONAMENTO ELETRÔNICO. INDISPONIBILIDADE DO SISTEMA POR MOTIVO TÉCNICO. PRORROGAÇÃO DO PRAZO. CERCEAMENTO DO DIREITO DE DEFESA. Decisão regional que não conhece do recurso ordinário protocolado um dia após o octódio legal [prazo de oito dias], conquanto atestada, por certidão emitida pela secretaria especial de tecnologia e informação do Tribunal *a quo*, a indisponibilidade do sistema por motivo técnico, no último dia do prazo, implica cerceamento do direito de defesa, a afrontar o art. 5º, LV, da Constituição da República. Recurso de revista conhecido e provido (...). (Processo n. RR-71600-75.2007.5.08.0103, TST, 3ª Turma, Rel. Flavio Portinho Sirangelo – Juiz Convocado, *DJe* 14-3-2012).

23 De acordo com Carlos Henrique Abrão, a parte da lei em comento que trata sobre o Diário eletrônico já vinha sendo dinamicamente atendida, para efeito de cumprimento, mesmo antes da regulamentação do processo eletrônico (*Processo eletrônico:* Lei 11.419, de 19 de dezembro de 2006, p. 44).

24 "Art. 4º Os tribunais poderão criar Diário da Justiça eletrônico, disponibilizado em sítio da rede mundial de computadores, para publicação de atos judiciais e administrativos próprios e dos órgãos a eles subordinados, bem como comunicações em geral."

25 "Art. 4º, § 2º A publicação eletrônica na forma deste artigo substitui qualquer outro meio e publicação oficial, para quaisquer efeitos legais, à exceção dos casos que, por lei, exigem intimação ou vista pessoal."

26 Conforme salienta Dárlen Prietsch Medeiros, tal forma de intimação foi intitulada por Demócrito Reinaldo Filho de "autointimação". Comentários ao art. 5º. In:

Tal forma de intimação se dá mediante o acesso ao sistema eletrônico, por parte do advogado, que tem à sua disposição todas as intimações a ele dirigidas reunidas em uma área específica do portal.

A partir do momento em que ele efetiva a consulta eletrônica ao teor da intimação, inicia-se o prazo processual, sendo isso certificado nos autos (LIPJ, art. 5º, § 1º). Já nos casos em que a consulta ocorra em dia não útil, a intimação será considerada como realizada no primeiro dia útil seguinte (LIPJ, art. 5º, § 2º).

A intimação "em portal próprio" consiste, assim, em uma forma individualizada e personalizada de intimação por meio eletrônico dos advogados cadastrados junto aos sistemas eletrônicos e, por tal razão, dispensa a publicação no órgão oficial.

Em razão da disseminação desse modo de intimação nos sistemas de processo eletrônico, pode-se dizer que houve uma grande subutilização do Diário Oficial para fins de veiculação de atos processuais.

Note-se que, ainda que o advogado não efetive a consulta do teor da intimação, não haverá a publicação de seu teor no órgão oficial, de modo que, nos termos da lei, a consulta referida deverá ser feita em até dez dias corridos contados da data do envio da intimação, sob pena de a intimação ser considerada automaticamente realizada na data do término desse prazo (LIPJ, art. 5º, § 3º).

Ainda, nos termos do § 4º, do art. 5º, os tribunais poderão informar os advogados da existência de intimações disponíveis no sistema de processo eletrônico por *e-mail*, a fim de garantir, por exemplo, que não se inicie o prazo processual (decorridos os dez dias de "carência"), sem que o advogado tenha ciência do ato. É de destacar que tal prática já vinha sendo adotada havia tempos, sobretudo pelo Superior Tribunal de Justiça e Supremo Tribunal Federal, pelo sistema *push*, e foi adotada pelas plataformas de processo eletrônico.

Depreende-se do § 5º, do art. 5º, que "nos casos urgentes em que a intimação feita na forma deste artigo possa causar prejuízo a quaisquer das partes ou nos casos em que for evidenciada qualquer tentativa de burla ao sistema, o ato processual deverá ser realizado por outro meio que atinja a sua finalidade, conforme determinado pelo juiz". O que significa dizer que, a critério do

---

José Eduardo de Resende Chaves Júnior (Coord.). *Comentários à lei do processo eletrônico*. São Paulo: LTr, 2010, p. 96.

julgador e em casos excepcionais,[27] poderá ser determinada a realização da intimação por meio que não o eletrônico.

Uma das preocupações noticiadas por parte da doutrina sobre a nova modalidade de intimação prevista na lei e o novo prazo por ela instituído, ou seja, o "prazo para consultar o portal do tribunal",[28] restou superada, uma vez que o cadastro de que trata o *caput*, do art. 5º, da lei, não se tornou uma medida autônoma, mas, sim, unificada junto ao peticionamento eletrônico. Em outras palavras, o advogado que pretende ingressar com demandas ou peticionar em autos digitais deverá possuir um cadastro junto à plataforma virtual, o qual também será destinado ao recebimento de intimações por meio eletrônico.

Dárlen Prietsch Medeiros, porém, alerta para a necessidade de cuidado quando o sistema de processo eletrônico admitir o cadastro de todos os advogados que atuam no processo e seus estagiários, "inclusive sendo mantidos os nomes de advogados que deixaram de atuar nos autos". De acordo com ele, "essa observação é muito relevante pelo grande número de profissionais contratados, que mesmo após o desligamento de seu antigo escritório seguem recebendo intimações dos processos destes", sendo que "diante desta constatação, dois posicionamentos devem ser adotados: os escritórios deverão ter o cuidado de informar nos autos que aquele profissional está se desligando do processo e, ou, os Tribunais deverão limitar o cadastro dos processos a um único profissional".[29]

---

27 "Os casos de urgência, embora não explicitados, podem ser interpretados como nas hipóteses de deferimentos de liminares, tais como de vedação da prática de atos, inibição de conduta, de todos aqueles procedimentos cautelares dos arts. 798 e s. do CPC [de 1973], além dos adiantamentos de tutela de que trata o art. 273 do CPC [de 1973], todos a fim de evitar que ocorra prejuízo às partes em decorrência de perecimento do seu direito" (Alexandre Atheniense. *Comentários à Lei 11.419/06 e as práticas processuais por meio eletrônico nos tribunais brasileiros*, p. 194).

28 Petrônio Calmon projetava que "após essa lei, por certo que os tribunais farão ampla campanha de cadastramento. Aquele que se cadastrar poderá utilizar-se dos meios eletrônicos para peticionar. Todavia, antes mesmo de valer-se dessa prerrogativa já estará sujeito à intimação por meio eletrônico e terá de acompanhar o portal do tribunal todos os dias, para certificar-se de que algum prazo já não está fluindo" (*Comentários à lei de informatização do processo judicial*: Lei n. 11.419, de 19 de dezembro de 2006. Rio de Janeiro: Forense, 2008, p. 86).

29 Dárlen Prietsch Medeiros. Comentários ao art. 5º. In: José Eduardo de Resende Chaves Júnior (Coord.). *Comentários à lei do processo eletrônico*. São Paulo: LTr, 2010, p. 97-98.

Para efeitos da contagem de prazo, se houver duplicidade de intimação, deverá prevalecer a data da intimação eletrônica realizada em portal eletrônico do próprio tribunal (onde tramita o processo) em detrimento da publicação no *DJe* – Diário da Justiça Eletrônico.[30]

Contudo, essas intimações realizadas pelo portal do tribunal são consideradas pessoais para todos os efeitos legais, inclusive quanto à Fazenda Pública (LIPJ, art. 5º, § 6º). Isto quer dizer que, caso o procurador da Fazenda Pública encontre-se cadastrado no sistema do processo eletrônico, as consultas realizadas por ele quanto ao teor das intimações no portal serão consideradas como intimações pessoais para todos os efeitos legais.

24.3.2.5. **WhatsApp** *para intimação. CNJ*

O aplicativo *WhatsApp* (programa de computador de *smartphone* que transmite mensagens de texto, áudio, foto e vídeo) pode ser uma forma para intimações conforme o CNJ – Conselho Nacional de Justiça. Este órgão aprovou a utilização do *WhatsApp* como ferramenta para intimações em todo o Judiciário.

Tal posição se deu no julgamento do Procedimento de Controle Administrativo n. 0003251-94.2016.2.00.0000, no qual se contestava a decisão da Corregedoria do Tribunal de Justiça de Goiás que proibia a utilização do

30 AGRAVO INTERNO. AGRAVO EM RECURSO ESPECIAL. PROCESSUAL CIVIL. CPC/2015. INTIMAÇÃO ELETRÔNICA PRECEDIDA DE INTIMAÇÃO NO *DJE*. CONTAGEM DE PRAZO. PREVALÊNCIA DA INTIMAÇÃO ELETRÔNICA. EXEGESE DO ART. 5º DA LEI 11.419/2006. TEMPESTIVIDADE DO AGRAVO EM RECURSO ESPECIAL. 1. Controvérsia acerca da contagem de prazo recursal na hipótese de duplicidade de intimações, uma via *DJe* e outra por meio de portal eletrônico. 2. "As intimações serão feitas por meio eletrônico em portal próprio aos que se cadastrarem na forma do art. 2º desta Lei, dispensando-se a publicação no órgão oficial, inclusive eletrônico" (art. 5º, 'caput', Lei 11.419/2006, sem grifos no original). 3. Prevalência da intimação eletrônica sobre a intimação via *DJe*, na hipótese de duplicidade de intimações. Entendimento em sintonia com o CPC/2015. 4. Contagem do prazo recursal a partir da data em que se considera realizada a intimação eletrônica. 5. Tempestividade do recurso, na espécie. 6. AGRAVO INTERNO PROVIDO. (AgInt no Agravo em Recurso Especial n. 903.091/RJ, STJ, 3ª Turma, Rel. Min. Paulo de Tarso Sanseverino, *DJe* 27-3-2017).

WhatsApp para intimações na esfera do Juizado Civil e Criminal da Comarca de Piracanjuba.

Assim, objeto do questionamento no CNJ, o uso do *WhatsApp* como forma de intimar as partes e assim desburocratizar procedimentos judiciais se baseou na Portaria n. 01/2015 do Juizado Especial Cível e Criminal de Piracanjuba. Tal portaria dispõe sobre o uso facultativo do *WhatsApp*, aplicável tão somente para intimações às partes que voluntariamente aderirem aos seus termos. Frise-se que a portaria exige a confirmação do recebimento da mensagem no mesmo dia do envio, pois senão a intimação da parte deve ocorrer nos moldes ordinários.

De acordo com o voto da relatora, conselheira Daldice Santana, o uso do aplicativo para intimações "encontra-se absolutamente alinhado com os princípios que regem a atuação no âmbito dos juizados especiais, de modo que, sob qualquer ótica que se perquira, ele não apresenta vícios". A referida "não extrapolou os limites regulamentares, pois apenas previu o uso de uma ferramenta de comunicação de atos processuais, entre tantas outras possíveis".

Embora se possa questionar acerca da segurança e de como se realizará o armazenamento da comprovação do ato judicial praticado, há algum tempo, outras normas nesse sentido – autorizando a realização de atos processuais via *WhatsApp* – existem nos tribunais brasileiros, como no caso do Juizado Especial Cível do Foro Regional do Partenon em Porto Alegre-RS e da 7ª Vara Criminal Federal em São Paulo-SP.

24.3.2.6. Prazo em dobro e em quádruplo. CPC de 2015, arts. 229, 180, 183 e 186

O advento da Lei n. 11.419/2006, em regra, nada mudou quanto às regras processuais, salvo quanto à contagem inicial dos prazos processuais, pois o dia da publicação é o dia seguinte àquele em que for publicado no Diário eletrônico.

Dessa forma, os prazos para contestar, recorrer, manifestar-se nos autos continuaram intactos. No entanto, há entendimento de que com o advento do processo eletrônico não haveria mais sentido manter a regra do revogado art. 191 do CPC de 1973 [CPC de 2015, art. 229, *caput*], ao prever que, quando os litisconsortes (pluralidade de réus ou autores na ação) tiverem diferentes procuradores, os prazos são contados em dobro para contestar, recorrer e falar nos autos do processo. Essa foi a posição adotada no julgamento do agravo inominado (legal) em Agravo de instrumento n. 5001481-41.2012.404.0000, do Tribunal Regional Federal da 4ª Região.

Conforme o acórdão, no processo eletrônico não se aplica a regra da contagem em dobro do prazo para contestar, prevista no revogado art. 191 do CPC [de 1973]. Fazendo uma interpretação teleológica (de acordo com a finalidade da lei), considerou-se inaplicável a regra do art. 191 do CPC revogado ao processo eletrônico, pois não há neste meio digital as restrições para vista e retirada dos autos, estando estes disponíveis o dia inteiro, todos os dias da semana; logo, não há afronta ao princípio da ampla defesa. Vejamos a ementa:

> PRAZO EM DOBRO. ART. 191 DO CPC [de 1973]. LITISCONSÓRCIO COM DIVERSIDADE DE PROCURADORES. PROCESSO ELETRÔNICO. DESNECESSIDADE. O art. 191 deve ser interpretado de forma teleológica, isto é, de forma a atender à finalidade da norma, respeitando os princípios da utilidade, igualdade e da ampla defesa. Assim, a regra contida no art. 191 do CPC é inaplicável ao processo eletrônico, posto que não se fazem mais presentes as restrições para vista dos autos. Agravo desprovido.[31]

É bem verdade que a regra do art. 191 do CPC de 1973 tinha por fim minimizar o problema de acesso ao teor dos autos, mas também em razão de que as manifestações em processos com litisconsortes que tenham procuradores diversos normalmente são mais complexas e demandam mais tempo dos respectivos patronos.[32]

Para a modificação da aplicação da regra do art. 191 ao processo eletrônico seria necessária alteração promovida por **lei ordinária**, sob pena de o órgão julgador extrapolar seus poderes judicantes. Isso porque cabe à jurisprudência a interpretação da lei, criando inclusive súmulas, mas essa interpretação deve acontecer quando a norma não for clara sobre campo de sua aplicação, ou mesmo para casos de aplicação por analogia. Entretanto, como o art. 191 era claro em sua previsão, não poderia ele ser restringido por força de decisão ju-

---

31 TRF-4, 5001481-41.2012.404.0000, 3ª T., rel. para o acórdão Carlos Eduardo Thompson Flores Lenz, *DJe*, 24-5-2012.

32 No mesmo sentido, Clito Fornaciari Júnior. O prazo em dobro no processo eletrônico. *Tribuna do Direito*, setembro de 2013, p. 14.

dicial, sob pena de afronta ao princípio constitucional da ampla defesa, bem como da segurança jurídica no campo processual.

Quanto a eventual justificativa para a não aplicação do art. 191 do CPC de 1973 ao processo eletrônico, deve-se ter em mente que o grande pano de fundo da Lei n. 11.419/2006 foi o de buscar uma economia de tempo na tramitação dos processos judiciais. No entanto, esse não deve ser um fim em si mesmo, sob pena de afronta à Constituição Federal, em especial aos **princípios do contraditório e da ampla defesa**, bem como do **devido processo legal**.

Além disso, estamos em um tempo de transição em que o processo eletrônico convive com o processo em papel, sendo que a própria Lei n. 11.419/2006 prevê a possibilidade de impressão dos autos do processo eletrônico em algumas situações. Logo, regras processuais diversas, especialmente quanto a prazos, poderão implicar prejuízo às partes por falta de segurança jurídica.

Assim, quando as regras processuais são claras em suas disposições (sejam as do Código de Processo Civil, sejam outras normas de cunho instrumental), não devem elas ser interpretadas restritivamente pelo Poder Judiciário, sob pena de afronta aos princípios constitucionais, além de implicar grande **insegurança jurídica** processual.

Todo esse raciocínio era plenamente aplicável ao teor do também revogado art. 188 do CPC de 1973, o qual previa que computava-se **em quádruplo** o prazo para contestar e em dobro para recorrer quando a parte do processo for o Ministério Público ou Fazenda Pública.

De acordo com o CPC de 2015, não há mais o prazo em quádruplo; porém o Ministério Público (art. 180, *caput*), a Advocacia Pública (art. 183, *caput*) e a Defensoria Pública (art. 186, *caput*) têm assegurada a prerrogativa do prazo em dobro. O art. 183, *caput*, esclarece que o prazo em dobro vale para a União, os Estados, o Distrito Federal, os Municípios e suas respectivas autarquias e fundações de direito público.

Contudo, esse dilema tem prazo para acabar, que se dará pela entrada em vigor do CPC de 2015, pois o § 2º do art. 229 é claro ao dispor que em processos cujos autos sejam eletrônicos não se aplica o prazo em dobro.

24.3.3. Acesso aos autos. Resolução CNJ n. 121/2010

O referido tema é tratado pelo § 6º do art. 11, da Lei n. 11.419/2006, que prescreve que "os documentos digitalizados juntados em processo eletrônico somente estarão disponíveis para acesso por meio da rede externa para suas respectivas partes processuais e para o Ministério Público, respeitado o disposto em lei para as situações de sigilo e de segredo de justiça".

Analisando a redação do dispositivo legal mencionado, Petrônio Calmon constatou que se trata de "uma norma muito polêmica, pois faz refletir sobre o direito de acesso aos autos de qualquer processo por parte não só dos que são nele envolvidos, como também, por parte dos advogados e de toda a sociedade".[33]

De acordo com José Carlos de Araújo Almeida Filho, pela regra em tela, houve "a relativização do princípio da publicidade, porque os autos somente estarão disponíveis para aqueles que fizerem o *login* nos sistemas dos Tribunais", o que não se pode admitir.[34]

Em um primeiro momento, o Conselho Nacional de Justiça posicionou-se no sentido de que o art. 11, § 6º, adequava-se ao ordenamento jurídico brasileiro, uma vez que recaía na exceção prevista no próprio art. 93, IX, da Constituição Federal (segredo de justiça). Segundo essa antiga orientação do CNJ, diante da facilidade de divulgação proporcionada pela internet, o acesso aos autos completos do processo poderia comprometer o direito à intimidade (art. 5º, X, da Constituição), motivo pelo qual deveria ser restrito nos termos da lei.

Todavia, revendo a posição anteriormente adotada, o Conselho Nacional de Justiça editou a Resolução n. 121/2010 (que dispõe sobre a divulgação de dados processuais eletrônicos na rede mundial de computadores, expedição de certidões judiciais e dá outras providências), a qual em seu art. 1º prevê que "a consulta aos dados básicos dos processos judiciais será disponibilizada na rede mundial de computadores (internet), assegurado o direito de acesso a informações processuais a toda e qualquer pessoa, independentemente de prévio cadastramento ou de demonstração de interesse". O que significa dizer que a consulta aos autos será irrestrita a todos e independe de obtenção de *login* e senha por parte do interessado.

A referida Resolução vai além e, a fim de garantir a publicidade de todos os atos processuais, estabelece em seu art. 2º que os "dados básicos dos proces

---

33 Petrônio Calmon. *Comentários à lei de informatização do processo judicial*: Lei n. 11.419, de 19 de dezembro de 2006, p. 117.

34 José Carlos de Araújo Almeida Filho. *Processo eletrônico e teoria geral do processo eletrônico*: a informatização judicial no Brasil, p. 220.

sos", mencionados no art. 1º supramencionado, são: o número, classe e assuntos do processo; o nome das partes e de seus advogados; a movimentação processual; e, por fim, o inteiro teor das decisões, sentenças, votos e acórdãos.

Dito isso, de certo modo, resta dirimida essa controvérsia, cabendo apenas aos Tribunais adotarem tal prática, a fim de se garantir o amplo acesso aos processos a toda a sociedade, como ocorre hoje com o processo "de papel". Por certo, as questões sob segredo de justiça devem ser preservadas.

O CPC de 2015, art. 197, *caput*, assevera que os tribunais divulgarão as informações constantes de seu sistema em *site* da internet, gozando a divulgação de presunção de veracidade e confiabilidade. Além disso, o seu art. 198 estabelece que as unidades do Poder Judiciário deverão manter à disposição dos interessados, de forma gratuita, equipamentos necessários para a realização de atos processuais e a consulta ao sistema e aos documentos que nele constarem. Caso não haja tais equipamentos no local, será permitida a prática de atos por meio não eletrônico.

Para os casos de pessoas com deficiência, as unidades do Poder Judiciário garantirão acessibilidade aos seus *sites* na internet, ao meio eletrônico de prática de atos judiciais, à comunicação eletrônica dos atos processuais e à assinatura eletrônica (CPC de 2015, art. 199).

24.3.4. Cartas precatórias, rogatórias, de ordem e comunicação entre órgãos do Poder Judiciário

De acordo com a Lei n. 11.419/2006, não só as comunicações às partes, mas também as comunicações entre as autoridades judiciárias serão realizadas por meio eletrônico (LIPJ, art. 7º).

É notória a morosidade que o cumprimento das cartas precatórias, rogatórias, de ordem e as comunicações entre autoridades judiciárias causam aos processos de maneira geral, em razão da necessidade de confecção, postagem, autuação, sem falar nos casos de extravio e falta de documentos para sua instrução.

Assim, mostra-se salutar a intenção do legislador ao estabelecer que tais expedientes serão transmitidos preferencialmente por meio eletrônico, colaborando, assim, com o objetivo da lei em garantir uma razoável duração do processo, reduzindo, para tanto, os trâmites burocráticos relacionados às cartas e comunicações.

José Carlos de Araújo Almeida Filho ainda aponta que se pode dizer que o mencionado art. 7º, ao possibilitar a comunicação pelos meios eletrônicos, também autoriza a transmissão de dados, o que possibilitaria, por exemplo, a oitiva de testemunhas por videoconferência, garantindo ainda maior celeridade ao cumprimento das cartas.[35]

Em que pese no processo civil brasileiro a inquirição de testemunhas por videoconferência ainda não seja uma realidade rotineira, a Lei n. 11.419/2006 certamente "influenciou" a edição das Leis n. 11.900/2009 e n. 11.690/2008, que alteram dispositivos do Código de Processo Penal e autorizam, em casos excepcionais, o interrogatório do réu preso e de testemunha no processo penal por videoconferência.

---

[35] José Carlos de Araújo Almeida Filho. *Processo eletrônico e teoria geral do processo eletrônico*: a informatização judicial no Brasil, p. 196.

25

Peticionamento Eletrônico

Por peticionamento eletrônico, a grosso modo, entende-se o mecanismo pela qual as petições são endereçadas eletronicamente à autoridade competente, no caso ao juiz. O peticionamento eletrônico pode ser dividido da seguinte forma: peticionamento eletrônico em sentido estrito e peticionamento digitalizado. O primeiro é enviado ao tribunal via sistema do processo judicial eletrônico, o qual é acessado pela internet. Já o segundo, o peticionamento digitalizado, ocorre quando o patrono leva a petição ao fórum, cujo funcionário digitaliza (mediante escaneamento) os documentos impressos em papel.

O tema do peticionamento eletrônico não envolve apenas o modo como peticionar via internet; envolve as formas de identificação perante os tribunais, assinatura digital e certificação eletrônica, distribuição e protocolo, padronização de sistemas, entre outros temas, que abordaremos a seguir.

25.1. FORMAS DE IDENTIFICAÇÃO

Quanto às formas de identificação, conforme a lei, deverá ser utilizado o sistema de assinatura eletrônica, mediante: uso de assinatura e certificação digital; ou cadastro do usuário no Poder Judiciário – o que se tem denominado sistema usuário-senha – (LIPJ, art. 1º, § 2º, inc. III, alíneas *a* e *b*).

Ainda, de acordo com a lei, o envio de petições, recursos e atos processuais será admitido mediante uso de assinatura digital, sendo obrigatório o credenciamento prévio no Poder Judiciário, com a adequada **identificação presencial** do interessado (LIPJ, art. 2º, *caput* e § 1º).

Os dispositivos mencionados (sem prejuízo de outros), como veremos, são os que geram as maiores controvérsias em relação à legislação em comento, sendo que, a propósito, foi objeto de questionamento, do ponto de vista da sua constitucionalidade, pela OAB – Ordem dos Advogados do Brasil, no Supremo Tribunal Federal, por meio de ação direta de inconstitucionalidade (ADI 3.880). Entre os pontos levantados pela OAB Federal, um dos principais seria o fato de afirmar que tem a prerrogativa constitucional de ser a única entidade legitimada a cadastrar e a certificar os advogados.

25.1.1. Assinaturas eletrônicas. Assinatura digital e certificação eletrônica

A norma em comento admite, para fins de identificação dos interessados em utilizar o meio eletrônico para a prática de atos processuais, a assinatura digital baseada em certificado digital emitido por Autoridade Certificadora credenciada, na forma de lei específica (LIPJ, art. 1º, § 2º, III, *a*), e a assinatura obtida mediante cadastro de usuário no Poder Judiciário (LIPJ, art. 1º, § 2º, III, *b*).

Embora haja interpretação contrária do dispositivo legal mencionado (LIPJ, art. 1º, § 2º, III), no sentido de se tratar de uma duplicidade de requisitos, e não de duas formas de identificação, a doutrina, de modo geral, perfilha entendimento no sentido de que são duas formas de identificação: mediante assinatura digital (alínea *a*) e via sistema de *login* e senha (alínea *b*).[1]

Segundo Alexandre Atheniense, as experiências anteriores à lei de alguns processos sem papel, como a dos Juizados Especiais Federais e de alguns Tribunais Estaduais, por exemplo, resultaram na possibilidade de a identificação inequívoca do peticionante também ser pela utilização do sistema usuário-senha.[2] Entretanto, tal forma de identificação pode ser problemática.

---

1 José Carlos de Araújo Almeida Filho sustenta que as hipóteses das alíneas *a* e *b* não são excludentes, mas se complementam, ou seja, além da exigência da assinatura eletrônica baseada em certificado digital, o interessado deve se cadastrar no Poder Judiciário. *Processo eletrônico e teoria geral do processo eletrônico*: a informatização judicial no Brasil, p. 144.

2 Alexandre Atheniense. *Comentários à Lei 11.419/2006 e as práticas processuais por meio eletrônico nos tribunais brasileiros*, p. 122.

Primeiramente, porque a utilização de *login* e senha contraria a legislação que trata de documentos eletrônicos. Com efeito, como já abordado em outro capítulo, a Medida Provisória n. 2.2002/2001, que trata da assinatura digital e certificado eletrônico, criou um aparato de instituições públicas destinadas a "garantir a autenticidade, a integridade e a validade jurídica de documentos em forma eletrônica", conforme o seu art. 1º. Assim, não é difícil se constatar que admitir outro meio de identificação distinto do previsto na lei específica não é o mais adequado.

Secundariamente, pois é notória a possibilidade de fraude na identificação pelo método de usuário-senha. A doutrina, de modo geral, é unânime ao admitir que a referida forma de identificação não preserva adequadamente as informações que tramitam por meio eletrônico, tampouco garante a integridade e a autenticidade dos documentos, de modo que, caso se insista em sua utilização, até mesmo sentenças, poderão ser proferidas fraudulentamente.[3]

Por último, embora a legislação do processo eletrônico permita a utilização de usuário-senha para os advogados ("interessados"), não adota tal medida em seus arts. 4º, § 1º,[4] e 20,[5] quando exige que o Diário da Justiça eletrônico e as procurações assinadas eletronicamente sejam certificados digitalmente nos termos da Medida Provisória n. 2.200-2/2001.[6]

Diante disso, parece evidente a temeridade em se acolher a possibilidade de identificação por meio de simples *login* e senha, mormente por existir legislação específica tratando sobre o tema.

---

3 Nesse sentido, José Carlos de Araújo Almeida Filho. *Processo eletrônico e teoria geral do processo eletrônico*: a informatização judicial no Brasil, p. 279; Petrônio Calmon. *Comentários à lei de informatização do processo judicial*: Lei n. 11.419, de 19 de dezembro de 2006, p. 71; Wesley Roberto de Paula. A tramitação processual eletrônica, p. 84.

4 Art. 4º, § 1º: "O sítio e o conteúdo das publicações de que trata este artigo deverão ser assinados digitalmente com base em certificado emitido por Autoridade Certificadora credenciada na forma da lei específica".

5 Art. 20 (ao alterar o art. 38, parágrafo único, do Código de Processo Civil de 1973 [correspondente ao art. 105, § 1º, do CPC de 2015]): "A procuração pode ser assinada digitalmente com base em certificado emitido por Autoridade Certificadora credenciada, na forma da lei específica".

6 Petrônio Calmon. *Comentários à lei de informatização do processo judicial*: Lei n. 11.419, de 19 de dezembro de 2006, p. 79.

25.1.2. Obrigatoriedade de credenciamento no Poder Judiciário

Outro ponto muito debatido acerca da Lei n. 11.419/2006 é o referente à obrigatoriedade de credenciamento dos interessados no Poder Judiciário, nos termos do art. 2º, *caput* e § 1º.

Duas questões são aventadas nesse aspecto, quais sejam, a inconstitucionalidade do referido credenciamento e a total dispensabilidade do comparecimento pessoal para cadastro mesmo dos interessados que se utilizam de assinatura digital.

A primeira questão encontra-se em discussão perante o Supremo Tribunal Federal, na ADI 3.880, na qual a OAB Federal busca a declaração da inconstitucionalidade de diversos dispositivos e, dentre eles, o que institui o referido credenciamento. A doutrina majoritária, como Marcos da Costa e Augusto Tavares Rosa,[7] Petrônio Calmon[8] e Alexandre Atheniense,[9] dá suporte à inconstitucionalidade arguida, com fulcro no entendimento de que o credenciamento em análise não se trata de mero cadastro, mas envolve autorização, habilitação e capacitação. Isso implicaria dizer que houve a transferência ao Poder Judiciário da decisão sobre quem pode ou não advogar, o que viola o texto constitucional quanto às prerrogativas da OAB.

Já a segunda controvérsia, quanto ao ponto em tela, diz respeito à obrigatoriedade de comparecimento pessoal do interessado, a fim de que seja possível seu credenciamento, ainda que seja utilizada a assinatura digital. Esta exigência mostra-se totalmente descabida, ao passo em que os interessados que optarem pela assinatura eletrônica baseada em certificado digital terão, obrigatoriamente, que comparecer pessoalmente à autoridade certificadora, comprovando sua identidade. Assim, parece-nos mais lógico exigir a identificação presencial apenas daqueles que optarem pela assinatura obtida mediante cadastro no Poder Judiciário.

Vale ressaltar que o CPC de 2015, art. 1.053, assevera que, até a transição definitiva para a certificação digital, os atos processuais praticados por meio

---

7 Marcos da Costa e Augusto Tavares Rosa. Duas óticas acerca da informatização dos processos judiciais. *Jus Navigandi*, Teresina, ano 6, n. 59, out. 2002. Disponível em: <http://jus2.uol.com.br/doutrina/texto.asp?id=3228>. Acesso em: 24 ago. 2017.

8 Petrônio Calmon. *Comentários à lei de informatização do processo judicial*: Lei n. 11.419, de 19 de dezembro de 2006, p. 67.

9 Alexandre Atheniense. *Comentários à Lei 11.419/2006 e as práticas processuais por meio eletrônico nos tribunais brasileiros*, p. 133.

eletrônico ficam convalidados mesmo que não tenham observado os requisitos mínimos estabelecidos pelo diploma processual (ou seja, pelo próprio CPC), desde que tenham atingido sua finalidade e não tenha havido prejuízo à defesa de qualquer das partes.

25.2. ATOS ASSINADOS ELETRONICAMENTE. E-PETIÇÃO E E-PROCURAÇÃO

Quanto à assinatura dos atos processuais, todos serão assinados de forma eletrônica (LIPJ, art. 8º, parágrafo único). Diga-se de passagem, o número de advogados que adquirem assinatura digital e certificação eletrônica aumenta sensivelmente a cada dia.

A validade da petição eletrônica está condicionada a existência de procuração ou substabelecimento nos autos do advogado que assinou digitalmente a petição. Mesmo que seja o caso de petição em papel escaneada, a qual tinha assinatura de advogado devidamente constituído nos autos, mas que foi transmitida eletronicamente ao tribunal por terceiro advogado (titular da assinatura digital), que não estava constituído por procuração ou substabelecimento, o documento não terá validade. Esse é o entendimento proferido em julgamento do STJ, em que se aplicou os termos da Súmula n. 115 do mesmo tribunal: "Na instância especial é inexistente recurso interposto por advogado sem procuração nos autos". Vejamos o teor da decisão:

> PROCESSUAL CIVIL. SEGUNDOS EMBARGOS DE DECLARAÇÃO. ALEGAÇÃO DE OMISSÃO. PETIÇÃO ELETRÔNICA. AUSÊNCIA DE PROCURAÇÃO DO ADVOGADO DETENTOR DO CERTIFICADO DIGITAL. IRRELEVÂNCIA DA ASSINATURA NO DOCUMENTO FÍSICO. IRREGULARIDADE DA REPRESENTAÇÃO. SÚMULA N. 115/STJ. EMBARGOS NÃO CONHECIDOS.
>
> 1. Quando a petição é apresentada por meio eletrônico, é irrelevante, para se conhecer do recurso, eventual assinatura no documento físico ou, até mesmo, a ausência dela. Nesses casos, a validade e a existência do documento estão condicionadas à existência de procuração ou substabelecimento outorgado ao titular do certificado digital, ou seja, ao advogado que assinou digitalmente a petição.
>
> 2. Não se conhece de embargos de declaração enviados por meio eletrônico quando constatado que o advogado que encaminhou a petição, que é o

> detentor do certificado digital e do respectivo cadastramento, não tem procuração nos autos. Incidência da Súmula n. 115/STJ.
> 3. Embargos de declaração não conhecidos.[10]

Particularmente, consideramos tratar-se de um excesso de formalismo, ainda mais para um tempo de transição do papel para o digital. Poderia se levar em conta o fato de o advogado constituído ainda não ter adquirido sua assinatura digital, ou mesmo não ter se familiarizado com ela, tendo hipoteticamente pedido um favor a outro advogado acostumado ao sistema de peticionamento eletrônico. Apesar de o parágrafo único do art. 8º da Lei do Processo Eletrônico estabelecer que todos os atos processuais do processo eletrônico serão assinados eletronicamente, poderia se considerar o disposto pelo § 1º do art. 11 da mesma lei, em que os documentos digitalizados (escaneados) têm a mesma força do que os originais (podendo associar-se à boa-fé do advogado). Isso permitiria uma interpretação de forma a admitir a petição escaneada (assinada por advogado constituído) e transmitida por outro advogado. Muitas vezes a impressão que fica é de que os tribunais se apegam a um formalismo exacerbado com o fim de tentar diminuir ao máximo o fluxo de processos.

As procurações também poderão ser assinadas eletronicamente com certificação digital – e-procuração (CPC de 2015, art. 105, § 1º [CPC de 1973, art. 38, alterado pelo art. 20 da Lei n. 11.419/2006]). Para tanto, os constituintes, pessoas físicas ou jurídicas, precisarão possuir assinatura digital e certificação eletrônica.

Também as assinaturas dos juízes podem ser feitas eletronicamente (CPC de 2015, art. 205, § 1º [CPC de 1973, art. 164, parágrafo único, alterado pelo art. 20 da Lei n. 11.419/2006]). Isso já vem ocorrendo pelos tribunais brasileiros, desde os primeiros anos de vigência da lei, com o treinamento dos juízes e o fornecimento de seus certificados eletrônicos para assinaturas digitais.

Não é demais frisar que os atos processuais realizados por meio eletrônico até a transição definitiva para certificação digital ficam ratificados, mesmo que não tenham seguido os requisitos mínimos estabelecidos pelo CPC, desde que tenham atingido sua finalidade e não tenha havido prejuízo à defesa de qualquer das partes (CPC de 2015, art. 1.053).

---

10 STJ, EDcl nos EDcl no AgRg no Ag 1.165.174/SP, 3ª Turma, rel. Min. João Otávio de Noronha, *DJe* 16-9-2013.

25.3. DISTRIBUIÇÃO E PROTOCOLO

O peticionamento eletrônico (em formato digital) para a distribuição de ações e protocolos em geral pode ser feito diretamente pelos advogados das partes sem a necessidade de intervenção do cartório (ou setor de protocolização), sendo que tal protocolo deve dar-se de forma automática com recibo de entrega (LIPJ, art. 10, *caput*). Semelhantemente, o CPC de 2015 dispõe, em seu art. 228, § 2º, que nos processos eletrônicos a juntada de petições e demais manifestações em geral ocorrerá de forma automática, independentemente de ato de serventuário da justiça.

Em razão do estabelecido pela lei, verifica-se que a distribuição e a autuação, que antes cabiam ao escrivão ou ao chefe de secretaria (CPC de 2015, art. 206) [CPC de 1973, art. 166], passam a ser realizadas de forma digital.

A lei prevê, ainda, que o Poder Judiciário deverá manter equipamentos de digitalização e de acesso à internet aos interessados para a distribuição de peças (LIPJ, art. 10, § 3º). O disposto no referido artigo, de acordo com Petrônio Calmon, trata-se de regra de transição que busca viabilizar a profunda transformação que a informatização exige.[11] Segundo ele, depreende-se de tal dispositivo que em um primeiro momento há de se permitir que o interessado se utilize, ainda, dos meios tradicionais, ou seja, do meio físico. Isso significa dizer que o advogado pode elaborar suas petições em papel, cabendo ao órgão judicial providenciar sua digitalização.

Todavia, essa regra de transição infelizmente não foi adotada adequada mente por todos os tribunais, sendo implementado o processo eletrônico sem o adequado suporte aos advogados.

Sobre essa questão, muito se questionou sobre qual seria o destino dos inúmeros serventuários que trabalhavam com distribuição, protocolo e autuação, se haveria demissão em massa, como ocorreu no sistema bancário quando de sua informatização etc. Entretanto, até o momento, tal situação não se verificou. A princípio, se houvesse ociosidade, seriam direcionados para setores de conciliação.

Os sistemas deverão buscar identificar casos de prevenção, litispendência e coisa julgada (LIPJ, art. 14, parágrafo único).

---

[11] Petrônio Calmon. *Comentários à lei de informatização do processo judicial*: Lei n. 11.419, de 19 de dezembro de 2006, p. 105.

Para facilitar isso, a parte deverá informar o número do CPF ou CNPJ na distribuição da ação, salvo nos casos em que se comprometa o acesso à Justiça (LIPJ, art. 15, *caput*).

25.3.1. Tamanho das petições

Outro aspecto controverso a ser citado, embora não previsto expressamente na Lei n. 11.419/2006, é aquele que se refere à restrição ao tamanho das petições a serem enviadas pelas plataformas eletrônicas de práticas de atos processuais.

Alguns tribunais, ao regulamentarem o art. 3º da lei, vêm restringindo o tamanho das peças a serem transmitidas por meio eletrônico. Esta restrição não está prevista na lei, ela vem sendo imposta sob a justificativa de limitações técnicas dos sistemas.[12] A Resolução n. 486.435, do Tribunal Regional Federal da 3ª Região (TRF-3), substituiu as petições, endereçadas aos Juizados Especiais Federais e Turmas Recursais, pelo preenchimento de um formulário padrão disponibilizado via internet. Neste formulário, há um limite de 20 Mb (*megabytes*), sendo que, para os fatos e fundamentos, deverá haver no máximo 10 mil caracteres; indicação das provas, 1 mil; pedido, 3 mil. Em junho de 2014, atendendo a um pedido da OAB/SP, o TRF-3 alterou a referida resolução para que o peticionamento possa ser feito sem a obrigatoriedade do uso do formulário. Cabe explicitar que, se antes era preciso mais espaço físico para os grandes e/ou numerosos volumes dos autos processuais, agora é preciso grande quantidade de espaço digital nos servidores dos tribunais.

Essas medidas podem ser tidas como afronta aos princípios do devido processo legal e da ampla defesa. Para ilustrar a questão, quanto à limitação do número de páginas em razão da capacidade do servidor, no Fórum Nossa Senhora do Ó, na cidade de São Paulo, o máximo era de vinte páginas; em Santa Catarina, no formato digital, sete páginas.

Contudo, parece evidente que tal situação gera um cerceamento de defesa aos peticionantes, tendo em vista que ficam impossibilitados de apresentar toda a documentação desejada em um só momento, especialmente nos casos em que o tribunal não admite o fracionamento da petição,[13] motivo pelo qual seria razoável que tais limites sejam retirados das regulamentações.

---

[12] Nesse sentido, Alexandre Atheniense. *Comentários à Lei 11.419/2006 e as práticas processuais por meio eletrônico nos tribunais brasileiros*, p. 147-51.

[13] Por exemplo, o art. 6º, *caput* e parágrafo único, da Instrução Normativa n. 30/2007 do TST, estabelece: "Art. 6º As petições, acompanhadas ou não de anexos, apenas

25.4. HORÁRIO DE PROTOCOLO

A informatização do processo judicial e a modernização do Judiciário, a partir da Lei n. 11.419/2006, passam por alguns temas interessantes, como, por exemplo, a alteração no horário de protocolo das petições.

Com o advento do peticionamento eletrônico, os prazos processuais encerram-se às 24 horas do último dia (LIPJ, arts. 3º, parágrafo único, e 10, § 1º).

Tendo em vista que a lei é de certa forma lacunosa, ao não especificar qual horário deve ser levado em conta como limite para a prática do ato, pode ser citada a Resolução n. 1/2010 do Superior Tribunal de Justiça, que estabelece em seu art. 4º que "será considerado, para todos os efeitos, o horário de **Brasília** atualizado pelo Observatório Nacional", bem como a Resolução n. 427/2010 do Supremo Tribunal Federal, que dispõe em seu art. 12, parágrafo único, que "a petição enviada para atender a prazo processual será considerada tempestiva quando recebida até as vinte e quatro horas do seu último dia, considerada a hora legal de Brasília". A título de informação, o sistema bancário brasileiro também se utiliza do horário de Brasília atualizado pelo Observatório Nacional para fins de registro de suas operações.

Imperioso notar que, embora houvesse aparente divergência entre a redação do § 3º do art. 172 do CPC de 1973 [correspondente ao CPC de 2015, art. 212], ao dispor que as petições deverão ser protocoladas "dentro do horário do expediente", e o art. 3º, parágrafo único, da Lei n. 11.419/2006, ao estabelecer que serão tempestivas as petições transmitidas "até as 24 horas" do último dia de prazo, o conflito aparente entre ambos os dispositivos resolve-se pelo princípio da especialidade. Ou seja, quanto ao peticionamento eletrônico, a Lei n. 11.419/2006 é norma processual especial em relação ao CPC.

A propósito, como enfatiza Carlos Henrique Abrão, "a petição eletrônica não está adstrita ao horário de funcionamento do Poder Judiciário, mas sim a sua via de acesso de comunicação e ao encaminhamento do documento".[14]

---

serão aceitas em formato PDF (Portable Document Format), no tamanho máximo, por operação, de 2 Megabytes. Parágrafo único. Não se admitirá o fracionamento de petição, tampouco dos documentos que a acompanham, para fins de transmissão".

14 Carlos Henrique Abrão. *Processo eletrônico:* Lei 11.419, de 19 de dezembro de 2006, p. 49.

Entretanto, a partir da entrada em vigor do CPC de 2015, qualquer divergência nesse sentido restará dirimida, pois, de acordo com a redação do seu art. 213 [sem correspondente no CPC de 1973], a prática de ato processual de forma eletrônica pode ocorrer em qualquer horário até as vinte e quatro horas do último dia do prazo. Para tanto, deverá ser levado em conta o horário vigente no juízo perante o qual o ato deve ser praticado. Ou seja, não é o horário de Brasília, mas sim o horário que estiver valendo naquele juízo na data final do prazo; sendo, portanto, necessário se atender às diferenças de **fuso horário** que há entre os Estados-membros brasileiros.

Contudo, é preciso ressaltar que em **autos não eletrônicos** a petição deverá ser protocolada no horário de funcionamento do fórum ou tribunal, de acordo com o horário de funcionamento previsto na legislação orgânica do Poder Judiciário local (CPC de 2015, art. 212, § 3º).

Por sua vez, se houver problemas no sistema do Poder Judiciário no dia do final do prazo, este fica automaticamente prorrogado para o primeiro dia útil seguinte à solução do problema (LIPJ, art. 10, § 2º).

Nesse caso, caberá ao advogado acompanhar o dia da regularização do sistema, pois se regularizado e não protocolar ocorrerá a perda do prazo, por uma causa originária que, salienta-se, não foi sua. O dispositivo em questão revela o caso em que se informatiza o Poder Judiciário, e, na ocorrência de problemas, o ônus pode ficar para o advogado.

25.5. DOCUMENTO ELETRÔNICO E DOCUMENTO ORIGINAL. PDF E ESCANEADO

Os documentos produzidos eletronicamente e juntados aos processos eletrônicos com garantia da origem e de seu signatário (ICP-Brasil) serão considerados originais para todos os efeitos legais (LIPJ, art. 11, *caput*).

Sem prejuízo do que foi tratado no capítulo sobre documento eletrônico e prova eletrônica, por "documento produzido eletronicamente" podemos compreender que se trata de documento gerado a partir de programa de computador, como processadores de texto que normalmente transforma o documento em PDF – *portable document format* (formato de documento portátil) para ser transmitido ao tribunal. Difere, portanto, do documento digitalizado, que consiste em documento que é escaneado, ou seja, convertido em arquivo digital (ou imagem). Assim, uma vez transformado em arquivo, normalmente PDF, também é enviado para compor os autos do processo.

Com efeito, os documentos digitalizados (escaneados) têm a mesma força probatória que os originais, cabendo a arguição de falsidade (que será processada eletronicamente) no caso de alegação motivada e fundamentada de adulteração, antes ou durante o processo de digitalização (LIPJ, art. 11, §§ 1º e 2º).

Por isso, os originais digitalizados (escaneados) deverão ser preservados pelo detentor até o trânsito em julgado da sentença ou pelo prazo da ação rescisória, quando cabível (LIPJ, art. 11, § 3º). Aqui há uma transferência do Poder Judiciário para os escritórios de advocacia e departamentos jurídicos quanto à guarda e ao arquivo de documentos dos autos processuais.

Segundo a legislação em análise, quando for inviável a digitalização do documento (pelo seu grande volume ou sua falta de legibilidade), ele deverá ser apresentado ao cartório no prazo de dez dias do protocolo da petição eletrônica comunicando o fato. O documento será devolvido após o trânsito em julgado (LIPJ, art. 11, § 5º). Este é um tema que veremos com maior profundidade a seguir.

Ainda, tratando-se de cópia digital de título executivo extrajudicial ou outro documento relevante à instrução do processo, o juiz poderá determinar o depósito do original físico em cartório (CPC de 2015, art. 425, § 2º [§ 2º do art. 365 do CPC de 1973, alterado pelo art. 20 da Lei n. 11.419/2006]). Especificamente quanto aos títulos circuláveis, como são os títulos de crédito, essa é uma medida preventiva a fim de evitar a circulação do título original para terceiros de boa-fé que pudessem promover, a partir do vencimento, a cobrança do seu crédito, causando, portanto, insegurança jurídica. Um exemplo de documento relevante à instrução do processo pode ser o tíquete com o registro do horário em que o cliente permaneceu na fila em agência bancária, em vista de pedido indenizatório, pois não havendo o depósito em cartório, eventualmente o mesmo tíquete poderia ser usado indevidamente para instruir mais de um processo de indenização com autores diversos, uma vez que não há identificação da pessoa no comprovante.

Os órgãos públicos poderão fornecer extratos fiéis de todos os documentos em meio eletrônico, certificando que se trata do que consta do documento digitalizado (CPC de 2015, art. 438, § 2º [§ 2º do art. 399 do CPC, alterado pelo art. 20 da Lei n. 11.419/2006]).

Quando os autos do processo eletrônico tiverem de ser remetidos a outro tribunal, ou tribunal superior, que não tenha tecnologia compatível, eles deverão ser impressos e autuados de acordo com as regras do Código de Processo Civil (LIPJ, art. 12, § 2º). Neste caso, volta-se para o papel, sendo que os autos físicos do processo chegando ao outro tribunal serão digitalizados (transformando-se novamente em processo eletrônico), o que não é racional. Melhor seria a lei ter criado uma padronização tecnológica para a informatização do processo judicial a ser seguida por todos ou tribunais, ou, ao menos, estabelecer que apenas um órgão a fizesse, por exemplo, o Conselho Nacional de Justiça.

Se os tribunais não adotarem tecnologias totalmente compatíveis, o Judiciário nunca será informatizado por completo, sendo que sempre haverá o processo "de papel". Mas há boas notícias nesse sentido: o STF processou o primeiro recurso integralmente eletrônico. É um Recurso Extraordinário (RE 564.821). Seu processamento foi originado do Juizado Especial Federal do TRF da 1ª Região, e todas as suas fases se deram em ambiente eletrônico, sem papel. O relator foi o Ministro Carlos Ayres Brito.

Os autos em tramitação ou arquivados poderão ser digitalizados, com a intimação das partes para se manifestarem no prazo de trinta dias a respeito do interesse de manterem a guarda do original (LIPJ, art. 12, § 5º).

25.5.1. Força probante do documento eletrônico

A força probante do documento eletrônico é um tema que pode gerar dúvidas no âmbito prático e doutrinário. Essa questão está prevista no art. 11, § 1º, da Lei n. 11.419/2006, sendo que, de acordo com sua redação, os documentos eletrônicos possuem a mesma "força probante" dos originais.[15]

---

[15] PROCESSUAL CIVIL. AGRAVO REGIMENTAL NO RECURSO ESPECIAL. RECOLHIMENTO DE CUSTAS E PORTE DE REMESSA E RETORNO VIA INTERNET. POSSIBILIDADE. AUSÊNCIA DE IMPUGNAÇÃO EM CONTRARRAZÕES. PETIÇÃO ENVIADA POR FAX. FALTA DE PÁGINA. NÃO CONHECIMENTO. DECISÃO MANTIDA. 1. A Resolução do STJ n. 4/2010, vigente à época da interposição do especial, admite a emissão das guias de recolhimento por meio da internet. Quanto ao recolhimento, o referido texto normativo não veda o pagamento por meio da rede mundial de computadores. 2. O próprio sítio do Tesouro Nacional, cuja utilização é recomendada pela referida Resolução, estabelece que a GRU Simples poderá ser paga no Banco do Brasil por meio da internet. Não pode a parte de boa-fé ser prejudicada, devendo ser admitido o recolhimento pela internet, com a juntada de comprovante emitido pelo sítio do banco. Aplicação, ademais, do art. 11 da Lei n. 11.419/2006. 3.

Acontece que a própria lei não dá o tratamento de originais aos documentos eletrônicos. Segundo Petrônio Calmon,[16] "peca a lei por não considerar o documento eletrônico como original. Diz que tem mesma força probante dos originais e nega essa qualidade ao documento produzido e enviado por meio eletrônico. Ora, se esse documento é cópia, qual seria o original?".

Com efeito, no caso de um instrumento de mandato assinado digitalmente por um cliente ao seu advogado, por exemplo, não existe o documento em meio físico, apenas eletronicamente. Nesse caso, o documento original é o eletrônico, sendo ilógico se pensar na hipótese de o advogado ter de imprimir uma via da procuração para comprovar eventualmente sua autenticidade.

25.5.2. Inviabilidade de digitalização de documentos

O art. 11, § 5º, da Lei n. 11.419/2006, trata da inviabilidade de digitalização de documentos e da possibilidade de que a parte os apresente em meio físico, no prazo de dez dias, junto ao cartório ou à secretaria do juízo em que tramita o feito.

De acordo com J. E. Carreira Alvim e Silvério Nery Cabral Junior,[17] a hipótese versada neste dispositivo procura resolver uma questão pouco comum, mas que pode ocorrer na prática quando se trata de grande volume ou de documentos ilegíveis que necessitam ser depositados fisicamente como parte do processo eletrônico. Alexandre Atheniense[18] lembra outra finalidade para o

Havendo dúvida acerca da autenticidade do comprovante de recolhimento de custas, pode-se determinar, de ofício ou a requerimento da parte, a apresentação de documento idôneo. Não suprida a irregularidade, será reconhecida a deserção. 4. No caso, não houve impugnação da parte em contrarrazões de recurso especial, mas somente no agravo regimental, após o provimento da irresignação da parte contrária. 5. No mérito recursal, nos termos da pacífica jurisprudência do STJ, a falta de página da petição enviada por fax desrespeita o art. 4º da Lei n. 9.800/99 e impede o conhecimento do correspondente recurso. 6. Agravo regimental a que se nega provimento. (AgRg no REsp n. 1.232.385/MG, STJ, 4ª Turma, Rel. Min. Antonio Carlos Ferreira, *DJe* 22-8-2013).

16 Petrônio Calmon. *Comentários à lei de informatização do processo judicial*: Lei n. 11.419, de 19 de dezembro de 2006, p. 108.

17 J. E. Carreira Alvim e Silvério Nery Cabral Junior. *Processo judicial eletrônico*. Curitiba: Juruá, 2008, p. 52.

18 Alexandre Atheniense. *Comentários à Lei 11.419/06 e as práticas processuais por meio eletrônico nos tribunais brasileiros*, p. 219.

dispositivo em comento, como, por exemplo, a hipótese de que seja necessária a juntada de um objeto como meio de prova.

Em quaisquer destas hipóteses, é possível se identificar certa incongruência da legislação, uma vez que, se um dos objetivos do processo eletrônico é a celeridade, a lei não deveria ter concedido um prazo tão extenso para a mera juntada de documentos ou objetos que já se encontram em poder da parte.

Além disso, conforme salienta José Carlos de Araújo Almeida Filho,[19] atualmente, com os recursos tecnológicos disponíveis, dificilmente se poderia falar em impossibilidade de digitalização em razão do volume, tampouco em ilegibilidade. Com efeito, reproduzir documentos por meios reprográficos é o mesmo que digitalizá-los por escâner; além do que, no caso de o documento ser ilegível, pouco importa ser apresentado fisicamente ou por meio eletrônico.

Neste contexto, verifica-se que em raríssimos casos a regra em questão seria aplicável (talvez na hipótese de juntada de um objeto), de modo que é possível se prever que o dispositivo legal em tela será utilizado para fins protelatórios, especialmente pelo amplo prazo concedido pela legislação para este objetivo, dez dias.

Assim, muito embora possa ser enquadrada como litigância de má-fé, a lei poderia ter estabelecido sanções específicas caso não reste evidenciada a real dificuldade ou impossibilidade de digitalização dos documentos, configurando conduta protelatória da parte que alega.

25.6. CUSTAS PROCESSUAIS E PORTE DE REMESSA E RETORNO

Entre as espécies de custas processuais, está o **porte de remessa e retorno dos autos**, que consiste num valor a ser recolhido para pagar o deslocamento (remessa e retorno) dos autos do processo para o STF ou para o STJ, ambos localizados na capital do país, Brasília.

A Lei n. 11.419/2006, ao implantar o processo eletrônico, não tratou de questões envolvendo custas processuais e valores a serem recolhidos. Entretanto, poderia ter abordado a eventual isenção para a remessa e retorno dos autos para os tribunais superiores, pois com a plena informatização do processo judicial não haverá mais deslocamento físico dos autos processuais.

---

[19] José Carlos de Araújo Almeida Filho. *Processo eletrônico e teoria geral do processo eletrônico*: a informatização judicial no Brasil, p. 219.

Assim, os tribunais de origem poderão encaminhar os recursos aos tribunais superiores de maneira virtual, eliminando as etapas burocráticas e físicas que ocupam tempo e implicam custos. Mas, ante o silêncio da lei, será que as custas com remessa e traslado serão eliminadas? Pois será o *software* que irá fazer a remessa dos autos aos tribunais superiores.

Apenas em 2014 o STF e o STJ editaram normas sobre o assunto. O STF, pela Resolução n. 516, art. 4º, III, e o STJ, via Resolução n. 1, art. 6º, II, determinaram que não se aplicam aos processos eletrônicos os valores referentes ao porte de remessa e retorno.

26

Padronização dos Sistemas

A Lei n. 11.419/2006 diz que o Poder Judiciário deverá utilizar no desenvolvimento de seus sistemas, preferencialmente, programas com código aberto (*software* livre). E que se deverá priorizar a padronização dos sistemas de seus órgãos (LIPJ, art. 14).

Quem vai estabelecer a padronização? O CNJ (Conselho Nacional de Justiça) desenvolveu o *software* chamado PROJUDI (Processo Judicial Digital) que foi instalado pela maioria dos Estados.[1-2] Em 2011, o CNJ inaugurou o PJe (Sistema Processo Judicial Eletrônico), o qual foi desenvolvido com a participação dos tribunais e da OAB, cujo assunto abordaremos a seguir.

A meta do CNJ era investir 69 milhões de reais até o fim de 2007 na compra de computadores e digitalizadores (até novembro de 2007, já haviam sido distribuídos mais de 2.000 computadores e mais de 1.600 digitalizadores).

De acordo com a lei, os órgãos do Poder Judiciário regulamentarão a lei no que couber e no âmbito de suas competências (LIPJ, art. 18) como examinaremos adiante. Mas em que prazo?

O STF já a regulamentou, com a edição da Resolução n. 344, de 25 de maio de 2007. Tal norma regulamenta o meio eletrônico de tramitação de

---

1 Rio de Janeiro e São Paulo não integraram a lista, pois desenvolveram projetos de implantação próprios.

2 Em 2007, o PROJUDI já permitia a tramitação eletrônica de mais de 9.000 processos em quinze tribunais.

processos judiciais, comunicação de atos e transmissão de peças processuais no Supremo Tribunal Federal (e-STF) e dá outras providências. Expressa o art. 1º da Resolução n. 344/2007:

> Fica instituído o *e-STF*, meio eletrônico de tramitação de processos judiciais, comunicação de atos e transmissão de peças processuais, nos termos da Lei n. 11.419, de 19 de dezembro de 2006, e desta Resolução.

O CPC de 2015, art. 195, também prevê que registro de ato processual eletrônico deverá ser feito em padrões abertos, observando os requisitos de autenticidade, integridade, temporalidade, não repúdio, conservação e confidencialidade (quando se tratar de segredo de justiça), bem como adotando a infraestrutura de **chaves públicas** unificada nacionalmente, conforme disposto na legislação.

Além disso, o CPC de 2015, art. 196, assevera que compete originariamente ao Conselho Nacional de Justiça regulamentar a prática e a comunicação oficial de atos processuais por meio eletrônico e zelar pela compatibilidade dos sistemas, disciplinando a incorporação progressiva de novos avanços tecnológicos e editando, para esse fim, os atos que forem necessários, devendo sempre respeitar as regras fixadas pelo diploma processual (o CPC). Quanto aos tribunais, o mesmo art. 196 prevê competência supletiva para regulamentar essa mesma matéria.

26.1. DIVERSIDADE DE SISTEMAS: PJE, PROJUDI, e-DOC, e-PROC, e-STF, e-STJ, eSAJ

A Lei n. 11.419/2006 falha quando autoriza os tribunais pátrios a criarem individualmente plataformas eletrônicas para a prática de atos processuais. Conforme se verifica, especialmente pelas redações dos arts. 2º e 8º da lei, trata-se de medida facultativa aos órgãos do Poder Judiciário adotar um sistema padronizado.

Atualmente, verifica-se a proliferação de sistemas eletrônicos para transmissão de petições, tais como o e-Doc (da Justiça do Trabalho),[3] e-Proc (dos

---

[3] O TST aprovou a Instrução Normativa n. 30 (pela Resolução n. 140/2007 em 13/09/2007), em que determina que os TRTs e suas Varas do Trabalho disponibilizem em suas dependências equipamentos de acesso à internet e de digitalização aos usuários do peticionamento eletrônico. A prática dos atos processuais por

Juizados Especiais Federais), o PROJUDI e o PJe (criados pelo Conselho Nacional de Justiça); além do e-STJ e do e-STF, utilizados pelo Superior Tribunal de Justiça e Supremo Tribunal Federal, respectivamente, dentre outros, como o eSAJ utilizado por alguns tribunais brasileiros.

Pela simples análise deste quadro, é possível se constatar que a situação atual contraria diversas premissas da própria lei de informatização do processo judicial, sendo que dentre elas podemos destacar a facilitação do acesso e a aproximação do jurisdicionado à Justiça.

Importante ressaltar, ainda, que a existência de múltiplos sistemas acarretará, inevitavelmente, a ausência de compatibilidade entre alguns deles, o que também viola o princípio da celeridade processual, que certamente restará prejudicado caso, por exemplo, seja necessário o cumprimento de uma carta precatória e o seu envio eletrônico fique impossibilitado pela inexistência de interoperabilidade entre os sistemas. Isso implicará a impressão do processo, com todo o tempo e o custo dispensados para seu trâmite.

Aqui vale destacar que, enquanto os tribunais não adotarem tecnologias totalmente compatíveis, o Judiciário nunca será informatizado por completo, havendo continuamente o processo "de papel". O que, de certa forma, prejudica a celeridade processual tão almejada. No entanto, não é demais lembrar que o STF processou o primeiro Recurso Extraordinário (RE 564.821) integralmente eletrônico. Seu processamento foi originado do Juizado Especial Federal do TRF 1ª Região, sendo que todas as suas fases se deram em ambiente eletrônico, sem papel.

26.2. RESOLUÇÃO CNJ N. 185/2013

O CNJ divulgou a Resolução n. 185, de 18 de dezembro de 2013, a qual institui o Sistema Processo Judicial Eletrônico (PJe) como sistema de processamento de informações e prática de atos processuais e estabelece os parâmetros para sua implementação e funcionamento. Vale considerar que o PJe foi inaugurado em 2011 após o seu desenvolvimento pelo CNJ, que contou com a colaboração dos tribunais e da OAB.

---

meio eletrônico pelas partes, advogados e peritos, deve ser feita pelo chamado "e-DOC – Sistema Integrado de Protocolização e Fluxo de Documentos Eletrônicos".

A intenção do CNJ é a de padronizar a sistemática processual eletrônica, haja vista os vários sistemas (autônomos) que foram criados pelos tribunais a partir da informatização do processo judicial. Isso porque, além da necessidade de regulamentação da lei do processo eletrônico, é mister uma uniformidade na utilização do processo eletrônico e uma racionalização no emprego dos orçamentos dos tribunais (por isso o CNJ tem cedido sem custo o *software* aos tribunais).

Sem sombra de dúvida que todos têm a ganhar com um sistema uniforme para todos os processos que tramitem em quaisquer tribunais ou instâncias. Essa é a intenção do CNJ ao se criar o PJe.

Porém, como coadunar o art. 8º, *caput*, da Lei n. 11.419/2006 com o art. 44, *caput*, da Resolução n. 185/2013? De acordo com o *caput* do art. 8º, os tribunais **poderão** desenvolver sistemas eletrônicos de processamento de ações via autos total ou parcialmente digitais, utilizando, **preferencialmente**, a rede mundial de computadores e o acesso por meio de redes internas e externas. Por sua vez, o art. 44, *caput*, da Resolução n. 185/2013 prevê que a partir da vigência desta Resolução (18-12-2013), é vedada a criação, o desenvolvimento, a contratação ou a implantação de sistema ou módulo de processo judicial eletrônico diferente do PJe, como regra geral, sendo permitidas manutenções corretivas e evolutivas necessárias ao funcionamento dos sistemas já implantados.

Apesar de comemorada a intenção do CNJ, juridicamente falando, esse conflito pode levar a declaração de ilegalidade deste último dispositivo (ou seja, da Resolução n. 185/2013), na medida em que afronta o teor da própria lei que visa regulamentar, uma vez que a Lei n. 11.419/2006 deixou a critério dos tribunais a informatização do processo, total ou parcialmente, bem como a criação de sistemas eletrônicos. Já a Resolução visa impor o PJe a todos, pois pelo seu teor os tribunais perderiam a faculdade prevista na lei.

A propósito, contra a Resolução n. 185/2013 foi ajuizado no STF o Mandado de Segurança Coletivo n. 32.888, pela Seção de São Paulo da OAB e a Associação dos Advogados de São Paulo. Este processo teve seu trâmite impedido em razão do indeferimento da petição inicial pela Ministra Rosa Weber, a qual compreendeu que a matéria não pode ser objeto deste tipo de ação à luz da Súmula 266 do STF em que "não cabe mandado de segurança contra lei em tese". Também foi ajuizado o Mandado de Segurança n. 32.767, pela Federação Nacional das Empresas de Informática (FENAINFO), neste caso sob a alegação de que a Resolução, sobretudo o art. 44, fere a livre iniciativa e a livre concorrência, estabelecendo uma reserva de mercado ao proibir a criação de sistema que não seja o PJe.

Este último, Mandado de Segurança n. 32.767, também foi denegado (improcedente) pela Ministra Rosa Weber, sob o fundamento de que não há "ausência de ato concreto violador de direito líquido e certo". De acordo com a Ministra, a Resolução n. 185/2013 seria completamente compatível com as diretrizes da Lei n. 11.419/2006, não havendo conexão da temática com a criação de reserva de mercado; isso porque o poder público não atua nesse tema como agente econômico, uma vez que o PJe está sendo desenvolvido exclusivamente para seu uso interno.

26.3. ESCRITÓRIO DIGITAL

A diversidade de plataformas criadas pelos vários tribunais brasileiros, em razão da informatização do processo judicial, promoveu grandes dificuldades aos operadores do direito (advogados, procuradores, defensores públicos, membros do Ministério Público e demais cidadãos) para lidar com as respectivas peculiaridades de cada sistema dos tribunais em que atuam.

Esse fato passou a ser uma preocupação da comunidade jurídica, sendo por isso que, num movimento conjunto, o Conselho Nacional de Justiça e o Conselho Nacional do Ministério Público editaram a Resolução Conjunta n. 3/2013, a qual instituiu o MNI (Modelo Nacional de Interoperabilidade) do Poder Judiciário e do Ministério Público.

A partir disso, em parceria com a OAB, o CNJ criou o Escritório Digital do processo eletrônico, que consiste num programa de computador que integra os sistemas processuais dos diversos tribunais brasileiros e permite ao operador do direito centralizar em uma única plataforma a tramitação dos seus processos judiciais.

Utilizando o Escritório Digital, o usuário não precisa entrar no sistema do PJe (Processo Judicial Eletrônico) ou nos outros sistemas de controle processual dos vários tribunais. Isso pois as informações de todos os processos estarão reunidas em um único endereço na rede mundial de computadores, o que facilita a busca e o acompanhamento pelos usuários.

O Escritório Digital usa o Modelo Nacional de Interoperabilidade para buscar novas intimações ou comunicações nos processos que tramitam nos tribunais conectados. Qualquer cidadão pode utilizar o *software* do Escritório Digital, sobretudo advogados. No que diz respeito aos tribunais, é necessário que eles utilizem o PJe, sendo essencial que já tenham aderido ao Modelo Nacional de Interoperabilidade, como já o fizeram alguns tribunais brasileiros.

26.4. REGULAMENTAÇÃO PELOS ÓRGÃOS DO PODER JUDICIÁRIO

O art. 18 da Lei n. 11.419/2006, ao prescrever que "os órgãos do Poder Judiciário regulamentarão esta Lei, no que couber, no âmbito de suas respectivas competências", na opinião da OAB Federal, assim como entendido por Alexandre Atheniense,[4] atribuiu indevidamente ao Poder Judiciário uma prerrogativa privativa do Presidente da República ("regulamentar" leis), o que ofenderia o art. 84, IV, da Constituição.

José Carlos de Araújo Almeida Filho perfilha entendimento similar, todavia dá interpretação distinta ao dispositivo em questão, afirmando que "a ideia do art. 18 não é a de se possibilitar ao Judiciário normatizar o processo eletrônico. Ao contrário, é a de permitir que as normas internas se adéquem ao sistema processual eletrônico".[5] Segundo o exposto pelo doutrinador, seria mais coerente se falar na inconstitucionalidade das resoluções ou portarias editadas pelos tribunais que eventualmente extrapolassem suas competências, e não da norma propriamente dita (ou seja, o art. 18 da Lei n. 11.419/2006).

Essa questão se encontra em discussão na já mencionada ADI 3.880, em que a OAB Federal visa à declaração da inconstitucionalidade do dispositivo em questão ou, ao menos, como pontua Alexandre Atheniense,[6] que o Supremo Tribunal Federal aclare que o significado do verbo **regulamentar** se limite à edição de normas referentes à organização judiciária.

Vale notar que, no âmbito da referida ação direta de inconstitucionalidade, José Carlos de Araújo Almeida Filho, na qualidade de advogado e presidente do Instituto Brasileiro de Direito Eletrônico (que figura como *amicus*

---

4 Alexandre Atheniense. *Comentários à Lei 11.419/06 e as práticas processuais por meio eletrônico nos tribunais brasileiros*, p. 238-241.

5 José Carlos de Araújo Almeida Filho. *Processo eletrônico e teoria geral do processo eletrônico*: a informatização judicial no Brasil, p. 239.

6 Alexandre Atheniense. *Comentários à Lei 11.419/06 e as práticas processuais por meio eletrônico nos tribunais brasileiros*, p. 239.

curiae na referida ação), perfilhou entendimento no sentido de que o art. 18, em questão, viola o art. 84, IV, da Constituição, concordando com a OAB Federal neste ponto.[7]

Embora essa questão seja de suma importância (definir o "quanto" os tribunais podem dispor sobre a lei), verifica-se que o art. 18 em tela pode ser de grande utilidade para a evolução do processo eletrônico. Isto porque, conforme amplamente discutido neste capítulo, a lei possui lacunas e dispositivos que podem gerar controvérsias, e diversas das soluções podem decorrer de resoluções e instruções normativas editadas pelos tribunais e pelo Conselho Nacional de Justiça.

A título de exemplo, pode ser citado o impasse quanto ao acesso aos autos (já visto anteriormente), que restou dirimido por uma resolução do CNJ. Além disso, mediante a edição de portarias e resoluções, os tribunais poderiam, por exemplo, optar por um meio de identificação confiável e único (assinatura digital), solucionando a insegurança gerada pelo *login* e senha, assim como fez o Superior Tribunal de Justiça, pela Resolução n. 1/2010.[8]

O CPC de 2015 em determinadas passagens prevê a regulamentação pelo Conselho Nacional de Justiça em detrimento dos Tribunais, o que nos parece salutar, pois evita divergências entre os vários tribunais brasileiros, permitindo uma padronização que otimiza o trabalho dos operadores do Direito. Isso pode ser visto, por exemplo, no art. 837, ao prever que, para efeitos da penhora de dinheiro e das averbações de penhoras de bens imóveis e móveis por meio eletrônico, deverão ser respeitadas as normas de segurança instituídas sob critérios uniformes pelo Conselho Nacional de Justiça.

26.4.1. Prazo para implantação e regulamentação da lei pelos tribunais

Especificamente sobre o prazo para a adoção e a regulamentação da Lei n. 11.419/2006, por parte dos tribunais pátrios, é outra questão que deve ser

---

7 Disponível em: <http://www.slideshare.net/processoeletronico/amicuscuriae-adin-3800>. Acesso em: 24 ago. 2017.

8 "Art. 18. As petições encaminhadas por meio digital ao Superior Tribunal de Justiça serão validadas na Secretaria Judiciária. § 1º O acesso ao serviço de recebimento de petições depende da utilização pelo credenciado da sua identidade digital, a ser adquirida perante a ICP – Brasil."

discutida, uma vez que, ainda que a legislação aqui comentada priorize a implantação do processo eletrônico, não estabeleceu prazo para que os tribunais passem a efetivamente informatizar o processo judicial, bem como para regulamentar a respeito da lei.

Interessante notar que, pouco tempo após a edição da Lei n. 11.419/2006, Luiz Rodrigues Wambier, Teresa Arruda Alvim Wambier e José Miguel Garcia Medina apresentavam preocupação quanto às possíveis interpretações da lei. Segundo eles, embora a legislação referida vincule o legislador e o administrador a certas diretrizes, deveriam ser rechaçadas de plano as interpretações no sentido de que os jurisdicionados estariam obrigados a adotar, imediatamente, o meio eletrônico para a realização de atos processuais.[9] Após alguns anos da entrada em vigor da lei, tal preocupação tornou-se menor por haver outras questões a serem aperfeiçoadas pelos tribunais.

Parece inegável que o CNJ – Conselho Nacional de Justiça – poderá (na realidade, "deverá") estabelecer metas para que, por exemplo, todos os tribunais se adaptem ao processo eletrônico em determinado prazo. O que, de fato, já vem ocorrendo.

Exemplificando, para o ano de 2010, uma das "metas prioritárias" definidas pelo CNJ foi a de "realizar, por meio eletrônico, 90% das comunicações oficiais entre os órgãos do Poder Judiciário, inclusive cartas precatórias e de ordem".[10]

Entretanto, como se deu com as demais metas estabelecidas pelo CNJ, não há uma sanção específica em caso de descumprimento, de modo que seria mais viável caso a própria lei tivesse estipulado um prazo para a informatização.

26.4.2. Resolução CNJ n. 185/2013

Como já referido, o CNJ editou a Resolução n. 185/2013 com vista a instituir o Sistema Processo Judicial Eletrônico (PJe) como sistema de processamento de informações e prática de atos processuais, bem como estabelecer parâmetros para sua implementação e funcionamento.

---

9 Luiz Rodrigues Wambier, Teresa Arruda Alvim Wambier e José Miguel Garcia Medina. *Breves comentários à nova sistemática processual civil*. São Paulo: RT, 2007, v. 3, p. 292.

10 Disponível em: <http://www.cnj.jus.br/estrategia/index.php/definidas-as-metas-prioritarias- para-2010/>. Acesso em: 24 ago. 2017.

O § 3º do art. 34, da Resolução n. 185/2013, estabeleceu um cronograma para a implantação gradual do PJe, de forma que cem por cento dos órgãos julgadores de primeiro e segundo graus estejam com o processo judicial informatizado até o final de 2018. O prazo para os tribunais de pequeno porte vai até 2016, de médio porte, 2017, e de grande porte, 2018. O porte dos tribunais seguirá o estabelecido no relatório Justiça em Números: pequeno, médio ou grande porte.

Por sua vez, o § 4º do art. 34 previu que, em 2014, o PJe deveria estar implantado em, no mínimo, dez por cento dos tribunais (órgãos julgadores primeiro e segundo graus).

Contudo, como se pode perceber, para o CNJ, a informatização do processo judicial é uma prioridade a ser perseguida, e sendo a Resolução n. 185/2013 cumprida, em 2019 teremos todos os tribunais (sobretudo de primeiro e segundo graus) informatizados para fins de processo judicial.

27

Informatização do Poder Judiciário e de Outros Órgãos

A efetiva implantação do processo eletrônico passa pela modernização do Judiciário, bem como de outros órgãos públicos. No geral, o Brasil tem se adaptado bem ao uso da Tecnologia da Informação no poder público e na iniciativa privada. São alguns exemplos:

1) O sistema de leilões e pregões eletrônicos. O país já desenvolveu bem os sistemas de licitação eletrônica com satisfatório funcionamento, sendo que o poder público tem se socorrido desse sistema para contratação com a iniciativa privada.

2) O sistema bancário e métodos de compensação, com sua celeridade. O Sistema Brasileiro de Pagamentos – SBP – funciona em tempo real. Quando já tínhamos dois ou três dias para compensação de um cheque, isso, nos EUA, chegava a até quinze dias, dependendo da transação (por exemplo, em alguns casos de operações interestaduais). Hoje o sistema bancário brasileiro é relativamente seguro e gera muito lucro para as empresas do setor.[1]

3) A Receita Federal e a Declaração de Imposto de Renda da Pessoa Física, em que mais de 90% é feita pela internet.

---

1 No entanto, uma pesquisa mostrou que parte dos clientes bancários que fazem operações via rede caiu de 39% em 2005 para 36% em 2006. Medo afasta clientes de banco da internet. Disponível em: <http://www.folhavitoria.com.br/economia/noticia/2007/10/medo-afasta-clientes-de-banco-da-internet.html>. Acesso em: 20 ago. 2017.

4) A Polícia Federal e a emissão de passaporte, em que desde 20 de agosto de 2007 o agendamento só acontece pela internet.
5) A Justiça Eleitoral e o uso massificado da urna eletrônica.
6) As prefeituras e os processos administrativos de regularização, por exemplo, de IPTU. Outro exemplo é o da Prefeitura de São Paulo e a implantação da Nota Fiscal Eletrônica para ISS.
7) A Receita Federal e as receitas estaduais na implantação do Sistema Público de Escrituração Digital – SPED – e a nota fiscal eletrônica para ICMS.
8) Outros órgãos: quanto à expedição de certidões etc.

Com a implantação crescente da Tecnologia da Informação, a pessoalidade no meio jurídico e no trâmite processual tende a diminuir, assim como em outras situações, por exemplo, nas negociações empresariais, cursos a distância etc. Atualmente, a videoconferência está sendo usada somente para audiências criminais, mais tarde poderá ser para audiências civis, e assim por diante.

Modernizar apenas o Poder Judiciário não irá possibilitar a implantação efetiva do processo eletrônico caso isso também não passe pela modernização de outras áreas relacionadas ao Judiciário. Por exemplo, será que os cartórios, como os de Registro Civil, estão aptos a receber certidões e ofícios eletrônicos? Para ser ter uma ideia, os primeiros mandados de averbação expedidos pelo Fórum Digital Nossa Senhora do Ó, da cidade de São Paulo, foram ignorados pelos cartórios, alegando que não havia assinatura do juiz (desconheciam o sistema de assinatura digital). E os Registros de Imóveis[2] estão aptos para receber certidões eletronicamente? O mesmo vale dizer do Ministério Público, das Procuradorias, das Defensorias, das Autarquias etc. Logo, deverá haver uma política pública de modernização não só do Judiciário, mas também dos cartórios, do Ministério Público, das Delegacias, das Procuradorias (Federal, Estaduais e Municipais), dos departamentos jurídicos de autarquias, de empresas públicas etc.

---

2 A Corregedoria Geral da Justiça de São Paulo decidiu (*DOE* 09/08/2007) autorizar a operação do sistema eletrônico de averbação e cancelamento de penhora de bens imóveis nas serventias prediais (penhora *on-line*), em caráter experimental, pelo prazo de seis meses, na Capital de São Paulo. O fluxo de documentos deverá atender o padrão da ICP-Brasil, com assinatura digital do Juiz ou respectivo Diretor de Serviço de Ofício Judicial. In: Márcio Rachkorsky. Sistema eletrônico de averbação e cancelamento de penhora de bens imóveis. *Carta Forense*, setembro de 2007, p. 53.

Tudo isso sem prejuízo da capacitação e treinamento de funcionários, além de condições mais dignas para trabalho (a título de exemplo, existem delegacias que não têm papel ou tinta para realizar as impressões de seu trabalho; sem dizer dos baixos salários etc.).

27.1. INFORMATIZAÇÃO E MODERNIZAÇÃO NA ORDEM INVERSA

Outra questão relevante, que precisaria ser melhor discutida, é que se estão informatizando e modernizando o processo judicial e o Poder Judiciário sem necessariamente fazer o que se deveria primeiro. Senão vejamos.

1) Se não temos sequer **infraestrutura**, principalmente do ponto de vista da energia elétrica, com risco de apagão para os próximos anos, como pensar em um processo eletrônico (que consumirá mais energia)?

2) Quanto ao **acesso à internet**, está restrito a apenas uma parte da população brasileira, sendo que em algumas localidades não se tem banda larga, e em outras sequer internet discada. Então, como conceber um processo eletrônico em âmbito nacional?

3) Também, não temos uma lei regulamentando o **direito de greve dos servidores públicos**. Elas são quase anuais no Judiciário e em outros órgãos relacionados. Como ficará o funcionamento do processo eletrônico?

4) Não foram feitas efetivas **reformas processuais e recursais**, especialmente quanto aos meios de citação, ao excesso de recursos etc.

5) Além disso, será que a **legislação penal, civil e administrativa** está apta para a informatização do Poder Judiciário? Os casos de fraude no processo eletrônico serão considerados alteração de documento público?

   O mais próximo disso é o art. 154-A do Código Penal, acrescido pela Lei n. 12.737/2012, que consiste em invadir dispositivo informático alheio, conectado ou não à rede de computadores, por meio da violação indevida de mecanismo de segurança e com o objetivo de obter, adulterar ou destruir dados ou informações sem autorização expressa ou tácita do titular do dispositivo ou instalar vulnerabilidade para obter vantagem ilícita.

Por isso, entendemos que são necessárias algumas medidas mínimas para a efetiva implantação do processo eletrônico no Brasil.

27.2. DIMINUIÇÃO DA MOROSIDADE DO PODER JUDICIÁRIO

Especificamente sobre a diminuição da morosidade do Judiciário, dados apontam que 70% do tempo gasto na tramitação do processo se dão com atos secundários relacionados ao andamento processual (registros, autuações, carimbos etc.).[3] Imediatamente após a inauguração do Fórum Nossa Senhora do Ó, o seu então diretor, José Fernando Blotta, tinha a expectativa de que o prazo fosse reduzido em 90%. O ex-Presidente do Tribunal de Justiça de São Paulo, Celso Limongi, por sua vez, estimava a redução de 70% no tempo do processo. Em 2011, o CNJ também divulgou informações sobre a redução em 70% no tempo da tramitação, tendo em vista a eliminação de burocracias processuais realizadas manualmente.[4]

Entretanto, ainda pendem controvérsias sobre se, de fato, a informatização do processo por si só implica em redução no tempo de tramitação judicial, sendo necessária também a implantação de métodos de gestão (e quem sabe metas) àqueles que operam o sistema.

Os tribunais de origem poderão encaminhar os recursos aos tribunais superiores de maneira virtual, eliminando as etapas burocráticas e físicas que ocupam tempo, por exemplo, o deslocamento de autos. Mas será que as custas com remessa e traslado serão eliminadas? Pois será o *software* que irá fazer a remessa.

Como já mencionado, somente sete anos após a edição da Lei n. 11.419/2006 é que o STF, pela Resolução n. 516/2014, art. 4º, III, e o STJ, via Resolução n. 1/2014, art. 6º, II, determinaram que não se aplicam aos processos eletrônicos os valores referentes ao porte de remessa e retorno.

A modernização do Judiciário passa também pela cultura jurídica de litígio e composição entre as partes. Nesse sentido, o Fórum Digital Nossa Senhora do Ó tem um setor de conciliação que no primeiro mês conseguiu 50% de acordos. A meta deles era atingir 80%.[5]

---

3 André Ramos Tavares. E-STF/E-RE. *Carta Forense*, julho de 2007, p. 8.

4 "PJe é um marco para o Judiciário, diz Peluso". Disponível em: <http://www.cnj.jus.br/controle-interno/determinacoes-tcu/270-rodape/acoes-e-programas/programas-de-a-a-z/noticias/cnj/14828:pje-e-um-marco-para-judiciario-diz-peluso>. Acesso em: 22 ago. 2017.

5 Fernanda Sal. O fim (ou o até logo) do papel. *Tribuna do Direito*, setembro de 2007, p. 11.

Ocorre que tudo na história se dá num processo gradual. No caso da modernização do Judiciário, parece que, em razão da Lei n. 11.419/2006, quer-se apressar um período de maturação que seria natural e necessário. É evidente que algumas pessoas, principalmente as mais velhas, tendem a resistir às inovações, e isso é mais exacerbado no meio jurídico. Hoje tudo acontece muito rápido, porém nem sempre foi assim. A partir do quadro abaixo ilustramos tal pensamento:[6]

EVENTO	TEMPO ENTRE A DESCOBERTA E A EXPLORAÇÃO COMERCIAL (EM ANOS)
Fotografia	112
Telefone	56
Rádio	35
Radar	15
Televisão	12
Bomba atômica	6
Transistor	5
Circuito integrado	3

Acontece, no entanto, que no Brasil, em algumas situações, se não for no "supetão", não vai! Mudar a cultura do papel não será fácil. O processo de digitalização de documentos e a criação de documentos digitais é um estágio da evolução da escrita. Vale lembrar que o início da escrita remonta a vinte mil anos antes de Cristo, passando pelos símbolos e pinturas em cavernas, depois em placas de argila, e nos últimos séculos a efetiva escrita em papel.[7]

Mudar tudo isso em poucos anos não é apenas uma questão de modernização, é também uma questão cultural. Vejam que países mais evoluídos do que o Brasil não estão no mesmo caminho e com a mesma abrangência! Qual será a razão? Não têm tecnologia? Orçamento? Vontade política?

---

6 Informações colhidas em aula de pós-graduação *stricto sensu* na Faculdade de Direito da USP, ministrada pelo Prof. Newton De Lucca em 2007.

7 Silvânio Covas. Documentos digitais: a tecnologia assegurando a evolução jurídica. *Tribuna do Direito*, julho de 2007, p. 15.

27.3. VANTAGENS COM A IMPLANTAÇÃO DO PROCESSO ELETRÔNICO

O processo eletrônico trará muitas vantagens às partes, aos patronos, ao Judiciário e à sociedade em geral. Irá possibilitar, entre outras coisas:

1) A **vista dos autos simultaneamente** pelas partes, a qualquer tempo. Logo, os **prazos poderão ser todos comuns**, pois não será mais necessária a carga física do processo (o que não significa o término dos prazos em dobro ou em quádruplo, conforme tratado em outro item).

2) A **celeridade processual**, com a economia de aproximadamente 70% do tempo de duração do processo, quanto à sua parte burocrático-administrativa.

3) Para o **meio ambiente**, pela redução com papel, cartuchos, tintas, carimbos, grampos, grampeadores, prendedores, barbantes etc.

   Antes do advento do processo eletrônico, por ano, eram consumidas aproximadamente 46 mil toneladas de papel pelos processos judiciais impressos no Brasil, o que equivale a 690 mil árvores. Cada processo físico custava em média R$ 20,00, entre papel, grampos etc. Considerando que à época eram cerca de 70 milhões de processos em andamento, o custo anual ficava em R$ 1.400.000.000,00. Esse número seria ainda maior ao se considerar que o ano de 2012 foi encerrado com 92 milhões de processos em andamento, conforme levantamento do Conselho Nacional de Justiça.

4) A **diminuição do trabalho braçal** dos serventuários, bem como dos custos com afastamento por acidentes ou doenças (por exemplo: respiratórias, de coluna etc.).

5) A **diminuição de grandes instalações físicas** para fóruns e arquivos (muitos imóveis são locados). Não haverá necessidade de grandes espaços, pois não haverá mais papel.

6) Um **custo menor na implantação de varas**, principalmente quanto ao espaço físico e número de serventuários (estima-se que sejam necessários apenas entre 25% e 34% de funcionários para a implantação de fóruns digitais em relação a um fórum convencional). Além disso, também se pode mencionar a questão da redução dos custos com o transporte de processos, que, a título de exemplo, será em torno de R$ 20 milhões por ano, apenas no âmbito do Superior Tribunal de Justiça.

7) O **direcionamento de funcionários** de atendimento e trâmites burocráticos para setores mais técnicos e intelectuais, como, por exemplo, de conciliação.

8) A possibilidade de melhor **avaliar o desempenho** dos servidores da Justiça, já que o sistema registrará a atuação de cada um nos processos. Isso

vai permitir avaliações quanto ao cumprimento satisfatório das funções do funcionário público.

Isso irá possibilitar a chamada gestão de pessoas, já mais bem desenvolvida na iniciativa privada. Também a possibilidade de fiscalização a distância/remota pelas Corregedorias.

9) A facilidade de identificar casos de **prevenção, litispendência e coisa julgada**

10) O **controle automático dos prazos** processuais, inclusive com a emissão de relatórios (digitais ou não).

11) Evitar as **repetidas alegações** de cartorários como: "não localização do processo", "concluso", "ao MP" etc.

12) A facilidade de **correção de erros** em ofícios, certidões etc.

13) O **controle automático** e sequencial da numeração de documentos (mandados, ofícios etc.).

14) O **acesso imediato** e remoto, independentemente de local e horário, a decisões, expedientes, mandados etc., sem deslocamento físico de patronos e estagiários.

15) A **diminuição do deslocamento físico** que trará uma alteração sensível à rotina de escritórios de advocacia e departamentos jurídicos, tanto no quadro de pessoal, como nos custos etc. Mas os escritórios deverão investir em Tecnologia da Informação: *software*, *hardware* etc.

16) A otimização no **cumprimento de cartas precatórias e rogatórias**.

Isso reduzirá as tentativas propositais de acarretar a prescrição, ou de conduzir o processo a resultado inócuo, mediante pedido de oitiva em cidade ou país estrangeiro. Com efeito, "atualmente, as precatórias transitam com prazo mínimo de cumprimento de seis meses; ao contrário, as cartas rogatórias percorrem prazo flexível, quando cumpridas, de dois a quatro anos. Assim, a transmissão feita por meio eletrônico se apresenta impressionantemente moderna e define modelo absolutamente plausível para reduzir as distâncias".[8]

27.4. DESAFIOS PELA ADOÇÃO DO PROCESSO ELETRÔNICO

Mesmo com as vantagens apontadas, ainda assim há, sem dúvidas, riscos. Mas hoje não é diferente. O processo em papel está sujeito a riscos e falhas talvez em escala maior do que no processo eletrônico.

---

[8] Carlos Henrique Abrão. *Processo eletrônico:* Lei 11.419 de 19 de dezembro de 2006, p. 26.

Em tese, atualmente, qualquer pessoa pode peticionar em um processo requerendo a desistência sem ser o representante legal da parte; daí, até se provar o fato, o processo já poderá ter ido para o arquivo, perdendo-se meses em termos de andamento.

A alteração da assinatura digital ou do processo eletrônico é mais difícil do que nos casos tradicionais de assinatura grafotécnica em autos do processo em papel. Sob esse prisma, o processo eletrônico poderá ser até mais seguro do que o processo materializado em papel. Evidentemente, até por questões culturais e de segurança, num primeiro momento, pode-se até aumentar o número de perícias judiciais decorrentes das suscitações sobre a veracidade de documentos e provas juntadas ao processo eletrônico.

É claro que a celeridade não pode vir em prejuízo do **devido processo legal** e da **ampla defesa**. Por exemplo, quanto à limitação de número de páginas em razão da capacidade do servidor, como chamamos a atenção anteriormente, mencionando os casos do Fórum Nossa Senhora do Ó, em que o limite era de vinte páginas; e, em Santa Catarina, sete páginas.

Sobre o prazo para peticionamento até as 24 horas e a possibilidade de ferir o **direito de igualdade**, há situações em que a desigualdade é justificada e admissível, por exemplo, quanto à obrigatoriedade do alistamento militar para homens e à diferença de tempo de contribuição para a aposentadoria entre homens e mulheres.

Hoje, quanto ao prazo de recursos interpostos pelo Correio vale a data da postagem; pode-se protocolar após as 19 horas, caso se utilize de uma agência de postagem em aeroporto que funciona 24 horas por dia.

Quanto à segurança no ambiente virtual, ela é de suma importância; até então, a maior parte dos problemas envolvia interesses da vida civil e empresarial, agora as fraudes eletrônicas envolvem também a garantia constitucional do devido processo legal.

27.5. PECULIARIDADES DO MARCO LEGAL

A lei elegeu a internet como o canal de comunicação para o processo eletrônico, mas não proibiu outros meios. Logo, eventualmente, poderão ser adotados outros canais de acesso.

No que tange aos *softwares* utilizados, por exemplo, o programa de computador adquirido pelo Tribunal de Justiça de São Paulo confecciona mandados, certificações, autuações; organiza a pauta, dividindo em arquivamentos, pendências; além de outros aplicativos. O *software* é parecido com um programa de *e-mails* com pastas para o juiz e o cartório/secretaria.

Outro ponto a ser observado é que, assim como o número de demandas subiu com o aumento dos direitos dos cidadãos (em especial com a vigência da Constituição Federal de 1988 e do Código de Defesa do Consumidor de 1990), com a possível melhora do acesso a Justiça o número de demandas pode aumentar ainda mais, como aconteceu com os Juizados Especiais Federais (em razão da Lei n. 10.259/2001). O Judiciário deve estar preparado para isso.

Nesse contexto, uma questão interessante é a de que, se cada juiz paulista tem em média 5.000 processos, agora serão 5.000 arquivos.[9] Isso pode ser um problema do ponto de vista da quantidade de horas trabalhadas diante da tela do computador. De acordo com reportagem da *Revista IstoÉ* (julho/2007): a "geração internet" não tem dificuldades de ler durante várias horas na tela do computador.[10] Mas não é o caso dos juristas (principalmente juízes mais velhos)[11] e das pessoas que têm acima de 30 anos de idade. O que pode levá-las, em grande medida, a imprimir o processo judicial eletrônico, no todo ou em parte, para a realização do seu respectivo trabalho.[12]

Também vale destacar o fato de a lei presumir o fracasso do modelo eletrônico em algumas situações. Conforme leciona Petrônio Calmon,[13] a lei em questão é inapropriada em diversos momentos por supor que o sistema eletrônico não atenderá tão bem às urgências quanto o sistema tradicional. O exemplo mais relevante neste sentido é o § 5º, do art. 5º da Lei n. 11.419/2006.[14]

---

9 Estima-se que o Estado de São Paulo tem 22% da população brasileira e 49% das ações judiciais.

10 Os brasileiros gostam de computador. Em termos de acesso doméstico, o Brasil é o 1º no *ranking* com: 23,5 horas/mês; 2º, EUA, 19; 3º, Japão, 18. Acontece que apenas 37,8% da população brasileira tem acesso à internet (75 milhões de pessoas).

11 Há notícias de desembargadores que redigem seus votos à mão, por sequer saberem ligar um computador.

12 Quando um texto ultrapassa três páginas, muitas pessoas preferem imprimir para ler, tendo em vista o maior esforço para a leitura diretamente na tela do computador.

13 Petrônio Calmon. *Comentários à lei de informatização do processo judicial*: Lei n. 11.419, de 19 de dezembro de 2006, p. 89.

14 "§ 5º Nos casos urgentes em que a intimação feita na forma deste artigo possa causar prejuízo a quaisquer das partes ou nos casos em que for evidenciada qual-

Ora, se o objetivo da lei é informatizar o processo judicial, a sistemática processual eletrônica idealizada deverá atender a todas as situações, inclusive as urgentes, sendo que a presunção da ineficácia do modelo proposto pode levar ao retrocesso e criar mais obstáculos a sua implantação.

27.6. CONSIDERAÇÕES FINAIS

Diante do exposto, é necessário sim informatizar efetivamente o Poder Judiciário, não só o processo judicial. É notório que o simples advento da Lei n. 11.419/2006 não irá resolver o problema da Justiça no Brasil. É preciso um orçamento adequado e vontade política.

Além disso, é necessária uma mudança de cultura dos juristas, servidores públicos, entre outros, associada a uma política de gestão de pessoas (especialmente funcionários do Judiciário).

Curiosamente, fraudes e crimes podem ser praticados por computador, mas a prática de atos processuais com o uso da Tecnologia da Informação ainda sofre muitas resistências. Para ilustrar tal situação, em 2007, a 2ª Turma do STF, por unanimidade, considerou que o interrogatório por videoconferência era ilegal e violava os princípios constitucionais do devido processo legal e da ampla defesa.[15] Em contrapartida, no final de 2007, o Congresso Nacional havia aprovado um projeto de lei que obrigava a videoconferência nos interrogatórios de réus presos à época. O Ministério da Justiça recomendou ao Presidente da República o veto à matéria. Considerando tudo isso, qual será a posição do STF perante as recentes reformas no processo penal nesse sentido? A Corte mudará sua opinião no que tange à violação constitucional?

Quanto ao uso da Tecnologia da Informação no processo judicial, a insegurança em razão da novidade é normal, até porque vale como um momento de reflexão (talvez um freio/contrapeso) para a boa mudança das coisas. Quando veio a máquina de escrever, muitos também não confiavam nela. No passado, houve um tempo em que acórdãos anulavam decisões proferidas por máquina de escrever. Estamos num tempo de transição, do papel para o digital, não apenas no processo judicial, mas na vida cotidiana como um todo. Isso

---

quer tentativa de burla ao sistema, o ato processual deverá ser realizado por outro meio que atinja a sua finalidade, conforme determinado pelo juiz."

15 STF ratifica tese sobre videoconferência. *Tribuna do Direito*, setembro de 2007, p. 4. Trata-se do HC 88.914-SP, rel. Cezar Peluzo, 14-8-2007, v.u.

inclui o setor privado, os entes públicos e as pessoas no geral. Se pensarmos friamente, a segurança que muitos ainda veem no papel (em detrimento do digital) não é tão segura assim, sobretudo se tomarmos o fato de que o papel é suscetível a perecimento em caso de incêndio, alagamento, perda, subtração etc. O digital, por sua vez, pode ser objeto de armazenamento em mais de um terminal, além dos sistemas de segurança para manter a integridade do documento e a realização de *back-up*'s.

Sobre a questão orçamentária: o orçamento, principalmente do Poder Judiciário, deve ser suficiente a assegurar um nível de segurança tal que reduza sensivelmente os riscos, ou pelo menos os torne administráveis, em caso de ataques aos servidores ou aos processos eletrônicos. O ideal é que a tecnologia em matéria de segurança seja de ponta, acima até mesmo do que dispõe a iniciativa privada, com bons sistemas de *back-up*'s. A segurança na Tecnologia da Informação deve ser para proteger a todos: partes, patronos, juízes, serventuários etc.

Por fim, há um desafio quanto à praticidade e usabilidade dos sistemas do Poder Judiciário, pois, se não houver uma padronização nas formas de acesso, no estabelecimento de senhas etc., o uso ficará complicado. Se cada tribunal seguir um formato, com sistemas diferentes (PJe, e-STF, e-STJ, e-DOC, e-PROC etc.), a utilização e o manuseio ficarão de certa forma comprometidos. Como apontado, o CNJ vem trabalhando pela uniformidade via adoção do PJe; bem como, em parceria com a OAB, criou o Escritório Digital para o processo eletrônico. Contudo, é uma tarefa de política pública tornar tudo isso possível, usual e prático, sob pena de ineficiência da Lei n. 11.419/2006.

28

Meios Eletrônicos e Processo Judicial

28.1. PENHORA *ON-LINE* E BACEN JUD

Os recursos tecnológicos na dinâmica processual não são mais uma novidade, mas sim uma realidade. Isso é plenamente comprovável pelo teor de inúmeros dispositivos do CPC de 2015 (dentre alguns, os arts. 837, 854, *caput*, §§ 6º, 7º e 9º, 876, § 1º, III, 879, II, 880, § 3º, 882 e 892). Mas tal realidade já vinha desde o advento da informatização do processo judicial (Lei n. 11.419/2006), bem como pelo revogado Código de Processo Civil de 1973, em razao da reforma promovida pela Lei n. 11.382/2006, a qual passou a prever em vários dispositivos o uso de meios eletrônicos na execução judicial (em especial nos arts. 655-A, 659, § 6º, 685-C, 687, § 2º, e 689-A).

Entre os temas processuais em que são empregados os meios tecnológicos está a penhora eletrônica ou *on-line*, resultado da modernização dos instrumentos processuais aos quais passaram a contar com o recurso da Tecnologia da Informação. A penhora *on-line* surgiu no ordenamento jurídico brasileiro, a partir da Lei Complementar n. 118/2005, a qual incluiu o art. 185-A ao Código Tribunal Nacional, cujo *caput* tem a seguinte redação:

> Na hipótese de o devedor tributário, devidamente citado, não pagar nem apresentar bens à penhora no prazo legal e não forem encontrados bens penhoráveis, o juiz determinará a indisponibilidade de seus bens e direitos, comunicando a decisão, preferencialmente por meio eletrônico, aos órgãos e entidades que promovem registros de transferência de bens, especialmente

> ao registro público de imóveis e às autoridades supervisoras do mercado bancário e do mercado de capitais, a fim de que, no âmbito de suas atribuições, façam cumprir a ordem judicial.

Por meio da penhora *on-line* o juiz pode promover a constrição (arresto) de bens do executado utilizando-se de ferramentas tecnológicas via internet. Assim, por exemplo, pode ser feita a penhora de um imóvel junto ao Registro de Imóveis, de um veículo perante o Detran, de uma quantia em dinheiro diante de instituição financeira, e assim por diante. Isso evita a expedição de ofícios e mandados a órgãos requerendo informações e determinando penhoras.

Especificamente, sobre a penhora de numerário depositado ou aplicado em conta bancária em nome do executado, o Banco Central desenvolveu um sistema que permite à autoridade judiciária efetuar a penhora eletrônica. Trata-se do denominado "Bacen Jud", "Bacen Jud 2.0", um sistema eletrônico de relacionamento entre o Poder Judiciário e as instituições financeiras, intermediado pelo Banco Central. O Bacen Jud permite ao juiz encaminhar requisições de informações e ordens de bloqueio, desbloqueio e transferência de valores bloqueados. Frise que "2.0" expressa ser uma versão mais atual do sistema.

Assim, por meio desse instrumento eletrônico o juiz, mediante senha, tem acesso ao sistema bancário, verificando se o executando tem dinheiro depositado em instituições financeiras sujeito à penhora, promovendo dessa forma o bloqueio, total ou parcial, do numerário a fim de atender ao valor de direito creditório do exequente.

Conforme previa o § 6º do art. 659 do CPC de 1973 [equivalente ao CPC de 2015, art. 837], atendidas as normas de segurança que forem instituídas, sob critérios uniformes, pelos Tribunais, a penhora de numerário e as averbações de penhoras de bens imóveis e móveis podem ser realizadas por meios eletrônicos. Mas uma diferença quanto ao art. 837 do CPC de 2015 está no fato de este novo dispositivo prever que as normas de segurança serão fixadas pelo CNJ – Conselho Nacional de Justiça (não pelos Tribunais) para efeitos da penhora de dinheiro e das averbações de penhora de bens imóveis e móveis por meio eletrônico. Isso é explicável pela necessidade de uniformização dos critérios, evitando assim divergências entre os vários Tribunais brasileiros.

O uso do sistema Bacen Jud permite a penhora de quantias de forma mais rápida, otimizando recursos humanos e ambientais, como o papel. No fundo trata-se de uma ordem judicial realizada pela internet.

Além disso, a penhora *on-line* de dinheiro depositado em conta bancária não altera a dinâmica processual brasileira, não prejudicando a ordem de preferência dos bens a serem penhorados pelo exequente. Isso porque o dinheiro, em espécie ou em depósito ou aplicação em instituição financeira, prefere a qualquer outro bem, conforme determina o art. 835 do CPC de 2015 [art. 655 do CPC de 1973].

A propósito, o art. 854, *caput, do* CPC de 2015 [art. 655-A, *caput* e § 1º do CPC de 1973], assevera que, com o fim de possibilitar a penhora de dinheiro em depósito ou aplicação financeira, o juiz (a requerimento do exequente) requisitará à autoridade supervisora do sistema bancário, preferencialmente por meio eletrônico, informações sobre a existência de ativos em nome do executado, podendo no mesmo ato determinar sua indisponibilidade, até o valor indicado na execução. Vale ressaltar que as informações deverão ser limitadas à existência ou não de depósito ou aplicação até o valor indicado na execução.

Caso a penhora recaia sobre quantia derivada de salários, remunerações, aposentadorias, pensões, pecúlios, quantias destinadas ao sustento do devedor e sua família, ganhos de trabalhador autônomo e honorários de profissional liberal, caberá ao executado comprovar esse fato, bem como se se tratar de alguma outra forma de impenhorabilidade (CPC de 2015, art. 854, § 3º, I, c/c os arts. 832 e 833 [CPC de 1973, art. 655-A, § 2º, c/c o art. 649, IV]).

Contudo, compreendemos que o uso da Tecnologia da Informação na prática processual, especialmente o sistema Bacen Jud, não é ilegal nem inconstitucional, sendo tão somente uma forma de racionalizar os recursos para a realização dos atos do processo.

28.2. ALIENAÇÃO JUDICIAL E EXTRAJUDICIAL ELETRÔNICA. LEILÃO *ON-LINE*

Inicialmente, é preciso ter em conta que leilão é uma forma ou técnica de se promover a venda de objetos àquela pessoa do público que oferecer o maior preço (lance ou lanço). Leiloeiro é a pessoa que organiza os leilões; cabe a ele a venda dos bens, buscando-se o melhor preço.

Cabe esclarecer que os leilões podem ser **forçados** ou **voluntários**. Os leilões forçados podem ocorrer judicialmente (por determinação judicial) ou administrativamente (quando realizados, exemplificativamente, pelas repartições fiscais ou aduaneiras). Já os leilões voluntários são aqueles realizados por leiloeiros públicos, cuja profissão é regulamentada pelo Decreto n. 21.981/32.[1]

Não se deve confundir leiloeiro público com **leilão público**. Isso porque é possível dizer que existem leilões públicos (por envolver a participação do Poder Público), como aqueles realizados em processos judiciais em fase de execução, os quais podem ser realizados por serventuários da justiça ou leiloeiros públicos (oficiais), conforme os arts. 879 a 903 do CPC de 2015. Bem como há os leilões privados (sem o envolvimento de órgãos públicos, mas que ordinariamente são abertos ao público), em que apenas o leiloeiro oficial é que tem a prerrogativa de realizá-lo, não sendo possível haver a figura de leiloeiro privado. Waldirio Bulgarelli emprega a expressão "monopólio de exclusividade" pelo fato de os leilões em ambiente privado poderem ser realizados tão somente pelos leiloeiros públicos.[2]

Assim como os leilões judiciais que, em boa medida, estão acontecendo também pela internet (CPC de 2015, art. 879, II), os leilões privados, realizados por leiloeiros oficiais, também estão sendo realizados de forma *on-line*, em tempo real, especialmente para efeitos dos lances dos interessados. Entretanto, esse formato de leilão realizado pela internet não dispensa a organização e a responsabilidade técnica de um leiloeiro oficial, sendo um ato privativo deste. Por isso, os *sites* que realizam a intermediação de compra e venda, ou seja, comercializam bens pela internet, não podem ser enquadrados como leilões eletrônicos (virtuais), especialmente se não houver as peculiaridades do leilão, bem como a pessoa do leiloeiro oficial como responsável.

O Código de Processo Civil faculta ao exequente adjudicar os bens penhorados por preço não inferior ao da avaliação (CPC de 2015, art. 876, *caput*). Quanto à alienação de bens penhorados e não adjudicados, o exequente poderá requerer sejam eles alienados por sua própria iniciativa ou por intermédio de corretor credenciado perante a autoridade judiciária. Nesse caso, o § 3º do art. 685-C prevê a possibilidade de os tribunais poderem, por meio de provimento, especificar o procedimento da alienação, podendo inclusive ser por meios eletrônicos.

---

1 Waldírio Bulgarelli. *Contratos mercantis*. 7. ed. São Paulo: Atlas, 1993, p. 250.

2 Waldírio Bulgarelli. *Contratos mercantis*. cit., p. 251.

Trata-se do leilão eletrônico *on-line*, que já vem sendo regulamentado por alguns tribunais, como, por exemplo, o TJ-SP, via Provimento CSM n. 1.625/2009, e o TRT da 15ª Região, pelo Provimento GP-CR n. 11/2013, o qual normatiza os procedimentos da alienação judicial eletrônica no âmbito da Justiça do Trabalho de sua competência, inclusive estabelecendo condições para os Leiloeiros Públicos Oficiais.

Uma vez não requerida a adjudicação e não realizada a alienação particular do bem penhorado, será expedido o edital de hasta pública (leilão público para venda do bem). Para tanto, o edital será afixado no local de costume e publicado, resumidamente, com antecedência mínima de cinco dias, pelo menos uma vez em jornal de ampla circulação local ou no órgão oficial, quando o credor for beneficiário da justiça gratuita (CPC de 2015, arts. 886 e 887).

De acordo com o valor dos bens e às condições da comarca, é facultado ao juiz alterar o modo e a frequência da publicidade na imprensa, mandar divulgar avisos em emissora local e adotar outras providências tendentes a ampliar a publicidade da alienação, podendo inclusive recorrer a meios eletrônicos de divulgação (como é o caso da internet), nos termos do CPC de 2015, art. 887, § 4º.

A hasta pública (leilão) poderá ser substituída, mediante requerimento do exequente, por alienação realizada via internet, com uso de páginas virtuais criadas pelos tribunais ou por entidades públicas ou privadas em convênio com eles firmado. Vale ter em conta que o Código de Processo Civil expressa que caberá ao Conselho da Justiça Federal e aos Tribunais de Justiça (de acordo com suas competências) regulamentar este formato de alienação, atendendo aos requisitos de ampla publicidade, autenticidade e segurança, com observância das regras estabelecidas na legislação sobre certificação digital (CPC de 2015, art. 882, § 2º).

De acordo com o texto do art. 882, *caput*, do CPC de 2015, estabeleceu-se uma preferência pelo leilão eletrônico, ficando o leilão presencial para as hipóteses em que o eletrônico não seja possível.

O CPC de 2015, no art. 882, §§ 1º e 2º, assevera que deverão ser respeitadas as garantias processuais das partes, conforme regulamentação do CNJ, na alienação judicial eletrônica, a qual deverá atender aos requisitos de ampla publicidade, autenticidade e segurança, com observância das regras estabelecidas na legislação sobre certificação digital.

O CPC de 2015 (art. 882, § 2º) faz menção expressa à "legislação sobre certificação digital", que, no Brasil, se dá pela Medida Provisória n. 2.200-2/2001, que criou a Infraestrutura de Chaves Públicas Brasileira (ICP-BRASIL) visando garantir autenticidade, integralidade e validade jurídica de documentos eletrônicos. A ICP-Brasil é composta de uma autoridade estatal, gestora da política e das normas técnicas de certificação (Comitê Gestor), e de uma rede de autoridades certificadoras (subordinadas àquela), que, entre outras atribuições, mantêm os registros dos usuários e atestam a ligação entre as chaves privadas utilizadas nas assinaturas dos documentos e as pessoas que nelas apontam como emitentes das mensagens, garantindo a inalterabilidade dos seus conteúdos. Não é demais lembrar que a Medida Provisória n. 2.200-2/2001 está em sua segunda edição, e em vigor, tendo em vista que foi publicada em 24 de agosto de 2001, portanto, anteriormente à Emenda Constitucional n. 32, de 11-9-2001, a qual alterou alguns artigos da Constituição Federal, especialmente o art. 62, quanto ao regime jurídico das medidas provisórias.

Em suma, como já apontamos, o uso dos meios eletrônicos na esfera processual não é ilegal nem inconstitucional. Trata-se apenas de um método para otimizar os recursos para a realização dos atos do processo, favorecendo o credor e a sociedade em geral em vista da celeridade promovida.

28.3. AUDIÊNCIA POR VIDEOCONFERÊNCIA: RÉU PRESO E TESTEMUNHA; SUSTENTAÇÃO ORAL

Como temos ressaltado no decorrer deste livro, os recursos da Tecnologia da Informação estão cada vez mais presentes no cotidiano das pessoas, das empresas, dos órgãos públicos etc. Nesse cenário, além da informatização do processo judicial (processo eletrônico), o uso dos meios eletrônicos está sendo positivado em normas sobre contratos eletrônicos, delitos informáticos etc.

Vários tribunais estão adotando a possibilidade de **sustentação oral** de advogados, a exemplo do Tribunal Regional do Trabalho – 3ª Região, em que a partir de algumas cidades do interior onde o patrono estiver localizado ele pode realizar a distância sua sustentação oral perante o Tribunal de segunda instância localizado na Capital de Minas Gerais, Belo Horizonte. Com o tempo, as audiências em geral tendem a ser realizadas totalmente por videoconferência, com todas as partes a distância e simultaneamente, independentemente da natureza, cível, criminal, trabalhista etc.

Um ponto a ser discutido é o fato de que audiências virtuais poderiam ou não ferir o princípio da publicidade dos julgamentos, na medida em que as partes e seus patronos, estando cada qual em seu domicílio, prejudicariam o interesse público em acompanhar o julgamento. A OAB-RJ demonstrou preocupação pela Portaria n. 13 do Tribunal de Justiça carioca, cujo objeto era precisamente esse. Compreendemos que uma forma de superar isso seria a possibilidade de ser assegurado a qualquer um assistir às audiências, que não estejam sob segredo de justiça, pela internet ou mesmo na própria sede do tribunal de forma *on-line*.

Também o Código de Processo Penal, depois de reformado, especialmente pela Lei n. 11.900/2009, passou a dispor sobre a possibilidade de depoimentos por videoconferência de réu preso, bem como de testemunhas.

A videoconferência requer um aparato tecnológico que envolve câmeras, microfones e a transmissão *on-line* de onde está sendo filmada para onde devem ser recebidas a imagem e o som. Com essa modalidade de audiência a distância evita-se a movimentação principalmente de réus presos, cujo transporte sempre envolve algum risco, além do custo operacional com o deslocamento e a disponibilidade de funcionários públicos que concretizam tal atividade.

Especificamente sobre réu preso, conforme o art. 185, § 2º, excepcionalmente, o juiz, por decisão fundamentada, de ofício ou a requerimento das partes, poderá realizar o interrogatório do réu preso por sistema de videoconferência ou outro recurso tecnológico de transmissão de sons e imagens em tempo real, desde que a medida seja necessária para atender a uma das seguintes finalidades: prevenir risco à segurança pública, quando exista fundada suspeita de que o preso integre organização criminosa ou de que, por outra razão, possa fugir durante o deslocamento; viabilizar a participação do réu no referido ato processual, quando haja relevante dificuldade para seu comparecimento em juízo, por enfermidade ou outra circunstância pessoal; impedir a influência do réu no ânimo de testemunha ou da vítima, desde que não seja possível colher o depoimento destas por videoconferência; responder a gravíssima questão de ordem pública. Não deixa de ser uma solução paliativa para o acúmulo de processos *versus* a quantidade de funcionários lotados para a movimentação processual.

Vale ter em conta que a sala do estabelecimento prisional destinada para a realização de atos processuais por sistema de videoconferência será fiscalizada pelos corregedores e pelo juiz de cada ação, bem como pelo Ministério Público e pela Ordem dos Advogados do Brasil (CPP, art. 185, § 6º).

Independentemente da espécie de interrogatório, o juiz garantirá ao réu o direito de entrevista prévia e reservada com o seu defensor, sendo que no caso de ser realizado por videoconferência, será assegurado o acesso a canais telefônicos reservados para comunicação entre o defensor que esteja no presídio e o advogado presente na sala de audiência do Fórum, e entre este e o preso (CPP, art. 185, § 5º).

As partes serão intimadas com dez dias de antecedência da decisão que determinar a realização de interrogatório por videoconferência. Além disso, antes do interrogatório por videoconferência, o preso poderá acompanhar, pelo mesmo sistema tecnológico, a realização de todos os atos da audiência única de instrução e julgamento (CPP, art. 185, §§ 3º e 4º).

Quanto à possibilidade de depoimento de testemunha em processo criminal, o art. 217, reformado pela Lei n. 11.690/2008, disciplina que se o juiz perceber que durante o depoimento da testemunha a presença do réu possa causar a ela (ou ao ofendido) humilhação, temor ou sério constrangimento, de forma que prejudique a verdade do depoimento, fará a inquirição da testemunha por videoconferência. Não sendo possível a videoconferência, o juiz determinará a retirada do réu da sala de audiência, devendo prosseguir a inquirição da testemunha, sendo garantido a presença do defensor do réu.

Além disso, a testemunha poderá ser inquirida por videoconferência, ou outro recurso tecnológico de transmissão de sons e imagens em tempo real, quando ela morar fora da jurisdição do juiz, expedindo-se, para esse fim, carta precatória. Neste caso é permitida a presença do defensor; podendo ser realizada, inclusive, durante a realização da audiência de instrução e julgamento (CPP, art. 222, § 3º – redação dada pela Lei n. 11.900/2009).

Contudo, o que se percebe pelos dispositivos em comento é que a videoconferência foi disciplinada de forma a ser utilizada em casos excepcionais, não de forma generalizada, sob pena de afronta à lei. Além disso, ainda que antes da reforma do Código de Processo Penal, o STF havia se manifestado no sentido de que a videoconferência era ilegal e violava os princípios constitucionais do devido processo legal e da ampla defesa.[3] Eventualmente, mesmo a matéria estando regida por lei, poderá haver controle de constitucionalidade quanto ao uso da videoconferência, pois, entre outros argumentos e mesmo com toda a tecnologia disponível, ainda assim não há nada melhor do que estar pessoalmente (cara a cara) com a pessoa com quem se está falando, sendo essa a melhor forma de se aferir se ela está falando a verdade ou se está tentando mascará-la.

---

[3] HC 88.914-SP, rel. Cezar Peluzo, j. 14-8-2007, v.u.

29

Arbitragem Eletrônica, Mediação Virtual e Autorregulamentação

29.1. LITÍGIOS DO *E-COMMERCE* E ARBITRAGEM EM AUTOS ELETRÔNICOS

O regramento jurídico da arbitragem é a Lei n. 9.307/96 (reformada pela Lei n. 13.129/2015). O Código Civil de 2002, arts. 851 a 853, também prevê o instituto, mas de forma superficial, sem estabelecer um regime jurídico.

Conceitualmente, arbitragem é um método alternativo (ao Poder Judiciário) de solução de conflitos, que tem sido utilizado como forma de resolver litígios entre pessoas.

Em grande medida, o uso da arbitragem se dá para solucionar conflitos entre: grandes empresas em contratos relevantes; e agentes que operam no comércio exterior, ou seja, nos contratos internacionais.

É no campo dos negócios internacionais que a arbitragem acaba tendo uma jurisdição predominante nas soluções de litígios, ficando de certa forma dispensável a atuação estatal nas relações comerciais internacionais, especialmente do Poder Judiciário.

Isso por não haver uma uniformização plena das legislações dos países; somado ao fato da lentidão (e imprevisibilidade) do Poder Judiciário, que não atende às necessidades das partes, passando cada vez mais a se socorrer da arbitragem internacional como forma de decidir seus conflitos.

Assim, a arbitragem é instrumento processual muito adequado para dirimir conflitos existentes no espaço virtual, em especial os internacionais. Pela arbitragem as partes podem acordar a respeito da legislação aplicável e do foro competente.

Coaduna com esse entendimento Patricia Peck Pinheiro:

> Para o direito digital não existe melhor forma de resolução de conflitos que o uso dos mecanismos legais de arbitragem e mediação. As vantagens do juízo arbitral vêm ao encontro das necessidades geradas pelas novas formas de relacionamento na sociedade digital, principalmente no tocante à celeridade dos processos e ao conhecimento específico envolvido em cada caso.[1]

No Brasil, o uso da arbitragem fica condicionado a litígios que envolvam (Lei n. 9.307/96, art. 1º): pessoas capazes e direito patrimonial disponível. Em grande medida, tais exigências são perfeitamente atendidas nos negócios eletrônicos, empresariais ou de consumo, pois os produtos e serviços comercializados são patrimoniais disponíveis. O que pode ocorrer é um dos contratantes não ser pessoa capaz.

Um ponto relevante é o do reconhecimento ou homologação da sentença arbitral estrangeira no Brasil, ou seja, aquela proferida fora do território nacional (Lei n. 9.307/96, art. 34). Exige que o objetivo do litígio seja suscetível de ser resolvido por arbitragem; e que a decisão não ofenda a ordem pública nacional (Lei n. 9.307/96, art. 39). Estes também são fundamentos para recusa do reconhecimento ou execução das sentenças arbitrais, conforme a Lei Modelo da UNCITRAL acerca da Arbitragem Comercial Internacional. Essa também é a posição da Convenção de Nova York.

Também é muito importante destacar que, tratando-se de contratos de adesão, a cláusula compromissória de arbitragem só terá efeitos se: sugerida pelo aderente; ou aceita por este de forma expressa (aceitação deve ser feita em documento anexo ou com o destaque em negrito da cláusula a qual deve ser assinada ou vistada).

Sendo o caso de uma relação de consumo, isso deve ser ainda mais claro, em razão da vulnerabilidade do consumidor. O CDC, art. 51, inc. VII, afirma que é nula a cláusula que determina a utilização compulsória da arbitragem.

Logo, nos negócios eletrônicos, a opção pela arbitragem não poderá ser firmada pelo mero clique de aceitação do negócio anunciado pelo proponente

---

1 Nesse sentido, Patricia Peck Pinheiro. *Direito digital.* 5. ed. rev. atual. e ampl. São Paulo: Saraiva, 2013, p. 170.

(*click through*). Portanto, o avanço da arbitragem para o comércio eletrônico internacional vai depender do aperfeiçoamento da transmissão de documentos pela internet, bem como de outros mecanismos de segurança, como assinatura e certificação digital.

José Maria Rossani Garcez afirma que nada obsta o procedimento ser realizado eletronicamente e os documentos físicos serem enviados posteriormente, via correio,[2] a fim de confirmar a escolha da arbitragem com segurança, o que é bem verdade. Acontece que o comércio desenvolveu-se de forma astronômica em tão pouco tempo justamente pela sua dinâmica e celeridade (e, por que não dizer, certa "informalidade"). Seguir tal recomendação pode ser uma burocracia custosa, desinteressante e desestimulante aos operadores do espaço virtual.

Um último ponto acerca da arbitragem é a possibilidade de ser instalada e julgada virtualmente. A exemplo da implantação no Brasil do processo eletrônico (informatização do processo judicial), atendendo aos ditames da Lei n. 11.419/2006, deve-se pensar em uma arbitral eletrônica.

Estamos assim querendo sinalizar que talvez a arbitragem no seu modelo convencional (físico), com autos materializados em papel, ainda que mais rápida que o Poder Judiciário, possa ser uma solução não muito rápida para o comércio eletrônico.

A dinamicidade do comércio eletrônico e a ausência de deslocamento das partes para concretizarem negócios fazem surgir a possibilidade de eventual litígio também ter de ser decidido no ambiente virtual, sem a necessidade da presença física das partes e advogados.

Assim, em grande medida os negócios celebrados pela internet têm por objeto bens patrimoniais disponíveis, bem como são concluídos por pessoas capazes. Assim, as partes que contratam eletronicamente têm autonomia para pactuarem a convenção de arbitragem (cláusula compromissória ou compromisso arbitral) como forma alternativa de solução de conflitos, seja para contratos empresariais, de consumo etc.

Por isso, não havendo óbice jurídico, tecnicamente a arbitragem pode ser utilizada em litígios derivados de contratos celebrados eletronicamente, desde que atendidos os requisitos da Lei da Arbitragem, sobretudo a contratação ser

---

2 José Maria Rossani Garcez. *Arbitragem nacional e internacional*. Belo Horizonte: Del Rey, 2007, p. 131.

realizada por agente capaz e o objeto ser bem patrimonial. Renato Opice Blum compartilha dessa opinião acerca da admissão da arbitragem para os negócios eletrônicos, desde que os contratos celebrados pela internet atendam aos requisitos da Lei da Arbitragem, especificamente a celebração por pessoas capazes e objeto de cunho patrimonial disponível.[3]

Nesse aspecto da utilização da arbitragem em disputas decorrentes de negócios digitais, também se alinha a essa ideia Patrícia Peck Pinheiro, afirmando que a área que mais necessita da arbitragem é das operações comerciais, ou seja, os contratos de *e-commerce*. Como a arbitragem permite que as partes não só definam a jurisdição – tendo em vista que a arbitragem também é possível internacionalmente – mas também a legislação aplicável ao caso, a inclusão de uma cláusula arbitral nos contratos eletrônicos seria a melhor forma de resolver litígios.[4]

Além disso, entende-se pela possibilidade dos **autos do processo arbitral** tramitarem e serem julgados **eletronicamente** – arbitragem eletrônica – ao invés do papel, aproveitando-se por analogia a disciplina da informatização do processo judicial (processo eletrônico) trazido pela Lei n. 11.419/2006. Ainda, a título analógico e ilustrativo, pode-se citar as inovações referentes ao uso da Tecnologia da Informação do Código de Processo Civil de 2015 (Lei n. 13.105/2015). Além disso, o art. 46 da Lei da Mediação (Lei n. 13.140/2015) prevê que, se acordado pelas partes, a mediação poderá ser feita pela internet ou por outro meio de comunicação que permita a transação a distância. O que se percebe é o ordenamento jurídico brasileiro "correndo atrás" dos hábitos sociais, que em boa medida têm deixado o meio físico para o digital. Isso não deixa de ser um argumento para a defesa de o processo arbitral poder tramitar eletronicamente.

Ressalte-se que a Lei da Arbitragem não proíbe que os autos do processo arbitral, e os atos processuais inerentes, tramitem em formato digital (ao invés de em papel). A arbitragem no seu modelo convencional (físico), com autos materializados em papel, ainda que mais rápida que o Poder Judiciário, talvez possa ser uma solução não muito rápida para o comércio eletrônico, haja vista a sua dinamicidade e a ausência de deslocamento das partes para concretizarem

---

[3] No mesmo sentido, Renato Opice Blum. Arbitragem no direito eletrônico. *Revista do Advogado*. n. 119. São Paulo: AASP, abr. 2013, p. 126-131.

[4] Patricia Peck Pinheiro. *Direito digital*. cit., p. 469.

negócios demandarem a resolução de eventual litígio também ser pelo meio virtual.[5] Destaque-se que a arbitragem eletrônica pode se dar em litígios derivados de negócios celebrados pela internet ou não.

Apesar dos benefícios (como a celeridade e o sigilo do processo e da decisão), o custo de uma arbitragem para as partes costuma ser maior quando comparado ao Poder Judiciário. Neste caso, como ficaria a despesa para o consumidor economicamente hipossuficiente? E, como grande parte dos negócios celebrados pela internet são contratos de consumo, cujo valor é relativamente pequeno, eventualmente o uso da arbitragem nos contratos eletrônicos pode ser inviável.

Considerando que a maior parte das relações estabelecidas pela internet configura-se como relação de consumo, logo, suscetíveis de aplicação do CDC, é preciso atentar-se ao fato de que o art. 51, inc. VII, prevê que é abusiva a cláusula que determine a utilização compulsória de arbitragem no contrato de fornecimento de produtos ou serviços. Todavia, cabe ressaltar que o próprio CDC, em seu art. 4º, inc. V, expressa como um princípio, para a Política Nacional das Relações de Consumo, o incentivo à criação de mecanismos alternativos de solução de conflitos consumeristas.

Assim, será que nos negócios eletrônicos a opção pelo uso da arbitragem poderá ser firmada pelo mero clique de aceitação do negócio anunciado pelo proponente? José Maria Rossani Garcez afirma que nada obsta o procedimento ser realizado eletronicamente e os documentos físicos serem enviados posteriormente, via correio,[6] a fim de confirmar a escolha da arbitragem com segurança. Acontece que o comércio desenvolveu-se de forma astronômica em tão pouco tempo justamente pela sua dinâmica e celeridade (e, por que não dizer, certa "informalidade"). Seguir tal recomendação pode ser uma burocracia custosa, desinteressante e desestimulante aos operadores do espaço virtual.

Quanto à assinatura, há o recurso da assinatura digital e da certificação eletrônica, que garantem a autenticidade da mensagem e a adequada identificação do usuário. Estão disciplinadas pela Medida Provisória n. 2.200-2/2001,

---

5 Já não é de hoje que existem instituições realizando arbitragens por meio eletrônico, como, por exemplo, a Arbitranet. Disponível em: <http://www.arbitranet.com.br>. Acesso em: 21 ago. 2017.

6 José Maria Rossani Garcez. *Arbitragem nacional e internacional*: progressos recentes. Belo Horizonte: Del Rey, 2007, p. 131.

que criou a Infraestrutura de Chaves Públicas Brasileira – ICP-BRASIL –,[7] a fim de garantir autenticidade, integralidade e validade jurídica de documentos eletrônicos. Ela é composta por uma autoridade estatal, gestora da política e das normas técnicas de certificação (Comitê Gestor), e por uma rede de autoridades certificadoras (subordinadas àquela), que, entre outras atribuições, mantêm os registros dos usuários e atestam a ligação entre as chaves privadas utilizadas nas assinaturas dos documentos e as pessoas que nelas apontam como emitentes das mensagens, garantindo a inalterabilidade dos seus conteúdos.

Embora seja um método que traz segurança às operações, com custo relativamente baixo, o uso da assinatura digital e da certificação eletrônica ainda é muito incipiente nas operações de compra e venda pela internet, especialmente nas de varejo que envolve o consumidor, enquanto destinatário final do produto ou serviço.

Contudo, a arbitragem terá lugar quando o negócio for celebrado por pessoas capazes e o seu objeto tiver cunho patrimonial disponível. Isso é compatível com os litígios oriundos dos negócios realizados pela internet (*e-commerce*), ainda que haja relação de consumo, ocasião em que a cláusula compromissória só terá eficácia se, no contrato de adesão, o aderente tomar a iniciativa de instituir a arbitragem ou concordar, expressamente, com a sua instituição, desde que por escrito em documento anexo ou em negrito, com a devida assinatura ou visto.

Em grande medida os contratos realizados no ambiente virtual estão na esfera privada, cujas partes – consumidor e fornecedor – têm liberdade para firmar convenção de arbitragem, cláusula compromissória e o compromisso arbitral para dirimir os conflitos jurídicos. Frise-se que o Decreto n. 7.962/2013, em seu art. 2º, prevê que os *sites* de comércio eletrônico ou outros meios eletrônicos devem manter em destaque e visíveis diversas informações a respeito da identidade e localização do fornecedor, bem como de todas as condições do negócio, incluindo aí a convenção de arbitragem.

Assim, compreende-se que a arbitragem é cabível nos litígios envolvendo *e-commerce* desde que o objeto seja de caráter patrimonial e disponível e pessoas

---

7 Vale lembrar que essa medida provisória, a qual está em sua segunda edição, encontra-se ainda em vigor, tendo em vista que foi publicada em 24 de agosto de 2001; portanto, anteriormente à Emenda Constitucional n. 32, de 11 de setembro de 2001, a qual alterou alguns dispositivos da Constituição Federal, especialmente o art. 62 quanto ao regime jurídico das Medidas Provisórias.

capazes (embora o custo para a sua instituição possa ser um entrave quando diante de contratos de pequena monta). Também é possível que o processo arbitral possa ser realizado em autos digitais – arbitragem eletrônica –, utilizando-se dos fundamentos legais para os tidos documentos eletrônicos, bem como dos recursos da assinatura digital e certificação eletrônica. Ressalte-se que a arbitragem eletrônica pode se dar em litígios derivados de negócios celebrados pela internet ou não.

As experiências empresariais e internacionais demonstram que a arbitragem vem sendo a melhor opção para solucionar controvérsias em um contexto de diversas culturas e jurisdições atuantes. A internet não se diferencia deste cenário, ao tempo em que favorece o acesso aos mais variados *sites* de empresas estrangeiras e a interação negocial entre pessoas de diferentes nacionalidades.

Em que pese a lei não dispor especificamente a respeito do uso da arbitragem nos litígios do comércio eletrônico e do trâmite arbitral pela via digital, isso é perfeitamente possível. A prática da arbitragem é um caminho para que a sociedade estabeleça novos comportamentos no sentido de resolver-se de forma eficiente e ágil, inclusive no ambiente eletrônico.

29.2. CONCILIAÇÃO E MEDIAÇÃO VIRTUAL. RECLAME AQUI

Mediador é um intermediário entre duas pessoas ou mais pessoas (ou partes). Desse modo a mediação é um procedimento extrajudicial que tem por fim a solução de conflitos por intermédio de um terceiro imparcial e não interessado no desfecho.

Muitos confundem a **mediação** e a **conciliação**, pois ambas têm a figura de intermediário (mediador e conciliador) e são métodos extrajudiciais de composição de conflitos. Entretanto, na conciliação o conciliador pode propor alternativas, visando pôr fim a disputa; enquanto na mediação o papel do mediador é, sobretudo, restabelecer e facilitar a comunicação entre as partes, a qual foi prejudicada pelo conflito, objetivando que elas encontrem o ponto para haver o acordo.

A mediação prestigia a autonomia privada das partes, entende-se que o procedimento de mediação se divide basicamente em três fases. A parte inicial consiste no contato do mediador com as partes, cabendo ao mediador esclarecer seu principal objetivo a elas. Num segundo momento, o mediador procura restabelecer a comunicação produtiva entre as partes, convidando-os a falar e escutar de forma ativa, facilitando o diálogo entre elas. E, por fim, na terceira parte, já tendo conseguido restabelecer a comunicação produtiva entre as partes, começa-se a fase de construção da solução com a avaliação e escolha das opções viabilizadas pelas partes.[8]

Já na conciliação, que pode se dar na esfera judicial ou extrajudicial, o conciliador visa pôr fim ao litígio entre as partes apresentando alternativas para que elas possam optar e assim chegarem a um acordo.

Contudo, tanto a conciliação como a medição podem se dar para a solução de litígios decorrentes de negócios celebrados pela internet, bem como a conciliação e a mediação podem socorrer-se das ferramentas tecnologias para alcançar seus objetivos. Não há óbice nesse sentido, sendo que muitas empresas estão se socorrendo destes métodos alternativos de solução de conflitos (sobretudo a conciliação) com o fim de manter um melhor relacionamento com os atuais e os potenciais clientes. Até porque, com a capilarização das redes sociais, a exposição da insatisfação de um cliente na internet pode trazer relevantes implicações a um fornecedor.

A propósito, existem instituições especializadas na composição entre partes litigantes, como é o caso do "**Reclame Aqui**", que mantém o serviço pelo seu *site* (www.reclameaqui.com.br) e aplicativo (programa de computador para *smartphone*). É relativamente simples de usar, basta que a parte (consumidor) preencha os dados diretamente no *site* (ou aplicativo) para que o Reclame Aqui inicie a intermediação com a empresa reclamada visando a solução amigável do conflito. Frise-se que esta instituição não tem poder fiscalizatório e sancionatório como os **PROCONs**. Enquanto autarquias que são, muitos PROCONs já disponibilizam ferramentas tecnológicas (*sites* e aplicativos) para a reclamação de consumidores.

Aliás, foi promulgada a Lei n. 13.140/2015 sobre a mediação entre particulares como meio de solução de controvérsias e sobre a autocomposição de conflitos no âmbito da administração pública. Conforme o seu art. 46, *caput*, a mediação poderá ser realizada pela rede mundial de computadores (internet) ou por outro meio de comunicação (por exemplo, pelo uso de celular e apli-

---

8 Dulce Nascimento; Leandro Rennó. As vantagens da escolha pela mediação empresarial. In: SZTAJN, Rachel; SALLES, Marcos Paulo de Almeida; TEIXEIRA, Tarcisio (Coords.). *Direito empresarial*: estudos em homenagem ao professor Haroldo Malheiros Duclerc Verçosa. São Paulo: IASP, 2015, p. 549-550.

cativos como *WhatsApp*) que permita a transação à distância, desde que as partes acordem nesse sentido.

Voltando para o plano conceitual, de acordo com o parágrafo único do art. 1º da referida lei, a mediação consiste na "atividade técnica exercida por terceiro imparcial sem poder decisório, que, escolhido ou aceito pelas partes, as auxilia e estimula a identificar ou desenvolver soluções consensuais para a controvérsia".

Tendo em vista, sobretudo, a edição do CPC de 2015 e da Lei da Mediação, o CNJ, por meio da Emenda n. 2/2016, atualizou sua Resolução n. 125/2010 (que criou a Política Judiciária de Tratamento de Conflitos), de modo a determinar a instituição do Cadastro Nacional de Mediadores Judiciais e Conciliadores. A intenção é dar suporte a tribunais que não tenham seu próprio cadastro de mediadores e conciliadores, permitindo que as partes, assistidas por seus advogados, escolham mediadores pelos seus *curricula* e valores de remuneração. De acordo com a Resolução reformada, cria-se o **Sistema de Mediação Digital**, uma plataforma eletrônica para resolução de conflitos que pode ser usada na fase anterior ao ajuizamento da demanda judicial ou durante o seu trâmite.

Por último, vale destacar que o art. 41 da Lei n. 13.140/2015 expressa que a **Escola Nacional de Mediação e Conciliação** (vinculada ao Ministério da Justiça) poderá criar banco de dados sobre boas práticas em mediação, bem como manter relação de mediadores e de instituições de mediação. Outro destaque está na criação, pela Secretaria Nacional do Consumidor do Ministério da Justiça, da plataforma www.consumidor.gov.br, cuja finalidade é promover a solução alternativa de conflitos entre consumidores e fornecedores (em atendimento ao CDC, art. 4º, inc. V, e Decreto 7.963/2013, art. 7º, incs. I, II e III).

29.3. AUTORREGULAMENTAÇÃO

Tendo em vista o esforço, de um lado, dos países (como é o caso do Brasil) de aprovar projetos de lei sobre comércio eletrônico; e, de outro, a tentativa de criar tratados internacionais com uma adesão maciça dos países, surge a possibilidade de se buscar uma solução por meio da autorregulamentação.

A autorregulamentação se dá quando certo segmento da economia estabelece regra para ele mesmo e os seus participantes. No Brasil, um caso de autorregulamentação que vem dando certo é o do CONAR – Conselho Nacional de Autorregulamentação Publicitária.

Ricardo Luis Lorenzetti defende que a internet deve se autorregular com absoluta flexibilidade, de forma que o costume crie suas próprias regras. O comércio na internet deve ser imune às restrições legais nacionais, de forma que, assim como existe a *lex mercatoria*, deve haver uma "*lex* informática" que se adapte às necessidades específicas do ambiente virtual, tendo em vista o seu acesso em escala transnacional.[9]

A ideia de autorregulamentação também é sustentada por Patricia Peck Pinheiro, no sentido de que para a sociedade digital não basta haver um conjunto de leis. É preciso estabelecer uma interpretação dinâmica, interagir no ambiente em que se manifesta a vontade, como num *videogame* em que se deve entender a regra do próprio jogo. É esse pensamento que norteia o princípio cada vez mais disseminado do uso da arbitragem como solução de conflitos.[10]

Especificamente sobre o CONAR, trata-se de uma organização não governamental, fundada em 1980, que visa promover a liberdade de expressão publicitária e defender as prerrogativas constitucionais da propaganda comercial. Constituído por publicitários e profissionais de outras áreas, o CONAR visa impedir que a publicidade enganosa ou abusiva cause constrangimento ao consumidor ou a empresas. Sua missão inclui principalmente o atendimento a denúncias de consumidores, autoridades e associados ou formuladas pelos integrantes da própria diretoria. As denúncias são julgadas pelo Conselho de Ética, com total e plena garantia de direito de defesa aos responsáveis pelo anúncio. Quando comprovada a procedência de uma denúncia, é sua responsabilidade recomendar alteração ou suspender a veiculação do anúncio. O CONAR não exerce censura prévia sobre peças publicitárias, já que se ocupa somente do que está sendo ou foi veiculado. Sua atuação se dá em todo o Brasil, sendo mantido pela contribuição das principais entidades da publicidade brasileira e seus filiados: anunciantes, agências e veículos.[11]

Afirma Denis Henry que

> se a regulamentação é uma forma de controle, imposta unilateralmente pelo governo sobre o setor a fim de influenciar ou ditar a conduta dessa última

---

[9] Ricardo Luis Lorenzetti. *Comércio eletrônico*. cit., p. 69-70.

[10] Patricia Peck Pinheiro. *Direito digital*. cit., p. 48.

[11] Disponível em: <http://www.conar.org.br/>. Acesso em: 22 ago. 2017.

no mercado, então, talvez a autorregulamentação signifique simplesmente controle autoimposto.[12]

Assim, enquanto os países discutem alternativas e dirimem controvérsias jurídicas, os empresários desenvolvem formas mais simples para resolver problemas dentro da própria esfera privada. Um exemplo é o *site* de vendas eBay, que criou uma "central de solução de problemas", por meio da qual o consumidor pode abrir uma reclamação e realizar uma notificação. Fica estabelecido um prazo para que as partes resolvam a situação entre si. Ultrapassado este prazo, e ainda pendente a discórdia, a própria central julga o caso e, se necessário, promove a restituição do preço pago ao consumidor.

Este tipo de solução alternativa é fantástico, desde que utilizado de forma imparcial e com princípios éticos e jurídicos, pois não adiantará de nada se criar internamente uma "central de solução de problemas" que se submete aos ditames internos da corporação, como os seus demais departamentos.

Veja o caso do Brasil, em que algumas corporações, visando serem politicamente corretas, implantaram a figura do Ombudsman. Trata-se de um profissional contratado por uma empresa que tem a função de receber críticas, sugestões e reclamações e deve agir em defesa imparcial da comunidade e dos clientes. Muitos acabaram se tornando um mero SAC – Serviço de Atendimento ao Consumidor –, cujas respostas aos clientes, em boa parte, são as que interessam à empresa, não necessariamente a mais justa e correta.

A propósito, no território brasileiro, os SACs, principalmente das grandes empresas, são departamentos que muitas vezes desrespeitam o consumidor, impondo-lhe constrangimento, tempo absurdo de espera, falta de solução para as reclamações etc. Isso, mesmo com toda a aplicação da legislação, atuação do Ministério Público, multas impostas pelos PROCONs, agências reguladoras e Poder Judiciário.

Voltando ao exemplo do eBay, se a "central de solução de problemas" efetivamente funcionar, o *site* cada vez mais transmitirá confiança aos clientes, incentivando-os a continuarem comprando e a recomendá-lo a consumidores potenciais.

---

12 Denis Henry. Comércio eletrônico: a autorregulamentação do setor é um modelo viável? (Trad. Celita G. Schermann). In: WAISBER, Ivo; SILVA JÚNIOR, Ronaldo Lemos da (Coords.). *Comércio eletrônico*. São Paulo: RT, 2001, p. 212.

Nesse diapasão, temos notícia de uma loja virtual que, ao entregar uma encomenda de livro com um dia de atraso, enviou posteriormente ao cliente, gratuitamente, outros livros relacionados ao tema da primeira compra, a fim de manter a boa imagem do *site*.

Assim, a necessidade do mercado, com grande probabilidade, imporá aos fornecedores a autorregulamentação, pois uma loja virtual que gera muitos problemas e desconfiança, certamente não será bem vista pelos consumidores, o que acarretará diminuição das vendas.

Contudo, apesar da edição de algumas normas sobre relações jurídicas firmadas eletronicamente, a dinamicidade das operações que ocorrem pela internet abrem um grande campo para a autorregulamentação do *e-commerce*.

30
Perícia Computacional

30.1. INTRODUÇÃO

Em tempos em que uma boa parte das ações humanas, empresariais e governamentais (nas áreas jurídica, social, econômica etc.) acontece com o uso da Tecnologia da Informação, o estudo de como são feitas as perícias computacionais é de suma importância. Haja vista que os meios eletrônicos são suportes para a prova de atos em geral, jurídicos ou antijurídicos, como, por exemplo, a celebração de um contrato ou a prática de um delito.

A todo instante são noticiados problemas jurídicos em que o meio eletrônico foi em algum momento utilizado, em especial para a prática de fraudes eletrônicas em geral, crimes de informática, abuso no uso de *e-mail* ou acesso à internet, violação de segredo industrial, violação de marcas, patentes e direitos autorais etc.

Vale destacar que as atitudes realizadas com suporte eletrônico deixam rastros; logo, é necessário saber encontrá-los.

Dessa forma, a finalidade da perícia forense é conseguir provas que comprovem certas situações, que servirão de provas em processos judiciais, em qualquer esfera: civil, comercial, criminal, trabalhista etc.

Por isso, de forma geral, a perícia forense extrai dos equipamentos de informática as informações relevantes para a apuração do ocorrido, celebração de um contrato, a prática de um ilícito etc. Tais equipamentos podem ser computadores, celulares, impressoras, roteadores de rede etc. É muito importante ponderar a relevância da custódia e da preservação da prova eletrônica, que é facilmente perecível.

Antecipamos que a maior parte da literatura a respeito de perícias computacionais toma por base a perícia na esfera criminal. Assim, fundamentados na doutrina mais autorizada, discorreremos a respeito da perícia forense a partir dos elementos dos crimes de informática, mas que nas suas linhas elementares aplicar-se-á também às outras áreas do Direito: Civil, Trabalhista, Tributária etc.

Também é bom ter em conta uma distinção entre a perícia no processo civil e a perícia no processo criminal. Aqui os peritos são servidores públicos concursados (perito oficial), não é possível à parte contratar um perito. Já no processo civil, a perícia será feita por perito (que pode ser um especialista particular) nomeado por um juiz entre os de sua confiança, podendo as partes nomear assistentes técnicos.

As variadas atividades praticadas pelos usuários de computadores sempre deixam rastros que podem servir como provas em processos criminais, cíveis e trabalhistas.

Vale ponderar que dados usados para elucidar questões jurídicas, inclusive crimes de informática, não ficam limitados aos computadores ou à rede mundial de computadores, mas, sim, a qualquer dispositivo capaz de armazenar dados: *pen-drives*, CDs, disquetes, cartões de memórias, HD internos ou externos, celulares. Significa dizer que, qualquer que seja a questão jurídica em que haja em cena o auxílio de um instrumento de informática e este for encontrado com os envolvidos, é recomendável o exame pericial em suas mídias.

Especificamente sobre o uso da internet, como as atividades realizadas neste ambiente virtual fazem com que os sistemas operacionais gravem arquivos que revelem conteúdo, datas, horas e os números de IP envolvidos – número que identifica o usuário na internet –, esses dados digitais descobertos, quando materializados, irão integrar o processo judicial; e, mesmo que os infratores deletem arquivos para despistar a suspeita contra eles, os dados continuam gravados até que sejam sobrepostos e definitivamente descartados. É neste momento, na tentativa de recuperar os dados e usá-los para auxiliar a Justiça, que entra o trabalho da perícia forense computacional.

Assim, a perícia computacional é um braço da ciência forense especializada em buscar vestígios de usuários que se utilizam da informática para as atividades ilícitas. A finalidade a seguir é demonstrar o que vem a ser perícia forense computacional e como trabalha o perito, que é o responsável em desvendar as ocorrências com o uso da informática.

30.2. PERÍCIA FORENSE

Por perícia forense podem-se entender os atos traduzidos por relatório, laudo, documento ou outra forma de expressão, emitido por profissional (perito) que detém conhecimento específico acerca da área em questão.[1]

Destaque-se que a Perícia Forense é uma ciência multidisciplinar, subsidiada pelos conhecimentos estruturados da Matemática, Química, Física, Biologia e Tecnologia da Informação; utiliza-se dessas outras ciências para a análise de um possível vestígio que possa fornecer provas objetivas para a ação da Justiça. A ciência forense tem como objetivo buscar nos fatos os elementos necessários para formalizar indícios materiais ou a identificar as pessoas envolvidas nas situações jurídicas em discussão, criminais ou não.

Assim como chamou a atenção Edmond Locard ao fato de que: "é impossível um criminoso agir sem deixar um vestígio de sua presença na cena do crime". Com o uso da informática, um ato jurídico sempre deixa "rastro". Assim, com conhecimento específico capaz de assessorar de forma útil e legal a Justiça na elucidação de questões jurídicas, especialmente na área criminal, surgiu a Ciência Forense Computacional.

Os especialistas em perícia forense computacional usam vários métodos para encontrar dados que estejam em um suporte eletrônico, recentes ou antigos, deletados, compactados ou danificados.[2]

30.2.1. Perícia forense computacional

A informática chegou à perícia forense de duas formas: uma como ferramenta auxiliar para as já existentes atividades forenses, com a qual, mediante o uso de computadores com processadores e *softwares* mais velozes e potentes, os peritos serão capazes de fazer em minutos cálculos humanamente semi-

---

1 *Perícia forense na informática*. Disponível em: <http://www.smartsec.com.br/pericia_forense_na_informatica.html>. Acesso em: 24 ago. 2017.

2 Daniel Linhares Lim-Apo. *Aplicação de técnicas de forense computacional e respostas a incidentes na internet*. Disponível em: <http://www.modulo.com.br/pdf/trabalho_forense.pdf>. Acesso em: 22 ago. 2017.

-impossíveis, de tornar nítida uma imagem de criminosos gravada por circuitos internos, rastrear conversas telefônicas etc.

Já pela outra forma, a informática está presente na ciência forense quando a análise pericial ocorre na própria máquina, ou seja, quando um computador foi utilizado para a prática do crime. Neste caso, a informática atende como um sub-ramo da ciência forense, a denominada perícia forense digital ou perícia forense computacional.

A perícia computacional nada mais é que um conjunto de técnicas cientificamente comprovadas, utilizadas na tarefa de coleta, aquisição, identificação, preservação, restauração, análise, documentação e apresentação de evidências computacionais. Contudo, os especialistas costumam enfatizar que há uma distinção entre perícia forense computacional e investigação forense computacional, pois, nesta última, o profissional responsável (investigador computacional) trabalha na busca de informações, tendo a necessidade de se inserir no ambiente dos indivíduos que utilizam a informática de forma ilícita, para poder coletar evidência da prática do crime.

Cabe destacar que a perícia forense digital trabalha em um contexto fechado, delimitado por um caso ou um delito já realizado. Neste caso, o perito digital tem em mãos evidências digitais que serão filtradas, quer sejam em componentes físicos ou dados que foram processados eletronicamente e armazenados em mídias computacionais; e que, posteriormente, irão gerir os laudos que assistem os juízes em suas sentenças.

Tal função dos peritos se deve ao fato de que o juiz, pessoa dotada de saber jurídico, não dispõe de grande saber científico, o que torna obrigatória a presença dos peritos digitais, profissionais detentores de grande conhecimento em área computacional e de confiança do juiz, os quais utilizarão seus conhecimentos para a realização da perícia no objeto questionado (indício), sendo que o resultado de seu trabalho será exposto por meio de um laudo, que deve ter linguagem simples, mas sem omitir dados técnicos, que possam ser compreendidos por não especialistas.[3]

Com isso a perícia digital deverá atender as exigências jurídicas para a obtenção de evidências, mediante o uso de procedimentos periciais legais. No

---

[3] Bustamante, 2006 apud Daniel Moraes da Costa. *Boas práticas para a perícia forense.* Disponível em: <http://bibdig.poliseducacional.com.br/document/?view=174>. Acesso em: 24 ago. 2017.

que toca aos aspectos técnicos, a perícia digital levará em conta as questões práticas da área computacional.

Destaque-se que o perito computacional é um profissional altamente capacitado e atualizado, pois está envolvido em tecnologia computacional de última geração. Ele deve possuir uma habilidade para a recuperação de dados, análise de dados na internet e em tráfego de redes, análise de vírus, análise de ataques e dados entre os quais já foram apagados, cifrados ou danificados há um tempo. Levando-se em conta essa exigência, os peritos digitais são na maioria graduados em computação e/ou sistema, de modo que são profissionais aptos a trabalharem nessa área.

Conforme ensina Debra Littlejohn Shinder:

> Os técnicos em crimes informáticos devem ser treinados em computação forense possuindo uma sólida experiência na área de tecnologia computacional, conhecer como discos são estruturados, como trabalha o sistema de arquivos e como e onde os dados são gravados.[4]

Diante do exposto, além de possuir todo o conhecimento técnico e da legislação envolvida, os peritos digitais também devem apresentar um raciocínio lógico, o que é imprescindível em uma investigação forense, pois a análise pericial em um computador é algo muitas vezes de difícil execução, em face do grau de complexidade do sistema operacional a ser examinado. Deste modo, como profissional da área, o perito digital irá saber utilizar as ferramentas adequadas à análise em questão, evitando, assim, qualquer procedimento inadequado que inviabilize o vestígio a ser examinado.

Deve-se ter em mente que a ciência forense computacional é um campo de pesquisa relativamente novo, ainda em desenvolvimento, principalmente quanto às instituições legais e à padronização dos procedimentos periciais. No Brasil mesmo, conta-se ainda com poucos pesquisadores na área e poucas normas que estabelecem um padrão ao procedimento a ser adotado na perícia computacional; por conseguinte, acaba-se por gerar um grande número de possibilidades de pesquisa e algumas características próprias.

---

4 Debra Littlejohn Shinder. *Syngress scene of cybercrime*: computer forensics handbook. Rockland: Syngress Publishing, 2002, p. 554 apud Daniel Moraes da Costa. *Boas práticas para a perícia forense*.

Uma dessas características da perícia digital é quanto aos vestígios encontrados; eles se constituem de maneira direta, ou seja, no caso de um computador estar sob suspeita de ter sido usado para a prática de delito, qualquer programa ou arquivo encontrado na máquina, se foi utilizado com fim criminoso, irá atestar tal fato de maneira direta; ao contrário de um crime fora do ambiente computacional, onde às vezes um vestígio pode apenas ser interpretado, como, por exemplo, um resto de pele encontrado embaixo da unha da vítima leva a uma suposição de que antes da consumação do crime teria havido uma luta entre criminoso e vítima.

Conforme relatam Carlos Henrique Calazans e Sandra Maria Calazans, no Brasil não existem normas específicas que regem a perícia computacional; esse sub-ramo da perícia forense, para garantir o seu valor judicial, será ordenada estritamente às normas gerais que abrangem todo o tipo de perícia,[5] salvo algumas peculiaridades.

As normas sobre perícias gerais são definidas pelo Código de Processo Penal, arts. 158 a 184, e pelo Código de Processo Civil de 2015, arts. 464 a 480 [CPC de 1973, arts. 420 a 439].

Por isso, é necessário se manterem a legalidade e a ética na prática pericial da informática, que são partes dos esforços das organizações desse sub-ramo, pois se as ações de um perito digital não tiverem respaldo jurídico não terão validade. O mesmo se pode dizer quanto à metodologia e às ferramentas específicas utilizadas nesse tipo de perícia; caso elas não garantam segurança e não estejam fundamentadas em princípios periciais digitais, os laudos emitidos deverão ser descartados.

30.2.2. Metodologia forense computacional para obtenção de evidências

Vale destacar que a finalidade primordial da ciência forense é colocar-se de maneira inequívoca diante de uma prova científica quanto às reações delituosas do criminoso, descobrindo os vestígios caracterizadores do delito; pois se

---

[5] Carlos Henrique Calazans e Sandra Maria Calazans. *Ciência forense*: das origens à ciência forense computacional. Escola Politécnica – Universidade de São Paulo, São Paulo. Disponível em: <www.truzzi.com.br/blog/wp-content/.../Monografia_CienciaForense.pdf>. Acesso em: 23 ago. 2017.

colhe o material, para assim estudá-lo e interpretá-lo, possibilitando a ação da Justiça.[6]

É crescente a necessidade de desenvolvimento no campo da perícia computacional, uma vez que a utilização de computadores em atividades criminosas tem se tornado uma prática comum. As infrações, invasões, vendas e roubos de informações, piratarias, envio de *e-mails* falsos, tentativas de acessos indevidos a organizações ou até mesmo a pessoas comuns atingem o mundo inteiro.

Segundo Michael Noblett, em 1995, uma pesquisa conduzida pelo serviço secreto norte-americano indicou que 48% das agências periciais tinham laboratórios forenses computacionais e que 68% das evidências encontradas foram encaminhadas aos peritos nesses laboratórios; e, segundo o mesmo documento, 70% dessas mesmas agências fizeram seu trabalho sem um manual de procedimentos.[7]

Porém, há uma tentativa de formular padrões e manuais de procedimentos que possam ser adotados em âmbito internacional para, assim, proporcionar um bom entendimento de como garantir e respaldar o trabalho dos profissionais da perícia digital na captura e utilização das evidências eletrônicas armazenadas nas mídias.

Contudo, deve-se esclarecer que a perícia forense computacional é diferente das outras disciplinas forenses. Michael Noblett diz que "quando se trata de ambientes computacionais não se pode executar o mesmo procedimento em todos os casos, uma vez que se têm sistemas operacionais diferentes, diferentes mídias e diversas aplicações".[8]

A perícia forense computacional lida com dados físicos, reais, mas numa realidade metafísica digital, onde os dados físicos são informações elétricas,

---

6 SINPEC-RO – Sindicato dos Peritos Criminalísticos de Rondônia apud Carlos Henrique Calazans e Sandra Maria Calazans. *Ciência forense*: das origens à ciência forense computacional. Escola Politécnica – Universidade de São Paulo, São Paulo.

7 Michael Noblett, 1995 apud Célio Cardoso Guimarães, Flávio de Souza Oliveira, Marcelo Abdalla dos Reis e Paulo Lício de Geus. *Forense computacional*: aspectos legais e padronização. Disponível em: <http://www.las.ic.unicamp.br/paulo/papers/ 2001-WSeg-flavio.oliveira-marcelo.reis-forense.pdf>. Acesso em: 24 ago. 2017.

8 Michael Noblett, 1995 apud Célio Cardoso Guimarães, Flávio de Souza Oliveira, Marcelo Abdalla dos Reis e Paulo Lício de Geus. *Forense computacional*: aspectos legais e padronização.

eletrônicas, magnéticas, eletromagnéticas e em outras formas mais ou menos voláteis. Os dados mudam, as tecnologias mudam, os equipamentos mudam, os conhecimentos mudam, sempre.[9]

Atualmente já existem padrões metodológicos bem definidos e sendo aplicados de forma experimental; eles foram desenvolvidos por uma entidade norte-americana – a SWGDE (*Scientific Working Group on Digital Evidence*),[10] que é a representante da IOCE (*International Organization on Computer Evidence*) no esforço da padronização.

A IOCE, principal entidade internacional centralizadora dos esforços de padronização, foi estabelecida em 1995 com o objetivo de facilitar a troca de informações entre as diversas agências internacionais sobre a investigação de crimes envolvendo computadores ou outros assuntos forenses relacionados ao meio eletrônico. Essa entidade identifica e discute assuntos de interesse dos seus constituintes, facilitando assim a disseminação da informação e desenvolvendo recomendações para os membros da organização.

O procedimento metodológico computacional de transformar as mídias em evidências do delito que vem sendo aplicado obedece ao seguinte ciclo: obtém-se e coleta-se a mídia, e após o seu exame extraem-se dados que serão analisados pelas ferramentas forenses; com a análise dos dados criam-se informações que, assim que processadas, resultam em evidências.

Contudo, todos os procedimentos da perícia digital desenvolvidos devem seguir um princípio maior para assegurar a confiança e a exatidão das evidências: o dever de manter um alto nível de qualidade. Esse nível de qualidade é atingido por meio da elaboração de operações padrões que contenham os procedimentos para todo tipo de análise conhecida, e da previsão de utilização de técnicas, equipamentos e materiais largamente aceitáveis na comunidade científica.[11]

---

9 Raffael Vargas. *Perícia forense computacional* – ferramentas periciais. Disponível em: <http://imasters.com.br/artigo/6485/forense/pericia_forense_computacional_ferramentas_periciais/>. Acesso em: 22 ago. 2017.

10 Célio Cardoso Guimarães, Flávio de Souza Oliveira, Marcelo Abdalla dos Reis e Paulo Lício de Geus. *Forense computacional*: aspectos legais e padronização.

11 SWGDE – *Scientific Working Group on Digital Evidence; IOCE – International Organization on Digital Evidence* apud Célio Cardoso Guimarães, Flávio de Souza Oliveira, Marcelo Abdalla dos Reis e Paulo Lício de Geus. *Forense computacional*: aspectos legais e padronização.

Portanto, caberá agora esmiuçar o trabalho dos peritos digitais no campo prático, a descrição completa da perícia forense computacional sobre onde, o que e como o perito digital deverá procurar em um sistema computacional que foi utilizado como instrumento da prática de certo ato ou mesmo de um crime.

Conheceremos, a seguir, cada uma das fases da perícia forense computacional: obtenção e coleta de dados, identificação de indícios, preservação das provas, análise pericial.

30.2.2.1. Obtenção e coleta de dados

Primeiramente, as provas devem ser obtidas de forma legal, alicerçada por um mandado de busca e apreensão. Esta é uma autorização necessária tanto para a coleta física de um componente eletrônico como também para a análise preliminar das máquinas.

Os procedimentos adotados na coleta de dados devem ser formais, seguindo toda uma metodologia de como se obterem provas para apresentação judicial.

Em casos de crimes computacionais, as provas obtidas são classificadas pelas normas SWGDE como: provas digitais, que são informações de valor para um processo e estão armazenadas ou transmitidas de forma digital; dados objetos, que consistem em objetos de valor para um processo, os quais estão associados a itens físicos; e itens físicos, que nada mais são que as mídias físicas onde a informação digital é armazenada ou pelas quais é transmitida ou transferida (exemplos: HDs, *pen-drives*, celulares etc.).[12]

Na obtenção de mídias há duas abordagens principais: a de examinar os dados acessíveis normalmente via sistema de arquivos; e o de obter dados que possam estar inacessíveis ao sistema de arquivos, seja por estarem danificados ou deliberadamente terem sido ocultados.

30.2.2.2. Identificação de indícios

Quanto à identificação de indícios digitais, cada tipo de ato ou crime de informática possibilita um tipo de evidência. Os indícios residentes em uma mídia podem ser relacionados para criar uma evidência que indique a ocorrência de um crime ou auxilie a identificação de um criminoso, por exemplo, se o crime for de invasão de um sistema computacional, o perito deverá focar

---

12 Debra Littlejohn Shinder. *Syngress scene of cybercrime*: computer forensics handbook apud Daniel Moraes da Costa. *Boas práticas para a perícia forense*.

sua busca nos arquivos de *log*[13] (servidores de registros das atividades realizadas por um *software* para depuração de problemas) para poder reconstruir a invasão. Já no caso da pedofilia, buscam-se imagens na mídia, nos arquivos apagados, no *cache*[14] de internet, no histórico etc.

Entre os vários fatores envolvidos na ocorrência a ser apurada, é extremamente necessário saber separar os fatos dos fatores que possam vir a influenciar ou não o caso. Com isso, estabelece-se o levantamento das ligações relevantes com uma correlação de datas, nomes de pessoas, horários, empresas, órgãos públicos, instituições etc., entre os quais foi estabelecida a comunicação eletrônica do crime. No processo pericial, após a recuperação de dados dos discos rígidos em computadores, estes podem trazer a sua origem e com isso imensas quantidades de informações.[15]

30.2.2.3. Preservação das provas

Essa fase está relacionada ao local da realização do ato ou da prática do crime e às provas nele encontradas. No caso de um delito, os primeiros a che-

---

[13] Em se tratando de computação, *log* é uma expressão utilizada para descrever o processo de registro de eventos relevantes num sistema computacional. Esse registro pode ser utilizado para restabelecer o estado original de um sistema ou para que um administrador conheça o seu comportamento no passado. Um arquivo de *log* pode ser utilizado para auditoria e diagnóstico de problemas em sistemas computacionais. Os *logs* possuem grande importância para a ciência jurídica, pois a possibilidade de identificar a autoria de ações no ambiente virtual, permitindo a responsabilização dos autores, só é possível pela análise de *logs*. Por isso, os *logs* também podem ser entendidos como provas digitais.

[14] *Cache* é um dispositivo de acesso rápido que tem como principal função armazenar as últimas trilhas lidas pelo HD, armazenando os dados em meios de acesso mais rápidos. Quando o processador necessita de um dado, e este não está presente no *cache*, ele terá de realizar a busca diretamente na memória RAM. Como provavelmente será requisitado novamente (localidade temporal), o dado que foi buscado na RAM é copiado no *cache*. A vantagem principal na utilização de um *cache* consiste em evitar o acesso ao dispositivo de armazenamento, que pode ser demorado. Assim, melhora-se a performance do sistema e de algum outro aplicativo. Podem conter informações valiosas como, por exemplo, um histórico de *sites* visitados pelo atacante (para intrusões), supostamente *sites* contendo informações e ferramentas.

[15] Andrey Rodrigues de Freitas. *Perícia forense aplicada à informática*. Monografia (Especialização em Internet Security) – IBPI, 2003. Disponível em: <http://www.linuxsecurity.com.br/info/general/andrey-freitas.pdf>. Acesso em: 24 ago. 2017.

gar à cena do crime devem tomar algumas precauções para que se possa garantir a integridade dos indícios digitais, tentando não modificar, não desligar equipamentos ou obter provas, a menos que sejam treinados em perícia forense computacional. Isso porque muitos criminosos podem instalar *softwares* maliciosos e outros mecanismos que programem a destruição das provas do equipamento assim que sejam desligados ou manipulados incorretamente.

Na cena da ocorrência, ou do crime, dever-se-á, quando se pretende obter evidências digitais, proteger todos os equipamentos (*notebooks*, *desktops*, celulares, HD, *pen-drive* etc.). Estes itens podem ser limitados devido ao mandado, mas até que o perito digital do caso chegue, não deve ser descartado nenhum equipamento.

Deverá ser montada uma cadeia de custódia de todas as provas. As provas digitais serão etiquetadas, documentadas e marcadas com as iniciais do perito, a hora e a data, o número do processo e dados de identificação. Cada passo da análise forense computacional deve ser documentado em detalhes.

As evidências digitais devem ser embaladas em sacos apropriados (antiestáticos) para o transporte, principalmente as que possuem circuitos expostos, como discos rígidos. As provas digitais devem ser transportadas o mais rápido possível, sem que, durante o trajeto (e também a coleta e o armazenamento), as provas entrem em contato com campos magnéticos e sejam expostas ao sol ou a altas temperaturas.

Um perito forense computacional experiente deverá, adequadamente, manusear e proteger as evidências extraídas. Esta preocupação é para assegurar que nenhuma evidência seja danificada, destruída ou mesmo comprometida pelos maus procedimentos utilizados na perícia e para que nenhum vírus ou código malicioso seja introduzido em um computador durante a análise forense.

A prova original deve ser preservada em um estado tão próximo quanto possível do estado de quando foi encontrada. Se possível, é feita uma cópia exata (imagem) do original, sendo que qualquer análise deve ser realizada na cópia, de forma a não prejudicar a integridade do original. Os dados originais devem ser preservados para que sirvam de prova sempre que necessário.

A cópia dos dados deve ser realizada em uma mídia que esteja sem nenhuma informação preexistente, ou seja, "virgem", totalmente "limpa", e verificando-se que esteja livre de vírus e defeitos. Deve-se clonar *bit* a *bit*, inclusive nas partes não utilizadas, pois elas podem conter dados valiosos que foram apagados, mas passíveis de recuperação.

30.2.2.4. Análise pericial

É a fase que compreende a pesquisa propriamente dita, em que o perito digital se detém especificamente nos elementos relevantes ao caso em questão. Ao se fazer uma análise forense em uma máquina, sobretudo se ela atua como servidor de serviços como *e-mails* ou arquivos, deve-se tomar uma série de cuidados a fim de se evitar a invasão da privacidade dos usuários do sistema. O ideal é que se defina um escopo, restringindo ao máximo a área de atuação da análise, evitando-se violar a privacidade de inocentes.

O profissional forense computacional deve estar atento e ser diligente em termos da obtenção da chamada "prova legítima", a qual consiste numa demonstração implacável e inquestionável dos rastros e elementos da comunicação entre as partes envolvidas e seu teor, além das datas e trilhas dos segmentos de disco utilizados. A análise pericial é o processo usado pelo perito para descobrir informações valiosas, a busca e extração de vestígios digitais relevantes do ocorrido.[16]

O processo de análise pericial pode ser dividido em duas camadas: análise física e análise lógica. A análise física é a pesquisa de sequências e a extração de dados de toda a imagem pericial, dos arquivos normais às partes inacessíveis da mídia. Já a análise lógica consiste em analisar os arquivos das partições. O sistema de arquivos é investigado de forma a percorrer os diretórios do objeto periciado.

Durante a análise física, são periciados os dados brutos da mídia de armazenamento. Todas as operações de análises são realizadas na imagem pericial ou na cópia restaurada das provas. Com frequência, fazem-se pesquisas de sequências para produzir listas de dados, e essas listas são úteis nas fases posteriores. Entre as listas geradas estão as URLs[17] e os endereços de *e-mails* encontrados na mídia.

Na análise das provas digitais, são utilizadas ferramentas que auxiliem o desenvolvimento pericial, bem como para obter a veracidade dos fatos. Estas ferramentas são *softwares* específicos para este fim ou *kits* completos e robustos,

---

16 Andrey Rodrigues de Freitas. *Perícia forense aplicada à informática*. Monografia (Especialização em Internet Security) – IBPI, 2003.

17 URL – *Uniform Resource Locator* – significa "Localizador-Padrão de Recursos". É o endereço de um recurso (um arquivo, uma impressora etc.), disponível em uma rede; seja a internet, ou uma rede interna-corporativa (intranet). Exemplo de URL: http://www.tarcisioteixeira.com.br/lançamento.html.

sendo definidas pelo profissional que realizará a análise. É o perito digital que no momento saberá qual é a mais adequada para cada caso. Podem ser empregadas ferramentas para recuperação de dados, análise de memória, análise de dados de uma rede, entre muitas outras ferramentas digitais.

Existe, também, a análise de memória *on-line*, ou seja, enquanto o equipamento está ligado, e, com os processos em execução, por ser vantajosa, pode-se obter um conteúdo muito precioso para a comprovação do delito computacional.

O disco rígido, principal dispositivo de armazenamento dos computadores, é projetado para evitar perdas e danos acidentais aos dados. Porém, os antiforenses são métodos de remoção, ocultação, eliminação e subversão de evidências com o objetivo de mitigar e impedir os resultados de análises forenses.

> Possíveis fontes de evidências podem ser destruídas para garantir que nunca estejam disponíveis, ou mascaradas e manipuladas para distribuir a culpa ou corromper a sua validade, de modo que não possam ser utilizadas em juízo.[18]

A atenção do perito digital, seu treinamento, sua experiência e determinação podem ser decisivos para detectar uma atividade antiforense. As ferramentas forenses não são projetadas para cobrir todas as possibilidades de armazenamentos não tradicionais, e uma pessoa criativa pode buscar maneiras de ocultar informações em áreas que ainda não foram identificadas como possíveis espaços para conter dados.

Vale ter em conta que um dos maiores problemas, do ponto de vista forense, dá-se quanto ao fato de que as ferramentas atuais nem sempre estão habilitadas a recuperar todos os dados, bem como analisar todas as possibilidades de armazenamento deles. Porém, todo o conteúdo deve ser examinado da melhor forma possível, mesmo que a análise tome um tempo considerável, pois a mídia digital pode trazer dados muito importantes para o deslinde do processo.

---

18 Perón e Legary, 2008 apud Daniel Weber, evandro Della Vecchia Pereira e Carlos Alberto Goldani. *Análise do uso de antiforense digital para destruição de dados.* Disponível em: <http://www.acrigs.com.br/Artigos/Carlos%20Alberto%20Goldani-An%C3%A1lise%20do%20uso%20de%20antiforense%20digital%20para%20destrui%C3%A7%C3%A3o%20de%20dados.pdf>. Acesso em: 22 ago. 2017.

30.3. LAUDO PERICIAL

Laudo pericial é o documento elaborado pelo perito em que se relata determinada situação a partir do exame realizado e seus conhecimentos sobre o assunto. O laudo fará o enquadramento legal das evidências, permitindo a avaliação do interessado: delegado de polícia, membro do ministério público, juiz, advogado etc. Isso vale para todas as esferas jurídicas, especialmente criminais e/ou civis.

É justamente o laudo pericial que apresenta os fatos, as evidências, os procedimentos utilizados, as análises e o resultado obtido pela perícia. Assim, o perito digital necessita estar perfeitamente sintonizado com os objetivos de cada etapa metodológica, para poder otimizar o tempo e a quantidade de dados coletados, desde a obtenção das provas até a entrega do laudo pericial.

Porém, deixa-se claro que o trabalho realizado pelo perito e o laudo por ele descrito deverão ser imparciais. O profissional apenas relatará o que foi encontrado, sem opinião ou julgamento, servindo de base para amparar uma ação judicial. O julgamento será proferido pelo juiz responsável, fundado nas evidências apresentadas pela perícia digital.

30.4. FONTES DE INFORMAÇÃO DA PERÍCIA FORENSE DIGITAL

A perícia digital busca indícios inicialmente por meio de uma varredura minuciosa no sistema computacional para verificar as informações contidas nele. Existem três tipos de espaços que podem conter informações valiosas em um computador: o espaço de arquivo lógico, que são blocos do disco rígido que estão atribuídos a um arquivo ativo ou à estrutura de contabilidade do sistema de arquivos; o espaço subaproveitado, formado por blocos do sistema de arquivos parcialmente usados pelo sistema operacional; e o espaço não locado, ou seja, quaisquer setores não tomados, que estejam ou não em uma partição ativa.[19]

30.4.1. Sistemas de arquivos e diretórios de configurações e de usuários

A maior fonte de informação para a perícia digital são os "sistemas de arquivos" e os "diretórios de configurações e de usuários". Como um banco de

---

[19] Andrey Rodrigues de Freitas. *Perícia forense aplicada à informática*. Monografia (Especialização em Internet Security) – IBPI, 2003.

dados, o sistema de arquivos é a parte do sistema operacional responsável por organizar as informações do disco na forma de arquivos.

Os arquivos de dados e executáveis são analisados para se determinarem o conteúdo e a funcionalidade no sistema computacional, procurando evidências por palavras-chave, imagens, dados específicos ou programas utilizados para as práticas ilícitas. Os arquivos de texto, mensagens de correio eletrônico, registros de conversas em salas de bate-papo, arquivos de imagens, entre outros tipos de dados, podem conter informações úteis relacionadas ao atacante.

Vale destacar que existem certos arquivos de configuração que são comumente acessados ou alterados pelos atacantes. Em especial estão os *scripts* de inicialização, arquivos de informações sobre contas e senhas, configuração dos serviços de rede, tarefas agendadas, relações de confiança e do sistema de *log*.

30.4.2. Arquivos de *logs*

Outra fonte importante para a análise da perícia digital, pois permitem a reconstituição de fato que ocorrera no sistema computacional. Os *logs* registram informações das atividades dos usuários, dos processos e do sistema, as conexões e atividades na internet ou intranet.

O arquivo de *log* serve para a indicação de ações em um determinado sistema operacional ou de algumas informações específicas dos aplicativos e serviços. Um exemplo de arquivo *log* é o histórico das URLs visitadas por um usuário.

30.4.3. Espaços não utilizados

Espaços não utilizados, ainda que muitas vezes vazios, podem conter indícios digitais de algo que pode ser tido como um ilícito; por isso, devem ser examinados.

São várias as espécies de espaços não utilizados: espaços não locados dentro do sistema; espaços alocados para arquivos, mesmo que não utilizados integralmente; áreas de dispositivos de armazenamento que não constituem uma divisão de disco ou que não contêm um sistema de arquivos; ou arquivos e diretórios excluídos.

30.4.4. Arquivos temporários

Alguns programas de processamento criam arquivos temporários nos diretórios durante sua execução; são arquivos de texto ou até os que manipulam banco de dados; servem como diretórios de "rascunho" para todo o sistema. Esses arquivos são apagados automaticamente ao final da sessão de trabalho.

Assim, como eles são limpos periodicamente, acabam se tornando locais apropriados para armazenar dados que não serão usados no futuro. Logo, muitos criminosos usam-nos como diretórios de serviços, sem se importarem em apagar mais tarde. Portanto, é possível conterem vestígios de atos ilícitos que deverão ser examinados.

30.4.5. Setor de *swap*

Quando a demanda do sistema excede a capacidade da memória, algumas informações são retiradas da memória e armazenadas temporariamente nos arquivos de *swap*. O sistema operacional de um computador utiliza-se do setor de *swap* como uma grande área de armazenamento temporário de arquivos, que podem ser descarregados momentaneamente na memória principal, podendo ser tanto um arquivo quanto uma partição inteira do disco. Tais arquivos podem conter fragmentos de dados ou até mesmo um arquivo completo que nunca foi salvo no disco. Logo, este setor poderá conter alguma prova de algum ato ilícito e esta deve ser também analisada.

30.4.6. Memória principal do sistema

É a memória que contém informações voláteis do sistema, como, por exemplo, informações dos processos que estão em execução, dados que estão sendo manipulados e que ainda não foram gravados em disco.

Tais informações podem ser acessadas por meio de *dumps*[20] da memória, e ao fazer a captura das informações da memória uma porção desta será alterada. Portanto, é nesse momento que se encontra o perigo da análise pericial, pois não é possível verificar se as informações capturadas são exatamente iguais às originais.

---

[20] *Dumps* é um programa para sistemas operacionais, usado para fazer *backups* de arquivos de sistema. Este é um dos programas do gênero mais antigos, sendo considerado um dos melhores.

30.4.7. Periféricos

São quase todos os dispositivos, implantados ou não, em um computador, que obtêm memória que pode ser acessada e salva, sendo ela temporária ou não. Muitos dispositivos como *modems*, *pagers*, aparelhos de fax e impressoras contêm memórias que podem ser acessadas e salvas.

Por isso, a importância da análise pericial dos periféricos, haja vista que em suas memórias podem estar armazenadas informações que não mais residem no sistema analisado, como documentos e mensagens de texto ou números de fax e telefone.

Referências

ABRÃO, Carlos Henrique. *Processo eletrônico:* Lei 11.419 de 19 de dezembro de 2006. 2. ed. rev., atual. e ampl. São Paulo: RT, 2009.

________. *Cartões de crédito e débito*. 2. ed. São Paulo: Atlas, 2011.

________. Tributação na internet. In: MARTINS, Ives Gandra da Silva (Coord.). *Tributação na internet*. São Paulo: RT, 2001.

ABRÃO, Eliane Y. A internet e sua inserção no sistema dos direitos autorais. *Revista do Advogado*. São Paulo: Associação dos Advogados de São Paulo, n. 69, maio/2003.

ABRÃO, Nelson. Cibernética e títulos de crédito. *Revista de Direito Mercantil, Industrial, Econômico e Financeiro*. São Paulo: RT, n. 19, 1975.

________. *Direito bancário*. 14. ed. rev., atual. e ampl. por Carlos Henrique Abrão. São Paulo: Saraiva, 2011.

ABREU, Cláudio de; PRADO, Marcos Vinícius Passarelli. Tributação na internet. *Revista Dialética de Direito Tributário*, São Paulo, n. 67, abr./2001.

ACKOFF, Russell. L. From data to wisdom. *Journal of Applies Systems Analysis*, v. 16, 1989.

ALBERTIN, Alberto Luiz. *Comércio eletrônico*: modelo, aspectos e contribuições de sua aplicação. 4. ed. atual. e ampl. São Paulo: Atlas, 2002.

ALEJANDRO, Javier Ribas. *Aspectos jurídicos del comercio electrónico en internet*. Pamplona: Aranzadi, 1999.

ALMEIDA, Roberto Moreira. *Curso de direito eleitoral*. 5. ed. Salvador: Juspodivm, 2011.

ALMEIDA FILHO, José Carlos de Araújo. *Processo eletrônico e teoria geral do processo eletrônico*: a informatização judicial no Brasil. 3. ed. Rio de Janeiro: Forense, 2010.

ALONSO, Paulo Sérgio Gomes. *Pressupostos da responsabilidade civil objetiva*. São Paulo: Saraiva, 2000.

ALVES, Fabrício da Mota. Avaliação de impacto sobre a proteção de dados. In: MALDONADO, Viviane Nóbrega; BLUM, Renato Ópice (Coord.). *Comentários ao GDPR*. São Paulo: Thomson Reuters Brasil, 2018.

ALVES, José Carlos Moreira. Conferência inaugural – XXVI Simpósio Nacional de Direito Tributário. *Contribuições de intervenção no domínio econômico*. Centro de Extensão Universitária. São Paulo: RT, 2002.

ALVES, Ricardo de Paula. Vida pessoal do empregado, liberdade de expressão e direitos fundamentais do trabalhador. In: MARTINS FILHO, Ives Gandra; MONTEIRO JÚNIOR, Antônio Jorge (Coords.). *Direito à privacidade*. Aparecida: Ideias & Letras; São Paulo: Centro de Extensão Universitária, 2005.

ALVES, Vilson Rodrigues. *Responsabilidade civil dos estabelecimentos bancários*. Campinas: Bookseller, 1996.

ALVIM, Agostinho. *Da inexecução das obrigações e suas consequências*. 5. ed. São Paulo: Saraiva, 1980.

ALVIM, J. E. Carreira; CABRAL JUNIOR, Silvério Nery. *Processo judicial eletrônico*. Curitiba: Juruá, 2008.

AMARAL, Anderson. Spam *põe em risco serviços de e-mail*. Disponível em: <http://www.cbeji.com.br/br/novidades/tendencias/index.asp?id=1605>. Acesso em: 23 ago. 2017.

AMARAL, Antonio Carlos Rodrigues do (Coord.). *Direito do comércio internacional*: aspectos fundamentais. São Paulo: Aduaneiras/Lex Editora, 2004.

ANDRADE, Darcy Bessone de Oliveira. *Aspectos da evolução da teoria dos contratos*. São Paulo: Saraiva, 1949.

________. *Do contrato*. Rio de Janeiro: Forense, 1960.

ANGEIRAS, Luciana. Tributação dos provedores de acesso à internet. In: SCHOUERI, Luis Eduardo (Org.). *Internet*: o direito na era virtual. São Paulo: Lacaz Martins, Halembeck, Pereira Neto, Gurevich & Schoueri Advogados, 2000.

ARAÚJO, Maria Ivany Gomes. *Análise dos aspectos conceituais e da carga tributária nas transações do comércio eletrônico*: o caso do ICMS. Dissertação (Mestrado) – Faculdade de Economia, Administração e Contabilidade da Universidade de São Paulo, São Paulo, 2002.

ARAÚJO JUNIOR, João Marcello de. Computer-crime. *Anais da Conferência Internacional de Direito Penal*. Rio de Janeiro: PGDF, 1988.

ASCARELLI, Tullio. *Teoria geral dos títulos de crédito*. 2. ed. São Paulo: Saraiva, 1969.

ASCENSÃO, José de Oliveira. *Estudos sobre direito da internet e da sociedade da informação*. Coimbra: Almedina, 2001.

ASENSIO, Pedro A. de Miguel. *Derecho privado de internet*. 2. ed. Madrid: Civitas, 2001.

ASIMOV, Isaac. *Eu, robô*. Trad. Aline Storto Pereira. São Paulo: Aleph, 2014.

ASSANGE, Julian. *Cypherpunks*: liberdade e o futuro da internet. Trad. de Cristina Yamagami. São Paulo: Boitempo, 2013.

ASTURIANO, Gisele. *Direito à imagem na internet e a responsabilidade civil*: a (re)significação do homo virtualis. Birigui, SP: Boreal, 2017.

ATHENIENSE, Alexandre. *Comentários à Lei 11.419/06 e as práticas processuais por meio eletrônico nos tribunais brasileiros*. Curitiba: Juruá, 2010.

AZEREDO, João Fábio Azevedo e. *Reflexos do emprego de sistemas de inteligência artificial nos contratos*. Dissertação (Mestrado em Direito) – Faculdade de Direito, Universidade de São Paulo, 2014.

BALEEIRO, Aliomar. *Limitações constitucionais ao poder de tributar*. Edição revista e complementada por Misabel Abreu Machado Derzi. Rio de Janeiro: Forense, 1999.

BANCO CENTRAL DO BRASIL. *Arranjos e instituições de pagamento*. Disponível em: <http://www.bcb.gov.br/pre/bc_atende/port/arranjo.asp>. Acesso em: 19 set. 2016.

BANCO CENTRAL DO BRASIL. *Comunicado n. 32.927, de 21 de dezembro de 2018*. Disponível em: <https://www.bcb.gov.br/content/estabilidadefinanceira/especialnor/Comunicado32927.pdf>. Acesso em: 15 jan. 2020.

BANCO CENTRAL DO BRASIL. *Pagamentos instantâneos*. Disponível em: <https://www.bcb.gov.br/estabilidadefinanceira/pagamentosinstantaneos>. Acesso em: 15 jan. 2020.

BANCO DO BRASIL (BB Digital). *Pagamento por aproximação do celular*. Disponível em: <https://www.bb.com.br/pbb/pagina-inicial/bb-digital/solucoes/pagamento-por-aproximacao-do-celular#/>. Acesso em: 16 jan. 2020.

BARBAGALO, Erica Brandini. Aspectos da responsabilidade civil dos provedores de serviços na internet. In: LEMOS, Ronaldo; WAISBERG, Ivo (Orgs.). *Conflitos sobre nomes de domínio*. São Paulo: RT/Fundação Getúlio Vargas, 2003.

________. *Contratos eletrônicos*. São Paulo: Saraiva, 2001.

BARCELLOS, João. Além da ficção: como a inteligência artificial tem sido essencial para os negócios. *Revista Brasileira de Comércio Eletrônico* (E-commerce Brasil), São Paulo, v. 8.

BARRETO, Ana Carolina Horta. Assinaturas eletrônicas e certificação. In: ROCHA FILHO, Valdir de Oliveira (Coord.). *O direito e a internet*. Rio de Janeiro: Forense Universitária, 2002.

BARRETO FILHO, Oscar. *Teoria do estabelecimento comercial*. São Paulo: Max Limonad, 1969.

BARROS, Ana Paula Paiva de Mesquita. *Internet e as relações do trabalho*: poder diretivo e privacidade. Tese (Doutorado em Direito) – Faculdade de Direito da Universidade de São Paulo, São Paulo, 2004.

BARROS, Francisco Dirceu. *Direito eleitoral*. 9. ed. Rio de Janeiro: Elsevier, 2010.

BÁRTHOLO, Fabiana. *Spams podem ser maioria dos e-mails*. Disponível em: <http://www.terra.com.br/cgi-bin/index_frame/informatica/2002/08/30/004.htm>. Acesso em: 23 ago. 2017.

BASSO, Maristela. Prudência no comércio eletrônico. *Jus Navigandi*, Teresina, ano 4, n. 43, jul. 2000. Disponível em: <http://jus2.uol.com.br/doutrina/texto.asp?id=1803>. Acesso em: 22 ago. 2017.

BASTOS, Celso Ribeiro. Tributação na internet. In: MARTINS, Ives Gandra da Silva (Coord.). *Tributação na internet*. São Paulo: RT, 2001.

________; MARTINS, Ives Gandra da Silva. *Comentários à Constituição do Brasil*: promulgada em 5 de outubro de 1988. São Paulo: Saraiva, 1988-1989, v. 2.

BENJAMIN, Antônio Herman de Vasconcellos e. "Capítulo V – Das práticas comerciais". In: GRINOVER, Ada Pellegrini [et. al.]. *Código Brasileiro de Defesa do Consumidor*: comentado pelos autores do anteprojeto. 6. ed. rev., atual. e ampl. Rio de Janeiro: Forense Universitária, 2000.

________. Fato do produto e do serviço. In: BENJAMIN, Antônio Herman V.; MARQUES, Cláudia Lima; BESSA, Leonardo Roscoe. *Manual de direito do consumidor*. 2. ed. São Paulo: RT, 2009.

BESSA, Leonardo Roscoe. *Cadastro positivo*: comentários à Lei n. 12.414, de 09 de junho de 2011. São Paulo: RT, 2011.

BETTI, Emilio. *Teoria geral do negócio jurídico*. Trad. de Fernando de Miranda. Coimbra: Coimbra Editora, 1969.

BIFANO, Elidie Palma. *O negócio eletrônico e o sistema tributário brasileiro*. São Paulo: Quartier Latin, 2004.

BITTAR, Carlos Alberto. *Contratos comerciais*. 4. ed. Rio de Janeiro: Forense Universitária, 2005.

________. Os contratos de comercialização de "software". In: BITTAR, Carlos Alberto (Coord.). *Novos contratos empresariais*. São Paulo: RT, 1990.

BLANC, Humberto Carrasco. Algunos aspectos de la responsabilidad de los proveedores de servicios y contenidos de internet. El caso Entel. In: ALTMARK, Daniel Ricardo;

BRENNA, Ramón Gerónimo (Coords.). *Informática y derecho* – aportes de doctrina internacional. Buenos Aires: Depalma, 2001, v. 7: Comercio electrónico.

BLOG NUBANK. *Nubank contactless:* como fazer pagamento por aproximação com seu roxinho. 2019. Disponível em: <https://blog.nubank.com.br/nubank-contactless-pagamento-por-aproximacao/>. Acesso em: 19 jan. 2020.

BLUM, Lúcia Helena. *O "spam" à luz do código de defesa do consumidor*. Disponível em: <http://www.emporiodosaber.com.br/estante/artigos/pp_artigo_index.asp?chobrainte=325&chareassun=26>. Acesso em: 22 ago. 2017.

BLUM, Renato Ópice. Arbitragem no direito eletrônico. *Revista do Advogado*. n. 119. São Paulo: AASP, abr. 2013.

________; BRUNO, Marcos Gomes da S. A internet e os direitos autorais. In: KAMINSKI, Omar (Org.). *Internet legal* – o direito na Tecnologia da Informação – doutrina e jurisprudência. Curitiba: Juruá, 2003.

BOBBIO, Norberto. *Teoria do ordenamento jurídico*. 10. ed. Brasília: Editora Universidade de Brasília, 1999.

________. *Da estrutura à função*: novos estudos de teoria do direito. Barueri, SP: Manole, 2007.

BOITEUX, Fernando Netto. A circulação dos títulos de crédito no novo Código Civil. *Revista do Advogado*. São Paulo: Associação dos Advogados de São Paulo, n. 71, ago. 2003.

________. *Títulos de crédito (em conformidade com o novo Código Civil)*. São Paulo: Dialética, 2002.

BOTELHO, Fernando Neto. Tributação do serviço de provimento da internet. In: TÔRRES, Heleno Taveira (Coord.). *Direito tributário das telecomunicações*. São Paulo: IOB Thomson: ABETEL, 2004.

BRAGHETTA, Daniela de Andrade. *Tributação no comércio eletrônico* – à luz da teoria comunicacional do direito. São Paulo: Quartier Latin, 2003.

BRASIL, Angela Bittencourt. Congresso sobre spam: a verdade. *Jus Navigandi*, Teresina, ano 5, n. 49, fev. 2001. Disponível em: <http://www1.jus.com.br/doutrina/texto.asp?id=1790>.

________. Contratos eletrônicos. In. REINALDO FILHO, Demócrito Ramos (Coord.). *Direito da informática* – temas polêmicos. Bauru, SP: Edipro, 2002.

BRITO, Jerry; CASTILLO, Andrea. *Bitcoin*: a primer for policymakers. Arlington: Mercatus Center at George Mason University, 2013.

________. (et al.). *The law of bitcoin*. Bloomington: iUniverse, 2015, *on-line*.

BRUNO, Gilberto Marques. O sigilo de dados e a privacidade on-line. Anteprojeto de lei do comércio eletrônico. *Jus Navigandi*, Teresina, ano 5, n. 50, abr. 2001. Disponível em: <http://www1.jus.com.br/doutrina/texto.asp?id=1976>.

BUCCI, Maria Paula Dallari. *Fundamentos para uma teoria jurídica das políticas públicas*. São Paulo: Saraiva, 2013.

BULGARELLI, Waldírio. *Contratos mercantis*. 7. ed. São Paulo: Atlas, 1993.

________. *Títulos de crédito*. 2. ed. São Paulo: Atlas, 1982.

CALAIS-AULOY, Jean. *Droit de la consommation*. Paris: Dalloz, 1992.

CALAZANS, Carlos Henrique; CALAZANS, Sandra Maria. *Ciência forense*: das origens à ciência forense computacional. Escola Politécnica – Universidade de São Paulo, São Paulo. Disponível em: <www.truzzi.com.br/blog/wp-content/.../Monografia_CienciaForense.pdf>. Acesso em: 23 ago. 2017.

CALMON, Petrônio. *Comentários à lei de informatização do processo judicial*: Lei n. 11.419, de 19 de dezembro de 2006. Rio de Janeiro: Forense, 2008.

CAMPINHO, Sérgio. *O direito de empresa à luz do novo Código Civil*. Rio de Janeiro: Renovar, 2006.

CAMPOS, Cristiane Gracia. *Advogada critica* spams *e listas de e-mails de empresas*. Disponível em: <http://conjur.uol.com.br/view.cfm?id=8634&ad=a>. Acesso em: 23 ago. 2017.

________. A ilegalidade do marketing eletrônico, *spam* e listas de *e-mails*. *Jus Navigandi*, Teresina, ano 6, n. 56, abr. 2002. Disponível em: <http://www1.jus.com.br/doutrina/texto.asp?id=2825>.

CAMPOS, Fernando Jucá Vieira de. Nomes de domínio: conflitos com marcas, nomes comerciais e outros direitos. In: ROCHA FILHO, Valdir de Oliveira (Coord.). *O direito e a internet*. Rio de Janeiro: Forense Universitária, 2002.

CAMPOS, Ivan Luiz Sobral; MAIA, João Agripino. Tributação dos serviços prestados pelos provedores de conteúdo e de acesso à internet. In: ROCHA FILHO, Valdir de Oliveira (Coord.). *O direito e a internet*. Rio de Janeiro: Forense Universitária, 2002.

CAMPOS, João. *Novo Código Civil não se aplica aos spammers*. Disponível em: <http://conjur.uol.com.br/view.cfm?id=16239&ad=a>. Acesso em: 23 ago. 2017.

CÂNDIDO, Joel J. *Direito eleitoral brasileiro*. 13. ed. Bauru, SP: Edipro, 2008.

CANOTILHO, José Joaquim Gomes. *Direito constitucional*. 6. ed. Coimbra: Almedina, 1993.

CARDOZO, Joana. *Monitoramento de e-mail*: uma tendência mundial (*E-mail* survillance: a worldwide tendency). Disponível em: <http://www.cbeji.com.br/br/novidades/artigos/index.asp?id=1211>. Acesso em: 23 ago. 2017.

CARRAZA, Roque Antonio. *ICMS*. 6. ed., rev. ampl. São Paulo: Malheiros, 2000.

CARVALHO, Ana Paula Gambogi. *Contratos via internet segundo os ordenamentos jurídicos alemão e brasileiro*. Belo Horizonte: Del Rey, 2001.

CARVALHO, Daniel Balparda de. *Criptografia*: métodos e algoritmos. Rio de Janeiro: Book Express, 2000.

CARVALHO, Ivan Lira de. Crimes na internet. Há como puni-los. *Jus Navigandi*, Teresina, ano 6, n. 51, 1º out. 2001. Disponível em: <http://jus.com.br/revista/texto/2081>. Acesso em: 22 ago. 2017.

CARVALHO, Paulo de Barros. *Curso de direito tributário*. 10. ed. São Paulo: Saraiva, 1998.

________. Não incidência do ICMS na atividade dos provedores de acesso à internet. In: TÔRRES, Heleno Taveira (Coord.). *Direito tributário das telecomunicações*. São Paulo: IOB Thomson: ABETEL, 2004.

CARVALHO, Rodrigo Benevides de. A internet e as relações de consumo. In: SCHOUERI, Luís Eduardo (Org.). *Internet* – o direito na era virtual. 2. ed. Rio de Janeiro: Forense, 2001.

CARVALHO DE MENDONÇA, José Xavier. *Trattado de direito commercial brasileiro*. Rio de Janeiro: Freitas Bastos, 1957, v. VI.

CARVALHO DE MENDONÇA, Manuel Inácio. *Doutrina e prática das obrigações*. 4. ed. aumentada e atualizada por José de Aguiar Dias. Rio de Janeiro: Forense, 1956. t. II.

CASA CIVIL DA REPÚBLICA, IMPRENSA NACIONAL. *Portaria n. 97.909, de 3 de maio de 2018*. Diário Oficial da União. Publicado em 7-5-2018. 86. ed. Seção 2.

CASA CIVIL DA REPÚBLICA, IMPRENSA NACIONAL. *Portaria n. 102.166, de 19 de março de 2019*. Diário Oficial da União. Publicado em 20-3-2019. 54. ed. Seção 2.

CASIMIRO, Sofia de Vasconcelos. *A responsabilidade civil pelo conteúdo da informação transmitida pela internet*. Coimbra: Almedina, 2000.

CASTRO, Aldemário Araújo. Os meios eletrônicos e a tributação. In: REINALDO FILHO, Demócrito Ramos (Coord.). *Direito da informática* – temas polêmicos. Bauru, SP: Edipro, 2002.

________. *Mercadoria virtual* – aspectos tributários relevantes. Disponível em: <http://www.aldemario.adv.br/mv.pdf>. Acesso em: 22 ago. 2017.

CASTRO, Carla Rodrigues Araújo de. *Crimes de informática e seus aspectos processuais*. Rio de Janeiro: Lumen Juris, 2001.

________. Impunidade na internet. *Jus Navigandi*, Teresina, ano 6, n. 52, 1º nov. 2001. Disponível em: <http://jus.com.br/revista/texto/2327>. Acesso em: 22 ago. 2017.

CASTRO, Raphael Velly de. Notas sobre a circulação e a literalidade nos títulos de crédito eletrônicos. In: PENTEADO, Mauro Rodrigues (Coord.). *Títulos de crédito*: teoria geral e títulos atípicos em face do novo Código Civil, títulos de crédito eletrônico. São Paulo: Walmar, 2004.

CAVALIERI FILHO, Sergio. *Programa de responsabilidade civil*. 9. ed. São Paulo: Atlas, 2010.

CERQUEIRA, Thales Tácito; CERQUEIRA, Camila Albuquerque. *Direito Eleitoral Esquematizado*. São Paulo: Saraiva, 2011.

CEZAROTI, Guilherme. Breves considerações a respeito da incidência do ICMS nas operações realizadas via internet. In: SCHOUERI, Luis Eduardo (Org.). *Internet*: o direito na era virtual. São Paulo: Lacaz Martins, Halembeck, Pereira Neto, Gurevich & Schoueri Advogados, 2000.

CHAVES, Natália Cristina. Inteligência artificial: os novos rumos da responsabilidade civil. In: *VII Encontro Internacional do CONPEDI Braga – Portugal*, 2017. Disponível em: <https://www.conpedi.org.br/publicacoes/pi88duoz/c3el8e5u/7M14BT72Q86shvFL.pdf>. Acesso em: 29 mar. 2020.

CHIESA, Clélio. A tributação dos serviços de internet prestados pelos provedores: ICMS ou ISS. *Revista de Direito Tributário*. São Paulo: Malheiros, n. 74, 1998.

COELHO, Fábio Ulhoa. *Curso de direito comercial*. 4. ed. São Paulo: Saraiva, 2003, v. 3.

_______. Direitos do consumidor no comércio eletrônico. *Revista do Advogado*. São Paulo: Associação dos Advogados de São Paulo, n. 89, dez. 2006.

_______. O estabelecimento virtual e o endereço virtual. *Tribuna do Direito*, nov. 1999.

COLARES, Rodrigo. *Evite que seu cadastro seja vendido pela internet*. Disponível em: <http://informatica.terra.com.br/interna/0,5862,OI102270-EI553,00.html>. Acesso em: 22 ago. 2017.

COLLINSON, Patrick. Ciberfraude – eis São Petersburgo, Rússia. Tem gente aqui de olho no seu cartão de crédito. *O Estado de S. Paulo*, 26 maio 2002.

COMPARATO, Fábio Konder. A cessão de controle acionário é negócio mercantil? *Novos ensaios e pareceres de direito empresarial*. Rio de Janeiro: Forense, 1981.

_______. *Ensaios e pareceres de direito empresarial*. Rio de Janeiro: Forense, 1978.

CONCERINO, Arthur José. Internet e segurança são compatíveis? In: DE LUCCA, Newton; SIMÃO FILHO, Adalberto (Coords.). *Direito e internet* – aspectos jurídicos relevantes. 2. ed. São Paulo: Quartier Latin, 2005.

Contrato do usuário do PayPal. Disponível em: <https://www.paypal.com.br/webapps/mpp/ua/useragreement-full>. Acesso em: 19 set. 2016.

CORRÊA, Gustavo Testa. *Aspectos jurídicos da internet*. 2. ed. São Paulo: Saraiva, 2002.

_______. Quem responde por crimes na internet? In: KAMINSKI, Omar (Org.). *Internet legal* – o direito na Tecnologia da Informação – doutrina e jurisprudência. Curitiba: Juruá, 2003.

COSTA, Daniel Moraes da. *Boas práticas para a perícia forense*. Disponível em: <http://bibdig.poliseducacional.com.br/document/?view=174>. Acesso em: 24 ago. 2017.

COSTA, Marcos da; MARCACINI, Augusto Tavares Rosa. Duas óticas acerca da informatização dos processos judiciais. *Jus Navigandi*, Teresina, ano 6, n. 59, out. 2002. Disponível em: <http://jus2.uol.com.br/doutrina/texto.asp?id=3228>. Acesso em: 24 ago. 2017.

COSTA, Paula Dornhofer Paro; PRAMPERO, Paulo Sergio; SALAZAR, Zady Castañeda. *Inteligência artificial aplicada a jogos digitais*. Trabalho (sem especificação de nível) – Faculdade de Engenharia Elétrica e de Computação da Universidade Estadual de Campinas, Campinas, 2009. Disponível em: <http://www.dca.fee.unicamp.br/~martino/disciplinas/ia369/trabalhos/t4g1.pdf>.

COSTA, Philomeno J. da. As atividades bancárias no anteprojeto do Código Civil. *Revista de Direito Mercantil, Industrial, Econômico e Financeiro*, São Paulo, v. 12, n. 10, 1973.

COSTA, Wille Duarte. *Títulos de crédito*. 2. ed. Belo Horizonte: Del Rey, 2006.

COVAS, Silvânio. Documentos digitais: a tecnologia assegurando a evolução jurídica. *Tribuna do Direito*, jul. 2007.

_______. O título de crédito eletrônico e a cédula de crédito bancário. *Tribuna do Direito*, set. 2005.

_______. TST regulamenta o processo judicial eletrônico na Justiça do Trabalho. *Tribuna do Direito*, out. 2007.

CRETELLA JÚNIOR, José. *Comentários à Constituição Federal de 1988*. Rio de Janeiro: Forense Universitária, 1990, v. 1.

CRUZ, Carolina Dias Tavares Guerreiro. *Contratos internacionais de consumo*: lei aplicável. Rio de Janeiro: Forense, 2006.

CUELLO, Rafael Oliver. Cuestiones fiscales controvertidas del comercio eletrónico. *Revista Española de Derecho Financiero*. Madrid: Civitas, n. 106, abr./jun. 2000.

DANTAS, Agnes. *Internet mais segura depende de cooperação internacional, defendem especialistas*. Disponível em: <http://oglobo.globo.com/tecnologia/mat/2007/11/14/327171371.asp>.

DAOUN, Alexandre Jean. Os novos crimes de informática. *Jus Navigandi*, Teresina, ano 4, n. 37, dez. 1999. Disponível em: <http://www1.jus.com.br/doutrina/texto.asp?id=1790>.

DAOUN, Alexandre Jean; BLUM, Renato M. S. Opice. Cybercrimes. In: DE LUCCA, Newton; SIMÃO FILHO, Adalberto (Coords.). *Direito e internet* – aspectos jurídicos relevantes. 2. ed. São Paulo: Quartier Latin, 2005.

DE LUCCA, Newton. A *cambial-extrato*. São Paulo: Revista dos Tribunais, 1985.

_______. Alguns aspectos da responsabilidade civil no âmbito da internet. In: DINIZ, Maria Helena; LISBOA, Roberto Senise (Coords.). *O direito civil no século XXI*. São Paulo: Saraiva, 2003.

_______. Aspectos atuais da proteção aos consumidores no âmbito dos contratos informáticos e telemáticos. In: DE LUCCA, Newton; SIMÃO FILHO, Adalberto (Coords.). *Direito e internet* – aspectos jurídicos relevantes. São Paulo: Quartier Latin, 2008. V. 2.

_______. *Aspectos da teoria geral dos títulos de crédito*. São Paulo: Pioneira, 1979.

_______. *Aspectos jurídicos da contratação informática e telemática*. São Paulo: Saraiva, 2003.

_______. Direito de arrependimento no âmbito do comércio eletrônico. In: MENDES, Gilmar Ferreira; SARLET, Ingo Wolfgang; COELHO, Alexandre Zavaglia P. (Coords.). *Direito, Inovação e Tecnologia*. São Paulo: Saraiva, 2015. v. 1.

_______. Prefácio do livro de Maria Eugênia Reis Finkelstein. *Aspectos jurídicos do comércio eletrônico*. São Paulo/Porto Alegre: Síntese, 2004.

_______. Títulos e contratos eletrônicos – o advento da informática e seu impacto no mundo jurídico. In: DE LUCCA, Newton; SIMÃO FILHO, Adalberto (Coords.). *Direito e internet* – aspectos jurídicos relevantes. Bauru, SP: Edipro, 2001.

_______. Títulos e contratos eletrônicos – o advento da informática e suas consequências para a pesquisa jurídica. In: DE LUCCA, Newton; SIMÃO FILHO, Adalberto (Coords.). *Direito e internet* – aspectos jurídicos relevantes. 2. ed. São Paulo: Quartier Latin, 2005.

_______. Tributação na internet. In: MARTINS, Ives Gandra da Silva (Coord.). *Tributação na internet*. São Paulo: RT, 2001.

DEHON, Miguel. A responsabilidade civil e o provedor de internet. In: SILVA JÚNIOR, Roberto Roland Rodrigues da (Org.). *Internet e direito*: reflexões doutrinárias. Rio de Janeiro: Lumen Juris, 2001.

DENGO, Atílio. *A tributação do comércio eletrônico*. Dissertação (Mestrado) Faculdade de Direito da Universidade Federal do Rio Grande do Sul, Rio Grande do Sul, 2001.

DIAS, José de Aguiar. *Da responsabilidade civil*. 6. ed. Rio de Janeiro: Forense, 1979, v. I.

_______. *Da responsabilidade civil*. 6. ed. Rio de Janeiro: Forense, 1979, v. II.

DINIZ, Maria Helena. *Curso de direito civil brasileiro*. Responsabilidade civil. 19. ed. São Paulo: Saraiva, 2005, v. 7.

DIÓGENES JÚNIOR, José Eliaci Nogueira. *Gerações ou dimensões dos direitos fundamentais?* Disponível em: <http://www.ambito-juridico.com.br/site/?n_link=revista_artigos_leitura&artigo_id=11750>. Acesso em: 22 ago. 2017.

DISABATINO, Jennifer. *EUA declaram guerra contra* spammers. Disponível em: <http://idgnow.terra.com.br/idgnow/Internet/2002/04/0004>. Acesso em: 24 ago. 2017.

DONEDA, Danilo. *Da privacidade à proteção de dados pessoais*. Rio de Janeiro: Renovar, 2006.

DOTTI, René Ariel. *Proteção da vida privada e liberdade de informação*: possibilidades e limites. São Paulo: RT, 1980.

EGEA, Maria Luiza de Freitas Valle. *Direito das obrigações e responsabilidade civil*. São Paulo: Harbra, 2004.

ELIAS, Paulo Sá. Alguns aspectos da informática e suas consequências no direito. *Revista dos Tribunais*. São Paulo, v. 766.

EL PAÍS. A *Europa se fixa em Asimov para regular as máquinas autônomas*. Disponível em: <https://brasil.elpais.com/brasil/2018/04/24/tecnologia/1524562104_998276.html> Acesso em. 22 mai. 2018.

ELMASRI, Ramez; NAVATHE, Shamkant B. *Sistemas de banco de dados*. 6. ed. São Paulo: Pearson Addison Wesley, 2011.

FARIA, Ana Cristina de; FINATELLI, João Ricardo; GERON, Cecília Moraes Santostaso; ROMEIRO, Maria do Carmo. *SPED – Sistema Público de Escrituração Digital*: percepção dos contribuintes em relação os impactos da adoção do SPED. Universidade Municipal de São Caetano do Sul. Sem data. Disponível em: <http://www.congressousp.fipecafi.org/artigos102010/248.pdf>. Acesso em: 15 fev. 2011. (Novo acesso em: 10 ago. 2017).

FARIA, Guiomar T. Estrella. Considerações sobre o direito comercial e o novo Código Civil. *Revista do Advogado*. São Paulo: Associação dos Advogados de São Paulo, n. 71, ago. 2003.

FARIA, José Eduardo. *Qual o futuro dos direitos?* Estado, mercado e justiça na reestruturação capitalista. São Paulo: Max Limonad, 2002.

FARIAS, Inez Lopes Matos C. de. *Direito do comércio internacional*. São Paulo: Juarez de Oliveira, 2002.

FARIAS, José Fernando de Castro. *A origem do direito de solidariedade*. Rio de Janeiro: Renovar, 1998.

FARIAS, Talden. *Internet, direito e liberdade de expressão*. Disponível em: <http://www.cbeji.com.br/br/novidades/artigos/index. asp?id=1056>. Acesso em: 30 out. 2002. (Novo acesso em: 10 ago. 2017).

FEBRABRAN (Federação Brasileira de Bancos). *Cartilha DDA*: Débito Direto Autorizado. Disponível em: <https://cmsportal.febraban.org.br/Arquivos/documentos/PDF/CartilhaDDA.pdf>. Acesso em: 16 jan. 2020.

FERNANDES, Antonio Joaquim. Responsabilidade do provedor de internet. *Revista de Direito do Consumidor*, São Paulo, RT, n. 26, abr./jun. 1998.

FERRAZ JÚNIOR, Tércio Sampaio. Sigilo de dados: o direito à privacidade e os limites à função fiscalizadora do Estado. *Cadernos de Direito Tributário e Finanças Públicas*, São Paulo, RT, n. 1, out./dez. 1992.

FERREIRA, Ivette Senise. A criminalidade informática. In: DE LUCCA, Newton; SIMÃO FILHO, Adalberto (Coords.). *Direito e internet* – aspectos jurídicos relevantes. 2. ed. São Paulo: Quartier Latin, 2005.

________. Os crimes da informática. In: BARRA, Rubens Prestes; ANDREUCCI, Ricardo Antunes (Coords.). *Estudos jurídicos em homenagem a Manoel Pedro Pimentel*. São Paulo: RT, 1992.

FERREIRA, Keila. *Cresce o número de crimes na internet*. Disponível em: <http://www.orm.com.br/oliberal/interna/default.asp?modulo=247&codigo=461319>. Acesso em: 18 dez. 2010. (Novo acesso em: 10 ago. 2017).

FERREIRA, Natasha Alves. Incertezas jurídicas e econômicas da *bitcoin* como moeda. In: *CONPEDI/UFPB*. Direito e economia II. Florianópolis: CONPEDI, 2014.

FERREIRA, Solon Angelim de Alencar. A aplicação do Código de Defesa do Consumidor às mensagens publicitárias não solicitadas recebidas através da internet. *Jus Navigandi*, Teresina, ano 6, n. 53, jan. 2002. Disponível em: <http://www1.jus.com.br/doutrina/texto.asp?id=2575>.

FERREIRA, Waldemar. *Tratado de direito comercial*. São Paulo: Saraiva, 1962, v. 8.

FERREIRA FILHO, Manoel Gonçalves. *Curso de direito constitucional*. 22. ed. São Paulo: Saraiva, 1995.

FERREIRA SOBRINHO, José Wilson. Perfil tributário do provedor da internet. *IOB – Repertório de Jurisprudência Tributário, Constitucional e Administrativo*, n. 22,2ª quinz. nov. 1996.

FINKELSTEIN, Maria Eugênia Reis. *Aspectos jurídicos do comércio eletrônico*. São Paulo/Porto Alegre: Síntese, 2004.

FINOCCHIARO, Giusella. *I contratti ad oggetto informatico*. Padova: Cedam, 1993.

FIORILLO, Celso Antônio Pacheco. Tutela jurídica do meio ambiente cultural como parâmetro normativo da denominada sociedade da informação no Brasil. *Revista do Instituto do Direito Brasileiro da Faculdade de Direito de Lisboa*, v. 10, p. 5959-5991, 2012.

FLEISCH, Elgar. What is the *internet* of Things? An economic perspective. *Auto-ID Labs White Paper*, jan. 2010.

FONSECA FILHO, Cléuzio. *História da computação* – teoria e tecnologia. São Paulo: LTr, 1999.

FORNACIARI JÚNIOR, Clito. O prazo em dobro no processo eletrônico. *Tribuna do Direito*, São Paulo, setembro de 2013.

FORTUNY, Maria Alejandra. A virtualidade informática e o sistema financeiro: paradoxos iniludíveis da sociedade pós-moderna. In: ROVER, Aires José (Org.). *Direito e informática*. Barueri, SP: Manole, 2004.

FREITAS, Andrey Rodrigues de. *Perícia forense aplicada à informática*. Monografia (Especialização em Internet Security) – IBPI, 2003. Disponível em: <http://www.linuxsecurity.com.br/info/general/andrey-freitas.pdf>. Acesso em: 24 ago. 2017.

FRONTINI, Paulo Salvador. Títulos de crédito e títulos circulatórios: que futuro a informática lhes reserva? *Revista dos Tribunais*, São Paulo, v. 85, n. 730, ago. 1996.

GAGLIANO, Pablo Stolze. A responsabilidade extracontratual no novo Código Civil e o surpreendente tratamento da atividade de risco. *Jus Navigandi*, Teresina, ano 7, n. 64, abr. 2003. Disponível em: <http://www1.jus.com.br/doutrina/texto.asp?id=4003>. Acesso em: 24 ago. 2017.

GAGLIANO, Pablo Stolze; PAMPLONA FILHO, Rodolfo. *Novo curso de direito civil*: responsabilidade civil. 2. ed. rev., ampl. e atual. São Paulo: Saraiva, 2004, v. III.

GALBRAITH, John Kenneth. *Moeda*: de onde veio, para onde foi. Trad. de Antônio Zoratto Sanvicente. São Paulo: Pioneira, 1977.

GARCEZ, José Maria Rossani. *Arbitragem nacional e internacional*: progressos recentes. Belo Horizonte: Del Rey, 2007.

GARDINO, Adriana Valéria Pugliesi. Títulos de crédito eletrônicos: noções gerais e aspectos processsuais. In: PENTEADO, Mauro Rodrigues (Coord.). *Títulos de crédito*: teoria geral e títulos atípicos em face do novo Código Civil, títulos de crédito eletrônico. São Paulo: Walmar, 2004.

GARRAFIEL, Simone. *Participação no Second Life requer cuidados*. Disponível em: <http://www.nucleodedireito.com>. Acesso em: 20 ago. 2017.

GASPARIAN, Taís. Privacidade em tempos da internet. *Revista do Advogado*. São Paulo: Associação dos Advogados de São Paulo, n. 69, maio 2003.

GEUS, Paulo Lício de; REIS, Marcelo Abdalla dos. *Análise forense de intrusões em sistemas computacionais*: técnicas, procedimentos e ferramentas. Disponível em: <http://www.truzzi.com.br/blog/wpcontent/uploads/2010/07/Monografia_AnaliseAnalise.pdf>. Acesso em: 19 ago. 2017.

GICO JUNIOR, Ivo Teixeira. Responsabilidade civil dos robôs? Normas sociais de controle dos agentes eletrônicos. In: DE LUCCA, Newton; SIMÃO FILHO, Adalberto (Coord.). *Direito & Internet II*: aspectos jurídicos relevantes. São Paulo: Quartier Latin, 2008.

GLANZ, Semy. Contratos eletrônicos. *Revista de Direito Bancário, do Mercado de Capitais e da Arbitragem*. São Paulo, RT, ano 3, n. 7, jan./mar. 2000.

_______. Internet e contrato eletrônico. *Revista dos Tribunais*, São Paulo, v. 87, n. 757, nov. 1998.

GLASNER, Joanna. *A dificuldade de processar um* spammer. Disponível em: <http://busca.terra.com.br/wired/politica/02/10/24/ pol_1.html?wf=terrabr>. Acesso em: 19 ago. 2017.

GODINHO, Adriano Marteleto; ROBERTO, Wilson Furtado. A guarda de registros de conexão: o marco civil da internet entre a segurança na rede e os riscos à privacidade. In: LEITE, George Salomão; LEMOS, Ronaldo (Coords.). *Marco Civil da Internet*. São Paulo: Atlas, 2014.

GÓIS JR., José Caldas. Regulamentação na internet: legislar ou reciclar? In: KAMINSKI, Omar (Org.). *Internet legal* – o direito na Tecnologia da Informação – doutrina e jurisprudência. Curitiba: Juruá, 2003.

GOMES, Hélio. A primeira guerra digital. *Revista IstoÉ*, edição n. 2.144, 15 dez. 2010.

_______. O rei do *spam*. *Revista IstoÉ*, edição n. 2.145, 22 dez. 2010.

GOMES, Orlando. *Contratos*. 4. ed. Rio de Janeiro: Forense, 1973.

GONÇALVES, Carlos Roberto. *Responsabilidade civil*. 8. ed. São Paulo: Saraiva, 2003.

_______. *Direito civil brasileiro*: responsabilidade civil. 5. ed. São Paulo: Saraiva, 2010. V. 4.

GONÇALVES, Kelli. *Justiça brasileira se posiciona em relação ao uso de e-mail*. Disponível em: <http://idgnow.terra.com.br/idgnow/internet/2002/07/0002>. Acesso em: 19 ago. 2017.

GONÇALVES, Marco Antônio. *Direito no Second Life*. Disponível em: <http://www.marketinglegal.com.br>. Acesso em: 20 ago. 2017.

GOOGLE PAY BRASIL. (GooglePay). *Bancos e parceiros*. Disponível em: <https://pay.google.com/intl/pt_br/about/banks/>. Acesso em: 16 jan. 2020.

GRECO, Marco Aurélio. Aspectos tributários do comércio eletrônico. In: UCKMAR, Victor; ALTAMIRANO, Alejandro C.; TÔRRES, Heleno Taveira (Coords.). *Impuestos sobre el comercio internacional*. Buenos Aires: Ábaco, 2003.

_______. Estabelecimento tributário e *sites* na internet. In: DE LUCCA, Newton; SIMÃO FILHO, Adalberto (Coords.). *Direito e internet* – aspectos jurídicos relevantes. 2. ed. São Paulo: Quartier Latin, 2005.

_______. *Internet e direito*. 2. ed. São Paulo: Dialética, 2000.

_______. Poderes da fiscalização tributária no âmbito da internet. In: GRECO, Marco Aurélio; MARTINS, Ives Gandra da Silva (Coords.). *Direito e internet*: relações jurídicas na sociedade informatizada. São Paulo: RT, 2001.

________. Provedores de acesso e o ICMS. *Revista do Advogado*. São Paulo: Associação dos Advogados de São Paulo, n. 69, maio 2003.

GUERREIRO, Carolina Dias Tavares. Contratos eletrônicos e a aplicação do Código de Defesa do Consumidor. In: ROCHA FILHO, Valdir de Oliveira (Coord.). *O direito e a internet*. Rio de Janeiro: Forense Universitária, 2002.

GUIMARÃES, Célio Cardoso; OLIVEIRA, Flávio de Souza; REIS, Marcelo Abdalla dos; GEUS, Paulo Lício de. *Forense computacional*: aspectos legais e padronização. Disponível em: <http://www.las.ic.unicamp.br/paulo/papers/2001-WSeg-flavio.oliveira-marcelo.reis--forense.pdf>. Acesso em: 24 ago. 2017.

GUNKE, David J. Comunicação e inteligência artificial: novos desafios e oportunidades para pesquisa e comunicação. Trad. de Francisco B. Trento, Daniela Norcia Gonçalves. *Galáxia*, São Paulo [*on-line*]. 2017, n. 34, p. 5-19. ISSN 1519-311X. http://dx.doi.org/10.1590/1982-2554201730816.

HAIKAL, Victor Auilo. Da significação jurídica dos conceitos do art. 5º. In: LEITE, George Salomão; LEMOS, Ronaldo (Coords.). *Marco Civil da Internet*. São Paulo: Atlas, 2014.

HENRY, Denis. Comércio eletrônico: a autorregulamentação do setor é um modelo viável? Trad. Celita G. Schermann. In: WAISBER, Ivo; SILVA JÚNIOR, Ronaldo Lemos da (Coords.). *Comércio eletrônico*. São Paulo: RT, 2001.

IRES, Thatiane Cristina Fontão; SILVA, Rafael Peteffi da. A responsabilidade civil pelos atos autônomos da inteligência artificial: notas iniciais sobre a resolução do Parlamento Europeu. *Revista Brasileira de Políticas Públicas*, Brasília, v. 7, n. 3, 2017.

ISIDRO, Marta Requejo. Contratación electrónica internacional: delimitación y coordinación de los instrumentos sobre la ley aplicable. *Boletim da Faculdade de Direito da Universidade de Coimbra*, Coimbra, v. LXXIX, 2003.

IIZUKA, André Sussumu. *Second Life* – velhos problemas jurídicos na nova tecnologia. Disponível em: <http://www.comarcabrasil.com.br>. Acesso em: 22 ago. 2017.

JESUS, Damásio de; MILAGRE, José Antonio. *Manual de crimes informáticos*. São Paulo: Saraiva, 2016.

________. *Marco Civil da Internet*: comentários à Lei n. 12.965, de 23 de abril de 2014. São Paulo: Saraiva, 2014.

KAMINSKI, Omar. Animus dominii – os domínios da internet. In: REINALDO FILHO, Demócrito Ramos (Coord.). *Direito da informática* – temas polêmicos. Bauru, SP: Edipro, 2002.

________. Bancos de dados e *habeas data*. Projeto de Lei do Senado. *Jus Navigandi*, Teresina, ano 7, n. 61, jan. 2003. Disponível em: <http://www1.jus.com.br/doutrina/texto.asp?id= 3658>.

KEYNES, John Maynard. A *teoria geral do emprego, do juro e da moeda*. Trad. de Mário R. da Cruz e Paulo de Almeida. São Paulo: Nova Cultural, 1996.

KURTZMAN, Joel. A *morte do dinheiro*: como a economia eletrônica desestabilizou os mercados mundiais e criou o caos financeiro. Trad. de Geni G. Goldschmidt. São Paulo: Atlas, 1994.

LABRUNIE, Jacques. Conflitos entre nomes de domínio e outros sinais distintivos. In: DE LUCCA, Newton; SIMÃO FILHO, Adalberto (Coords.). *Direito e internet* – aspectos jurídicos relevantes. 2. ed. São Paulo: Quartier Latin, 2005.

LAGO JÚNIOR, Antonio. *Responsabilidade civil por atos ilícitos na internet*. São Paulo: LTr, 2001.

LEÃES, Luiz Gastão Paes de Barros. A *responsabilidade do produtor pelo fato do produto*. São Paulo: Saraiva, 1987.

LEITE, George Salomão; LEMOS, Ronaldo (Coords.). *Marco Civil da Internet*. São Paulo: Atlas, 2014.

LEONARDI, Marcel. Internet: elementos fundamentais. In: SILVA, Regina Beatriz Tavares da; SANTOS, Manoel J. Pereira dos (Coords.). *Responsabilidade civil na internet e nos demais meios de comunicação*. São Paulo: Saraiva, 2012 (Série GV*law*).

________. *Responsabilidade civil dos provedores de serviços de internet*. São Paulo: Juarez de Oliveira, 2005.

________. *Tutela e privacidade na internet*. São Paulo: Saraiva, 2012.

LÉVY, Pierre. O *que é virtual?* Trad. de Paulo Neves. São Paulo: Editora 34, 1996.

LIMA, Layerce de. *Juiz condena prática de spam na Colômbia*. Disponível em: <http://www.valoronline.com.br/valoreconomico/materia.asp?id=1947042&id2=MTA4MDQrMjY4NDMrODI5MSs0MzMrMTQzNjIrODI5MSsyNzc3OQ&o=ezine>. Acesso em: 22 ago. 2017.

LIM-APO, Daniel Linhares. *Aplicação de técnicas de forense computacional e respostas a incidentes na internet*. Disponível em: <http://www.modulo.com.br/pdf/trabalho_forense.pdf>. Acesso em: 22 ago. 2017.

LISBOA, Roberto Senise. A inviolabilidade de correspondência na internet. In: DE LUCCA, Newton; SIMÃO FILHO, Adalberto (Coords.). *Direito e internet* – aspectos jurídicos relevantes. Bauru, SP: Edipro, 2001.

________. A inviolabilidade de correspondência na internet. In: DE LUCCA, Newton; SIMÃO FILHO, Adalberto (Coords.). *Direito e internet* – aspectos jurídicos relevantes. 2. ed. São Paulo: Quartier Latin, 2005.

________. Quebra da inviolabilidade de correspondência eletrônica por violação da boa-fé objetiva. In: DE LUCCA, Newton; SIMÃO FILHO, Adalberto (Coords.). *Direito e internet* – aspectos jurídicos relevantes. São Paulo: Quartier Latin, 2008, v. 2.

________. *Responsabilidade civil nas relações de consumo*. São Paulo: RT, 2001.

LOPES, João Batista. *A prova no direito processual civil*. 2. ed. São Paulo: RT, 2002.

LORENZETTI, Ricardo Luis. *Comercio electrónico*. Buenos Aires: Abeledo-Perrot, 2001.

________. *Comércio eletrônico*. Trad. de Fabiano Menke. São Paulo: RT, 2004.

________. Informática, *cyberlaw*, *e-commerce*. In: DE LUCCA, Newton; SIMÃO FILHO, Adalberto (Coords.). *Direito e internet* – aspectos jurídicos relevantes. 2. ed. São Paulo: Quartier Latin, 2005.

LOSSO, Fábio Malina. Contratos informáticos. In: REINALDO FILHO, Demócrito Ramos (Coord.). *Direito da informática* – temas polêmicos. Bauru, SP: Edipro, 2002.

LOTUFO, Renan. Responsabilidade civil na internet. In: GRECO, Marco Aurélio; MARTINS, Ives Gandra da Silva (Coords.). *Direito e internet* – relações jurídicas na sociedade informatizada. São Paulo: RT, 2001.

LUCENA NETO, Cláudio de. Função social da privacidade. *Jus Navigandi*, Teresina, ano 6, n. 56, abr. 2002. Disponível em: <http://www1.jus.com.br/doutrina/texto.asp?id=2834>.

________. Segurança da informação corporativa: aspectos e implicações jurídicas. *Jus Navigandi*, Teresina, ano 7, n. 64, abr. 2003. Disponível em: <http://www1.jus.com.br/doutrina/texto.asp?id=3994>.

LUCCHESI, Cláudio Leonardo. *Introdução à criptografia computacional*. Campinas: Papirus (UNICAMP), 1986.

LUGER, George F. *Inteligência artificial*: estruturas e estratégias para solução de problemas complexos. 4. ed. Porto Alegre: Bookman, 2004.

MACHADO, Hugo de Brito. *Aspectos fundamentais do ICMS*. São Paulo: Dialética, 1997.

________. *Curso de direito tributário*. São Paulo: Malheiros, 1998.

________. Tributação na internet. In: MARTINS, Ives Gandra da Silva (Coord.). *Tributação na internet*. São Paulo: RT, 2001.

MACHADO, Silvio Marcondes. *Limitação da responsabilidade de comerciante individual*. São Paulo: RT, 1956.

________. *Problemas de direito mercantil*. São Paulo: Max Limonad, 1970.

MAIA, Andréia. *Internet cria a democracia criminal*: a vítima pode ser você. Disponível em: <http://www.ae.com.br/institucional/internet_democracia_criminal_a.php>. Acesso em: 22 ago. 2017.

MARCACINI, Augusto Tavares Rosa. Certificação eletrônica, sem mitos nem mistérios. *Revista do Advogado*. São Paulo: Associação dos Advogados de São Paulo, n. 69, maio 2003.

MARINONI, Luiz Guilherme; ARENHART, Sergio Cruz. *Manual do processo de conhecimento*. São Paulo: RT, 2006.

_______. *Prova*. São Paulo: RT, 2009.

MARQUES, Cláudia Lima. Campo de aplicação do CDC. In: BENJAMIN, Antônio Herman V.; MARQUES, Cláudia Lima; BESSA, Leonardo Roscoe. *Manual de direito do consumidor*. 2. ed. São Paulo: RT, 2009.

_______. *Confiança no comércio eletrônico e a proteção do consumidor* (um estudo dos negócios jurídicos de consumo no comércio eletrônico). São Paulo: RT, 2004.

_______. *Contratos no Código de Defesa do Consumidor*. 4. ed. São Paulo: RT, 2002.

_______. Da responsabilidade pelo fato do produto e do serviço. In: MARQUES, Cláudia Lima; BENJAMIN, Antônio Herman V.; MIRAGEM, Bruno. *Comentários ao Código de Defesa do Consumidor*. 2. ed. São Paulo: RT, 2006.

_______. Nova diretiva europeia sobre contratos à distância com *marketing* direto e o projeto de diretiva sobre garantias legais harmonizadas. *Revista de Direito do Consumidor*, São Paulo, RT, n. 23-24, jul./dez. 1997.

_______; MIRAGEM, Bruno. *O novo direito privado e a proteção dos vulneráveis*. 2. ed. rev., atual. e ampl. São Paulo: RT, 2014.

MARTINELLI, João Paulo Orsini. Aspectos relevantes da criminalidade na internet. *Jus Navigandi*, Teresina, ano 5, n. 46, 1 out. 2000. Disponível em: <http://jus.com.br/revista/texto/1829>. Acesso em: 24 ago. 2017.

MARTINS, Eduardo. *Aplicação de métodos e técnicas forenses em casos específicos*. Monografia (Especialização em Perícia Forense Digital) – Universidade Católica de Brasília. Brasília, Brasília, 2009. Disponível em: <http://www.peotta.com/arquivos/Aplicacao_De_Metodos_E_Tecnicas_Forenses_Em_Casos_Especificos.pdf>. Acesso em: 24 ago. 2017.

MARTINS, Guilherme Magalhães (Coord.). *Direito privado & internet*. São Paulo: Atlas, 2014.

_______. *Responsabilidade civil por acidente de consumo na Internet*. São Paulo: RT, 2008.

MARTINS, Ives Gandra da Silva. Tributação na internet. In: MARTINS, Ives Gandra da Silva (Coord.). *Tributação na internet*. São Paulo: RT, 2001.

MARTINS-COSTA, Judith. *Comentários ao novo Código Civil* – do inadimplemento das obrigações. In: TEIXEIRA, Sálvio de Figueiredo (Coord.). Rio de Janeiro: Forense, 2003, v. V, t. II.

MARTON, G. *Fondements de la responsabilité civile*: revision de la doctrine, essai d'un systeme unitaire. Paris: Recueil Sirey, 1938.

MASSO, Fabiano Del; ABRUSIO, Juliana; FLORÊNCIO FILHO, Marco Aurélio (Coords.). *Marco Civil da Internet*: Lei 12.965/2014. São Paulo: RT, 2014.

MATTE, Mauricio de Souza. *Internet* – comércio eletrônico: aplicabilidade do Código de Defesa do Consumidor nos contratos de *e-commerce*. São Paulo: LTr, 2001.

MATTOS, Lincoln Mourão. *Das perdas e damnos no direito commercial*. Tese (Livre-docência em Direito Comercial) – Faculdade de Direito do Ceará, Ceará, 1930.

MEDEIROS, Dárlen Prietsch. Comentários ao art. 5º. In: CHAVES JÚNIOR, José Eduardo de Resende (Coord.). *Comentários à lei do processo eletrônico*. São Paulo: LTr, 2010.

MEDINA, José Miguel Garcia; WAMBIER, Teresa Arruda Alvim. *Processo civil moderno*. São Paulo; RT, 2009, v. 1.

MELO, José Eduardo Soares de. ICMS/ISS – TV por assinatura e a cabo, "courrier" e Internet. *Revista de Direito Tributário*, São Paulo: Malheiros, n. 71, 1998.

MELO GREGORES, Valéria Elias de. *Compra e venda eletrônica e suas implicações*. São Paulo: Método, 2006.

MENDES, Laura Schertel. *Privacidade, proteção de dados e defesa do consumidor*: linhas gerais de um novo direito fundamental. São Paulo: Saraiva, 2014.

________. A tutela da privacidade do consumidor na internet: uma análise à luz do Marco Civil da Internet e do Código de Defesa do Consumidor. In: DE LUCCA, Newton; SIMÃO FILHO, Adalberto; LIMA, Cíntia Rosa Pereira de (Coords.). *Direito & Internet III* – Tomo I: Marco Civil da Internet (Lei n. 12.965/2014). São Paulo: Quartier Latin, 2015.

MENEZES, Mário Celso Santiago. Incidência de ICMS sobre os serviços de valor agregado. In: TÔRRES, Heleno Taveira (Coord.). *Direito tributário das telecomunicações*. São Paulo: IOB Thomson/ABETEL, 2004.

MESSINEO, Francesco. *Dottrina generale del contratto*. 3. ed. Milano: Giuffrè, 1948.

MILAGRE, José. *Direitos no Second Life*: realidade virtual ou virtual realidade? Disponível em: <http://imasters.com.br/>. Acesso em: 24 ago. 2017.

MONTEIRO, Bruno Suassuna Carvalho. Da tributação dos provedores de acesso à internet. In: REINALDO FILHO, Demócrito Ramos (Coord.). *Direito da informática* – temas polêmicos. Bauru, SP: Edipro, 2002.

MONTORO, André Franco. *Estudos de filosofia do direito*. 2. ed. São Paulo: Saraiva, 1995.

MORAES, Alexandre de. *Direito constitucional*. 6. ed. São Paulo: Atlas, 1999.

MOTHEI, Eva; RODRIGUES, Giordani. Spammers *vendem milhões de e-mails e enganam internautas*. Disponível em: <http://www.terra.com.br/informatica/2001/03/14/001.htm>. Acesso em: 24 ago. 2017.

NASCIMENTO, Amauri Mascaro. *Iniciação ao direito do trabalho*. 33. ed. São Paulo: LTr, 2007.

NASCIMENTO, Dulce; RENNÓ, Leandro. As vantagens da escolha pela mediação empresarial. In: SZTAJN, Rachel; SALLES, Marcos Paulo de Almeida; TEIXEIRA, Tarcisio (Coords.). *Direito empresarial*: estudos em homenagem ao professor Haroldo Malheiros Duclerc Verçosa. São Paulo: IASP, 2015.

NEME, Márcia de Freitas Castro; NASRALLAH, Amal Ibrahim. A tributação das operadoras envolvendo "TV a cabo" e "direct to home", "internet" e "paging" – ICMS x ISS. *Revista dos Tribunais*, São Paulo, n. 26, jan./mar. 1999.

NERY JÚNIOR, Nelson. "Capítulo VI – Da proteção contratual". In: GRINOVER, Ada Pellegrini [et. al.]. *Código brasileiro de defesa do consumidor*: comentado pelos autores do anteprojeto. 6. ed. rev., atual. e ampl. Rio de Janeiro: Forense Universitária, 2000.

________; NERY, Rosa Maria de Andrade. *Novo Código Civil e legislação extravagante anotados*. São Paulo: RT, 2002.

NFC FORUM. *The Near Field Communication Forum*. Disponível em: <https://nfc-forum.org/>. Acesso em: 15 jan. 2020.

NICOLODI, Márcia. Bancos de dados e cadastros. Código de Defesa do Consumidor. *Jus Navigandi*, Teresina, ano 7, n. 90, 1º out. 2003. Disponível em: <http://www1.jus.com.br/doutrina/texto.asp?id=4263>. Acesso em: 03 out. 2003. (Novo acesso em: 10 ago. 2017).

OLIVEIRA, Júlio Maria de. *Internet e competência tributária*. São Paulo: Dialética, 2001.

OLIVEIRA, Paulo Eduardo Vieira de. A privacidade da pessoa humana no ambiente de trabalho. *Revista do Departamento de Direito do Trabalho e da Seguridade Social da Faculdade de Direito da USP*. São Paulo, v. 1, n. 1, jan./jun. 2006.

OLIVEIRA JÚNIOR, João Batista Caldeira de. A internet e os "novos" crimes virtuais. A fronteira cibernética. *Jus Navigandi*, Teresina, ano 6, n. 51, 1º out. 2001. Disponível em: <http://jus.com.br/revista/texto/2097>. Acesso em: 19 ago. 2009. (Novo acesso em: 10 ago. 2017).

OLIVO, Luis Carlos C. de. O Estado digital: a informatização do Poder Judiciário. *Carta Forense*, setembro de 2007.

PAESANI, Liliana Minardi. *Direito e internet* – liberdade de informação, privacidade e responsabilidade civil. 2. ed. São Paulo: Atlas, 2003.

PAIVA, Mário Antônio Lobato de. O *e-mail* no ambiente de trabalho: o uso social do *e-mail*. *Jus Navigandi*, Teresina, ano 6, n. 56, abr. 2002. Disponível em: <http://www1.jus.com.br/doutrina/texto.asp?id=2848>.

________. O monitoramento do correio eletrônico no ambiente de trabalho. *Jus Navigandi*, Teresina, ano 7, n. 60, nov. 2002. Disponível em: <http://jus2.uol.com.br/doutrina/texto.asp?id=3486>. Acesso em: 24 ago. 2017.

PAULA, Wesley Roberto de. A tramitação processual eletrônica. In: CHAVES JÚNIOR, José Eduardo de Resende (Coord.). *Comentários à lei do processo eletrônico*. São Paulo: LTr, 2010.

PEREIRA, Caio Mário da Silva. *Instituições de direito civil* – contratos. 12. ed. Rio de Janeiro: Forense, 2006, v. III.

________. *Responsabilidade civil.* 2. ed. Rio de Janeiro: Forense, 1991.

PEREIRA, Marcelo Cardoso. *Direito à intimidade na internet.* Curitiba: Juruá, 2006.

________. O sistema de proteção de dados pessoais frente ao uso da informática e o papel do direito de autodeterminação informativa. Especial referência ao ordenamento jurídico espanhol. *Jus Navigandi,* Teresina, ano 5, n. 51, out. 2001. Disponível em: <http://www1.jus.com.br/doutrina/texto.asp?id=2266>.

PEREIRA, Ricardo Alcântara. Ligeiras considerações sobre responsabilidade civil na internet. In: BLUM, Renato Opice (Coord.). *Direito eletrônico* – a internet e os tribunais. Bauru, SP: Edipro, 2001.

PINHEIRO, Patrícia Peck. Contratos eletrônicos. *Revista do Advogado.* São Paulo: Associação dos Advogados de São Paulo, n. 69, maio 2003.

________. *Direito digital.* 5. ed. rev. atual. e ampl. São Paulo: Saraiva, 2013.

PINHEIRO, Reginaldo César. Os *cybercrimes* na esfera jurídica brasileira. *Jus Navigandi,* Teresina, ano 5, n. 44, 1 ago. 2000. Disponível em: <http://jus.com.br/revista/texto/1830>.

PINHO, Débora. *Invasão de privacidade* – MP investiga UOL, Yahoo e IG por causa de cookies. Disponível em: <http://www.cbeji.com.br/jurisprudencia/privacidade.htm>.

PINTO, Ligia Paula Pires. Títulos de crédito eletrônicos e assinatura digital: análise do art. 889, § 3º, do Código Civil. In: PENTEADO, Mauro Rodrigues (Coord.). *Títulos de crédito*: teoria geral e títulos atípicos em face do novo Código Civil, títulos de crédito eletrônico. São Paulo: Walmar, 2004.

PINTO FERREIRA, Luís. *Comentários à Constituição brasileira.* São Paulo: Saraiva, 1989.

PODESTÁ, Fábio Henrique. Direito à intimidade em ambiente da internet. In: DE LUCCA, Newton; SIMÃO FILHO, Adalberto (Coords.). *Direito e internet* – aspectos jurídicos relevantes. 2. ed. São Paulo: Quartier Latin, 2005.

PONTES DE MIRANDA, Francisco Cavalcanti. *Comentários ao Código de Processo Civil.* Rio de Janeiro: Forense, 1974. V. 4.

________. *Tratado de direito privado.* Parte geral. Rio de Janeiro: Borsoi, 1954. t. II.

POSNER, Richard A. *A economia da justiça.* Trad. de Evandro Ferreira e Silva e Aníbal Mari. São Paulo: WMF Martins Fontes, 2010.

QUEIROZ, Danilo Duarte de. Privacidade na internet. In: REINALDO FILHO, Demócrito Ramos (Coord.). *Direito da informática* – temas polêmicos. Bauru, SP: Edipro, 2002.

QUEIRÓZ, Regis Magalhães Soares de; FRANÇA, Henrique de Azevedo Ferreira. Assinatura digital e a cadeia de autoridades certificadoras. In: DE LUCCA, Newton; SIMÃO FILHO, Adalberto (Coords.). *Direito e internet* – aspectos jurídicos relevantes. 2. ed. São Paulo: Quartier Latin, 2005.

RACHKORSKY, Márcio. Sistema eletrônico de averbação e cancelamento de penhora de bens imóveis. *Carta Forense*, setembro de 2007.

RAHAL, Flávia; GARCIA, Roberto Soares. Vírus, direito à intimidade e a tutela penal da internet. *Revista do Advogado*. São Paulo: Associação dos Advogados de São Paulo, n. 69, maio 2003.

RAMOS, Caio Pazinato Gregório. *Fintech*: uma introdução aos principais aspectos jurídicos do tema. *Revista de Direito Bancário e do Mercado de Capitais*, v. 79, p. 15-36, 2018.

REINALDO FILHO, Demócrito Ramos. *A diretiva europeia sobre retenção de dados das comunicações eletrônicas*. Disponível em: <http://www.infojus.com.br/webnews/ noticia. php?id_noticia=2567&>. Acesso em: 23 ago. 2017.

_______. A privacidade na "sociedade da informação". In: REINALDO FILHO, Demócrito Ramos (Coord.). *Direito da informática* – temas polêmicos. Bauru, SP: Edipro, 2002.

_______. Desafios à propriedade intelectual na internet. In: BLUM, Renato Opice (Coord.). *Direito eletrônico*: a internet e os tribunais. Bauru, SP: Edipro, 2001.

_______. O *can spam act* – em vigor a lei federal dos EUA que combate o spam. Disponível em: <http://www.infojus.com.br/webnews/imprime.php?id_noticia=2178& PHPSESSID=7>. Acesso em: 19 ago. 2017.

_______. *Responsabilidade do provedor (de acesso à internet) por mensagens difamatórias transmitidas pelos usuários*. Disponível em: <http://www.infojus.com.br/webnews/noticia. php?id_noticia=213&>. Acesso em: 24 ago. 2017.

_______. *Responsabilidade por publicações na internet*. Rio de Janeiro: Forense, 2005.

REQUIÃO, Rubens. *Curso de direito comercial*. 22. ed. São Paulo: Saraiva, 1995, v. 1.

REZENDE, Pedro Antonio Dourado de. *O futuro e a liberdade no mundo digitalizado*. Disponível em: <http://www.cbeji.com.br/br/novidades/artigos/index.asp?id=1915>. Acesso em: 23 ago. 2017.

RIBEIRO, Luciana Antonini. A privacidade e os arquivos de consumo na internet – uma primeira reflexão. *Revista de Direito do Consumidor*, São Paulo: RT, n. 41, jan./mar. 2002.

_______. *Contratos eletrônicos*. Dissertação (Mestrado em Direito) – Faculdade de Direito da Universidade de São Paulo, São Paulo, 2003.

RIDOLFO, José Olinto de Toledo. Aspectos da valoração do estabelecimento comercial de empresas da nova economia. In: DE LUCCA, Newton; SIMÃO FILHO, Adalberto (Coords.). *Direito e internet* – aspectos jurídicos relevantes. 2. ed. São Paulo: Quartier Latin, 2005.

ROBERTS, Paul. *Cresce o número de spam e e-mails infectados com vírus*. Disponível em: <http://idgnow.terra.com.br/idgnow/internet/2002/10/0039>. Acesso em: 19 ago. 2017.

ROCHA, Silvio Luís Ferreira da. *Responsabilidade civil do fornecedor pelo fato do produto no direito brasileiro*. 2. ed. São Paulo: RT, 2000. (Biblioteca de Direito do Consumidor). v. 4.

ROCHA FILHO, Valdir de Oliveira. Violação de direitos de propriedade intelectual através da internet. In: ROCHA FILHO, Valdir de Oliveira (Coord.). *O direito e a internet*. Rio de Janeiro: Forense Universitária, 2002.

RODRIGUES, Giordani. *Brasil pode ser bloqueado por causa de* spam. Disponível em: <http://www.terra.com.br/cgi-bin/index_frame/informatica/2002/10/25/005.htm>. Acesso em: 19 ago. 2017.

________. *Empresa brasileira paga indenização por enviar* spam. Disponível em: <http://www.terra.com.br/informatica/ 2001/06/29/004.htm>. Acesso em: 24 ago. 2017.

RODRIGUES, Silvio. *Direito civil*: dos contratos e das declarações unilaterais da vontade. 30. ed. São Paulo: Saraiva, 2004, v. 3.

________. *Direito civil*: parte geral das obrigações. São Paulo: Saraiva, 1995, v. 2.

________. *Direito civil*: responsabilidade civil. 20. ed. São Paulo: Saraiva, 2003, v. 4.

ROHRMANN, Carlos Alberto. *Curso de direito virtual*. Belo Horizonte: Del Rey, 2005.

________. O governo da internet: uma análise sob a ótica do direito das telecomunicações. *Revista da Faculdade de Direito Milton Campos*, Belo Horizonte, Del Rey, 2001, V. 6.

ROLLO, Arthur. "Mudanças na legislação eleitoral para 2016". *Carta Forense*. São Paulo, nov. 2015.

ROPPO, Enzo. *O contrato*. Trad. de Ana Coimbra e M. Januário C. Gomes. Coimbra: Almedina, 1988

ROVER, Aires José. A democracia digital possível. *Revista Sequência*. Florianópolis. n. 52, jul. 2006.

________. *Informática no Direito*: inteligência artificial. Curitiba: Juruá, 2001.

RÜCKER, Bernardo. *Responsabilidade do provedor de internet frente ao código do consumidor*. Disponível em: <http://www.direitonaweb.com.br/dweb.asp?ccd=3&ctd =347>.

RUSSEL, Stuart; NORVIG, Peter. *Artificial Intelligence*: a modern approach. 2. ed. New Jersey: Prentice Hall, 2003.

SAAD, Eduardo Gabriel. *Comentários ao Código de Defesa do Consumidor*. 4. ed. rev. e ampl. São Paulo: LTr, 1999.

SAL, Fernanda. O fim (ou o até logo) do papel. *Tribuna do Direito*, setembro 2007.

SAMPAIO, José Adércio Leite. *Direito à intimidade e à vida privada*: uma visão jurídica da sexualidade, da família, da comunicação e informações pessoais, da vida e da morte. Belo Horizonte: Del Rey, 1998.

SAMSUNG NEWSROOM BRASIL. *Samsung Pay anuncia parceria com a Trigg*. 2019. Disponível em: <https://news.samsung.com/br/samsung-pay-anuncia-parceria-com-a--trigg>. Acesso em: 17 jan. 2020.

SANTOS, Antonio Jeová. *Dano moral na internet*. São Paulo: Método, 2001.

SANTOS, Coriolano Aurélio de Almeida Camargo. *As múltiplas faces dos crimes eletrônicos e dos fenômenos tecnológicos e seus reflexos no universo jurídico*. Disponível em: <http://www.estig.ipbeja.pt/~ac_direito/crimes-eletronicos-oab.pdf>. Acesso em: 20 ago. 2017.

SANTOS, Coriolano Aurélio de Almeida Camargo; CRESPO, Marcelo. *Segurança pública e dados pessoais: algumas palavras sobre os casos FBI x Apple e Justiça x Facebook*. Disponível em: <https://www.migalhas.com.br/DireitoDigital/105,MI235602,91041-Seguranca+publica+e+dados+pessoais+algumas+palavras+sobre+os+casos>. Acesso em: 15 jan. 2020.

SANTOS, Manoel J. Pereira dos. Conflitos em matéria de nomes de domínio. *Revista do Advogado*. São Paulo: Associação dos Advogados de São Paulo, n. 69, maio 2003.

SANTOS, Moacyr Amaral. *Primeiras linhas de direito processual*. 24 ed. São Paulo: Saraiva, 2008, v. 2.

SCHNEIER, Bruce. *Segurança.com*: segredos e mentiras sobre a proteção na vida digital. Trad. de Daniel Vieira. Rio de Janeiro: Campus, 2001.

SCHIAVON, Fabiana. *Disputas virtuais chegam à justiça da vida real*. Disponível em: <http://www.conjur.com.br/2009-ago-25/disputas-second-life-chegam-justica-vida-real>.

SCHOUERI, Luis Eduardo. Imposto de renda e comércio eletrônico. In: SCHOUERI, Luis Eduardo (Org.). *Internet*: o direito na era virtual. São Paulo: Lacaz Martins, Halembeck, Pereira Neto, Gurevich & Schoueri Advogados, 2000.

SCHREIBER, Anderson. *Novos paradigmas da responsabilidade civil*: da erosão dos filtros da reparação à diluição dos danos. 5. ed. São Paulo: Atlas, 2013.

SERPA LOPES, Miguel Maria de. *Curso de direito civil*. Rio de Janeiro: Freitas Bastos, 1962, v. 5.

SILVA, Alberto Luís Camelier da. *Concorrência desleal: atos de confusão*. Dissertação (Mestrado em Direito) – Faculdade de Direito da Universidade de São Paulo, São Paulo, 2007.

SILVA, Emerson Drigo da. Aspecto espacial da incidência do ISS sobre os serviços prestados via internet. In: SCHOUERI, Luis Eduardo (Org.). *Internet*: o direito na era virtual. São Paulo: Lacaz Martins, Halembeck, Pereira Neto, Gurevich & Schoueri Advogados, 2000.

SILVA, João Calvão da. *Responsabilidade civil do produtor*. Coimbra: Almedina, 1999 (Colecção Teses).

SILVA, José Afonso da. *Curso de direito constitucional positivo*. 13. ed. São Paulo: Malheiros, 1997.

SILVA, Mauro Marcelo de Lima e. Política revela o perfil do criminoso na internet. In: KAMINSKI, Omar (Org.). *Internet legal* – o direito na Tecnologia da Informação – doutrina e jurisprudência. Curitiba: Juruá, 2003.

SILVA, Maycon Prado Rocha Silva. *Jogos digitais*: definições, classificações e avaliação. Disponível em: <www.dca.fee.unicamp.br>. Acesso em: 24 ago. 2017.

SILVA, Thalles Figueiredo Soares da. Autoaplicação do Código de Defesa do Consumidor nas transações pelo comércio eletrônico na "internet". *Revista da Esmape*, Recife, v. 7, n. 15, jan./jun. 2002.

SILVA JUNIOR, Ronaldo Lemos da. *O empobrecimento gradativo da internet*: advogados e a responsabilidade dos provedores. Disponível em: <http://www.cbeji.com.br/br/novidades/artigos/index.asp?id=1188>.

SILVA NETO, Amaro Moraes e. A erosão da privacidade. In: REINALDO FILHO, Demócrito Ramos (Coord.). *Direito da informática*. Bauru, SP: Edipro, 2002.

________. *E-mails indesejados à luz do direito*. São Paulo: Quartier Latin, 2002.

________. *Privacidade na internet*: um enfoque jurídico. Bauru, SP: Edipro, 2001.

SILVEIRA, Newton. *A propriedade intelectual e a nova lei de propriedade industrial*. Sao Paulo: Saraiva, 1996.

SIMÃO FILHO, Adalberto. Dano ao consumidor por invasão do *site* ou da rede – inaplicabilidade das excludentes de caso fortuito ou força maior. In: DE LUCCA, Newton; SIMÃO FILHO, Adalberto (Coord.). *Direito e internet* – aspectos jurídicos relevantes. 2. ed. São Paulo: Quartier Latin, 2005.

________. O direito da empresa à vida privada e seus reflexos no direito falimentar. In: MARTINS FILHO, Ives Gandra; MONTEIRO JUNIOR, Antônio Jorge (Coords.). *Direito à privacidade*. Aparecida: Ideias & Letras; São Paulo: Centro de Extensão Universitária, 2005.

SIMÕES, Felipe Siqueira de Queiroz. Internet: direito do empregado X interesse do empregador. *Revista Del Rey Jurídica*, ano 7, n. 14, 1º sem. 2005.

SOBRINO, Waldo Augusto Roberto. Nuevas responsabilidades legales derivadas de internet. In: ALTMARK, Daniel Ricardo; BRENNA, Ramón Jerónimo (Coords.). *Informática y derecho* – aportes de doctrina internacional. Buenos Aires: Depalma, 2001, v. 7: Comercio electrónico.

SOUZA, Daniel Adensohn de. *A proteção jurídica do nome de empresa no Brasil*. Dissertação (Mestrado em Direito) – Faculdade de Direito da Universidade de São Paulo, São Paulo, 2009.

STACCHINI, Fernando Farano. *Aspectos jurídicos do lixo eletrônico*. Disponível em: <http://www.cbeji.com.br/br /novidades/artigos/index.asp?id=993>. Acesso em: 24 ago. 2017.

STALLINGS, William. *Criptografia e segurança de redes*. 4. ed. São Paulo: Pearson Prentice Hall, 2008.

SZTAJN, Rachel; BAROSSI-FILHO, Milton. Natureza jurídica da moeda e desafios da moeda virtual. In: SZTAJN, Rachel; SALLES, Marcos Paulo de Almeida; TEIXEIRA, Tarcisio (Coords.). *Direito empresarial*: estudos em homenagem ao professor Haroldo Malheiros Duclerc Verçosa. São Paulo: IASP, 2015.

STOCO, Rui. *Tratado de responsabilidade civil*. 6. ed. São Paulo: RT, 2004.

STUBER, Walter Douglas; MONTEIRO, Manoel Ignácio Torres; NOBRE, Lionel Pimentel. Questões jurídicas relacionadas à internet. *Revista de Direito Mercantil, Industrial, Econômico e Financeiro*. São Paulo: Malheiros, n. 120, out./dez. 2000.

TAVARES. André Ramos. E-STF/E-RE. *Carta Forense*, julho 2007.

________. Liberdade de expressão-comunicação em face do direito à privacidade. In: MARTINS FILHO, Ives Gandra; MONTEIRO JUNIOR, Antônio Jorge (Coords.). *Direito à privacidade*. Aparecida: Ideias & Letras; São Paulo: Centro de Extensão Universitária, 2005.

TECHTUDO DIAS, Mara. *Como funciona um cartão de crédito virtual?* Saiba o que é e tire dúvidas. 2019. Disponível em: <https://www.techtudo.com.br/noticias/2019/04/como-funciona-um-cartao-de-credito-virtual-saiba-o-que-e-e-tire-duvidas.ghtml>. Acesso em: 16 jan. 2020.

TEIXEIRA, Tarcisio. *Comércio eletrônico*: conforme o Marco Civil da Internet e a regulamentação do "*e-commerce*". São Paulo: Saraiva, 2015.

________. *Manual da compra e venda*: doutrina, jurisprudência e prática. 3. ed. São Paulo: Saraiva, 2018.

________. *Marco Civil da Internet comentado*. São Paulo: Almedina, 2016.

________. *Direito empresarial sistematizado*: doutrina, jurisprudência e prática. 8. ed. São Paulo: Saraiva, 2019.

________; ARMELIN, Ruth Maria Guerreiro da Fonseca. *Lei Geral de Proteção de Dados Pessoais*: comentada artigo por artigo. Salvador: Juspodivm, 2019.

________; BATISTI, Beatriz; SALES, Marlon. *Lei anticorrupção*: comentada dispositivo por dispositivo. São Paulo: Almedina, 2016.

________; CHELIGA, Vinicius. *Inteligência artificial*: aspectos jurídicos. Salvador: Juspodivm, 2020.

________; MAGRO, Américo Ribeiro (Coords.). *Proteção de dados*: fundamentos jurídicos. Salvador: Juspodivm, 2020.

________; RODRIGUES, Carlos Alexandre. *Blockchain e criptomoedas:* aspectos jurídicos. Salvador: Juspodivm, 2019.

________; LOPES, Alan Moreira (Coords.). *Direito das novas tecnologias:* legislação eletrônica comentada, *mobile law* e segurança digital. São Paulo: Revista dos Tribunais, 2015.

________; ________; *Startups* e Inovação – Direito do Empreendedorismo (*Entrepreneurship Law*). 2. ed. Barueri, SP: Manole, 2020.

________; ________; TAKADA, Thalles (Coords.). *Manual jurídico da inovação e das startups*. Salvador: Juspodivm, 2019.

TÔRRES, Heleno Taveira. *Direito tributário e direito privado:* autonomia privada, simulação e elusão tributária. São Paulo: RT, 2003.

TORRES, Ricardo Lobo. *Normas de interpretação e integração do direito tributário*. Rio de Janeiro: Renovar, 2000.

TUCCI, José Rogério Cruz e. Eficácia probatória dos contratos celebrados pela internet. In: DE LUCCA, Newton; SIMÃO FILHO, Adalberto (Coords.). *Direito e internet* – aspectos jurídicos relevantes. 2. ed. São Paulo: Quartier Latin, 2005.

TUNC, André. *La responsabilité civile*. 2. ed. Paris: Economica, 1989.

TURING, Alan. Computação e inteligência. Trad. de Fábio de Carvalho Hansem. In: *Cérebros, máquinas e consciência*: uma introdução à filosofia da mente. São Carlos: EdUFScar, 1996.

TYNAN, Daniel. *Spammers também reivindicam seus direitos*. Disponível em: <http://pcworld.terra.com.br/pcw/update/7019.html>. Acesso em: 24 ago. 2017.

ULRICH, Fernando. *Bitcon*: a moeda na era digital. São Paulo: Instituto Von Misses Brasil, 2014.

VALOR ECONÔMICO. TAUHATA, Sérgio. *BC lançará sistema de meios de pagamento instantâneo em 2020*. 2019. Disponível em: <https://www.valor.com.br/financas/6228229/bc-lancara-sistema-de-meios-de-pagamento-instantaneo-em-2020>. Acesso em: 19 jan. 2020.

VARGAS, Raffael. *Investigação digital ou perícia forense digital*. Disponível em: <http://imasters.com.br/artigo/17849/forense/investigacao_digital_ou_pericia_forense_digital/>. Acesso em: 24 ago. 2017.

________. *Perícia forense computacional* – ferramentas periciais. Disponível em: <http://imasters.com.br/artigo/6485/forense/pericia_forense_computacional_ferramentas_periciais/>. Acesso em: 22 ago. 2017.

________. *Perícia forense computacional e metodologias para obtenção de evidências*. Disponível em: <http://imasters.com.br/artigo/6225>. Acesso em: 19 ago. 2017.

VASCONCELOS, Fernando Antônio. O CDC e a responsabilidade das empresas virtuais. In: REINALDO FILHO, Demócrito Ramos (Coord.). *Direito da informática* – temas polêmicos. Bauru, SP: Edipro, 2002.

VENOSA, Sílvio de Salvo. *Direito civil*: responsabilidade civil. 13. ed. São Paulo: Atlas, 2013. v. 4.

VERÇOSA, Haroldo Malheiros Duclerc. Agente fiduciário do consumidor em compras pela internet: um novo negócio nascido da criatividade mercantil. *Revista de Direito Mercantil, Industrial, Econômico e Financeiro*. São Paulo: Malheiros, n. 118, abr./jun. 2000.

_______. Breves considerações econômicas e jurídicas sobre a criptomoeda. Os bitcoins. *Revista de Direito Empresarial*. vol. 14. São Paulo: RT, mar./abr. 2016.

_______. *Curso de direito comercial*. São Paulo: Malheiros, 2004, v. 1.

_______. *Os "segredos" da arbitragem*: para empresários que não sabem nada (e para advogados que sabem pouco). São Paulo: Saraiva, 2013.

_______. *Responsabilidade civil especial nas instituições financeiras e nos consórcios em liquidação extrajudicial*. São Paulo: RT, 1993.

VERGUEIRO, Guilherme von Müller Lessa. A tributação do provedor de acesso. *Revista do Advogado*. São Paulo: Associação dos Advogados de São Paulo, n. 69, maio 2003.

VIANNA, Cynthia Semíramis Machado. *Conheça a melhor estrutura legal para controlar spams*. Disponível em: <http://conjur.uol.com.br/view.cfm?id=12570&ad=a>. Acesso em: 23 ago. 2017.

_______. Dos direitos autorais relativos à distribuição de *software* na internet. In: REINALDO FILHO, Demócrito Ramos (Coord.). *Direito da informática* – temas polêmicos. Bauru, SP: Edipro, 2002.

_______. *Spam*: uma abordagem crítica. *Jus Navigandi*, Teresina, ano 6, n. 59, out. 2002. Disponível em: <http://www1.jus.com.br/doutrina/texto.asp?id=3283>.

VIANNA, Túlio Lima. Dos crimes pela internet. In: REINALDO FILHO, Demócrito Ramos (Coord.). *Direito da informática* – temas polêmicos. Bauru, SP: Edipro, 2002.

VIEIRA, João Luiz Pianovski. *Direito à privacidade na contemporaneidade*: desafios em face do advento do correio eletrônico. Disponível em: <http://www1.jus.com.br/doutrina/texto.asp?id=4155>.

VIEIRA, Sônia Aguiar do Amaral. *Inviolabilidade da vida privada e da intimidade pelos meios eletrônicos*. São Paulo: Juarez de Oliveira, 2002.

VILICIC, Filipe; BEER, Raquel. A vida sem internet. *Revista Veja*. São Paulo: Abril, edição 2413, ano 48, n. 7, 18 fev. 2015.

VISA. *Pagamento por aproximação*. Disponível em: <https://www.visa.com.br/empresas/pequenas-e-medias-empresas/pagamento-por-aproximacao-para-comerciantes.html>. Acesso em: 18 jan. 2020.

VIVANTE, Cesare. *Elementi di diritto commerciale*. Milano: Ulrico Hoepli, 1936.

VOLPI, Marlon Marcelo. Assinatura digital e sua regulamentação no Brasil. In: REINALDO FILHO, Demócrito Ramos (Coord.). *Direito da informática* – temas polêmicos. Bauru, SP: Edipro, 2002.

WADA, Ricardo Morishita; ALMEIDA, Maria da Glória Villaça Borin Gavião de. Os sistemas de responsabilidade no Código de Defesa do Consumidor – aspectos gerais. *Revista de Direito do Consumidor*, São Paulo, RT, n. 41, jan./mar. 2002.

WAMBIER, Luiz Rodrigues; WAMBIER, Teresa Arruda Alvim; MEDINA, José Miguel Garcia. *Breves comentários à nova sistemática processual civil*. São Paulo: RT, 2007, v. 3.

WEBER, Daniel; PEREIRA, Evandro Della Vecchia; GOLDANI, Carlos Alberto. *Análise do uso de antiforense digital para destruição de dados*. Disponível em: <http://www.acrigs.com.br/Artigos/Carlos%20Alberto%20Goldani-An%C3%A1lise%20do%20uso%20de%20antiforense%20digital%20para%20destrui%C3%A7%C3%A3o%20de%20dados.pdf>. Acesso em: 22 ago. 2017.

Índice Alfabético-Remissivo

Os números referem-se aos itens e/ou subitens.

D

E

F

G

H

I

J

L

M

N

O

P

R

S

T

U

V

W